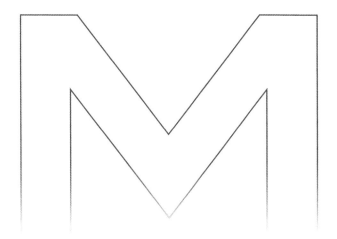

现代资本主义

DER
MODERNE
KAPITALISMUS

全欧经济生活
自始至今
历史系统的论述

（第一卷）

WERNER
SOMBART

[德]维尔纳·桑巴特——著

李季 晏小宝——译

晏小宝——校

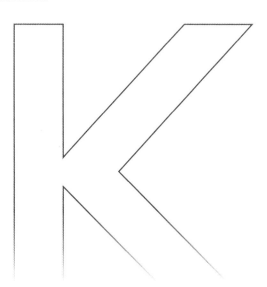

上海人民出版社

译者的话

关于本书作者维尔纳·桑巴特，我在《战争与资本主义》（上海人民出版社2023年版）一书的译者前言中已有较为详细的介绍，有兴趣的读者可以参看。作为一名经济学家、社会学家或者历史学家，桑巴特对资本主义的研究倾注了极大的心血，尤其是关于资本主义发展史的研究成为他的研究与分析的中心内容，此次呈现在读者面前的这本《现代资本主义》则是其集大成之作。

早在20世纪30年代，此书的中文版即由商务印书馆（中山文化教育馆编辑，商务印书馆发行）在上海出版，译者为李季先生（译名季子）。在翻译《战争与资本主义》一书时，老友王小强曾为我提供了此书在20世纪30年代及50年代的中译本。桑巴特原著共为三卷（每卷分为上下两编），此次我在译校时遍寻京沪各处的图书馆，亦拜托友人如刘苏里先生等多方查询，其现存的中文译本仅有两卷，第三卷全无踪影。原译者李季先生已离世多年，后学的我求教不得，只得在译校第一与第二卷的基础上新译第三卷。前辈李季先生曾在20世纪20年代留学德国法兰克福大学，专攻经济学，其译文的可信度颇高，令我在此次译校过程中受益匪浅。需要说明的是，李季先生当年在翻译此书时认为，桑巴特在书中大量列举各种参考书，少则数行或数十行，多则数十页不等，这对于当地的读者也许必要，"但译成中文则徒占篇幅，殊少意义，故一概从略。"还有书中的脚注或附注"实在太多"，"对于我们没有必要，故多略去不译"。此外，对于作者在正文中列举的多种书名，李季先生亦嫌"繁琐"，"概不翻译"。① 而我此番的考虑则是，现今国内的读者尤其是相关学者似乎恰可借此作追根溯源之用，虽亦有繁杂之感，仍尽量译成中文或原文标注，以供读者参考。如此，新译本字数较原译本增加不少。此次新译虽借重先辈之光，仍觉力所不逮之处甚多，敬请读者诸君不吝赐教，以

---

① 引文见于：［德］桑巴特：《现代资本主义》（第一卷第一分册）季子译，"译者序言"，中山文化教育馆编辑，商务印书馆刊行。

便在后两卷的翻译过程中有所改进。此书的出版得益于陈昕先生的引荐，温泽远、钱敏、毛衍沁及几位（无缘谋面的）决审校对提供了宝贵的意见，付出了极大的辛劳，在此谨致由衷的谢忱！

晏小宝

2024 年 11 月于沪上

第二版序言

我于 15 年前首次出版两卷本《现代资本主义》，而现在的第二版，只要看一眼目录便可知道，这是一本全新的著作。原书的材料这里采用的还不到十分之一，即便是这一微不足道的部分大多也采用了全新的思路架构。

我之所以还保留原来的书名（我并不太喜欢这一书名），实因要借此表明本书所论述的基本问题，仍同从前一样，即一个根本问题及其相关的一系列基本思想。此外，从内容上讲新版也是一本新著，阅读本书的人看过第一章，便可以察觉出来。

至于本书在新的形态下所承担的任务，我不想在此序言中加以说明；因为我已经在第一卷第三章中作出表述。相反，我想在本书的开端便向读者解释两点：与第一版相比，新版的重要差异之处；以及我在本书中试图就其科学特质所采用的观点，抑或换言之，我在本书中对事物所采取的立场。

＊　　　＊　　　＊

第二版与第一版的差异主要如下：

第一，新版在材料上有了很大的扩充。第一版对历史发展仅有片段的记载，新版则力求展现欧洲各民族整体经济发展的一幅图景。因此，我现在的阐述是从加洛林时代（Karolingerzeit）开始直至现代，其中尤其是对早期资本主义时代，例如 16、17 以及 18 世纪给以特别详尽的表现，而第一版对此几乎全然忽略。

我在阐述中的取材主要来自以下各国的经济生活：意大利、法兰西、大不列颠、瑞士、荷兰、德国和奥地利，至于西班牙、葡萄牙、斯堪的纳维亚和俄罗斯则很少进入我的观察范围。而欧洲各国在亚洲、非洲及美洲的殖民地则理所当然地值得关注。

同样，各卷在材料上的分配也和从前不一样。现在的第一卷除了概念上的导言之外，还包含对前资本主义的经济和现代资本主义的历史基础的阐释，第二卷则描绘了早期资本主义时代的经济生活，此卷内容丰富广泛，全然是重新写就的。此后出版的第三卷应当描述发达资本主义时代的资本主义的完成。

第二，第二版在架构上亦不同于第一版，其构造要复杂得多。这并非一种"即兴的升高符号"，而是一部严密对位的交响乐，旨在激励读者投入更多的心力。

第一卷第二十章试图通过复杂的对位处理提供一种透视。倘若这种处理材料的新方式会被斥为笨拙及条理不清的话，那么至少本书还能避免被批评为轻率且无思考的一类。在判断上，这样的批评坚持突出唯一一点，并对全书处以类似如下的点评：此书为一部"地租论"。

而我本人更为渴望的是，在研读过本书之后读者留下的最深印象是，生动地感受到围绕现代资本主义起源这一词语所包含的极为广博的问题。自今以后，倘若凡是在青草地上建造的资本主义"发展史"——如同弗利茨·格利希（Fritz Gerlich）新近的著作那样——变得不可能，而如著名的历史学家冯·比洛（v. Below）那样公然将一些轻率的冒进行动称许为"一种有益工作的赞歌"那一类事情更不可能出现的话，我尤其会感到满意。

在近来的著作中我以一种自觉的专断凸显出资本主义发展的一个方面，对于此种方法人们却从根本上予以否定；他们摇晃着聪明的脑袋，开始怀疑一位作者的理智：此人今天讲城市地租，明天又是贵金属生产，后天则是犹太人，然后是奢侈，继而再谈战争对于现代资本主义产生的作用。然而他们丝毫没有察觉到，这里涉及的只是部分的研究；他们没有看出，我运用这种探照灯方法，目的无非在于让读者的视线每次集中在问题的一个方面，以便在一段时期集中精力去研究这一类别的问题。现在我将这些单条缝制的线索组织成一个整体，从而指出，并非仅仅是我所认定的那些，还有更多的势力参与构造了现代资本主义。

第三，在方法上，第二版尽可能地避免第一版那种也许是最糟糕的缺点（附带说一句，批评家无论怎样严厉地指责我，却没有一位察觉到这一点，只有马克斯·韦伯在私下的谈话中曾多次指出过），即将理论的与经验实证的考察方法不可容忍地混合在一起。这一缺点在论述手工业的章节中格外明显，但是其他地方也令人不快地时常出现。

现在我论述每一单个问题时，主要关注的是将理论的部分与经验的部分加以分离，并将这种双重考察的做法严格地贯穿在全书之中，对此，我在导言的第三章中还要详细说明。我极为重视这一更新，并同时希望在方法论上能够因此推动我们的科学进步。由此，我又要提到在序言中论述的第二点：本书（及其作者）对国民经济学的各种"趋向"或"学派"或"方法"所采取的立场。

＊　　　＊　　　＊

今天倘若还有人只知道将我们的学术趋向划分为"抽象理论的"和"经验历史的"学派，那就没有办法了，他会站在本书的对立面。因为，纵然他有着最良好的意愿，也无法从中分辨出两个"学派"或"趋向"或"方法"中的哪一个。今天，凡是想遵循新路径的每一种社会科学工作都是如此。这本不足奇，因为在我们看来，"历史的"与"抽象的"国民经济学之间的对立业已、抑或应当失去一切意义和一切作用。

现在如果还有一些狭隘的天才青年国民经济学者在我们的科学工作中提出诸如什么"理论的"趋向，有意识地与"历史学派"所代表的研究原则对抗，那也无非出于某种因袭关系，将"理论"这一概念强行限制在研究一种纯粹是特定的系列问题上，这些问题旨在维持与发展科学研究中所谓的"经典学者"建立的概念模型，以及凭借此种概念模型去维护与发展那种采用孤立的方法所提出的诸现象（正确的思想进程）的"规律性"。

现在对于这种所谓的"理论"——尤其是抽象且孤立的方法——的价值，无人能比本书的作者评价更高。谁肯下功夫去研究，便会发现本书在无数的节段采用了这一方法：例如他翻阅第一卷第三十三章，这一章完全是按照这一方法写就的。然而，迄今被称为国民经济学的经济生活中的社会科学，其本质与内涵已经在这种抽象与孤立化理论之中遭致枯竭，抑或仅仅是：着手这样的构造成为此项科学一种类似于独立考察的部分，在我看来也是决不能容许的。谁若是相信这样，那就等于将一位只会计算建筑材料承载力之类的人称为建筑师，而究其实此人仅仅只是一位从事某一工种的劳动者。同样，在国民经济学中仅仅从事抽象工作的孤立论者也不外乎是一位从事零部件制造的劳动者，恰同他的对立面——一位仅仅搜罗事实的研究者——一样。唯有将二者结合在一起才能构成科学的国民经济学的整体，我们现在看来这完全是自然的；至于"理论"与"经验"二者的关系犹如同一物体的形态与内容一样，确定这一点，几乎是十分平常之事。（将第一卷第三十三章和第三十五章加以对比，就会特别明白我的意思：第三十三章采用了孤立法来确定货币的价值与价格之间在"理论上"存在的"规律性"，而第三十五章则运用这一模型探讨了一定历史时期贵金属生产与价格形成之间的实际关系。）

其实，早前所谓"历史学派"的领军人物已代表了这一主张；在我这一代所有那些为我们的科学研究注入活力的学者中，这一主张在今天已占主流。而他们中间无一人能被冠以那种陈旧的"理论家"抑或"历史学家"的称号；正如年轻一代有才华的代表人物一样，他们理所当然地都是"理论家"与"史学家"。本书同样也是理论的与历史的。

在我们这一时代的研究趋向中，一个特点是重新强调"理论的"问题（在其他科学中如此，在社会科学中依然如此）；人们直截了当地将此称为"理论兴趣的复兴"。这是不无道理的。不过，就我们的科学而言，不可将"理论"这一名词限定在上述的狭隘范围之内。对国民经济学来说，倘若"理论的复兴"意味着一种新生、一种进步的话，那么，这种进步的代表人物肯定不是那些坚决高举"抽象的"研究旗帜的个性强硬人士。谁在发展李嘉图（Ricardo）的公式中（我愿再次强调说明，我认为此等公式很有用、很有效能，不过前提是需要知道这些公式有限的认识价值，尤其要知道，只有在按照历史特征划分的经济制度范围内，一切抽象论与孤立论才具有一种意义），我要说的是，谁在维护并发展这种概念模型中看到我们的科学任务，谁就毫无疑义地可以——倘若他还有才干的话——成就一番有益的工作；不过，他并不是一位革新者、一位有活力的人、一位改革家。毋宁说他是一个模仿者。

人们所称的现代理论的复兴——和一种哲学的复兴同时发生——完全具有另外一番意义。就研究现象的"意义"、研究认识的"意义"比先前更为兴盛而言，我们的时代变得更为哲学化。但是，就概念的清晰、材料系统的梳理尤其对个别知识的综合又比先前更为注重来看，各种领域的科学以及社会科学则更为理论化。零星分散的研究结果需要综合地归纳，我在这种需要中真正看出我们时代的特征。持续不断增加的材料堆压在我们的胸口，最终形成一种难以承受的压力，并且迫使我们力求在可能的情况之下加以摆脱。倘若我们并不愿意抛弃一切"科学"，逃往"远方"，剩下的唯有尝试唤醒死的材料，采用有序、系统的分类法赋予它们新的活力，并加以运用。除此之外，别无他途。我亦愿此书能够作为这样一种精神解放的尝试，因此抱以特别的兴趣来注意概念和系统的构成，并借此掌握与用活材料，这些材料正是多少世代勤勉搜集而成的。

本书（以及类似、性质相近的书）中所显现的科学依旧为"国民经济学"，或是毋宁为社会经济学，抑或什么类似的说法，这种围绕词语的争论显属无聊。正确地说，这一科学有别于50年前被曼彻斯特学派（Manchesterschule）的代表人物所命名的国民经济，即那种不堪历史或哲学重负的学科，而是为着日常状况去处理日常经济问题（多半是商业问题），亦即那种常识性的问题，那种从市场到市场、从实践到实践的科学，或是那种生意经，也可以被称为商会秘书的国民经济学。我绝非要去质疑这种极为有用的日常市场学问。现在我所竭力主张的纯粹是人类的经济科学。那种商会秘书国民经济学充其量只是经济学广大范畴内的一种，而且这类技能性学说的数量在愈变愈多。此外还存在着一种科学，这种科学认为经济生活应该被归入人类社会巨大的相互关联之中并将此视为己任（这只有在历史的哲学的基础上才有可能）。这种科学才是一种真正的科学。

我们无法同意将人们至今称为国民经济学的科学重新置于它在50年前的地位，因为德国的大师——无论是所谓的"历史学派"，还是什么社会主义流派——都已开启了他们的改革之道，他们的基本成果应该是我们不可丧失的财富。

我的著作不为某个政治的、经济的或者社会政策的党派服务，对此其实并不需要特别明确的强调。这原本不言自明。现在有一种不良的征候，令人想起美国的状况，而近几十年以来在德国也已出现，人们对于科学界代表人物的区分并不根据他们的科学方法与成就，而是按照他们的政治观点。倘若从那些代表实际利益的人物来看，这原本不无道理，因为他们这一类人本来就不需要知道何为科学。但学术界也陷入这种无聊的境地，则是令人高度担忧之事。我以为，只有那些毫无见地且内心并无科学的人才会在评判一位科学人士时如同参加国会选举一样提出什么"亲近企业家"还是"亲近工人"如此之类的问题。

＊　　　　＊　　　　＊

倘若我对支配本书观点的表述并不完备的话，也不再想用一句话来表明我对历史研究与历史学家所采取的立场。

在专业的史学家圈子里，将本书第一版文本视为一部拙劣且错谬之作，这就足以说明一切。史学家们在其否定的批评中相当大部分不无道理。第一版各处包含着恶劣的错误，必定让他们采用各种凶猛且激烈的方式来加以反对与排斥，因为他们习惯于彻底绵密的手法并且在历史学家的一种严格的学派中发育出来。我希望，第一版中那些缺憾在第二版中大部分已消除。

但是我并不承认史学家们那些否定的批评全然有理。倘若他们在批评中避免一种充满敌意的腔调，对于事实当然能有所裨益。不过，对于许多公开批评本书的史学家，我所责备的并非这种腔调。学生要保持先生开启的论调，实在义不容辞。一位年轻的博士生研究一年经济史问题，时常在他的小册子不为人注意之处向我表示，他"自然"不想和我的观点发生丝毫关系。这令我几乎兴奋起来，让我看到某些大学的良好风气。（其实这些观点对他撰写论文还是常常有用的。）

然而说到底，这毕竟并不十分重要。重要的是，许多史学家拒绝认可我在书中所运用的历史表现方式，亦即我的结构论与概括论方法。对于这种见解，我想提请注意的是，探寻历史的世界显然有两种可能性，或者问：曾经发生过什么，或者问：曾经重演过什么。就事件的唯一性来看，可称前者为特殊历史，就事件的重复性来看，可称后者为社会学问题。总之，二者皆有道理，所有的历史编纂都可以采用这两种提法。按照考察的对象时而可以注重这一提法，时而注重那一提法。传记与状况史表现的是最外表的对抗。在经济史中，这两种方法都可使用。但这里也不存在着非此即彼，只有一种"不仅……而且"。必须强调的是，在历史和社会学的研究中需要特别厘清一些特征之时，不仅需要有益的经济史作为补充，而且完全需要将其作为基础证据。只有确定哪些经济现象具有普遍性，亦即可以重现的，才可以有把握地表明我们所考察的问题的特殊性在哪里。

本书的特点就在于将经济现象的普遍性问题一直扩充到可容忍的最大限度。这种限度系由南欧与西欧民族——他们自民族大迁徙以来就是欧洲历史的代表——所构成的文化圈。仅就这一点来考察，前述问题又是一个特殊的历史问题：只有一部"现代资本主义"历史，而没有一部通用的资本主义历史。在这个曾经存在过的文化圈内各民族的每一种特点皆已被忽略，这里不禁要问：哪些导致现代资本主义形成的经济现象是欧洲各民族所共有的？我不仅认为这一提问完全有理，而且如同我曾经的说法一样：弄清楚经济发展中欧洲的这些普遍特征，是在探讨那些较小群体的经济命运时有望获得丰硕成果的必要前提。

　　我的著作并不排除特殊性研究，它可以涉及一个整体国家，也可以是一个单个的乡村：相反，这样的研究才能结出硕果。人们只有在通晓欧洲经济史之后才能够撰写德意志、法兰西、英格兰等国的经济史。一位数学家将各种数值中反复出现的字母导出并置放在一个括号的前面，所以他不会讲 ab+ac+ad⋯⋯而是讲 a（b+c+d⋯⋯），因此我也采用同样的办法，从欧洲所有的经济史中——它们都是欧洲与各国自身特性的产物——发现欧洲的音符，并且在其特殊的形态中加以追踪。每一位历史学家经过深思熟虑后，必定会在狭义的历史研究之外认可这种方法。

　　此外他的确必须明白另外一点：解决一个问题——如同我曾经提出的那样——需要运用一种科学的工具，当然历史学家在解决他所熟悉的问题时并不一定要用它。这种工具就是经济生活中系统科学的灵巧模型。只有对全部科学材料进行深入的钻研，才有可能发现诸现象中最为普遍的联系。唯有一个理论上受过全面训练并且尤为熟知现代经济生活的国民经济学家，才能够撰写现代资本主义的起源史。

　　当然，这可能也是一位历史学家的专业行当。可惜的是，尤其是在较为年老的历史学家圈子内这种观点还没有被普遍接受。否则就不会发生下面的事情，即如著名的历史研究学者亨利·皮伦（Henry Pirenne，于 1913 年伦敦史学家大会上）在全球专业同行面前作关于资本主义发展阶段的演讲，其中暴露出他对此竟然一无所知，令人震惊。近几十年来一切辛勤耕耘的思想结晶在这位学者面前全然无踪无影，面对我们花费三十年的时间冥思苦想的问题，此人却表现出一种孩童般的天真态度。此种类型的经济史学家必须消失，否则我们不能前进。实际上，他已经一半属于过去的时代，这可以从各国一些青年经济史学家的研究中反映出来，对于我们提出的问题，这些著作并不是宽宏大量地置之不理，而是从自身的立场出发，凭借着热忱与专业知识加以抨击。我坚定地相信，像我这样的工作对于后起的一代——史学家亦如此——非但不是无用和错误的研究，而且对于他们自身狭义的经济史研究也是一种必要的补充。

＊　　　　＊　　　　＊

　　我终于需要提到比较不那么重要的一点：我的引证方式。这也遭到众多批评家的反对（我的书中有什么不被反对！）。人们所提出的种种疑虑为我提供了一个良好的机会，可以简短地介绍我的引证方法。首先是引证的分量，有人称引证太多，书中堆积了太多“死材料”。

　　对于这种批评，我的回答是，我本人并不知道堆积着“死材料”，并且相信，我的每一引文都是活生生的。如读者所见，我的几乎所有引文都是来自原始资料，即便是经过文学加工的材料也是如此。只有在例外之处我才会引用其他学者的观点，这并非出于轻视，只因我想在我的著作中尽可能地排除一切争论，就我的经验来看这些争论毫无用处。但是，那些原始引文我则大量征引，而且尽可能地是原文，目的是让这些列出的现象铭刻在读者的心里，并且深刻体验列举的这些个别案例。我要持续不断地将现实生活中最为透彻的图景呈现在读者的眼前，唯有如此，才能让人们不至于去厌恶极端的一般化。我所殚精竭虑的是从最为内部的特殊性中推导出最终的普遍性。为此，我必须给出完全具体的见解，借以确定完全普遍的特性。因此，大量充实的资料必不可少。此即引文数量常常繁多的缘由。另一种人认为我的引文太少，亦即这一处或那一处没有指出参照这种或那种著作及原始资料。对此我并不认同，因为我完全清楚自己并没有掌握应该考察到的全部文献。鉴于研究的领域甚为广博，这也是非常困难的。若是有人向我指出，我在此处或彼处忽略了一件重要的文献（前提是，此原始资料可以在一处重要的地方矫正我的研究成果），对此我会不胜感激。相反，倘若已经提及 12 种著作，还剩有也许并不那么重要的第 13 种著作没有提到，而这一种恰为批评者所掌握，我则以为在这一点上纠缠就未免吹毛求疵，而这种办法往往是有些批评家，甚至是有名的批评家所乐于采用的。此外，在探索问题（本书亦属此类）时，原始引文的完备性并不是强制性举证的一个必要条件。

还有些人认为本书的一个弱点是，我只引用原始资料的印刷文本，而不指出其还有手抄本。我对他们的回答是，倘若我沉迷于档案的搜寻之中，本书就一定不会完成。欧洲经济史的许多问题至今还很模糊，而且只有研究档案才能使之明朗，这无疑是正确的。不过，现在依据印刷本原始资料已经可以完成一种清晰的整体概貌。必须先有这种概貌，以后的研究才能获得更为丰硕的成果。我想，阅读一下本书就会证明，只要精心钻研现今的印刷本原始资料，就会获得何等丰富的新启迪。

围绕着我的引证方式与方法还存在着众多怀疑的喧闹，即我的引文是否由自己找到，而不是从其他著作里借用。对此，我的说明是，一种范围甚广（历史学家亦如此，并且恰恰是在他们中间）所喜用的惯技，是从其他作者处抄录引文，而不说明是借用。我始终认为这是对知识产权的一种窃取。人们从他人处参考一段引文，本来应当加以说明。但这一点终究不能实现。然而，纯粹从科学的规矩来看，必须力求一点，即在引用每一处材料时，亲自用原文来加以对比（在无法获取著作时，可让一位学生或好友来查对）。我在撰写本书时，亦将这一原则奉为准绳。

另一类同样不良的习惯在学术界也蔓延甚广，即在其文献索引中列出的著作，作者却并没有看过。就我们现今的图书索引技术而言，随意开出长串的书目，并非难事，但这却只能让门外汉以为博学，而内行人则会将此视作抄袭，因为书目本就源自其手。对于如此的不良行为，应当采取一种默认的规范加以遏制，即：当人们并不充分了解引用这本书究竟有何用处时，就不要将此书列入文献索引之中。

就我的经验而言，只有当文献索引中的书目同时包含相关的导言，才会对读者，尤其是初学者有益。正因为如此，我倾心于尽可能地对每一种引用的著作附上极为简短的说明，以便于读者对其中的内容多少有点概念。

有些批评家对本书中的个别部分加以指摘，我会在本书的特别之处就此作出一些事实上的阐释，并以为这样的做法较为适宜。然而，花费精力去研究我的思路的批评家，则为数不多。为着这种事实的利益之计，我希望，针对第二版这样的批评家人数能够增多一些。而大多数批评家不知是缺乏好意，还是没有理解力，对本书丝毫没有重要的议论。姑且假定他们是在否定本书罢。我愿将老歌德的话写给他们作为座右铭："面对批评，人们既不可阻拦，也不可抗拒；对此必须挺身采取行动，如此方可使其渐渐消停下来。"一种可资慰藉的意识是，在科学领域凡是批评甚嚣尘上之处，生命的泉源便极少喷涌，凡是精神上生气勃勃，便没有任何批评，即便最为敌意的批评能够予以摧毁。

维尔纳·桑巴特

1916 年 9 月于巨人山脉的中部施赖伯豪

目　录

导　言

上编　前资本主义的经济

第一篇

第二篇　自足经济时代

第三篇　过渡时代

第四篇　手工业经济时代

下编　现代资本主义的历史基础

第一篇　资本主义的本质与形成

第二篇　国家

第三篇　技术

第四篇　贵金属的生产

第七篇　劳动力的获取

第八篇　企业家的产生

导　言

第一章

经济生活的基本事实

第一节　维持生计的需要

如同一切生物一样，人类要维持自己的生命，必须凭借自然界的物质成分来不断地维持自身个体的生存，他们从外界取得这些成分，并且将此视为适合自身需要的目的。至于人类扩大自身所需求的超出基本生活品的范围之外，并且在"文化需求"中创造出一个新的需求世界，这只不过是一种程度上的差异而已。即使是动物世界对实物的需求亦有数量与质量上的不同等级，其差异非常之大。

人类也和一切生物一样，必须用其大部分的生命力来蓄积维持其生命所需的实物用品。就其需求而言，人类身处的自然界是冷酷无情的，为此他们必须操持"满足自己的需求"，必须"维持生计上的需求"。

此种生计上的操持——如同前面所述一样——为地球上所有生物的共同特征，呈现出一种有规律的循环。这一循环是建立在拥有欲望的生物与供他们的消耗所必需的实物用品二者之间的天然性质之上：取自外部自然界的物品用于自身的需要——鸟类获取羽毛来筑巢，它"建造"自己的巢——，我们称这第一种行为是生产。物品在生产出来之后，其用途（消耗）是：鸟类用衔来的虫类饲养小雏，此乃——如我们所称——分配行为。于是，物品被使用或被消耗，此即消费行为，在此之后必定还会再现一种生产行为。生产（"制造"）—分配—消费（"消耗"）如此不断反复，直至最后的生命从这个地球上消失为止。

就维持生计这一点而言，我们可将外部自然界的一切物品称为（有形）物品或物质用品［借以区别于纯粹精神（非物质的）物品］。无论这些物品事前是否已经被认定为这样一类物品（有效物品），它们其实已经具有一种实质能力，足以用来维持生计：毛线向来可供鸟雀用作建筑材料；但这种（建筑材料的）功能只是在城市建设中才被"发现"。凡供直接消耗的实物，我们称为消费物品，凡供制造其他物品的便是生产物品。依照卡尔·门格尔（Carl Menger）的先例，我们可称前者为第一级物品，后者为较为高级（第二、第三级等）的物品。

我们这些生物花费一定的精力，按照自身的需要来加工我们周边环境（自然界）中的材料或力量，为此，我们可以大声地宣称，所有的生产或物品制造都是建立在这样的基础之上。所以，在每一种生产行为之中劳动与自然必定形成互动的关系，对此我们可以称之为生产要素，前者为人的生产要素，后者为物质的生产要素。

在每一种生产过程中，外部的自然界表现为：1. 劳动条件；2. 劳动对象。它在第一种功能中创造生产劳动的物质条件，无论这些条件是自然界所给予的，诸如作为区位的地球、作为大气环境的空气以及各种能量；还是为生产用途而建立起来的相应形态，诸如生产用的房屋、道路、运河和蜂房。劳动对象即为劳动对其产生活动的物件。同样，它也或者是自然界原已存在的，或者本身就是一种生产物件。

据此，我们将劳动对象称为原材料。

第二节 技 术

以上所述业已列出生计需要的诸种成分，以及它们在每种生计需要——动物的和人类的——之中如何有规律地反复出现。现在要考察的是人类维持生计所特有的现象，这些现象将生计的维持变成经济。

人类维持生计的第一类成分，是他们在物品生产中（此种生产总是为了处理所有的实物，也包括物品的运输）一种为人类所特有的做法：我们有理由将这种做法称为工具技术，抑或，如果要对这一名词的意义加以限制的话，通称为技术。

所谓技术，在最广泛的意义上系为达到一定目的的一切手段，所谓物质的或经济的技术即为生产物品的一切做法。

具体而言，技术能力体现在：

1. 对我们身处的自然界环境特性的认识。这一种技术知识被扩展到对自然界的材料、能力以及改造进程的利用之上；

2. 技术能力。此种能力或者仅仅表现在实施活动的一定的方法之中。在这样的方法中，尤其需要着重强调的是两种：将整体活动分解成个别的组分——然后它们便表现为特殊的动作——和材料的组合，即同一动作在这一组合中同时——而不是先后——对同一对象付诸实施。

抑或，技术的能力也发展成一种工具性技术。所谓工具性技术，我的理解是为实现技术效果采用某种实物与手段的一种操作方法。在物品生产中我们称此等工具为劳动手段，它们在人类维持生计时作为自然界参与（一切维持生计所特有的劳动对象与劳动条件之外）的第三种形态。对于实物的生产要素整体成分，我们也可以称为广义的生产手段，对于其中已经成为劳动产物的成分，则称为狭义的生产手段加以区别。以下若无特别说明之处，是以广义的生产手段作为总体实物生产要素的整体概念。

再进一步详细观察，劳动手段（按照马克思的概念界定）是劳动者在其自身与劳动对象之间所运用的一件或一组物品，以此作为实力手段来依其目的对其他物品产生效能。我们可以区分为主动与被动的劳动手段。马克思指前者为"机械的劳动手段，人们可以将其总体称为生产的筋骨系统"；这些就是工具与机器，它们在人的操纵下对需要重新造型的材料施加影响。而另一类劳动手段在生产活动中更多地处于被动地位，作为材料与能量的容器，此即为锅炉、管类、桶、樽、筐和壶等，这一类劳动手段"总体上可称为生产的脉络系统"。

工具是辅助人类劳动的一种劳动手段（如缝纫用针），机器是可以代替人类劳动的一种劳动手段（如缝纫机），没有它，人类原本是自己做的。

与我对工具和机器的区分相关的大量文献并没有促使我作出任何改变。倘若断定两种劳动手段概念的形成适用于经济—科学的认知的话（而且必须如此），那么，除了我的提法之外，显然就不会出现其他的划分法：因为只有运用这样的二分法，在经济学上才能承认将其本质——与劳动的关系作为概念的主要标志。

所以，人类维持生计的第一种特别重要的特性表现在对劳动手段的使用上。这也意味着，人类是"一种制造工具的动物"。

不仅仅从表面意义上看，（也许纯粹出于偶然）人类能够使用劳动手段，而动物则不然；而且在更深一层的意义上，使用工具（此处系指一切劳动手段与一切武器）为人类所特有的举动：在这里表现得最为清楚的是，按照设定的目标有意识地从事一种行为，但是（更为重要的是）按照所有各种猜想，人类使用工具的这种特别行为获得了高度的提升。人类之所以能够做到这点然后再使之必然，是因为纯粹精神能力的发达让人类一跃成为地球的主人翁。

第三节　劳动及其组织

1. 人类在生存中运用自身的力量。人类的活动与动物的区别（或由我们来加以区别）在于一种理智的行动，即一种有目的的行动。人类在其目的以外的行动，我们可以将劳动与游戏进行对比，游戏就是在其过程中找到目的。

我试图借此从纯粹客观的特征来确定劳动的概念。我以为，只有这样，这一概念才能清晰明了，而添加任何主观的成分必定会造成模糊与偏差。确定劳动这一概念的通行做法，一种是付出辛劳的价值判断，另一种是功利性的价值判断。若试图明确这两类做法，这样的尝试会因为价值判断的特性而招致失败。按照我的定义，入室盗窃这一行为也是劳动，尽管这一行为是有害（社会）的，如同那种超出自身目的"不费力气"的活动一样。

我们将劳动的能力称为效能（或收获），这种能力即指在一定的时间里生产一定数量的物品；而劳动的强度是在一定的时间里所消耗的能量。

2. 人类的一切劳动都是社会的劳动，因此，人类劳动的问题总（也）是一个社会学问题。

如果没有其他人的相应劳动，任何人的劳动便不可能，正是在这一意义上，一切人类劳动都是社会的。人类的发展只有在人类共同体内才得以进行，今天即使是最孤独的人的劳动也建立在先前所有世代劳动的基础之上。

当鲁宾孙一无所有地（其实也不尽然，因为他还打捞出一身衣服或者别的什么零碎东西）漂流到一个无人居住的小岛时，他所拥有的许多知识与技能记忆，成为他在生存抗争中不可缺少的装备，而没有这些他便不可能建立起自己的生活，强调这一点并非毫无道理。这就是说，只有作为千年旧文化的艺术性产物，才能想象出一个鲁宾孙。人类在时代上的这种关联始终存在；这一关联或者是一种纯粹精神（记忆）的，或者是一种物质的：由劳动产品所传导。我们的劳动也随时建立在过往时代劳动产品的基础之上。人类的劳动在时间上的精神关联倘若不是特殊的人类现象，而为所有生物所共有的话，那么物质上的关联就几乎完全为人类所独有。其他类型的关联则更加如此：空间的关联，人类劳动的成果总是和同时代其他人的劳动紧密相连。在原始的状况下，个体的劳动是通过其生活的共同体中同人的合作或同样的劳动得以实现。今天，个体的劳动和成千上万人的劳动联结在一起，他可以通过产品交换的途径来获取他们的劳动产品。一定的劳动和许多人在空间上共同实现，这只是劳动的社会性在程度上的差异而已。

3. 所有的劳动都是一种社会实态，所以它们建立在一定的秩序之上。每一种有计划的活动一旦将多数人相互结合在一起，便需要有秩序地进行。计划将会在秩序中实施。我们所视及的人类劳动的秩序，即它的组织。人类劳动的组织依据两项——也只有两项——原则为基础：专业与合作。人类劳动在秩序之下进行组织的其他各种可能性，只能是这两项原则的子类而已。

是否要对各种可能性给以特别的表述，应视各人的兴趣而定。新近维利·黑尔帕赫（Willy Hellpach）在《社会学档案》第 35 卷发表的论文中再次就一项非常专业化的术语提出了建议。于我而言，这种种表述与区别并没有说明什么，只是更为混乱而并非更清晰。因此我还是宁愿采用专业与合作这两项原则，如前所述，它们包含着劳动组织可以想象的所有可能性。我以为，这里似乎应着手研究的是，各种组织原则的客观区别与人的本性，甚至是人的意识、抑或人在面对劳动器具时的悲喜感觉这些纯粹主观的关系之间究竟存在着何种关联。一定的劳动如何对人类产生影响，这是一个（附带还有心理及非社会学）完全另外的问题。

所谓专业系指同一个工人持续从事重复同一种动作这样的编排方式。专业的程度差异非常之大。妇女从事女性劳动，男子从事男性劳动，打铁或制陶长期由同一个工人进行，这就是运用专业原则的起源。当一位女工在成衣厂终其一生都在缝制男士背心的角质纽扣时，这也只不过是同一原则的升级应用而已。一位工人终身从事的部分动作，无论是从过去业已联合或试图联合的整体劳动过程中横向或纵向分割后所形成；还是锁匠业与锻造业之间或制革业与制鞋业之间形成的分工，原则上都是相同的。最后，无论是企业相互之间（下面就会谈及这一点），抑或一家企业内部的专业化，这种专业的概念亦莫过于此。在这种情形下产生出我们所称的专业企业，此类企业内部存在着相当复杂的程度上的等级，而它们之间并不能就其特殊的区别加以明确的界定。

作为整体的锻造业现在是一种专业企业，而从前的锻造业则是从事全部制造过程的家庭生产；锻造厂是一种专业化企业，而锁匠业则与之不同；在如此专业化的锻造业中，工具的锻造等亦为一种专门企业，而在工具制造业中镰刀的打造业同样也是一类专门企业，如此等等。从历史的观察看，可将一定程度的专业化视为一种确定的事实，这点当然没错。而那些被称为"综合性企业"及其之下从事部分制造的企业则为"专门企业"。如此一来，我们可以清晰地看到旧式"手工作坊"的分解过程。

合作是多个人对一项整体工作的共同行动，而该项工作只能取决于消费的运用或具体的状况。当劳动没有专业化时，合作可以实现；当劳动业已专业化时，合作必须出现。因为合作可以形成各部分工人的必要联合。

显然，合作与专业之间的关系，犹如有机世界或数学观念上的积分与微分的相互关系一样。倘若人们随时熟悉其他各界术语的纯粹比喻性意义的话，上述的提法自然不妨适用于劳动的组织关系上。

4. 我们如果将人类劳动此种宏大的现象认定为合理的举动，那么，数千种不同的单个行为，因其各自特殊的劳动计划之间的相互依赖而形成内在相互关联的统一体。于是，在我们的观念上劳动世界结合成为统一形态的劳动过程，其数量与劳动计划一样多。在更高一级的关联中，单个的行为长久结合为一个整体，这就是我们所说的企业。更为准确地说，**为持续实现工作行为目的的组织即为企业**。

倘若一个人单独从事一项劳动，他和他的工作行为便单独组成一个企业，于是只要一项纯粹主观的计划便足以规范他的行动、建立并维持这一企业。但是，如果有许多人将他们的劳动联合在一起形成共同的行为之时，就必须在一种秩序中才能实现。因为各种单独的行动要有计划地进入整体行动之中，这就必须预先设定好正确的位置、正确的时间以及正确的方式。由此便常有一种企业秩序，它可以是想出来的，讲出来的，写出来的，印出来的；也可以是默认的或张榜公布的；它对于劳动过程中的单个的个体部门可以是自治的或他治的——全都一样，只要有这种秩序就行。

我们可以说，企业规章的总体任务是，通过空间与时间上的正确分配，有目的地将各种单个的生产要素整合为一体。具体而言，企业规章涉及以下诸点，而其中每一点都必须保证规章的统一性，只有如此才能称其为一家企业：

（1）劳动过程的**开启**，属于此项的包括：出于数量与质量上的考虑对工人的采用、雇佣与解聘的处置权，以及对生产所必需的场地与劳动手段的处置权。

（2）劳动过程的**形态**，亦即决定地点，在何处，以及时间，在何时进行生产。

（3）劳动过程的**实施**，亦即考虑预定计划的实际执行，以及劳动过程规定的执行；换言之，指导也必须是统一进行，从表面上来看体现出各种指导和监督机构的一致性。[1]

常常有人在问什么是企业，而回答则大相径庭。最好的做法是，在企业规章制度的一致性中发现企业的一致性。决定一致性的因素可以是基于事实：客观的或作业上的一致性；抑或来自劳动者目标的随意性设定：主观的或目标的一致性。而在同一个劳动范围内目标可以并不相同。

"有时候可以察觉行动者的目标是一种，工程本身的目标却是另一种；建筑师的目标是赚钱，而建筑的目标则是房屋。"（S. 托马斯）

行动者的目标与工程的目标总是不相一致，在资本主义确实是一种根本差异。过去我将前者塑造的实体称为经济，后者所产生的实体则称为经营。前者为利用性实体，后者为工程性实体。现在看来，最好是形成一种上位概念即企业，并在这种企业的概念中将经济性（或利用性）企业与工程性企业加以区别。

5. 倘若我们选取生产要素的特别编排作为区分的标志，尤其是要探明单个的劳动者与总体过程及整体产品的关系，那么，对于企业所能采用的各种不同的形态，我们最好要弄清楚它们的特质。因为企业形态的所有本质最终都要体现在这种关系的特点之中。劳动者与他的工程之间的关系原则上有两种：或者活动与工程属于一个个体所有，明确地表现为他的并且仅仅是他个人的活动，从而是个体的和单独的（需要明白：此处的劳动系指在一家企业的范围内所发生的）；或者活动与工程是许多人共同活动的结果，其中的单个部分不能分为个人的劳动，只能成为整体活动与整体工程，从而不是个人的、单独的，而是集体的、社会的。按照这样的标准，企业可以划分为个人的与社会的两类集团，其产品分别表现为一

---

① 详细可见本书第一版，以及刊载在《档案》第 37 卷的文章，第 12 页。

个劳动者还是一群劳动者的行为。

关于个体劳动者：严格来讲，只有个人独自占有的企业才有这种事例。还有一类企业，其中的工人或者是并行地各自从事一种特殊的工作，或者是一位工头在几位助手支持下工作——这是一种有助手的企业，这类企业也可归之为个体企业。按照雇佣的人数（此乃统计上所认可的唯一标准）个体企业或划分为"小型"企业，或属于"中型"企业的范畴，而社会性企业则多为"大型"企业。

至于社会性企业，尤其是工商企业又可区分为手工工场和制造工厂。

凡是生产过程中的主要部分由手工劳动所实施的社会性大企业，我称之为**手工工场**。凡是生产过程中极为重要的部分并非由工人共同制作，而是转交给一种无生命物体的自我运作系统来实现的社会性大企业，我称之为**工厂**。工厂的特别功能是：将机器和科学的化学方法引入生产之中，从而能够以高度完善的方式来克服个体工人在质量与数量上的局限。因此，在这一过程中便不再有个人发挥作用的余地。①

经济企业采用的种种特别形态：我将其称为**经济形态**。

第四节 经 济

人类维持生计的行为即为经济。其中我们将在所有经济活动中看到：

1. 一定的经济意识，此处系指决定各种单个经济活动的所有精神层面上的考虑：诸如一切价值观念、目标设定，以及那些——我们可以称为经济主体——塑造经济活动的人所奉行的行为准则。经济主体的经济意识体现在经济原则之中。

2. 一定的技术，即经济主体为实现其目标所采用的方式方法。

3. 一定的劳动组织，即决定所有单个经济意图的一定的秩序。

---

① 针对企业的形态问题，我在第一版及其中提到的档案文章中已有更为详细的论述。在那里我还分析了一些文献，这些文献同我的体系相关。

第二章

经济生活的复杂性与制约条件

第一节　经济生活的复杂性

观察当今的经济现实状况，以及过往时代的经济生活，令我们相信，在所有时代与所有地方，人类都发生过经济行为，在人类的一切经济行为中都在重复着一系列的基本事实。然而，同样真实的是，经济生活所表现的形态却随时随地呈现出极大的差异。再进一步观察并稍加思考，我们便可得知，这些差异起源于标志人类经济生活所特有的三种根本不同的形态。我们尝试说明这些形态存在着哪些可能性。①

1. 经济原则。 各种差异首先产生于经济主体设定的不同目标。其中尤其可以区分出两种根本不同类型的设定目标。人类或是努力储存在数量与种类上确定的一些日常用品，亦即：他们试图满足自身的天然需求；或是他们努力追求盈利，亦即：他们试图通过自身的经济活动来获取尽可能多的金钱。对于第一种情况，我们称他们的行为局限于**满足需求的原则**，第二种情形是沉迷于**营利原则**。

此外，实现经济生活各种不同的可能性也会产生不同的经济原则。这样的差异或是传统主义的，或是理性主义的。当它无思想地盲从于一种遗传规则时，便是传统主义的；当它有意识地遵循所有设定的目标之时，便是理性主义的。

2. 技术。 同样，技术上的差异尤其是由理性与经验之间的对立所造成。倘若技术最终成果的实现是有意识与理性的合乎目标设定的结果，我们便称之为**理性的方法**；倘若这种结果建立在对自然现象的因果关系的解释上，便是一种**科学的方法**；相反，倘若技术能力建立在一种单纯相传且不假思索接受的手艺上，我们便将此种方法称为**经验的**。

3. 组织。 只有明了经济组织所产生的一切可能的规章与设施，才能显示出一种五光十色的复杂性。这种组织决定着：

---

① 此处只是示意列举这些可能性，并加以简略说明。针对各种"可能性"将在合适的章节中作出详细的阐释。

（1）生产所必需的诸要素——**生产手段与生产力**——加入生产活动中的方式方法：例如家庭成员作为劳动力依照家长的命令从事劳动；或者外来的劳动力被强制加入；或者劳动力在政府的规定下组成一个自由人社会从事劳动；或者劳动力作为平等的人一起工作；或者劳动力是从市场购买的商品，或者劳动力作为徒弟也许是按照确定的价格有偿征募，如此等等。

（2）在生产中共同活动的人对生产的形态与进程**产生影响**的方式与方法。生产的领导人自然是经济主体。但其他参与者的地位与此人相比则大为不同：领导人与被领导的人之间的关系等级划分，从无限的专制主义直到最为自由的民主主义，此种情形可想而知且真实如此。

（3）**应用产品**的方式与方法：或者是有偿供给订货的客户，或者在市场上销售，或者在生产者的经济活动中被消耗，或者缴纳到农场或修道院，或者寄存在国家的仓库里，等等。

（4）在生产中共同**参与者获取生产收益**的方式与方法：或者完全没有——想一想负有纳税义务的赋役农民；或者获得收益的一部分；或者获取与收益无关的固定数量的价值——实物或货币；或者按照默认的约定、明文的自由规定、公认的标准或其他方式等获取份额。

（5）**组织劳动过程**的方式与方法：或是小型企业，或为大型企业，等等。

（6）形成**经济形态**的方式与方法。

第二节　经济生活的制约条件

一种同样单纯的意识让我们明白，经济生活所经历的独特形态取决于履行一定的条件，换言之，一种特别的经济生活是建立在一系列精神与物质、自然与人为的状况之上的。

经济生活的条件或为**同质的**，或为**异质的**。同质的现象为有利于实现经济生活主体设定的诸目标的那些现象。反之，那些阻碍实现占主导地位的经济主体所追求的目标的现象，我称为异质的现象。依照其特殊的类型，我们的条件或者是**自然条件，或者**是**文化条件**，前者是自然界现有，供人类使用，后者为人类自身所创造。

土地与人民是自然条件据以运行的两个范畴。

土地可以通过其自身的蕴藏来决定经济生活的形态，这种蕴藏可以是植物养料，或者是矿物质。土地也可以取决于气候，取决于其地理位置，以及取决于其内部的构造。

人民的确大部分是组成人口的一类范畴，就这一类型而言，必须将其评价为经济生活的文化条件。然而，对所有文化来说，人民又是一种先天的现象，本身也是一种（强而有力的）自然条件。人口是从两个方面对经济生活的形态产生影响的：一方面通过血统特性、世界观、工作能力、气质；另一方面通过数量态势，这种态势与密度、年龄及生殖率相关。

经济的"**文化条件**"和文化的表现形式一样纷繁复杂。通过系统的编排可见如下：

1. **客观的文化**，即一切存在于个体之外的文化，这种文化的持久性超过个体的生命，因为它被物化在任何一种客体之中，即使此种物体仅仅具有一种象征性意义亦无妨，例如一面旗帜或一幅君主的肖像。

所以，客观的文化体现在一定的文化财富之中，表现为：

（1）物质的性质。物质的文化财富系由人类共同体使用的全部实体物品构成。

（2）观念的性质。观念的文化财富虽然也同某种物质财富联系在一起，此种物质财富作为其存在的物质基础，但除此之外，它本身就是一种精神财富。

这样的观念文化财富是两重的。一方面它建立了我所说的制度性文化，另一方面建立了所谓的精神文化。

① 制度性文化（为简单起见，可不称文化财富）存在于秩序、设施及组织形态的财富之中，它们可以为人民所使用。这些财富具体化为宪章制度、法典、宗教体系、工厂规章、行会章程以及关税制度等，从中人们获得指点，如何建立他们相互之间的行为关系。在全部制度性文化中，我们可以分为四大类型，它们业已沉淀并积累了数千年来的种种经验：a. 国家，b. 教会，c. 经济，d. 习俗。

② 精神文化就其作为一种文化财富而言，是由所有那些观念性文化财富所组成的，这样的财富不会在任何一种秩序中枯竭。所以，举凡理想、价值观以及追求等类型的财富皆属于此。当一个民族具有一种强烈的国家感情，或一种宗教意识，或一种博爱的世界观，或一种拜金主义的精神时，它便会成为该民族文化财富的一种组成部分。

此外，还必须考虑到，在谈及一个民族的精神文化财富时，人们往往仅仅想到科学与艺术的成果，借此他们可以充实自己。

还有，对于形成经济生活尤为重要的技术知识与技术能力也属于这一类财富。

与这些客观文化相对的文化，人们称为：

2. **个人的文化**，可称为自身所有的文化。这种文化是由一个有生命的人利用文化物品的结果。它是这种人自身的"教养"；为他个人所特有，连同并凭借他一起形成，并同他一起消逝，自身文化是（1）一种肉体的文化，或（2）一种心灵的文化。凡是借助运动等锻炼身体，以及一切清洁的行为和服装的优雅之类皆属于前者，而自身内在文化则体现在个人道德、知识或艺术的完善之中。十分明显，在客观文化与主观文化之间存在着一道鸿沟，这点尤其是同一类客观文化——例如某种科学财富或某类艺术作品，在其自身文化中有着明显不同的反映：在品质上因其利用文化物品对人所产生的效用不同而异；在数量上则因参与汲取客观文化内涵的人群范围不同而异。

倘若述及一个民族的文化，我们既会想到其整体的（客观）文化财富，也会想到这一民族各个成员个人文化的拓展及特征。除此之外，还有第三种，特别当我们谈及一定"时期"的文化时，就会产生客观文化与主观文化几乎混为一体的想法，二者并存于其中，由此得以显现出来。然而，这却是并列于二者之外的另一种。此即：

3. 一切文化的总成，这是我们在精神上将其合为一个整体，并赋予特有的标志所形成的。人们可以称之为（一定时期、一个国家的）文化风格，我们无疑会认为这是一个整体，其实这不过是这个时代或这个国家的客观或主观文化成千上万种不同的表现而已。当我们将"文艺复兴文化"与诸如"现代文化"相对立时，在意识上就是指向那种特有的"文化风格"。

这种特有的文化风格可以对经济生活产生巨大的影响，这是思考的结果，也是历史的教训。

第三章

经济学的任务

第一节　经济学的分化

人们当初将经济作为考察对象时，只有唯一一种关于经济生活的学问。这就是家政学：亦称家事经济学，或家事经济，我们看到，这一概念首先是由希腊人发展出来的。

"苏格拉底说，我们曾经发现家庭经济学作为一种学问的名称，它促使人们有能力去推动自己的家政。但我们将所谓的家政理解为全部财产；我们是从这种意义上去考察对每个人生活有用的事物，所谓有用，就是指一个人懂得去使用它。"[1]

家事经济又包括一位家长对其自身及其家人生计上的考虑，如养羊、酿酒、纺毛、筹划孩童教育、处置奴隶、购买与出售物品、缔结合约，以及所有需要实施的活动：犁田与收获、纺纱与织布、贮藏与分配等诸事的安排。

但这些终究是财政学者在财政学意义上的见解，亦即凡是应该受教的知识，一位好的行政官员必须掌握诸如如何养猪，如何安置人口居住，如何维持王侯家政以及如何繁荣工商业。

旧式经济团体的解体，经济生活愈益巧妙的形成，首先导致一批技术学的产生，它们的任务是仔细探究生计维持中特别困难的部分，以便于向实践者传授扎实的专门知识。一切在"法律"中反映的秩序都要在法学上进行一番学术讨论。一切技术都要在"技术学"的细节上深入探讨，无论是农业技术、材料加工、货物运输，还是商业管理以及工业事务都是如此。

如此一来，旧的经济学最终只剩下一种非法律学、非技术学的残余，我们将这种残余称为国民经济学或政治经济学。它的对象最好是从消极的方面如此给定：国民经济学（对此人们亦可使用其他名称）的对象是非法律学或各类技术学所涉及的人类生计学。从积极的方面而言，我们可以说：国民经济学是经济制度的学

---

[1]　Oeconomicus. 6. Kapitel deutsch, von M. Hodermann.

说（见下文）。这就预先表述了这一学说的方针。

第二节　国民经济学的方针

1. 人类维持其生计既然是一种社会现象，将此为对象的科学作为一个整体便是一种社会科学：在排除技术科学之后，它的一切概念必定具有社会科学的特征。

2. 如果要思考经济并科学地理解其种种现象，便只能在一个现成的历史环境中去想象它们，即当作一种一定形态的历史形象。作为一种历史的社会科学，国民经济学是先验性的学问。因此，国民经济学的所有概念也属"历史的范畴"。人们曾将此与"经济范畴"相对立，其并非社会科学的概念，而是技术学的概念（资本＝生产手段）。此等概念只能容许成为辅助概念。

3. 国民经济学的基本概念是**经济制度的概念**。这里我所指的是一种特定的经济方式，即经济生活中一种特定的组织，这种组织受一种特定的经济意识支配，并应用一种特定的技术。在经济制度的概念中经济生活由历史所决定的特征集合成为一种概念的统一体。其他所有国民经济学的概念都从属于这一上位概念或基本概念。

4. 国民经济学采用的科学方法因其研究的经济制度种类不同而不相同。但是，还是有三类不同的视角需要关注：

（1）理论的观点：在概念上纯粹把握所有的现象及其相互关联。

（2）现实的经验性观点：凭借"理论上的"认识，在时代的进程中来确定经济生活的实际形态及其变化。

在现实的经验性的考察方法中，与经济制度概念相适应的概念为经济时代的概念。此处系指一种历史时期，在这一时期中某种特定的经济制度或更确切地说：一种特定的经济制度所采用的经济方式占据主导地位。

（3）政治的观点：使一切现象适合于一种理想，并且规定实现该理想所采用的方法与途径。

第三节　本　书　的　任　务

本书系按照以上述及的原则拟就，它的任务即为：对欧洲各民族从其开端到现在的经济生活作一番寻根究底的系统描述。

对此我作如下的说明：

1. **"从其开端"**：这就是说，自民族迁徙以来，占据欧洲的各民族在自身的根基上重新发端的经济生活，这一时代大约从加洛林时代开端。

2. **"欧洲（尤其是南部、西部和中部欧洲）各民族的经济生活"**：此处补充一句，这是一致形成并一致展开的。因此这里是针对着尽可能普遍的经济现象而不是就单一国家的特殊情况提出问题。提出问题可以有两种方法：一种是依据一致性与普遍性的提问法，一种是依据差异性与特殊性的提问法，人们可以称为社会学与历史学的提问法，两者显然都是对的：它们并不相互排斥，而是互相补充。在涉及单个领域经济史的无数编著之外，本书是一部全欧经济史的首次尝试。

3. **"溯源与系统地"** 描述欧洲的 **"经济生活"**，这就意味着：经济生活中每一种个别现象都与当时占据主导地位的经济制度相对应。运用经济制度的概念以及据此形成的经济时代的概念有助于整理浩如烟海的全部材料，也只有在这两种方法的持久帮助之下，我们才能掌握这些材料。

故此，必须清晰了解曾经在 8 世纪至 19 世纪这 11 个世纪期间居主导地位的各种不同的经济制度，并首先用纯净（理想的典型）的概念加以描述。如此描述出的经济制度为：

（1）双重形态中的自足经济，即农民的和地主的自足经济；

（2）手工业；

（3）资本主义。

与这三种经济制度相适应的是三个经济时代，在过去的一千年里，这三个经济时代在欧洲相继出现。描绘这三个时代中经济生活的实际形态原本就是此书的任务。此乃描绘经济方法的首次尝试。迄今为止，除了范围狭窄的专论之外，所有包罗万象的所谓经济史不过是经济秩序史而已。无论坎宁安（Cunningham）、还是勒瓦塞（Levasseur）、伊纳马-施特内克（Inama-Sternegg）以及科瓦列夫斯基（Kowalewsky）的著作多半不过是法律史。相反，本书将会指出，操持生计在实践中是如何形成的，经济的进程在实践中是如何发生的。农民与地主、手工业者与商人的思考、愿望以及行为如何，他们各自单个的行动如何汇聚成普遍的、社会的经济这一奇特的产物，凡此种种，本书都将予以生动地展现。一个需要解决的问题是：将"丰富的见解"展现在读者的眼前，使他们深刻地体验到各种单一现象的无尽宝藏，而又令他们对整体时刻保持着清晰的总览，并且让他们确切地感觉到，可以毫不犹豫地抛弃对数千种个体的观察，而绝不至于在现实的纷乱之中迷失自己。为读者提供这种把握，一方面有赖于使所有的现象普遍且严格地适应于各类占主导地位的经济制度，另一方面有赖于对每个问题进行详细的双重讨论，即理论抽象的与实际经验的讨论。凡是我在本书中提及的：无论是手工业或资本主义、城市的形成或财产的形成、价格的形成或市场的形成、货币经济或实物交换经济，当我第一次涉及某种对象时，总是通过整体现象的理论构建来准备实际状况的经验性描述。我希望此处首次采用的方法将会证明是有效的。

4. 我为本书设定的目标是，将经济生活在其不同的形态中生动地表现出来。故此，必须首先避免梅菲斯特曾经嘲笑过的方法——可惜至今仍在流行，即：

> 谁要辨认并描绘活生生的事物，
> 却需首先将其精神驱除……

我在探讨之中，热衷于不去破坏那种维系所有生动活泼的经济的"精神纽带"，而是将这一纽带在它的总括一切的能力之中表现出来。因此，我尤为努力地找寻曾经支配一定经济时期的一种精神——这一时期的经济生活系由这一精神所产生——并追寻它所产生的效果。不同的时代，各为一种不同的经济意识所支配，而精神则赋予自身一种相应的形态并借此创造出经济组织。此为本书的基本思想。本书的第一版业已体现了这一基本观点，现在表现得更为明显，并已成为我所有阐述的主导思想。我以为，我还会常有机会来将其付诸实施。[①]

5. 然而，精神在人世间并非万能。若要精神能够依据自己的形态来塑造生活，就必须满足一定的条件。实现经济观念需要具备不可或缺的条件，本书的大部分论述正是为这样的条件提供了佐证。如同我们所知，经济生活的形态取决于其他全部文化。因此，陈述经济生活的条件便会涉及国家和精神生活的所有部门，并且大大有助于将其活生生地显现出来。

我在一处（手工业）对一种特定经济方式的条件给出了系统的描述，在另一处（资本主义）作出了溯源的描述。本书在阐释现代资本主义起源的主要章节中非常注重这种溯源的描述。

6. 在这种方式的探讨中，各种事变的历史进程一定会自然产生某种特定的分段。人们在经验范围内的时期中，会发现一种经济原则以及与其相适应的经济制度的权威性似乎是无限的；相反，在其他时期中，会看到新的经济原则在占主导地位的经济制度范围内力求获得承认。换言之，每一种新的经济原则首先必须努力在现有经济制度的框架内确立起来。为实现这一目标，这种新的经济原则将创造种种经济形态，这些形态的形成大多还要取决于另一种（目前还占有主导的）经济原则所产生的经济秩序的特征，如此，整个经济生活方能逐渐地按照它的精神得以形成。从新经济制度的立场出发，新经济原则在旧秩序范围内活动的时期

---

① 本书的第一版遭到众多的批评，批评者对我的基本观点提出异议。但他们的异议只是更加坚定我的信念，即：仅仅是我的考察方法就已经对经济组织的本质提供了一种深刻的认识。我在《资产阶级》一书中试图对各种异议进行驳斥，并为我的立场辩解。《论现代经济人的精神史》（1913），S. 3 ff.。

是其**早期**；从旧经济制度的立场来看，这一时期则是它的**后期**。二者之间是一种经济制度的**高度发达期**，在这一时期中，只有一种经济制度的精神获得纯粹的施展。对经验上确定的经济时期运用溯源的考察方法，这样的框架正是本书其后探究的基础。

文 献 总 汇

据我所知，没有一本书的思路同我一样。类似的想法最早可见于古斯塔夫·施莫勒：《政治经济学概论》（ *Grundriß der politischen Ökonomie* ），首版于 1900 年；以及卡尔·毕歇尔：《国民经济的起源》（ *Entstehung der Volkswirtschaft* ），首版于 1893 年。但是就其附录来看，这两本书大为缺乏对各国经济历史进程的系统描述。迄今为止，这样的描述只是出现在民族国家的范围之内。最重要的国家"经济史"的最著名的著作有：坎宁安：《英国工商业的兴起》，第二卷（W. Cunningham, *The growth of english industry and commerce.* 2 Vol.）；勒瓦塞：《法国工业与工业类历史》（ E. Levasseur, *Histoire des classes ouvrières et de l'indudustrie en France.* 4 Vol. ）；伊纳马-施特内克：《德意志经济史》三卷本（ Th. v. Inama-Sternegg, *Deutsche Wirtschaftsgeschichte* , 3 Bande ）。这三部著作尽管如前所述更多的是经济秩序史而并非经济生活史，但就其类别而言仍属佳作。就提问、方法以及概念的形成来看，这些书大部分业已陈旧。占据今日研究高端的是有关综合性的阐释，即 R. 科奇克：《16 世纪之前的德意志经济史学概论》，第二卷（R. Kötschke, *Deutsche Wirtschaftsgeschichte bis zum 16. Jahrhundert im Grundriß der Geschichtswissenschaft* , herausgeg, von A. Meister, Bd. II. 1 ）。

马克西姆·科瓦列夫斯基的著作，《资本主义经济形态开启之前的欧洲经济发展》（德文版，七卷本）（ Maxim Kowalewsky, *Die ökonomische Entwicklung Europas bis zum Beginn der kapitalistischen Wirtschaftsform* ）。该书并没有如书名所示那样，而纯粹是一部主要论述农业的法学史，此外同样局限于民族国家的范围以内。

上　编

前资本主义的经济

第一篇

第四章

前资本主义的经济意识

原始资料与文献

论及历史上经济生活的特殊精神，这样一类的文献几乎付诸阙如。值得一提的只有本书第一版相关章节中的争论部分，以及本人时而引证之处。除此之外，仅仅只有马克斯·韦伯在其著作《新教伦理与资本主义》（载于《社会学与社会政策档案》，第21卷）独自论及这一题目。然对这一著作随即出现众多的口诛笔伐。

因此，此处试图涉及独有原始资料的引用。下面我首先说明这些资料的特性与认识价值。

对于那些愿意打开眼界来领悟经济生活精神的人来说，这样的原始资料就会令他们思如泉涌，此外还会产生直接与间接的认知来源。对经济精神的直接经历，可以通过如下类型的资料让我们来认识经济人：

1. 自述有时会产生这样的效果：谈话、书面文告等，这些或经过系统地整理，形式为自传、遗嘱、"反省录"及类似文档。但更为大量的则是通过间接的渠道来了解经济人的心理。我们可以将这一类型归结为间接的认知来源。此类可见如下。

2. 经济人的广义"作品"，其中含有其精神的类似"印记"。我想到的是他们所创设的普遍性组织：乡村设施、工厂企业、交通企业；技术型设施：工场设施、劳动手段、铁路、灌溉、运河及港口设施等；为实现经济目标的特别措施：会计制度、福利机构、开发的进度；经济生活的节奏：经济实体的迅速形成与迅速扩张以及类似更多种类。

3. 法律规范：有关自由自主决定、竞争、广告、价格形成、利息收入等的规定。

4. 习俗：宗教性或世俗性风俗。可将一切批判性表现归属此类：讽刺作品、抗争性作品、改革倡议等。

5. 时代镜像：舆论，各种职业（商业！）在整体或某一特定阶层（争取贵族地位！）中间的影响；文学、艺术及科学；喜好"取向"类型与方式的特征描述。

6. 各种类型居民相互之间的社会地位：和平相处、敌对态度（例如工人与企业主）、宗法关系、职业规矩。

7. 政治形态：个体经济意识在其中的反映，实力政治还是自由贸易，诸如此类。

从上述源头获取的认知价值是多种多样的，对此毋庸置疑。

自述类资料（上述第一类）十分罕见，数量稀少。这类资料或许会对正确理解某种事态具有重大的作用，但多半需要在其字里行间下番功夫。尤其是处理设定类型的系统性表现时更要谨慎小心。一些著名的经济人自传或回忆录（为数甚多）的作者自然总是体现出他们非常忘我、一心为众服务的形象，而远离其赚钱的一面。有些人也会诚实地对待自己，这样的传记理所当然地为我们提供了最佳启迪。值得注意的是，如此系统的自述类资料往往出自非常优秀的人士，因此，我们若想将其成就与见解普遍化时，需要注意将他们的超人形象还原为常人。

在其他原始资料中最为可靠的是经济主体的"作品"之类（上述第二类）。起码他们从不撒谎。

上述第三与第四类提及的原始资料十分重要，但使用这些资料特别危险，因为有些学者根本不想承认这些资料可以作为依据来解读一些诸如时代"精神"的特定事态。例如，我曾想摘选一些行会规章或评论及改革建议，比如用齐格蒙特国王的改革来阐释中世纪手工业者的思路，这一做法当时便遭到许多批评者的抨击。因此，以下我列举一些此类原始资料及其用途：

通常发生的谬误并非因为试图从那些原始资料中汲取认识，而是因为人们试图获得的这种认识本身就是谬误。例如，人们不会试图通过刑法法典去了解偷盗行为的类型与性向，或凭借工商管理规章来获知劳动者的现状。正确的做法显然是，从这些法规中来熟知当下有关偷盗与保护劳动者的通行观点。当然，法规中的条文或（涉及类似规章的）论战文献中的观点可能"过时"并且不再符合当下的"时代精神"。如此人们便可对此作出判断，特别是借助反对方的意见。例如，一个当代的历史撰稿人倘若并不十分蠢笨的话，便会从中间阶层的文献中了解到，在德国依然有为数甚多的人群仍然抱持手工业者的想法，然而他必然也会断定，如同权威文献所显示，亦如立法与行政管理规定实施的当代基本观点并非如此，而是一种资本主义的精神。至于支配中世纪经济生活的那种精神，我们则必须作出相反的断定。固然，当时的确时刻存在着反对手工业的行为与想法，要求制定习俗规范并确立法律规章，这样的集结都针对着中世纪晚期。然而，这些都属于违规行为，并招致"时代精神"（参见上述第五类）的谴责。此类行径从时代精神角度看皆属反叛，而无人敢于为其辩解。抑或在整个中世纪时期存在着唯一的疏忽，即放飞自我、责任自负，从而不受限制地追逐盈利这样一种原则？

　　*　　　*　　　*

　　在资本主义产生之前，处于一切烦劳与操持中心的是有生命的人。人乃"一切事物的标准"。由此也决定了人对经济的地位：如同人类其他事业一样，经济服从于人类的目的。[①]

　　所以，从这一观点出发的一种重要的结论为：一切经济活动的出发点是人的需求，亦即，人对天然物品的需求。他们消费多少物品，就必须生产多少；他们付出多少，就必须收入多少。首先产生支出，然后决定收入。我称此种经济方式为**支出经济**（Ausgabenwirtschaft）。就此意义而言，一切前资本主义与前市民的经济皆为支出经济。

　　需求本身并非由个人随意决定，而是在时代进程中各个社会团体内部所采用的一定数量与种类，尔后这样的数量与种类就被视为一种恒量。此为**合乎身份的生计观念**，在一切前资本主义的经济方式中这一观念占据着支配地位。在缓慢发展的生活中形成的这些事物，其后从法律与道德的权威那里获得原则性的承认与规范性的尊严地位。在托马斯的学说中，合乎身份的生计观念构成一种重要的基石：人类与外部物品世界的关系受到某种制约，并服从某一标准，这是必要的：对于外部物品，人类的能力受到某种制约，此乃必然。这种标准成为一种合乎身份的生计依据，必须依照其条件去安排他的生活。[②]

　　生计应当与身份相符。因而不同的身份便有不同的数量与不同的种类。因为有两种阶层十分明显地相互对立，他们之间的生活方式标志着前资本主义的生存状态：主人与民众、富人与穷人、领主与农民、手工业者与小商贩，前一类过着自由、独立的生活，而无需从事经济劳动，后者则汗流浃背地挣取面包，即为经济人。

　　一位领主的生存意味着富足的生活，还能养活众人；意味着在战争与狩猎中消磨白日，在酗酒的享乐圈里或在掷骰豪赌中或在美女的怀抱里欢度良宵；意味着建造宫殿与教堂，意味着在竞技场或其他盛典仪式中炫耀华丽与挥霍，意味着在财力许可及超出限度之外铺张奢靡。支出总是超过收入。于是必须设法相应地

---

　　① „Divitiae comparantur ad oeconomicam non sicut finis ultimus, sed sicut instrumenta quaedam, ut dicitur in I. Pol. Finis autem ultimus oeconomice est totum bene vivere secundum domesticam conversationem." S. Thom. S. th. II^a II^ae qu. 50a. 3. Vgl die Anmerkung auf S. 32.

　　② 主要部分可见：圣托马斯·阿奎那（S. Thomas）在《神学大全》中"II^a II^ae qu. 118 第 1 条"；在新版《全集》（Romae 1886）的版本中，我总是引用如下一段：„Bona exteriora habent rationem utilium ad finem, —: Unde necesse est, quod bonum hominis circa ea consistat in quadam mensura: dum scilicet homo secundum aliquam mensuram quaerit habere exteriores divitias, prout sunt necessaria ad vitam eius secundum suam conditionem. Et ideo in excessu huius mensurae consistit peccatum: dum scilicet aliquis supra debitum modum vult acquirere vel retinere. Qaod pertinet ad rationem avaritiae quae definitur esse immoderatus amor habendi." Von dem Glossator Card. Caietanus Werden diese Leitsätze verteidigt und wie folgt erkläart: „vitae intelligo non solum cibum et potum, sed quaecunque opportuna commoda et delectabilia, salva honestate"。

增加收入：管事人必须提高农户的佃租，会计必须增加课税，抑或再动脑筋（如同我们还会看到的那样）在通常获取的经济物品范围之外来填补亏空。领主鄙视金钱。金钱是肮脏的，正如一切营利行为是肮脏的一样。金钱是用来花费的[1]："使用货币就是在花费货币"（S. 托马斯）。

世俗的领主就是这样生活，在长时期里神职大人物们也是如此生活。阿贝尔蒂（L. B. Alberti）下面的这一段描述提供了一幅清晰的图景，让我们了解 15 世纪佛罗伦萨教士的显贵生活，这可以视为前资本主义时代富人们所有生活的典范："教士们想在靓丽与华贵的展示中胜过其他所有人，他们想拥有大批精心打扮且装饰华丽的骏马，他们想率领大批随从出现在公众面前，他们越来越想日复一日地无所事事，沉湎于厚颜无耻的荒淫放荡之中。命运虽然已经给他们提供了大笔财富，他们仍然并不满足，也不想积蓄，不想节俭，而只是一心一意地盘算着如何满足自己业已激发的贪欲。收入总是不足，支出总是大于正常的收入。所以他们必须寻找可以搜刮之处"，等等。

在前资本主义时代，广大的民众同样如此，因为供他们使用的物品总是有限，他们必须将支出与收入、需求与物品筹措相互之间整理成为一种持久有序的关系。这里当然同样也是需求在先，需求是由传统固定下来的，必须满足。由此便导向一种**糊口观念**，此种观念在前资本主义所有各种经济形态上刻下烙印。

糊口观念起源于欧洲森林里年轻民族的定居人群之中。其想法是，每个农家应有若干宅地，若干农地，在公共草场及森林中应有若干份额，这些皆按其生计的需要为限。此类生产场地与生产手段的集合体原是旧德意志的"胡符"[2]，在日耳曼的乡村耕地中——我们以下还会看到——胡符曾达到其完善的形态，但就其基本观念而言，在凯尔特与斯拉夫民族的所有定居点中也一再出现。这就意味着：个体经济的种类与范围取决于假定需求的种类与范围。经济的所有目的是在满足这种需求。我将此称为：经济从属于满足需求的原则。

由此，糊口观念便从农民的见识范围转移到工业生产、商业与交通上，在这些经济领域依照手工业方式组织的时候，这样的观念曾支配着他们的精神。有关这些我们也将一一加以检验。

先前我就曾发表过以上类似的想法，但遭到人们的责难，他们称：在某个时代人类仅仅满足于生计，仅仅为了"养家糊口"，仅仅满足于传统的天然需求，这种看法完全颠倒事实。事实是，在所有时代"人类的本性"都在于尽可能多地赚取，尽可能地致富。今天我仍然一如既往并且更加坚定地认为，前资本主义时代的经济生活就是受制于满足需求的原则，当时的农民和手工业者除了寻求糊口之

---

[1]　Vgl. unch mein Buch „Luxus und kapitalismns" (1912) S. 102ff.

[2]　德意志农户占有的土地计量单位，大小因地区而异，约合 7—15 公顷。——译者

外再也没有其他任何正常经济活动。他们反对我的观点的理由，能够列举的主要是两点，然而二者均无说服力：

1. 当时总是有些手工业者超出了"糊口"的范围，扩大了他们的活动并且通过经济活动追逐盈利。此说有理。但这只是在证明，规律总是有例外，而且这些例外恰恰在印证规律。读者想必还会记得，我曾提到某种精神占"主导地位"这一概念。但是从来未曾出现一种精神占据统治地位这一现象。

2. 欧洲中世纪的历史告诉我们，所有时代在经济人的巨大范围内都普遍存在着强烈的金钱贪欲。对此我也认可。我本人将在以后的论述过程中谈到这种日益增强的金钱贪欲。但是我断言，此种现象并不能从根本上动摇前资本主义时代经济生活的精神命题。对于前资本主义时代经济中所有那些摒弃营利的精神来说，这正好再一次证明，除了物品生产、物品运输甚至大部分物品交易以外，所有的营利兴致以及金钱欲望皆为从中获取满足。有人奔向矿山，有人挖掘宝藏，有人从事炼金术及形形色色的把戏来赚钱，有人借贷生息，这些都是在日常经济中无法做到的。亚里士多德对前资本主义经济的本质有着最为深切的认识，因而并不将超出天然需求范围之外的挣钱行为归类于经济活动，这一判断实在恰如其分。同样，腰缠万贯也并不能算作经济目的：只有维持生计才是经济行为，而富有则只能是经济活动之外"不道德的"行径。一切经济行为皆有尺度与界限，赚钱则并非如此。

倘若我们现在要问，农民和手工业者究竟是在何种精神指导下依据此种定理从事经济活动，我们只需想一下，在完成所有劳动——指导性、有组织的、处置安排以及实施工作——中是谁在担负（或是自行承担或由少量助手担当）经济主体。他们是平常的普通人，具有坚强的动力，强烈的情感气质，但智力并不发达。当年那些乡村人不仅思想不完备，精神力量亦有欠缺并且缺乏精神训练，即使城里人——在数百年里这些城市也还是组织上发育的大型乡村——亦皆如此。有关此种人，我们在其他文化领域亦可发现他们并不发达的智力。凯特根（Keutgen）曾就中世纪法律形成的方式有过精巧的说法："问题只是在于缺乏精神活力，我们在当年制定法律时常有发现，此种状况乃是起源于那些不习惯强烈脑力劳动的人……对此，只需回想一下，在考察法律生活的各个领域时我们旧时的城市法规呈现出何等惊人的漏洞。"[1]

在经济领域也存在着相似之处：有关计算、数量的精准测量以及数据符号的正确使用，此类意识都很薄弱。

另一方面，在经济主体与物资之间纯粹质量的关系上，同样也缺乏这种计算意识。人们还没有（用今天的术语来说）产出（纯粹由数量决定的）交换价值，

---

[1]　Friedrich Keutgen, Ämter und Zünfte（1903）, 84.

而是仅仅生产日用品，即在质量上不同的物件。

真正农民的劳动恰恰同真正的手工业者的劳动一样，是寂寞的业务：在静悄悄的沉寂中从事自己的作业。他在自己的工作中生活，犹如艺术家一样，他最喜爱的是丝毫不受市场的操纵。在农妇的痛哭声中从厩棚里牵出可爱的牛马，送往屠宰场；当小商贩要收购老农的烟袋锅时，他却极力争持。但要是在市场上出卖（在流通经济的组合中，这至少是一种惯例），作业者的物品理当受到尊重。农民和手工业者一样，立身在他们产品的后面；他们凭借行家的体面代表着自己的产品。这一事实足以表明——例如——所有手工业者厌恶伪造品甚至代用品的原因，也足以说明他们为何反对粗制滥造。

前资本主义时代经济人的意志力与其精神力一样欠发达。这一点在经济活动的缓慢进展上看得出来。他们尤其是首先尽可能地与意志力保持距离。只要能够"歇班"就歇班。他们在精神上与经济活动的关系，有些像孩童对待上学一样，能不上学就不上。至于对经济或经济性劳动的喜爱，连影子都看不到。我们可以从以下众所周知的事实中径直推导出这种基本情调，即在前资本主义所有时期，每年的节庆假日非常之多。H. 皮茨（H. Peetz）曾就 16 世纪期间巴伐利亚采矿业数量甚多的节假日列出一项精彩的概览[1]，依据不同情况有：

203 天中有	…………………	123 天休息日
161 天中有	…………………	99 天休息日
287 天中有	…………………	193 天休息日
366 天中有	…………………	260 天休息日
366 天中有	…………………	263 天休息日

即便是在劳动期间，人们也是不急不忙。若要在很短时间或一定时间里生产或完成很多物品的话，人们简直没有兴趣。生产期限的长短取决于两个因素：对工作妥善完成的要求及劳动者本人的自然需求。物品生产是活人的一种行为，他们在自己的工作中"活着"；因此，这样的生产遵循着这种血肉之躯的法则，正如一棵树的生长过程或一种动物的生殖行为一样，因其内在的必要性来接受方向、目标与限度。

如同上述劳动节奏一样，当各种单一的工作组合成一体的职业时，唯有人类的本性及其要求才是决定性因素。人是一切事物的标准，在这里同样适用。

经济行为这样一种极度个性化的方式符合经验论，或如新近所称的传统主义。以经验的、传统的方式从事经济；这意味着，这样的方式是相传的、学过的以及

---

① H. Peetz, Volkswissenschaftliche Studien（1885），186 ff.

习以为常的。人们在决定一项行为或措施时，首先并不向前看，不专注目标，也不关注是否切合目的，却向后看，去找寻过往的样板、模式与经验。

我们必须清楚，这种传统的行为完全是一切自然人的行为，在早先时代，在人类生存中的一切文化领域，这种行为占据优势地位，原因应从人类自身的本性去寻求，最终根植于人类心灵中固守惯性的强烈倾向。

从出生开始，也许还要更早一些，我们就被周边环境——我们所面对的一种适宜的权威——驱入一种能力与意志的特定潮流之中：父母与老师的所有告知、教诲、行动、情感和见解首先都立即为我们所接受。"一个人愈不发达，愈会屈从于榜样、传统、权威及暗示的威力之下。"[1]

在人类的生命进程中，还有第二种同样强大的势力与这种传统势力联系在一起，即习惯势力，习惯势力总是让人们喜欢去做他曾做过的事，他因此而"能够"做的事，习惯势力同样让他坚持去走他曾经走过的途径。

滕尼斯[2]称习惯缘起于经验的意志或喜好，此说可谓十分精妙。一些原本不受待见或冷遇的观念，与原先就受人喜爱的观念接近并混合在一起，进而被接受，最终进入生活的循环之中，仿佛成为与生俱来的习惯。经验就是练习，此处的练习即为受教活动。练习起初是困难的，但经过多次重复，便会容易起来，起初不安全与不确定的动作变成安全与定型的动作，从而形成特殊的器官与力量的储备。但是，活动的人总是一再被引诱去重复那些他们认为容易做成，亦即停留在已经学过的事情上，而对于新鲜事物则采取一种满不在乎乃至敌视的态度，简言之传统主义。

然而，也会出现一种现象——对此费尔坎特言之有理，即某一群体中一位个体成员，为显示其尊严地位特别致力于维护该群体的优异文化物品。但产生的效果却又证明，单个人在原则上不会寻求创新，而宁愿去完成旧的事物。

形形色色的力量仿佛在驱使原始人进入现成文化的轨道上，并影响他们的整体精神文化走向一定的方向："自发、主动和独立，凡此种种能力其实微不足道，面对通行的法则会更加虚弱不堪，此时，天资只有延续旧章才能得以施展，否则就会枯萎。"[3]

生存者的观念是在空间范围里将惯性与效用二者并列，而前资本主义经济生活与前资本主义文化生活的所有个性正是在这样一种基本观念中获取了内在的一致性。那个时代的最高理想——与在最终完美的境界中照亮圣托马斯的奇异体系

① 　A. Vierkandt, Die Stetigkeit im Kulturwandel（1908），103 ff.，该书对"传统主义"这一主题提出很多细致的阐述。当然，前资本主义时代欧洲人的心理与"新自然民族"的心理之间存在着某种很大程度的相似性；亦参见 S. 120 ff.。

② 　F. Tönnies, Gemeinschaft und Gesellschaft, 2. Aufl. 1912. S. 112 f.

③ 　A. Vierkandt a. a. O. S. 105.

一样——是将自我静修并从内心深处实现完美升华的个体灵魂视为有生命的人类的有机组成部分。所有的生活要求与所有的生活方式都适应于这样的理想。人类在一定的职业与阶层中的固定划分与此理想相适应，这些职业与阶层在与整体的共同关系上都被视为具有同等价值，并为每一个体呈现固定的形态，他便可以在这样的形态中来完善自身的存在。满足需求的原则与传统主义原则，二者皆为惯性的原则，并且成为经济生活的指导思想。这一指导思想与前述理想相适应。前资本主义生存的基本特征是安全宁静，此为一切有机生命所特有。

第二篇

自足经济时代

第五章

中世纪早期欧洲物质文化的状况

查理大帝在索布兰（Sorbenland）一带的旅行与征战途中，在往罗马与伦西瓦尔（Roncevall）的途中，倘若他愿意用自己那双歌德式的眼睛来搜集旅途感受的话，倘若他愿意用一幅图像来描绘他所结识的人们的生活方式，尤其是他们的物质生存及其基础的话，我相信结果当是同样的模式。尽管在易北河沿岸的人居住在圆形的乡村中，使用锄犁来耕作他们的方形田地，尽管莱茵河口一带的宗族居住在密集的乡村中，使用轮犁去翻种他们纵横交错的长块土地，无论他们居住在威悉河畔、法国西部、阿尔卑斯山谷以及其他一些偏僻的乡村，还是集居在阿尔卑斯山另一面城市般鳞次栉比的乡村里。这些仅仅是表面现象，仿佛只是他们生存的外表形态。而他们文化的内在特征的一致性却大于差异性。倘若我们不把时间跨度拉得太窄，而是以几个世纪——大约是 8、9、10 世纪——作为考察的依据，那么，至少可以从那个时代的实际生存条件中发现许多肯定同样的基本特征，这些特征为那个时代刻下强烈的印记，令其彰显出与此前及此后时代之间的明显差异。

那个时代欧洲所有地方物质文化的一般属性大致相同。由此特别意味着，文化是原始的，并且具有纯粹乡村的烙印。在法兰克王国广大的国土范围没有城市，没有城市生活。凡是罗马文化尚未推及到的地方无疑都是如此；即使曾经归属罗马世界帝国的地方也是如此。早在 4 世纪时繁荣的莱茵地区的罗马人城市几已消失殆尽。公元311 年攸墨涅斯（Eumenius）笔下的勃艮第（Burgundisch）与洛林（Lothringisch）地区的景色为：没有耕作、污秽、荒芜及阴暗，甚至军用道路亦已破败。①同时代的另一位作家大肆称赞这也许夸张的笔调，并告诉我们莱茵河谷一带的状况：没有任何城市。②沃尔姆斯（Worms）与美因茨（Mainz）在 406 年招致摧毁③，莱茵河右岸与莱茵河口的诸座罗马城市则已在 4 世纪毁灭④。

---

① Eumenius Pan. In Constant. Recueil des Hist. des Gaules etc. 1, 718.

② „Per quos tractus—von Mainz bis Cöln—nec civitas ulla visitur nee castellum nisi quod apud Confluentes … Rimomagum oppidum est et una prope ipsam Coloniam turris". Amm. Marc. 16, 3.

③ Hieron. ep. 123 ad Ageruchiam ed. Vallarsi 1766 zit. 参见：S. Rietschel, Die Civitas auf deutschem Boden bis zum Ausgang der Karolingerzeit（1894），32。

④ Rietschel, a. a. O. 33.

尽管这些城市的建筑物多遭破坏，但从建筑学角度来看，我们并不能认为这些城市本身已经完全毁灭：各种神殿和圆形露天剧场变成受人喜爱的采石场，一些修道院院长用以作为修道院与教堂的建筑材料①。但是仍有许多城市显示出罗马人时代那种城墙特征②。维也纳也是如此。还有些建筑物一直保留至今。重要的是：在文化上，尤其是在经济上，这些城市简直形同消失。因为在加洛林时代，在那些还遗留下来的城墙背后，城里居住的人同城外一样，都是农民。"没有任何理由可以认为，在主教所在地和筑有防御工事之处的居民状况会不同于乡村……那里也是同乡村一样的边区村社……"③因地名不同又有什么美因茨村社、沃尔姆斯村社、宾根村社之类的叫法。一位阿拉伯人在 10 世纪或 11 世纪游历德意志时，发现美因茨仍然是一座城市，一部分住人，其余部分则为农地④。

斯特拉斯堡（Strassburg）的旧城——老的阿根托拉托斯（Argentoratus）——845 年时仍有一部分无人居住。听说圣斯蒂芬（St. Stephan）教堂是在"瓦砾与废墟上"建造起来的。

即便是沿多瑙河的罗马人要塞，从巴达瓦（Batava Castra）至塞尔密安（Sirmium）包括维多波纳（Vindobona）都变成了瓦砾场。⑤

罗马其他殖民地的状况大多相差不远⑥，即使意大利本土也是如此。这里的城市在长达几个世纪的退化过程中已经逐渐丧失自身的特色。各座城市早就不是产业生活或资本形成不可或缺的中心，也并非不可或缺的市场区位。从后期帝政时代以来，它们面向帝国已经"不过是作为一种吸血器来服务于国家税务当局的利益"⑦。然而，随着罗马帝国覆灭这样的功能也已丧失，作为一种建筑现象这些城市也开始日复一日地消失。长期的哥特战争，尤其是伦巴德人（Longobarden）的入侵最终使它们沦为余烬。从伦巴德王公那里我们听说，他们将所占领的城市——帕多瓦（Padova）、格里莫那（Cremona）、曼托瓦（Mantova），从塔西（Tuscien）的鲁尼（Luni）到法兰克的边界，以及其他许多城市——彻底摧毁。国王罗塔里（Rothari）还有国王阿基鲁夫（Agilulf）同样如此："从根本上破坏它们"；"征服它们并加以破坏；彻底破坏这些不堪的城市的墙壁，让它们变成乡村"；"下令将这些城市称为乡村"⑧。它们在经济上的意义其实早就如此，即为农业人口的居住地。不仅日耳曼的占领区域——在这里新文化的农业特征表现得最

① Siehedie Stellen bei K. Lamprecht, Deutsches Wirtschaftsleben im Mittelalter, 3 Teile in 4 Bänden 1884（zit. D. W. L.），1, 78.

② 例如科隆可以参见：L. Ennen, Gesch. der Stadt C, 5 Bände 1863 bis 1880, 1, 81。

③ Rietschel, Civitas, 85. 亦有证据表明，在当时的"城市"里也有农业用地。参照：本书第十章。

④ G. Jacob, Ein arabischer Berichtsatter aus dem 10. oder 11. Jahrhundert usw.（1890），13.

⑤ Hans v. Voltelini, Die Anfänge der Stadt Wien（1913），8/9.

⑥ 关于法国城市的命运，可见：Flach, Origines de l'ancienne France 2（1893），237 ff. und passim。

⑦ Max Weber, Rom. Agrargeschichte（1891），S. 267，该书系此进程的最佳阐述。

⑧ Fredegarius Chron. o. 71；vgl. Paul. Diac. IV, c. 28. 24. 28. 46.

为明显（我还将述及此点）：如此，即使在总督的要塞中，甚至在威尼斯沿岸沙丘的军事设施里，也不会出现不同的情景①，只是前者原本就是地主的居住地，它们自 7 世纪以来已经成为当地一种决定性的势力。

至于乡间，人口则极为稀少；在少数乡村、小村落和大宅邸之间的广大地带为荒芜之地：沼泽与森林，成百的狼群栖息其间。②意大利呈现出一幅荒废的图景：排灌设施败坏；因此以往茂盛的农田此时已经变成旱地与沼泽（像意大利这样一个耕作精巧的国家在遭受疏失乃至于破坏的双重厄运）："领地被人遗弃，耕作人逃亡一空，地方荒凉，没有地主在居住，我们的居所在以其末日公之于世！"③保罗·狄亚康（Paulus Diaconus）④同样也说到"广大的居住地带至今为人所弃……"于是，沼泽延伸到荒芜的农地，结果是疟疾乘机而出⑤，抑或树木与灌木扎根，形成巨大的森林。据史实资料所载，这样的森林出现在：贝尼温特、雷佐-埃米利阿、摩德纳、帕维亚、博洛尼亚、帕尔玛、费拉腊、维罗拉（诺加拉大森林位于此处）以及其他地方⑥，但是，如今这些地方已经没有任何森林的痕迹可寻。

当西班牙边区并入法兰克王国之时，西班牙曾有大片休闲地带⑦。法国⑧与德意志⑨当然也有巨大的森林。

所以，人口非常稀少，这一点几乎无需强调。

可惜的是，对于当年的人口密度，哪怕仅仅是近似准确的数值也难以确定。但是上述征兆，连同一系列静态的地志学研究著作⑩，无疑可以断定人口的数字非常之低。

---

① Ludo M. Hartmann, Gesch. Ital. im Mittelalter, 1898 ff., II, 2, 100. 105 ff.

② 关于阿基坦，可见圣贝尔蒂乌 846 年编年史的记载，„Luporum incursio inferiorum Galliae partium homines audentissime devorat, sed et in partibus Aquitaniae in modum exercitus usque ad trecentos ferme conglobata et per viam facto agmine gradientes, volentibusque resistere fortiter unanimiterque contrastare feruntur." Prudentii Trecensis Ann. s. a. 846. MG. SS. 1, 442。

③ Gregorii M., Dial. III c. 38.

④ 约 720—779，伦巴德历史学家。——译者

⑤ L. N. Muratori, Ant. It. M. iE., t. II. Diss., XXI, p. 154. 164. 171. 180；G. Verci, Storia della Marca trivigiana 1 (1786) Poe. No. IV.

⑥ Muratori, 1. c. p. 150. 164. 171. 180."佛罗伦萨-菲索尔地区森林丰富"的证据可见：Rob. Davidsohn, Forschungen zur älteren Geschichte von Florenz, 1 (1896), S. 36 f.: bis ins 11. Jahrhundert hinein。

⑦ 证据可见：M. Kowalewsky, Die ökonomische Entwicklung Europas, deutsch 1901 ff., 3, 431。

⑧ 在当时的所有捐赠中，森林占了该地区的最大部分。

⑨ 证据可见：K. Th. Inama-Sternegg, Deutsche Wirtschaftsgeschichte 1879 ff. (zit. D. W. G.), 1, 215；Lamprecht, DWL. 1, 94. Über die „solitudines" in Bayern siehe Th. Bitterauf, Die Traditionen des Hochstifts Freising, 1. Bd. (744—926) (Quellen und Erörterungen zur bayer. und deutschen Geschichte, N. F. IV. Bd. [1905] S. LXXXI)。

⑩ 有关这一方面的研究可见：Lamprecht im 1. Bande seines DWL., ferner die sehr gewissenhaften Arbeiten von F. Will. Maitland, Domesday Book and Beyond (1897) p. 20 f.。

第六章

乡村经济

文　献

本章关于欧洲中世纪乡村经济的阐述基本上依据所谓"旧时的"研究著作所提供的情景。此处特别感谢以下诸位：v. 毛雷尔（v. Maurcer）、兰道（Landau）、杰拉尔德（Guérard）、迈岑（Meitzen）、v. 伊纳马（v. Inama）、兰布莱希特（Lamprecht）、吉尔克（Gierke）以及泽波姆（Seebohm）。我的叙述主要是依据上述学者的著作，因此便不会在书中再列出原始资料。近几十年里，这一做法一再受到批评，具体如——此处只是列举"新派"学者中最重要的代表——卡洛（Caro）、维蒂希（Wittich）、R. 希尔德布兰特（R. Hildebrand）、S. 里切尔（S. Rietschel）、约翰内斯·雷歇尔（Joh. Reichel）、塞维宁（Thévenin）、富斯特尔·德·库兰热（Fustel de Coulanges）、塔玛希阿（Tamassia），最后还有冯·多布施（von Dopsch）。至于这些批评者的论点何在，无论我们如何努力终不能将其归纳成一致性的全貌。因此，我在此处对这场争论并不想逐一深究。就我看来，即使"新派"学者在所有问题上还在维护其立场，也无论如何不会对我们主要感兴趣的旧式乡村经济的基本特征产生什么影响。因为当年的胡符是否同样规模，胡符与边区是自主行为抑或为地主形态，在我看来，这些都丝毫无法改变我的看法，即中世纪乡村经济组织的本质为：从基本上经济自主、满足需求向规模不等的自足经济、私有经济发展，并且在部分地区形成一种共有经济组织。

*　　　　*　　　　*

在这种环境中，**经济生活**是如何形成的？那些世纪的人是在何种形态中维持自己的生计？

从当年的经济状况中，我们可以明显区分出两种不同的组织——这也是我们试图继续考察的，即：村社中的农民经济和地主领地中的庄园经济。

在我们所知的时代，欧洲（俄罗斯边界的西部）各民族早就长时期地定居下来了。除去古老的文化民族以外，就是日耳曼人自公元初期的几个世纪以来，也已固定居住并且从事农业，斯拉夫人自迁徙以来，同样也在德意志的自由邦中完成了向定居的过渡阶段，最后（约在 600 年），爱尔兰的凯尔特人也从游牧民族转变为农民。若干世纪以来，各民族的重大特征业已不复存在。欧洲的农业开始稳定下来，并且在种种固定的形态——田地的耕作者在永久确定的居住地中所保持的状态——中得以发展起来。

此等居住地的形态——如同我曾经提及的一样——非常繁杂，而且——纯粹就表象而言——欧洲的农业首先呈现出五光十色的景象，尤其是不同的国籍和不同的民族相继栖居在同一地区，他们对居住地形态的塑造产生了持久的影响。

在唯一一种民族迁居的地方，如同人们所知[①]，唯有欧洲很小一块地带，即在易北河、威悉河、中央山脉与北海之间的低地德意志，此乃唯一的纯粹德意志区域；以及爱尔兰：此为唯一的纯凯尔特人区域。至于其他所有区域皆为各种民族来往之地，他们留下了自身的文化，犹如地质地层学一样。

谈到欧洲的居住地，主要涉及的是罗马人、凯尔特人、日耳曼人与斯拉夫人各民族的不同居住地方式。欧洲这块地方都分配给了他们，而且一直延伸到我们所环顾的时代，至易北河为止的德意志地区为斯拉夫人居住，其他地区部分为德意志人，部分为凯尔特人居住，法国和大不列颠同样也为凯尔特人与日耳曼人混合居住，而阿尔卑斯山南部——若不是原有残余的居住地的话——则是罗马百人团分配地与德意志乡村居住地相伴。[②]

对上述四种民族居住地的基本特征进行描述，并非我为本书提出的任务。我仅仅对各居住地形态所特有的标志作出简单的表述，至于其他各点，则请读者参见梅岑的著作。

斯拉夫人的居住地：源自家庭组合。农民居住在圆形的乡村，周边都是各家的宅院。由此辐射展开各个农家的地产，每家占据一块。

凯尔特人的居住地：源自宗族的组织。在属于农民所有的整个区块，各家宅地形成一块圆形组合。

日耳曼人的居住地：建立在互助合作的基础之上。农民村社居住在不规则的密集型乡村中。每户农家的田地沿着田垄散布在所谓的各处耕地，由此称为耕地乡村。

罗马人的居住地：在城市式的乡村中，其中石造的房屋墙壁互相连接。尤其

---

① 有关所有定居问题取之不尽的丰富来源是奥古斯特·梅岑的著作：*Siedelung und Agrarwesen der Westgermanen und Ostgermanen*, der Kelten, Römer, Finnen und Slaven. 3 Bde. und Atlasband. 1895。——在他的调查范围之内，我们的研究便是在安全的基础上进行；在这种调查不及之处，我们对这些事情的研究通常也告止步。这确实是真实情况——不幸的是！——阿尔卑斯山以南地区即属此类。

② 参照：在梅岑的地图集中可以看到概览图，其中用图形显示了不同居住区的地理分布，至少在阿尔卑斯山以北的欧洲是如此。

是殖民地的百人团居住地为有规律的长方形，每户为200约格那。①

　　这里我感到需要指出，当时的农民经济——尽管居住地类型从外表来看多么不同——无论东西南北在本质上都很相似，呈现出极大的一致性，其中部分是基于"事物的本性"②。

　　对于任何一种社会形体——如同它作为一定的经济制度一样——倘若要在其有机的统一体与特性中加以理解的话，如同我们所知，就必须探寻导致其产生并持续存在其中的那种指导观念：此种指导观念无非就是掌握决定权的集团所追求的利益，此种利益汇聚成一体化的思想，并且在意识上反映出来。

　　决定欧洲所有民族各自特色居住地的，不过只是游牧民族的同伴鉴于土地日益短缺以及富裕的畜牧主日益加剧的侵害，为确保其生存而努力的结果。后来，人们将这种努力称为"糊口"观念。

　　在形成定居地的早期时代中，经营经济的客观条件可作如下想象：

　　1. 土地：对于游牧民族诚然紧缺，但对于粗放式的农业却十分充足；

　　2. 技术：无论是农业、畜牧业，还是工业，或者运输业技术都是原始的；

　　3. 人口：极为稀少，就其各自群体而言还受到血缘关系的约束，因此，若要实现"糊口观念"必然会导致产生一种经济规章，事实上，我们从欧洲各民族的幼年时代就已经看到这一点。

　　居住地是在这样一类土地上实现的，此类土地为一群有血缘关系的游牧民族家庭所共有，并且一直为居住者共同使用。经济的重心由畜牧业转向农业。为此目的，每个家庭获取一块土地专有使用——或长期或暂时：土地的大小足够维持耕作者传统的生计并可雇用劳动力，这些劳动力还可借助耕畜的支持。农田地块应尽可能同样大，同等好。这样的地产有很多叫法，在很多地方称作"犁耕"，犁田，或家庭所有、家庭土地或干脆称作家庭。

　　每个农户保有一块适应其需求与劳动力的地产，这样的基本观念同等地反映在所有民族之中。这一观念在德意志的胡符形制③中极为细致地得以体现；但事实上，"（凯尔特人的）单个农院也构成大小不同的农地，其中的想法同样是：足以养育一家农户的生产能力"。我们也在法国的文书中发现用"家庭农地"这一术语来称呼塔特斯（Tates）。斯拉夫人的泽基尼地产（Dzedzinengüter）也同样如此。

　　在所有的居住地形态中，农村土地的总面积里总有相当大的一块没有分配给单个的农家，而是整个村社共同所有，即为共有产业。在乡村土地中这一部分便成为一种共同的经济经营的基石，多半作为畜牧场。其中的理由主要是，在早期

---

　　① 此计量单位名称无从查找。——译者

　　② G. Haussen, Agrarhistorische Abhandlungen 2 Bde. 1880. 84；1, 497.

　　③ Hufe，德意志农户占有的土地计量单位，大小因地而异，约合7—15公顷。——译者

那种年代，除集体经营畜牧业外，其他形式不被允许。这种原始的畜牧业又与原始的农业相适应。我们可以如此认定，即定居后最初实行的农田制度是一种颇为粗糙的田野经济，抑或为一种全然原始的单一作业经济。

一个乡镇成员内部的共同关系起源于亲属血统以及由此产生的共同情感——从而形成如滕尼斯所指的"共同体"①，因而在经济上表现为整个乡镇的自立与各个农家的相互依赖性，对外则几乎没有往来。在原始乡村的设施中，各村之间并没有通行的道路。整个生存封闭在乡野的狭窄范围之内。每户家庭既然要在自己的乡土上自立谋生，便自然会产生一种调节生产的原则：满足自身的天然需求。

这种**满足需求的原则**规定各人在村社收益中的份额：每人可以获取他所需要的数量（至少在起始时期是如此），但不得出售。

同一原则也决定了获取产品的范围，即通常的营养食品与纺织材料等。

同一原则也适用于早先时代农民自然形成的互助行为。

同一原则还迫使每户人家在农业之外也从事**工业生产**。至于这样的生产多半是在各个家庭中兼营，也是理所当然。在农民经济中这种家庭工业行为一直保留至今，就如本书还会在适当之处指出的那样。诸如建房、缝制服装、制作工具与首饰以及烘焙面包，历来都是农民自足经济的一部分。农民所需的铁器，诸如铁钉、蹄铁等，也是自己生产，从铁矿开始，他在地域内找到铁矿，放在简单的熔炉里熔化成铁。②若需要较大的设备，就由乡镇来承担此等作业，（水）磨坊③、锻工场皆如此。④最终，在乡村中出现专业的工人来为他人的需要从事这样的制作工业：首先就是锻造和车工，此为乡村手工业最早的两类工种。⑤只是他们起初并不是独立的手工业者，而是某种村社职员，由村社来供养，无偿地担负起所有锻造或车工的劳作。这种形态挟带其残余一直延续至今，只是以略有少许变化的形态，

───────────────

①　F. Tönnies, Gemeinschaft und Gesellschaft usw. 1887. 2. Aufl. 1912.

②　更多的新资料可参见：Alfons Müller, Geschichte des Eisens in Inner-Österreich 1 (1909), 111 ff.。

③　参见：Lex Sal. 22. Lamprecht, DWL. 1, 17. Im Domesday Book：„sometimes the ownership of a mill is divided into so many shares that we are tempted to think that this mill has been erected at the cost of the vill" F. W. Maitland, D. Book and bevond (1897), p. 144。

④　参见 Lex Baiuv（IX, 2）一个著名段落，教堂、王侯宫殿、磨坊和铁匠铺皆被视为享有更高和平的公共建筑。"就像田里的农具一样，这些建筑物不是经常有人居住，而是为了工作而去，常常孤零零地坐落在河边，受到更大程度的平安保护；它们总是开放的，铁匠铺也是开放的（磨坊也是开放的）：这些公共工作场所是公社的财产；所有会众成员都可以轮流使用。"［F. Dahn, Könige der Germanen, IX, 2 (1905), 443.］对此，Carl Koehne 的《磨坊的权利》一书提出磨坊是"私有财产"还是社区共有的争议。参见：Carl Koehne, Das Recht der Mühlen bis zum Ende der Karolingerzeit. 190—194。在我看来，有如下几种类型：1. 农民的"私人磨坊"（相当原始的类型）；2. 市政磨坊；3. 地主的私人磨坊，农民可以使用或（后来）必须使用。参见此书 74 ff。有关争议，可参照：M. Thévenin, Etudes sur la proprieté au moyen age in der Revue Histor, 1886。

⑤　Der Faber, faber ferrarius in der Lex Sal. 35, 6；10, 26；lex Bai. 9, 2；lex Alem. 81, 7 und öfters；der Carpentarius in der lex Sal. 35, 6. 10. 26. 只是在这些地方，人们往往会想到领地的劳工。

全然普遍地保持在各大领地之中，即所谓的领地手工业者，但也有一些是乡村手工业者。

这种受到约束的生活表现在一种受到约束的权利的形态之中，实属自然。只不过有血缘关系的乡人村社在慢慢地向外来者开放，各户农家在慢慢地获取对自己农地的自由支配权。在各户农民的田地与他人混杂之处——如德意志的耕地乡村那样，村社在整个经济经营中便会实行严格的规定，在这种情况下单个农民的支配权便会被完全剥夺（土地强性约束！）。

农民经济这种原始形态——如我以上简述的那样——历经几个世纪直至加洛林时代，无疑保持着其基本形态。举凡改变之处，大致如下：亲缘关系必须逐渐让位给近似关系，原本血缘关系的乡人混有外来血统的元素。在所有权关系上尤其已经呈现出强烈的差异化。旧有的胡符村民已经部分消失，他们的地位被拥有大片土地的农民或部分胡符农民所替代。而且，除胡符农民之外已经出现佃农①，此类农民起源于英格兰。

但是，旧的农民经济的精神的确依然存在——还要继续存在 1 000 年，同时经济经营方式也没有发生重大的改变。然而我们也知道，即便是三年轮种经济——该经济历经整个中世纪至今影响着农民的经营行为——在 8 世纪末之前也还没有开始发展。②

不过，经济生活如果完全为农民经济所左右的话，加洛林时代的欧洲也许并非如同真实情况那样千篇一律。虽然我们可以在农民经济中指出许多相同点，但这些总是附着各民族居住方式的自有特色。让当时的欧洲经济生活更多地呈现出高度相似性的是，当前已提及的第二种组织：领主土地中的庄园经济，事实上，从西西里到苏格兰，从索布兰到西班牙边区，这样的经济几乎没有差异。对此以下一章将会述及。

---

① 以劳力换取村舍居住权或土地使用权的农民。——译者

② F. Dahn, Könige der Germanen IX, 1, 443; IX, 2, 419. 根据梅岑的看法，直到 771 年才在拉提—高卢地区首次提到三年轮种经济，见：Meitzen, Siedelungen, 2, 592 f., 有关农业的"古籍"，最好参见：Karl Gottlob Anton, Geschichte der teutschen Landwirtschaft von den ältesten Zeiten bis zum Ende des 15. Jahrhunderts. 3 Bde. 1799。当然，该作者的谬误之处并不鲜见。

第七章

庄园经济

文　献

近些年来，关于领主经济及其经营规章在德国以及特别在国外急剧增多。在英国，有关英国领主经济的文献汇编可见：Nathaniel J. Hone, *The Manor and manorial records*, Zuerst 1906, p. 312 ff.。此书借助旧时的图像将英国领主生活的各个方面予以形象地表现。还有：P. Vinogradoff, *The growth of the Manor* 1905，及 English society in the XI century，1908。法国、意大利与德国的有关文献多为单行本，其最新及内容最全的德文版可参见：阿尔方斯·多布施，《加洛林时代尤其在德意志地区的经济发展》，两卷本，1912/13（Alfons Dopsch, *Die Wirtschaftsentwicklung der Karolingerzeit vornehmlich in Deutschland. 2 Bde. 1912/13*）。此后的文献尤为需要特别提及的是海因里希·保恩（Heinr. Pauen）的出色著作：《海斯特巴赫修道院领地》（*Die Klostergrundherrschaft Heisterbach*）。亦有：《关于旧时的寺院历史》等，海尔维根，1913 年第4 册（Beiträge Z. Gesch. des alten Mönchtums usw. Her. v. Ild. Herwegen, Heft 4. 1913）。（领主经济自 12 世纪才开始兴起。）

关于庄园经济这一章，系我早在八年前写就，但此间尤其是多布施更新的研究并没有促使我作出任何修改。我高兴地认定，凡是历史学家与国民经济学家对经济状况可以产生相同"见解"之处，我尤其同多布施在众多问题上有着许多一致看法。

这一点特别适用于多布施著作第一卷，其中基于原始资料正确地指出了以往一些学者（尤其是伊纳马）的错误观点。关于领地规章的有效性，我完全认同多布施，因而无需修改对他的评论。

但该书第二卷则不一样，多布施试图"建设性地"突破。就此我们分道扬镳。重要的原因是，在有关历史叙述的基本观点上我们针锋相对。无疑我承认，与当年那些早期研究的阐述相比，多布施提供了远为丰富的原始资料。但这样的材料还不是历史。若将这些材料化为历史，多布施必须借助"理论"的光环将其穿透。

他却恰恰坚决地拒绝了这样的做法。多布施主要热衷于去反对"理论家"尤其是"国民经济学家"——伊纳马、毕歇尔。他的谬误便由此开启。倘若他果真要批判这些人的错误及糟糕的理论的话——伊纳马的理论委实糟糕，特别是这一理论并非（完整的）理论，而毕歇尔的理论至少尚可加以改进——则可以同时建立自身的"理论"，果真如此的话，多布施的研究就非常值得感激。相反，他根本不去考虑"理论"，却又要想"建设"！？

　　这里，我想一劳永逸地将我对"理论学家"与"历史学家"之间争论的态度陈述如下。

　　先让我们明确这一点：在以下两种可能当中只有一种可以存在，或者是历史学家满足于成为我们的助手，亦即为我们提供原始材料，以供我们"建设"；或者他们自己来建设。在后者的情况下，他们必须有一项建设计划，而这项计划恰是他们所蔑视的"理论"。这一理论由两者组成：1. 一套清晰、明确的概念；2. 一套框架，可以将各单项内容组合成一个整体。在我们看来，此一框架呈现出一个特定的经济制度的观念。谁若没有掌握这两种精神手段，便无法"建设"。无论他从事何种事务，只会产生不幸，从而导致极度的混乱，其结果要比单纯提供材料还要糟糕，纯粹的材料还可能让一些较为清晰与系统思考的学者整理出一番头绪。谁若想写军队史，但只是谈论国民军队；谁若想写经济史，而将从事工业的佃农与雇工（毕歇尔语）混为一谈（参见多布施，第二卷，第154页），或者谁谈及"实物经济资本主义"但在"货币经济"范畴里论述价格形成与信贷过程，凡此种种列举皆属上述不幸之状况。

　　诸如此类荒诞不经的想法层出不穷，仿佛加洛林时代颁布法令禁止高利贷与租税，似乎在保护公众免受什么"资本主义的垄断哄抬物价"。当然，当下任何时期都不可能缺少"资本主义"。放贷人从消费信贷中收取高额利息，地主为生活必需品哄抬价格：此时"资本主义"立刻出现。现在进入加洛林时代。"资本主义"的证据在处于塔西佗时代的古德意志人中间开始生效："专家与门外汉都在惊讶不已"，人们都在谈论这样的"理论"（对呀，这是"理论"，只不过是陈旧与糟糕的理论而已）。不对，只要历史学家还在完全运用如此不堪的知识来撰写"经济史"，就不可能达成互相理解。格奥尔格·冯·比洛则是为数甚少的一位知名历史学家，他走的是另一条道路，因此我和他可以在任何时间轻松愉快地交换看法。在此我绝不能不引用冯·比洛的金玉良言，这是他在最新著作（《中世纪的德意志国家》，1914年，第107页）为撰写历史提出的精妙前提，而我则是逐点予以摘录。这些摘录重点在于来自当代一位历史学家之言，若我们发出类似的言论，人们往往会将我们这些"系统学家"当作古怪的"理论家"打入冷宫。冯·比洛的阐述涉及法学史，自然同样也适用于经济史：

提醒人们警惕那些无视原始资料而随心所欲地在法律上所采取的杜撰行为，无疑是历史学家的权利与责任。此外，法律角度的考察当然并非考察历史唯一许可的角度。只是，若我们想呈现旧时法律状况的话，则只能运用法学手段。

法律史述及的是法律问题，因而必须从法学上给以回答。

对法律史而言"那些死材料不能用于教条式的探究"——而我的要求仅仅在于，作出一项历史阐述应该吸收本世纪里所有的教育元素，也因此，历史学家在其研究中必须体现出论述的规整、精确及清晰，这也是我们今天对所有论述的要求……"我本人业已一再就此发表我的观点，**概念的敏锐与清晰本身绝非真正的历史研究的敌人**"（黑体乃我所排）。

"经济学家们"何时才能接受他们这位著名同行的观点呢？本人及另外一些国民经济学家与旧学派的多数经济史学家分庭抗礼的原因，绝对不能成为"国民经济学家"与"历史学家"相互对立的理由。也有一些历史学者在运用我们的前提从事历史研究，同时——我还想提到的是——在另一边亦有不少"国民经济学家"在术语的模糊性方面可以同任何其他学科的代表人物相媲美。

*　　　*　　　*

我对多布施著作的评价并非孤立的现象，保罗·桑德尔亦曾对多布施的著作提出批评，后者就此作出了某些"修正"。此例可见，桑德尔的史学立场导致的结果与我十分相近。桑德尔的批评可见：《施莫勒年鉴》，第 37 年度（Schmollers Jahrbuch，37 Jahrg）；此场笔战亦可见该年鉴，第 38 年度。

第一节　领地的流行

"领地"以及在此基础上形成的特殊经济形态，即庄园经济，在中世纪时期业已成为欧洲各民族一种共同的现象，此种现象对于这些民族的整体文化发展，特别对其经济生活的形成曾经产生最大的影响。对此，今天已经无人否认。

有争论的只是 1. "领地制"（从拥有自身"庄园"豁免权的意义上）对宪章发展的影响（无论城市法是源自庄园法还是土地法；无论公民权是源自庄园法然后才逐步从无人身自由进化而形成；无论行会是庄园法或土地法形式，还是起源于不自由或自由的形态，如此等等）。这些问题自然完全排除在我们的观察范围之外。同样，2. 另外一个问题，特别是格哈德·泽利格（Gerhard Seeliger）提出讨论的［《中世纪早期领地制的社会与政治意义》，1904 年（Die soziale und politische Bedeutung der Grundherrschaft im frühern Mittelalter. Abhandlungen der phil-histor. Klasse der K. sächs. Gesellschaft der Wiss. XXII. Bd., Heft 1. 1904)］：领地对于在该土地上生活的个人的法律地位产生何种影响（泽利格认为，我也相信此说有理，即"即使在领地之内，居民的自由元素并未失去，有时甚至更多"）。同样，3. 对以下一点且搁置一边，即领地拥有何种空间范围，亦即：中世纪上半叶领地所占的土地与自由耕种的土地二者之间的数量之比。以往人们常常假设在 10 世纪与 11 世纪期间只有领地制存在，这一看法无疑是夸大其词。例如，西博姆（Seebohm）、阿什利（Ashley）等人曾声称英格兰也是如此，但他们的极端观点后来被维诺格拉多夫（Vinogradoff）、厄尔（Earle）、朗德（Round）、梅特兰（Maitland）和波洛克（Pollock）等人的研究所纠正。弗拉赫（Flach）等人还证明，在法国，自由农民社区与庄园主领地并存。奇特的是，在分析意大利的状况时现在还有人持有那种陈旧的立场，如鲁多·哈尔特曼（Ludo M. Hartmann），可见其所著：《意大利历史》，第二卷，第 40 页及其后各页，第二卷，第 2 页，第 15 页及其后各页（Geschichte Italiens II, 40 ff.; II, 2, 15 ff.）。

我已经说过，欧洲各国的领地与庄园经济组织具有非常同样的形态特征。事实上，无论我们考察意大利博比阿、法尔法修道院，格拉多长老或拉温纳主教的领地；或是法国普雷的圣日耳曼修道院、提容的圣三一修道院，或克雷弗、科比、圣雷米修道院；或者瑞士圣加仑修道院，或者德意志的普吕姆、威森堡的修道院，或查理大帝的领地，或赖兴瑙、富尔达、洛尔施、鲁尔河畔威尔登的修道院，或法尔肯斯坦希博托伯爵的领地；或英格兰的拉姆奇、玛尔摩伯里、沃切斯特及彼德波鲁夫修道院；或吕蒂希的圣特鲁德修道院：我们总是看到一幅大致相同的图景，对此，本书将会在以下的阐述中细致地加以证明。

应该注意的是，此处所说的相同是将技术—经济进程、物品制造、分配与消耗的实际形态作为一个整体的生活状况来考察。与此相反，领地制的另外一些方面则呈现出巨大的多样性：如乡村领主的政治立场；如农民或工人的个人法律地位，从意大利某些地方古罗马意义上的纯粹奴隶关系到佃户与自由民享有个人的充分自由这些差异；如农民的产权，这同样也五花八门，纯粹个人所有亦有短期租赁，世袭亦有终生所有，全租型亦有部分租赁，所有这些状况各国往往都不相同，往往是在同一领地制下兼有不同形式。本书的附录不仅试图而且恰恰力求忽略所有这些差异性，而仅仅考察现实的现象。

我想描述的是经济生活。为此我们应该再度提醒，在早期的法律形态中，成文法律仅仅占次要地位，远远没有像传统与习俗那样发挥重大的影响。在 10 世纪与 11 世纪的庄园或乡村中，行动者本身或多或少的自由法律地位并不能完全发挥核心作用。所有的形态都呈现出多样性：从自由人直到奴仆，而功效与义务体系并不完全取决于这些差异。例如，一个居住在一块土地上的家庭，无论是自由人还是奴仆，无论是其土地或财产在营利，还是闲置，或部分出租，或世袭租赁，或其他，等等，对他们的生活来说大体上并没有多大关系。对他们重要的是：1. 他们要从收成中交付多少；2. 他们每年必须在领主田地上服役多少天；3. 他们是否世世代代居住在这块土地上。

人们自然会问：那种惊人巨大的相似点究竟起源于何处？对此问题的通常答复是指出中世纪庄园经济规制的共同起源为：罗马的领主土地所有制，以及基督教会所产生的同一性影响。我认为这一解释并不够充分，而更为相信，在中世纪领主土地所有制形成过程中，还要看到第三种因素：这又是"事物的本质"——在列举事实时感到并不十分愉快，如同此处所考察的诸种现象在一定的条件下因某种必然性一定会出现。我们在完全不同的文化中也同样会遇到领主土地所有制组织，特别是那些造就了中世纪历史的民族，远在罗马的影响成为一个话题之前，即已产生了完全类似的形态，无论如何，这是一个既定的事实。塔西佗在关于日耳曼人报告的核心已经包含了中世纪领主土地所有制经济。[①]

所以人们显然可以得出结论，中世纪欧洲领主土地所有制组织的扩展显然是受到各民族本身固有的类似形态所推动。罗马帝国最后几个世纪的庄园规制得到充分的发展，这已为人们充分认识。[②]同样，罗马与中世纪时代的领主土地所有制之间的相互联系也常常成为研究的对象。[③]即便是教会在这种经济规制的发展与传播中的作用，也已解释清楚。[④]我们知道，在罗马文化的区域内占据罗马产业所有者地位的，起先是教会，然后是各族占领。然而在欧洲其他部分，则特别是教会代表的直接影响传播了同样的经济方式。

本笃教会长老们在其中发挥了主导性影响，下面我还会谈到这一点。新建寺院起始便是按照总教会的管理原则在行事。威尔登修道院即为一例。该修道院最早的两位主事吕迪格与希尔迪格里姆曾在蒙地卡罗生活，他们正是依照本笃教会的模式完成了该修道院的组织（R. Kötzschke, Studien zur Verwaltungsgeschichte der

---

① „Ceteris servis non in nostrum morein discriptis per fainiliam ministeriis utuntur：suam quisque sedem, suos penates regit, frumenti modurn dominus aut pecoris aut vestis ut colono iniungit et servus hactenus paret：cetera domus officia uxor ac liberi exsequuntur." Germ. c. 25. 有关凯尔特人的类似状况，可见：Meitzen, Siedlungen 1, 88。

② Max Weber, Rom. Agrargeschichte, S. 243 ff. A. Schulten, Die römischen Grundherrschaften, 1896. Vgl. auch Oskar Siebeck, Das Arbeitssystem der Grundherrschaft des deutschen M. A., Leipz. In. Diss., 1904, S. 11 ff. 23.

③ Seebohm, Englisch Village Community（1883）, Ch. Ⅷ. Kowalewskya. a. O. passim. Meitzen a. a. O. u. a. P. Vinogradoff, Growth of the Manor, 37 ff. 以下一位作者的研究为我们提供了一个良好的概览：Silvio Pivano, Sistema curtense im Bullettino dell' istituto storico italiano, No. 30, 1909；insbes. p. 107 seq。

④ Aug. Rivet, Le regime des biens de l'eglise avant Justinien. These pour le doctorat. Lyon 1891. U. Stutz, Die Verwaltung und Nutzung des kirchlichen Vermögens in den Gebieten des west-europäischen Reichs von Konstantin d. Gr. bis zum Eintritt der gennanischen Stämme in die katholische Kirche. In. Diss. Berlin 1892. Th. Mommsen, Die Bewirtschaftung der Kirchengüter unter Papst Gregor I. in der Zeitschrift für Sozial- und Wirtschaitsgeschichte, Bd. I（1893）S. 43 ff.

Großgrundherrschaft Werden a. d. Ruhr（1901），103 ff.）。于是，这样的影响便到处可见：从此处修道院到彼处修道院，有些是通过颁布规章，有些是通过人事更迭。如意大利北部博比奥修道院的规章（见于：L. M. Hartmann, Zur Wirtschaftsgeschichte Italiens, S. 129 ff.）就明显地受到科比的阿达拉德规章（见于：Guérard im Pol. d'Arm. 2, 306 ff.）的影响。至于修道院长常常往远处"调任"，亦为众所周知。（德意志）普吕姆在 9 世纪中期最为重要的一位院长马克瓦德就是从（法国）费里埃雷斯调任过来。J. N. abHontheim, Hist. Trev. 1, 185 Note, zit. bei Lamprecht, DWL. 1, 79. 820 年圣加伦修道院著名的新建筑图样即源自意大利（Siehe J. v. Schlosser, Die abendländischen Klosteranlangen des früheren Mittelaters, 1889）。

第二节　庄园经济的基本特征

但我们现在要问的是，与领主土地所有制一同来到世界上的新经济制度的本质何在，对此我们首先可以完全一般化地说：这是一种创造富人阶级的经济制度，其目的在于，在其自身的经济活动中，通过其他劳动者来满足他们对物品的需求。

此处既然不能叙述这一经济制度的形成过程，故也不能阐述领导这一新阶级的经济主体及其财富的起源：他们的财富基本上来自对大片土地以及耕种这些土地所需劳动力的支配权。

有关中世纪大地产的形成，此处列举最为重要的原因便已足够：

1. 王侯在定居地形成过程中占有大面积的边区土地（亦即在迁居之前）；

2. 国王在民族迁徙过程中侵占及遗赠的世袭领地及国家土地，不论是罗马地域还是古老的民族居住地的整片广博的大地产皆如此；

其后持续形成的罗马时期的占有状况亦如此：如 6、7 世纪威尼斯沿海的居民，他们离开那些遭到威胁的动乱地带而来，这些纳贡者携带奴仆与随从将其原有的地产模式移植到这块海边地带。此处参见：编年史及哈特曼：《威尼斯初期的经济》，《社会与经济史季刊》第 2 期（1904 年），第 434 页（Die Wirtschaftl. Anfänge Venedigs inder Vierteljahrsschrift für Sozial-und Wirtschaftsgeschichte 2（1904），434 ff.）；

3. 地主向教会与世俗人物赠予自由地产，此种做法十分流行；

4. 边区地产与公有地产继续分离；

5. 通过典当与购买而持有的土地，这样的方式在民法上早已方便可行；

6. 非正当、错误的及暴力但未受到抵抗地夺取地产，因法定时效而变成财产。

我们随即就要将注意力更多地转向新的经济主体：他们的志向、他们的需求、他们在新基础上建设经济所充满的精神以及他们所创造的经济组织本身。

首先要问的是：谁是"新人"？大部分经济行为已过渡到这些人身上，还有正在增长的一部分也将会过渡到他们身上。同那些迄今为人所知的经济主体——乡镇农民相比，这些人的区别何在？

如同人们所知，罗马帝国灭亡以后那些从人民大众中脱颖而出的人，部分带有教士的性质，部分带有世俗的性质。这些人是虔诚、孤寂的修道士及教会中的显贵；他们是国王、诸侯及拥有一群随时应战的扈从的自由人；他们是前者的佣人，从主人那里获取土地作为服务的报酬。

所有这些人一个共同点是拥有财产及足够的收入，而无需自己从事经济活动。他们作为有闲阶级享受生活并且乐在其中。低端的事务要避开。他们借其他事务——如军务或礼拜——来充填自己的生活，或在寂寞的闲暇中，或在快乐的朋友圈中，或在狂饮欢宴中，或在安逸肃穆中，或在狩猎游戏中消遣度日。他们过着一种名流显贵般的生活。只有那些修道士尤其是在中世纪最早期还时常拿起锄头或斧头去开垦森林，在新开垦的土地上用自己的双手劳动，来维持自己的生计。但是，如此一来他们便成为农民而不再是"地主"，这就不能同以后几个世纪他们后代的生活相提并论。

对于各个地主的财产以及不劳而获所得的多少，必须作完全不同的设想。从拥有两三个胡符收益的小军人①，到据有整个地区收入的教俗两界的豪绅显贵，其间还有各种等级的财富。②毫无疑问，有一大批地主的收益远远超过一个家庭的传统需求，此种类型大地主愈益成为地主的典型。这种富裕的地主究竟如何处置他们那些剩余的收益？

他首先想到的是扩大交友的范围，这些人无需为每日食粮而操劳，他们或者一起消耗或者依附于他的收入。世俗显贵们造就了一个食客盈门的局面，其中的追随者尤其是一群随时迎战的扈从，这些人或者是服从于君王的军事要求，或者是谋求自身的安全，或者是图谋发展自己的势力。而教会的领主们——他们的周边常常形成一种显赫的排场——心仪的是增加教会的教士和寺院的住民或为穷人布施。

除去这些纯属扩大消费群体的行为之外，他们亦会致力于提高生活水准，让需求精致化。世俗领主们产生出一种追求奢华的动力，并逐渐滋生成一种富裕奢

---

① 据英格兰史料，最小的地主的收益估计为 5—20 英镑，相当于今天的 100—400 英镑。

② 参见：Dopsch 1，271 ff.。其中有一项关于加洛林时期向世俗地主与国王的捐赠及封地状况，内有地产大小。在此列表中已经可以看出各项捐赠的数值的差异，从一个胡符直到 104 个曼森并带有 300 名雇农。

靡的生活方式，此种意识随即特别成为妇女的习染。①尤其是修道院长与主教们为侍奉上帝，更加努力地让教堂与修道院装饰得富丽堂皇；并借物质与精神的享受为自身的生活增添一种庄重的内涵。至于对美食的享受日益丰富之事，我们特别要感谢教会人士。

地主全部经济行为的动机在于努力满足需求的安全与丰富。查理大帝的一项谕旨正是表现了这一点，其中说明："谁从吾等获取封地，如得神助，需小心谨慎，勿使其中的奴仆挨饿受冻。凡超出他们家庭需求之物品，应按照所定法规自由评判出售。"②我们在观察中世纪地主努力扩充他们的财产即其地产时，发现其中总是潜伏着这样的心愿，即更完美更丰富地实现曾经的需求目标：拥有更多的随从，更多的佃农，对更多心灵的影响力。抑或更加豪华，将心爱的教堂装扮得更加富丽。用我自己创造的术语即为：**在领主土地所有制经济的规制中，满足需求的原则是正规的原则**。③

经济运行本身尤为一系列客观情况所决定。

首先的事实是，在许多情况下为数较多的人愿意过着一种共同体式的生活，并希望形成一种**庞大、统一的消费型经济**。这就是更为接近俗教两邑公侯庄园的环境，尤其是僧侣的宗教团体（自基督教教会建立以来便已存在），以及后来的世俗神职人员。自6世纪以来，俗界教士亦开始向共同体生活过渡。④

我们在6、7世纪期间观察到在这一方向上的零散努力，由于科洛德甘⑤和亚琛（Aachen）规章的传播，到了8、9世纪便已系统化和普遍化。760年，梅斯主教科洛德甘以圣本笃和拉泰兰的牧师拟就的规章为蓝本，为自己的大教堂制定一项规章，其基调即为有关共同生活的规定。这一规章迅速传播，其趋势通过国家立法得以加强。丕平（Pipin）和查理·马特（Karl M.）⑥时期颁布的法令也规定了共同生活，其后最热衷的代表人物是虔诚的路易⑦。817年此人也仿照科洛德甘的

---

① 见《圣徒生平史》作者对加洛林时代女性珠宝的列举：Gandersheim MG. 4，167 c. 2。在那样的年代，圣人当然会饱腹终日。不过，看在上帝的份上，我们还是要小心看待这些见证，不要以为那个时代已经在奢侈中腐烂，而多布施却倾向于这种观点。如果要对一种人的生活有一个正确的概念，至少我的外行常识告诉我，不应将一个狂热的道德传教士的珠宝清单作为判断的基础，而应该看看领地庄园是如何建造的，以及中世纪贵族宫廷里的家具和器具清单上有些什么。然后你会得到一个完全不同的形象。参见早期一座英国庄园的描述：Nath. J. Hone, 1. C. P. 26 ff.。

② 查理大帝在法兰克福宗教会议上提出的价格税的结论，794年。MG. LL. 2.（载于：Fagniez, Doc. No. 88。）

③ 此外可参照：Lamprecht, DWL. 1. 2，844以及附注3中提到的资料来源。Hartmann, Zur W. G. Italiens, 63 ff. "……这一时期的各种规则和以前的规则所关切的不是如何通过收入增加修道院的财富，而是如何管理消费。"同上书，第37页。

④ Phil. Schneider, Die bischöflichen Domkapitel（1885），S. 26 ff.

⑤ 科洛德甘（Chrodegang），715—766年，742年起担任梅斯主教，加洛林-法兰克王国时代的教会改革派。——译者

⑥ 二者皆为加洛林时代法兰克王国墨洛温王朝的宫相。——译者

⑦ 虔诚的路易（Ludwig der Fromme），公元778—840年，加洛林帝国皇帝。——译者

文本在亚琛宗教会议上颁布了亚琛规章，此规章要求教会人士全然普遍地在一所规定的房屋中同住同食同睡。在一个教会中集体生活形成的这一整体被称为教士会，这样的教士会在 9 世纪分布在整个基督教世界，成为一个大型消费经济新的重要模式，依我所看，该模式对中世纪时期经济发展状况的意义，人们不可小觑。

可惜的是，我们所掌握的史料并不足以确定这样大型消费的数据。至于个别的情形，我们只能从散见于各种史料中的统计数字推定出来。这样的数据当然几乎都是（就其可靠性而言）来自大型的修道院，亦即最大的消费中心（除去帝王行宫或几处大主教管区）。822 年，在科尔比修道院①每天就餐的人数不下 300 人，很少超过 400 人，据主管的院长计算，每天烘焙的面包（按照以下的原则："我们十分乐意让牧师们的生活超过而不是低于其需求"）②达到 450 个（出自 15 台磨机），每年消耗猪的数目达 600 头。这座修道院下属多个分开管理的部分：1. 朝圣者等的居所；2. 供 150 名（见习修道士与职员的）食宿之地；3. 修道院自身。

英国的彼德波鲁夫修道院（12 世纪初）供养 100 人，其中 40 名仆役，60 名受完全供养的修道士。③

埃希特纳赫在 885 年有 40 名修道士；普吕姆（10 世纪时）总计有 186 名，圣马克希敏有 20 名，富尔达在 920 年有 180 名寄居者。据兰伯特称，赫尔斯费尔特早就有 150 名修道士。④

在决断如何组织生产时起决定性作用的是：显然要有足够合适的劳动力，如此才可以按照罗马皇帝时代的方式造就一种自足的家庭经济，抑或能够形成一种大规模的领地经济，然而，这样的情形并没有出现。也许是新经济单元的领导者缺乏必要的技术知识，他们并不足以胜任一种复杂的大型经济的管理工作。

还必须注意的是，当然也谈不上有什么值得一提的专业与独立的职业生产者——即手工业者——阶级，所以也就排除了以市场需求为导向的经济思想。

最终，一切较为大型的领主地产是所谓分散的地产，即并不集中在一块完整的地域内，而是分散在广大的区域往往是许多村庄中，其中有不少胡符属于同一地主，但同一乡村中其他土地又属于不同的地主，因此经济运行便会完全纳入各自的轨道之中。当地主们让他人在自己的土地上开垦并在整个村庄移民定居时，上述情况才发生变化。

于是就产生了我们称之为庄园经济的特有组织，其状况如下。

---

① Stat. antiqua Abb. S. Petri Corbeiensis im App. zu Guérard, Pol. d'Irminon 2, 306 ff.

② 1. c. p. 312.

③ Liber niger des Klosters P. App. zum Chron. Peterburgense（Cambr. Society 1849）; p. 167 ff.

④ 有关德意志修道院的情况。参见以下的资料来源：Lamprecht, DWL. I. 2, 845 f.，亦比照以下的供应规定：Abtei Reichenau im Wirtemb. ÜB. 1, 124—126（Urk. von 843）。

第三节　庄园经济中的劳动组织

总体而言，在领地消费经济中产生的全部物品需求，系通过自行生产的途径，由自己的财产所收获的产品来满足。这意味着，庄园经济原则上是自足经济，如同农民经济一样，但又具有根本的区别，即庄园经济中集合的人员包含着众多外来（正因为是外来的）元素，因此我将这一经济类型称为扩大的自足经济。

一、农业

我们现在首先来看食品与有机原料是如何获取的，亦即农业生产在如何进行。这里我们看到一个令人惊讶的事实，这样的生产大部分是在我们早已熟悉的农民经济中进行。在大多数情况下，地主对土地的所有权并没有对经济形态产生任何一点改变；在经济上所表现出的这种现象，与农民有义务将其生产收成的一部分向地主缴纳，没有任何不同之处。地主关心的首先是收租。他将此项任务委托给某些人——管事或监工之类，在有纳税义务的农民居住的村庄，每村安排一人（此为惯例）；在租税微薄的情况下，往往也会委托一位农民代行此事；或者是一位本身拥有一个或多个胡符土地的小地主来行使收税职能。农民缴纳租税的地方，在德意志地区称为庄园或徭役场，在意大利称为定居地等[1]；一位管事的管理区域在法国称作税区。[2]需纳课租为田地与厩舍中的所有产物：谷物、家畜、家禽、蜂蜜、蜂蜡、羊毛、酒类等，其中一部分要考虑各户农场的特殊情况来加以分配。

对经济结构无关紧要的是：

1. 农民对土地的所有权：无论是他本人所有，还是为地主所有；

2. 规定农民课税义务的法律条款；

3. 农民本人的法律地位。

依照新的证据来看，这似乎是一种"自由的契约关系"，其中分租这一形式早在加洛林时代即已占有远比人们过去猜测的更为重要的地位。[3]此外，就其最为内部的特征而言，分租是一种"自足经济的"收益形态。[4]

---

[1]　以下文献为我们提供了关于拉缙纳大主教的地产组织情况：Codex Bavarus（Mitte des X. sc）；参见：Hartmann, in den Mitteilungen des Instituts für österreichische Geschichtsforschung XI. Bd. 3. Heft.

[2]　Guérard, Pol. d'Irm. 1, 45.

[3]　有关意大利的情况，可见：Silvio Pivano, I contratti agrari in Italia nell' alto medio-evo. 1904。在此书中可以找到更多的文献。亦可比照：Dopsch, W. Entwicklung。

[4]　此处参见前文所述。

此时，管事将收纳的产品送往地主或其中一位地主的庄院，供其消耗。大领地的收纳为全年分配，每个庄园必须在一定时期收纳全部储存物资，以维持地主的生计：这一时期的每一天的服务称为服役（Servitium），对此在领地规章中已有载。在大领主庄院的中枢与各管事之间还有一道程序，即检验所，由检验官领衔。例如，法尔肯斯坦的希伯托伯爵（巴伐利亚）的管制下有四处检验所，各处分管大量的庄园或农田。[1]

但是，在流入地主消费经济的农产品中，农民经济仅仅是其中的一个来源而已。另外一个部分源自**领地经济**，这是地主让其属下的员役在自有的土地上劳作的收成。地主产业中此类自营的部分即为地主自留庄园，在英国称作领主庄园等。

对于中世纪早期所有地主都有自营生产这一部分，新近已经遭到专业角度的质疑，如维蒂希：《自由农民问题》（Die Frage der Freibauern Zeitschr. der Savignyst. Germ. 22）；《下萨克森原始贵族的古典自由与臣属关系》（Altfreiheit und Dienstbarkeit des Uradels in Niedersachsen，Vierteljahrsschrift für Soc. u. W. Gesch. Bd. 4 S. 77）。维蒂希认为，"也有一些小地主的生活主要是依靠那些在其为数不多的田园定居的员役的捐税"。我认为这一说法站不住脚，根据是：赫克在驳斥维蒂希时所持观点令人信服。参见：赫克《关于德意志等级制的法律史》（Beiträge zur Rechtsgeschichte der deutschen Stände im M. A. I）；《加洛林时代大众权利中的平民》（Die Gemeinfreien der Karolingischen Volksrechte，1900），等等。多布施亦赞同赫克的观点。在我看来，还有大量"从事物的本质"提出的理由在驳斥维蒂希的上述假设。而维蒂希本人也只是在很小的程度上继续坚持这一假设。

有关地主自留庄园的规模还应该专门进行探究。迄今为止，对这一重要问题的论述总是略嫌肤浅。即便是伊纳马在其关于地主自留庄园的研究专著中的论述也不令人满意。我认为，迄今所有的论断造成了许多谬误。主要原因在于，一种是地主自留庄园及佃农耕作的胡符田地，另一种是管事或检验官的管辖区域，而根据原始资料很难明显区分上述两种类型。兰布莱希特将加洛林与奥托时代他所在的区域的地主自留庄园的规模设定为仅一个胡符，伊纳马也将10到12世纪的此类田地的规模设定为一个胡符，兰布莱希特将12世纪末期圣马克希敏的此类田地规模设定为平均26.5摩尔干[2]，将鲁佩茨贝格类似田地的规模定为大约30摩尔干，将特里尔的同类田地规模定为50摩尔干。依我之见，无论是兰布莱希特还是伊纳马的上述算法皆不正确。同样在兰布莱希特提及的地区，8、9、10世纪期间赠与证书上的田地规模数据则全然不同，这有其合理的理由。在我看来，原因是混淆了地主田地与管事下属田地二者的区别（后者大多为综合计算）。与此

---

[1] Codex Falkensteiniensis ed. Hans Petz.（三本12世纪的巴伐利亚传统书籍，1880年。）S. XXII. XXIII.
[2] 摩尔干为欧洲各国的土地面积单位，大约等于0.25—0.34公顷。——译者

相反，我以为，前者将一处区域的财税所得全部算作地主庄园的数据，因而得出过高数据（例如将一户地主庄园的面积估算为 250 公顷，即为大约 1 000 摩尔干）。而在一个财税管辖区域下很可能有多个地主庄园。下面的数据则更为可靠：9 世纪末期威尔登修道院下属的弗里梅尔斯海姆庄园的自留地为 607.5 摩尔干（参见：Studien zur Verwaltungsgesch. der Großgrundherrschaft Werden a. d. Ruhr（1901），13）。负有员役义务的胡符村约为 119.4 摩尔干，据克奇科的计算，每个胡符各为 30 摩尔干，如此一处庄园的农民土地为 3 645 摩尔干，地主的自留田地与胡符田地的比例为1：6，我认为这一数字正确。（在近期有关地主经济组织的著作中，克奇科这一论著属最佳之列。）我本人对普吕姆修道院的计算平均为 92.4 普鲁士摩尔干，洛尔施的这一数字为 165 摩尔干，富尔达为 122 摩尔干，威森堡修道院为 362 摩尔干，英格兰拉姆奇修道院为 300 英亩以上。据泽保姆（《英格兰乡村社会》，德文版 1885 年版，第 405、490 页）计算，10 世纪时庄园的平均面积：地主自留田地面积为 9 海得，农民的耕种土地面积为 21 海得。[1]赫克的计算数字为，最小的地主的自留土地面积"大大超过 30 摩尔干"直至 240 摩尔干。对此我以为然。多布施现在得出的数字也与此相近。多布施认为，领地经济与自留地经营二者并不重合。为此他提出的理由，依我所见并不成立。尤其是他的主要依据：在这些原始资料中也包含着非领主土地及自有庄园，对此我并不认同。我们的看法是，地主庄园往往是分散的地块，但却是按照胡符规制由各个单一的胡符村庄所组成，因此，其中必定混杂着大量的农民土地。既如此，我们为何不能使用"自有庄园"这一术语？我认为，总有一些人抱持着全然糊涂的想法，在他们看来，中世纪时期的地主经济是在合并补整过的土地上耕作，抑或仅仅在十分必要的情况下才使用自己的人手及工具。下面将会看到，这种情形绝非惯例。

地主直接经营土地是由管事在自己的庄园里指导进行的。如此自足经济的范围有着很大的差异。一处大型农民经济的规模通常是 3—4 个胡符村。

经营领地经济的**劳动力**，部分是单身仆役和已婚的领地日薪雇工，他们（但并非总是）居住在庄园里，或为维持生计自身经营着一小块地产，或从地主那里获取一种固定的实物报酬；与迄今为止在大型领地中负有契约义务的劳动者相比，这些劳动力并无多少区别。其中，这种领地劳动者的个人法律关系各不相同。在意大利，他们同古代奴隶相距并不甚远。

根据德文史料，这些领地劳动者是雇农与仆役。在意大利，按照证书的称呼也是"仆役"。他们或者是领取固定的实物报酬，或者从其耕种的土地上的收益中获得一定的回报，抑或其他形式如一头或几头牲畜等。

---

[1]　英国旧时土地面积单位，约为 60—120 英亩，各地不等。——译者

当我们从原始资料中发现 9—10 世纪的劳动力形态业已出现十分强烈的差异性时，千万不可将此视为一种真实的映像。人们常常会犯一种错误，即按照领地规章来再现加洛林时代领地经济的状况。然而，人们不应忘记，如同法律文书所包含的那样，在诸如此类的规章或不胜枚举的事例中，那种理想图景恰恰表现出一种超现实的感觉。

地主或其管事属下的第二类劳动力，是乡村中负有劳役义务的农民。此外，在经济上独立的农民（请注意，他们在法律上有着本质的差异）亦将其一部分劳力用于耕作领主的土地，其形式或是一种使用自有牲畜的义务劳役，或是本身没有牲畜而只是手工义务劳役，若二者都不是①，最后还有一种是"脑力劳役"②，这从罗马世界流传到中世纪。中世纪期间在整个欧洲流行，而且形态与方式几乎完全一致。13 世纪时，当修道士塞萨留斯（Cesarius）注释普吕姆"神职受俸录"（Prümer Pfründenbuch）时，在农民徭役一章作出如下注释："农民们必须如何及时地为主人耕地、播种、收获，将收获物送到打谷场，围上篱笆，再将谷物脱粒等，这些都是人所共知之事"。③对于各处反复出现的劳役再作进一步详细的描述，今天看来已经大可不必。④

农民的劳役义务将农民经济与领地经济最为紧密地结合在一起。我们只有将地主经济嵌入到通常的乡村经济框架中——成为乡村经济不可或缺的重要组成部分，才能为中世纪的经济规制作出一幅正确的图景。凡有土地强制存在之处，地主土地与农民土地同样受其制约；地主的牧群与农民的牧群一起在公共牧场上放养；庄园主常常有义务保养种畜，可供全村牲畜利用等。⑤即使地主在自己的土地上建造新房，大多也要形成一个公共社团，领地经济自愿加入其中。

二、工业生产

在此处描述我们通常所称的工业活动时，其中最大的一部分会令我们处于困境⑥，正因为如此，我才将较为深入描述庄园经济范围内的工业劳动组织，视作我的任务。在这一方面，史实提供了翔实的材料，奇怪的是其中仅有可怜的一小部分为人利用。

---

① „qui … habet animalia sive animal ad hoc utile veniet quando ei precipitur a nostro ministro cum suo fossorio et cooperabitur aliis hominibus quod ei iniunctum fuerit." Cesarius zum Prümer Urbar MRh. UB. 1, 145 Note 3.

② 在英国（也在其他国家？）监管官员系由庄园法庭从劳役农民中挑选出来。他们有人负责耕种，有人负责收割，见：Constable u. a. Hone 67 ff.。

③ MRh. UB. 1, 144 Note 1.

④ 最好的描述可参见：Pol. d'Irm.（9. Jahrb.）und das Cart Mon. de Rameseia（13. Jahrh.）a. a. O. p. CCIV f. 281 ff.。

⑤ 参见：G. Landau, Das Salgut（1862），35 ff. 亦比照：v. Below, Entstehung der deutschen Stadtgemeinde（1889），S. 16。

⑥ 对此最为详尽的描述参见：Inama, DWG. 2, 253 ff. 290 ff.。

通常，当人们涉及中世纪早期庄园的工业活动时，总是满足于列举卡尔·马特尔那本著名的职业目录，这是他按照领地规章的意愿所列，并声称所有这些职业都应该出现在他们的庄园之中。但如此一来却未免将此事看得有点简单。例如，倘若简单地将"领地规章"中列举的"手工业者"推广到所有的领地经济中，则无疑会对那些世纪的工业组织产生出一幅全然错误的景象。①此事之不妥，绝非出于一种理由。其一，必须想到，那种目录代表的是一种纲领，绝对没有达到严格实施的地步。即使是在皇帝的领地中也没有实行过，这一点我们在所掌握的卡尔时代的财产目录中可以发现。再者，皇帝领地的组织不能简单地与中小领主的组织等量齐观。此外，还必须将教俗两界的领地加以区分。在教会领地中缺乏女性人手（大多如此，但并非总是如此），而这一点恰恰对工业生产组织具有决定性意义。最后，必须特别注意大型修道院，其中一部分修道士本身就从事工业生产。

针对以上述及的各种差异，我想在下文中尽可能地予以考虑，并且就领地经济中工业生产的通常状况，抑或更为确切地说：将各地大体相近的同样重复的状况勾画出一幅图景。

首先，对工业产品的需求（同农产品完全一样）是由自足（庄园）经济与乡村农民经济的共同行为来满足的。②

如果我们对生产过程就其各个阶段专门进行考察的话，就可以对工业生产的奇妙系统——此系统是由这样的生产本身所产生——有非常清晰的了解。

1. 食品业

农民先在乡村磨坊将谷物碾磨成粉，继而用自己的烤炉（?）烘焙，然后有一部分以成品形式供应面包。③然而，在欧洲大陆此种形式并非常规。通常的情况则是，农民只供应谷物或（由磨坊主供应）面粉，但庄园主则是在自己的烘焙坊制作面包。一间"面包房"——同下面即将提及的"酿酒坊"一样——似乎是每个颇为体面的庄园经济体皆有。只要地主们不愿让乡村磨坊作为赋役去碾磨谷物，他们定然大多早就拥有自己的磨坊。他们在磨坊及其周边的土地上雇佣农民，而

---

① Vgl. auch v. Below, Die Entstehung des Handwerks in Deutschland in der Zeitschrift für Soz. u. Wirtschafts-gesch. 5（1897），S. 128 f. und jetzt vor allem die eindringende kritik des wnihm nur „Sogenannten" Cap. de villis bei Dopsch, W. Entw. 1, 26 ff.

② 到目前为止，我们还没有给村里那些被迫从事"工业"活动的佃农贴上标签。我并不反对将他们称为"手工业者"，而将那些在庄园从事"庄园手工业"的人称为"农场手工业者"。参见：F. Philippi, Die erste Industrialisierung Deutschlands（im Mittelalter），1909, S. 9。然而，务必小心！在此最好在这样的称呼上加上引号，但更好的做法是，宁愿麻烦一些，将他们称为从事工业的赋役佃农。无论如何不要忘记：这些人是庄园，亦即自足经济的支柱！

③ 英国尤其如此，参见：Kemble, Cod. diplom. 1, 193；vgl. 1, 296. 299. 811；2, 46. 355；此外可见：Ramsey Cartular, 以及：Nellie Neilson, Economic conditions on the Manors of Ramsey Abbey. Philadelphiaer Diss. 1898。至于其他国家的相关面包供应的原始资料，则少有发现。仅见于：Urb. von Prüm；siehe Lamprecht, DWL. 1, 2, 787；Urb. der Abtei Werden；此外：R. Kötschke, Studien, 17。

在面包房（以及酿酒坊）干活的或是领地的日作雇工，他们可以为此领取实物报酬；或是赋役农民，或有一定岗位的人工进行轮换。

至于满足啤酒需求的方式，与满足面包需求完全相似。这一点从前面的描述可以看出。只不过是麦芽替代了谷物或面粉而已。葡萄酒①以及在南部国家的油类制作也完全相似。食盐或者必须购买（对此我在适当之处还要说明），或同样由地主在自己的盐池提制，或由农民的盐池制作，再以关税形式供应。

2. 服装业

首先关注的当是"纺织业"与缝纫业，此等行业供给我们身穿的织成品。我们可以看到，这一行业在领地经济中被以完全不同的方式组织起来，但具体为何选择这种或那种方式，此中的理由则无需解释。或者从最初处理原麻或原毛直到成品（服装或饰品）的全部生产过程在农民经济中完成，也许是一户农家先后单独完成所有的工序，也许是由各户农家来承担这些工作。但无论如何，我们看到的是，这些制成的消费品由赋税农民直接提交到地主手中。

普吕姆修道院的教士身穿的马裤是农妇缝制，而裤料（麻布）也是她们制作的。

富尔达修道院所在地区的农妇们需向修道院供应：祭坛台布、桌布以及其他类型的台罩等。此类织品我们在普吕姆修道院的记录清单中亦可见到。

此类通常由农妇们从事的工作，能干的修女们有时也会承担。例如，圣安德利亚的修女们向佛罗伦萨王宫供应织物，以后又向大主教供应羊毛长袍。圣米歇尔修道院的修女们还有一间"实验室"，用来与侍女们一起缝制。诺南图拉修道院长每年让修女们按其要求缝制五件耐用的羊毛织品。倘若将女修道院视为"庄园"的话，此种满足需求的方式则可归为另外一类，对此将在下文叙述。

此处需要提醒的是，早在塔西佗时期日耳曼赋役农民即已供应"法衣"，这显然是农民经济与领地经济一种特有的紧密结合，借以证明此种结合乃是由德意志人在工业物品制造上所开启。

或者农民仅仅供应（麻或毛）织物的成品（史料中常常提及，由此可知，此为惯例），无论是他们在制作时使用自己获取或加工的原料，还是从地主那里获得的原料。而地主的这些原料要么是其他农民经济的捐税，要么是来自领主经济自身的生产。

在所有的情况下，倘若农民交付的是制成品，地主庄园就根本无需安排工业活动。但农民若只缴纳织物，地主庄园就必须精加工，最终制作成服装等。我们可以认定，缝制工作通常会由女主人带领女帮工们来完成。凡没有女性劳动力之处，诸如教士会与修道院那样，便由专门的裁缝来制作。每家修道院都会有自己

---

① Lamprecht, DWL., 此乃其专业研究领域。

的缝纫工场。

布在何处漂揉？显然是在庄园的漂揉坊。在较大的庄园里总是设有漂揉坊。

何处染色？同样也在庄园里？这可以从事实推论，即地主备有颜料，或者是从市场购买，例如圣日耳曼修道院的修道士那样，或者是让农民义务供给。

但在史料中亦明白无误地将"染色匠"归为庄园（修道院）的工业劳动者。最后，可能还有第三种情况：服装的全部制作（从最初的原料加工起，或至少是从纺织开始）系由庄园经济承担。尤其是在较大型世俗领主庄园中往往如此，因此其中女帮工为数甚多，并且必须为她们备有专门的场地。此即声名狼藉的娼寮。

在原始资料中很少提到**娼寮**。这可以理解，因为在教会庄园里往往没有。虽然在庄园大院看不到，但至少在较为大型的管事农场里还是可以发现。例如，11、12 世纪期间，在雷尔庄园定期由 7 位妇女从事毛纺业，她们有一定的收入来维持自己的生计，这家庄园属于鲁尔河畔威尔登修道院。费德尔·冯·毛雷尔的研究结果支持了这一认定。十分明显，在其他大型的世俗庄园也有这样的娼寮，就像今天每家贵族庄园都有娼寮一样。施特凡斯维特庄园的娼寮有 24 位妇女，她们制作服装与裹脚布。10 世纪时，佛兰德的埃克伯特伯爵庄园亦有娼寮。

但我们在教会的庄园经济（修道院！）中也发现有工业劳动者，他们从事初期的纺织作业，例如加工羊毛。[1]

在此情况下，纺锭是由农民提供吗？在普吕姆的收益清单中记载着 30 个亚麻纺锭，但究竟是满载着亚麻的纺锭，还是充载纱的纺锭，对此我颇有疑惑。

服装业的第二大类——皮鞋与皮靴制作——分为两个主要部门，即制革业与制鞋业。这两个生产流程似乎都是在领地经济范围里完成的。至少我尚未发现任何一件由农民来义务供给皮革与鞋子的案例。相反我们发现，在较大的领地中常常会提到制革设备，更为常见的是制鞋工场，或至少有几位制鞋匠。

3. 建筑业

地主要造房子的话，首先是由领地经济提供大量的原材料和劳动力。他可以在他的森林里找到木料，在砂石坑里找到砂石，在谷场上找到秆草。在仆役或雇工中充斥着足够的"未经训练的"劳动力，但其中也有这个或那个熟练的泥水匠或（在早期时代更为重要的）熟练的木匠。我们在史料中就发现地主庄园的劳动力中既有泥水匠，也有（更为常见）木匠。这些木匠原来不仅是木匠，还是车工。倘若地主在自己的仆役中缺乏某些劳动力，还可以由农民来提供，如同缺乏材料那样。

我们发现提及的赋役与租税有：

（1）建造一座石灰窑，需要必备的材料，如棒杆、枝条、木材与石灰石；

---

[1]   Davidsohn, Forschungen 3, 211. 此外可见于：Urk. v. 1303。

（2）建造或修缮房屋；

（3）造围墙，修篱笆等；

（4）屋顶工程；

（5）供应建筑木材；

（6）供应砖块；

（7）供应木屋顶用木瓦与板条；

（8）供应磨石。

当然，在中世纪早期，依照这样的办法也许只能建造普通且极为原始的木料与桁架建筑物。倘若要建造一座宫殿、一座砖石建材的教堂，就必须网罗一位技术人才或手工业者，这样的人才掌握石料建筑工艺，且为数甚少。在建造期间，这些技术人才居留在大型建筑的主人宅邸，为这些建造工程不可或缺。所以，皮克顿国王（Pictenkönig）内希坦（Nechtan）要求修道院长希奥弗里德（Ceolfrid）（710 年）"提供一位建筑师，此人能够按照罗马的办法在其国内建造一座砖石材料教堂"。于是，萨尔茨堡主教便派遣泥水匠、锻工与木匠去建造教堂。或者将正式的管理机构变成流动性的，让他们通过官员的中介来提供建筑所需的稀缺材料。所以，768 年，教皇阿德里安（Hadrian）请求卡尔国王，为建造圣彼得前庭屋顶用锡 500 磅，他希望诸位伯爵分别筹集 100 磅。

这些专业的建筑工只有一部分为赋役义务的人员，更多的也许是四处流动的自由工匠。这样的情况我们以下还会遇见一次。

个别地主对其佃户的赋役要求，系由国王作为公差来责令自由人完成，诸如建造或修缮宫殿、教堂及其他公共建筑、桥梁与道路。住户首先负有此等义务。路易二世一次在教士会上抱怨有关建筑物的衰败后，便强制每个人服劳役，并规定在履行其义务之前不得离开所在地。此处令我等看到罗马公共劳动之残余。

4. 器具业

此行业包括上述三个行业中未有的门类，尤其是工具、武器（锻工与车工）以及家具（除去以上述及之外还有：桶匠与陶工）。

就常规而言，此等工业由农民来完成，他们对地主负有赋役与租税的义务。仅有一较小部分是在领地经济自身范围里进行：据史料通常记载是由农民供给消费成品。

意大利：博比奥修道院的卢里亚蒂卡庄园提供 5 把犁铧。参见：L. M. 哈特曼：《论意大利经济史》，第 64 页（L. M. Hartmann, Zur W. Gesch. Italiens, 64.）。907 年一份证书记载，诺农托拉修道院一位仆役每年提供 15 把镰刀。布雷西亚圣荣莉亚修道院的库存清单中载有镰刀、铁叉、斧头及犁铧供应数据。

德意志：12 世纪初，科沃伊修道院收入的租税："刀具、剃须刀、钳。"13 世纪时，胡符农民需向威森堡修道院供给"小斧与长柄斧"；此外，各胡符村还要供给"铁锤"；同一地区的其他胡符村供给葡萄酒桶。德意志西北部的农民向领主们供给家用器具。

法兰西：圣日耳曼修道院收纳 30 把锄头。

抑或，我们可以看到，在总的赋役义务中还需承担一定的劳役：包括所有的锻工活计、车工活计等，为此地主会提供相应的地产。

此外，居住在领地上——如同我们所称的——"领地手工业者"当然也要承担同样的工作。我们在地主庄园里常常遇见领地锻工和领地车工。

在领地上似乎也有箍桶业。由此可以推论，某些农民负有义务供给桶板与桶箍。我想，这恰恰在印证领地庄园种植着大量葡萄。领地庄园制造"大桶，此为收获葡萄所必需"，理所当然属于制桶业的范围。

上述各种工业，无论是由农民承担，还是由领地仆役承担，只要必需的原料与半成品不致短缺，便不会中断。其中涉及木料或泥沙、黏土，不会有困难。但是制铁业则全然不同。一个难题是如何取得相应的材料。解决这一问题有三种不同的方式。

或者由地主在市场上购买所需的铁。此种方式与我们此处的讨论无关。

或者由地主在自己的土地上自行建造一座小型铁工厂。

或者地主让其农民作为赋税义务来供应铁料（此点在史料中最为常见）。但是，仅仅在有铁矿石的地方，这种农民原始加工方式才可行。

倘若领地锻工场并不需要这些铁的话，就会转让给负有锻造义务的农民。至于锻造过程中所需的（木）炭，显然也是由烧炭的胡符农民来供给。

*　　　*　　　*

在多数情况下，领地庄园中的工业活动就是如此形成的。我以为，在一个长时期里，即从领地形成一直到中世纪——直至 12 与 13 世纪——上述状态并无重大改变。就我所知，在任何地方都没有发生诸如领地大型经济企业的"解体"之事。除去也许是在一些王室领地与极少数大型修道院之外，事实上，其他地方并没有出现过这种类型的企业。通常的情况是，即使一些小型领地经济也包含着工业活动，依我看来，其基本内涵直至今日几无改变。与此相伴的是，在乡村领地经济的影响下产生了一种自主工业生活的萌芽，这种生活（我们将会看到）逐渐在城市中密集起来。

此处暂时还需指出，一般在领地经济中出现的原始工业活动，在某些地方早在中世纪早期即已上升到高度的工业生产水平。

人们知道，修道院是其活动的中心；具有艺术修养勤劳的修道士们实乃旧罗马时代工业技术的维护者与繁荣者。他们是当年的建筑艺术师；他们维护了玻璃画作、釉彩制作、金属雕镂、珠宝艺术、管风琴制造、艺术织品、金箔雕刻与金丝纺织。在这一点上，具有艺术修养的教会王公们在和修道士竞争，如同修道院长伯恩哈德及以后的希尔德斯海姆主教一样。

但是，在一些世俗领地中也出现工艺品的繁盛景象。我们听说过哈马兰特郡伯爵威奇曼的女儿很有艺术品位，她制作的华贵服装胜过当地几乎所有的妇女。她罗致了一批能干的助手，供其差遣。我们还听说过，西西里的诺尔曼诸王维护过丝织业（12 世纪）。

三、物品的运输

同农业及工业活动一样，水陆运输业也是在赋役义务的基础上由地主组织并发展起来的。运输业常常被地主视为特殊的经济功能，因此必须加以开发。早在领地组织经济之前，物品生产即已为人们所认识，并以非常简单的方式得以形成。相反，远离本地的物品运输并不适于土生土长的农民经济，因为所有的物品都在其产地消费。只有在领地经济往往分布很广的地产范围里，才会产生物品异地运输的必要性，于是——顺便提请注意，梅岑业已正确强调指出——才有必要在各个地区之间开发道路网。如前所述，为此所需的运输劳务，系作为赋役由农民来承担，他们也由此产生动力，练就成职业的船夫与车夫，在接下来的一个经济时期，我们在交换经济的组织范围里就会同这种人相遇。

第三篇

过渡时代

第八章

交换经济的再现

文献与原始资料

1. 首先是 K. 安德烈所著：《世界贸易的地理》（Geographie des Welthandels 1 (1867), 23 ff.），其中提到"无声的贸易"。O. 施拉德尔：《关于贸易史与商品学的语言学历史研究》（Linguistisch-historische Forschungen zur Handelsgeschichte und Warenkunde）1886 年。此书述及交换经济后来的情况，并集纳了旅游者从原始文化中观察到的资料，令人感叹不已。J. 库里舍在一篇德文论文（《论资本利息的发展史》（Zur Entwicklungsgeschichte des Kapitalzinses），载于《国民经济学年鉴》III，第 18 卷，第 305 页）中归纳了前人的研究成果，极富判断力。萨托里奥斯·冯·瓦尔特斯豪森的论文，《波利尼西亚的交换经济的起源》（Entstehung des Tauschhandels in Polynesien）（载于《社会与经济史》第 4 卷，第 1 页）亦有价值。M. 潘塔列奥尼对研究对象的深入钻研同样如此：L'origine del baratto：A proposito di un nuovo studio del Cognetti im Giornale pegli Economisti. Ser. IIa. Vol. XVIII. XIX. XX. (1899. 1900).

2. 在判断中世纪早期交换经济持续发展的事实时，我们拥有足够的原始资料。可见：A. 舒尔特：《中世纪贸易与交通史》（Geschichte des mittelalterlichen Handels und Verkehrs etc.），两卷本，1900 年，以及该书第 69 页注释中提及的著作。我再补充近年来较为重要的出版物：W. 瓦格斯，《原始时代至法兰克王国诞生时期的德意志贸易》（Der deutsche Handel von der Urzeit bis zur Entstehung des Frankenreichs. Progr. Ruhrort），1903 年。A. 布克，《中世纪早期北欧的交通道路》（Die nordeuropäischen Verkehrswege im frühen Mittelalter etc.）（载于《社会与经济史季刊》第 4 卷，1906 年，第 227、277 页）。A. 绍伯，《地中海地区罗马民族至十字军东征结束期的贸易史》（Handelsgeschichte der romanischen Völker des Mittelmeergebiets bis zum Ende der Kreuzzüge），1906 年。阿·多布施，《加洛林时代的经济发展》（Die W. entwicklung der Karolinger 2），1913 年，第 180 页。

遗憾的是，多数贸易史撰写者缺乏必要的民族经济学训练，因而在采用资料时更多地来自贸易文档，而较少来自著述。倘若缺乏经济领域的精准知识，就无法作出判断。因此，在涉及贸易史的宝贵特征如关税时，我们经常会受到一些错误的诱导。为考察货物的流动以及流动的货物种类等，关税无疑是一项重要的依据。只是，绝不能总是依据现有交换关系中一种关税的事实作出结论，何况只是一项专业商品贸易的关税。史料告诉我们，地主自足经济中的物品产生易位（并未发生交换或者根本没有买卖）时也会被征收关税。关税有时是非交换经济组织相互流通的一项证据，这就意味着，此时征收的是一种实物关税。在整个中世纪早期这种征收关税的情况十分常见。

第一节　交换经济及其总体起源

多个经济体为满足对物品的需求，自愿付出一种等值物去换取另一经济的产品，用以消费，此种情况下便会产生一种交换经济（或流通经济）的组织。凡是原则上并非属于自足经济的所有规制，实际上皆为交换经济所囊括。此种经济既可建立在实物交换之上，亦可建立在以货币为媒介的交换之上，此即意味着实物经济或"货币"经济；它可以建立在手工业的基础上，也可建立在资本主义的基础上。

人们一度曾经以为经济与交换是同义词：人类是从交换的过程中获得自身发展的；交换的往来是一切人类经济的组成部分，如同生产与消费一样；它并非（和我们今天所说的那样）属于历史经济的范畴，而是属于一种基本经济的范畴。我们现在知道，相反的说法大概正确：人类发展交换关系也许比较晚，在人们习惯与他人"交换"什么物品之前，亦即尤其意味着，总之在他们排除不信任的心理，不怀疑他人（外人！）会以其对应的物品来欺骗自己之前，需要一个长时间的培养过程。"谁有交换的欲望，谁就有行骗的欲望"①，此言至今在儿童中仍然有效。倘若我们能够从今天或不久之前的自然人的习俗推论出原始时代的状况，也就会认识到实现交换往来的培养过程的各种形态。一种特殊的形态定然是所谓**沉默的交易**，如同希罗多德所描写的那样，此为迦太基人告诉他的经验，并且和我们今天在同无数自然人的交往中——无论是彼此交换物品，还是和欧洲人的交换

---

①　在欧洲中世纪，这种不信任在新进入历史的原始民族中克服得更快，因为他们突然与更高的文化交融在一起。尽管如此，它仍然体现在精心设计的异族人法规中，这只不过是同族之间针对部落的侵犯所采取的一系列保护措施而已。

往来——观察到的一样。

第二节　欧洲中世纪交换经济的发展

在欧洲各民族的历史时代，谈不上一种原始意义上的"交换经济的起源"。我们只能从欧洲最边缘的东北部（毗邻西伯利亚边界）的个别种族获知，他们曾利用"沉默的交易"方式同西方商人交往。[①]此外，我们可以有把握断定，自我们知道凯尔特人、斯拉夫人以及日耳曼人以来，这三个最大的民族业已习惯于物品交换[②]，并且也已是以金钱为媒介，同时，在罗马文化的区域内，在北欧各民族定居其中之时，显然也有一种高度发达的、数百年之久的交换往来。[③]

在罗马帝国时代，简直已经极度退化到自足经济时代的局面[④]，罗马帝国灭亡之后，此种退化持续了数百年之久，直至 8 世纪与 10 世纪期间达到顶点。尽管如此，在中世纪各个时期，或多或少地仍然存在着交换经济关系，而且在各个时期中，自足经济都是由劳务与物品的买卖进行补充。[⑤]我将公元后直至 10 世纪末这一时期指称为自足经济时代，系同我在导言中的用法相一致。此即意味着，当时的经济行为在根本上是以自足经济的原则为导向，这种行为体现了经济的调节观念及其精神，亦即：经济主体首先致力于满足自身经济的需求，至于同其他经济的交换则为次要的现象，因此不足以改变经济行为的整体性质。

由上所述我因此选定本章的现有标题。此处并非谈论欧洲中世纪交换经济的起源，而只是论及其再生与**发展**。萌芽业已存在。我们现在需要探寻它们如何发育成为强壮的植物，在 13 与 14 世纪时已经呈现在我们的面前。

持久地促成交换经济发展的诸种力量包括：

1. **职业商人群体**，他们从东方来到欧洲，或是特为购买北欧与东欧珍贵的土

---

① 据阿拉伯原始资料，参见：Georg Jacob, Der nordisch baltische Handel der Araber im Mittelalter（1897），S. 124。

② 如果我们相信狄奥多的故事（5, 22 §§ 1, 2），那么在所谓的新石器时代（公元前 1500—1000 年）即有部落居住在大不列颠和西德意志的海岸，他们已经进行了"贸易"（锡和琥珀）。Varges, a. a. O. S. 7 ff.。关于日耳曼部落在早期时代的贸易往来可见：Varges, a. a. O. S. 24 ff.。此外可参照有关欧洲民族原始文化的相关著作。

③ 我认为以下一部著作仍然提供了罗马帝国时期经济文化的最佳全貌：Ludw. Friedländer in seinen Darstellungen aus der Sittengeschichte Roms, 7. Aufl. 1901。毕歇尔与迈尔之争并没有提出任何新的发现。

④ Max Weber, Römische Agrargeschichte（1891）S. 262 ff.

⑤ "不仅是领主的生计，而且农村经济也尚未完全实现。" v. Below, Der deutsche Staat des Mittelalters（1914），127.

产，如琥珀、贵重的毛皮等①，或者是出售（对此，以下还会再讲）东方的产品（装饰物、纺织品等）。当我们追寻中世纪欧洲人的生活进程时，绝不可忘记，在东方有拜占庭与巴格达，此乃最高文化的两处中心，二者对"野蛮的"或沦陷为"野蛮状态"之中的欧洲产生了影响。

2. 此外，还有一些力量潜在地产生作用，从而导致原本平常的农民自足经济倾向转变为交换经济的生活形态。生产总是可能会出现剩余，当原始的共同体观念失去效力时，此等剩余便会成为适宜的销售对象。②在此类特别良好的收成产生的盈余中，包括一些农民经济体出现经常性盈余，或一些特别品种收益较好，于是农民便会合伙形成一种经济来促成这些专业的生产，诸如蜂蜜、蜂蜡、葡萄酒或家禽（可见养鸡业理论！）。在没有种植价值的海滨漂泊的农民亦属此类，他们以捕鱼为生，旋即转为鱼商③或盐商④，因而大大地刺激了交换经济的发展。

自足经济的解体或至少受到限制的趋势，现在因为一种进程朝着两个方向——既有生产的偶然性剩余又有专业性的生产——在强化起来，这一进程恰恰在特别引起我们兴趣的几个世纪中以最大的持久力实现，此即农民地产面积的分化。一方面形成了拥有一个胡符以上的大型农民经济，从而增加了食品在数量上剩余的可能性；而另一些地产则萎缩成半个胡符，四分之一胡符或甚至变成小块分割地，于是必然产生以下情况：或是出现有价值的农业专业化（如养蜂业），或是以其他方式（如从事工业活动）来维持生计。（在某些地方形成的地方工业已呈现一种交换经济组织的雏形，依据史实可以有多个事例来证明这一点。）除此之外，人口的增长这一重要的事实自然也会与此相关。

3. 但是，倘若没有**地主**这第三种因素在同一方向上的影响，中世纪时期交换经济组织绝不会像实际上那样迅速地成长起来。这一点是不容置疑的。

地主经济自存在之初起，便对其他经济具有一种强大的倾向性。首先是作为销售者。这里存在着极大的可能性，即尤其是富裕地主的消费经济规模与地产以及农民的实物地租扩张，二者之间不会实现同比例的增长。特别是涉及一些专业作物的地租时，更加如此。例如，当葡萄酒大量地流入，即使修道院巨大的酒窖也无法容纳；再如盐，也是由地主的盐场大量供给。究竟如何处理这些物品呢？

---

① 商人群体与这些东部地区的贸易非常活跃，使得他们有利可图。我认为，发现的大量阿拉伯硬币表明了这一点。毛皮等销售商没有从阿拉伯商人那里购买任何东西，因此是用现金支付的。他们要么将硬币埋藏起来，要么当作装饰。参见：Jacob, a. a. O. S. 59 ff.。

② 从 1168 年的一份文件中，我们了解到，例如在 8 月份，地主的官员不得不向所有的农民询问是否有酒可卖。Schöpplin, Alsatia diplom. Bd. I Nr. 249；引自：Kowalewsky, 3, 289。

③ 早在 9 世纪，北海沿岸的干鱼出口已有相当大的增长。Al. Bugge, a. a. O. S. 229 ff.

④ 主要例子为康马基奥和威尼斯两地。见：Hartmann, Commachio und der Pohandel（Zur Wirtschaftsge-schichte S. 74 ff. 8. Jahrhundert。

卓越的凯萨再度告诉我们："酒与盐从庄园大量流入修道院，为此必须将剩余的出卖。"①因此，我们看到各处葡萄酒产地很早就进入交换经济的轨道，尤其是当地的农民也很早就在自己的经济中生产剩余物品。早在 9 世纪，拉丁诗人就大赞斯特拉斯堡人，称他们不必饮尽自己的酒，否则城市就会显得难看：阿尔萨斯葡萄酒很快便成为科隆商业的主要组成部分。特别是英国领地的羊毛一直是一种重要的产品②，若自己不想大规模地经营纺织业的话，便会出售这些羊毛。还有奶酪。法尔肯斯坦的希伯托伯爵身边集结着一群作战仆役，每年有 9 694 块奶酪③，如何处理？特里登庭大教堂牧师的奶酪甚至多达 14 000 块④，不卖掉又如何处理？还有谷物也是如此，虽有千百人需要吃饱，但总不能将这些谷物全部做成面包。

所以，当我们经常听到有关庄园经济出售剩余农产品的规定时，便不会感到惊讶。

科尔比教堂规定：各处农庄收获的十分之一无须送入教堂（而是出售？）。畜牧业中仅留猪供食用，马驹、小牛、羊羔或立即或两年后出售或交换。

总之，常见的想法是：先满足需求，其余的卖掉！

但是，更多的时候，我们常常看到地主以**买家的身份**出现在市场上。这是可以理解的，因为他们不仅从自己产品的收益中获得货币收入，而且从一开始就以货币利息的方式从农民那里获利。

在中世纪，没有一个时期农民不再付出货币利息。在每一个世纪的文档中总会发现此类事项：5 世纪出现在高卢，这并不重要，因为在当时那个时代他们还能养活自己，如同我们 8、9 世纪到处可见的一样。

农民向地主账户现金付息的数额并非总是微薄。根据上述史料，我作出以下总结。各处修道院的收入以今天的货币单位计：

博比奥修道院 ···················· 约 100 马克

普吕姆修道院 ···················· 约 6 000 马克

圣日耳曼修道院 ···················· 约 10 000 马克

圣雷米修道院 ···················· 约 12 600 马克

---

① „Antiquitus tanta copia vini ac salis proveniebat ecclesie de curtibus nostris quod opportebat quasi de necessitate superflua（此处在强调"精神"！）venundare". 1. c.

② 关于 12 世纪之交伦敦圣保罗教堂财产中的大量牧场，可见：Kovalevsky，3，73 的资料来源。Bob. Jowitt Whitwell, English Monasteries and the Wool Trade in the 13th Century in der Vierteljahrsschrift für Soz. - und W. geschichte 2（1904），1—33. 此篇文章包含非常丰富的资料。

③ Cod. Falk. Introductio p. XXVI.

④ Chr. Schneller, Tridentiner Urbare aus dem 13. Jahrhundert［关于奥地利及其王室领地历史的来源与研究，4（1898），6］。

这种较高的现金收入——再加上出售自己产品的收入——从一开始就使得地主有可能从事购买活动。我们现在还掌握充分证据来证明这一猜想属实：

首先，尤其是教会领主享有许多关税特权，其中涉及船只、航行或货物等，这些船只还包括盐船；在关税特权中明确提到购买与销售两个方面，普吕姆修道院从丕平国王那里获得关税特许权。圣日耳曼修道院可以无需缴纳关税四处通行。史料也经常直接提到地主的购买行为，如圣加仑修道院将其代表派往美因茨即为一例。

当我们看到船舶运载着地主的全权代表连同谷物驶向市场时，抑或赋役农民的车子与牲口满载货物前往市场时，便会觉得这也是理所当然的。

教会与修道院的船只享受帝王赐予的税捐豁免——尤其在意大利——乃是常在史料中发现的事实：有关意大利部分可参见哈特曼：Zur Wirt. Gesch., S. 87；绍伯，S. 37 ff. 72 ff；有关德意志的部分可参见伊纳马之作：1, 440, MRh. UB. 1 Nr. 18；有关法兰西部分参见杰拉尔德：Pol. d'Irm. 1, 789。

这些船只特别用于运输购买的货物（盐！）。860 年，路易二世准许布雷西亚修道院在贸易上免交税捐。参见：米尔巴赫的著作，第 1184 页。

圣雷米修道院的赋役农民在前往凯隆斯（距离 80 公里）、圣昆廷（距离 70—110 公里）与亚琛的路上，这些地方都有他们出售谷物的市场，车辆或是由牛或是由驴来拉。

但是，地主并非仅仅通过自身进入市场来促进交换经济，同时也作为**一种酵母，更为迅速地将农民的自足经济解体**，否则不会如此轻易实现的。向农民收纳货币利息这一事实已充分说明这一现象。当一种经济需要经常支付货币时，就必须尽力出售其产品来换取货币收入，这是十分明显之事。

接下来，地主的磨粉机、漂揉机、面包房与酿酒坊等禁区专有权[①]的扩展，也在发挥着同样的效应。例如我们经常看到，农民有义务在专供地主使用的设备中磨粉、烘焙、酿酒与漂布等，而他们却被禁止在自家的设施中从事所有这些活动。[②]由此便正式地强制农民加入交换经济的链条之中。进一步深入探究禁区专有权的扩展与交换经济组织的形成二者之间的联系，似乎值得花费一番精力。同时也需要考察，出于巨额市场收入利益的考虑，地主究竟在何种程度上强制农民经济参与市场。

最后，我也可以设想，地主为促进生产专业化将农民经济挤压到交换经济之中。一位有赋税义务的农民向地主供给农业或尤其是工业特种专业产品的数量越

---

① 亦称一英里禁区，系指城市、寺院、城堡等周围一英里范围内城市当局或地主有经营磨坊、酒坊等的专利权，1873 年起大多业已取消。——译者

② 英国的情况可见：Kowalewsky 3, 139；西西里诺曼人的类似发展亦参见该书：S. 381 f.。有关德意志的情况参见：Prümer Urbar. MRh. ÜB. 1, 147—149；法国的情况可见：Flach, Origines 2, 198 u. pass.

多，他就会愈加感觉到自己脚下的自足经济的自主地位在动摇，他的利益愈加更多地在于经营其专业产品，并将纯粹属于自身的所得，通过销售的途径逐渐卖给他人，而这一部分的获利无需向地主纳税。

如此看来，在领地组织中包含着破坏自身及农民自足经济的倾向。这种解体进程虽然十分缓慢，但必定伴随着领地的发展在不断地完成之中。从 11 世纪起，这一进程几乎是骤然跨越式地实现了，欧洲中世纪在一两个世纪的短时期内，从一个原则上的自足经济组织过渡到一个原则上的交换经济组织，这归结于一系列特殊状况的聚合，并将以下列方式加以解释。

我们可以首先确定地主一系列的改变措施（其中一部分又是互为条件的）：

1. 农民的实物地租改变为**货币地租**。这一转变对农民经济的影响，我们已经确定为：农民被迫出售产品。

2. **旧有的领地管理制度解体**。从前管事在庄园中充当地主的管理人，现在则成为地主直接经营的土地或庄园的佃户，或变成农民土地的佃户，而过去他们只是在征收这些土地的租税。

3. 农民的农场同样也脱离旧有的隶属关系，而成为**比较自由的租赁形态**。

此后，倘若租税仍然用实物缴纳，如同西北德意志[①]及意大利一些地区[②]——这些地方采用谷物的形式交纳部分地租——一样，在如此状况下，交换经济还是未能获得长足的推进。只有在满足自身需求之外还产生较大剩余（出于自己利益的考虑），才有可能且有必要同时出售一些农产品。除此之外，在多数情况下，管理制度的改革是与实物地租向货币地租的转变结合在一起的。

此处所叙述的过程在欧洲各国是以同样的形态实现的，这一点已为相关的研究较为清晰地证明。从汗牛充栋的文献中我只想列举为数不多的著作，这些著作对我的启发尤佳。

对欧洲的整体论述：苏根海姆：《欧洲农奴制度与依附关系解体的历史》（Geschichte der Aufhebung der Leibegenschaft und Hörigkeit in Europa）。1861 年（其中部分业已陈旧）。科瓦列夫斯基，可见前文。

在法国，此过程早在 9 世纪开始，并在 12 世纪基本完成，参见弗拉赫：《起源》第二卷（Origines 2），第 87 页。然而还是有"隶农"继续存在，尤其是在大型修道院领地，那里的自足管理直至 13 世纪才告解体。参见：达博阿·德·尤本维尔：《关于熙笃会修道院内部状况的研究》（Etudes sur l'état interieur des Abbayes cisterciennes）（1858），第 309 页。

在英国，据泽鲍姆，有关决定性的转变过程在 1125 年至 1279 年间进行；而另

---

① W. Wittich, Grundherrschaft, S. 312 ff. 317 ff.

② E. Poggi, Cenni storici delle leggi sull, Agricoltura（1848）2, 181 ff.; C. F. von Rumohr, Ursprung der Besitzlosigkeit des Colonen im neuen Toskana（1830）, S, 110 ff.（Urkundensammlung für die Zeit nach 1250）.

一记载则称此过程系在 13 世纪中期至 1534 年间进行，但此说并未得到普遍接受。阿什利在其《英格兰经济史》中将实物地租向货币地租的转变时间定在 13 世纪初。即使在英格兰，世俗领地的改革也早于教会领地。在英格兰，取消工业产品纳捐也许要早于其他地方。在 12 与 13 世纪的史料中已经很少看到此类记载。梅岑称，取消实物纳捐甚至延伸到其他种类的产品。

在意大利，我们可以认为，这一转变过程是在 11 世纪或更早一些时间开启的。在科瓦列夫斯基一书中提到这一时间。参见：die Urk. der Abtei Ripa aus dem Anfang des 11. Jahrhunderts bei Kowalewsky 3. 352。此外亦可参见前文提及的文献，如：G. Bianchi, La proprieta fondiaria e le classi rurali nel medio evo etc. (1891), p. 51 ff.，此书系对旧时文献的加工。

比利时的进程可见：布朗茨：《关于比利时农村阶级状况的历史》（Essais historiques sur la condition des classes en Belgique），1880 年。

德意志地区的情况可见：兰布莱希特（DWL. 1, 620 ff. 947；2, 587 ff.）；伊纳马（DWG. 2, 167 ff. 204 ff.）。以后出版的论著有：维迪希，见前所提及一书；梅岑，见前所提及一书。科奇克的论述特别富有教益，亦见前文。

有关奥地利地区的情况，可见：多布施在其所著《13 与 14 世纪下奥地利与上奥地利王侯庶民》[„Landesfürstlichen Urbaren Nieder-und Oberösterreichs aus dem 13. und 14. Jahrh" (österr. Urbare I, 1. 1904) S. CXII ff. CXC ff. CCXI ff.]一书的绪论。在奥地利，教会领地的过渡也要滞后，"此处正在进行，而王侯领地则已完成"。多布施指出，奥地利在 13 世纪的进展同样远比德意志其他地区要快。

此种转变明显源自地主的自觉意识。这一意识首先而且尤其表现在需要增加土地的收益，并且能够自由地选择将这些收益用于购买更有价值的日用品上。因此货币形态就会受到偏爱。这种追求更高货币收入的努力，本身就是对于舒适、华贵或奢侈的生活方式普遍的高度评价的结果，这也同我们对 11 世纪与 12 世纪的欧洲普遍观察到的情况一样：一种正在成长的精神的表现，我们将在本书述及的其他方向上也会常常看到类似情景。

较为上等阶层的此种倾向，乃至教士的同样倾向——对此，我们可以直截了当地称为"还俗"——此时受到一系列外部状况的支持，其中部分起源于这一倾向本身，部分则要追溯到其他原因。最为重要的如下：

1. **财富的增长**。11 世纪以来，尤其是在 12 世纪期间这样的增长无疑十分强烈地令人感觉得到。时代在变得安静。掠夺之事已经消停。荒凉之地开始有人移居，顿显生气，这些人多半是来自领主土地。**农业劳动**变得更有效率。12 世纪下半叶以来，因转向耕作更多的特殊作物，种植的强度在增加（在西部德意志）；12 世纪中期以后，葡萄园变成梯田栽培方式，不久以后，新开牧场变成垦荒的一种常态[1]，农地的

---

[1]　Lamprecht, DWL. 1, 148 f.

耕作也在逐渐改善，有三轮或四轮耕作。施肥也更勤，并开始种植饲料作物。[1]

在意大利重新种植葡萄藤与橄榄树。[2]

在英国，12 世纪以来开垦工作迅速进行；至少自 12 世纪末期起，三年轮种制在迅速进展。[3]

关于法国，我们也听到类似的消息。无论如何，在 12 世纪末期冬季田地已经采用两次犁地的方法，这已为史料所证明。[4]

在莱茵低地的荷兰人与佛兰德人兴起了一种泥沼地农业，并由其种族的无数移民将这种农业推广到易北河地域，而且一直深入东部地区。[5]

然，**工业**劳动尤其因为持续不断的专业化而更富成效。至于技术领域的颠覆性变革我们则一无所知。但是专业化程度的提高无疑足以提高手工的灵巧性，从而也极大地提高生产效益。

2. 愈益频繁且紧密地**与东方的关系**。正是这种关系解放了世俗的情绪，引发了乐于舒适与华丽的生活方式；人所共知，这种关系才昭示出，人如何将增长的财富为自身利益所用。

3. 教士会和修道院的**共产生活的解体**。这种解体在教士会中已在 10 世纪开始，其后一再受到阻遏（11 世纪与 12 世纪期间对教士"还俗"的禁欲运动！），但在 13 世纪期间便告完成。[6]人们可将此事与生活方式更多地向世俗化的普遍转变联系在一起。要求一种更加自由的生活方式，与更多地享有教士会的富裕收入而抛弃"教规"简单的生活这一愿望正相一致。除了这些有普遍影响的原因之外，在各主教教会中还有以下特殊理由加入其中。11 世纪时——有些地方还要早一些——各主教已经将其教民分配到各个区块，并指令主教教堂的牧师施以教训。因此，主教教堂的教士会会员便成为副主教，变成教堂的显贵，并且享有在所有主教管辖区的教士之上的特殊地位。这也因此成为摧毁他们修道士简单生活方式的主要原因：高等的教会显贵总不能同修道士一样生活。[7]这种生活方式的转变在于，从每天的配给改变为一种固定的岁入，此外，从前的薪俸主要是配置好的饮食，从现在起则恰恰相反，牧师收到的是未经加工的实物，他必须将其出售，以

①　Lamprecht, DWL. 1, 529 ff. 557 ff. nach dem MRh. UB. 1, 650; 3, 504.

②　C. Bertagnolli, Delle Vicende dell'agricultura in Italia（1881）. p. 180.

③　参见: Kowalewsky 3, 169 ff.。

④　参见: die Urk. bei Guérard, Pol. d'Irm. 1. 383。

⑤　Gustav Freytag, Bilder aus der deutschen Vergangenheit 2, 46. 此外，还有一些对农业历史的普遍描述提供了可能需要的信息。

⑥　Ph. Schneider, Die bischöflichen Domkapitel, ihre Entwicklung und rechtliche Stellung im Organismus der Kirche（1885）, S. 41 ff.

⑦　这些情况可见 A. Brackmann, Geschichte des Halberstädter Domkapitels im Mittelalter in der Zeitschrift des Harzvereins 32（1899）, 2. Rud. Bückmann, Das Domkapitel zu Verden im MA.（1912）, 16 f. Vgl. Schulte, Adel und deutsche Kirche（1910）, 274 ff.。

换取更多的金钱。现在牧师们拥有自己的住宅，而家宅这一产业决定了他们必须拥有自己的随从，尤其是从一开始就形成一种与市场往来相结合的自足经济。为数众多的教士会成员的主教大教堂的发展过程都完全相似。[1]共产生活的这种解体自然也在加速旧的财产管理制度的解体。

修道院的组织也在经历着类似的转变，并且明显是出于同样的理由。自 10 世纪与 11 世纪以来，修道院院长们皆在"还俗"："当时，修道院愈益转变成为帝国王侯机构，具有世俗的、政治的目的。"为追逐这些目的，修道院长的生活目的及生活方式与修道士们产生了分离；他们的王侯宅邸同普通修道士的简单住宅犹如天壤之别。修道院的财产自然也在修道院长与修道院成员之间划分：修道院各个重要的职员配有特别的收入，他们可以以此来供养教友，而修道院长则保留其余的财产，借以支付他王侯般的生活开销。一切服务同时转变为固定的租税。"原先统一管理的修道院财产已不复存在，现在取而代之的是一批各自分离的财产，且由各自分别管理。"修道院内部也在实现一种转变：修道院的生活在急剧地个人化："牧师地位的特质在修道院中清晰地反映出来。"[2]有些修道院，如鲁尔河畔的威尔登修道院终于转变成大教堂。在时代的推移中，这种大教堂自身带有照管机构的性质，即负责照管贵族与骑士门阀子弟，在此种情形下他们已经完全世俗化。[3]

由此也发展出推广交换经济与流通经济关系的动机。

4. 10 世纪与 11 世纪**贵金属生产**——尤其是采银业——重新兴起的事实。[4]自 10 世纪末期以来，开始开采特别是对中世纪最为重要的银矿（当时黄金在经济上没有地位），地点在：西里西亚、哈尔茨（戈斯拉、克劳斯塔尔）、萨克森（弗赖贝格）、克恩腾、萨尔茨堡、波希米亚、阿尔萨斯等。

我认为，贵金属生产对于资本主义的起源具有重大意义，所以在描述资本主义的"先决条件"如何实现之时，在这一点上将详细论述。但贵金属生产早就对前资本主义经济生活的发展过程产生过影响，并且尤其在自足经济向交换经济的转变中具有不容忽视的作用。所以此处必须提到这一点。同时还需要首先指出贵

---

① 相关的描述可参见：K. Heinr. Schäfer, Die Kanonissen stifter im deutschen M. A. (1907), 191 ff.。

② R. Kötzschke, Studien z. Verwaltungsgesch. der Großgrundherrschaft Werden a. d. Ruhr (1901), 114, 其中特别详细和生动地描述了修道院宪章的这种改变。关于普遍的发展情况，可见：G. Matthaei, Die Kloster-politik Heinrichs H. (1877), 14 ff.; A. Hauck, Kirchengeschichte Deutschlands, 3, 314 (1906), 443 ff.。

③ Arnold, Verf. Gesch. der deutschen Freistädte 2, 162 f.; vgl. Kötzschke a. a. O.

④ 我们对贵金属开采的早期历史知之甚少。关于原始材料，可见以下：Will. Jacob, Über Produktion und Konsumtion der edlen Metalle; übers, von C. Th. Kleinschrod (1838) S. 151 ff., 此书译者还作出宝贵的补充。Soetbeer, Beiträge z. Gesch. des Geld- und Münzwesens in Deutschland in den Forschungen zur deutschen Geschichte, Bd. I. II. IV. VI. A. Hanauer, Etudes économiques sur l'Alsace ancienne et moderne. 2 Vol. 1876. 1878. Inama, DWG. 2, 330 f. Dopsch 2, 173 f. 此外还有：Ad annum 963: Widukind cap. 63: „terra Saxonia venas argenti aperuerit". MG. SS. 3, 462; ad 961: Thietmari Chron. cap. 8: „temporibus suis aureum illuxit seculum; apud nos inventa est primum vena argenti". MG. SS. 3, 747。Über die Urzeit unterrichtet Matth. Much, Prähistorischer Bergbau in den Alpen in der Zeitschr. des deutsch, u. österr. Alpenvereins 1902, S. 1 ff.。

金属储存量增加所产生的效应，这种效应也同样在人生观的"世俗化"中表现出来：与金银生产急剧增长联系在一起的暴富，唤醒并滋长了人们对金钱的贪欲，增加了财富的诱惑力，提升了对金钱资产的普遍估价。从最早的时代以来，我们即已获知，开采一座丰富的矿产总是会引起如此这般的情绪宣泄。

倘若没有贵金属生产，社会组织的整体转变便不会发生，就此而言，贵金属生产的增长对我们当前面临的众多问题的意义远远超过上述的情绪宣泄。

我们若想明了贵金属生产的增长在这种转变中的地位，就必须修订或正确地把握一些经济学的概念，此乃我们在确定相关联系时的迫切需要。一方面是**自足经济与实物经济**，另一方面是**交换经济与货币经济**，这些概念在许多人——尤其是历史学家——的头脑中掺和在一起，造成极度的混乱。自足经济并非等同于实物经济，同样，交换经济也并不等同于货币经济，自足经济与货币经济，实物经济与交换经济，它们相互之间并非互相对立，相互对立的则是自足经济与交换经济，货币经济与实物经济。关于前两者，我想在此间的叙述中已经充分阐明。相反，货币经济与实物经济的表述只是在说明，前者为一种经济规制，即在日用品之外还有货币商品存在，而实物经济则无货币商品。当商品的价值是通过其他商品的估计、测定表现出来时，便已存在着货币现象，此时的货币表现与货币商品只是体现在赎罪的支付与税捐的征收之中，而并不需要交换经济的组织，这是显而易见的。再如，在领地的组织范围之内，捐税改用货币，劳动工资不用消费品而用货币支付，关税的征收从货物改成货币，凡此种种的转变的确意味着从"实物"向"货币"经济的过渡，但绝非必然是从自足经济向交换经济状态的过渡。另一方面，交换经济可以同自足经济和平相处。因为若没有货币媒介，交换也可以发生，租佃可以规定不用货币而用农产品，劳动工资亦可用食品支付；所有这一切都是在一种基本的交换经济组织内进行的。

对自足经济与实物经济、交换经济与货币经济的概念，若严格加以区分，就必须承认，自足经济组织与实物经济组织，恰恰同交换经济组织与货币经济组织一样，他们之间存在着某种程度的相互依赖关系：货币经济导致或促进自足经济的解体，并产生或强化交换经济关系，这在相反的程度上，恰恰同交换经济由自身发展出使用货币的倾向一样。

弄清楚这些相互关联，我们也就可以明白，**在此处探究的自足经济向交换经济的转变之中，贵金属生产的意义究竟何在**。贵金属储存的增加首先（1）促使金银（此处为银）——因其具有技术上的优点——去替代其他货币商品。直到采用贵金属为货币之后，这样的货币才能耐用、珍贵且易于流动，可以用于远程的商品交易，正因如此，这样的交易才变得可行。在一定程度上——在专业实践方面——生产部门进一步的专业化同样也是如此。为实现交换经济组织的前提条件，一定的金属货币的储存必不可少，金属货币储存愈多，交换经济组织的发展空间愈大。

至少在经济发展的一个阶段中，即如欧洲在10世纪与11世纪期间所达到的程度那样，人民业已跨越训练这一阶段，当时贵金属基本上已经用作货币商品，此时，贵金属储存的增加更加直接地影响到自足经济的解体，亦即促进了交换经济。如此一来，首先的确是贵金属储存的增加。（2）在国家的某些地方产生一种对商品的需求，此类商品应由购买获取，因此也必须为交换而生产。在人们当时所处的状况下，这种需求的商品首先出自经济高度发达的地区，通过远程交易的渠道，运往经济不发达的地方，此即东方的商品。但是，随着时间的推移，贵金属生产者从零生长出来的需求也在本国激发出为销售而生产的情景。

此外，贵金属更充沛的流通，（3）创造出一系列货币经济关系，他们本身又在促进交换经济的组织。我所指的是实物地租转变为货币地租，（抑或甚至用支付本金的方式），实物工资转变为货币工资，实物关税转变为货币关税，并推行货币赋税。所有这些措施中包含的货币支付义务，必须以一种最低数量货币商品的存在为前提，人们的金属货币愈多，这样的交换愈益容易履行：先前的交换经济又使得货币经济成为可能。倘若货币经济通过上述的方式得以实现，自然又会促进交换经济的关系：负有货币支付义务的人被迫成为销售者，享有货币收入权利的人则处于购买者的地位，对此我们已经在其他场合证实。

最后，还需记住，贵金属生产增加导致货币储存量的扩大，又会创造或大规模地形成其他货币经济关系，而这些关系进而直接或间接地有助于破坏自足经济。我认为（4）在这些世纪中形成的货币借贷，其中大部分有助于封建社会及其相应的自足经济组织的解体。对此，我在其他相关的章节中还会详谈，此处不赘。但我至少还想提及一点，即（5）军队实行货币发饷，极有意义，它撕裂了自足经济的纽带，遂与贵金属生产预先的强度增加的前提联系在一起。

＊　　　　＊　　　　＊

一切促进经济生活向交换经济组织转变的趋势，现在因为一种事件——此事件在其他方面亦具有极为特殊的意义——即（6）**城市的兴起**而获得巨大的推动。城市的确是交换经济及构建在此基础上的手工业经济生活秩序之母（而并非如人们所以为的儿子），我将在以下各章详细说及城市及其形成、发展的理由。对于因发展中的交换经济而产生的社会结构新形态，尚需稍加关注；关于新经济制度的支持者：商人与手工业者还需略加评论。

第三节　专业性商业的前奏

交换经济并非商业，并非手工业。此即意味着，各种经济体可以借助交换

（使用或不用货币的媒介）的纽带结合起来，而从事交换媒介（商贩的、商人的）或工业（手工业）的活动却无需由人口中特别的群体专门实施。工业活动可以同农业活动结合在一起，这在交换经济所有的初步阶段成为常规，即使在欧洲的中世纪时期，也是如此；"商人"功能可以由生产者自行承担。在交换经济的初期，这也是正常状况，至少在近距离的交换情况下，确实如此。农民、地主与工业经营者在狭小的范围里彼此交换，时至今日，还是由他们自行交易，无需商人做媒介。我们也听闻，在中世纪早期商品是由其生产者（或其受托人）出售到遥远的地方。

我们看到手工业者携带着自己的产品奔赴远方的集市（对此我还要在另一处相关的地方谈到）。我们在意大利的河流与海滨看到来自威尼斯与科玛丘的小盐船。我们看到修道士在前往偏远的地方①，我们知道教会和修道院委派的全权代表在为他们介绍交换关系，因此，这些人恰恰可以称作"商人""交易人"，而并非作为大教堂和教会的经济官员现身。②

当我们翻阅有关货物流动的史料，甚至买卖人的史实时，经常会涉及出售自己产品之事；这些往往也许比我们以前所猜想的还要多一些。但我们今天至少明白，对于中世纪文档中"买卖人"（mercator）这一词汇不可到处译成"商人"（Kaufmann），前者更多地系指自行生产的赶集人。③

商品交换的媒介已经伴随着生产者形成了特殊的人员类别，自此之后，我们也不能随便地得出存在着一种专业的商业的结论。在这种商业与生产者及消费者直接的商品交换之间，还夹杂着更多的是两个其他的发展阶段，我们可以称为专业性商业的前期，即为劫掠性商业与随机性商业的阶段。

劫掠性商业乃是劫掠的孪生兄弟。此项商业出售的（多为专业）商品既非出售人所生产，亦非他们所购买，而是用暴力获取的。在这种情况下，也可以称为一种单方面的商业。劫掠性商业原本的活动领域是海洋，此为人所共知，此种商业在海洋上千百年来专为海盗所从事，这是我们从有关海盗业有见地的论著中所受教的。

---

① 见《出没市场的僧侣指南》，其中提到：„periculosum quidem est minusque honestum religiosis frequentare nundinas"，die dann aber doch ihnen gestattet，hinzugehen，aber längstens drei Tage auszubleiben im Nomast. Cisterciense ed. Jul. Paris. (1670) p. 260/61。

② 修道院自己的"谈判者"在 775 年圣丹尼修道院的一份文件中首次被提及，此后经常被提及。Imbart de la Tour，Des immunités commerciales etc. in den Etudes ... dediees a G. Monod (1896)，p. 79. 冯·比洛（Ztschr. für Soz. u. W. Gesch. 5，140 f.）认为，从源头上证明德意志的修道院等也有自己的"谈判者"，这一试图是失败的，那么他可能是对的。但是，任何一个将自己置于修道院地位的人都不能怀疑，修道院必须经常出售大量自己的产品，并从很远的地方购买其他东西。

③ 有关这一问题，可以参见大量的文献：v. Maurer，Städteverfassung 1，322 ff.；Goldschmidt，Univ. Gesch. des Handelsrechts 1 (1891)，127 ff. (mit reichen Quellenbelegen)；W. Varges，Zur Entstehung der deutschen Stadtverfassung in den Jahrbüchern für NÖ.，III. F. Bd. VI (1894)，S. 172 ff. 205 ff.；S. Rietschel，Markt und Stadt (1897)，42 ff. 140 ff. (Zusammenfassung) und sonst öfters；v. Below，in der Zeitschrift für Soz. und Wirtschaftsgeschichte 5，138，in den Jahrbüchern für NÖ. 20，23；H. Pirenne，Villes，marchés et marchands au moyen âge，in der Revue historique 67 (1898)，64 ff. K. Bücher，Entst. d. VW。

＊　　　　＊　　　　＊

所有经营商业的民族，在从事商业之前以及在经营商业的过程中皆已熟识劫掠性商业，此乃不争的事实。事实证明，在欧洲的中世纪，这是常规，没有例外，甚至在现代，海上劫掠仍然被认作一种普遍流行的习惯。

专业性商业的第二个前期常常伴随着以上所述的第一个前期进行，此为商品中介形态，我将此称为**随机性商业**。此种商业的特征是：它业已成为双方面的商业，亦即，建立在购买商品以便出卖的目的之上，然就商业的完全特征而言，仍然缺乏专业性。在这一阶段中，商业活动更多的是随机的，是由任何人（只要不是交易商品的生产者本人）偶然从事的，几乎等同于副业。随机性商业也是所有原始文化中一种流行的现象（歹徒头目商业！），尤其是在欧洲中世纪占有的地位，要比迄今为止关于中世纪商业的描述中所猜测的更为重要。我相信在本书其他相关之处可以证明这一点。

随机性商业的一种特殊形态，即人们所称季节性商业：此种商业主要是由农民在自身的农业活动之外经营。我相信，中世纪早期商业与农业之间如此的交错，至少是同工业与农业之间的交错一样频繁。①

第四节　专业性商业的初期

然而，倘若人们否认欧洲中世纪任何一个时期中有专业商人的存在，抑或至少有与其他阶级严格区分而被视为此类商人的存在，那就无疑会产生误解。即使是中世纪早期的史料也常常有意识地标出"交易人"，以示与某一地方的其他人口的区别②，尤其是墨洛维时代与加洛林时代的"交易人"享有的特权——他们因此从国王那里获得个人（自身）的权利，得以来往于全国各地——可以令人假设当时业已存在着一种特殊的阶级。

中世纪早期的这些商人究竟是谁？首先要问它们的出处。

---

①　"造访诺夫哥罗德和英国的哥特商人（来自哥特兰岛）都住在乡下，是农民。" Al. Bugge, a. a. O. S. 267. "谈判人员也是常驻……需要牧场。" Hartmann, Zu W. Gesch., 112.

②　„In Vico qui hodieque Trajectus（Maestricht a. 828）vocatur est que Habit an tium et praeeipue negotiatorum multitudine frequentissimus". Eginardi Historia de transl. S. Marcellini c. 81 zit. bei Ferd. Henaux, Histoire du pays de Liegel 8（1872），136. „Forum quoque quod erat ante portam mediam（sc. Trevir.）con stitutum et frequentia comprovincialium satis celebre et famosum orto int er cives et negotiatores gravi simultate, ex eo loco in Wage satiam translatum est." Gesta Trevirorum, 24. MG. SS. 8, 162. Gehört hierher auch die Wendung（MG. Dipl. No. 198）: „inhabitantibus aut in posterum habitaturis negotiatoribus sive（！）Judaeis"？

人们可以统而言之，最初大多是**外来人**。在其他民族中首先是**叙利亚人**。直至 7 世纪末为止，叙利亚的交易人成为亚洲与中欧的联系纽带。"马丁在对厄齐尔的声明中说，叙利亚人至今仍满怀着一种天生的营业热忱，为了利益走遍地球；他们经商的欲望如此强烈，竟然在罗马帝国各地的战争、谋杀与误杀中谋取财富。"①

在他们之后是**犹太人**，对此不可与叙利亚商人等量齐观，在这一点上基塞尔巴赫犯了错误。自从犹太人不再被视为罗马人民之后，他们在欧洲各国皆已成为"外来人"。②在墨洛维与加洛林的史料中，提及犹太人，几乎是一种固定的形态，常常是"犹太人和住在该地的其他交易人"之类。③由此，我们可以直截了当地推论出犹太人在极大的程度上参与了当时的商业。

除犹太人之外，在意大利有阿拉伯人、利比亚人、非洲人④和希腊人⑤；在西班牙有北非人⑥；在北方除这些人之外还有意大利人。⑦伦敦在 8 世纪被称为"多民族的通商地"⑧。巴黎亦如此。⑨

中世纪早期的史料中谈及"来自海外的交易人"⑩。我们在 11 世纪的不来梅发现"来自世界各地的交易人"⑪。

但我们也听到早期的北方民族也在积极从事商业活动，当然史料并没有透露他们究竟是专业商人还是随机商人。

9 世纪我们在多瑙河各处市场上遇见"来自鲁吉兰或波希米亚的斯拉夫人在经商"，他们用蜡及其他物品交换此地的马和奴隶。⑫10 世纪我们在君士坦丁堡遇见来自基辅、泽尼哥夫和彼列亚斯拉夫的俄罗斯商人——他们取道第聂伯尔河来到

① W. Kiesselbach, Der Gang des Welthandels（1860），25. Vgl. Scheffer-Boichorst, Zur Geschichte der Syrer im Abendlande（Mitteilungen des Instituts für österreichische Geschichtsforschung VI）.

② J. Schipper, Anfänge des Kapitalismus bei den abendländischen Juden（1907），14. G. Caro, Soz. u. WG. der Juden usw. 1（1908），53 ff. 128 ff. Vgl. noch besonders die gute Arbeit von R. Saitschik, Beitr. zur Gesch. der rechtl. Stellung der J., namentlich im Gebiete des heutigen Oesterr. -Ungarn vom 10.—16. Jahrh., Berner In. Diss. 1890, S. 2 ff.

③ Cap. de discipl. pal. 809. Cap. de Judaeis 814. Cap. 832（MG. Cap. Reg. Franc. 1, 363）. Ansegisi Cap.（Cap. Reg. Franc. 1, 410）MG. Dipl. No. 29. 198. 300. Und vgl. Heyd, Lev. Handel 1, 87. Inama, DWG. 1, 448. Goldschmidt, 107 ff. Schulte, 1, 77 f. Schaube（siehe Sachregister s. h. v.），J. Schipper, Anfänge usw., S. 15 ff.

④ Schaube, 33（Amalfi）allerdings im 11. sc.

⑤ Davidsohn, Gesch. v. Florenz 1, 39 f.

⑥ F. Dahn, Bausteine 2, 301 f.

⑦ Schulte, Jacob, Heyd. 有关法兰克王国的许多启示可见：F. Dahn, Könige der Germanen VIII. 4, 232 ff.。

⑧ Beda, Hist. eccl. bei Anderson, Orig. of Comm.

⑨ „de omnes nationes quod ibidem ad ipso marcado adveniunt". Urk. v. 769 bei Mabillon, de re dipl. p. 496, zit. von v. Maurer, St. V. 1, 254.

⑩ Lex Wisigothor. lib. XI. tit. III.

⑪ Adam Brem. 3, 57.

⑫ Inqu. de theloneis Raffelstettensis（903—906）MG. Cap. 5, 251.

此地，他们用毛皮制品、蜡和奴隶来交换丝料、金线织物、酒、山羊皮靴及香料。[1]

当各国经济上升时，本土的商人相应地立即加入外来商人的行列。新兴的城市中到处都有本地商人出现，而更早一些时期，史料亦时而提及他们。[2]

此种"大商人"[3]在市郊的**经营**方式如何，即便史料并没有向我们提供如事实那样丰富的资料，但根据我们对经济生活整体特征的认识，也容易想象出来。

这是一小群的漂泊者，"赶集人"，今天在各处小城市的年市上他们依然会出现，还有背包人、投机客，他们携带着包袱、驮兽或车辆，从这村到那村，从一处地主宅邸转入另一处地主宅邸，与现今偏僻山区的景象一样，还有小船主，在我们的河流上早已消失，与此等比较，船主武尔科（Wulkow）便是一个大船东了。

在城市出现之前并不存在固定地点的商业，对此显然毋庸置疑。8 世纪与 9 世纪以来的常规是市场与集市商业（对此我将在下文涉及）。在此之前小贩生意为常规，当然也是与市场贸易一起存在，相关的史料也证实了这一点。

直到 1190 年，在俄罗斯的一份文件里还将在诺夫哥罗德活动的哥特人称作"瓦拉格人"。"瓦拉格人"一词在俄语中仍然存在，意思为："一个四处走动的商贩、上门兜售贩、购货商。"

陆路运输工具是手推车或驮兽，抑或自身的肩背，或（可能的话）船只。在条件许可的范围内，也有河上贸易。因此，地主们很早就盯上了河港。在河上贸易中占据主要地位的是"港口"，在中世纪早期的英格兰，港口为交易地点的同义词。

有关当时海上运输可见瓦尔特·福格尔所著：《关于中世纪早期北欧与西欧海运业》（Zur nord- und westeuropäischen Seeschiffahrt im früthen Mittelater），其中有详细记载（遗憾的是主要是从技术角度述及）。

关于中世纪早期商业的规模，依据业已发表的事实，我们也可以清楚地了解。当然这一规模极小。史料中的以下资料也证实了这一推论的正确：

河船通常由三人操作（见：Raffelst. Zollo，MG. Cap. 2，251）。我们听说，小船是系在桩柱上的，这也让我们了解到当时的船只大小情况［见：Priv. Bereng. II und Adalb.（22. 9. 951），Cod. Lang. No. 595 p. 1019］。有时候，为了避开急流，船只会被抬上陆地走上一段。（A. Bugge，a. a. O. S. 247.）

---

[1]　Al. Bugge, a. a. O. 8. 246.

[2]　人们想到的是鸡贩！In den Gesetzen des kg. Luitprand heißt es（III. 4）：„si quis ad negotium peragendum … intra provinciam vel extra ambulaverit"．人们可以想到零售商，当然也可以想到是生产在推销自己的产品。

[3]　Heyd, 1, 87 und Inama, 1, 448.

　　在拜占庭皇帝与俄罗斯商贾订立的一份商务合同中，即允许他们在君士坦丁堡停留一个月，但规定每次不许超过 50 名商人，同时每个商人不得购买超过价值 50 盾货币的丝料。

第五节　手工业的初期

　　在此处所考察的时期，即至城市开始形成为止，"手工业者"究竟处于何种状态？是否曾经有过——在独立的工业生产者意义上的——自由手工业者？

　　对此等问题，我们恐怕永远不会得到令人满意的答复。无论如何，必须挖掘人所不知的全新原始资料。我们今天掌握的资料只能作出一切可能的诠释。

　　我们看得比较清楚的是，领地上的工业劳动者在如何逐渐演变成独立的手工业者：他们起先只能用其部分的劳动力来为大众工作，借以获取报酬，此为城堡方式[1]；以后，自主的劳动愈益成为主要方式，只是在有限的范围内为地主从事特定的劳动，此为比较陈旧的斯特拉斯堡城市权的方式；最终，若无赔偿，此等义务即行消失，否则便从地主处赎回。地主失去了对其附属工业劳动的兴趣，这种兴趣被一种活跃的市场交往所替代。

　　然而，除赋役的工业劳动者——如我们所见，他们大都住在乡村——之外，是否还有"自由的"手工业者，对此，我觉得我们只能去猜想。由此产生以下的想法，即在乡村中也有工业劳动者，并且在人民解放时代已经如此，并非所有的男女乡人皆被网罗在地主的关系之下。亦有某种可能（不会再有！），即在中世纪至少是在意大利还保存着罗马手工业的残余。此为熟知意大利中世纪早期情形的人所假定[2]，而史料对 7 世纪至 11 世纪的情况绝口不提。意大利以外的罗马城市也是如此。此外还存在着流动的工业劳动者，他们同任何一个地主没有隶属关系。凡是专业从事"手工业初期"的研究者应当将其主要目标放在这些"流动的手工业者"身上。在 5 世纪至 10 世纪之间，倘若在值得一提的规模上存在着一种"自由的""手工业"的话，则必定是以流动手工业的形态，而他们的主要代表显然是建筑手工业者。

---

　　[1]　„Quicunque vero servum suum aurificem, argentariurn, ferrariuin, fabrum aerarium, sartorem vel sutorem, in publico attributum artificium exercere permiserit …" Lex Burg. tit. XXI § 2.

　　[2]　L. M. Hartmann, Urkunde einer römischen Gärtnergenossenschaft vom Jahre 1030（1892）, S. 10 ff.; Derselbe, Zur Geschichte der Zünfte im frühen Mittelalter in der Zeitschr. f. Soz. u. W. Gesch. 3, 109 ff.; Derselbe, Zur W. Gesch. Italiens, S. 94 ff.（Daselbst S. 16 ff. ist auch der an zweiter Stelle genannte Aufsatz wieder abgedruckt.）Vgl. auch Hegel, Städteverf. Ital. 2, 61 ff.

第九章

城市形成的理论

第一节　城市的概念

骤然一看，"城市"这一名词似乎较为清楚地描述了一种非常具体的现象。至少，听到这一名词时，我们的脑海中会浮现出一个清晰的情景：在房屋中和街道上有许多人的居住地，周围可能还有城墙与城垛，这种居住地与"乡间"有着明显的差异，在地图上用一个不大不小的点加以标注。犹如阿尔布莱希特·丢勒（Albrecht Dürer）画上的纽伦堡一样。倘若再详细地考察一下，尝试用语言来描述我们对"城市"这一名词的理解，亦即尝试对城市的概念进行严格与明确的定义，我们立刻就会发觉，事情便不会如此简单。我们发觉城市概念的标记绝非固定不变的，无论是在日常用语中，还是在科学上都是如此（后者甚至更加如此）。

现在只需从描写中世纪城市状况的文献中列举几个例子。毛雷尔的定义可谓传播最广："城市是有围墙的乡村。"此说切合中世纪的一句名言："市民与乡民即如篱笆与围墙一样，此外别无差异。"与此相反，另一位学者提出抗议[1]：

> 一个城市的决定性标志不是围墙与壕沟，不是居民的数量，也不是工商业的兴盛。市民自由选举并经上级认可的市议会，乃是全盛时代的德意志城市的确切标志。城市与乡村之间经法律承认的组织化差异，在市议会的印章上的表现并不少于围墙上。

对于上述同一思想，卡尔森[2]作出了略有不同的表述："城市的特点不在于用围墙将一个地方和周围地区隔离开来，却在于因围墙的保护而发育且特别基于独立而共同结合的生活之上。"

城市是获得市场权利的地方，如市场权理论的代表人物称："城市是市场所

①　K. H. Roth von Schreckenstein, Das Patriziat in den Städten（1856）, 28.

②　O. Kallsen, Geschichte der deutschen Städte, S. 238.

在地。"

还有些人要求将众多标志综合形成城市的概念：一个地方必须设防，必须是城堡的中心①；这一地方必须能防御、能满足需求、有商业的习惯、有公法的合作②；"城市有一个市场……周围有防御设施，构成一个特别的法律管辖区……在公共事务中拥有较大的独立性……拥有比乡村公社设施更多的财富……最后，城市在公共的……成就与义务上也比乡村更为优越。中世纪城市的标志就是具有特权"③。

约翰·海因里希·戈特洛布·冯·尤斯蒂（Johann Heinrich Gottlob von Justi）在其《政治学》（1758 年）第一卷第 477 节中对城市给出一个十分巧妙的定义："一个城市是社会、家庭与个人的结合体，他们居住在一个安全的地方，在所谓市议会的政治团体的监督与指导下，抑或在其他执行政治机构指令的上级人员的监督与指导之下经营工业与食品业，并结合国内整体食品状况，直接满足国内的需求与舒适，从而获得更好的成就、效果及关联。"尤斯蒂接着将其定义分析如下：一个城市必须（因天然或人工的方式）有安全保证，"城市的入口只能在一些特定的地点，即如人们所称的城门或入口；实现城市终极目标的主要方法系由政治机构所规定，故此，其他形态便不会获得准许"。

与此不同的是，近年来有关"城市"的定义又出现其他说法。国际统计大会认为："城市是有 2 000 名居民以上的居住地"，这一概念的规定已为现今多数文明国家的官方统计所承认；1853 年普鲁士城市规章称："所有在省州议会中拥有代表地位的地方"为城市；一位成功的美国人士认为："一个城市是设有大学的地方"④；一位年轻的法学史学者认为："城市是大型社会集团的地方居留形态"⑤。最近，有一本涉及范围最为广泛的著作专论城市形成的问题，并从"社会学"的立场来解决这一问题，对城市作出如下定义："这是一个复合的社会，其地理基础与规模相比较十分有限，抑或，其土地上的财富与其人口元素相比较十分稀少。"⑥

还有一些人在谈论或著述有关"城市"以及与此相关的问题，但是却不肯花费一点精力告诉我们，他们是如何理解"城市"这一概念的。

究竟谁有道理？

鉴于"城市"概念具有明显的多重意义，有人可能试图放弃对其定义。在讨论城市问题的文献，尤其是在涉及中世纪城市历史的文献中，正是因为概念上的

---

① Seb. Schwarz, Anfänge des Städtewesens in den Elbe- und Saalegegenden（1892），S. 10.

② W. Varges, Zur Entstehung der deutschen Stadtverfassung in den Jahrbüchern für Nat. Ökon. III. F. 6, 164.

③ G. v. Below, Das ältere deutsche Städtewesen und Bürgertum（1905），4/5.

④ Victor V. Branford, Science and citizenships in The American Journal of Sociology. May 1906. p. 733.

⑤ P. Sander, Feudalstaat und bürgerliche Verfassung（1906），S. 129.

⑥ René Maunier, L'origine et la fonction économique des villes（1910），44. 在第 34 页及其后，还可以找到关于"城市"的其他早期定义的汇编。

模糊不清而造成许多混乱。然而，我们无论如何必须确定某种观点。但是是哪一种？

我想，首先我们必须确定，对于"城市"这一问题的答案，会因为身处的地位所赋予的标记，抑或我们自身所创造的标记而有所不同。当我们从事立法，便试图从某种文书或类似的角度来加以解释，此为前者的例子。于是，我们自然会问：城市在法律意义上究竟是什么，在文书意义上是什么（例如，在 9 世纪与 10 世纪期间易北河以东的德意志所谓城市、市民、状况与市镇等是什么）。对此处概念的界定是一种解释的学问。这种由解释而产生的概念可称为**分析的**概念。

倘若我们将任意的标记放在一起，并组合成一种整体概念时，情况就会完全不同。在我们没有想到城市之前，便无城市可言。①对于由此种方式产生的概念，可以一般地称为**综合的**概念。至于其"正确性"则仅仅取决于目的：只要适合目的，便为正确。但是，显然可以有多种目的在为一个概念——如城市——服务。目的可以是实用的：例如，一位马车夫要去"城市"时，可以为他指引路程；或者一国人口按照一定的标志作为统计的目的，等等。抑或目的是科学的：弄清楚人类社会尤其是人类史的一定关系。这就涉及以何种观点考察历史：诸如战争史、艺术史、思想史、法律史、经济史或其他历史等。对于此中的任何一种考察方式都可以提出一种特别的"城市"概念，至于这种概念的"正确性"，单纯取决于认识是否充分，创作者凭借着这种认识从历史的生活中加以发掘。

所以结果是：谁研究经济史，谁便会提出一种经济上的城市概念，更明白地说，我们如果想认识并评价这种现象在经济上的重要性，便需说明我们如何理解城市。我的定义是：在经济意义上，城市是人类一种较为大型的居住地，依赖外部农业劳动的产品来维持自身的生计。②倘若将这一概念与其他城市概念——如建筑学、法律学、统计学或其他科学的概念——加以比较，可以立刻看出它在经济学上的特殊色彩。

在经济意义上的一个城市很可能在行政管理意义上为一个乡村，如现今的兰恩比劳，1294 年之前的肯彭。③

在经济意义上的一个乡村即使有城堡防御也并非城市，这大约同罗马的非洲"地方城市模样的乡村"一样，弗隆亭（Frontin）曾说及此处，它本被称为要塞，

---

① R. 毛尼尔在前面提及的著作第 126 页的附注 3 中再次完全误解了这一点。此书其中包含一些出色的观察。但他的不幸概念被证明是一个糟糕的指南针，在浩瀚的事实海洋中，作者的科学小船无助地漂浮着。

② 我在本书第一版（第二卷，第 191 页）中给出的定义中加上了"更大"一词；我完全意识到我在定义中引入的微妙的不确定性。我们永远无法从数字上确定究竟多少人口才足以形成一个"城市"，但必须有一定的规模：一个人不能形成一个"城市"。数量在某一时刻转化为质量（城市）。就我的目的而言，正如我们将看到的那样，小的不确定性无关紧要。

③ Th. Ilgen, Die Entstehung der Städte des Erzstifts Köln am Niederrhein in den Annalen des historischen Vereins für den Niederrhein 74 (1902), 14.

亦即具有防御设施的乡村。①

一个乡村保有一个市场或甚至被授予开市权时，也不会是一个城市。

一个乡村在行政上的意义哪怕为城市的十倍之多，在经济的意义上也不是城市；中世纪时代有众多的乡村因通过城市法"升格为城市"②，但在经济上仍然一如既往是乡村。

最后，城市的经济概念又和统计的概念——大量的"聚集着"活生生的人——区别开来。古代东方的巨型"城市"如尼尼微和巴比伦，在经济的意义上我们不可视为城市③，正如古代印度加尔各答式的大型公社④，或现代的德黑兰及类似居住地⑤，我们也不能承认它们具有城市的性质。

第二节　城市形成的理论模式

涉及这个或那个"城市"，在描述"城市"的发展与特性时显然必定会有完全不同的形态。一个地方于何时、由何处、为何被授予城市权，或成立如此这般的市议会，何时、由何处、为何它会获得城墙与塔楼的桂冠，其中显然并不相同：何时、由何处、为何彼处建立如此这般的市场，何时、由何处、为何此处设立大学，这又是不同；成千名农民何时、由何处、为何聚集在一个地点，在统计学的意义上形成一个如此这般的城市，一个城市何时、由何处、为何在经济意义上形成起来，亦即，较大数量的人何时、由何处、为何居留在一个地点，而又必须依赖外面乡间劳动的产品来维持生活。

如果在经济意义上提出城市的起源问题，我想必须从两个方面来回答：

第一，一群没有寸草尺地的人应召而来形成城市，他们来自何处，又是什么原因促使他们聚集在一个城市的居留地上？这个问题的指向引出了灭绝土著人口这一原因，从而促使各种人成为城市人的理由（尤其）需要我们解释，这种与一切自然的生存方式异化的特殊居住地（在经济上）如何能够形成。为了在这一点

---

① A. Schulten, Die römischen Grundherrschaften, S. 45.

② Rietschel, Markt und Stadt, S. 147 f.；Keutgen, Ämter und Zünfte, S. 75.

③ 这些地区"被巨大的围栏包围着，包括一个或多或少松散的城市设施"，有田地和牧场，以便在被围起来的情况下养活人口。R. Pöhlmann, Die Übervölkerung der antiken Großstädte. 1884. S. 3/4.

④ 古老的印度城市被描述为一群村庄，"在城市里"只有他们共同的牧场。旧时的边区？Hunter, The Indian Empire. 1886. S. 46.

⑤ "中亚有城墙的城市在其泥墙中所包围的空间比城市本身所必需的要大得多。在布哈拉等地超过一半的土地被农田和花园、荒地、池塘和沼泽、榆树和杨树林以及广阔的牧场所占据。估计，在围困期间，这些设施需要内部自主的保护。"F. Ratzel, Anthropogeographie 2（1891），447.

上找到答案，我们必须记住，城市是依赖乡村的剩余为生，它的生活条件、它的生存空间取决于能够获取这种剩余产品的数量。①以下各点可以详细说明这种事实：

1. 城市的大小取决于其生计供应区域的产品规模及其从我们称为剩余物中能够获取的份额。

2. 在生计供应区域的给定规模与（因所在地的肥沃程度或农业技术的状况）给定数量的产品中，城市的规模取决于剩余产品的数额。

例如，在其他状况相同的条件下，专制国家因其对农民的高剥削系数，能够比民主国家建设更大的城市。

3. 在生计供应区域的给定规模与剩余物的给定数量中，城市的规模取决于土地的肥沃或农业技术的程度。

因此，在其他条件相同的情况下，土地肥沃的国家比不肥沃的国家能够拥有更大的城市。②

4. 在剩余产品给定的数量和给定的土地肥沃程度的条件下，城市的规模取决于其生计供应区域的距离远近。

例如，较大商业城市的可能性，较大国家有较大首都的可能性。

5. 生计供应区域的距离远近取决于交通技术的发达程度。

因此，在其他条件相同的情况下，河流或海洋的位置对城市的扩展能力产生有利的影响③，在一个有宽阔公路的国家——也是在其他条件相同的情况下——城市可以比只有土路的国家要大，在一个有铁路的国家，其城市规模可以比只有公路的国家要大。

所以我们必须清楚，在"城市建设者"中有两种大不相同的人：一种人因具备某种力量、某种财产、某种行为，能够自主地获取维持其生计所必需的乡村产品。这种人是真正的城市**创建者**，他们形成城市的主体，是主动的或原发的或第一级的城市塑造者，亦即：征收捐税的君主；收取地租的地主；与**外来人**交易而获取利润的商人；**对外出售**工业品的手工业者；**在户外**出售作品的作家；**在乡间**有顾客的医生；依靠居住**他处**的父母的"汇票"为生的学生等。

这是一些自己生活（自主型）并依赖他人生活的人（依赖型）。

---

① 这只是这个国家的过剩产品……从而构成城镇的生存，因此只能随着过剩农产品的增加而增加。Ad. Smith, Book III, Ch. I. 详细论及此事是年长的人的论文：d'Arco, Dell1 armonia politico-economica tra la città e il suo territorio（1771），Custodi, Scrittori class. ital. di econ. pol. P. M. Tomo 30。

② J. Botero, Delle cause della grandezza delle oittä（1589），Libro I, cap. IX.

③ „On construit ordinairement les grandes villes sur le bord de la Mer ou des grandes Rivieres, pour la commodite des transports; parce que le transport par eau des denrees et marchandises necessaires pour la subsistance et commodite des habitants, est a bien meilleur marche, que les voitures et transport parterre." Cantillon, Essai sur la nature du commerce. 1755. p. 22. 23. 在铁路时代，这句话的正确性将受到严重质疑。有关中世纪可见以下的研究：K. W. Nitzsch, Die oberrheinische Tiefebene und das Deutsche Reich im MA. in den Preuß. Jahrb. Nr. 30. S. 239 ff.。

依赖型：城市的其他居民不能依靠自身的力量来获取必需的生活品（即农产品），只能参与第一级城市创建者的生活品分配。我们可以称此种人为城市的充实者，城市的客体，被动的或派生的或次级的（第三、第四级等）城市建设者。从初始的城市创建者直接获取自己生活品的人，乃是第二级城市建设者：如为君主制作皮靴的鞋匠、为君主唱歌的歌手、为地主料理餐食的饮食店主、出售珠宝给商人送情妇的珠宝店主、接待手工业者看戏的戏院经理、为著作者出版书籍的书商、替医生理发的理发师，以及出租房间给学生的房东，等等。

现在还有另一种人在依赖第二级城市建设者"谋生"，此即第三级城市建设者，以此类推。我们随意试举一例：一位跑堂在一家餐馆喝一杯啤酒，餐馆店主依赖他生活，啤酒厂主依赖餐馆店主生活，跑堂的酒钱来自一位医生的小费，这位医生在城市中的病人比如有一位演员，该演员的薪资来自戏院经理的收入，而这种收入（一小部分）来自比如一位教授购买的戏票，这位教授的薪金来自国家，这里首先出现的是原始的城市创造者：征收捐税的国家。其他所有人则是派生的次级城市建设者。总体而言，所有的工业经营者，所有的商人，所有的满足城市居民需要的自由职业者，他们绝非城市创造者，而是城市的充实者。[1]清楚地认识这两种基本不同类型城市居民之间的区别，是了解城市来源的必要前提。

这种认识本身就是一种历史现象，带有时势的特殊形态刻下的烙印。历史学家的任务就在于，从这种认识中解释历史上城市的起源。这就意味着，揭示当时将人群与土地分离的特殊原因；发掘当时将人们集聚在一个城市型居住地的特殊动机；确定当时创建城市的特殊条件；描述并解释当时初始与次级的城市建设者的特殊类型。以下我想对中世纪城市作此尝试。

---

[1]　奇怪的是，早期的人对城市建设问题的认识是多么正确。这是不是因为当时的情况比较简单，更容易看穿？在19与20世纪的文学作品中，我们哪里会看到这样的描述："如果有人想说，从那时起，通常归入行会的行业已经有了相当大的增长，这是完全不可能的。因为这些行业只取决于当地的消费和人口数量，所有参与这些行业的人都不可能形成一个人口众多、欣欣向荣的城市，相反，一个欣欣向荣的城市必然取决于其中的有用居民。"Het Welvaren van Leiden. Handschrift uit het Jaar 1659. Herausgeg.（mit deutscher Übersetzung）von Felix Driessen. 1911. c. 11. Vgl. auch des Verfassers im wesentlichen richtige „Städtetheorie" im Kap. 1.

第十章

中世纪城市的形成

文献与原始资料

此处试图将欧洲中世纪城市的出现解释为社会生活的一种真实现象。特别是在地区的历史研究中，可以找到许多方法。但总的来说，关于中世纪城市历史的大量文献回避了这里提出的问题。根据旧的心理学规则，运动是站在阻力最小的一边进行的，它几乎完全关注城市宪章的起源问题。这可以理解，因为这是目前最受欢迎的资料来源，即文件所指向的方向。除了这些资料之外，还有其他原始资料几乎完全被忽视，而人们本可以从这些资料中学到更多关于"城市"这一生命现象的知识。很少有研究人员将制图方法应用于城市，这种方法在该地区的定居史上是如此丰富。在德国，除了一些当地历史学家，如萨克森州弗赖堡的埃尔米施，亚琛的弗里德里希·哈根，特别是 J. 弗利茨和 A. 彼舍尔；在英国，雷蒙·安温和 H. 因尼戈·特利克斯之外，编年史资料被利用得实在太少。如果有什么不同的话，人们可以从中了解到城市形成的外部条件。在人口统计和财产统计资料的利用上已经有了值得注意的开端，这就以迂回的方式令我们受到启迪，从而对中世纪城市的出现（由于社会结构）有所了解。尤为有价值的是最近发表的关于城市教堂和修道院历史的大量研究。

将城市历史文献中的个别作品一一列举毫无意义。当我涉及一个作者时，便会在他所处的位置上点到。此外，我提及就这些文献最近出现的一些批评性评论：例如 K. 乌利尔茨在《奥地利历史研究所公报》第 7 卷中所作的评论（该公报业已展示了 100 多本相关著作）；还有，J. 齐根在《区域学杂志》上发表的论文。

为什么上一世代有关中世纪城市的大量书籍中极少包含真实的生活现象，倘若寻究其中的特殊原因，也许会在如下的情景中发现，许多作者以为是在谈论城市的起源，实际上却是在谈论城市宪章的起源，以致并没有发现他们的言论所产生的漏洞。这也说明他们并没有发现正确的问题。

　　这种相关现象在所谓的市场权论的代表人物中表现得最为明显，即那些使中世纪的"城市"从市场定居中"诞生"的学者。这样一个显然十分真实的现象被描述为城市产生的原因，令人得出这样的印象，似乎这一理论提供了一个经济学的解释，因而是非常现实的解释。冯·比洛这样判断（《德意志城市的起源》14页）：从"经济史"的角度来看，市场权理论可能是正确的，因为它设想了城市的起源，而他则从宪章史的立场反对这一提法。事实现在看来，恰恰在"经济史"的角度上市场权理论根本站不住脚。试图从市场出发对城市作经济上的解释，犹如布赖西希大叔所做的那样，将"贫穷从贫穷中派生出来"。即如市场权理论家所假设的那样，因果关系则可能是相反的，城市的出现并不是因为有市场（甚至是因为被授予市场特权！），而是：之所以有市场存在，是因为城市已经或正在形成。市场对城市的起源没有任何贡献。当然，这对确定以下一个问题并不产生决定性的影响，即授予市场权对城市宪章的出现产生何等作用。

　　我本人的叙述只是想指出问题在哪里，以及如何处理这些问题；当然这一叙述并不能作出任何结论。

第一节　城市尤其是新建的城市起源于乡村

　　人们可以怀疑欧洲中世纪究竟是否有过（经济意义上的）城市。无论如何，当时的城市并不像一个美国城市那样在一个短时间内"产生"，而是大都各自经历过数百年的延伸、改造过程，由乡村缓慢地、有机地发育出来（无一例外地由乡村而来：在经济意义上！）。乡村改造为城市为何缓慢，我们可以从一件事实中看出来，即最大的城市（无需提及中小城市）在中世纪的全盛期与晚期依然保留着乡村或农业城市的浓厚痕迹，意味着仍然具有半城市的居住地痕迹，其中部分人口依旧从事农业，还没有真正变成城市居民。

　　古斯塔夫·弗赖塔克（Gustav Freytag）在其《德意志以往的图形》（Bilder aus der deutschen Vergangenheit）中，对中世纪城市的乡村性质给出了一幅生动的画面：①

　　　　谁在清晨进入城市，一定首先遇到牲口。即使在帝国直属的城市里，居民也在城市的草地、牧场、农地和葡萄园中经营农业；大多数房屋在狭小的

―――――――――――
① 2, 119 f.

院子内设置牲畜的厩栏和堆栈，即便是体面的房屋亦如此。1350 年，在纽伦堡、奥格斯堡、乌尔姆市政厅附近都可以听到打谷棒的敲打声；城墙的不远处有谷仓与脱粒棚，家家户户都有自己的谷仓，还常常有一个葡萄压榨场……母牛在城市的街道上奔走，牧羊人牵着狗将羊群带到近处的丘陵上，家畜也放牧在城市的森林中……猪从门外闯进房屋中，沿途寻找肮脏的食物。牲畜从流经城市的河流中传染霉菌……当然，磨粉机也不可或缺，远处还堆放着大堆的什么。

诸如此类。我相信，这幅图景并非虚构，弗赖塔克此处所描写的中世纪全盛期德意志大城市的情景，同样也适合意大利的城市——至少到 12 世纪为止——与英国的城市，以及中世纪的所有城市。

事实如"史料"所经常确定的那样，此处无需再详细引用证据。有关德意志，我请读者参阅以下的综合性叙述，例如，v. 毛雷尔：《城市宪章》（Städte Verf）第二卷，第 176 节等处；v. 比洛：《市镇的起源》（Ursprung der Stadtgemeinde），第 22 节；及其另一著作：《较早时期德意志城市状况》（Das altere deutsche Städtewesen, 1905），第 38 节。W. 瓦尔格斯：《关于德意志城市宪章的起源》（Zur Entstehung der deutschen Stadtverfassung），载于《国民经济学年鉴》，第 6 卷（1891 年），第 163 节。另见米夏埃尔：《德意志人民的历史》第 1 卷（Geschichte des deutschen Volkes 1, 1897），第 129 节，其中收集了很多证据材料。我还要补充一点：关于 14 世纪的萨尔茨堡，可见：F. V. 齐尔纳：《萨尔茨堡城市的历史》（Gesch. der Stadt Salzburg）第 2 卷，第 234 页；关于 1300 年的吕贝克，可见霍夫曼：《吕贝克历史》（Gesch. Lübecks）；保利：《吕贝克的现状》（Lübische Züstände, UB. Nr. 47）。关于 16 世纪的科隆，可见 J. 格莱温：《科隆圣科隆巴教区的住宅与所有权状况》（Wohnungs- und Besitzverhältnisse im Köluer Kirchspiel St. Kolomba），载于《下萨克森历史协会年鉴》第 78 期（1904 年），第 11 页。在 13 与 14 世纪，所有的"市民"行动，如在城市中修建隔离墙，都被农业劳动所打断。参见兰布莱希特（Lamprecht DWL. 2, 523）。对中世纪（中等规模）城市经济结构最深刻的洞察，还是来自卡尔·毕歇尔的著作：《14 与 15 世纪期间美因河畔法兰克福的居民》（Die Bevölkerung von Frankfurt a. M. im 14. und 15. Jahrhundert）第一卷，1886 年。有关此处涉及的问题，还可参见第 260 页，此乃我们所掌握的最为详尽的资料。

意大利的许多"城市"，在 11 与 12 世纪，农业肯定还是一个非常重要的产业，文献充分地证明了这一点。有关曼图亚、比萨、克雷莫纳等地的情况可见：《穆拉托利文档》，第四卷，第 13、16、20、23 等页。贝特曼-霍尔维克：《伦巴底城市自由的起源》（Ursprung der Lombardischen Städtefreiheit, 1846），第 129 页。此外还有，马克斯·汉德洛伊克：《伦巴底城市》（Die lombardischen Städte，1883），第 708 页及其后的参考文献。因此，我们可以有把握地得出结论，在这一时期之后的一两个世纪里，意大利的城镇仍然存在着强大的农业利益集团。"谈判者也是当地居民，特别是较小的地主需要牧场"：L. M. 哈尔特曼《论经济史》（Zur W. Gesch.），第 112 页。

关于英国的城市，我们有足够的证据表明，它们与德意志城市有着完全相同的特征，即半城市化。关于"末日审判书"时期，尤其可参见 F. W. 麦特兰特（F. W. Maitland，S. 203 undöfters）。但查尔斯·格罗斯称："即使在征服之后很长一段时间，英国的行政区仍然存在着农业痴呆症，比一般认为的要多得多"，此乃普遍认为谨慎的说法，参见《商人行会》（The Gild merchant 1，1890，4），其中作者也为我们提供了大量的文献与史料。13 世纪时，即使在伦敦我们也可以看到猪、牛饲养业，见埃什利：《英国经济史》（Engl. WG.）第一卷，第 74 与 117 页。

　　　　城市居民的活动并不局限于他们的工商业活动。在收获季一切都涌向乡村。在中世纪，当国王结束议会会议时，所有的东西都涌向平地，方便贵族们投入运动的兴趣活动中，市镇变成收获的季节，此时，市民与村民便难以区分开来。因此，我们还读到，法院和大学的假期从七月持续到十月，那些热爱法律和科学的人有大量的闲暇时间可以收获如此重要的东西。诚然，与广大农村人口相比，城市人口很少考虑从事劳动。但是，与那些距离较大型交通工具更远一些地方相比，城市最初所处的土地会耕种得更好，施肥得更好，而来自城市的新劳动力最受这些大地主的欢迎。

参见 Th. 罗杰斯：《六个世纪的工作与工资》（Six Centuries of work and wages）第二册，1884 年，德文版第 89 页；此处参见该作者：《农业史》（Hist. of Agriculture 1，1866），第 252 页；以及 J. R. 格林：《15 世纪的城镇生活》（Town Life in the fifteenth century 1，1893），第 171 页。

最近，有关所有国家又出现了丰富的材料，对我上述的原始资料与叙述可作补充：R. Maunier，1. c. p. 72 ff.。

经过几个世纪的改造，中世纪的所有城市慢慢地从乡村发育成长，即便是所谓的"新创城市"也不例外，此即意味着，"城市"是由一国君主或地主人为地突然建设起来，正如我们在德意志东部、波希米亚、法兰西和西班牙所看到的那样，自 12 世纪以来，它们在完全一致的形态上产生。在这里，人们显然为"创建城市"这块招牌所迷惑，以致相信，这些新建城市就是"商人与手工业者创立的居住地"①。这种想象恰恰纯属荒诞。只要立刻提出问题（此问题系为考察的中心）：这样的居住地究竟应当依靠什么生活？如此，便不会产生任何此类的观念。甚至，在最荒凉的地方，例如"无人居住的温登地区"②，吕贝克就是如此"新建"在此地。人们可以设身处地试想，即使是今天，一个这样的殖民地在居民众多的情况下，既然无人提出要求，那它们的客户来自何处?! 再设想一下，当唯一的一位鞋匠或面包师或小商贩新来到一个小城市或乡村时，常常会面对何等困苦的情景。再回想起中世纪，法律行为能够创造生命，这岂不是一种可怕的荒谬之见，然而它竟然能够支配着许多目光敏锐的历史学家。这种信念又促使我们看到如上所述的一种主张：一个市场，甚至于一种市场特权可以引发一个城市的兴起。例如，人们可以想象，"限于一周的时间里某天的市场权（原文如此）似乎无法如无限的市场权那样同等地推动商业所在地的繁荣"③。命令创造生命，此乃普鲁士的旧法则，直到现在，德国才终于在概念上将之抛弃。商人首先需要客户，不需特权，如此的事实立身于上述想法之外。还有另外一种迷信，即认为：中世纪时期无人居住的地方被罩上一个在经济意义上城市（因为这是"商人和手工业者的居住地"）的网，此即德意志所谓的"新建城市"，和法兰西的新城市一样等等。倘若一切史料用这种毋庸置疑的说法，一致明确宣布这一点，研究者对此不得产生其他议论的话，只能说：此等"史实"的作者或是精神错乱，或是以牺牲19 与 20 世纪德意志的教授们为代价，在开一个玩笑。

但我现在全然不懂，鉴于如此丰富的文书在证明一种相反的情况，依据这样的史实的研究，怎么能够产生以下的一种奇怪的见解，即（经济意义上的）**城市**是在 11 与 12 世纪中"创立"起来的。史实更为明确地告诉我们，如同人们希望的那样，即在一切场合，凡是单独具有创立意义的即为乡村。以我的看法。再加上一些小商人和手工业者。在大多数情况下，甚至在"创建"一个"市场居留地"加入一个业已建立的城市中，亦复如此。更何况在一片旷野上创建一座城市。对于那些"创建的城市"，我们必须想象为一种有百人队委派的罗马殖民地：我们倘若不愿意假定整齐的居留地的正方形是自然的形态，那么，在新建的乡村中有名的方形街道的设计会令人想到，罗马的军事殖民地在中世纪"创建的城市"中业已成为教父。为何只有乡村依照罗马殖民地的形态划成棋盘的式样，而耕地（如我们所知）则并非如此，对此，我们用德意志犁的特性来解释，便无可争辩。（这种犁又由日耳曼人传播到具有同样棋盘式"城市"的法国南部和西班牙，但那里的耕地也是划成正方形吗？）乡村城市中央巨大的"圆圈"——此外，这种圆圈从前大半也有一家"商店"，即一个小屋，供卸下载重物品或安置车子等之用——显

---

① Keutgen, Ämter und Zünfte, 110. 同样的想法像一条红线一样贯穿着里彻尔的市场和城市研究。

② Pauli, Lübische Zustände, 59.

③ Rietschel, Markt und Stadt, 46.

然十分开阔，系用作牲畜的集合场地，在这种荒凉之地——居留地常常位于此种地方——牲畜要比任何地方更需要保护。我们可以假定，农业居民的栏舍与堆栈原先都在这种圆圈里面，而少数手工业者则居住在以后所称的支路上。

史实，亦即文书在宣告什么？正是这些文书授予一个租户或一群住民居留在某一地方的权利或特权。

就主要事实而言，此等文书授予应称为"创建"新城市的移民**大面积、多半还是相当大面积的耕地**，并附带着所有的**配套设施**，尤其是公共牧场和公共森林。在"新建的城市"中，至少也居住着一个强大的农民群体，此事无疑亦可由史实得以论证。此为主要的事实。但此处涉及的是所谓新建城市中多半乡村式的居住地，有关这一点，以下一事亦足以证明，即在我们已知总数约为 300 座的东部德意志新建城市中，仅有 30 座超出小型农业城市的水平。[1]但是，此类少数城市的发展——对此容易举证——也还存在于其他力量所产生的效应，这些力量同样对其他类型城市的形成过程产生影响，本书以后的阐述将会涉及这些。

此处列举从史料中随意摘取的一些事例：

吕贝克（建于 1165 年）从狮王亨利那里得到了郊外大片乡村土地，这原本是阿道夫二世伯爵送给他的。根据 Detmars Chronik a. 1165（Städtechron. Bd. 19）Pauli，Lüb. Zustände，10/11；就这样，吕贝克变成"贸易殖民地"！

什切青获得 100＋30 胡符（Blümcke，Die Handwerkszünfte im mittelalterlichen Stettin，Baltische Studien 34，90）。此种胡符占地仅为 30 摩尔干：一座地道的村庄大小！但也有些新"城镇"的捐赠地占地达 150、300 甚至 300 个胡符（Fritz，a. a. O.）。

特别有启发性的是奥德河畔法兰克福的创始文件由勃兰登堡边区总督约翰签发，由格尔肯刊发（Cod. VI. 563），摘自克洛登：《奥德河商业史》（Geschichte des Oderhandels，1. Stück，1845）：

1. 总督将城市的设施转让给戈迪努斯·赫茨贝格。

2. 侯爵将 124 个胡符的牧场和田地的所有权转让给城市，并规定其中 104 个胡符的土地从事农耕，每年分别上交一定数额的地租。此外，他还指令奥德河对岸的 60 个胡符，凡是用作耕种的土地同样需交地租。至于其他土地皆为牧场。

3. 买卖双方的小额买卖免征关税；带货进城的，缴纳关税；用现金购买商品的不付任何关税。

4. 总督在市场大厅和集市上对每个"摊位"保留收取 3 芬尼的权利。商场摊位的剩余利润（很可能是通过租给女摊贩）归城市所有；例如，城市为便利市场而创建的设施，也同样从中获取利润。

---

[1]　Joh. Fritz, Deutsche Stadtanlagen, Straßburger Programm（1894），26.

因此，我们清楚地看到了一个村庄的图景，如果可能的话，这个村庄将发展成为一个农业小城市：164 个胡符是比较确定的基础；"市场设施"是未来的希望。

然而，对"建立城市"这个世界提供最清晰的洞察力是波希米亚契约，其内容由朱利叶斯·利珀特的杰出著作《波希米亚社会历史》第 2 卷（1898 年）提供。众所周知，在奥托卡二世统治时期，奥托卡二世本人和许多教会与世俗的领主试图相互竞争作为"城市创始人"的名声，波希米亚被一个德意志定居点的网络所覆盖，我们将此称为"新建城市"。在这种新建过程中，即使新的"城市"与一个已经存在的城市相连，也没有设定一个大型的乡野。新布拉格、新比尔森（168 胡符）、新百威（获得普拉文和马尔西奇村）、新格拉茨（60 胡符）、奥森（26 胡符）、宁堡（纳沙泰尔）（117 胡符）、梅尔尼克（72 胡符）皆为此种情况；只有当一个地方在其他地方找到了安全的生计时，例如，科林居民依靠向附近的库滕贝格运送木材为生，他们的农业活动才会受到一定程度的限制。但即使在这些情况下，有预见性的"创建者"似乎也为新的定居者提供了农业用地。

最近整理的史料也证明，在法国——11 世纪的新建乡村与 13 世纪法国南部的城堡——与西班牙完全相似的新建城市，并没有为定居者设定足够的田地，此项工作从未被实施过。新城市的居民甚至不得不向地主支付田地费！如果你想了解殖民者城市的建立，你必须记住（旧的）美国城市的发展过程。

现在我就中世纪城市的结构与产生方式作一概括的论述，并着手分析我称之为城市塑造者或塑造城市的主体的那些要素。

第二节　城市形成的主体

一、消费者

谁若想正确了解中世纪城市的起源，就必须首先弄清楚，大多数这样的城市——肯定是所有重要的城市——在成立最初的几百年里，几乎纯粹是消费城市。因此，了解他们的起源，就是要考察一座消费城市如何在中世纪的条件下发育而成。

凡不是用自己的产品去支付——因为没有必要——其生活用品（就其从外部获取的此种生活品而言，即为农业劳动的剩余产品）的城市，我称为**消费城市**。此类城市基于某种法律权利（捐税、地租之类）获取生活品，而无需付出对等的价值。所谓"获取"自然是一些人获取，他们因此而成为城市的创建者。所以，消费城市的特征就在于其创建者系为此等消费者，相反，城市的充实者则为他们工作，并因此获得他们消费产品中的一部分。原始的、第一级的城市组织者亦为消费者，而其他派生的次一级（或以下等级）则是生产者。在此种情形下，消费者是独立的，是具有特殊生活能力的人，生产者则是依赖性的，其生存能力取决于消费阶级愿意从其消费产品中所提供的份额多寡。（需正确理解"依赖"一词：人们若不想丧失生活的内涵，没有人能够缺少其他人，在这一意义上，任何社会中，所有人都是相互依赖的。）

因此，消费城市的产生，尤其需要在一处能够聚集巨大消费财富的地方，以便在此地消费。消费的基本财富可以由一个（或少数几个）大的消费者或一批中等消费者或小的消费者聚集起来：一位君主正如 1000 个受俸将军一样，可以创建一座消费城市。但中世纪时这些消费者究竟是何人？显然主要是以征收赋税为生的君主和收取地租为生的地主；此处说明一下，就此处使用的名词的意义上，君主与地主之间的界限是流动的；征收赋税的君侯同时就是大地主，他从其土地上同样收取地租，亦即他的收入。在君主产业与国有产业之间，还没有出现严格的界限。

我现在所见的中世纪第一批重要城市的兴起，是教会与世俗两界君主王公的**驻在地**。构成中世纪这些城市细胞的地主（务请注意：此处并非指宪法上的意义；我还是要明确指出，凡是没有特别注明之处，我的概念是包含经济的。人们还是不要骚扰我，应当停止那种"田庄习惯法理论"令人难以忍受的调门！）到处都在用赋税的收入去增加他们地租的收入，在此种意义上，他们变成较大的王公、变成君主。这是一个缓慢的进程，在此种情况下，城市的形成也是同样缓慢、逐步地进行。

此处所说的城市是主教①、大主教、伯爵、首领、边区总督、公爵与君王所在地。

世俗与教会两界的王侯所在地通常是同一座城市，城市也因此获得双重的推进。诸如，意大利北部的各座主教城市与伦巴底首领的所在地以及此后的法兰克各区域：维琴察（Vicenza）、维罗纳、布雷西亚（Brescia）、贝加莫（Bergamo）、米兰、帕维亚、帕尔马、皮阿琴察（Piacenza）、摩德纳、曼图亚（Mantua）、都灵和其他地方都是如此。②德意志加洛林时代的"城市"也是地区总管与地区法庭的

① "主教城市"这个名字模棱两可。它可能具有宪法意义，也可能具有（如这里所述）真正意义。到目前为止，城市史只在第一个意义上提到主教城市，当然，如果是这样的话，对于城市宪法史来说，也是正确的。对于城市的起源来说，主教是否曾经是这座城市的领主并不重要。从城市史的角度来看，佛罗伦萨是一个"主教之城"，因为正是主教使佛罗伦萨获得了权力、声望、伟大和财富。然而，佛罗伦萨从来不具有豁免权；其宪法地位从郡变成了公社。Siehe Davidsohn, Gesch. von Florenz 1, 336.

② H. Pabst, Geschichte des langobardischen Herzogtums in den Forschungen zur deutschen Geschichte 2 (1862), S. 437f. Bethmann Hollweg, Ursprung der lombardischen Städtefreiheit（1846），S. 66 f., 74 ff.

所在地。①德意志重要的"行宫城市"亦为主教的所在地。英国与法国的大都市当然也同样如此。例如，11世纪时大主教和萨克森公爵同驻汉堡②；托斯卡纳边区总管与大主教同驻佛罗伦萨③；主教与阿姆斯特尔的贵族同驻阿姆斯特丹④；主教与佛兰德伯爵同驻伊普尔⑤，如此等等。

中世纪时代，王公的驻在地通常是——人们也可以说，只要有可能，是在老的文化区域里——罗马人所居住的城市。由此，人们曾得出结论，认为中世纪城市的作用在某种程度上取决于其罗马的过往状况。原因在于，这些城市过去是"城市生活的所在地"，现在又重新如此。这显然是错误的。在中世纪，在罗马城市的同一处地方发展新的城市生活时，此类旧的城市早已丧失其作为城市的意义，这种情况我们从其他地方亦已获得证实。尤其在罗马殖民地，所谓的城市不过是驻防地和总督驻在地而已。军队与总督一旦撤出，此类城市瞬即化为乌有。罗马的城市状况与中世纪的城市状况并没有丝毫的**内在**关联；认为中世纪时代曾经"保持着""商业与交通"，这是一种未经思考的说法。**表面上**看来，在罗马帝国时期曾经存在过的城市，在中世纪亦有城市的繁荣，此说基于两种事实之上：

1. 教会规定，主教的驻在地应当建立在"城市"中；

2. 废墟，尤其是城墙的残余体对于防御设施是一种良好的前期工程，众所周知，这也是人们在"创建"城市时设定的主要目标。因此，要塞立即为人们所关注，对此，接下来就会谈到。

这种驻在地对中世纪城市的兴起究竟具有何等重大的意义，我们首先要对城市的充实者认识清楚，他们是依靠驻在地王公的收入为生的，然后才能（在就其可以详细指证的范围里）作出判断。但是，此处我已经想提请注意两个症状，由此可以推论出王公驻在地对中世纪时代城市的发展所具有的突出意义。

第一点，当主教驻在地从繁荣的城市中迁出，这种城市即刻会受到强烈的影响。⑥第二点为一件重要的事实，即城市的规模与财富，与其中所居住的王公的势力范围及统治范围成正相关。换言之，当中世纪的城市为一个区域的"首府"时，该区域越大（自然也越富），此种城市便越大。我们早就观察到王公们有集中化的倾向，在此我们也发现较大规模的城市。中世纪时期，凡无巨"富"和"帝国首

---

①　Rietschel, Civitas, 94.

②　„basilica eadem ex una parte habuit domum episcopi, ex alia praetorium ducis", Adam Brem. 2, 68 zit. bei Maurer, 1, 63.

③　根据佛罗伦萨早期一位专家的说法，这座城市在11世纪发展壮大。这是一个"非常重要"的世纪，因为在这个时期，它成为一个反帝国、等级森严的政党在托斯卡纳的中心：O. Hartwig, Quellen und Forschungen zur älteren Geschichte von Florenz 1（1875），93.

④　J. Ter Gouw, Geschiedenes van Amsterdam 1（1879），43 ff. Gijsbrecht III：„Hem komt regt de eertitel toe：Stichter van Amsterdam".

⑤　A. Vandenpeereboom, Ypriana 8（1880），94 ff.

⑥　Flach, Origines 2, 329.

府”之处，便不会出现大型城市。

因此，我们看见大城市的成长更多地是在意大利南部（巴勒莫、那不勒斯）而不是在意大利北部；是在奥地利（维也纳），而不是在德意志的其他地区①；是在法国（巴黎）和英国（伦敦），而不是在佛兰德和比利时。人们倘若记得，早在中世纪早期，诸如英国或法国的君主业已拥有何等巨大的收入，对于以上的事实便不会感到惊讶。在亨利一世时期（即 12 世纪初叶），英国君主的收入已经达到 66 000 镑，约合今天的币值 5 850 000 马克。②即便是驻在维也纳的上奥地利和下奥地利的君主的收入，在 13 世纪时，也已达到 35 000 维也纳芬尼，约合今天的币值 100 000 马克。③试想，在中世纪全盛时期，一个重要的汉萨城市的商品营业额达到 100 万至 300 万马克，并将其全部金额算作对外贸易，因而规定（很高！）平均利润为 20%，于是，总利润约等于 20 万至 60 万马克，这种总利润即代表着一座城市赖以生活的基金。人们因此可以说：

仅仅一位英国国王，在 1100 年用其收入养活的人，是 14 世纪吕贝克或塔林的商业所养活的人的 10 倍至 30 倍。

除去这些王公大消费者之外，中世纪的城市还有一批中小型收取地租的人群，他们亦可形成一种巨大的消费财富。我首先想到所有的**教堂与修道院**，大家知道，其中的一部分确实拥有巨大的收入。倘若现在着手撰写中世纪城市经济史，必须尽力找出这样的收入数额。我试举一例：斯特拉斯堡的圣托马斯大教堂和圣彼得大教堂（15 世纪时）的总收入为 2 374 马克，约等于今天币值 33 000 马克。④1487 年，科隆圣科隆巴教区（教区会堂、大教堂、修道院）有 159 所出租房屋，租金总额达 2 830 又 1/6 马克（其中四分之一租金在此教区）。⑤14 世纪，科隆各教会应付的什一税达 300 马克⑥，而其收入则足足有 3 000 马克，即为今天的币值 15 万马克（此数字是否还是算得太低？）。

为了能将教会领地参与中世纪城市建设的程度用数字表示出来，就必须了解其中的数额，这一数额一定要比我们现在所掌握的更为详细才行。就我们现在所

---

① 我毫不怀疑，继拜占庭之后，亚琛是 800 年欧洲最大的“城市”。如果我们将围绕着查理大帝的光芒飞来飞去的蝴蝶数量估计得很低，不管是持续的还是暂时的，那么我们就不得不假定“宫殿”及其附属建筑的“居民”有几千人。关于加洛林时代亚琛宏伟的最清晰的印象可以从以下的描述图片中获得：F. Dahns ［Könige der Germanen VIII. 6（1900），102 ff.］，此书利用了我们所掌握的全部原始资料。

② W. Stubbs, Constitutional History I[5], 415.

③ Die landesfürstlichen Urbare Nieder- und Oberösterreichs aus dem 13. und 14. Jahrhundert; herausgegeben von Alf. Dopsch（österr. Urbare I. 1［1904］. S. CCXXV）. Vgl. H. v. Voltelini, Die Anfänge der Stadt Wien, 44 ff.

④ Wilh. Kothe, Kirchliche Zustände Straßburgs im 14. Jahrb. 1903, S. 2.

⑤ Jos. Greving, Wohnungs- und Besitzverhältnisse usw. in den Annalen des histor. Vereins für den Niederrhein 78, 24 f.

⑥ Liber valoris eccl. Col., der abgedruckt ist bei Ant. Jos. Binterim und Jos. Hub. Mooren, Die alte und neue Erzdiözese Köln, 1. Teil 1828, S. 51 ff. Über die Verhältnisse in Hildesheim unterrichtet（schlecht）H. A. Lüntzel, Geschichte der Diözese und Stadt H. 1（1858），288 ff.；2, 23 ff.

知道的情况，暂时只能有把握地说，这一数额必定会很高。据我们所掌握的各单项报告来看，对此已无需怀疑。[①]

在佛罗伦萨，12 世纪末就已经有 80 座钟楼敲响了钟声。可见：Davidsohn，Gesch. v. Florenz 1，732。

关于中世纪早期神职人员人数众多的问题，可参见：Lamprecht, DWL. 1. 2，846。

有关 15 座德意志城市的教堂及捐赠者的概况，可见：A. Püschel, Das Anwachsen der deutschen Städte. 1910。关于维也纳，可见：Ant. Mayer, Das kirchliche Leben usw. in der Gesch. der Stadt Wien 1（1897），445 ff.。关于斯特拉斯堡，可见：Karl Achtaich, Der Bürgerstand in Str.（1910），6 ff.。

13 世纪时，巴黎有 96 座冠名的教堂和修道院（可见 1292 年的税单）。参见：H. Gérard in der Coll, des docum. inéd. I ser. 8. tome（1837），pp. 624—626。

关于修道院，我们尤其知道，由于城墙提供的保护足以抵御掠夺性的袭击，城市变得更加强大，修道院将其驻在地迁进城市。其中特殊的缘由，正如编年史家告诉我们的那样，是为了确保显圣的尸骨免受敌人的劫掠。有关法国的证据，可见：Flach, Origines 2，331。有关德意志，可见：Arnold, Verf. Gesch. d. deutsch. Freistädte 2，162 ff.。该书使用史据确定，许多重要的修道院在此期间已经迁入书中提及的城市。作者还证实，自 13 世纪起，多数修道院起始时就是建立在城市之中。尽管多数修道院为"穷人的修道院"，即方济各会修道士、多明我会修道士和奥古斯丁教士，但我们还是可以假定，在大多数情况下，他们还是在乡间拥有土地，并因此收取地租。例如，克莱尔修道院或方济各修道院，1282 年由贵族维德的洪贝尔特及其妻容恩的伊丽莎白在美因茨创立。他们将维特尔斯塔特、阿斯特海姆、布本海姆、弗勒斯海姆、帕滕海姆和阿尔斯海姆等 11 个村庄的所有财产、收入和特许权全部捐赠修道院，修道院很快就因进一步的捐赠而变得更加富裕。相关例证可见：Arnold, a. a. O. S. 175。根据同一人提供的资料，在 13 世纪，沃尔姆斯有 8 座修道院，美因茨有 10 座修道院，施佩耶尔有 6 座修道院。关于维也纳的修道院：H. von Voltelini, a. a. O. S. 25 f.；关于维也纳教会学院在该国的丰富财产：ebenda S. 48f.。维也纳的修道院系为提升该城市的辉煌而建立的：Rich. Müller, Wiens räumliche Entw. usw. in Gesch. d. St. W. II, 1，155 ff.。关于伦敦的修道院：Stanhope, Monastic London. 1887。

除教堂与修道院外，在德意志许多城市中还有教会的骑士团也占有重要地位，

---

① Allgemeine Klösterverzeichnisse für Deutschland bei A. Hauck, Kirchengeschichte 4（1913），975 ff. M. Schulte, Der Adel und die deutsche Kirche. 1910.

他们在此建立自己的领地，财富亦十分显赫，在各座城市都能收取巨额地租，据此消费。①

此时，教会收取地租的人与世俗界以地租为生的人结合起来。我首先至少要附带提及原始的城市创造者的一个范畴，他们对于某些城市（博洛尼亚、巴黎、牛津）并非完全不重要，此处我指的是学生②和大学生③，他们从外地收到"汇款"，确实在用自己的钱维持生活，此外，还有一些小店主与一些青年女子。

在中世纪的城市中，尤其是在其兴起的最初几百年里，**世俗界的地主**非常之多，此类人住在一座庄园里，一座城堡式的房屋里，一座要塞以及城墙内的一处设防的住宅里；城外有地产，或让农奴自行耕种，或出租，或收取地租，对此显然并无异议。这仅仅是我在此处要确定的现象。与此同时，我有一点不能确定，即此等地主地产的起源从何而来，他们本身究竟有何门阀特质：是自由人，或官员，或田舍贵族，或城市贵族。对我们此处所涉及的问题，所有这些差异其实无关紧要。这里只有一件事实十分重要，即大量收取地租的人居住在中世纪的城市里。可惜我们（就我所知）对于住在城市中的世俗地主的人数及其产业，并无任何一座城市能在数量上给予确认。最好的研究是关于佛罗伦萨。此处直至12世纪80年代初期为止，已经证实有35个地主家庭的设防宅邸④，"然实际的数目当大三倍"⑤。

此等大地产家庭在较大型的城市中为数的确很多，他们因为收取地租变成城市的塑造者。此乃我想提请读者注意之处，否则我用这样的确认并不能提供任何新鲜见解。

为了让这幅图形显得略微生动一些，我还要添加两点：

第一，当住在城市里收取地租的人成为城市塑造者时（凡是看到我的阐述的人当不再怀疑这一点），收到供消费的地租愈多，这座城市便愈大，愈富足，此乃显而易见。所以，以地租为生的人收入愈多，或他们愈加聚集在城市中，城市便愈大，愈富足。

换言之：

城市中消费的乡间地租的数量多寡，一方面取决于该城市对乡间大地主的吸

---

① Arnold, a. a. O. S. 178 ff. (Regensburg, Speier, Köln, Mainz, Straßburg, Basel, Worms)；Bücher, a. a. O. S. 514（Frankfurt a. M.）.

② 有关欧洲的教会学校及其分布详细可见：Montalembert, Die Mönche des Abendlandes, deutsche Ausgabe 6（1878）, 169 ff. Vgl. auch v. Maurer, St. V. 3, 57 ff.。

③ 关于后期的情况，可见：F. Eulenburg, Die Frequenz der deutschen Universitäten. 1904.

④ Santini, Società delle torri im Arch. stor. Ser. IV. Vol. 20. Davidsohn in seinen „Forschungen", S. 121：„Türme in der Stadt".

⑤ Davidsohn, Gesch. von Florenz 1, 554. 关于德意志城市中世俗地主的市民住宅，参见：v. Maurer, St. V. 2, 9 ff.。在法国：„multi nobiles oppidani erant, qui magnorum posessores fundorum, in praecipuis baronibus nativae regionis pollebant, et multis magnae strenuitatis militibus, hereditario jure praeminebant"（1098）. Orderic Vital. IV. 关于13世纪末巴黎大饭店的目录，见：Coll, des Docum. inéd. Ser. I, 8（1837）, 627 f.。

引力，另一方面则取决于城市原先可供支配或后来近郊地主所有的土地的肥沃程度。与迄今为止的情形相比，人们必须更加注意，中世纪城市的发达（基于以上的理由）更多地取决于郊外土地的肥沃与人口的密度，而并非所谓的交通道路。这就是意大利与佛兰德的自然界提供的一个优越性，因为在中世纪早期，这些地方已像一处耕作良好的茂盛花园。人们必须阅读《菲利皮德》（Philippide）书中有关佛兰德风景的描写，以便正确了解下莱茵区域诸座城市早期的繁荣。他们还必须注意，例如佛兰德滨海城市纽珀特（Nieuport）、阿尔登堡（Ardenburg）、达姆（Dam）以及布鲁日（Brügge）很久以后才富裕起来，远比内地一些城市如伊佩尔（Ypern）和根特（Gent）要晚得多。但是，利用那些有利的自然条件的前提当然是，乡间的剩余产品能够在城市里消费，此外，地主必须加入城市人口圈。而这在不同国家是以非常不同的程度实现的，所以，此处对此不予讨论。人们可以假定，罗马尤其在城市文化上的影响具有某种决定性的意义。在意大利①，乡间贵族具有自愿城市化的强大倾向，因此，意大利以外凡保留着罗马风格痕迹的地方，乡间大地主更加集中在大城市：这种集中的程度，在德意志莱茵地区与南部地区更甚于北部与东部荒凉的殖民地。除此之外，还有其他情况也能够共同产生一定的影响。例如，在英国，一种特殊的宪章规定，如继承权，很早就将贵族长子以外的年轻子弟驱进城市，使他们与市民融合起来。还有，在意大利，强制乡间贵族进入城市发挥着一个重要作用②；在佛兰德和布拉班特的发展情形亦相似。③

　　在意大利的市民公社致力于将许多地租财富聚集在其城墙之内的同时，德意志的城市则将贵族赶出城门之外：

　　弗莱堡、汉堡（1120年）以及其他城市的城市法禁止贵族住在城内——凡大臣以下、公爵的官吏或士兵皆不得住在城里，此为弗莱堡城市法所规定——同时，强势的热那亚命令边区总督奥尔德拉摩（1135年）、拉瓦尼亚伯爵（1138年）和其他乡间的要人宣誓：我愿意住在热那亚，或者是我，或者是我的儿子，并且我愿意担负履行誓言的义务。在一个如特莱维索（Treviso）的小城市中，一年（1200年）内获得市民权的人数达60人以上，其中一部分为有实力和富裕的地主。④

　　差不多可以这样说，这种不同的政策使得弗莱堡成为弗莱堡，热那亚成为热

---

　　① 早在强制性城市化之前，"舒适和社交的诱惑就促使一些人在城市里定居，而不是在一座孤零零的山顶上的塔楼里定居"。Davidsohn, Geschichte von Florenz 1, 343. Für Venedig: R. Heynen, Zur Entstehung des modernen Kapitalismus in Venedig（1905），88.

　　② 与此相关的情况，可见：Muratori, Antiqu. Diss. 47；v. Bethmann Hollweg, Ursprung der lombardischen Städtefreiheit, S. 164 ff.；C. Bertagnolli, Vicende dell'agricultura（1881），p. 175；E. Poggi, Cenni storici delle Leggi sull'agricoltura（1848），2，163 ff.，und in der ersten Auflage dieses Werkes 1，313 ff；2，198 f.。

　　③ 此处参见本书第一版第311页引用的文献。

　　④ Bonifaccio, Istoria di Trivigi（1744），p. 153.

那亚，这本不足奇。倘若将大地主阶层或大或小程度的凝聚，视为中世纪城市发展强有力的决定因素，并将此着重考察的话，则此处或彼处的城市历史所呈现的大部分差异，应当从以上论及的不同关系中去追溯。总之，对此毋庸置疑。16 世纪的观察者已有此种朴素的认识，所以迄今为止最好的城市理论家说："意大利最大多数城市较法国或欧洲其他城市更为有名，原因是意大利的城市乃贵族居住。"①时至今日，人们已经不再看到如此简单的相关性。

关于地租的集结形成城市这一点，我想作出第二种注释：

在中世纪，必定有一个时期——我想主要是在 10 世纪与 11 世纪——将一群乡间地主**骤然间聚集在**各个地点。这些地点筑有城墙，或有防御设施，或作为防御地点，总之，作为**要塞**位置，在这些地方大量聚集的收取地租的人，亦即城市的塑造者，是民兵，是城堡人的守卫队，他们为防守那些即将成为城市的地方而被召集在一起。在我看来，这些人成为城市起源的一个重要因素，皆因他们为众多人口一举造成一个大型的食品供应空间。亦可这样说：中世纪的城市（不仅在筑城术和建筑学的意义上，而且还——恰恰在——经济意义上）系由要塞成长出来，更为准确地说是守备城市，此因养活城市的并非城墙与城堡，而是那些携带着消费的基本财富进入城堡的民兵们。军营自然受领主的分封——城主的采邑，而民兵们即在驻防的城市里消费这些领地的地租。

与这一点有关的争论，民兵究竟是赋役的农民还是国王的仆人，参见：Dietr. Schäfer in den Sitzungsberichten der Berl. Akad. der Wiss. XXVI, 1905, 25. Mai, und vgl. dazu H. Delbrück, Geschichte der Kriegskunst 3（1907），93 f. 109 f.。

到目前为止，在中世纪城市的一般经济史中，驻有守备军营的城市只是作为一个次要的问题，而且通常是从宪法史或地形的角度来处理。

此处我指出以下著作，其中阐明了中世纪要塞的宪法权、筑城术等方面的问题：

有关德意志：Inama, DWG. 2, 99 ff. Emil v. Loeffler, Geschichte der Festung Ulm. 1881. Seb. Schwarz, Anfänge des Städtewesens in den Elbe- und Saale-Gegenden. 1892. G. Köhler, Geschichte der Festungen Danzig und Weichselmünde. 2 Tle. 1893. W. Varges, Zur Entstehung der deutschen Stadtverfassung in Jahrb. f. N. Ö. 6, 163 ff. „Die Stadt als Festung". S. Rietschel, Das Burggrafenamt. 1905. Clem. Kissel, Die Garnisonbewegungen in Mainz von der Römerzeit an. 1907. 当然，也可以参考汇编性的著作，特别是 v. 毛雷尔的大量资料收集。

关于波希米亚：J. Lippert, Soz. Gesch. von Böhmen 2（1898），169。波希米亚所有重要的城市都是地区要塞。

---

① Joh. Boteri, Libri tres de origine urbium earmnque excellentia et augendi ratione etc. 1665. Lib. II, Cap. X.

关于英国：Maitland, Domesday and beyond I. § 9。书中提示了一部宪章，与德意志的要塞区宪章非常相似。该国最强大的堡垒是伦敦。在这里，驻防军在宪章史上也起着重要的作用（顺便说一句，在世界各地的大多数大城市也是如此）。当忏悔者寄信到伦敦时，地址写的是主教、波特里夫和伯尔-提古斯（这三位正是杰出的城市规划者！）。

关于法国：Flach, Origines 2, 79. 830 ff.；die Champagne im besonderen Réné Bourgeois, Du mouvement communal dans le comté de Champagne aux XIIe et XIIIe siécle. Pariser Diss. 1904. 城市宪章与英国和德意志一样。Siehe die Liste a. a. O. S. 19.

有关比利时：Alph. Wauters, Les libertés communales 1（1878），209。

自 10 世纪起，比利时所有（大）城市都是驻防城市，如坎布莱、乌德勒支、列日、布鲁塞尔等。Pirenne, Les villes flamandes avant le XII. siécle in den Annales de l'Est et du Nord. Vol. I. 1905.

有关意大利：可参见地方史著作。其中资料最为丰富的当属托斯卡纳与佛罗伦萨：这座城市就像"一座庞大的、人口众多的城堡，它与领地的关系，犹如个别的城堡与地区的关系一样"。Davidsohn, Gesch. von Florenz 1, 331. 以及：Gregorovius, Geschichte der Stadt Rom im Mittelalter，此书也包含了大量的材料。

二、生产者

一座城市中总有一部分人口通过工业或商业活动来维持自身及他人的生计，亦即（如同我们从前一章中所获知的那样），用自己的劳动收获与外部交换，以此维持生计，倘若并非如此，我们便不能想象会有如此的城市。即使在中世纪，也没有一座城市完全缺少这一类人口。此时，正是我们回顾此类城市，并试图逐一了解它们特点的时候。

首先需要提到的是城市为其周边地方的工作：为农民生产工业品，并为其供应从外部输入的物品。一座城市中若多数居民依赖与周边地区的往来为生，我们便称为地区城市，即为一个市场场所。在中世纪，此种类型的城市无疑比今天的范围更大一些，有 500 至 1 000 个居民，其周边和现在一样主要在经营农业，所以，这些地方在其存在期间仍旧是小型的农耕城市。例如，在德意志东部 270 座"新建城市"——此为我们所知的——中最大部分系为此类城市。我们在提及城市时，总是先想到那些大城市，即便是这些城市也要与周边的农民（更多的是地主）产生一种交换关系，一部分人口（手工业者与商贩）即以此为生。然人们对中世纪此类销往乡村的范围不要想得过大：一来自足经济仍流传甚广，同时乡村居民的文化程度还不够高。不能将乡村与城市间的此种交换认作中世纪城市的生命线。农民在星期市上向城市居民出售农产品的所得金额，此时还谈不上足以用来购买工业与外国产品。此项现金收入中较大部分转入到乡间与城市的地主手中，**这**

些地主现在可以用这些租金（或用供给他们的实物换取的金钱）向城市的手工业者和商人购买商品。如此，当地主住在城市中，这些手工业者和商人是依赖他们为生，而并非依靠自己而生。

国际贸易对于某些中世纪城市也许会具有较为重要的意义，然而，就其形成城市的力度而言，仍不可做任何夸大的想象。

商业城市在经济上有一个特点，即以小量的数额从一个广大的范围获取生活品。①其生存的这一特点对于纯粹商业城市的扩张隐藏着狭窄的边界。从来没有非常大的纯粹的商业城市，并且也不可能有。原因或是运输技术不够发达，限制了商业的扩充②，或是运输技术虽然发达，但商业利润率相对较小，只有出售巨额的商品，商人手中才有可观的价值量作为利润，从而留存为城市人口的生计考量。商品仅仅是从城市穿过时，连城市中一个麻雀也养不活，除非麻雀从谷袋或豆袋中啄出自己的饲料，然而，一个外行——撰写城市形成的多数"理论家"是国民经济学的外行——对此并不习惯厘清。此处的要点在于价值额——当商人在其商品流经城市时，便获得收取此项价值的权利——系为"被啄取的"物品，是"赚来的"东西，简言之，是**商业利润**。众所周知，此种利润总是与所交易的价值额成反比。商业利润若比较高（如中世纪），交易数量即为小。中世纪的交易量有多小，我们将会看到。因此，即使在商业都市，也总是只有小部分人口能够依靠"商业"为生。我们倘若假定 14 世纪吕贝克的平均收入仅为今天的币值 100 马克，而利润率为交易的 20%（！），则该城市的商业本身只能养活约 6 000 人。③

此外，还要提及作为形成城市要素的出口工业。考察到这一点，便会产生出工业城市的类型。而中世纪确实已经出现这一类型，且无疑也是在一种狭义的工业生产（即材料加工业）的基础上。这里变成一种工业特长的城市，且确实可以因此养活几百人，在少数情况下可以养活几千人：如米兰的武器、纽伦堡的"纽伦堡商品"、康斯坦茨的麻布、佛罗伦萨的织品等。然这总只是例外，此等工业的发展多半是在中世纪晚期，故而在城市最初的起源与扩大上几乎不为人们所注意。

城市所在或邻近的土地（或海洋）一定的产物，对于城市存在的初期具有更加重要的意义。只要想一想产盐的城市④、矿产（银）的城市、产酒的城市与产鲱鱼的城市，便可知道。但我必须再次警告，对此等产业源头形成城市的力量不必

---

① „ils tirèrent leur subsistance de tout l'univers": Montesquieu, Esprit des Lois. Livre XX, Ch, V.

② „extensive commerce checks itselt, by raising the price of all labour and commodities": D. Hume, Essays 2 (1793), 208.

③ 此处的数字参见上引文章，第 146 页。

④ 1227 年，吕内堡是公国仅次于不伦瑞克的最重要的城市：Herm. Heineken, Der Salzhandel Lüneburgs（Hist. Studien Heft 63. 1908），21。

估计过高。

我们试看一下中世纪首批及最重要的矿产城市之一，即萨克森的产银城市弗赖贝格。

这座城市约于 1185 年起步发展，如同人们所理解的那样，的确至为迅速。"令当代加利福尼亚的矿区一夜成为人口密集城市的同样原因，也促使来自各地的移民聚集在明茨巴赫山谷。定居点因此迅速增长，并且立即达到其在以后数百年间所保持的那种范围。"①结果又如何呢？1259 年，亨利殿下将市场上收集的肥料赠送医院。由此可以推断，第一，"其分量一定不小"，第二，城市的牲畜夜间即以市场为栏舍。（当然可以想象，粪秽也会出自被屠宰的牲畜）然而弗赖贝格在中世纪无论如何都是萨克森**最大**的城市，这究竟意味着什么？该城共有房屋地产 379 处，因此居民最多为 4 500 至 5 000 人。②如此看来，即使是德意志首座产银城市的采矿业本身也并没有产生多大的影响。

就我所见，除去地租的积累以外，只有一个要素在中世纪城市的发展中占据一个显要的地位，此即金融业，或银行业，或高利贷，其中可视各种具体情况而定。关于该行业及其重要性，我在以下的阐述中还会详细说明。此处我仅指出，即一些城市主人本能地正确意识到，高利贷业务是形成城市的要素，故而出于繁荣自身城市的目的，尽力吸引犹太人前来寄居。1084 年，在颁布施佩耶尔特权时，主教吕迪格说："当我将施佩耶尔乡村建成一个城市时，我相信，如果招集犹太人，本地的威望当会增高一千倍。"③然，金融业也仅在几个大城市对人口的数量产生过重大的影响，而在大多数城市中，与城市地主直接收取地租形成城市的力量相比，其影响则退居其后。这种重要性对中世纪城市究竟达到何等巨大程度，我在前面几页已简短提及。对于中世纪任何一座较大城市，就其经济类型的特征进行评估，这种巨大重要性的印象便会显得更为强烈。我们发现，纯粹的"工业城市"（如弗赖贝格）皆很小型，但在每座超过 10 000 人口的城市中却有一群强有力的消费者。无论是威尼斯或佛罗伦萨，热那亚或米兰，巴塞尔或斯特拉斯堡，纽伦堡或奥格斯堡，吕贝克或汉堡，布鲁日或根特，伊佩尔或列日，巴黎或伦敦，维也纳或布拉格：我们在这些城市总是看到驻有一位或几位王侯、君主、边区总督、公爵、大主教及主教等；还有极为大量的教会机构，以及为数甚多的世俗地主。诚然，这些元素对于形成城市的影响成分无法用数字来加以证实，但他们曾经是卓越的、决定性的城市创造者，却是非常可能的：

---

① Hub. Ermisch, Wanderungen durch die Stadt Freiberg im Mittelalter (Neues Archiv für sächsische Geschichte; herausgeg. von H. Ermisch 12 [1891], S. 92). Vgl. damit C. E. Leuthold, Untersuchungen zur älteren Geschichte Freibergs (in demselben Archiv Bd. 10 [1889]), 304 ff.

② H. Ermisch, Zur Statistik der sächsischen Städte im Jahre 1474（见同一处文档：11，148. 150）。

③ J. Aronius, Regesten zur Geschichte der Juden im fränkischen und deutschen Reiche bis zum Jahre 1278 (1902), Nr. 168.

1. 依据普遍的事实考量；
2. 由以上列举的事实证明，中世纪任何重要城市皆有他们的存在；
3. 由考察证明，凡他们集合之处，每次总会兴起一座较大的城市；
4. 由其他方面的考察证明，中世纪期间，凡没有他们存在之处，从来没有一座重要城市出现。

中世纪城市主要或者至少在其产生初期皆为消费城市，其发展归功于集聚的地租（与赋税）的数量，倘若有人无视上述所有事实，仍然怀疑我的命题的正确性，我以为，倘若他观察中世纪城市形成的客体，即那些不过是充实城市的第二级、第三级即派生的城市创建者，便可以排除自己的怀疑。现在正要讲到他们。

第三节　城市形成的客体

我将城市的充实者分为两类，直接的受雇者和间接的受雇者。直接的受雇者系为城市创建者服务的人，他们因自身的服务获取报酬，并以此维持自身的生计：最广义的服务人群皆属此类，如宫廷人员，但国王、主教的官吏也在其中；最后还有全体教士，如牧师、修道士等皆是。间接的受雇者是独立的手工业者和商人，他们或是为城市的创建者制造工业品，或是从外部提供货物。

就我所知，对中世纪人口中这些不同类型群体的人数，尚缺乏任何可用的概览。毕歇尔曾为美因河畔法兰克福作出极其有价值的数据，即便如此，还是不能提供一种确实可靠的依据，更何况法兰克福并非中世纪较大城市（我们首先要讨论的即为此类城市）的典型，而毕歇尔的调查涉及的是该城市的晚期，就我们此处讨论的中世纪城市的起源而言，这一时期并不能成为一种标准。

这里原本需要各种调查，以便对中世纪城市各个社会群体在城市总量中所占的份额，作出统计上的判断，尤其是确定城市的充实者，其中特别是间接受雇者中，究竟多少人从原始的城市创建者处获取生活必需品（基于我本人的研究，绝不怀疑此类调查能够获得成果），但我并无意愿与闲暇来从事这样的调查，是故以下的叙述只能视为今后研究的一种大纲，一种布局和一种指南（如同我先前在本书第一版对市民财富起源的说明一样，此种做法正好落实在肥沃的土地上）。

一、教士

一位编年史者告诉我们："为改革大都市汉堡，大主教翁凡洛斯召集各处的教士，并联合了一大批教团教士和市民。"①此处涉及修道院的教友，应该不属夸张之语。我们从中世纪城市每一种描述中所得的印象是，其中必定充斥着身穿僧衣教袍的人。只要想一想，现在各大城市中所看到的教堂和修道院，其中最大部分在中世纪即已诞生，而当年的城市也许仅为现今面积的十分之一。现今，每当星期日在那些老的天主教城市的大教堂区域，总会有成群的牧师穿过街道，每一扇门都出现教袍的身影，此时必须去游历这些区域，如此才能对主教或大主教驻在的中世纪城市日常的面貌，获得一种概略的了解。史料也告诉我们，有些城市——例如帕骚——的老城完全为主教或修道院的教师家庭的居所，而自由民则居住在郊区。②

这些人究竟是什么人！首先是修道院的副院长、分院长、领受俸禄的牧师、一等教士：大教堂教士与城市教堂的首席牧师、著名的修道院的院长等。其次为低级教士和仆从整体等、教区牧师、主室牧师、分室牧师、军中牧师，总之，所有不属于大教堂的人，他们的主要任务为唱诗及履行教会的其他事务。

我们仍然掌握一些数字，从中可以对**宗教界人口的巨大数字**产生一种概念。当然，统计数据大多是有关高级教士和中世纪晚期的。不过此等数字也很有价值，因为我们由此获得一个立脚点，至少可以推论出全体教士人数的近似值。

稍后一个时期中主教大教堂教士的人数系为我们所知。③例如，以下各地主教大教堂的人数：

维尔茨堡：高级教士 24 人，青年高级教士 28 人，共计 52 人。

美因茨：高级教士 24 人，青年高级教士 17 人，共计 41 人。

科隆：高级教士 23 人，青年高级教士 16 人，共计 39 人。

班贝克：高级教士 20 人，青年高级教士 14 人，共计 34 人。

特里尔：高级教士 16 人，青年高级教士 24 人，共计 40 人。

施佩耶尔：高级教士 15 人，青年高级教士 12 人，共计 27 人。

这仅仅是主教大教堂的高级教士，但教区牧师协会教堂亦显类似数字。

15 世纪，斯特拉斯堡主教大教堂受俸禄的牧师与副牧师有 116 人，这些都是低级牧师。圣托马斯大教堂有 26 人，圣彼得有 31 人。④据科特估计⑤，斯特拉斯堡在14 世纪有男教士 343 人，女教士与半俗尼 626 人，总计约 1 000 人，足足占总人口20%。13 世纪末，斯特拉斯堡的主教管辖区有居家教士 800 人以上，为数众多的修道

---

① M. Adami, Gesta Hamm. II, 58（10. Jahrh.）MG. SS. 7, 326. 327.

② S. Rietschel, Markt und Stadt, S. 36.

③ Dürr im dritten Bande von Ant. Schmidts Thesanrus etc.（7 Vol. 1772 ff.），§ 23. 24, p. 190 ff.

④ Grandidior, Etat écclesiastique de la dioecèse de Strassbourgen 1454 im Bulletin de la Société pour la conserva-tion des montments historiques d'Alsace. 2e ser. 18（1897）. 363；W. Kothe. Kirchliche Zustände Straßburgs im 14. Jahrhundert（1903），S. 36. B Kothe, a. a. S. 123.

⑤ Kothe, a. a. S. 123.

士尚不在内。①列日主教大教堂在 13 世纪有高级教士 60 人。②据 1449 年的计算，纽伦堡——当时人口足有 2 万人——的牧师与修道院教士"连同其佣人"共计 446 人，同时，15 世纪末法兰克福人口仅为其一半，但据毕歇尔的计算，该城市的教士数目达 390—450 人③，约占中世纪末期全市总人口的 5%。16 世纪初期，帝国直辖市乌尔姆受俸禄但不纳贡税的牧师达 93 人。④威斯特伐利亚的明斯特（约 16 世纪末）有修道院教士 213 人，居家教士 373 人，连同仆从，在 10 600 居民中占 596 人。⑤

斯塔布斯在其《宪章史》一书中，就中世纪英国几座城市的教士数据提供了一个有意义的统计，此乃我所知道的范围最广、划分最为详细的统计。⑥依照此项统计，受牧师之职的人数为：

城　　市	随侍	副牧师	牧师	祭司	总计
西冷塞特（1314 年）	105	140	133	85	463
沃切斯特（1314 年）	50	115	136	109	410
坎普顿（1331 年）	221	100	47	51	419
沃切斯特（1337 年）	391	180	154	124	849

此为十分可观的数字，而且仅仅是一些中小城市，由此可推出较大的主教城市教士队伍之宏大景象。就我们所知与能够推论的情况，此等牧师数量实际上已经自行充实了城市一个不小的部分，对此毋庸置疑。

然，教士们还养着一批仆役。自共同生活解体以来，我们已经看到每个高级教士皆已搬入自己的家宅之中，拥有自己的家宅必定需要更多的仆役。我们在各种文书中发现种类最多的仆役，他们在为高级教师服务：厨师、锁钥保管人、储藏室管理人，等等。⑦

此外，大教堂本身的低级职员和仆役仍旧存在：如传道士、圣器保管人、房间管理人、碟盘管理人、看门人、敲钟人与挑水夫，等等。在哈尔伯施塔特的主教大教堂⑧中有三个传道师、一个圣器保管人、四个房间管理人、一个碟盘管理人；至于下一级的仆役大多由 12 人担负，有时曾用到 24 人。

---

① Nach dem Straßburger UB. 2（1886），Nr. 71.

② Ferd. Henaux, Hist. Du pays de Liége 18（1872），200. Vgl. M. L. Polain, Hist. de l'ancien Pays de Liége. Vol. I, 1884.

③ Bücher, Bevölkerung Frankfurts a. M., S. 520.

④ Gerh. Kallen, Die oberschwäbischen Pfründen des Bistums Konstanz usw.（1907），103. Vgl. noch Heinr. Schäfer, Pfarrkirche und Stift（1903），159 f., und W. Kisky, Die Domkapitel der geistl. Kurfürsten. 1906.

⑤ Franz Lethmate, Die Bevölkerung M. s in der 2. Hälfte des 16. Jahrh.（1912），34.

⑥ W. Stubbs, Const. Hist. 3⁵, 378.

⑦ UB. des Hochstifts Halberstadt 2, 1594；4, 2678.

⑧ A. Brackmann, Geschichte des Halberstädter Domkapitels im Mittelalter in der Zeitschrift des Harzvereins 32（1899），69 f.

二、军人与官吏

有关这一范畴的第二级城市创建者的人数，我们掌握的情况还很少。

"盾牌制作人"并不在少数，至少我们可以假定各座较大的城市的确如此。里切尔认为，马格德堡总督拥有的 1 000 块盾牌可能系为驻军所有。[1]此数可谓巨大。[2]这已经和现今的波茨坦及梅斯——此处可以见到军人——呈现的景象一样。无论如何，城主们有一支"强大的军队"可供指挥，此举确实。[3]否则，如常人与军人之间的偶然发生的决斗，不会在如斯特拉斯堡这样的城市里引起这般骚动——如此巨大的喧嚣，以致敲响城市的钟声。[4]

官吏集团又是如何？他们是否也代表着一个重要的团体？大体上，他们是由政务官组成。此等人业已引起冯·伯洛的厌恶，按他的意思，最好将他们驱逐出城。当他向田间习法论者发脾气时[5]，表示："大多数城市在城内几乎没有出现一位政务官。"但是，即使从纯粹"宪法史"角度看——这也未免走得太远。世俗与教会王公的**官吏**住在宫城中——他们也许具有一种自身想要的门阀特征，即便是冯·伯洛也不愿意否认。否则，史实如何能告诉我们，无数显贵不是住在他处而是住在主人的周围？[6]如科隆有次清楚指出主教的宫廷有 25 人。[7]如此，中世纪的城市业已存在一个可观的宫廷人员和"国家官员"集团。[8]

三、手工业者

手工业者后来成为城市人口中一种巨大的成分，然，他们起初是以劳动供给乡村城市的农民，同从前在乡村中扮演的角色一样，或在城市的周边交换他们的产品，甚至将其产品送往远处的集市，是故（一言蔽之），在中世纪城市的手工业者中，从初始起有些人即已成为原始的城市创建者，对此不必怀疑。那些流动的手工业者或我们在 11 世纪沃尔姆斯看到的手工业者，也许是属于此类范畴的工业

---

① MG. SS. 16, 253.

② Riechel, Das Burggrafenamt, S. 330.

③ 例如哈勒的情况，可见：Ferd. Hertzberg, Geschichte der Stadt Halle a. S. 1（1889），18 ff。哈尔茨堡的驻军人数为 300 人，萨克森堡的相应数字为 200 人。资料来源：Waitz, VG. 8, 406。该作者在其文章中称"人数甚至达 1 200 人"，原因为何，我不清楚。

④ „orta est … nter vendentes et ementes sedicio per scutarios regis in suburbio. deinde clamor ingens tollitur, forenses campanae pulsantur." Udalr. Cod. 260. Jaffe, Bibl. V, p. 445；引自：Rietschel, a. a. O. 8. 67。

⑤ v. Below, Ursprung usw., S. 115.

⑥ 多数材料系以下的汇编：v. Maurer in seiner Geschichte der Fronhöfe usw. Bd. I u. II. Vgl. Waitz, VG. 6（2）（1896），323 ff.；7, 302 ff.（Beamt. der Fürsten.）但无处可以找到相关的数据。

⑦ Alb. Barth, Das bischöfliche Beamtentum im Mittelalter, vornämlich in den Diözesen Halberstadt, Hildesheim, Magdeburg und Merseburg, in der Zeitschr. des Harzvereins, Bd. 33, S. 322—428.

⑧ 关于早期英国国王（自亨利一世以来）在伦敦的中央集权行政组织的情况，参见：W. Stubbs, Const. hist. 1⁵, 406 ff.。司法机构即包括司法行政官和最高法庭以及司法部，里面不乏高官显爵及大批官吏。

生产者。

但他们仅仅是城市手工业者中的一部分，尤其在城市发展的最初几百年里即如此，因此在这一发展进程中并不占有重要地位。依我所见，就城市早期的整体性质而言，这是确定无疑的。我认为，不仅是一般性考虑，即使是提供手工业初期状况的少数史料，都令我们得出假定，即大部分手工业者聚集在城市中的地主周围，从他们那里获得订单，且自身因此而成为自由的城市人。

当创建城市的地主集团为单一的修道院时，这一情形便格外明显。有关这一点，我们至少可以从史料中一些特别生动的描述加以佐证。恰如英国的圣埃德蒙茨堡、法国的提朗修道院、德意志的茨维法尔腾，此种过程各处基本一样。在这些地方，我们可以清楚地看到一批手工业者如何移居在修道院的周围，为他们干活。

关于圣埃德蒙茨堡的起源，《末日审判书》是这样描述的："在圣埃德蒙茨下葬的城市，爱德华国王时期修道院院长巴尔丁身边有 118 人，负责照顾僧侣们的生活需求。这个城市以前为 10 个边区大小，现在的规模为 20 个边区范围。这座城市今天囊括了更大的乡村土地，包括当时（爱德华时代）尚在耕种和栽种的大片土地。那里总共有 30 名牧师、执事和神职人员；28 个修女和僧侣。手工业者有 75 人：面包师、酿酒师、毡合工、鞋匠、裁缝、厨师、门卫、仆人，所有这些人都为住持和教会弟兄服务。现在，圣埃德蒙茨的土地上总共还有 342 座住宅，而在爱德华国王时代，那里原本是一片农田。"

这一描述还可以重复，只需稍加改动（将修道院长改为主教、国王、总督、骑士等），便适用于所有中世纪的创建城市。

还有，我们不要忘记，在庄园经济组织中已经出现一批工业劳动者，他们在为地主服务。此时这些人在法律上固然是"独立的"生产者，但在经济上，他们的生活同从前一样，仍然依赖地主。

这一考虑似乎特别印证我的观点，即多数专门居住在城市的手工业者的**性质**，在城市的早期他们只能被视为从事城市地主委托的工作。一切超过最为迫切的需要而生产的物品（而此时，正在发展中的城市手工业者恰恰在从事制造此类物品的活动），只能由地主，当然也包括居住在乡间的人来支付。在出现这种类型的销售时，这些手工业者便是原始的城市创建者。

然而，我们亦不可忘记，最重要和最富裕的地主，尤其是教会与世俗两界的王公、几乎所有富裕的教堂等，恰恰是以城市为居住之地（尤其在意大利与荷兰是如此，不过其他国家亦往往如此）。唯有骑士常常住在城外孤寂的乡间城堡中。而他们对手工业品的需求的确不能与城市中地主及王侯的订货需求相比。

对于城市手工业特别重要的一个部门的发展，我们现在可以确切指出，这一部门只有在地主的庇荫之下才能发展：我所指的是**建筑业**。

在城市最初蓬勃兴起之时，房屋建造与创建城市，几乎是同等概念："他开始建筑马格德堡城市……因为……他获得这座城市，并建筑这座城市。"①

但是，墙壁确实往往是由附近的农民建造，此种工作即为他们所担负的赋役。但因此也训练出一些长期从业的劳动者。②然，在城墙以内建筑时，无论如何必须用自由的手工业者："从周围各处招募技术匠、泥水匠、石匠和其他手工业者，深受修道院长喜欢。"③这确实是一些收入良好的劳动者，此外，又有一批面包师、屠夫、皮匠、裁缝等在为这些劳动者干活，借以维持自己的生计。

现在要问：在10、11、12世纪建造房屋的是谁？谁在建造房屋且需要那些熟练的手工业者？此非他人，只能是地主，其中尤以教堂为最。建造教堂是中世纪早期最重要的凝聚人口——形成城市的——过程之一。

我们倘若认为恰恰是11世纪为城市发展最迅速的时期，那的确至少应当感谢下面一种情形，即在此世纪中差不多所有较大型城市都在兴起一种繁忙的建筑活动，首先是建立教堂的纪念碑。11世纪所有地方的教堂建筑在何等显著的程度上突飞猛进，此处无需牵扯太远，并且也无此必要，因为我们拥有一批出色的作品足以证明此等进程。④

也是在11世纪这一时代，众多有力的、活跃的并且喜好排场的教会王公在城市中取得统治权，证据显示出，城市建筑的发展多为他们所赐。我随意举出一些名字：阿达尔伯特·冯·乌特勒支、诺特格·冯·列日、珀伯·冯·特里尔、希尔德布兰特·冯·佛罗伦萨、阿达尔伯特、贝策林·冯·不来梅、戈德哈特·冯·希尔德斯海姆、美因维克·冯·帕德波姆、阿里博·冯·美因茨、皮尔格里姆、赫尔曼·冯·科隆、阿尔努夫·冯·哈尔伯施塔特、维尔纳、威廉·冯·斯特拉斯堡、布尔希哈特·冯·沃尔姆斯、本诺·冯·奥斯纳布吕克。这些人与其同类人是城市手工业的鼻祖。

即如巴黎这样的城市在14世纪美观的建筑，除去公共建筑外，就是地主的宫

---

① Thietm. Chron. II. 2 MG. SS. 3, 744.

② „… eos qui ad civitatem vestram edificandam confluxerunt", Magdeb. Schöffenweistum aus dem 13. Jahrb. bei von Maurer: St. Verf. 1, 122.

③ Wihelmi Chronicon Andrensis monasterii MG. SS. 24, 724. 余可参见：Waitz, VG., 8, 210 ff. Für England: Maitland, 1, c. p. 186 ff.。

④ 有关德意志地区，可见：Paul Damas, Beiträge zur Geschichte der deutschen Städte z. Z. der fränkischen Kaiser, Breslauer Diss. 1879；此为可以了解城市历史的少数著作之一。H. Breßlau, Konrad IL 2（1884）. A. Hauck, Kirchengeschichte 3, 334 ff.（10. Jahrh.），924 ff.（11. Jahrh.）有关个别城市：Friedr. Lesser, Erzbischof Poppo von Trier（1016—1047），1888, S. 32 ff. Hermann Cardauns, Konrad von Hostaden, Erzbischof von Köln（1888），S. 142 ff.（涉及稍后一段时期）。

11与12世纪法国主要教堂建筑概览，可见：E. Levasseur, Hist. de l'industrie 1, 394 ff.。有关英国的情况，坎宁汉认为，在12世纪建筑业的显著发展。尤其是佛兰德工匠的大量移民发挥了作用。这一理由足以驳斥阿什利：W. Cunningham, Die Einwanderung von Ausländern nach England im 12. Jahrh. in der Zeitschr. für Soz. und W. Gesch. 1（1892），192 f.。

殿。"巴黎的房屋何等巨大与美丽！"让·德·冉丹（Jean de Jeandun）在描写 14 世纪初叶的巴黎时喊道："这些是属于国王、伯爵、公爵、骑士和其他男爵，还有一些是属于高级教士。所有这些宅第都是宏大、建筑良好、美丽与华贵的。若将这些建筑与其他房屋分隔开来，他们可以单独成为一座绝妙的城市。"①

四、商人

商人——即交易人——诞生在领地的怀抱中，比手工业者更为明显。

然，眼下"占支配地位"的学派意见全然是另一种。依照此种意见，"商人"原本才真正是中世纪城市的"创建者"，这些城市真正是由"市场居留地"发育而来。对于此种"理论"我曾发表过我的疑虑，此处在以前所说之外，再做一些补充，由此可以表示，为什么我认为此种关于城市源于市场的说法为错误。

首先我想问，此种见解的代表是否完全了解，从居留地历史的观点看，一个"市场"对人群集结在一地究竟**能**有何种重要意义？

无论年市、月市还是周市都是一样：赤裸裸的事实是一个市场在一个地点举行，这就意味着：人们在那里汇集，从事买卖，但并没有让他们有机会在举办市场的地点定居下来。一旦市场售货摊拆除，市场人群回去，这个地点依旧恢复荒凉景象。一个集结各国的买方与卖方的定期市场，恰恰乃是产生永久居住地——此处表示一座城市——的障碍。所以，我们更有权利这样说，人们停止举办市场的地方，便会产生一座城市，之所以如此，是**因为**人们停止在该地经营集市式的商业，**因为**商人定居起来，与先前不同，他们会将商业利润更多地在定居点消费。然，这一说法使思维过于公式化，过于偏向另外一面。"市场权理论"（亦从国民经济学的观点出发）其中包含着一个正确的核心，对此我将立即加以剖析。此处我仅指出，此种学说与其通常所表现的一样，即将一切现实的关系倒置。

要将事物的真正进程尽可能正确地呈现在我们的眼前，最好是将自足经济时期商业的状况与生存条件再度清晰地描绘出来，只有这样才能从中追踪其后的发展，直至进入城市。

如此：挨户兜售商自然是形成商业发展的第一阶段，此行业似乎是在 8、9 世纪期间比较迅速地转向**市场商业**。而此种状况的形成恰恰归结于在此时间常常授予的市场特权。②

自此之后，商人不再穿门入户，而是群集市场，此时，我们必须想象他们如何生存？

---

① 1323 年《巴黎圣母院赞美诗》，载于：Le Eoux de Lincy und Tisserand, Paris et ses historiens aux XIV. et XV. siècles in der Hist. gén. de Par. Vgl. Louis Boutié, Paris au temps de Saint Louis（1911），333。

② K. Rathgen, Die Entstehung der Märkte in Deutschland, 1881. Imbart de la Tour, Des immunités commerciales accordées aux Eglises in den Etudes … dédiées à G. Monod, 1896.

　　倘若他们住在外国，一年里便有一定的时间长期行走，按照顺序，相继奔赴许多相邻的市场场所，三四个月之后，再返回到他们远处的家乡。倘若他们并非远地的商人，即从其所住的乡村出发，奔赴一处市场，事毕再回乡，继续从事农业劳动，当他们不在家时，这些劳动由妇女和孩子担负。因为家人并不同往市场，这些商人便四处歇脚，总是在一定的时间集合成为商队①，以便从一处市场转向另一处穿越荒凉地带时可以相互保护。他们离开家乡时，如同鹳一样排成一行。在市场行程结束时，他们在十字路口告别，并且相约明春再见！

　　单个或结队而来的商人集合在市集地点。他们在市集举办期间的居住情形，我们可以从史料中较为详细地追踪出来。

　　他们的商品放在市集货摊出售，有时这些货摊会安排在同一间市场大厅②，各自分别布置。市场货摊或市场大厅系由地主建立，开市期间租给商人使用。③当市集不在农民的房屋之间建立时，市场货摊的建立大多需由农奴来尽义务。④有些地方（如英国即如此）⑤的习俗是，市集期间，农民必须将房屋腾让出来供堆积货物。

　　市场货摊当然是建立在王宫、修道院等的大门**前面**⑥。

　　至于商人本人夜间的住宿及其车驮安置之处，皆由他人代建小屋或栏舍，或由他们自己依照商队住屋——我们今日在广大的商业区域中依旧看到此等住所——的方式建造一种较大的建筑物⑦（后来的钢制大厅、圆顶屋等皆从此类建筑物中发展出来）。

　　当商人以这种方式生活时，他们自然不能被视为城市的充实者，也不能被视为城市的创建者。同样，20万名吉尔吉斯与阿富汗人7、8月期间在尼施尼-诺夫

---

　　①　Rietschel, Markt und Stadt, 39.

　　②　„sala … cum stationibus inibi banculas ante se habentibus“ DO. I. 145 bei Hartmann, Zur Wirtsch. Gesch. Italiens, 103.

　　③　因此，就有如此的说法，jus aedificandi et construendi mercatum Cod. Lang. c. 764（No. 442）; „mercatum erigere decrevimus“: UB. von Quedlinburg S. 5 Nr. 7. 我们在中世纪早期的资料来源中经常看到此种情形。因此，"货站"的捐赠和它们的差异，也是在文档中经常提到的。参见：Urkunden, Ad. Schaube, Handelsgeschichte der rom. Völker, S. 9. 11; Hartmann, a. a. O.。

　　④　F. Seebohm, Village Community, 71.

　　⑤　„Johannes Ballard tenet mansum suum in Villa de Sancto Ivone juxta portam prioratus pro quo dat infirmario Bamesiae XX solidos per annum et locat tempore nundinarum frontes et arreragia domorum suarum in eodem manso existentium“（a. 1251）. Cart. Mon. de Rameseia 1（1884）, 286. 87. „Et sustinet tres frontes in nundinis ad opus Abbatis.“ p. 291.

　　⑥　原始资料见：R. Sohm, Die Entstehung d. deutsch. Städtewesens（1890）, 20。尤为形象的描述可见：F. V. Zillner in seiner Geschichte der Stadt Salzburg 1（1885）, 66 ff.。

　　⑦　„In eadem valle est vicus celeberimus, Briston（ = = Bristol）nomine, in quo est portus naviuni ab Hibernia et Norvegia et ceteris transmarinis terris venientium receptaculum“（12. sc）. Will. Malmesbiriensis Monachi Gesta pontif. Angl. p. 292（Rer. brit. med. SS. 52）. Die negotiatores in Virten hatten ein „claustrum muro instar oppidi exstructum, ab urbe quidem Mose interfluente seiunctum, sed pontibus duobus interstratis ei annexum“, Richer 3, 103（10. sc）. Ähnliche Veranstaltungen in Magdeburg: Thietmar 1, 7 zit. bei Lamprecht, DWL. 2, 252.

哥罗德的 6 500 间商店出售其商品时，也没有因此创建该座城市。

当赶集人在某个晴朗的日子决定不再前往他处，而是在自己的摊位长期售货，并着其妻儿搬来，在货摊的后面建造一座房屋居住，只是从这一决定性时刻起，才可算作是城市史上一个重要的步骤。于是，货摊发展成为大厅；我们可以从一些城市的建筑样式中明白无误地找出这一过程。[①]如商人甲、乙、丙，原先住在辛、壬、癸乡村，经常奔赴戊处的市集经商，现在却从辛、壬、癸迁往戊地常住，这一点很是重要。抑或，后来因戊地收入不如预期，便移居己地。[②]此举使戊或己正在发展中的城市获得充实，这样的城市对我们的朋友甲、乙、丙而言，不再是市集地点，而是居住地。

现在，中世纪城市状况的历史编撰者应当看到面临的主要任务。他必须尝试指出**为何**会出现永久的居住地，为何这种居住地是在此处而非彼处？我们暂时只能推想，或更正确地说，只是依赖我们理性的考虑中一种从未完全小看的"原始资料"。某种"市场特权"使得我们的小商人在货摊的后面为自己及家人建造一座小屋，在某些地方也许是对的。然，这往往并非他决心定居的理由。因为，最有价值的特权如市场的治安、个人的权利等，恰恰是他作为赶集人享有的，是故，他无需在伦敦长久居住。此处有特权，彼处也会有。当他不能为自己的商品找到买家时，最美好的特权也无济于事。此种特权并不能凭空创造客户。11 世纪时，商人也只能依靠**这种客户**——此点应经常反复重申。他若有客户，处在困境时即使没有特权也可对付，若无客户，即便一切王公特权亦毫无用处。[③]

迄今为止这只是一处过往之地，他为何决定将此作为永久的居住地？显然，他业已作出思考：你的商品现在在伦敦、布鲁日、斯特拉斯堡有着许多老客户，你已经可以作出冒险，将一年中比过去更多的一部分时间花在这种地方开设商店（其他时间仍和从前一样，花在可以出售商品的其他地方）。或者这样说：你在定居之处出售商品，所赚取的恰和你在十个地方的所有市集的收入一样多。你在此处出售也许略少，但是因此节省很多运费。你又因此获得时间，可以照应从前因自己不在而完全忽略的小小田产。

---

①　因此，明斯特沿着市场的房屋至今仍然显示其建筑方式，即"都是通过扩建市场货摊而形成"。参见：Philip pi, Zur Verfassungsgeschichte der westfälischen Bischofsstädte（1894），S. 14。

②　就像 11 世纪的谈判者跟随着占领者从鲁昂和卡昂移居到伦敦一样。"伦敦刚刚臣服于诺曼征服者，我们就被告知，鲁昂和卡昂的许多市民前往伦敦，他们更愿意成为这座城市的居民。"Nach Vita S. Thomae ed. Giles 2, 73（Text bei Groß, Gildmerch 1, 4），Reg. R. Sharpe, London and the Kingdom 1（1894），36. 关于巴多维克的商人迁居吕贝克，可见：J. Warncke, Handwerk und Zünfte in Lübeck（1912），13。

③　积极的便利条件（如给予空闲土地等）将对波动的商人的决定产生更大的影响。参见：v. Maurer, St. Verf. 1, 407, Waitz, VG. 8, 388 ff.。通过明确规定定居条件的规定，例如 1127 年佛兰德伯爵给予圣奥马尔海关特权的规定，并与永久居住联系在一起：„omnes qui gildam eorum habent, et ad illam pertinent et infra cingulam ville sue manent, liberos omnes a teloneo facio ad portam Dichesmude et Graveningis" etc. Ch. Groß, The Gild merchant 1, 290。但对于"商人"的决定来说，最重要的是一个有法律行为能力的客户的前景。

这位小商人刚才的推理，用理论来表述，即：当消费者集结在一个地方已经达到一种相当的高度时，商人的定居、"市场居留地"便有可能产生。

这种集结**何时**已经达到这种程度，**何以**能在中世纪单独达到这种程度（在大多数情况下），我们知道，原因在于积累了充足的赋税与地租形成的基本消费财产。换言之，商人在一处形成一个市场居留地，并借以促使该地迅速呈现一种城市的形态，因为此地居住的地主之多已经等同从前十处不同地方。

一位小服装商人每年出售六匹佛兰德布，从前必须奔赴六处集市，每处将一匹布卖给一个大教堂或一位主教或一位高级官吏，现在则将六匹布在伦敦出售：两匹卖给国王，一匹卖给大主教，一匹卖给市长，一匹卖给西敏寺修道院，还有一匹分别售予几位军人或钱币铸造商。人们惯用的"商人城市"这一矜夸的名称就是如此产生的：此即处于领主城市大门前的一种居留场所，先前为市集举办之地，有一些货摊与小屋，现在为小商人的家眷居住。此外，还有一些饮食店和手工业品店，毕竟"商人团体"也要维持自己的生计。一小群可怜的差役以最卑微的方式仰赖着骄矜的主人为生，而这些主人则在河对岸的王宫、宫殿和塔楼中正襟危坐。弗拉赫（对 11 世纪的纳本）有过精彩的描绘[1]：

> 商人、货币兑换业者、银行家和船主们都住在港口附近的村庄里，住在艾奇厄尔门周围，这些房子建在连接此门与对岸的桥上，系依照中世纪的习惯建造。显然，他们不能对统治自己的可怕城堡采取任何反抗行动。他们享有的权利只是领主出于明智的自利考虑而残留的，或者乃是他们以金钱的代价购买的。

或者如同一件最精彩的史料所述，这在我们所掌握的有关中世纪城市史的原始资料中："由此开始对要塞中的人服役并满足自身的需要——此处系指鲍尔温·巴斯德-菲尔城堡，他是佛兰德伯爵，系秃头卡尔的女婿。布鲁日的商人拥挤在大门前的桥上，他们经营稀有商品；房主与宿舍主人为那些服役且无居所的人安排住宿，他们的口号因此为：我们到桥上去！那里的住所继续增加，由此旋即变成一座大城市，在当地的语言中，此城至今还有桥的名称，因为布鲁日在其方言中即为｛桥｝。"中世纪城市史的全部意义——至少在城市史的开端——都包含在这些话语中。

皮伦在其名言中将中世纪城市起源的见解综述起来，然，他若要顾及事实，则必须将其名言的内容反过来。皮伦以为："城市是商人的创造物，城市只是因他

---

① Flach, Origines 2, 268 f.

们而存在。"①正确地说，必须是：中世纪的城市（在经济上）是收取地租与收取赋税者的创造物；"商人"只是因他们而存在。

五、待赈济者

修道院的一项任务是救济贫民与病人，尤其在中世纪最后的几个世纪中，无论是出于人道主义，或出于宗教缘由，世俗的富人创立慈善机构，救济穷人，尤其妇女，此处可以想起半俗尼院②，在大多数城市中大量存在。由此事实，我们可以推断中世纪城市中待赈者的人数必定很多。

至于是否有人对一座城市中的待赈者作过数字统计，我并不清楚。③

第四节 "进城去"

以上所说只是原始的城市创建者（主要是地主）对一座城市起源的兴趣及其（经济上的）可能性。由此城市可以在现实中发育成长，而城市形成的客体也必须出现。一部城市史又要求指出有何种动机可以促使城市充实者移居城市。

他们中间的一部分人的确早就住在城市起源之地：最广义的整个服务群体，所有"每日亲手为教士与教会（自然也有其他地主）服役的人"；还有工业劳动者，他们曾为地主打工，此时逐渐（和我们曾经看见的一样）发展成为独立的手工业者。这些人及其后代形成城市充实者的主干。

还有些流动人员，就其变成定居者而言，我所想到的是自由的流动手工业者，对此我们还是有所了解的。

但我们从大量的证据中可以有把握地推断，城市人口中很大一部分还是由乡间移居的人形成。

这种移居曾经出现过，并且必定为数众多，可惜我们所知道的事实，亦不过如此。④至于大部分事实，我们必须靠猜想；史料所能证明的为数甚少。

---

① H. Pirenne, L'origine des constitutions urbaines in der Revue historique, 57, 70.

② Arnold, Freistätte 2, 173（Worms, Speier）; v. Maurer, St. V. 3, 44（Köln, Basel, Regensburg）. 半俗尼起源于比利时。Vgl. im allg. G. Uhlhorn, Die christliche Liebestätigkeit in der alten Kirche, Bd. II, Mittelalter, 1884, neue Aufl. in 1 Bande 1895, und die gründliche Studie von V. von Woikowsky-Biedau, Das Armenwesen des mittelalterlichen Köln usw., Breslauer Diss. 1891.

③ 关于吕内堡医院待赈者人数的资料，可见：Erich Zechlin, Lüneburgs Hospitäler im M. A. in den Forschungen z. Gesch. Niedersachsens I. 6（1907），48。然而，中世纪的这些数据并不完整。不过总有数百人。

④ 大部分最好的材料仍然包含在毕歇尔关于法兰克福人口的著作中。但毕歇尔也承认"知之甚少"。就像我所知道的唯一一本关于这种现象的专著一样：die Schrift von Aug. Kniecke, Die Einwanderung （转下页）

从乡间移居城市若要成为一种集体现象，必须有两种特定的状况同时发生，即必须遭到乡间驱逐，必须受到城市吸引。

尤其在城市最初内部巩固的几个世纪中，住在乡间的人所厌恶的事项，似乎主要如下：

1. 极度不安全，尤其是 10 世纪时，盗贼劫掠并由此导致乡间骑士离乡的后果。弗拉赫著作的第 2 卷对此种状况作出了详细的描述，并特别重视此种乡间不安全（对法国的发展）所产生的影响，然而，在其他地区，在公元 10 世纪时，普遍的特征显然也是：不安全。[①]由此遂有墙壁建造。

2. 某些地区的赋役。至少有一位修道士将俗界地主的情形清楚地告诉我们，农奴逃离地主，到修道院寻觅安身之处："我们教堂里有许多人，因受地主的压迫，流于穷困，并需担负各种奴役，便跑来寻求我们的保护。他们当中有小农、葡萄栽培者、面包师、鞋匠、手工业者、商人和从事其他各种手艺与活动的人。"[②]

大量的农奴逗留在城市中，由这一事实可以断定，他们至少已经厌恶那种赋役，如同我们的农业佣工现在讨厌他们的临时工作一样。

3. 12 世纪以来，似乎到处都在盛行圈地，此即意味着，随意剥夺农民的独立地位。这些被夺去土地的农民因此看到自己在乡间的生存可能性亦被剥夺[③]。

4. 我们必须认定，9 至 12 世纪以及 12 世纪以后人口在强劲增长，至少在一些国家如此[④]，因此出现了人口过剩，这就足以强化那支离乡的队伍。这种迁徙的人

（接上页）in den westfälischen Städten bis 1400（1893），由于缺乏实际材料，此书只处理一些法律上的问题。奇特的是：在毛雷尔《城市宪章史》一书中提到的那本大部头杂志中，有关该问题的那一页（第一卷408页）大约是整部书唯一没有注释的。参见：Ed. Otto, Die Bevölkerung der Stadt Butzbach（1893），69 ff.（15. Jahrh. nach Büscherscher Methode gearbeitet）. Hans Bungers, Beiträge z. mittelalt. Topographie usw. der Stadt Köln（1897），44 ff.（13. Jahrh. und folg. Quelle：Grundbücher）。

① 　„In metu erant omnes Saxoniae civitates" Adam Brem. 2, 81. von Maurer 1, 62. „For the shelter of the folk" sind nach den englischen Quellen die Städte gebaut. In der ersten Urkunde von London（Libertas von 1133—1154 c. 10 § 2）heißt es：„Servare debent（cives）civitatem sicut refugium et propugnaculum regni：omnes（enim）ibi refugium et egressum habent". Zit. bei Brodnitz, Die Stadtwirtschaft in England in Jahrbücher f. N. Ö. III. F. 47, 2.

② 　Ortliebi Zwifaltensis Chronicon Cap. 9 MG. SS. 10, 77/78. 在其他城市我们也发现有大量的农奴涌入，如康斯坦茨：Mone, Quellensammlung zur badischen Landesgesch. 1, 140；巴塞尔：Damas, a. a. O. S. 43；佛罗伦萨：Davidsohn, G. v. Flor. 1, 607 f.。皮雷纳告诉我们，自 11 世纪中叶以来，来自乡间的织工们在佛兰德-布拉班特的城市定居下来。至于他们是"赋役者"还是"自由人"，则有待观察。当然这并不涉及经济效应：Pirenne, Les anciennes démocraties des Pays Bas（1910），21。该书并未说明资料来源。亦可参见：Erich Kober, Die Anfänge d. deutsch. Wollgewerbes, 45 f.。

③ 　W. Wittich von den freigelassenen Leten in Nordwestdeutschland a. a. O. S. 329.

④ 　„la population de la France parait avoir tres notablement augmenté" urteilt über diese Zeit ein so guter Kenner wie Levasseur, 1. c. 1, 235. 12 与 13 世纪期间德意志人口的过剩如此巨大，足以重新征服其东部，并填满 14 世纪建立的德意志城市，直至 19 世纪的大部分时间依然如此。参见：A. Püschel, Das Anwachsen der deutschen Städte. 1910。

或者消化在新建的居留地，或者成为充实城市的元素。

至于城市成为吸引被乡村驱逐者的重心的理由，我们大体了解：他们虽无地产来维持自身及其家庭的生计，但有可能建立一种比较安全的生存条件，而且享有自由的地位。

这种自由的理想似乎至少具有同安全与职业的前景一样巨大的吸引力。我们知道，为创造或维护移居者所向往的自由，城市也在真正尽力而为之。在所有国家，城市权的一项原则是：让城市空气变得自由，让农奴（在一定的和极容易的条件之下）逃脱其主人的迫害。[①]

最终，在所有这些状况的共同作用下，乡村人口终于形成一种居住城市的偏好，后来，这绝非一种个别现象，而成为一种**"偏见"**，产生一种普遍地涌入城市的运动，这种**"进城去"**恰同我们在1 000年后的现实中重新看到的一样强势。

＊　　　　＊　　　　＊

在这些城市中——我们已追溯过他们的兴起——现在发展出一种新型与特殊的经济生活，这种生活对欧洲文化其后的发展具有决定性意义。两种力量创造了此种生活，即（1）在市集商铺中营业或在城堡及富裕地主宅邸旁燕窝般小的木屋里蜗居的小手工业者生存的利益。以及（2）城市本身的利益。

是故，我们要理解一座中世纪城市经济生活的内涵，尤其要理解其中所发生的究竟是何种新的图景，为此，必须首先明白上述两种创造要素的利益的运动方向；即意味着：何种价值贯注在其中，何种理想呈现在其面前，并且促使这样的利益为实现这样的理想而努力。

一种要素的终极目标容易确定：因为就作为一个整体的城市而言，就城市的合法机构而言，他们所需要的皆可见诸城市政策的指导原则之中。我们现在首先要熟悉这些。

---

① 有关德意志，可见：Kniecke, a. a. O. S. 61 ff. und öfters；该处可引见文献及资料来源；有关法国，可见：W. Stubbs, Const. Hist. 1, 457；Flach, 2, 159 ff., 208；有关英国，可见：Ch. Groß, Gildmerchant 1, 8；Green, Town Life 1（1894），174 f.。有关意大利，可见：Davidsohn, Gesch. von Florenz 1, 608。

第四篇

手工业经济时代

第十一章

城市的经济政策

　　根据亚里士多德的描述，根据内含在城市自然现象之下的概念，城市也是一种自给自足的家计，一种共同生活的有机体。无论它的实在起源如何，就其存在而言，城市都必须被视为一个整体，组成它的各种共同体和家庭必然依赖这个整体。如此，城市连同其语言、习俗、信仰，并连同其土地、建筑和财富，虽经世代更替，经久不衰，部分由其自身，部分通过其市民家庭的遗传与教育，不断地重新产生本质上相同的性格和思想方法。

　　滕尼斯用这些真实的话语导引出关于城市本质的精彩观察①。其实，每一篇有关中世纪城市及其特点的文章都应该用这些文字来开启②。

　　实际上，这段话中隐含着一种观念的提示，而中世纪这幅奇妙的景象——我们所称的城市——的真正本质，只有从此种提示中才能得以把握，此即为共同体观念，我们不仅将之引入所要认识的事物中，在此，它不仅表现为我们在观察上的哲学辅助手段，并且更多地代表着中枢的太阳，凡是中世纪城市所发生的一切皆由此获得生命，这种有活力的观念，充斥在居民及其所属人员的精神之中，而这些人在塑造城市本质的过程中发挥着决定性作用。

　　此种现象虽十分奇异，然千倍的证据则将其确定为无可怀疑的历史事实：我们曾看到在中世纪城市中人类的特别混合，系为共同体、休戚相关、对内一视同仁、对城门外的歧视这种强烈的观念所浸润。举凡世俗与宗教、王公与乞丐、富人与穷人、贵族与平民、自由人与非自由人、农民与手工业者，都团结在一种经

---

　　① Ferd. Tönnies, Gemeinschaft und Gesellschaft usw. § 18. 在本章的论述中，我将避免采用其他文献或参考资料来拖累我的陈述。基本上，这些都是众所周知的事情，我只想将这些问题在我的叙述中分类整理。也许在这里或那里可能出现看待这些事物的特殊方式，但就其性质而言，并不能用"来源证据"来加以说明。

　　② 我以为，倘若将中世纪城市与现代城市等同起来，并与非城市的联合体进行对比，就会成为理解中世纪城市内在本质的障碍。正如鲍尔·桑德尔在他的《封建国家与资产阶级宪法》（1906 年）书中所做的那样。尽管我承认他所主张的中世纪和现代之间的对立是正确的（基本上，这是滕尼斯所展示的共同体和社会、有机和机械的联系、传统主义-经验主义和理性的设计，这也是我在任何地方所说的话的基础），但我也认为将中世纪的城市归类为理性结构是错误的。桑德尔过于重视扩展（社会圈的大小）的环境：**精神支配着一个团体**。

过内在体验的统一与共同的情感之中，这种情感组成了第一次人类群体，并且赋予家族与乡村以生命。大量人口重新感到自己成为一种有机的整体，许多人感到自己是一个家庭中的一员，整体意识如此强烈，从而消除一切解体的、分散的势力，并且将一切力量结合成共同行动，一致对外。

我们惯于称为**城市政策**的总体措施，如同自然的潮流一样，从这种共同体情感中流淌出来，其中俨然呈现出这种强烈的整体意识。无论这些措施是出自城市发展初期的城市主人，或是出自其后的城市贵族，或是最后出自平民的商会：总是充满了同一种精神；总是带有这一小群人质朴的利己主义，他们觉得自己是一个整体，他们决心以一个整体来对付他们视为异类的外部世界。对于外人，他们不承担任何义务，只是力求将其作为自己判断的对象；对于外人的使者，他们满怀疑惑，因为从这些人身上并无什么好事可以期待。

中世纪城市经济政策诞生的基本理念在各地都是一样的；因此，各地的政策措施在基本特征上也是同样；英国也是如此，然最近有人声称有偏差：参见 G. 布洛德尼茨：Die Stadtwirtschaft in England（Jahrbücher für N. Ö. 47, 1 ff.）。当然，德意志和英国的城市立法有所区别，德意志和法国或意大利的城市立法也有区别。最重要的是，众所周知，英国和法国的城市对国家的地位与德意志和意大利不同。因此，在这两个国家，由于城市的更大自主权，城市经济政策的思想也许被更纯粹地表达出来，特别是在城市利益相对于单一国家的自私主张中。例如，正如布罗德尼茨所说，英国的城镇没有公路法，然他们的粮食供应政策与德意志城市的政策则有着相同的精神。我们可以从有关货场、买卖与价格税的规定中看到这一点，这些规定在英国法规中的字面意义与在德意志或意大利法规中的字面意义相同。因此，各国之间的差异只是程度上的差异，而不是本质上的差异：布罗德尼茨的工作再次表明了这一点。

事实上，英国的城市和中世纪其他地方一样，都是僵化的、独立的结构："一个自由自治的社区，一个国家中的国家"，正如他们最优秀的专家之一 J. R. 格林在《15 世纪的城市生活》[The Town Life in the XV. Century 1（1894），1 ff.] 中概括列出的城市的自由权利，这些权利的范围远远落后于任何德意志或意大利城市的特权。

此处，我们并不试图追寻城市政策这种指导理念的万丈光芒，只是探究其在一定方向上的影响，此种方向进而凝聚成一种**经济政策**体系。事实上，我们在此处也发现支配城市生活的同样共同体理念。此种理念首先在形式上规定各政治势力——共同体的机构——对经济各项进程的行为。而且是在下述意义上：不放任个体随意谋求自己的生计，恰同一位家长不让他未成年的孩子自己做主一样。共同体及其代表照管经济生活的所有进程，按照统一的计划处理一切，规定个人的行为，关心个人的福祉。规则的范式与指导性准则那种有力的体系——我们看到中世纪城市所有经济进程皆在其制约之下——自然从共同体的指导理念中产生出来。

　　同样的共同体理念也决定物质的基本原则，而中世纪城市的所有经济政策正是立足于这一基本原则；此种基本原则非他，乃是曾经规制家族、乡村和庄园的经济规章的原则，即经济上的安分守己、经济自给自足、**满足需求的原则**。城市居民为其生计所必需的食品与用品，应当作好充足与良好的准备。①此乃理所当然，因为与早先所有人群相比，城市生活全然建立在不同的基础之上。就城市的本质而言，人类第一次不是依靠土地生活，而要满足这些人对经济物品的需求，同一种基本思想所引导的措施会大大不同于规制乡间或庄园人口经济的那些办法。由同一种满足需求的基本思想引发出一种全新的经济政策体系，现在我们必须描述一下此种体系的主要特征。

　　在清楚地明了所有城市的经济政策——顾及依据数量与种类来满足的物品量——的情况下，人们便很容易理解城市权力机构的活动所显现的千百种单一措施，并且能够将这些措施组合成一种内在统一的体系。

　　我们知道，城市维持生计的大部分物品，必须从外部供应，这才符合城市的本质。在闭塞的自足经济的范围里，同样的考虑会导致以下的措施，使得每一种生产领域充分发挥效能——试想一下所谓领地规程，然而同样的考虑必定会促使城市经济政策的制定者采取种种预防措施，以便从外部来供应城市本身不能生产的必要物品量。是故，必须用一种**供应政策**来替代纯粹的生产政策，这种供应政策的确也构成城市整个经济政策中最重要的成分。

　　在街道权、道路权和货场权——此为城市极力争取的——的名称之下，我们将与此相关的措施的第一部分总括起来。此即：每种经过城市的商品——在城市的一定范围活动的——运输权（当然尤其是食品，特别是城市街区寻求输入的制作面包的谷物），以此方法运输的货品至少要在城中逗留数日，以便能够满足市民当时的需求。这也意味着，人们强制谷物商人等将从他处购入的谷物——不惜绕道——运入城中，在此货物能够送往目的地之前，必须在此处"堆放"。

　　人们或者阻止城市周边——范围愈大愈好——的农民将其产品卖往他处，而只能卖给城中。此种强制的"权"称作市场权，城市居民因此种权利得以确保一种获取物品的垄断权。

　　倘若乡人将其产品带进城市，也要设法阻止投机商在到达市场之前全数买下，借以居奇。因此人们或是禁止购买尚未上市的商品，或是干脆禁止为出售而购买食品的任何行为，或至少禁止任何食品的定期交货贸易。商品必须送往市场，还

　　①　1494 年《戈斯拉尔采矿法》的导言规定，拉默斯山仅供市民和城市使用，任何外来者对这座矿山的所有权和建造的入侵都被视为"对城市供应的破坏"。Wagner, Corp. jur. metallici, p. 1033 f. 此外可参照 C. Neuburg, Goslars Bergbau bis 1552（1892），S. 126。

有一个理由，即只有这样，才能证明商品的质量与"合法性"。

为确保消费者对商人的需求，也可以授予消费者所谓的"优先购买权"，凡商人带来的整批货物（即便是违背商人的意志），他需要多少，即有权购买。①在英国被称为"微不足道的权利"：„the right of Cavil"或者允许商人在满足消费者需要之后，才能购买，即"直至已满足市民的需要"，此外还有类似的多种规定。

人们同样关心出售的商品质量，这已经可以从几乎所有城市一致反复出现的规定中看出来：输入城市的食品只能在选定的公开市场上出售。诸如出售变质物品、索价太高、在度量衡上作弊，等等，对此都需予以防范。为保护购买者的利益，有一种条文广泛的"市场警察"体系来规范市场的交易。相反，在另一方面，如将病畜或变质的肉出售给相邻的可爱的基督徒，却没有任何障碍：15世纪，斯特拉斯堡规定："可以将不好的老病的羊和阉羊趁活时赶往乡间出售。"纽伦堡也在1497年同样规定："一切不成材、有缺陷的牲畜从速赶到外边去。"

但也有种种设施在为城市特别是有关谷类的良好供应提供保证：用城市的公款建立仓库、储存谷类及其他物品。

但是，市政府对工业产品的供应则不必如此操心。其一，这些产品的短缺不会产生真正的困境，其二，按照规则，城市本身通常可以生产足够的工业品。市政府对这些事务总是十分关心：让外来的手工业者和商人在年度集市上出售其商品，让手工业经常有工可做，并让本市的生产有诚信、不作假等（亦即不得使用替代品，不得掺杂不同的材料，不得将新旧材料混在一起，不得在夜间——黄昏以后——从事细微的工作)，如此等等。

最后提及的一项条规还追求着另一目的，即应确保城市生产者的工业产品销往乡间或远处。因为必须承认，在交换经济中满足需求一半是销售的问题：只有那些事先卖出自己产品的手工业者，才能获得资金，从而购买真正运进城里（或在城里生产的）日用品。由此必须特别关心确定输出的商品（首先还要经过官方的检验）。当人们强制乡间在尽可能广大的范围内为城市供应工业产品时，简直就是在达到同样的目的（确保手工业产品的销售市场）。人们借助于禁止乡间所有的工业活动——所谓禁令权的内容——来实现这一目的。

为着关心手工业产品的销售，城市政策又涉及另外一个问题，即维持城市生产——手工业生产——的特定组织问题。解决这一问题，对于形成城市本质和维持城市市场供应具有同等的意义。因为城市经济的本质恰恰旨在充分发展手工业经济这一体系。至中世纪末期，手工业利益完全构成城市的利益。至于"手工业"，我们现在必须首先有一种清晰的认识。

---

① 不仅在较小程度上，公民也享有这种豁免权。正如伊纳马（Inama, III. 2, 255）所说。在欧洲中世纪最大的城市，它被承认为所谓的"部分权"：Livre des métiers, p. CXXXII。

第十二章

手工业的经济制度

第一节 手工业的概念

就我们的工作计划而言，现在必须首先对"手工业的观念"有一种清晰的概念，此即意味着，对于我们所称的手工业或手工业经济组织的经济制度的本质——我们知道，在欧洲的中世纪，这种制度曾经在经济生活中占据主导地位——必须力求在概念上有一种正确的认识。

作为经济制度的手工业是一种以交换为基础的维持生计的形态，在此种形态中，经济主体在法律和经济上都是独立的技术劳动者，他们为糊口观念所支配，从事于传统的行动，并为整个组织服务。从这一概念的分析便产生以下要素。[1]

凡在一种手工业的组织化经济中的所有经济主体，无论是农业或工业的产品生产者，还是搬运货物或运输货物，我们都将其称为手工业者。在狭义上，只有一种手工业经济中的工业生产者，才被称为手工业者。此种手工业者系为手工业经济制度的代表，恰与农业生产者为自足经济的代表，商人为资本主义流通经济的代表一样。是故，此处我将他们视为手工业组织经济中所有其他经济主体的代表，并就他们指出此种经济制度的本质。

凡是不缺乏物品生产和物品销售所需条件的工业劳动者，无论此条件是属于人或物的性质——一个工业生产者的所有特质，或同我们可以总结的一样，即为尚无任何分化的生产资格都包含在他的人格之中——我们皆称之为"手工业者"，倘若我们首先消极地概括我们的陈述，关于何谓"手工业者"——就其内在特性而言——我以为可以最有把握地表达出来。在生产中必须有一种实物资源与人力资源的结合，故以上所说的首先是，手工业者在个人的品质之外，拥有生产所必需的所有物品——**生产手段**——的支配权[2]：在手工业者中尚没有发生人力与物力的分化，或者

---

[1] 在第一版中，我与那些对手工业持不同观点的人进行过彻底的讨论。我现在强烈地感觉到这种论战是徒劳的，不能在这部作品中再给它们一些宝贵的空间。

[2] 法国的法规用陈规定型的公式很好地表达了这一点：无论谁要从事这一行业，只要他知道这一行业和其他行业就行。

换一种说法来表达同样的意思，即手工业者的物力尚未取得资本的特性。

然而，手工业者不仅掌握行使其职业必需的物力，并且还拥有一切必要的个人素质：他是一种工业的"微观宇宙主人"。无数个人的特殊才能，都凝聚在"手工业者"的"尊贵行业"之中。所有这一切自然是在一种微小的范围之内。而他的平庸性必然符合他的普遍性。

在下述意义上，手工业者的核心表现为其适于做**工业劳动者**：具有技术能力，能够熟练地将一种原料制作成应用品。然而，他将此种技术上的设计与下列各项结合在一起：

1. 必备的**艺术视像**，即艺术上的感觉；

2. 生产上所必需的特别是传授能力所必需的**认识**，以免在应用时导致错误的术语，此即科学的能力。他将我们的"工程学博士"的所有智慧、我们的化学实验室所有的研究成果结合在自己身上。

此外，他还兼做

3. 生产的**组织者**和**指导者**。举凡总指挥、工头和助手都结合在**一人**的身上。

但他也是

4. **商人**。所有购买与销售的行为、所有销售的组织，总之，后来成为一些中等水准以上的人所从事的所有投机事项，皆为他一人所包办。

第二节　经济的总体组织

倘若要了解决定一切手工业的思想与意志的基本观念，正如我在第四章中业已指出的一样，人们必须知道产生旧的农民的胡符规制的指导原则。因为，手工业活动的制度不过是将胡符的规制转移到工业的（以及商业的等等）关系之中罢了。在胡符农业公社和手工业者团体的行会之间，其相似之处直至细微之点。二者都想在同伴的融洽相处中组织各种成分的经济活动。二者都从所履行的一定量的劳动和所满足的一定量的需求出发，亦即，二者都接受每个伙伴须有一定量的劳动与收入这一观念的指导：皆为"糊口"的观念所支配。二者都将整个劳动分配在各成员中，剩余的部分则由公社完成：乡村中的公共场地作为公共牧场，供行会（或城市）所建立的机构集体使用。二者都规定每个成员的经济行动，无微不至，如此等等。

每位真正的手工业者或手工业者的朋友一再反复出现的基本思想是，手工业应"养活"他的人。此类人所从事的工作以能获得生活品为度，他应当和耶拿的手工业者一样（有关于此，歌德已经告诉过我们），"大多抱有一种合理的意识，从事的工作，无论如何不超过一种快乐的生活所需"。

　　谁熟悉尤其是中世纪的文献，便知道，每种行会法不下千次地宣布过此种基本思想：

　　"但你愿意听取皇权的命令——我的祖先并非蠢人，关于手工业的考量是，每个人当获得自己的口粮，不得在手工业中损害他人。世界因此运送其必需品，每个人得以维持生计"，此乃齐格蒙特所谓改革中的说法。①

　　然而，在农民与非农业的手工业者之间存在着人的差异及生计来源的差异，这种差异必定也会导致对"糊口"的本质不同的见解。农民故土难离，在自足经济的范围内，依靠土地维持自己的生计。手工业者依赖自己的产品销售，他总是立身于流通经济组织的范围之内。他想做（并且就其本质而言，也必须做）工业的生产者，他想成为自由独立的生产者。

　　如此，农民需要的是他的地产有足够的面积，而手工业者需要的是他的销售有足够的范围；农民需要的只是土地，而手工业者需要的则是自由独立的营业资格。

　　可以设想，只有劳动者从土地上解放出来，亦即进入城市，此种高度强调的独立才会出现，正如我们在所有手工业的品性中看到的一样。因此，对于工业劳动者，城市手工业者即便有一种外表相似的生存方式，但仍持有一种有意识的对立，并进而才真正构成手工业组织的基本特征。②

第三节　手工业者协会的任务

　　胡符的规制系立足于乡人在乡村公社的共同活动上。手工业者协会或**行会**则显然要被视为对工业的"胡符人"担负起乡村公社职能的机构。

　　有人曾告诉我们，应将中世纪的行会视为旧的亲缘或地缘公社的延续，此说有理。对于乡村的自然团体自行行使的事务，行会在城市中应代为行使，而那些较大的城市公社对个人并不能尽力担负的事务，行会应予以辅助。③

---

　　①　Willy Boehm, Friedrich Reisers Reformation des K. Sigmund. (1876)，S. 218，auch S. 45 f. 此外可见：Carl Koehne, Zur sogen. Reformation K. Sigismunds im Neuen Archiv der Gesellschaft für ältere deutsche Geschichtskunde Bd. 31（1905）Heft 1. 我认为，后者对我提出的反对意见，以及我使用上述著作中的引文，都被我在前文中的评论所抵消。

　　②　作为手工业经济组织中的经济主体的手工业者与中世纪自足经济中的"手工业者"（在技术意义上），或者现代资本主义企业中的手工业者之间的区别，可参见本书第一版第88页的陈述。

　　③　此处并非实证历史上手工业组织某些特定的组成部分，因此无需提出原始资料来源。对这些证据感兴趣的可以参考本书第一版，在那里他们会发现大量的资料。

如同乡村公社帮助农民的方式，行会也在帮助各个手工业者贯彻其经济目标，此乃确实无疑。行会首先关注的是为整个手工业谋求足够广大的活动（及销售）区域（同乡村公社按照其成员的利益，决定乡村土地面积的规模一样）。行会力求用以下方法达到目的，即在可能的情况下，为特定城市的手工业谋取销售市场的垄断地位——无论此项销售是在本市还是外地，若不能完全实行垄断的话，则尽力阻止外人侵入自己的销售区域。因此，对于外客权、市场规则和集市规则等等均有无数反复出现的严格规定，导致非本地的手工业者根本无法获得有利的销售条件，至多也只能获得同等有利的销售条件。①

垄断原材料的努力等同于垄断销售的努力。由此便有众多的条文力求阻止一种手工业"天然的"产地向其他地区输出原料，或半成品。

然而，一切超越个人力量之外的活动又会迫使行会大规模地或从远处操办必需的原料，或在更大的范围中组织产品的销售活动。

就城市本身并没有设置的机构而言，单一的手工业者对此亦无能为力，因为此等组织需要耗费巨大的费用，行会便会被迫建立各种组织。这些组织供行会成员共同使用（犹如乡村公社的公共土地、森林一般！）。

此类组织中众人所知的例子有：清洗天然羊毛的羊毛灶、羊毛梳洗房、榨油所、毡合场、打磨坊、卷布机、烫染房、锯木场；晾布场；漂布场；建筑材料（砖瓦等）堆场；服装店。总之，凡需要共同劳动之处，或需要大规模地运用生产手段之处，行会——用今天的术语——即以工作合作社的身份现身。

第四节　手工业者劳动的特征

如同我们所见，各单个的手工业者的自身经济活动主要是在技术上将原料与半成品加工成日用品，这是他本人完成的。这也是这种劳动本身的特性所决定的。手工业者双手的熟练程度，他的双臂所环绕的距离，即其活动范围，也直接流露出他的个性。在这种意义上，人们非常恰当地称"手工业"为"**在一只手的力量所能支配并创造的范围内，一种个人终生职业的特定活动的表现**"。②

---

① 生产垄断的概念最初只针对手工业本身，并不考虑组成手工业的个人，但随着时间的推移，这一概念发生了微妙的变化，即这一特权仅限于一定数量的手工业师傅：这种想法在手工业"关闭"的逐渐普遍化中得到了合理的体现。

② Denkschrift des Zentralvereins zur Reorganisierung des Handwerkerstandes in Breslau als Entwurf der General-versammlung der Handwerksgenossen Schlesiens am 19. Juni 1848 zur Prüfung und Beratung vorgelegt vom provisorisch-en Komitee des Vereins（o. O. o. J.），S. 8. Diese Denkschrift enthält auch im übrigen eine Fülle treffender und feiner Bemerkungen.

此外，也不可能有其他表现：工作本身，即手工劳动的成果，系为其创造者个性的真切表现。在所有方式的传统上，手工业者的商品毕竟还是个人的作品。它带着些许精神来到世界，因为它是个人的创造产物，无论此人能力如何有限，但究竟还是一个活生生的人。创造者的悲喜总要表现出来。每双鞋子虽不尽皆情景毕现，如同萨克斯在夏至节前夕制作的那样："我用槌子敲在鞋楦上，以此作为模样"，然种类繁多的影响总是显然可见："对孩子的种种愤怒，与妻子的每次争吵"，家庭生活中千百种危险，并非不会在手工业者的作品上留下痕迹。此等作品受其能力的局限；一位师傅与另一位师傅的作品不同，今天和明天的作品又不一样。

第五节　手工业的职业结构

手工业劳动为整体人格活动的观念，现在也符合手工业所特有的职业划分，这种职业划分适应以下的一种思想，即一个人的个性可以并期望使他的力量伸展在一定的活动范围之中，此等活动系由精神的纽带、整体的观念结合起来，这种范围的扩大必定会分散他的力量，而另一方面，此等力量若在过于狭小的范围里活动，甚至仅在一个方向活动，劳动者便会限于纯粹机械式操作的迟钝状态中。此乃各单个手工业在质量界限上的特点，至于活动范围的数量上的分配则明显受到"糊口"的指导原则的影响。所以，划分各个手工业界限的主体要素以及基于手工业者人格的要素，这两个角度——对此我们必须坚持——都要作为标准。

手工业者活动范围的大小体现在他的营业规模上。就常规而言，这种体现不会超过个人营业的界限，这一点符合手工业的本质。

第六节　手工业劳动的规则

手工业者总是确保一定的营业范围（亦即一定的客户范围），一个人不得以牺牲他人为代价扩大自己的营业范围而致富，在整个销售区域所有人皆持有尽可能同等的份额；手工业者规则的主要着眼点即为实现此等目的（这的确本身就意味着确保"糊口"），因此，我们时常简单地将其条文中的此部分称为**行会**

规定。

以下各项可用以实现这一目标：

1. 有关所有手工业者同等购买原料的条件的规定；无论是规定每个业主只能在集市开市时指定的地点出售自己的商品，不得在其他日期和其他地点出售，或是必须由官方规定原料的价格，每个人必须遵守，或是一个人所购买的物品分量有一定的限制，或是完全普遍地禁止每一种"优先购买"，或是允许每位手工业者参加购买他人商品的权利（所谓优先购买权）。

2. 有关**营业的扩充或产量的**限制规定。规定一位业主可以雇佣员工与学徒的最高数目，便是属于此类。在因行业的性质难以采用或无法实施此种限制之时，可应用其他方法来防止其产量过大，以致发展成为大企业。

或者直接规定各人在一定时间的产量。特别在产品大多属于同一种类的情况下，尤其是纺织业，但毛皮业、制革业和其他行业亦有同样情形。

3. 有关尽可能促成**同一时间与同一种类**供给为目的的规定。涉及销售的种类、地点与时间的形形色色的规定，以及禁止行会会员欺骗顾客或剥夺其部分工作的禁令，皆属此类；还有关于某个行会会员继续进行已经开始的工作及其他事项的禁令，也属于此类。

第七节　手工业的内部结构

手工业系由师傅代表（他们**懂得**手工业，与乡村公社由胡符所代表一样：他们拥有**土地**）。然而，师傅必须为后代筹谋，不让手工业消亡；在许多情况下，他的营业需要他人的帮助。所以，除他之外，还要有别人从事手工业，并且各单个手工业的营业未必仅有师傅在活动，而是有助手的（此种类型甚至可视为典型的例子）。

造成手工业中统一活动的人在法律与经济上相互关系的方式，则又是手工业的一个特点；这种关系可以称为**手工业的内部结构**。因为此种结构的特点系出自手工业组织的最高原则，与其代表者在决定目的时所表现的一样。

回想一下所有手工业原本带有的家庭式特征，对手工业生产的领头人——师傅——与其助手——员工、仆人、徒弟、佣人、帮手、辅助工以及还可列举的许多称呼，如学徒等——之间的彼此关系，我们便能正确理解：**家庭共同体是这种经济形态最古老的承载者**，即使外人加入运营，情况依旧不变。员工与学徒以其整体人格加入此类家庭的结合之中，其生存的全部活动起先都包含在内。家庭连同员工与学徒是生产单位与家计单位。家中所有人皆为师傅保护的成员，他们同师傅一起构成一个有机的整体，完全等同于子女与其父母的关系。

但是，现今不会出现父母为着子女而生存，或子女为着父母而生存的观念，也不会产生心脏为脑袋而存在，或脑袋为心脏而存在的愚蠢想法，同样，有关师傅与员工及学徒的关系亦是如此，共同活动的人中无人可以认为自己是为他人的缘故而活动，整个的人群——员工和学徒这些助手亦在其中——的表现都是在为自身的目的而活动，换言之，作为一个器官在为一个整体服务。

学徒和员工只是走向**师傅的最初阶段**，这是同手工业的本质相适应的。我可以说，这才几乎是手工业组织最重要的标志。一个发了财的学生只是将来的见习法官，见习法官只是将来的法官，同样，学徒是将来的员工，而员工是将来的师傅。此处的前提也是候选者与师傅的地位之间须有一种相应的数字比例，所以经常强调这一点是有道理的：由此可以认定，当员工的人数超过师傅一半之时，便已无法保证每个员工都能挤进师傅的位置上去。[1]

若因技术或其他理由需要更多数量的助手，在此情况下，人们所采用的方法是，几乎完全消除师傅与员工在物质及观念上的差异而将师傅视为同类者中的首位者。此即为中世纪例如建筑业的基本思路，尤其是石匠业如此，师傅作为组织者和领头人，固然不可或缺，但员工在工资、尊严与名望上，几乎全然处于同等地位。

员工倘若对师傅的管理偶作反抗之时，应当想到，他对师傅所采取的行动，有朝一日亦会亲身经历。

> 每位员工或仆人
> 皆须思其自身之地位。
> 无论劳碌如何变化，
> 全凭权柄所赐。
> 他需做好自身，
> 他想受何种对待
> 端视其如何服侍地上，
> 人也必照样服侍其身。
> 谨记我为荣誉而来时，
> 人亦再为我服侍。[2]

---

[1]　参见霍夫曼的计算及其依据的施莫勒的阐述，Zur Geschichte der deutschen Kleingewerbe im 19. Jahrhundert（1870），338/39；还有毕歇尔在其社会政策协会关于手工业状况的研究中的结论也得出类似的结果。

[2]　出自 1600 年左右的一幅木刻，转引自：E. Mummenhoff, Der Handwerker in der deutschen Vergangenheit（1901），94。

第十三章

手工业的生存条件

　　我们的探讨仅限于西欧有高度文化的民族范围之内,是故,有关我们的经济形态受到各个国家与各个民族特性制约这一点,并不在考虑之列。手工业组织主要源自人口状况和技术上的一定(数量的)形态,此处我们更多地致力于探索这样的可能性。

第一节　人　　口

　　人口从三个方面对手工业组织的生命力产生决定性的影响。

　　1. 通过人口繁殖趋势的性质。可以确定的是,一种人口的总体增长率愈低,亦即人口的绝对繁殖率愈缓慢,对手工业便愈有利。

　　2. 农业的剩余人口——在农业领域没有活动余地的部分人口——的增长对工业生产经济形态的生命力具有决定性作用。商业与工业中的手工业依附于以下一个前提,即农业的剩余人口很少,或者——结果也一样——农业中增加的人口能够凭借耕作的强度或移居新地从而得以消化其劳动力。

　　3. 人口密度与人口聚集的程度对工业经济形态的存在具有至关重要的影响。手工业以二者的程度微小为前提。

第二节　技　　术

　　技术因其操作方法和数量上的制作能力对手工业甚为重要。与手工业组织的观念相适应的**操作方法**，是经验与有机的。

当一种技术立足于一种艺术的方法上，我们称之为经验的。于是，技术的能力便建立在曾经学过"艺术"的人的个人实践的知识上，此种人接受过另一种能人的指导，经历过另一个艺术师傅的指导。技术的运用是经验性的，因为它不外乎是建立在试验的基础之上，别无其他准绳，仅凭一种主观上认为真实的规律，这是"师傅"从自身活动的实际过程中得出，并作为其艺术的规律，如同个人的财产一般，传授给"徒弟"的。懂得艺术的人，总是仅仅知道如何，向何处，只知道全部过程及所有细微之处；但不知道为什么。农民在自己的土地上施肥，是因为他知道，种子在施过肥的土地上生长比在没有施肥的土地上要好，这是他的亲身经验，并且由其父亲指导而来（父亲又是从祖父那里学来）；鞣革匠将桦树皮与一定量的水分制作成鞣皮液，并将牛皮浸在其中达一年之久，是因为运用此种过程，能将生皮制成熟皮，这是其师傅所指导的，且他亲眼所见亦是如此。

一种技术的加工方法取决于生物的标准与类型，其过程主要因人、动物或植物的主动与被动地参与而实现，我们称这种技术为有机的。在一种技术的应用过程中，尤其是人、动物及植物被用作辅助力量与材料，此种技术在被动的意义上是有机的；在一种技术的运用过程中，作品本身系个人的创造，则此种技术在主动的意义上是有机的。所谓个人的创造即由一个活动的人直接产生出来，此人处于作品创造的中心，且工作过程不受障碍，全凭他的天然器官的活动。为能够更加完善地完成自身的工作，工人将自身化成一个辅助手段——工具——的体系。而在工人的工作中，仅仅处于辅从地位的工具，即为适应有机方法的劳动手段。

经验的有机的技术和手工业的经济组织（自然同个人营业的形态一样）为何在本质上结合在一起，现在几乎无需某种特殊的理由来解释：手工业者在其工作中恰恰是以整个活动的人格来活动，用其头脑与双手来创造，并将其个性传输到他要塑造的外部自然界的一部分：一种技术将所有活动集合在一个劳动者的活动的人格上，让此种技术去适应他，这并不奇怪。在此种技术的应用中，农民用犁耕田，鞋匠用针线缝鞋底，车夫调皮地坐在车位上，渡船夫亲手操作他的船顺流而下，逆流而上。

我们是从最内部的性质、由经验与传统的方法所形成的本质来认识手工业者，但是，除去从师傅那里获得的亲身指导之外，还有何种方法能在这种本质中扎根下来？除去自己所学及其前辈传授以外，还能采用其他什么办法？如何用科学的方法来把握工作过程，这一点，在他多方面的才能与活动中则全然不存在。

内在的手工业本质与经验的有机的技术如何错综复杂地发育起来，我们可以从手工业组织一系列真正的特点中看出来，而这些特点是直接建立在那种技术运用的基础之上的。

这种特有的等级结构便是如此在所有手工业中立下根基："师傅"与"徒弟"

的身份终于表现在经验的技术特征中。就这种特征而言，技术的能力附着在一定的人身上：附着在"师傅"的身上。此能力与他同生共死。因此，一个徒弟需要师傅亲身指导，使得手艺得以保存，并传承下去。只要所有的经济行为在一个家庭的内部发生，家庭的传统习惯、天然的亲子关系都会操心技术知识与能力的储备，避免因一代的消亡而消失，而是传递给下一代。倘若此种自然传承方法中断，则必须有人为的准备，从而保证后代能够长久地掌握技术。在所有的手工业中我们一再看到的协会团体（行会）便是服务于此种目的。

还有，这种有机方法的特性可以解释手工业中职业范围的形成，职业范围是在真正"有机的"发展中形成的，亦即，职业范围的出现与生产者的个人能力结合在一起，并且特别强调这一点，而完全没有顾及生产过程在客观上的要求。

但是，倘若没有经验的方法，职业自豪感、手工业特殊的"职业尊严"便不可想象。一个掌握手艺的人对其隶属的某种职业的情感可被视为一种特殊的魔力，必须有数百年传承的纯粹个人的技巧。矿工、石匠和制剑匠分别是他们特殊手艺的掌门人，他们经过个人的传授而获得的产业，自然必须向所有局外人严守秘密。而一家肥料厂、一家制作最佳洗发水的工厂或一家制造耐用轮胎的工厂，无论是企业主或工人，都不会产生类似的情感，这也显而易见。

但是，所有现象也十分容易从经验的方法特性中派生出来，在此等现象中，面对某种工业技艺的"神秘"表现出一种敬畏之心，抑或其年轻一代谋求用神秘的外衣来笼罩技艺的能力，以便不致为人所亵渎。

应当记住，工业活动此种超自然的——因为无法解释的——观点会令我们回溯到艺术与技巧源自上帝的传说之中，此等传说普遍流行于欧洲所有民族中间。在文明的初期，人们尤其对制铁保有种种神秘的观念。"在弄清楚金属熔化于火中并制成贵重物品这一奇妙艺术时，人类甚为惊讶，进而将之归结为神灵的发明，同样，在人类运用同样技艺时，也会想象成借助神秘与魔术般的方法。此种观点支配着……整个欧洲。"[1]

然而，恰恰是在手工业生产的时代，这种观点到处都在出现。许多手工业尤其是中世纪建筑行业中的神秘主义与此紧密关联。"建筑术"是秘密保有的，因而隐藏在一种象征性的语言和各种象征性的形态中，禁止对外人作任何报告。将秘密教义写成文字同样也被禁止。[2]我们在手工业中时常遇到的约定宣誓习俗，亦属此类。

在**数量的**角度上，技术同样必须履行一定的要求，如此方能使手工业得以进行。

---

[1]　O. Schrader, Sprachvergleichung und Urgeschichte. 2. Aufl. 1890. S. 236 ff.

[2]　比照：Heideloff, Die Bauhütte des M. -A. (1844), S. 16—18；以及 v. Maurer 2, 483。

相应发达的技术，必定使得农业劳动的生产力达到一定程度，可以让一个人生产满足两个人需要的食品与原料。只有到这种时候，工业产品的加工与制造也才能够精细化，可以让一个人专门从事这种活动；只有到这种时候，工业、商业和运输业的活动才能够成为一种独立的职业部类，而所有手工业的组织都是建立在这一基础之上。

假设农业技术发展的最低程度为其他各种行业的工业活动理所当然的前提条件，反过来可以说，手工业如同以后所表现的繁荣景象那样，则维系于工业劳动与运输业劳动生产力的最高程度上，是故，手工业是以工业及运输业技术相应的低下程度为前提。

销售关系主要取决于技术的效率程度和前文所指适应于手工业的特殊的人口状况。但此等关系可以被视为每种经济制度的决定性条件。此处还需探讨此等销售关系必须是哪一类，以便手工业能够依照其自身特性进行，并依手工业组织最佳的形态而得以繁荣。

第三节　销售关系的形态[①]

所谓销售关系在广义上是双重的：

1. 生产者借以获得必要生产手段的条件；
2. 生产者借以出售其产品的条件。

在第一种情况下可以说是**采购关系**，在第二种情况下可以说是狭义的销售关系或利用关系。

1. 为使采购关系适应一种手工业组织，其形态最好必须透明简单，这样，作为工业劳动者，无需特殊的知识与技巧，仿佛作为一门副业，一位平常水平的手工业者以其平常的理解力便能领悟和掌握。凡依习惯的方式，从附近的农民或邻街的手工业者采购原料或半成品之处，皆为如此，犹如原始的经济形态中时常表现的一样：举凡木材、生皮、角类、谷类、面粉、熟皮、亚麻、羊毛、颜料、一般的毛皮，在交换经济初期大多来自城市最近的周边，或出自城市本身。在旧手工业的工业生产较为稳定——此点尚待讨论——且扩张较缓的前提之下，手工业者在如此的状况中，必定容易为自己的生产获取必需的材料，而不致花费许多周折。

[①]　在这一节中，我不止一处地提到欧洲中世纪销售关系的实际建立，以表明在这一时期，销售关系确实有利于以手工业为基础的经济生活组织。不过，总体而言，这里的陈述还是保留了"理论"的性质。

抑或，在范围业已开始扩大之处，产品需要一个较大的区域，如羊毛要来自整个地带，原料需更大量地购买，但只要这样的过程是经常出现、随时可以察觉、不中断的，行会仍然可以代理，或委托收购商办理。在如此情况下，只需注意勿让所需的原料从"天然的"采购区运往他处。一旦采购原料的自然惯例发生问题，手工业所依赖的基础便已大为动摇。

但人们不可误断，以为手工业必定始终依赖来自近邻周围的原料加工。只需稍加思索，便可看出，即使只有中等发达水平的工业产业也不能缺少专业化的原料供应产地：如铜、铁、贵金属、珍贵的毛皮、名贵的建筑石材、宝石、单一的颜料如明矾等，历来就必须从远方获得。真正的手工业生产数百年来始终以获得此等原料为满足。

不过，此处的前提是采购关系必须**安全稳定**，且无任何投机动机掺杂其中。手工业者或其行会代理人本人可以远途旅行①，抑或可以等待，让那些商人依照惯例将其所需的材料送货上门。

只要手工业者自己也加入定形的经济生活的坚实结构中，亦即在有规则的关系中，在同样条件下供给同样的商品，他们也就无需害怕商人。②

除组织结构外，对手工业者有利之处就是原料与半成品的**价格低廉**。对于那些准备用自己的财产从事生产并独立生活的人而言，这样的价格可以扩大他们的范围。现在如果就近采购材料，便只要付出生产费用，而无需运输费用，同时（又或者）农产品价格上涨中的地租因素还不十分明显，于是，与手工业者在制作材料中的新增价值相比，原料的价格便显微薄。

2. 然而，狭义的销售关系必须如何？此即，产品以何种方式交给买家，以便适应手工业的要求？对于此问题的答案首先普遍一致的是：出售必须在质与量两方面**安全与稳定**，换言之，出售不得发生问题。不论此项出售为手工业者自己的副业，或为一个职业商人的任务，全然一样。在后一种情况下，手工业生产组织可能甚至必要的所有条件都能得到满足。

问题在于生产者除具备技术工人的素质外并无需其他素质。不过，当工业工人在平稳地持续他的工作时从不会发生风险，令他的产品根本无法销售，或以得不偿失的价格出售。

但是，何时才会出现上述情况，这样的销售何时才能安全与稳定？

对这一问题，现时流行理论的答案是：在生产者与消费者之间的关系为客户

---

① 根据斯特拉斯堡的第一项城市权，皮草工人自己去法兰克福购买原材料。亦可参照：v. Below, Großhändler und Kleinhändler im deutschen Mittelalter in den Jahrbüchern für N. Ö., III. F., Bd. 20, S. 48。

② 巴塞尔衬衫织造厂消费的棉花是一个特别有启发性的例子，说明了有利于手工业的进口原材料的采购条件，参见：Traug. Geering, Basels Industrie（1879），S. 306 f.。亦可比照：Br. Hildebrand in seinen Jahrbüchern 6, 129 f.。

关系时，也就是说，在销售没有中间环节甚至只卖给订货的熟人的时候。毋庸置疑，生产者和一个封闭的订购消费者圈子之间的定期交往，这对于销售关系的安全和稳定，尤为重要。所有手工业生产中的很大一部分皆是以这种客户关系为其特征。但是，同样无疑的是，如同先前业已指出，手工业生产与直接为客户的生产全然不一致。为客户生产绝不能长期创造那些保障手工业者生存的销售关系。例如，尽管在很大程度上，消费者的客户关系并没有改变，但裁缝业却已消亡。直接为客户服务的裁缝业属于最早的资本主义行业之一，作为一种手工业，它于18世纪初已经在伦敦受到冲击。①一种行业的手工业组织，在不向外输出而仅在本地销售，亦即面对或多或少狭窄的顾客范围之处，首先会趋于消亡。相反，有足够多的案例表明，一个实在的手工业生产组织在丝毫没有直接订制的客户群的情况下，因为有输出和中介贸易，仍能兴盛发展。

凡在供给与需求之间处于持续的平衡状态下，或在需求超过供给的情况下，销售便会安全与稳定；然而，就个别生产者而言，在生产条件和销售条件近乎自然均衡的条件下，销售关系亦会安全与稳定。

销售的安全与稳定这一特征不仅表现在纯粹的客户关系上，对此，只需详细考察，便无异议。一位赶集的手工业者只要能够算定，在他出现在市场之前，没有旁人来夺取他的位置，或一位流动的手工业者只要能够认定，在他背着包袱或推着小车上路之前，没有别人在走同一条道路，他们便和那些有直接订货客户的手工业者处在同样的地位。同样重要的是，手工业者将产品卖给商人，同一商人在同一时间出现在他的门前，以和从前相同的价格从他那里购买同样数量的产品，这样的手工业者也不亚于有直接订货客户的手工业者。是故，必须更深入地研究造成销售安全和稳定的原因。并由此得出以下结论：

一、需求方的缘由

需求必须在质与量两个方面安全与稳定，此即意味着，所需求的必须总是一批同种类的物品。

购买者的范围变化愈小，并且这些人的嗜好变动愈少，需求在**质量上**便愈不会产生变动。社会结构的层级变化愈少，亦即，社会结构愈稳定，购买者的类型便愈始终恒定。一个民族在教士、骑士、农民和市民一脉相传的"等级"中长达数百年的构成，会形成一种定型的需求，在此种等级构成中，风俗与习惯的变化愈少，用现代的术语即为，时髦的变动愈少，此种需求在质量上便愈加稳定。一户农家在几百年里发展并保持着一致的服装，而现代大城市的居民在十年之中已经将服装式样改变了10次，家具的样式改变了5次，在这一点上恰成两个极端。

---

① 参照：S. und B. Webb, History of Trade Unionism（1894），25 f.。

生产过程的难以变化——此与经验的方法相适应——是对需求在质量稳定上的最重要的保证。在这种经验的方法中，技术知识与能力的增加（亦即因此而产生变化的可能性）或是听命于偶然，于是丝毫没有改变或改进的意愿，唯有永久如此的意愿，只有当活动过程中偶尔从外部冒出的新事物投入到劳动者身上时，才会被视作新事物。或者当必须作出一些改进的时候，便十分笨拙地暗中摸索与尝试，但对需要解决的问题，则无明确的意识。

当所生产的产品的数量并不超过购买者的购买力时，需求在**数量上**便能安全与稳定。

二、供给方的缘由

从供给方的角度来看，能够对一个原本安全的销售的舒适状态产生骚扰的是，近邻以优质的产品或低廉的价格竞争的危险。因此，为确保销售，必须消除竞价销售的可能性，至少必须认定，让此事不致成为经济生活中的一种常规现象。因为偶尔的竞价销售绝不能完全排除，这无需进一步的理由。我们可以用现代的流行说法来表达：**手工业如要生存，便不能有竞争**。

但是，生产者之间何时不会竞争，或者仅有微弱的竞争？

首先，显然是在相对于需求总体**产出减少**的时候。因为此时的竞争便成为消费者的事；生产者可以袖手旁观，如同任何一个真正的手工业者在任何时候都将此视作事物的自然秩序一样。[1]

但生产的规模总是取决于两个因素：劳动力的数量和生产率的高低。

生产者愈少，"过剩生产"的危险也愈小，因而销售呆滞的危险也愈小。当人口增长缓慢，新生代培养极为困难之时（经验的方法！），生产者的数量便少，但农业的过剩人口稀少之时，非农业区域的生产者人数亦特别稀少。

生产者的数量如果是固定的，他们的全部供给显然取决于其生产力的程度，此种生产力愈不发达，销售困难的危险便愈大。

但是，到目前为止所提出的使手工业在供给方面能够生存的一切理由，只适用于总产量所决定的销售关系的形态上。此处还待探讨的是，哪些情况也在保证整个生产的各个参与者，即各个手工业者的相对安全的生存状况，亦即**排除同一行业成员之间的竞争**。

商品销售商之间竞争的本质是，某些生产者能够将比其邻人更好或更廉价的商品推向市场，简而言之，就是前面提到的减价竞售的可能性。在没有这种可能

---

[1]　1646年，巴塞尔人抱怨说，那些被议会允许在门兴施泰因逗留两年的人"违反所有的秩序"，他们"到所有的城镇和村庄去寻找工作"。（Geering, S. 600.）即使在今天，顾客也必须去拜访生产者，这被称为"手工艺的格言"。（U. VI. 662.）

性之处，即没有竞争。①然而，这种竞争往往只是在有限的范围内存在：

其一，在经验的方法盛行之处。因为，这种方法只有在漫长的改造过程中才有可能使产品变得廉价或得以改进。我们知道，经验的本质对技术的迅速进步是多么的无知。我们知道，用一种适合目的的方法来替代一种传统的方法，只能算作一件侥幸的事。但我们也知道，所有经验的能力都附着在一个人的身上，只有这个人才能传授。即使假定任何一位手工业者从事一项重大的改革，并因而能够供应更好或更廉价的产品，此种方法最初也仅局限于他个人的有效范围内，犹如是发明人在利用一种天然的专利权。只有通过他本人的传授，他的较高能力才能够普遍化。此种能力起初只是一人独自占有，仅在其主人有限的服务范围内对销售关系产生影响。现在，在我们看来作为一种艺术形态的特权，系将生产规模限制在个人的活动范围以内，在纯粹经验技术的时代，我们必须推而广之地设想，大多数工艺的改进可以提高产品的质量或降低产品的生产成本。

其二，然而，这种经验方法的本质决定了技术进步的迟缓以及由此造成商品市场有效竞争的障碍，在缺乏真正能够改进程序或将其付诸实施的手段的情况下，现在更加明显地感受到了其后果。正如我们将更详细地表明的那样，这些是利用更大和更强的自然力量，但最重要的是，正如我们已经知道的那样，将大量的劳动力聚集在一个社会（大）企业中。如果前者取决于技术知识的进步，后者则取决于两个**社会条件**：第一，有大量愿意工作的人的存在；第二，价值的积累，这些价值可以暂时维持大规模劳动力，并为他们的就业提供必要的生产资料，通常被称为"资本积累"。

在此等条件的一种或两种皆无法满足的情况下，即使一个生产者拥有一种比较完善的方法，即使生产者拥有更完善的程序，也不可能通过有效的竞争将其邻人赶出战场。但这意味着我们的探讨已经延伸到一个稍后才会进入的领域之中。最后几句话所表达的基本上是一个不言而喻的想法，**即手工业的繁荣取决于不满足资本主义的存在所依附的条件**。这些条件是什么，还有待更详细地确定。

我只想在此指出，除了前面提到的所有要素外，还存在着一种情况，根据我们所假定的技术状况，几乎可以排除现代意义上的竞争，至少是排除不同地点的生产者之间的竞争：我指的是，使用优惠的方法或在其他更有利的条件下生产的产品，在一个较大区域运输时遇到的难题。因为一个时代的技术如不完善，**运输的技术**也一样不会完善。

---

① 这种竞争可以是质的竞争，与单纯是一个行业的贸易交换所引起的量的竞争形成鲜明对比。

第十四章

物品需求的形态

（关于十四至十六章的）前言、原始资料与文献

我们在前几章考虑的是理想。现在则是在探讨：**一个中世纪城市的经济生活在现实中是如何形成的**；这意味着——确切地说——回答以下问题：手工业是否在城市中流行，如果是，又在多大程度上偏离了理想。同时，这亦将回答这样的问题，即中世纪手工业存在的客观条件在多大程度上得以实现。

尽管对中世纪的工业制度有丰富的了解，但我们对工业本身却知之甚少。大多数资料来源总是不断地在说它应该如何，而它们的编撰者几乎总是满足于以系统的方式向我们展示他们想要造成的这种情况。

我们对经济生活本身的描述非常之少，就我目前所能掌握的原始资料而言，也很难提供更多关于狭义上的经济生活的资料。商业的历史要好得多。至少可以写出来，因为与此相关有较多的文件和较多的统计数据。（就此最近也有人开始撰写。）

相反，为了再现工业生活，我们可以依靠为数不多的市民名册和税收卷宗作为主要来源，并且必须尽可能利用行会章程和其他法律来源来提供间接证据。此外，偶尔也可以考虑一些描述文字尤其是图画。

无论如何，中世纪历史学家的所有注意力都应该集中在增加工业史的原始材料上。我们现在有足够的行会历史。

以下的阐述亦不应成为一项纲要。

* * *

为了对中世纪城市真实的经济生活获得尽可能清晰的印象，最好先从消费者的立场，然后再从生产者的立场出发加以考察。我现在从确定物品的需求开始。

城市中需要满足哪些需求，其范围又如何？对这一问题的回答首先是：就范围而言，这种需求常常局限于比较（就我们的概念而言）狭小的界限以内。就工业产品的消费者（对此我们尤其需要关注）而言，需要考察的是：

1. 本市的居民；

2. 附近的居民，尤其是赶赴每周集市的；

3. 赶年集的外来人。

在中世纪，城市本身的居民数从来不多，就我们现在所能确定的而言，整个中世纪城市居民的人数始终在一个狭小的范围以内。附近居民经常赶赴（每周）集市的人同样也为数不多：一因乡村的人口稀少；二因全国所散布的城市较多；三因农民的自足经济还在扩张。

关于中世纪**人口的密度与人口的集结**，有如下的数字。

按照罗杰斯非常认真的计算，**英国**从 14 世纪至 16 世纪约有居民 250 万人[1]，据法布莱的估计，亨利二世时代约有居民 288 万人[2]。

法国在 14 世纪时，每平方公里有居民 40 人，以后人口在减少，至 16 世纪末才恢复到 200 年前的水平。[3]

欧洲中世纪最大的城市（拜占庭除外）应属巴黎。多数人认为，巴黎在 13 世纪时，居民已达到 10 万人，对此我并不相信，因为热拉是根据人头税登记表——该项表格上的人数超过 20 万人——计算的，我以为并非无可争议。[4]

伦敦在 1377 年有居民 35 000 人。[5]

此外，在 14 世纪时，居民数与此相近或略多的（4—5 万人）城市只有意大利和佛兰德-比利时：如米兰、威尼斯、热那亚、博洛尼亚、佛罗伦萨、那不勒斯、巴勒莫、伊普尔、布鲁日、根特。[6]德意志无一城市达到这样的数字。吕贝克当时的居民在 17 000—24 000 人之间[7]，汉堡（1419 年）有居民 22 000 人，奥格斯堡（1475 年）有居民 18 300 人，纽伦堡（1449 年）有居民 20 000 至 25 000 人，斯特拉斯堡（1473—1477 年）有居民 20 000 至 30 000 人，乌尔姆（1427 年）有居民

---

[1] Th. Rogers, Six Centuries of Work and Wages. 德文版：Deutsche 1896, S. 87 ff. Grundlage：Weizenproduktion.

[2] P. Fabre, Eine Nachricht usw. in der Zeitschrift für Soz. u. Wirtsch. Gesch. 1, 149 ff. Grundlage：eine Abrechnung über den Peterspfennig.

[3] E. Levasseur, Popul. franç. 1, 166 ff. 288（Übersicht）.

[4] 线索来自：Reg. de la Taille（1292），该表上的署名纳税人有 15 200 人，耕种的土地面积 349 公顷［Collect, des doc. inedits etc. Ser. I. 8（1837），p. 179. 471］。我相信，最大的人口数字为 6 万至 7 万。其城墙内的空间面积比梅斯要塞的总面积（1902—1903 时为 317.33 公顷）略大，1910 年梅斯的人口为 68 598 人。比照：Paris et ses historiens au 13. et 14. sc.（1867），nam. p. 485 seq。

[5] 参见托珀姆：Tophams in der Archaeologia（Bd. 7），此人的计算方法来自罗杰斯：Rogers, a. a. O. S. 85，计算基础：所有 14 岁以上非专业人口的纳税名单。

[6] J. Beloch, Die Entwicklung der Großstädte in Europa in Comptes rendus et Mémoires du VIII. Congrès international d'Hygiène et de Démographie（1894），7, 58. Ypern sollte nach einer „glaubwürdigen" Urkunde im 13. Jahrhundert 200 000（！）Einwohner haben. A. Vandenpeereboom, Ypriana 4（1880），24. Urk. von 1257 reduziert die Ziffer auf 40 000. Pirenne, Gesch. Belgiens 1, 311.

[7] Wilh. Reisner, Die Einwohnerzahl deutscher Städte in früheren Jahrh. m. bes. Berücksichtigung Lübecks（1903），68. 78.

20 000 人，布雷斯劳（1415 年）有居民 21 866 人。①但中世纪最大多数的城市是由不满 1 万人的中小城市组成，不过，重要的商业城市如法兰克福和罗斯托克并不属于其中，前者（1440 年）约有居民 9 000 人，后者（1387 年）约有居民 10 785 人。德累斯顿当时有居民 3 000—5 000 人。弗赖贝格（萨克森）有居民 5 000 人，莱比锡有居民 4 000 人，等等。

14 世纪，英国除伦敦以外，仅有两座城市的居民在 1 万人上下：约克有居民 11 000 人，布里斯托有居民 9 500 人。②即使是较大的城市平均也在 5 000 人以下。③

大量的购买者赶赴年市，特别是赶赴有名的交易集市；究竟有多少人，自然是无从猜测。然而，可以想象销售者的人数同样可观（以下我将会指出），并且来自众多城市。是故，在所有赶集者的总数中，总是只有很少一部分系为**一个城市**的生产者。

消费者——城市工业一般是为他们才生产——的人数，即使包括赶集市的顾客在内，也的确有限，并且其中的最大部分完全不能视作工业产品的购买者，故此人数更加大为减少。理由如下：

尤其是乡村始终高度发达的自足经济；

富裕程度不高；

财富分配不公。

对第一种理由，并无数字上的证据。至于评判富裕程度，我们则掌握很有价值的数字材料，关于财富的分配也同样如此。

关于中世纪英国的（土地）生产力，罗杰斯测定为等于现今的四分之一④，这还说明不了什么。反之，我们至少掌握中世纪某些城市的财产统计与收入统计，如与工业产品的价格对比，对当时的情况便会更加明了。

根据奥伊伦堡⑤的调查，莱茵法尔茨（14 世纪）的财产计：

达 20 古尔登（每古尔登等于现今货币 7 马克）的在所有财产中占 29.5%；

达 60 古尔登（每古尔登等于现今货币 7 马克）的在所有财产中占 61%；

达 300 古尔登（每古尔登等于现金货币 7 马克）的在所有财产中占 93%。

所以，人口中仅有 7% 拥有 300 古尔登（等于现今货币 2 000 马克）以上的财

---

① Siehe die Zusammenstellung im Handwörterbuch der Staatswissenschaften („Bevölkerungswesen"），该处标明了所有这些数字的来源。有关采集这些数字的方法，详细可见：J. Jastrow, Die Volkszahl deutscher Städte zu Ende des Mittelalters. 1886. Vgl. G. Schmoller, Die Bevölkerungsbewegung der deutschen Städte von ihrem Ursprung bis ins 19. Jahrhundert in der Festschrift Otto Gierke zum 70. Geburtstag dargebracht (1911), 167 ff.

② 参见本书前文附注。

③ 参见：Ch. Gross, Gild merchant 1 (1890), 73 Anm. 4，其中有更多的相关文献。

④ Rogers, A Hist, of agriculture and prices. 1, 55.

⑤ F. Eulenburg, Zur Bevölkerungs- und Vermögensstatistik des 15. Jahrhunderts in der Zeitschrift für Soz. u. Wirtsch. Gesch. 3, 450.

产。关于迈森、德累斯顿和图林根的米尔豪森等地的调查，亦为类似的结果。①

巴黎（1292 年）1 324 个手工业者中有 821 人——占总数的 62.2%——的财产少于 250 现今货币法郎，还有 1 196 人——占总数的 90.6%——的财产少于 1 000 现今货币法郎。（据马丁·圣雷翁的计算）

巴塞尔（1429 年）②的 969 个手工业者中有 488 人（等于 50%）的财产少于 50 弗罗林，904 人（等于 91%）的财产少于 300 弗罗林。

对于这种财产数据，应当记住，中世纪工业产品的价格绝不比现在低，甚至还要高些——只要两者能够比较的话，每种数字都表现出这一状况。

倘若我们不考虑货币的"购买力"，而是将中世纪的工业产品与现今等量齐观：上述与财产相应的收入究竟有何意义？此外还要加上极为发达的家庭工业的自足生产。如此的购买者，中世纪如有一个，现在便有十个或一百个。

至于城市生产者工业产品的消费者，除去城市的管理机构外，真正能够算数的，则只有最上层的少数富翁。且主要又是地主，在中世纪的进程中，有少数富裕的金融家（巴黎的当铺！）也加入其中。③全国的总财富大部分已经落入这一集团手中。按照前面征引的奥伊伦堡的计算，莱茵法尔茨有 3% 的"富人"（超过 600 弗罗林）手中差不多占有产业与城市财富的三分之一，其中 42 人拥有 55 292 弗罗林，而富裕阶层中的 435 个穷人总共只有 8 554 弗罗林。是故（此为重要之处），巨大的收入（财富）落在个别的家庭中。

我从人头税登记表中计算的结果是，161 人缴纳 10 种以上的第一等级税，总共为 3 134 种第一等级税，或等于全部税额（12 243 利佛 8 苏）的 27%，同时他们在负纳税义务的人数中仅略超过 1%。这"161 个上等人"中的每一人所缴纳的平均税额达 20 种第一等级税，或足足等于现今帝国货币 550 马克。税额即等于收入的 50%，故此 161 人应有 27 500 马克的平均收入需纳税。其中更多的是落到手工业产品头上，但贵族和教士是免缴人头税的！

就我们从中世纪收入的数额与分配所知道的情况来看，必须作出如下结论：手工业（也许除去——或许仅为一部分——食品业以外）主要是为少数富人工作。从手工业的性质推论顾客的种类——这种手工业系为他们而生产——无疑也会证实这一点。我相信，可以确定，绝大多数的金属工业、大多数服装业（所有较好材料制作或加工的）、几乎全部建筑业，至于奢侈品业更不必说，都只是为富人服务，所谓富人自然包括全部教士和低级骑士之类在内。此外，我自然并不否认，

---

① Arno Vetter, Bevölkerungsverh. der ehemals freien Reichsst. Mühlhausen i. Th. im 15. u. 16. Jahrh. (1910), 63 ff.

② G. Schönberg, Finanzverhältnisse der Stadt Basel im 14. und 15. Jahrhundert (1879), 180/81.

③ Vgl. die hübsche Darstellung bei P. du Maroussem, La question ouvrière 2 (1892), 29 ff., 其中分析了巴黎一位家具木匠在 13 世纪的客户情况。

"人民"也是工业产品的客户。我仅仅认为，他们的需求在全部需求中并没有留下特殊的烙印（和今天的部分情况一样）。①

如要追究中世纪对工业产品的**需求是哪些种类**，我以为可以较有把握地确定几个特点。

首先，这种需求要比人们经常假定的更加多种多样。至少在法国与意大利比较大的城市，尤其是在巴黎，我们所看到的琳琅满目的工业品令人惊讶不已。若阿内斯·德加兰迪亚13世纪上半叶在其"词典"中②列举的工业品（其中大部分显然是手工制造的）竟是何等丰富。

其次，我们可以设想，当时的意识固然趋向辉煌与豪华，但也倾向耐久、精良与牢固。对纯粹的炫耀、虚夸、低俗、拙劣，简言之，对人们今天在"最时髦"的名称下所包含的一切，中世纪并无兴趣。至于为何没有这种兴趣，我不想作出判断。也许是因为当时尚没有现代工业，而这种工业的要害在于制造劣品；也许是因为群众根本没有以消费者的身份出现。总之，当时在这一点的爱好上，与现在大不相同。

最后，需求是相对稳定的。我们今天惯用"时尚转变"这一名词来指称的现象，当时几乎完全没有。"中世纪的意识趋向因袭与守旧。14世纪中叶之前，在德意志的时尚变化并不迅速，此后的变化也更多体现在服装的式样上，并不涉及纺织品的种类。中世纪时，人们相信在所有领域，包括经济需求和技术领域，都理应有一种完美的东西。"③

凡否定这一点，并主张中世纪和现代一样有时尚变化的人，应当记住，中世纪风俗习惯的转变经历了无可比拟的漫长时期。亦请读者去参照本书下编有关此问题的阐述。

总而言之：中世纪工业产品的顾客是一个手工业者所能希望的最好的那一种。就销售关系而言，手工业生产的条件得到了最为理想地实现。

但现在我们要考察的是，中世纪对工业产品的需求是如何得到满足的。

---

① 在英国，我们偶尔听到向穷人提供大量衣服的消息：Salzmann, 1. c. p. 137（1000 Ellen Stoff；13. Jahrb.）；p. 183（150 Paar Schuhe），但是这显属个案。

② 该词典首版于：Géraud in Ser. I Bd. 8 der Coll, des doc. in.（1837），再版为：Scheller. Leipzig 1867。对于一个（有点头脑的）经济史学家来说，这是一个非常值得感谢的工作。从现代的角度来处理词典，其中包含丰富的材料，具有对中世纪商业的洞察力，如同十个最好的行会章程一样。大约在同一时期，另一个有价值的资料来源是13世纪的一些记载，我们可以从中获得关于出售商品的数量和种类的有趣信息。Le Dit des Marcheanz, der in dem zweiten Bande des von Montaiglon-Raynaud herausgegebenen Recueil des Fabliaux（1872—1890）abgedruckt ist. 有关内容提要可见：Ferd. Herrmann, Schilderung und Beurteilung der gesellschaftlichen Verhältnisse Frankreichs in der Fabliaux-Dichtung des 12. u. 18. Jahrhunderts（1900），S. 36 f.

③ G. Schmoller, Die Straßburger Tucher- und Weberzunft（1879），S. 20.

第十五章

满足需求的方式

第一节　最终的消费者

城市人口如何满足他们对工业产品的需求？［这几乎意味着：他们对经济商品的一般需要，因为除了少量的食品（蛋类、牛奶、蔬菜、水果）之外，都是对经过处理的"加工"原料的需要，即对工业产品的需要。即使是我们享用的最重要的食品，也已经过一系列的加工过程：面包、肉、盐、饮料等。］

这在很大程度上仍然是由**自足经济的生产**供给。在城市里，人们自己也获得某些原料：例如，当城市居民仍然经营农业时，便会取得谷类；虽然这种情形在中世纪全盛期的较大城市已是例外。①然而，确实仍有一部分牲畜被大范围饲养：如猪，最后甚至是牛②；还有家禽类等；然后在花园里，几乎在每个较大的家宅中都种植蔬菜、水果，如场地许可，还有葡萄。

我们还要记住，城市居民中的一个特别重要的集团是世俗或教会界的富裕地主。显然，此类人在城市中经营的自足经济持续了很长一个时期。是故，他们在自足经济中（在其远离城市之处）获取很大一部分原料，特别是食品，并将这些物品中的一部分在城市经济中加工制造，如同以下指出的一样。直至 14 世纪末，贝里公爵③或巴黎圣母院仍然在消费自己地产上的谷物。④

但是，大部分的原料或半成品还是必须购买，谷类或面粉、麦芽、经过处理的亚麻、材料、皮革等等。然后——此处应当首先谈及此种情况——工业生产主

---

① 见上文。直到中世纪，农业即使是对较大的城市也产生了强烈的影响。

② 如 1276 年的《奥格斯堡城市法权》明确允许屠宰猪，但禁止屠宰牛，那么这只能是自养的牛。因为没有一个通情达理的人会想到要在市场上买一头牛，然后在家里屠宰！

③ 查理·费迪南·德·波旁，法国贵族，生于凡尔赛，查理十世即阿图瓦伯爵之子。——译者

④ „De Guillaume de S. Germain, receveur de Berry, qu'il a livré pour la défense de l'ostel de mond. seigneur du froment des molins dud. seigneur à Raoulet de Ruelle, boulengier à Meun sur Yevre qui en a cuit et livré le pain pour lad. despense faicte à Meun sur Yevre ou mois d'aoust［mil］CCCLXXI.“ „Pro blado quod capitulum ipsum d. bolengario suo de quoquendo ministrat.“ Bei G. Fagniez, Etudes sur l'industrie et la classe industrielle à Paris au XIII. et au XIV. siècle（1877），p. 166. 此书系有关中世纪工业史的最佳著作之一。

要是在自己的宅第里进行。

整个中世纪，**家庭工业的活动**在所有城市——包括最大的城市在内——均占有一个重要地位，对此毋庸置疑。

烹调自然是在家里，烘焙、酿制葡萄酒、啤酒，还有屠宰也在家里，至于熏制和腌渍等等，自然也是如此。制烛在家里。纺纱在家里。织布亦有一部分在家里；缝衣与制鞋在家里。对其中许多工作，人们都会罗致熟练的手工业者上门来做，我们在德文中将此类人称作**上门匠人**（在顾客家中做工）：烘焙师、鞋匠、裁缝、屠夫、剪布工、金银匠与桶匠等。即便是修理器具，也会有手工业者上门，或拿到街上去做。直至以后的几个世纪，在德意志各个城市，此类上门工作必定十分普及，对此，可以从行会的一纸禁令看得出来，即行会开始实行垄断政策时禁止此类工作方式：1301 年禁止赫尔姆的裁缝，1355 年禁止法兰克福的鞋匠，1371 年禁止吕贝克的金银匠从事上门工作，此外还有同样的做法。

工业劳动中其他部分专为手工业者劳动，由专业的人从事付酬工作。

这通常是以我们所说的**雇佣工作**的形式：消费者（顾客）向手工业者提供生产材料的方式。

当然，在相当大的程度上，**制粉业**是雇佣制粉业。我们可以从市民个人持有（有一部分必须持有）的大量谷类中得出这一结论。但此外我们也有充分的证据。

同样，**烘焙业**在许多情况下都是雇佣制面包店。

没有烤箱的人把面包或蛋糕面团送到烘焙师那里。

烘焙师通常分为在店里出售面包和上门制作面包两类。

我们可以假定，绝大多数建筑物都是以付酬雇佣的形式建造起来的：客户自备原材料，并按日付工资请泥瓦匠、石匠和木匠建造。中世纪建筑行业的特殊组织证明了这一点，事实是，我们总是听到建筑工人的日工资之事，我们掌握建筑业主——特别是宗教界的建筑业主——相关购买材料的一些记述，建筑业主和建筑手工业者之间的契约——我们获得该项契约的原件——以及行会编制的某些规定。也许建筑业主甚至购买了原材料（石灰石和黏土），并委托石灰工和烧砖工制成石灰石与砖瓦。

建筑业主不仅提供建筑材料，还提供脚手架（他以前请雇工制作脚手架，如果可能的话，用他自己的木材制作），以及准备砂浆的水桶和水桶。在工作周期很长时，还为手工业者更新器具。建筑业主有时还安排手工业者的食宿，并扣除部分工资抵偿衣料的费用。

此外，建筑业的各种组成部分也已成为企业形态，因此手工业者变成"商务手工业者"。于是，建筑师和建筑承包商也以萌芽状态露面，起先是在意大利的大型建筑和巴黎的皇家建筑中，正如我们稍后将看到的那样，它们在许多方面都是建筑业组织的典范。

在纺织工业和相关的服装行业中，雇佣工作的形式相当常见：将自己纺好的纱线交给织工去织造，再将粗布交给剪布机、染布机和压延机精炼。最后将制成的布料交给裁缝。

人们或者从布商那里购买现成的布料，然后交给**裁缝**。我们在巴黎、博洛尼亚和威尼斯看到富有的客户，身边有裁缝陪同，并接受他们的忠告来购买布料。就像我们今天和翻译一起在君士坦丁堡买地毯时所经历的那样：布料商显然经常向裁缝"行贿"，让裁缝把他的顾客引向自己的店里，而不是引向"竞争对手"，而布商的此种行径本应受到禁止。

帽子是将自己的材料提供给制帽工制作。

13 世纪时，在巴黎的裁缝中，我们看到君王的裁缝、王后的裁缝、王子的裁缝，查尔斯阁下的裁缝、瓦罗亚伯爵夫人的裁缝、主教的裁缝、朝臣的裁缝以及教会的裁缝。诺曼底公爵和贝里公爵同样也有自己的裁缝。一个叫高特让的人是14 世纪"奥纳子爵的裁缝"。

英国也有同样的风气，正如我们可以从英国行会条例的规定中推断出来的那样：行会的成员必须被禁止穿着其主人的仆役制服。在法国，这些宫廷裁缝佩戴着他们工作所在官邸的符号，但仍然被列在行会成员的首位。他们有固定的工资和免费的食宿职位。如果他们外出购买布料，便会获得旅费补偿。王公大人的城堡里也有女裁缝。

维也纳的风气同样如此：有苏格兰修道士的修道院长的裁缝，亦有公爵的裁缝。

我们在此处看到旧时的领主手工业者的后代，在整个中世纪这些人也存在于其他行业，例如建筑业，而且——显然——又是新时代"宫廷供应商"的祖先。他们的历史值得书写。

但是，在其他行业中，我们也遇到雇佣劳动者：

人们将贵金属送到**金匠**那里，用来制作首饰或器皿；将铁送到**盾牌店**做盔甲，将铁送到**铁匠店**做马蹄铁。当一个骑士侍从带着小马驹来到博洛尼亚的铁匠店，带来的是未加工的铁，则要买一个有 8 个钉子的马蹄铁，为此需付出 6 便士。但是他带来的若是锻造过的铁，只需花费 4 便士。显然，提供物资的只有富人；费用仅是花费在钉马掌上。一个农夫、一个卖水贩，或者其他人带着小驴子来，铁匠就会提供全部用铁。他将自己变成一个"定价工匠"。

凡在自己家中宰杀牲口的，即让**制革匠**将兽皮制成皮革，以便上门匠人制成皮靴。

此外，还有这样一些可能性。

人们对工业产品很大一部分的需求将由**商务或定价手工业者**来满足，此即系由面包师、屠夫、细木匠、铁匠、锁匠、毛皮匠、皮包匠与车工来完成，且他们需自备原料。

中世纪城市中"订货"生产的重要性，的确同我们今天一样。人们确实——可以如此断定——向住在同一城里的手工业者订货，这和后来的习惯不同，后来是向较大城市的生产者订货。我的意思是，当年住在外省小城市的骑士不会向佛罗伦萨或巴黎的家具工人定制桌椅等（如同现在矿主或领主必须住在"煤区"或偏远地带一样），他们只会在"家乡城市"订制这些物品。如果在当地找不到自己所需的师傅，便只得补充一些短缺的劳动力而已。然而，我们对所有这些只能加以猜测。

另一方面，我们还知道，相当大一部分日用品并非预先订购，而是**"在商店里"**或在市场上购买的现成品，即使生产者住在本市，也是如此。一些产品，如焙制食品、肉类等，自然不言而喻是"在商店里"，我们现在必须尽可能想象，这些商店是极为原始的。在大多数情况下，是将工场旁边的小房间供销售空间使用。

一幅美丽的木刻上描绘了纽伦堡手工业者的生活情景①——可惜的是，此幅作品表现的仅仅是16世纪，似乎这是一个规律：老板娘在一个小间卖货，而老板在隔壁的作坊里干活，诸如，皮草业、箱包业、屠宰业（隔壁在宰杀一头牛！）、绳索业、家具业皆如此；而鞋类则是在一种开放式大厅里出售，大厅紧邻作坊。在商店里，摆放或挂着一小堆现成的商品。

腰带匠"店里挂有"18条装饰链带，鞋匠大概有十几双鞋靴存货，皮草匠约有半打毛皮货，绳索匠约有十几根成品绳索等。绳索匠、屠夫和鞋匠的买主是乡下人，其他行业的买主是富有的城市贵族或骑士的妻子。

此类状况也许已是后期发展的产物。有关中世纪的状况，我们必须想象得更为原始一些，大约同J. 安曼（J. Amman）在木刻画上描绘的所有卖场一样，其间的工场和"商店"只在同一个房间，只有些许货物（也许是订制的?）摆放或挂在里面。

但是小货摊、"商店"或者展示成品出售的橱窗，在更早的时候确实业已存在。13世纪的巴黎面包师将面包放在"陈列橱窗"里，而什切青（Stettin）的金匠则将成品银器放在木制橱窗里出售。同样，我们对面包台和肉台等已经知道够多，现在一些城市（如布雷斯劳！）仍然保持着这种中世纪的式样。

一般而言，购买制成品很可能是在指定的公共销售场合，即**市场**。在某些日期，即使当地的手工业者也带着他们的"商品"来到城里市场的销售点，在那里聚集着购买的人群。同样，乡下的蔬菜、水果等摊贩也经常赶赴这些（每周）集

---

① 存于纽伦堡日耳曼博物馆。恩斯特·穆蒙霍夫一书《德意志旧时的手工业者》，第40页及其后页。

市，这里遂会发生手工业者和农民之间著名的"**交换**"行为，人们将此种交换误认为城市经济生活的枢纽。

故此，我们知道，巴黎的手工业者每周星期一至星期四在城里的商店里出售他们的商品，星期五和星期六则被称为"退出市场"（负有退出的义务，若无须每周搬家，则被视为一种特权）。

牛津每周三、周六举办的市集，于1319年由牛津大学确定了市场规则。除农产品（干草、麦秆、木材、猪、谷物、奶制品等）外，销售的产品还有啤酒、煤炭、油漆、手套、毛皮与亚麻布。在这里，手工业者也站在大街和谷物市场的摊位后面。

类似的集市也会在**商店**或商场里举办。此种情景我们尤其在德意志各座城市中时常看到。它们销售一种单一的商品，无论这种商品是在当地生产，还是来自外地。几乎到处都有纺织品商店，要么占据一整栋房子（如莱比锡的布商大厅），要么被安置在其他建筑。此外，我们还发现鞋店、亚麻布店、面包店、谷物店、屠宰店、毛皮店；而且还为一个地方的特产——例如格尔利茨的菘蓝——设立专门的商店。盐店也属于此类。德意志绝大多数商店建造于14和15世纪，但在13世纪就可以看到它们的存在。

在较大的城市中，到处都有更多**职业的、固定的零售商**，他们满足了对食品和工业品——大部分显然来自外地——的需求。无论如何，自13世纪以来，关于他们的存在及其营业方式，我们已有所闻。

我们知道14世纪巴黎的"杂货商"贩卖什么商品，也知道中世纪城市的"商店"外观如何。因为很明显，在零售业的早期，它是一个没有经过分类的货栈，一个所谓的杂货摊，由一个特别的零售商在经营。

1353年吕贝克市政厅允许店主出售：殖民地商品、原料、制成品及干货。韦尔曼：《吕贝克行会卷册》（Lüb. Zunftrollen，S. 272 ff.）；布雷斯劳的情况亦类似。W. 博尔基斯：《现代零售业的变迁》卷宗（Wandlungen im modernen Detailhandel Archiv. 13，44）；莱比锡：S. 毛尔特克：《莱比锡的零售业公会》[Die Leipz. Krämerinnung（1901），73 ff.]。在南德意志城市：H. 埃克尔特：a. a. O. S. 32 ff。即使在15世纪的法国法规中，三大类商品：杂货、五金和缝纫用品仍然相互混杂；杂货店主必须监督所有经营火把、蜡烛、胡椒、藏红花等厚利商品的商人……"以及所有其他服装店和杂货店。"

关于中世纪商业内部的结构，尤其是其中的手工业性质，我将在第十七章中阐述。在这里，我们的兴趣只是在于它作为供应工业产品的一种形态。

最后，为了购买所缺乏的一切物品，剩下的还有**年市**[①]，这种年市可能在每个

[①]　有关德意志的情况，可见：v. Maurer, a. a. O. 1，282 ff.；有关法国的情况，可见：P. Huvelin, Essai historique sur le droit des marchés et des foires（1897），der p. 604—617。此作提供相关文献的详细书目。

较大城市都定期举行，在一些地方，它发展成为令人印象深刻的集市，向贸易商提供成品，向生产者或商人批发原材料和辅助材料、工具等，但在相当大的程度上也向最终消费者出售巨额的商品。当然，城市居民对工业品的需求的确有很大一部分是从这些市场商品中满足的，这些商品并不产于消费地，而是从外地运来，且往往来自很远的地方。关于工业产品在各地的销售，可见以下情况，既有手工业者本人带货前往——无论是上门售货，还是赶赴市场和集市——也有职业商人出来经营。这些商人通常（但并不限定是定点的零售商人和成衣店的成衣商人！）是在年市上出售自己的商品。

中世纪远地的商品销售①

在中世纪的所有国家，我们都遇到手工业者或他的妻子，他们背着或用手车推着自己的商品，从一个地方到另一个地方去拜访顾客，直到现在他们仍旧在这样做。

在德意志，中世纪最著名的上门手工业者是桶匠和铁匠，其中一些是流动手工业者。关于他们及其组织，参见毛雷尔：《城市宪章》第 2 卷（Städteverfassung 2, 490 ff.）；E. 戈塔因：《手工业历史的映像》［Bilder aus der Geschichte des Handwerk（1885），S. 12 ff.］；R. 埃伯施塔特：《法国行业法》（Französ. Gewerberecht（1899），259 ff.）。这些手工业商贩主要居住在法国的诺曼底、德意志的西南部、比利时的迪南特。此外，这些手工业商贩也从事雇佣工作，他们喜欢带着他们的货物去集市和市场。在我们这个时代，南斯拉夫的捕鼠器制造商正在崛起。但陶工及后来的钟表匠，也在这一带。关于玻璃运输合作社销售玻璃器皿的问题：E. 戈塔因：《黑森林经济史》第 1 卷（W. Gesch. des Schwarzwaldes 1, 846）。织布厂的产品也经常被手工业者兜售。关于法国统治之前的哈根的制衣商，参见雅戈比：《阿伦斯贝格的矿冶业》［Berg-, Hütten- und Gewerbewesen des Reg. Bez. Arnsberg（1856），S. 104］。有关历史资料也可以参见：Enquete des Ver. für Sozialpolitik. Schriften, Bd. 77 ff.

更常见的自然是远地手工业者赶赴市场的证据，恰同工业品贸易扩大的证据一样多。

---

① 对此，我在第一版（1, 96—113）中基本上已经给出相关的概述。为了保持叙述的多彩形象，我在这里予以重复，并补充了一些内容。通过此著极其勤奋的汇编，我可以很容易地大量增加在中世纪地方间运输中出现的贸易物品的证据。这些都可以在这部巨著中找到，见：J. G. van Dillen, Het economisch Karakter der middelleuwschen Stad 1914, III. u. IV. Hoofdstuk；但我放弃这种做法，请耐心的读者参考这部作品。继在第一版中所说的话之后，作者想再次更彻底地驳斥毕歇尔关于“封闭的城市经济”的“理论”。他声称将继续出版长达 224 页的大四开版本，随后继续的第二版，目的在于与我的满足需求及工业经济的提法相对抗。新近，关于中世纪的国际贸易出现了以下丰富的资料：Alex. Bugge in der Vierteljahrsschrift 12（1914），106 ff.

即使是城市市场上的外地**面包师**①——我们已经从 12 世纪的证书中得知——如果不是来自很远的地方，则我们在提起同时期的**鞋匠**时也不必简单地加上这种地域的限制。②中世纪早期，我们在英格兰邻近城市的集市上可以发现外来（来自温彻斯特）的手工业者。③

关于**纺织工人**赶赴远处的市场，我们掌握大量的文书证据。④

12 世纪时，手工业生产的布料业已形成范围广泛的商业，此事可以视为确切无疑。⑤

在 13 世纪，我们已经发现布是国际贸易的对象；所以在英国各地间可以证实的布料贸易案例越来越多。我们可以假定，如前所述，布料的销售部分是由手工业者自己经营，部分是由成衣商和专业布商经营，他们和手工业者一样，同时从事零售。然而，14 世纪发展的特殊标志是所有生产国布匹产业的巨大飞跃。⑥

中世纪各地的**亚麻布生产**同样非常重要。⑦

亚麻布一部分已经以成品的形态投放市场。在 1330 年的安克拉姆（Anklam）城市的商贩册页中，我们发现了手工艺品：桌布、毛巾、卷帘、被单、枕套。所有这些物品都是批发并零售。⑧

我们可以认定，**丝绸业**如同**棉纺业**及**斜纹布业**一样，从成立之初起，即在各城市间或国际范围内销售自己的产品。

矿物和金属的开采仅在世界各地的个别地点进行，倘若它们并非各地和国际贸易的对象，便不可能大量地应用。在整个中世纪都是如此。**锡**向来就是国际贸易的对象⑨，自 13 世纪以来，**硬煤**在英国称为"海煤"（sea-coal），因为它

---

① Urkunde von 1104. Vgl. Lamprecht, Deutsches Wirtschaftsleben 2, 313 f.

② v. Maurer, Städteverfassug 1, 318/19, und v. Below, Entstehung des Handwerks, a. a. O. 5, 236. Erhebung eines Marktstandsgeldes auch von fremden Schustern in Nordhausen Anfang des 14. Jahrhunderts. Vgl. Falke, Gesch. des deutschen Zollwesens（1869），142.

③ Ashley 1, 100.

④ 参照：Zeitschr. für Geschichte des Oberrheins, Bd. 4, und Schmoller, Straßb. Tucher- und Weberzunft, S. 104, 110。

⑤ 同样在 11 世纪，我们已经发现布料是国际贸易的对象；有关英国的情况，可见：Aelfrics Colloquy（ca. 1000）bei Thorpe, Analecta Anglo-Saxonica（1868）zitiert bei Ashley 1, 70。所谓"佛里斯兰布"的贸易可以追溯到更早的时候：J. Klumker, Der friesische Tuchhandel zur Zeit Karls d. Gr. und sein Verhältnis zur Weberei jener Zeit. S. -A. aus den Jahrb. d. G-esellsch. für bild. Kunst usw. zu Embden. Bd. 13. 1899。但是，在 12 世纪之前则不可能出现手工制作的纺织产品的贸易。参照：E. Kober, a. a. O. und R. Häpke in den Hans. Gesch. Bl. 1906。

⑥ 在 14 与 15 世纪期间，国际布匹贸易开始大量扩张。关于格但斯克出售的床单或布的概述，可见：Th. Hirsch, Danzigs Handels- und Gewerbegeschichte（1858），250 ff.。

⑦ 关于中世纪的亚麻布贸易，特别是康斯坦茨的亚麻布贸易，见以下评论：Schulte, M. A. Handel 1, 112 ff.。

⑧ K. F. Klöden, Über die Stellung des Kaufmanns während des Mittelalters. 1. Stück. 1841. S. 33.

⑨ G. R. Lewis, The Stannaries. A Study in english tin miner（1908），33 ff.

来自海外。①英国的砖瓦来自佛兰德（14 世纪）。②

铁和矿石在 14 世纪已经运往意大利。③我们发现，在 12 与 13 世纪期间，铁是从欧洲运往埃及的输出品④，在 14 世纪初，铁成为英国的输入品⑤，并在整个中世纪成为德意志、意大利⑥以及汉萨同盟城市⑦贸易的对象。

我们在 13 世纪时看到德意志的白银出现在香槟的集市上⑧，并运往英国。14 和 15 世纪时，但泽的批发商⑨和吕贝克的小商贩⑩都在从事此种贸易；它在德、意贸易往来中越来越受到喜爱。⑪

同样，**铜、黄铜和铅**也是中世纪早期国际商品交换中经常提及的物品。在 10 世纪的德、意之间⑫、在 11 世纪的对英贸易⑬、12 世纪的莱茵⑭、13 世纪的埃森纳赫⑮、汉堡⑯、佛兰德⑰等地我们都会听说这些金属；在 14 世纪这些金属构成英格兰⑱、吕贝克⑲、但泽⑳和德意贸易中㉑很受欢迎的贸易物品，在安克拉姆、戈斯拉尔这样的城市是批发与零售交易的。㉒

但不仅是原材料和半成品，**金属工业的制成品**也很早就进入了贸易。最重要的制成品是**防卫武器与抗击性武器**。早在 10 世纪，威尼斯人已经从伦巴第、施蒂里亚和克恩腾的铁匠那里购买武器，销往海外各国㉓。剑、长矛和甲胄在 10 世纪

---

① Matth. Dünn, View of the coal trade of the north of England（1844），11 ff. Salzmann, 1. c. l ff.（基于新的手抄资料）

② Salzmann, 1. c. p. 125.

③ Dem ältesten Zollkatalog aus der Alpenwelt zufolge, dem von Bischof Giso von Aosta 900 abgefaßten；vgl. Schulte 1, 68.

④ Heyd, Gesch. des Levantehandels. 2 Bde. 1879. 1, 424. 426. 437.

⑤ Hansaakten aus England 1275—1412, bearbeitet von K. Kunze, 1891. S. XLV（Hansische Geschichtsquellen Bd. VI）.

⑥ Schulte 1, 693 u. öfters.

⑦ Hans. TJ. B. Bd. I Nr. 432 und öfters.

⑧ Schaube, Ein italienischer Kursbericht usw. Zeitschr. f. Soz. u. Wirtschaftsgeseh. 5, 248.

⑨ Th. Hirsch, a. a. O. S. 257 ff.

⑩ Wehrmann, a. a. O. S. 273.

⑪ Schulte 1, 594.

⑫ Zollkatalog Gisos von Aosta bei Schulte 1, 68.

⑬ Ashley 1, 70 nach Aelfrics Colloquy（um 1000）.

⑭ Zollprivileg der Abtei S. Simeon von 1104 bei Falke, a. a. O. S. 139；Zollprivileg der Kaufleute von Dinant, erteilt vom Senat der Stadt Köln, Ennen, Quellen I, 7 Nr. 5. Schreiber, U. B. der Stadt Freiburg i. B. 1（1828），5/6.

⑮ Falke, Zollwesen, 144.

⑯ Ebenda, 146.

⑰ Hans. U. B. Bd. I Nr. 432.

⑱ Hans. Geschichtsquellen Bd. 6 S. XLV；334.

⑲ Wehrmann, 272 ff.

⑳ Hirsch, a. a. O.

㉑ Schulte 1, 692 ff.

㉒ Kramerordnungen der genannten Städte bei Klöden, 1. Stück § 3.

㉓ W. Heyd, Gesch. des Levantehandels 1, 125/26. A. Schaube, Hand. Gesch. 23 f.

成为阿尔卑斯山交通要道上的贸易物品。①关于"科隆剑"，12 世纪就在莱茵河上游看到了相关的记录②，至 13 世纪末和 14 世纪初，此物成为对英贸易的商品③；在 13 世纪，我们经常遇到一种武器交易，例如在皮尔纳④，在埃森纳赫，在随后的几个世纪里，更多的是在奥斯纳布吕克⑤、但泽⑥和吕贝克⑦。从上述这些任意挑出的文件证据中，即使并不足以得出普遍性的认定，但也尽可得出结论，即整个中世纪，国际武器贸易在繁荣扩展⑧。

随着现代战术的发展，剑、甲胄和盔帽等开始丧失其主顾，**金属工业的其他产品**，特别是铁器，如工具、刀、锁、别针、缝针、挂钩、钮孔以及今天通常称为"铁货"的其他产品，都成为各地物品交换的对象，来同那些武器竞争，并取代它们的地位。这些产品大量进入贸易，这一事实可以从 13 和 14 世纪关税的规定中看出。其中规定它们必须按件数、打数或 60 的数目来抽税。众所周知，纽伦堡是中世纪著名的铁货产地；因此，在很长一段时间里——直到当代——"纽伦堡商品"术语一直被用来指代此类商品，就像指代所谓的嗜好品一样。⑨

除去以上提及的之外，还有其他工业产品成为中世纪各地的交易对象，现在根据文献报告，仅将其中比较重要的几种略加叙述。

木器

10 世纪：德意志、意大利公路上出售的碗、木钵。⑩

11 世纪：缸、碗⑪、桶、木瓶⑫为交易品。

12 世纪：在恩斯集市上出售的木制品。⑬

---

① Zollkatalog von Aosta 960 bei Schulte 1, 68. 按照舒尔特的看法，此处设计的是米兰的军火工业的产品。(1, 69)

② Mitt. Rh. U. B. 1, 409. 2, 242. Falke, a. a. O. S. 139. v. Below, a. a. O. S. 148.

③ Hans. Geschichtsquellen 5, XLV.

④ Falke, 144.

⑤ Frensdorff, Dortmunder Stat. CXXXI.

⑥ Hirsch, 261.

⑦ Wehrmann, 456.

⑧ Vgl. noch W. Böheim, Die Waffe und ihre einstige Bedeutung im Welthandel. Zeitschr. f. histor. Waffenkunde 1, 171 ff.

⑨ 在吕贝克，纽伦堡人被允许在开放的地窖里出售他们的工匠制作的下列物品（15 世纪）：锁、刀、镜子、木制和铅制的祭台、长矛、铁皮、武器手套、钢制衣架、长笛、黄铜扣、儿童铃铛、锡制碗、马栏、马镫、马刺、眼镜、黄铜顶针、扣子、罐头、黑板及儿童绷带。Wehrmann, Einleitung S. 107. 在 14、15 世纪与意大利的贸易中，我们还发现纽伦堡的金属工业产品：祭坛吊灯、书写灯、吊灯、黄铜碗、推车、灌肠注射器、指南针、切盆、剪切刀及指南针等。Schulte 1, 719. 大量的关税豁免证据表明纽伦堡的出口在扩大。1332 年的名单列出了不少于 69 个免税的地方，以及整个阿雷拉特王国。Schulte 1 658.

⑩ Zolltarif Gisos von Aosta bei Schulte 1, 68.

⑪ A. Schaube, Handelsgeschichte, 24.

⑫ v. Below, Entstehung des Handwerks, a. a. O. S. 152.

⑬ Falke, Handel 1, 77.

13 世纪：木制品是英国的进口产品之一。①

14 世纪：桶板、桶箍、木杆、钵在摩泽尔地区出售②，盆、铲、碗在但泽交易③。

15 世纪：汉堡的大桶除年市以外，也在斯内克（佛里斯兰）出售④。

皮革

很早就出现在交易之中：牛皮、山羊皮、牝牛皮与绵羊皮都出现在 1248 年特里尔的关税清单上⑤，其中，皮革制品是最常见的出口手工业品之一：巴塞尔在 15 世纪有 59 位富有的制革老板，每年最大的工作量为 360 张皮（总共 21 240 张皮，全部都在手工业的生产范围之内）。当地约有居民 10 000 人，鞋匠计有 133 人。⑥我们了解到 13 世纪英国有皮革交易⑦，14 世纪瑞典有皮革交易⑧。皮革是中世纪多特蒙德⑨、布雷斯劳⑩、埃尔富特⑪与纽伦堡⑫交易的主题。作为批发与零售商品，皮革出现在戈斯拉尔（14 世纪）的商贩规章中。⑬在佛兰德的玛加勒特 1252 年的关税清单中记载有大量的皮革品种。⑭13 与 14 世纪波伊图的皮革交易非常活跃。⑮

在中世纪，皮革从生产者到消费者的过程往往比今天更长。现在，大型鞋厂在皮革厂收购皮革，而皮革厂本身的客户也许是在印度。然而在中世纪的英国，我们发现行会成员有特权购买未鞣制的生皮（总在收购），他们将这些生皮卖给制革匠，然后再将他们的产品——鞣制的皮——卖给鞋匠。⑯

皮革制品

德意志的鞍具在 10 世纪为外国所珍视。⑰在中世纪早期，伦巴第主教使用的是德意志的缰绳与萨克森的马鞍⑱；厨房器皿是中世纪多特蒙德的贸易商品⑲，皮

---

① Hans. Geschichtsquellen 5, XLV.

② Tarif des erzstiftischen Kochemer Zolls：Lamprecht, DWL. 2, 811.

③ Hirsch, 253.

④ Stadtbuch von 1456, vgl. Hegel, Städte und Gilden 2, 290.

⑤ Originalauszug bei Lamprecht, DWL. 2, 315.

⑥ Geering, 141.

⑦ Hegel, Städte und Gilden 1, 99. Vgl. Salzmann, 1. c. p. 174.

⑧ Hegel 1, 280/81. 293.

⑨ Frensdorff, Dortmunder Statuten und Urteile, in Hans. Geschichtsquellen 3 (1882), CXVI.

⑩ C. Grünhagen, Schles. am Ausgange d. MA. Zeitschr. f. Gesch. u. Alt. Schles. 18 (1884), 39.

⑪ Falke, Handel 1, 135.

⑫ Falke, 127.

⑬ Klöden, Stellung des Kaufmanns, 1. Stück S. 36.

⑭ Hans. U. B. Bd. I Nr. 432.

⑮ Boissonade 1, 14.

⑯ 见：Groß, Guild Merchant; Doren, 150。

⑰ v. Below, a. a. O. S. 153.

⑱ Schulte 1, 74.

⑲ Hans. Geschichtsquellen 3, CXVI.

袋、腰带、皮囊等由其他城市的旅客在施魏德尼茨出售（1336 年）。①

各种零星用品

象牙梳是中世纪早期国际贸易的物品。②角梳出现在（14 世纪）巴塞尔与斯特拉斯堡③的关税表和安克拉姆的商店里④，各种"零星用品"出现在施魏德尼茨的商店里⑤。出于明显的理由，各种材料制成的念珠成为一种重要的商品：蜜蜡、鱼干和念珠仿佛象征着当时浓厚的宗教色彩。木制与铅制的念珠已经有人说及。特别是琥珀制成的念珠更加成为人所争购的商品。制作念珠最多的地方是吕贝克。在整个中世纪，念珠在这里成为一种兴盛、繁荣与富庶的手工业，他们以协作的形态购买琥珀。⑥

服装与装饰品

12 世纪：服装作为商品，载于弗莱堡的城市权中。⑦

13 世纪：里尔商人向意大利出售布鲁日裤子；⑧

——在佛兰德的玛加勒特 1252 年的行会卷册载有裤子⑨，1262 年在汉堡海关卷册中提到"包装的"裤子⑩；

——鞋子是在奥伯莱提伯爵驻在地拉格斯城堡的集市上交易⑪；

——手套、腰带、钱包、小提琴弦系为巴黎"杂货商贩"的经销品。⑫

——皮草是比萨贸易的对象（1218 年）。⑬

14 世纪：吕贝克⑭、但泽⑮、安克拉姆、戈斯拉尔⑯、施魏德尼茨⑰的零售店里出售裤子、帽子、毡帽、绷带、衣边以及扣子等；

14 世纪：卑尔根的鞋匠与裁缝将其产品销往海外⑱；

① Cod. dipl. silesiac. 5, 19, 20.
② Schulte 1, 74.
③ Schulte 2, 105.
④ Kramerordnung von 1330 bei Kloeden, 1, 33.
⑤ Cod. dipl. silesiac. 5, 19. 20.
⑥ C. W. Pauli, Lübeckische Zustände 1（1874），52.
⑦ Schreiber, Urkundenbuch der Stadt Freiburg 1, 6.
⑧ Schulte 2, 105（Urk. Nr. 188）.
⑨ Hans. U. B. Bd. I Nr. 432.
⑩ Stieda, a. a. O. S. 111.
⑪ Schulte 1, 167.
⑫ Dict. du mercier, Crapelet, Proverbes et dictons populaires（1831）.
⑬ Santini, Doc. dell'antica costit. del com. di Firenze（1895），p. 190.
⑭ Wehrmann, 272 ff. 286 f.
⑮ Hirsch, 256.
⑯ Klöden 1, 33. 53.
⑰ Cod. dipl. Siles. 5, 19 f.
⑱ Hegel, a. a. O. 1, 407.

——斯特拉斯堡的无沿帽和裤子运往意大利销售①，吕贝克的无沿帽和裤子运往威尼斯销售②；

——勃兰登堡新城有出售"德尔勒蒙服装"的设备③；蒙托班的波尼兄弟经营服装和装饰品④，交易面很广，格尔德森的维克也从事同样的贸易。⑤

——德意志的帽子运往米兰出售⑥，并且是巴塞尔重要的进口商品。⑦

在14世纪英国著名的温彻斯特集市上，我们可以看到，这一切是如何在一个大型集市上结合成一个丰富多彩、生动活泼的蔚然大观。此处我想将相关描述中的要点再现如下。⑧

威廉二世允许温彻斯特主教在城外的东山举行为期三天的集市。国王的直系继承人允许将集市延长，最终由亨利二世授予全权证书，延长至16天，即从8月31日至9月15日。8月31日晨，在山顶圣公会帐幕中的法官宣布集市开幕，然后骑马穿过城市，领取大门的钥匙，将天秤封存在城市的羊毛市场，在集市上不会用到此物，继而他带领市长及其随从，回到山上的帐幕或凉亭之中。在这里，他们任命一位特别的市长、一位执行官和一位裁判官，以便在集市期间以主教的名义管理这座城市。小山很快就被一排排木棚覆盖；一排为佛兰德商人占据，一排是卡恩或其他诺曼底城市的商人，另一排是布里斯托的商人。这里是金匠的排屋，那里是布料匠的排屋。全场皆由围栏围住，入口处有人守卫：采取这些预防措施并不总能阻止企业破坏围栏冒险进入市场来逃避缴纳关税。第一天，因受封地而必须到场的主教的所有臣下都全副武装，骑着马出现在主教面前，其中三四个人必须确保集市法庭的判决和主教内廷官的命令在集市和温彻斯特以及南安普敦见诸执行。

集市期间，温彻斯特及其方圆7英里内的所有商业往来都被强制取消。在邻近地带、桥梁和其他交通路线上都有守卫，以便察看主教的权利是否受到侵犯。处在管辖区以外的南安普敦，在集市期间只允许出售食品，就连来自温彻斯特的商人也必须搬到山上去营业。关税和收费分有等级：所有在第一个星期从伦敦、温彻斯特或沃灵福德来的商人都免征入门税；在此之后，除了温彻斯特商人行会的成员外，都需纳税。凡称量一捆羊毛，除去买卖双方各付称量员1芬尼外，须再缴

---

①　Schulte 1, 706.

②　Stieda, a. a. O. S. 111. Vgl. dazu noch Hans. U. B. Bd. 4 Nr. 621, 1017（3），1018（8）.

③　G. Sello, Brandenb. Stadtrechtsquell.（Mark. Forsch. 18［1884］，12.）

④　Le livre de comte de frères Bonis; ed. E. Forestie. Arch. hist. de la Gascogne, fasc. 20. 23. 26. 1890—94. 20, LII ff.

⑤　Das Handlungsbuch Vickos von Geldersen; bearb. v. H. Nirrnheim（1895），LVIII.

⑥　Schulte 1, 718.

⑦　Geering, 233.

⑧　此处参见：Dean Kitchins Einleitung zu dem Freibriefe Eduards III. für die S. Giles Fair in den Winchester Cathedral Records No. 2（1886）。

纳 4 芬尼作为"主教的称量费";其他商品的税捐亦大体相似。每次集市都设有一个特殊的集市法庭,领主的代表依据商法对所有发生的纠纷作出裁决,同时暂时停止该市原本有效的裁决权;在温彻斯特,这个法庭被称为"帐幕法庭"。在这里,主教的仆从们将所有的度量衡都送到法庭检验;在这里,裁判官为面包、葡萄酒、啤酒和其他食物规定了一种标准价格或一定的重量,若分量不足,面包师即受谴责;最后,陪审团每天都在查验刻制的计算木,调解商贩之间债务纠纷。

与这一描述相对应的是,14 世纪圣丹尼集市上吟唱的弥撒曲:"世上最动人的交易场"。诗人首先描述了圣母院的游行队伍如何经过,圣母院祝福着整个商人队伍。然后,他开始列举各种工匠和商人的摊位,他们提供服务(理发师、陶工等)或是竞售商品。就像我们在温彻斯特遇到的那样,这是一个丰富多彩的排列;此处无意一一列举。经济地理学家对这首诗产生了极大的兴趣,因为它列出了这里出售的商品的一长串出产地。

第二节　生　产　者

生产者如何满足他们对生产资料的需要,已经在前几页中讨论过;事实上,它与最终消费者用来购买他们自身所需的日用品的方法一样。此处要做的是对他们所遵循的商业惯例,作一番探本求源的叙述。为了前后关联并更好地概述,我只想就最重要的行业采购货物的可能性,简单报告如下。

面包师或是从顾客那里得到面粉,或是让磨坊主将自己购买的或顾客提供的谷物磨粉。他让泥瓦匠在隔壁建造一座烤炉,他自己提供材料,或者不提供。他从邻近的铁匠或车工、桶匠、制刷工那里订购工具,或是在年市上购买成品。

屠夫在城市的牲畜市场上从生产者或宣誓的经纪人那里购买牛(如在巴黎一样),或去乡村及邻近的市场购买,或自己饲养此种牲畜。[1]

制烛者从屠夫那里购买脂肪,纺织工人向屠户购买羊皮。

铁、铅、铜加工业在市场上从商人那里满足自身对原材料的需求。

木材加工业从邻近的森林里购买木材,倘若城市位近河流,便从河上的木筏处购买木材。但也会有木材商人经营此业。

皮革加工业在皮革市场上购买原料,或他们可以购买皮革,然后雇佣制革工制成鞣皮。

---

① 有关英国的证据可见:Green, Town Life 2, 40;有关法国可见:Fagniez, Etudes, p. 184;有关斯特拉斯堡可见:A. Herzog, a. a. O. S. 60 f.。

在**建筑行业**有石灰、砖块和石材商人，泥水匠或石匠可以从他们那里购买（如果建筑业主不提供材料的话）。他们用石灰窑和砖窑将原料加工成块状制品（我们在上面了解过这样的案例）。玻璃工很可能是在集市的摊位上找到玻璃，或者是从四处走动的玻璃制造者那里购买，否则他就自己去寻找制玻璃人的小屋。

在**纺织业**，所有的采购方法都混杂使用。羊毛、亚麻和大麻是由生产者或商人在市场上出售。丝绸可以在杂货商处买到。纺织业各个阶段往往是相互雇工进行：织工让纺纱工加工原料，染色工受雇为织工染布，或织工受雇为染色工织布，染色工受雇为裁缝染布等，相互交叉应用。通常，成品织物的销售商（成衣商、布商）通过雇佣形式来完成所有这些加工过程或其中几个部分。纺织业中的器具、工具和辅助材料，部分是由邻近的手工业者定做（织机由谁制造？车工？还是木工？我在史料中从没有找到丝毫踪迹）；有些是在特殊市场购买（西洋茜草！），有些是在集市上（外国染料！）购买。

总而言之，生产资料的采购方式与今天相同，但其差异之处在于：成品的采购总是在一定的场所进行，而且几乎经常在一定的公共采购场所（大商店、市场大厅、市场摊位）。在所有的城市，几乎都禁止经销商（或生产者）直接向购买者销售而绕过公共购买场所。此种禁令是严格实施的，许多法庭案件都证明了这一点。依照样品的采购，即定期交货贸易——此项贸易大半是由书面的交接实现——几乎全无。

第十六章

工业劳动的组织

第一节　生产者与市场的结合

如果现在要从出售商品的生产者的角度来考察中世纪城市的工业生活，我们将首先——直接利用至今为止所获得的洞察力——根据各种产业工人向男人（或妇女）提供产品或服务的方式，将他们进行分类。我们已经熟悉了所有这些方法，现在只需再度明确断定，在中世纪的城市有：

1. 在消费者家中工作的工业生产者；

2. 为最终消费者工作的雇佣工业生产者，以及在很大程度上为其他生产者工作的工业生产者：染色工、漂布工等；

3. 为当地市场生产商品的工业生产者，无论是定做还是库存；

4. 为一个（各地之间）大市场生产的工业生产者："出口工业"。

简言之：生产者能够与市场结合的所有方式都发生在中世纪的城市里。

第二节　工业的区位

就以上列举的工业生产者类型而言，可以很容易地看出，即使在中世纪，并没有一种工业局限于当地市场①，而是一个城市为另一个城市生产。现在要问：依据何种法则来决定为一个大市场生产的工业地点。就我所知，从来无人对这一点加以探讨，此处又是一个值得稍有精神的（经济史学者）思考的一个问题。

现在可以略微肯定的是：

1. 在中世纪，许多重要行业的地方专业化比重非常之大，可能比今天更大。

---

① 此即阿尔弗莱德·韦伯所指的无处不在，参见：Der Standort der Gewerbe. 1. Teil 1912。

也就是说，某些产品只在这个城市生产，某些产品只在另一个城市生产。

在 13 世纪中叶一位英国法律学者的著名手册中[①]，我们发现标有制造布匹的城市：林肯（Lincoln）代表猩红色布，布莱（Bligh）代表羊毛毯，贝弗利（Beverley）代表棕色布，科尔切斯特（Colchester）代表粗布——1301 年的议会记录中涉及八个来自这个城市的织工。在沙夫茨伯利（Shaftesbury）、刘易斯（Lewes）和埃尔沙姆（Aylesham）以亚麻布生产见称，沃尔维克（Warwick）和布里德波特（Bridport）是以绳索生产见称，后者又以大麻织物而闻名。威昆伯（Wycombe）、汉尔富特（Hungerford）和圣阿尔班（St. Alban）供应上等面包，玛斯蒂德（Maastead）供应刀子，威尔腾（Wilton）供应缝针，莱斯特（Leicester）供应剃须刀，班伯里（Banbury）以饮料闻名，希钦（Hitchin）以产麦酒闻名，伊利（Ely）以产淡啤酒闻名。格洛斯特（Gloucester）是铁器的主要产地，布里斯托尔（Bristol）是皮革的主要产地，考文垂（Coventry）是肥皂的主要产地，唐卡斯特（Doncaster）是鞍带的主要产地，切斯特（Chester）和什鲁斯伯里（Shrewsbury）是皮革和毛皮的主要产地，科尔夫（Corfe）是大理石的主要产地，康沃尔（Cornwell）是锡的主要产地。格林斯比（Grimsby）供应干鳕鱼，埃伊（Rye）供应鳕鱼，雅姆斯（Yarmouth）供应鲱鱼，伯瑞克（Berwick）供应鲑鱼，瑞本（Ripon）是一个马市场，在 16 世纪依然如此，在哈佛希尔（Haverhill）买手套，诺丁汉（Nottingham）买牛，北安普敦（Northampton）买鞍具。

纺织业的地方专门化程度尤其高，但其他出口行业——武器制造业——也是如此。

然而纺织业各个部门还谈不上统一的控制；实际情况恰恰相反：这里所染的蓝色较好，那里染制的红色更好；这里的人擅长制作毛呢织物，那里则擅长制作亚麻布。[②]

例如许尔利茨的纺织业早就专门化了：在乌尔姆染成红色，奥格斯堡染成黑色；在科隆，除了绿色和黑色之外，尤其以蓝白交合的色彩著名；巴塞尔的许尔利茨鸟花是蓝色或蓝白色[③]等等。

丝绸业专限于某些城市，远比毛织业或亚麻布业经历的时间长久。此业本身在意大利经历几个世纪才从卢卡传播到热那亚、米兰和其他城市。

中世纪的第二个主要出口产业——即金属工业，特别是**武器部门**——如何发展成专业化，乃众所周知。托莱多、布雷西亚和帕骚的刀片，米兰、因斯布鲁克

---

① 参见：Th. Rogers, Six Centuries etc. Deutsche Übers. S. 75 f.。

② A. Schulte, Gesch. d. Handels 1, 112.

③ Geering S. 308. 12 世纪在佛兰德产生的一首诗很好地概述了当地纺织业的广泛发展。Conflictus ovis et lini von 169—212, abgedruckt in M. Haupts Zeitschr. f. deutsches Altertum 11（1859），220 f.

和纽伦堡的头盔和甲胄皆为专利品。①

为了对中世纪工业的地域性形成一种正确的认识，我们必须将其与**现代农业**的专业生产进行比较。出于对产地自然条件的依赖，农业仍然保持着农作物广泛的地域性，尤其是美味食品更是如此。有专门为美食家准备的卡片，上面列出一个好厨房所需的美味佳肴的最著名的产地。②中世纪的一幅商业地图看上去也是如此。

众所周知，中世纪喜欢给不同的城市一个特定的称谓，或者用某种特征来定名，将它们彼此加以区分。我们经常发现工业特产的生产被用作差异的标志。

然而此处必须提请注意，中世纪工业的地域分布在一点上与今天各个行业的布局大不相同，即使在此种工业成为专业的地方也是如此：一种特殊产品的生产，自始至终完全在一个城市进行。而今天生产的部分过程经常被转移到不同的地方，但在中世纪，它们更多地发生在同一个地方。例如，一个城市以刀片而闻名，它不会从其他两个城市采购现成的钢条和刀柄，两者都是自行生产。今天，一个织布厂从各地采购纱线，而在中世纪，从原料到成品织物的所有生产操作都在同一个城市进行：只要想一想佛罗伦萨这样的织布厂吧！行会章程往往规定将全部过程联合在同一地点，巴黎亚麻织工的行会规定便是如此。今天没有一个家具厂会在当地购买所需的木板，而是从遥远边界等处的锯木厂采购，等等。

请注意，这并不是劳动过程本身的不同专门化。相反，它可以以今天同样的方式组织；这也意味着可以在横向上划分职业活动。打浆、拉伸、纺纱、织羊毛、修剪、染色和砑光，这些都可以像今天一样（或比今天更甚），构成特殊职业的内容；今昔唯一不同之处在于（经常这样，但并非总是这样！）各种职业活动的空间布局不同。

2. 工业生产这种强烈和特殊的专门化的**原因**，在一定程度上与今天仍然决定工业所在地的原因相同。然而在相当大的程度上中世纪的特殊原因，在这里被证明是有效的：在一个经验方法盛行的时代，一定的工艺技巧（纺织、染色、熔化与雕刻等）在一个较长时间里必定仅限于一小群熟练的生产者范围内，这一时间可能为期很长，在某种状况下甚至是永久的，因为掌握这项技能属于这个圈子的"秘密"，无论如何，不是在现场从事这项工作的人很难学会。只有通过师傅的迁移，这种技艺才能从一个地方传到另一个地方。（今天，技术科学无处不在。）

在中世纪，我们很可能无法确定工业生产与本地市场以及工业生产与城市间的市场在数量上的比例，就像今天一样。根据我们对中世纪经济状况的了解，毫

---

① 参照前已提及的著作：W. Böheims 及 H. v. Duyse，Über den Handel mit Hiebwaffen in verschiedenen Epochen in der Zeitschr. f. histor. Waffenkunde 1，65 ff.。

② Chatillon-Plessis, La vie à table à la fin du XIX. siecle（1894），p. 225.

无疑问，本地生产的重要性比今天大得多。有些工业今天仅见于某些地方，而在中世纪，几乎每个城市都有，例如（尤其是！）织布厂。倘若要用"封闭的城市经济"一词来指代这种在空间上有限地满足需求的优势，这种用法也不会招致反对。但要小心！

第三节　工业生产者的数量及其效率

对工业劳动者在总人口中所占的比例，甚至仅在城市人口中所占的比例，我们知之甚少。有人认为，狭义的工业在城市中所占的比重比今天大得多。然而我们所掌握的为数不多的调查是否具有典型性，委实难以确定，一般性质的考察也很难形成有利于某一特定的假设。毕歇尔认为，14 世纪末手工业者阶层占（城市！）人口 50%—60%。①对于第二至第九类工业类型（即狭义的工业），他计算出法兰克福在 1387 年为 51.4%，而 1875 年则为 36.7%。然欧伦堡②得出的结论截然不同：海德堡的工业人口在 1588 年仅占总人口的 46.6%，而 1882 年则为 47.7%。

然而，在中世纪的大城市，工业生产者在总人口中所占的比例要小得多。在巴黎，（根据税单）"手工业者"（即工匠，但所有"零售商"也计算在内）的人数在 1292 年为 4 159 人，在 1300 年为 5 844 人。③这些数字中有一部分还是徒弟。因此，我们最多可以乘以 4 来计算工业人口；在这两年中，工业人口大约有 17 000 人和 23 000 人；据我的估计，对巴黎人口的估计，约占巴黎居民人数 25%—30%。如以通常的人口估计数（10 万至 20 万）为根据，则仅占 10%—20%。

另一方面，有两件事是肯定的：

1. 在中世纪，狭义的工业经营者在总人口中所占的比例比今天低得多，因为绝大多数工业生产者居住在城市，在大多数情况下，这类人占全国人口的比例至多为 10%（罗杰斯的估计）；

2. 在整个中世纪，工业生产者的数量相对稀缺，也就是说，相对需求来说是稀缺的。在某些时期，手工业者几乎短缺。14 世纪和 15 世纪上半期，我们经常看到（在德意志）整个城市都在努力保留一个或几个染工，例如布里岑在 1355 年、埃斯林根在 1401 年、莱比锡在 1469 年都是如此。④在 14 世纪的维也纳，"到处都

---

① K. Bücher, Die Bevölkerung von Frankfurt a. M. im 14. und 15. Jahrhundert. 1, 148 ff.

② Eulenburg, Berufs- und Gewerbestatistik Heidelbergs usw., a. a. O. S. 112.

③ 参见：G. Fagniez, Etudes p. 6 ff.。

④ Schmoller, Tucher- und Weberzunft, S. 92.

缺少手工业者"。①

工匠稀缺性的最好证明是所有早期特有的各种特权奖励，各个王公和城市试图通过这种特权将外来的手工业者吸引到他们的境内。

当时许多地方对手工业劳动实行的最高价格②，也证实了此种工业劳动的稀缺性。

如果现在要问，是什么因素的结合造成这样一种状态，我们可以列举以下主要的决定因素：

首先，我们必须考虑到在技术上培训后继人的困难。徒弟需要一个漫长的阶段，一个正式的授教与学习时期，由师傅亲手认真指导，此乃经验的方法所要求的，既然如此，工业生产者的继承人的培育自然就被限制在一个狭小的范围内。经验的**技术**也恰恰在阻碍一种技艺方法传授到其他群体，这一事实已经在其他相关章节中得到证实。

然后——尤其是——我们必须用中世纪人口状况的特殊性来解释。其情况在于：

1. 人口的增长缓慢；

2. 农业过剩人口比例相对较低。

在材料贫乏的情况下，下文对此提供了一些数据。

尽管中世纪人口统计的史料有限③，但可以较有把握地确定以下事实。

在德意志，我们必须认定 13 世纪之前人口在缓慢增长。在兰布莱希特研究的地区，1100—1150 年，年增长率为 0.5%，1150—1200 年，年增长率为 0.4%，1200—1237 年，年增长率为 0.35%。④然而必须认同施莫勒的判断，即"从 1250 年到 1450 年，谈不上人口的普遍增长"⑤。

其他国家也呈现出同样的情景：

在英国，在 1086 年的《末日审判书》⑥和《百卷书》⑦期间人口有增长，然后停滞不前，直至 1500 年⑧；

---

① F. Eulenburg, Das Wiener Zunftwesen in der Zeitschrift f. Soz. u. W. G. 1, 286.

② 有关法国可见：Levasseur l², 500；有关意大利可见：Kowalewsky in der Zeitschrift für Soz. u. W. G. 3, 414 ff.；Cunningham 1, 306 f.。

③ Über die Dürftigkeit der Quellen Inama-Sternegg, Art. „Bevölkerung" im H. St. 2 2.

④ Lamprecht, DWL. 1, 164.

⑤ Schmoller, Die historische Entwickl. des Fleischkonsums usw. in Deutschland in der Zeitschr. f. d. ges. Staatswiss. 27（1871），299.

⑥ 末日审判书，最终税册，指英国 1085—1086 年根据威廉一世命令进行全国普查，编制《土地清丈册》。——译者

⑦ 《百卷书》系英王爱德华一世于 1274—1275 年派王室专员调查封建领主是否篡行王室特权后所作的记录卷档。——译者

⑧ Cunningham, Growth 1, 170. W. Denton, England in the XV. cent.（1888），p. 128—131. Th. Rogers, The industrial and commercial history of England（1898），p. 46 f.

在法国，人口增长直到 14 世纪为止，此后直至 16 世纪，或是停滞，或是减少①；

在比利时，12 与 13 世纪中人口急剧增加②，14 世纪中显然停顿。③

鉴于中世纪人口的生存条件，这些观察不会令我们感到惊讶。正如我们所知，积极的"人口障碍"——如我们知道的一样——是如此强大，即便是最高的生育率也无法弥补由此产生的漏洞。现在只需要回顾一下那些众所周知的事件：

1. 城市和乡村缺乏所有卫生设施④；

2. 战争的频繁与血腥；但最重要的是

3. 中世纪的两大祸灾：饥荒和瘟疫，二者喜欢携手同来。⑤

这两种祸灾同样降临在所有国家⑥，并到处发挥其毁灭性的威力。14 世纪遭受的苦难最大：这是一个瘟疫的世纪。

人们也许会争论，同时代人关于死亡人数的报告，在何种程度上值得相信——例如，在英格兰，是 1/3，还是一半人口或是更多一些甚至更多死于瘟疫⑦——但毫无疑问，瘟疫的破坏足以使人口长期停止增长。

还有一系列的状况将农业的过剩人口保持在最低限度，特别是在整个中世纪，定居在自己土地上的可能性并没有减少，即使不过是作为地主的佃户，也会安之若素。

在**德意志**，德意志人对东方的重新征服本身就意味着现有定居地区的巨大扩张。但在其他国家，自由之地也只是在中世纪后期才逐渐消失。至于**法国**则是

① Levasseur, La Population française 1（1889），140 ff.

② E. de Borchgrave, Hist. des colonies beiges du Nord de l'Allemagne（1865），S. 37.

③ Vanderkindere S. 135 ff.

④ 关于中世纪儿童巨大死亡率：Bücher, Bevölkerung usw., S. 45 f.。

⑤ "伴随着苦难而来的，几乎可以说，总是重大疾病；死亡和鼠疫是任何饥荒不可分割的伴侣。" F. Curschmann, Hungersnöte im Mittelalter（1900），S. 60.

⑥ 关于饥荒问题，可见前注。此书作为莱比锡历史研究第 6 卷出版。Denton, 1. c., S. 91 ff.；"famine … was so common in England, that all attemps to specify the years of scarcity would only mislead"（92）；Creighton, p. 15—52（此书对 679 至 1322 年有出色的阐述），und Levasseur（1², 523），该书认为，法国在 14 世纪有 19 年，15 世纪有 16 年为饥饿的年代。有关鼠疫，可见以下一部名著：Hecker-Hirsch, Die großen Volkskrankheiten des Mittelalters（1865），有关德意志，可见：R. Höniger, Der schwarze Tod in Deutschland（1882）；K. Lechner, Das große Sterben in Deutschland（1884）；有关法国，可见：Levasseur, Classes ouvrières, p. 521 ff.；Pop. Franc. 1, 176，以及该书中的引文。有关意大利，可见：das große Werk von A. Corradi, Annali delle Epidemie, P. I（1865）bis 1500, 此书涉及饥荒的描述；M. Kowalewsky in der Zeitschr. f. Soz. u. W. G. 3, 406；有关荷兰特别是比利时，可见：L. Torfs, Fastes des calamités publiques survenues dans les Pays Bas et particulièrement en Belgique etc.：Epidemies -Famines -Inondations（1859）；有关英国，可见：Ch. Creighton, A History of Epidemies in Britain from A. D. 664 to the extinction of Plague（1666），1891. 在英国，这个问题得到特别彻底的处理。其中最重要的著作为：Ch. Petit-Dutaillis, Introduction histor., zu：A. Réville, Le soulèvement des travailleurs d'Angleterre en 1881 en den Mém. et doc. publ. par la Soc. de l'école des chartes 2（1898），XXX ff.。

⑦ 罗杰斯认为有 1/3，坎宁汉认为 1/2，丹顿则认为更多。

1200—1350 年这一期间："每天都在占据新的土地和征服新的农民。"①在 14 世纪的**英国**，就像德意志一样，定居地区是通过解散庄园来人为地扩大。②一个人口比较稠密的地区如**比利时**将其过剩人口转移到邻近人口稀少的德意志③和英国④。于是便发生"十字军"东征及其相关的事件！

工业产品供应有限的最后一个原因是，人数原本已经很少的生产者生产的物品又很少，因为工业技术的生产率在过去几个世纪中被认为是异常低下。

可惜的是，我们并没有衡量劳动生产率水平的标准，只能依赖从一些症候中得出的结论。生产力水平低下的症候如下：

1. 大量工业产品的**价格高涨**。

尽管这一说法无疑是正确的，但很难用数字来证实，因为几乎永远无法确定，我们想要比较价格的工业产品的质量完全相同。几乎可以肯定的是，例如，用铁来比较是可能的：在 14 世纪，一吨铁在英国的价格为 9 英镑，相当于今天的 27 英镑，而 1913 年杜塞尔多夫生产的德国最好的铸铁出产价格，每吨为 77.5 马克。相反，诸如"一顶帽子""一双靴子""一件大衣"则完全难以确定；即使是纺织品，质量的差别也可能很大。然而我们可以肯定地说，像纺织品这样的工业品，人工越多，材料越少，价格越贵，最高价格和最低价格之间的差距比今天大得多。此乃工业劳动的生产率和技术性能较低的证据！奇普拉里奥给出了 1261—1400 年期间纺织品的价格，二者之间价格相差之比为 1∶140；乌扎诺（15 世纪）说，最贵布料的价格为最便宜布料的 35—40 倍。

2. **就业人数**：1428 年，威泽尔有 342 名纺织业师傅生产了 5 140 匹布。⑤如果计算一个织布师傅（或按施莫勒的说法，一个普通织工）在织布时再雇两个人（这当然被低估了），如此，必须有 1 000 人来完成这 5 140 匹布料（这是现今一个大型工厂的月产量），足足为现在数量的 20 倍。这样的数字在中世纪似乎十分典型：波威的纺织师傅称他们有 400 人，每周生产"多达 100 匹布料"。⑥

3. **生产时间**：直至 15 世纪末，制作一把好锁还需要 14 天的时间。⑦而艺术作品则是以年计算。中世纪的建筑和工艺类作品——这些往往令我们惊叹不已——的全部秘密，即在于其制作时期极为漫长。城市房屋和教堂的建造时间长达几个

① D'Avenel 1, 273 ff.

② Rogers, Hist. of Agriculture and Prices in England 1（1866），24 ff. Seebohm, Engl. Vill. Comm. (1883)，33 f. 54.

③ 见：das S. 254 Anm. 3 zit. Werk von Borchgrave。

④ W. Cunningham, Die Einwanderung von Ausländern nach England im 12. Jahrhundert in der Zeitschr. f. Soz. u. W. G. 3, 177 ff.

⑤ Mitgeteilt bei E. Liesegaug, Niederrh. Städteleben（1897），S. 640. 680.

⑥ Urk. vom 19. April 1399 bei Fagniez, Documents 2（1900），Nr. 70.

⑦ Boissonade, Org. du travail en Poitou, 370.

世纪，此乃众所周知。即使制作家具，也常需要数年的时间：只需翻阅一下唱诗班椅子、镶嵌物和橱柜等制造商的名单，便可看出，制作任何精美的物品，总是经过几个世代的更替。①最初的五金匠在皮斯托亚的圣雅各布祭坛和佛罗伦萨的洗礼教堂工作了 150 年以上；吉伯蒂在那些值得关闭天堂入口的宏伟大门工作了 40 年。②

第四节　经 济 形 态

中世纪城市的工业劳动组织是否为一种手工业组织？手工业的观念是否实现？行会的精神是否体现在生活的形态中？

对于**这些问题**可能永远不会有非常明确的答案。我们总是只能主要依赖从某些迹象中得出一种结论，并根据个人所知道的材料，即根据个人对这种或那种症候的评价高低，从而形成不同的判断。试看提出何种证据，我们可以从中得出何种结论。

首先，毫无疑问，现实状况和工业生活的圆满的手工业者的理想——此种理想系行会制度的基础——在许多重要的方面相去甚远。有一点是全然确定的：

他们的最高目标在于覆盖工业生活的全部领域，然而行会在中世纪的任何地方都没有达到这一目的。就我们所知的不同城市行会的统辖范围，便足以证实毕歇尔有关法兰克福状况的阐述是正确的③：

尽管在以后的几个世纪里，城市政府、往往是有关各方本身，都作出了巨大的努力，将在其他地方久经考验的组织扩大到这些劳动领域，但工业生产的一部分总是在自由企业的基础上进行。他们通常是那些生产者，其产品从未遇到广泛的需求；然而他们中间后来有些人地位变得非常重要，且至今依然如此（如家具工、酿酒师、马鞍匠、金匠），而另一些人（如法兰克福的饰带匠、印花布匠、绒布工、纽扣匠）在短暂或漫长的繁荣之后又消失了。在 14 世纪，当议会非常谨慎地授予建立行会和提供酒廊的权利时，该市相当大一部分的工业人口即使并不站在任何组织之外，但仍然处于公共承认的"手工业"之外等等。

我们经常看到，其他团体的相反趋势如何同行会利益的方向交错起来：例如，君主式的起源，有如早期在维也纳和类似的地方一样。因此，从形式上讲，行会

---

① E. Poerster, Gesch. der italienischen Kunst 3（1872），130 f.；4（1875），69 f.

② G. Semper, Der Stil 2 2（1879），514.

③ Bücher, Bevölkerung 1, 116 f.

的理想——行会的义务性——从没有在任何地方完全实现。

但我以为更为重要的是：即使在物质上，我们也看到了与手工业组织理想的重大偏离。尤其是分配给各个胡符手工业者的"糊口物资"，或在发展过程中增加的"食品"，绝对没有出现在完全相同的生产区域，或完全相同的收入中。

在手工业已经取得更大发展的时期内，一部分工业经营者的经济平等的理念——若有此种表现的话——并不能被视为正当的要求。古往今来，皆有手工业者在整体上比其他人富裕许多倍的情况，而在各个手工业中，师傅的财富——如果此处可适用此名词的话——又会凌驾在他们的同事之上。①几种数字即足以证明此类事实，因为它们在不同的时间和不同的地方提供了一个完全一致的图景，即手工业者之间的财富有着巨大的差异。

关于 13 世纪**巴黎**手工业者的收入状况，因掌握人头税表单（1292 年），情况便很清楚。据此项数据，一个毡帽匠有 19 000 法郎的收入，一个织布业者有 9 000 法郎的收入。其他一些手工业者的收入超过 5 000 法郎，100 名以上的手工业者的收入超过 1 000 法郎，与此同时，大多数手工业者的收入却低于 250 法郎。具体数字如下：

收　入	手工业者
10 000 法郎以上	1
5 000—10 000 法郎	6
1 000—5 000 法郎	121
250—1 000 法郎	375
50—250 法郎	821

巴塞尔的手工业者在 15 世纪的情况完全相同②，其财产情景（1429 年）：

	低于 50 弗罗林	50—300 弗罗林	300—1 000 弗罗林	1 000 以上弗罗林
灰布工	159	51	2	1
锻工	42	86	36	8
屠夫	34	35	18	10
面包师	19	31	14	6
裁缝与毛皮匠	65	47	9	2
木匠与泥瓦匠	86	100	28	5
剪布工? 画匠与马鞍匠	24	34	16	2
亚麻布织工与纺织工	53	32	3	—
	482	416	126	34

---

① C'est quo mille in-é-galit-é-s naturelles emp-ê-chaient l'uniformité, à laquelle tendaient les règlements. G. Fagniez, Etudes, p. 120.

② G. Schünberg, Finanzverhältnisse der Stadt Basel im 14. und 15. Jahrhundert（1879），S. 180/81.

海德堡的手工业者在 **15 世纪**的财产差异如下。计每人的货币财产单位为古尔登。①

屠夫行业 …………………………… 199

面包师行会 …………………………… 167

裁缝行会 …………………………… 119

鞋匠行会 …………………………… 113

锻工行会 …………………………… 100

纺织工行会 …………………………… 62

在各个行会内部，并没有财产平等，而是有相当大的差异；同样，中等收入并不总是普遍规律，只有少数人收入高于平均水平。15 世纪，在海德堡的 91 个锻造厂中，有 9 家属于"大"资产，58 家属于"小"资产。②

以下的比较表明，中世纪同一手工业中各个师傅之间存在着何等巨大的财产差异。14 世纪，法兰克福的羊毛织工在集市上享有供应布匹的权利，有 11 人各为 36 匹，22 人各为 24 匹，10 人各为 18 匹，8 人各为 12 匹，20 人各为 10 匹，13 人各为 8 匹，49 人各为 4 匹。③故此，在生产的扩张中，其差异也为 1 : 9。

在**英国**，织布行业中的差异似乎更大一些。④

在**科隆**，各个行会将独立经营者——依靠自身财产创业的成员——区分为兄弟和师父。根据这种差异，摩恩认为⑤，所谓的兄弟是师傅与职工之间的中间阶段，他们作为小工业者可以独立地从事一门手工业；因此，他们只需支付一半的入会费。在他们获得必要的财产之后，便可以加入师傅的行列。

正如我们所知，中世纪的文书经常提到行会的贫穷会员与富裕会员，其中有许多规定是为了使贫穷会员尽管有物质上的差异，但仍能在富裕的会员面前维持自身的独立，并实现两者原则上的平等权利。

一个可怜的肉店女老板在哀叹，她的桌子上摆放着 10 块肉——也许还有——几片培根出售，而行会骄矜的大屠户强迫她停止营业，这样的抱怨提供了一幅何等活生生的图景，令我等看到巴黎屠宰业的巨大差异。

---

① F. Eulenburg, Zur Bevölkerungs- und Vermögensstatistik des 15. Jahrhunderts（Zeitschr. f. Sozial- u. W. G. 3, 457）：没有任何证据表明，在当时，中间数量的财产是正常的。我们看到的是城市人口中最大的（？）贫富对比（第 459 页）。

② Eulenburg, ebenda. S. 460.

③ K. Bücher, Bevölkerung 1, S. 91.

④ Nach den Ziffern der Ulnagers Accounts für 1395, die nach einer Handschrift Salzmann, 1. c, p. 157 f. mitteilt. Vgl. unten S. 262 und 267.

⑤ Mone, Zunftorganisation vom 13. bis 16. Jahrhundert in seiner Zeitschrift, S. 15. 19.

正如刚才提出的数字所表明的，还有其他迹象亦证实：在中世纪，确实存在着一些工业生产经济的形态几乎不能适用手工业这一名称——无论是师傅们变得严重依赖商人，还是他们自己成长为小企业家。例如，我们并不知晓，织布业者于 1292 年在巴黎有 9 000 法郎的收入，究竟是否仅靠织布业赚取此数。可能不是。但在巴黎的织布业者中——统计数字中还有非常多的人收入相当高——的确已经有一些人超越了手工业行业的范围，我们甚至可以从行会章程的某些规定中得出此项推论。其中明文规定织布机的最大数量，即：一位师傅、每个未婚儿子、一个侄子及一个兄弟在他的家中（注意，此为条件！）各备两台宽织机和一台窄织机；因此，如果有人充分利用这一点，便很容易在一个房间里安置 15—20 台织布机。根据萨尔茨曼提供的数字[①]，1395 年，在英格兰西部，一个织布业者将 1 080 匹窄布，另一个将 1 005 匹窄布，另外九人共将 1 600 匹窄布（长度 12 码）交给量布师测定。倘若这真的是一年的产品，则我们可以断定，最大的织布业者拥有的工人多达 30 人。

在这种情况下，手工业的结构被打破，一个终生的帮工阶层开始形成，这一事实可以视为营业扩大的不言而喻的结果（虽然并非每个帮工协会都应该被视为现代的工会）。[②]

即使如此，也不可否认的是，在一些城市，整个工业部门在中世纪已经不再是手工业，资本主义的发展已经开始。根据多伦对 14 世纪下半叶佛罗伦萨织布业状况翔实而细致的描述，我们的印象是，织布业已经被强劲的资本主义元素所渗透。在中世纪的其他城市也有类似的工业存在。

尽管如此，我们的判断必须是：中世纪工业劳动的组织形式实际上也是手工业的组织形态。手工业以其独有的特征在工业生活整体结构中刻下了烙印。手工业不仅是占优势地位的经济形态，而且几乎是唯一占支配地位的经济形态。

我已经说过，我们并没有可靠的材料来证明这一观点的正确。我们必须设法以迂回的方式做到这一点，即至少使这一观点有可能是正确的。这些迂回路径有两种：一种是推定（迹象）的证明，另一种是理论（演绎）的证明（倘若可以这样说）。我试图用这两种方式引导读者。

我们先来看看我们所知道的手工业存在的种种迹象。

其一，（可以这样说）**有机的职业分化**。在中世纪，无论我们在城市里发现何种工业劳动，皆以几乎完全一致的特点出现。处处都基于同样的基本理念：各种不同的行业适当区分，使之适合于活生生的"手艺人"；并为他们高度个人化的活动赋予有意义的内容。

---

① 　Salzmann，1. c. p. 157 f.

② 　如同尚茨在他那本原可值得称道的著作中所做的那样：Schanz，Zur Geschichte der deutschen Gesellenyerbände（1876）。

我以为，此种真正的手工艺秩序的象征清晰可见。事实上，这几乎是关于中世纪工业生活结构的研究所揭示的唯一毫无争议的认识。从中世纪各种类型城市的工业职业人士名册中，我们可以颇为确切地认定其形态上的一致性特征。我们甚至可以肯定地说，在中世纪城市的职业结构中，工业分化是由工业发展的高度所决定的。我想说，工业生产的逐步精细化表现为各个专业的日益分离，这些专业正在浓缩为独立的职业；因此，职业名称的数目是衡量一个城市工业生活发展程度的大致可靠的尺度。此为一种"定律"！

当然，我们必须假定，我们所掌握的关于各个城镇的报告具有相同程度的准确性（而且编纂者也有同样程度的计算才能！）。例如，希尔施称，但泽在中世纪晚期只有60种不同的工业，我们就可以（根据我们对但泽经济生活与其他城市经济生活的比较）直截了当地说，如此的清单是不完整的。此外，里加在13与14世纪仅有75种广义的职业种类，在我看来也值得怀疑。另一方面，**欧伦堡**关于海德堡、**毕歇尔**关于法兰克福以及**舍恩贝格**关于巴塞尔所报告的数字，在我看来毋庸置疑。我以为可以很容易地将它们相互比较。

独立的手工业种类，计：

海德堡……………………………………… 103

巴塞尔……………………………………… 120

法兰克福（1440年） ………………… 191

这些数字反映了三个城市不同程度的发展，尽管巴塞尔的数字相当低。原因也许在于它只适用于两个教区。如果我们想确定这一点，可以将它排除在外，只比较海德堡和法兰克福。于是，马上可以看到，从1387至1440年，法兰克福的职业种类增加了43种，这是我们"定律"有效的一种新证据。

然而，只有当我们将这些数字与我们所拥有的中世纪真正的"大城市"的数字进行比较时，这些数字才会获得它们的全部意义。众所周知，有关中世纪最大的城市巴黎的史料最为丰富。任何人若要了解中世纪工业最充分的发展情况，必须将目光从海德堡和法兰克福转移，而永远关注巴黎。

然而，巴黎的生活与那些城市完全不同，特别是工业专业化的程度要高得多。毕歇尔在其《14与15世纪法兰克福的人口》一书中说："这里——法兰克福——呈现在我们面前的劳动组织的丰富程度超越了自那时以来任何中世纪城市的类似情况"，然根据1837年出版的人头税登记表提供的数字看，这是站不住脚的。因为巴黎列举的职业名目要比法兰克福多出一倍以上：我将婢仆之类除去不计，列出448种。其中约有三分之二是狭义的工业职业。依据法尼的调查结果，算出350个不同的手工业者：就职业的结构而言，此应为中世纪工业状况的顶点。

［可惜的是，我不能更详细地研究这一表册；尽管**热拉**、**法尼**和其他人发表了一些值得称许的著作，但这里仍然还有许多未经挖掘的宝藏。对于一个（稍有某种精神的）经济史学者来说，这又是一项诱人的任务：在本书中出现的观点之下，来处理人头税登记册！］

其二，手工业组织盛行的另一个重要症状是企业规模小。遗憾的是，我们对此了解不多，远不及职业的分化。因为涉及企业形态时，有关这一方面的史料来源并不那么丰富。在最好的情况下，我们只知道居住在一个城市的助手（帮工）的数量，但不知道每个手工业企业的分布情况（据我所知，只有一个例外）。然而助手的全部人数确实提供了一些支持，因为在我们所知的地方，助手的总数一直低于独立工业经营者的人数，所以，我们也许可以很容易地得出结论，一般情况下，企业的规模通常较小。因此，毕歇尔认为，在法兰克福总共 1 498 名独立经营者中有 660 至 700 名工人（估计！）。H. 帕舍确定，在罗斯托克（1584 年）有 2 350 名独立职业经营者，1 036 名男仆，1 423 名女仆。伦敦（1528 年左右）220 名外来鞋匠雇用的助手"超过"400 人。然而，这个数字是从本地鞋匠的抱怨中得出的，他们抱怨外国鞋匠的过度行为，恐不免有夸张之嫌[1]，并且已是 16 世纪的事！在"职业册"中，只写有佣人 47 名，仆从 113 名，婢伺 199 名，共计助手 359 人。当然，这远非全部。既然每个成年人都需纳税，其余的人藏在何处？在那些没有职业名义的人中？或者（更有可能的是）在师傅的家宅中？这同样可以得出企业平均规模较小的结论。另一方面，我不想简单地从行会章程关于企业最高限额的规定中推断出现实的形态。相反，我想断定：如果规定生产的最大限度或许可的助手的最低人数，即已说明存在着扩大企业的趋势。因此，特别是在这些行业，我们可以预期企业规模会略高于平均水平。另一方面，在（我们是否可以如此推论？）——当然，在已经通过这类规定的地方和时间中——行会章程没有限制之处，小企业仍然是常规。事实上，在"职业册"中，仅有少数行业（织布业！）规定了许可的助手的最高人数。所以（？）在 13 世纪末叶的巴黎，小企业是手工业的常规。

上面提到的统计数字上的例外，涉及海德堡的手工业者，欧伦堡（同前，《15 世纪的人口与财产统计》，第 132 页）向我们提供了关于他们工作条件的令人欣慰的准确信息。依据此报告，在工业企业中，

个人企业 ·························· 240＝53.3%

有一名男职工的企业 ·························· 123＝27.5%

有二名男职工的企业 ·························· 55＝12.4%

---

① Schanz, Engl. Haudelspol. 2（1881），598—600.

有三名男职工的企业 ······················· 24＝5.3%

有四名男职工的企业 ·······················   6＝1.3%

有五名男职工的企业 ·······················   1＝0.2%

这家最大的企业属于石匠行业。此外，如前所述，我们可依赖推论，或者至少依赖计算。例如，最多可以使用上面给出的法兰克福织布厂的最高限量，来计算以下生产规模：假设最低限量是一个单一师傅的年产量，即 2×4 匹布。（也许这个数量可能是一个并非长期或只是在部分时间工作的雇工的一年产量，但我们可以忽略这种可能性：果真如此的话，则企业规模的水平就会相应地下降。）因此，在这种情况下，法兰克福的织布业企业应有以下规模：

个人企业 ······························· 49＝37.5%

有一至二名男性助手的企业 ··············· 41＝30.7%

有三至五名男性助手的企业 ··············· 32＝24.0%

有六至八名男性助手的企业 ··············· 11＝7.3%

倘若认为这些数字适用于法兰克福最大的出口业，并考虑到这两个城市不同的经济发展水平，此等数字与海德堡的资料来源相当一致，也许可以视为现实的一种写照。

从以上列举的布匹测量计算，我们对于 14 世纪的**英国织布业**也获得同样的印象，即生产者大多为小企业主。在萨福克郡（Suffolk），120 个人生产 733 匹宽布，只有 7 或 8 个人各生产 20 匹。9 200 短匹窄布（我计算一个织工一年的产量为 30 匹）是由 300 个织工生产的；其中 15 个人交付 100—120 匹。在埃塞克斯（Essex），9 个人生产 1 200 匹窄布，在布林特里（Braintree），8 个人生产 2 400 匹窄布。其中，有的年产量从 200 匹至 600 匹。这就是（如果这是真的！）我上面提到的那些大企业。在德文郡（Devonshire），65 名师傅织成 3 565 匹布。在康沃利斯（Cornwallis），13 名织布工生产 90 匹（宽）布。在索尔兹伯里（Salisbury），158 名师傅产出 6 600 匹，只有 7 名超过 150 匹。在温彻斯特（Winchester）制出 3 000 匹：只有 3 名织布工每人生产 100 匹以上。在约克郡（Yorkshire），平均的产量为 10 匹（宽）布。在肯特（Kent），只有 1 名织布工的产量超过 50 匹，另外 3 名织布工超过 25 匹。

在我看来，中世纪的工业企业是个体企业，其中的单人企业在大多数生产部门中占主导地位，这似乎也证实了我们对中世纪（甚至更晚的时期）工业生活过程的**描述**。我想到的是日耳曼博物馆木刻上的工匠画，以及前面提及的 J. 阿曼有关所有阶层的描绘。特别是独创的木刻对我们很有启发。首先，它们可以追溯到很晚的时期（16世纪），其次，毫无疑问，它们的目的是展示纽伦堡工业的辉煌。我们现在从画面上看到：

皮带作坊：裁剪皮革的师傅，旁边有两个做包的工人；

制鞋作坊：师傅依次裁剪皮革，三个职工在制作靴子；

皮草作坊：师傅和两个职工，三个人都在忙着缝制皮草，第三个人把一件皮草给师母（她在隔壁房间里售货），三个年轻人（学徒？）在街上剥皮；

屠宰场：两个职工在宰牛，师傅在店里切肉，准备分发；

皮革场：一位师傅和三名职工；

制绳场：一位绳匠在制绳，一个学徒在搬运大麻；

家具场：师傅在刨木板，一个职工在锯木板。

我认为，这种木刻的描绘确实具有一定的证据价值，特别当它们与通过其他途径获得的结果非常一致时，便有说服力。还有许多生产纽伦堡商品的师傅，以及许多雇用两到三个以上工人的手工业师傅，此是毋庸置疑的。[①]但是，我们在漂亮的木刻上显然看到典型、突出、正规与常见的情景。

其三，如果以讨论地方手工业者为前提，我们将**居住在一个地方的手工业者的人数**与该地的人口进行比较，便可以得出企业规模较小的结论，从而也可以得出手工业组织规模较小的结论。我们必须在较为广泛的范围内，对一些更为重要的手工业进行这样的计算：它们必定产生相同的结果。只需举出一例来说明我的意思：巴黎仅在13世纪就已经有68家塞纳磨坊，此外，据考证比弗尔河畔亦有磨坊，且还有风车。磨坊几乎完全是雇工碾磨，因此所有的磨坊都是为当地消费而工作。故此，一个磨坊的供给范围还不到1 000人，所以这些只能是小企业。当然，前提是不少磨坊提供了大部分的生产。然而我们在考虑磨坊——有关它们的地域布局我们掌握详细的报告——的情形时，可以排除此种可能性。[②]

我还要简单地提及一些其他征兆，从中可以（这是毫无疑问的，因此无须详细证明）推断出手工业组织的势力。

其四，据我们所知，在整个中世纪（也许意大利、佛兰德和布拉班特的一些纺织业除外），**师傅**仍然都是**产业工人**，也就是说，他同在工场工作：纯粹的管理职能还没有剥离出来。

其五，**社会的结构**仍然是行会式的，固然，在以后的几个世纪里，行会的结构在政治组织中得到了充分的体现。我们所知的（除了意大利和比利时一些大城市的社会运动之外）关于职工协会及其政策、关于职工的不满和职工暴动的情况，并不能使我们假定，社会的纵向结构已经被横向结构所取代。此种状况甚少。在

---

① 吕贝克的滕尼斯·埃弗尔斯师傅有12个伙计及6个学徒。行会决定解雇他们，参见：J, Warnke, Handwerk und Zünfte in L,（1912），87。

② G. Fagniez in seinen Etudes, p. 156 ff. 此书最为详尽地述及13与14世纪巴黎的磨坊业。

1789 年，甚至 1848 年，我们可以看到手工业的结构依然完好无损，以至于工人大多替师傅去打仗。诚然，在这些时期，除了手工业之外，一种新的组织形态——资本主义的形态——已经发展起来，随之而来的是横向社会结构的元素。但在中世纪还谈不到这一点。

通过最后几句评论，我将读者引向我所说的第二个证据：**理论的**证据，我可以用几句话来完成。

我认为，如果我们仔细研究中世纪工业生产的条件（正如在本书的阐述过程中多次的做法），便会得出这样的结论：这些条件在最佳程度上接近于我们确认的在理论上有利于手工业的那些理想条件（参见第十二章）。尤其是经验的技术和人口的缓慢增长，加上对工业产品持续的购买力需求，足以确保销售的高度稳定，并在很大程度上排除了手工业者之间的竞争。此处无须重复说明。手工业可以这样。然而，当我们试图说明手工业的概念时，我们所了解的时代精神就证明了手工业**应当**这样。

现在还可以补充，正如中世纪手工业组织的所有条件都得到满足一样，另一种经济形态——资本主义的形态——的几乎所有条件都没有得到满足，而这种经济形态的唯一目的是排挤手工业生产；对此，以下篇章将会述及。

在此，我只想指出，我们在最后几页的探讨中得出的结论（中世纪工业生产的经济形态为手工业）同样适用于每一种形式的手工业，包括为各地方市场工作的手工业。这证明了手工业组织并不受客户关系约束这一命题的正确性；换言之，使手工业成为可能的条件并不一定包括当地市场的生产。相反，只要其他条件得到满足，手工业也可以作为出口工业——为"世界市场"而生产——存在。然而这一事实常为人所忽视，或这一事实的正确性恰为人所否认，是故，我将在下一章中提供一些证据，表明我们知道的那些工业，即使在中世纪也为"世界市场"生产，且保留着他们的手工业组织。如果我在一定程度上提请读者注意可信的权威者的描述，用意在于避免在这些书页的空间里填满太多的事实材料。凡有兴趣的读者可以很容易在所列举的著作中自行检验史实的证据。

第十七章

出口产业的组织

在 14 世纪，向成衣商供给布料的**织布业者**依然还是"手工业者"而并非已经变成家庭工业者了吗？施莫勒也提出过这一问题："在其他地方——除了科隆，此处的织布业者还保持着剪裁布料的权利——的成衣商人是否成为织布业者的发行商和雇主，这是非常有趣的事情。"①

施莫勒本人回避对自己的问题作出圆润而诚恳的回答。事实上，也很难提供一种书面的证据。我们只能依靠从其他情况中作出的结论。在这些人中，施莫勒正确地首先指出这样的事实：在 14 世纪的行会斗争中，几乎到处都是织布业者领导的行会。在许多地方，对议会和商人的斗争甚至演变成了与成衣商围绕服装样式的斗争。然在我看来，正是这种政治角逐，正是成衣商与织布业者在 14 世纪的这种政治角逐，以及他们极力为自己的行会和其他手工业者在议会中占有一席之地与发言权的斗争，还有他们的规制在 15 世纪仍然体现的行会精神②，恰恰表明了他们依旧纯粹的手工业性质。至于家庭工业者，则既无活力，亦无特殊的行会兴趣足以取得当时的织布业者所占据的先锋地位。但在我看来，也没有证据表明当时织布手工业者的经济状况低下。施莫勒断言，在禁止织布业者零售布料的地方，织布业者与成衣商之间的关系是"压抑的、相当不利的"，这一结论在我看来是站不住脚的。14 世纪佛兰德好斗的织工行会也是如此。③新近获得的原始材料强化了这种印象④，即 14 世纪佛兰德纺织业基本上是以手工业为基础的组织。

正如我们所知，**佛罗伦萨**的织布业很早即以资本主义的方式组织起来，但即使对佛罗伦萨来说，我们也可以假定，直到 13 世纪之交，商人与大工业的因素还

---

① Tucherbuch, S. 110.

② 比照以下著作，其中详细描述了亚琛的布业：Thun, Industrie am Niederrhein 1, 8 ff., und jener der Schwarzwaldorte bei Gothein, W. G. 1, 531。从这两部著作中，我获得的印象是，出口布料的纯手工特征一直保留到所谓的新时代。直至 18 世纪，英国和法国的纺织业也是以手工业为基础的。本书的第二卷在对早期资本主义工业的陈述中，我会详细地谈到这一点。

③ 比照：L. Vanderkindere, Le siecle des Artevelde（1879），p. 147 ff.。此书形象地叙述了那些斗争。

④ Recueil de Docum. rel. a l'Histoire de l'Industrie drapiere eu Flandre. 1906 ff.

没有掌握对小业主的控制权。①

在中世纪以后很长一段时间，地方间的亚麻织布业仍然保持着手工业的形态。即使在 18 世纪，**西里西亚**亚麻布商并不总是发行商，往往只是独立小生产者生产的亚麻布的客户。②

丝绸业很早就成为出口行业，但也是手工业组织：我们在热那亚就有这样的证据，该地早在 13 与 14 世纪就开始出口丝织品。然而，直到 15 世纪，家庭工业的资本主义组织才开始运作。正如有关内行人士所表明的那样③，它花了整整一个世纪的时间来对抗手工业组织。即使在发行制度扎根之后的很长一段时间里，例如，丝绸织工除了为发行商工作外，仍旧还在为自己独立工作。

威尼斯和欧洲丝绸业的出产城市卢卡的情况与热那亚非常相似。威尼斯与卢卡无疑也有手工业组织的丝绸工业。14 世纪初，从卢卡迁徙到威尼斯的丝绸织工——据称有 31 人——当然既非雇佣工人（他们自己干活且雇用职工），亦非家庭工业者（否则怎么会移民呢？），大部分是手工业者。④

直到 1432 年，**威尼斯**的丝绸织工才被允许在自己置办的织机上工作。⑤同样，因 1531 年的斯特拉奇奥尼的暴动，卢卡的丝绸织工才获得了在织机上为自己工作的权利。⑥

瑞士各城市的丝绸业从初期直至 16 世纪，也是一种手工业。⑦

但即使是从一开始便呈现出口倾向的**绒布织业与棉织业**，我们也常常发现这样的行业起初往往在手工业的范围内。这一现象在 15 与 16 世纪的巴塞尔许尔利茨织布厂中特别明显。尽管他们为各地的市场工作，但依然为一种纯粹的手工业。⑧

许多历史学者在中世纪纺织业的研究中所犯的一个错误是，他们认为，一个布匹商"让他人织布"，即已立下资本主义组织的根基，尤其是当他们在史实中发现有关实物工资制的禁令时。然而，我们必须认识到，这种"用工资雇佣他人工作"的做法与手工业组织是相容的：他们是"雇工"，但他们既是手工业者，也是商业手工业者。

---

① A. Doren, Studien aus der Florentiner W. Gesch. I (1901), 27.

② 此处再请参阅本书第二卷的叙述。

③ H. Sieveking, Die Genueser Seidenindustrie im 15. und 16. Jahrhundert, in Schmollers Jahrbuch 21. S. 101 ff.

④ Sandi, Istoria civile di Venezia. Parte II. Vol. I. p. 247, 256；引自：Ad. Smith, III. B. 3 ch。

⑤ Che eiaseun mercadante testor abbia libertà di poter tessere al suo proprio con un solo tellar con le sue man proprie potendo tuor un garzon e non più per aida quel tellar. Broglio d'Ajano, Die venetianische Seidenindustrie (1893), S. 49 f.

⑥ Tommasi, Arch. stor. ital. 10, 397 ff.；引自：Sieveking, a. a. O. S. 129。

⑦ Geering, S. 465 f.

⑧ Geering, S. 300 f.

　　雇佣行业在中世纪非常普遍，比现在更为平常（此外，它们在资本主义的组织范围内也占据一个重要位置），雇佣行业与严格的手工业组织之间并非没有相容之处。即使是实物工资禁令也不能证明资本主义此时业已进入工业之中。相反，我们从史实中了解到，手工业者与另一个手工业者之间，也存在着以商品代替现金支付的习俗或陋习：巴黎市的漂染者在 1293 年及以后被禁止（！）用其他物品代替现金的支付，他们是真正的行会手工业师傅，自己干活并雇用职工。

　　但这些金属是手工业者的产品吗？这个问题的答案也是肯定的。从新近关于采矿和金属开采业起源的一系列研究中①，我们充分了解到，这些行业最早的组织也是手工业组织。然而，有一个具体的细微差别：几乎总是从一开始，至少在很早的时候，手工业合作者就根据一项共同的计划负责开采矿井，有时还负责矿石的冶炼。由于我们的探讨要涉及采矿业中手工业组织的特殊形式，在此之前将不再进行进一步的叙述。这里只需提到，制盐业最初的组织形式和采矿业非常相似。

　　毫无疑问，整个中世纪直至 16 世纪，铁的采掘都是以手工业的方式进行：当然，在直接冶炼法的企业中，这种方式占主导地位（而且在中世纪以后很长一段时间里，高炉早已"发明"的时候，仍然如此），确实如此，在某种程度上，即当已经采用高炉炼铁之时，仍有部分如此。②

　　武器的制造也是手工业，我们从数量众多的研究中知道这一点，其中**图恩**（Thun）关于索林根制剑工场的著作仍然占有突出地位。③

　　体现一个行业手工业组织完整性的一个几乎可以确定的迹象，是工业生产者的行会与同一行业中商人的行会之间严格实施分离，它禁止商人自制所贩卖的商品。我们在**佛罗伦萨**的军火工业中看到了这样的禁令。在这里，武器商行会被严格禁止从事盔甲和长矛的生产；他们只能出售购入的商品。

　　谁是**纽伦堡商品**——特别是其金属工业产品——的生产者？我们知道，在早期阶段，各个生产场所之间已经进行了广泛的专业化：13 世纪有制作剪刀、锻造镰刀、锻造叉子、锻造圆规、锻造链条的工人。在兵器制造者中也有制造盔甲、制造锁子盔甲、制造头罩、制造刀刃以及制剑的工人等。即使我们没有其他证据，这本身就表明，至少在表面上涉及的是一个完全以手工业为基础的金属工业组织：生产领域在数量和质量上完全受到师傅技术能力的限制。但是，这些手工业师傅也许本身只是徒有其表的存在，他们基本上还是计件发行的零售师傅吗？毫无疑

---

　　①　此处可参见本书下编第二十九章以及第二卷中的详细文献。

　　②　L. Beck, Geschichte des Eisens l² (1891), letzte Abteilung, und 2 (1893), 177 ff. und öfter. 亦可参见本书第二卷。

　　③　Thun, 2, 8 ff. Vgl. Böheim, Meister der Waffenschmiedekunst. 1897, und L. Beck, Gesch. des Eisens 2, 342 ff. 987 ff.

问，发行制度很早就在纽伦堡立稳根基。舍恩兰克（Schoenlank）的研究指出，此种制度早在 14 世纪初即已出现。[①]然而，我们如果遍寻关于禁止或规定家庭工业的史料——此类史料大部分已为舍恩兰克所采用，所得出的结论必定是，在 16 世纪之前，资本主义组织的倾向总是例外，只有在这一时期，资本主义组织的普遍倾向才站稳脚跟。

我们从汉斯·萨克森（Hans Sachsen）对所有阶层的描述（1508 年）中得出的结论也表明，即使在 16 世纪，纽伦堡所有出口工业的组织基本上都是手工业组织。

中世纪这种"纽伦堡商品"的生产者是手工业者[②]，以下这一事实也证明了这种可能性，即所谓莱茵小铁工业——索林根刀厂、雷姆沙伊德的工业——和施马尔卡尔登工业为大市场生产了许多类似的产品，直到新时期很长一段时间，依然保持其纯粹的手工业性质。索林根的手工业一直到 16 世纪，仍然完好如故。在 17 世纪中开始斗争，但 1687 年，行会章程在形式上仍然恢复旧貌。然而，**图恩**发现雷姆沙伊德的工业在 19 世纪 70 年代仍然大多为手工业的组织。**施马尔卡尔登**的小型铁工业在 16 世纪的鼎盛时期是严格的行会形式[③]，直至 18 世纪，依旧保持着手工业性质。[④]

此外，再次提请读者参照我对早期资本主义时代的工业生产关系的描述（本书第二卷），当一个工业部门在资本主义的意义上进行了改造，并依旧强调保持其手工业宪章时，这种改造直至早期资本主义结束仍未实现之时，我总是在强调以前的手工业组织的持久性。

＊　　　＊　　　＊

然而，我的主张现在更进一步：在中世纪，不仅所有的专业工业生产都带有手工业的烙印，专业的商业也是如此，就此，我将在下一章中详细讨论。人们常认为商业与手工业相互对立，因为他们认定每一种商业皆为资本主义的一种形态的表现[⑤]，是故，关于中世纪商业的认真讨论十分必要。另一方面，必须表明，与工业生产一样，商业长期以来一直是手工业生产的平等与相容的兄弟。下一章专门介绍这种前资本主义的商业。

---

① B. Schoenlank, Soziale Kämpfe vor 300 Jahren（1891），S. 48. Vgl. auch J. Falke, Gesch. des deutschen Handels 1（1859），125 f.

② Vgl. zu ihrer Charakteristik auch noch J. F. Roth, Gesch. des Nürnberger Handels 3（1801）.

③ K. Frankenstein, Bevölkerung und Hausindustrie im Kreise Schmalkalden（1887），S. 48.

④ Beckmann, Beyträge zur Ökonomie, Technologie usw. 10（1786），148.

⑤ 埃伦贝格称，"商业必须按照资本主义方式运行"，见：Rich. Ehrenberg, Entstehung und Bedeutung großer Vermögen, in der Deutschen Rundschau vom 15. April 1901. S. 123。

第十八章

手工业的商业

前　　言

在此之前，我想提出以下几点意见：

1. 关于术语：现在必须确定批发商业和零售商业之间的区别，前者是向生产者和贸易商（作为一种职业）销售货物；后者是面对最终消费者。批发商业与零售商业之间的区别，与小商业和大商业之间的区别毫无关系。一个小贩可以是一个"批发商"，巴黎的大商场年营业额为两亿法郎，却是"零售商"。令人惊讶的是，即使是奥伊伦堡（Zeitschrift für Soz. und Wirtsch. Gesch. 1, 278）也没有明确区分这种不同的差异。

2. 在中世纪，不仅有手工业商业，而且（在相当大的程度上）也有临时性商业，此前已就此提及，关于此种商业，我要指出以下几点：

在欧洲的中世纪，与古代鼎盛时期一样，重要的商业业务是由非商人进行的，此为一种常见的情况。那些被归类为临时性商业的主要是（南方和北方一样）：

（1）城市的议员和市长：威尼斯总督不亚于汉堡或吕贝克的市议员；

（2）家族，特别是富有的地主家庭；

（3）教会机构、修道院、教团、各级神职人员。

简而言之，中世纪的所有富人。

随着时间的推移，正如我们将看到的那样，在中世纪的这些财富大国中，出现了一种货币泛滥的现象，因此，除了扩大地产之外，便想将多余的货币用来获益。现在正是时候，偶尔会有一笔钱借给有需要的市政当局，但很快也会借给绅士以获得回报。总有一天，某人会将一笔钱托付给某位商人，让他在外进行交易：最初，它们总是偶然的商业行为、短期的公司交易。早期，富裕的市民通常留在自己的家乡，在那里他们致力于公共利益和管理他们的财产（参见：Bücher, Bevölkerung, 246/247）。只有作为一个临时的商人，人们才会正确地理解一个威尼斯贵族、一个威腾堡人或一个格尔德人。如果你费心计算一下这样一位议员的

"日记"中所列商品项目的数量，就会得出惊人的结论：一年中所列的商品不会超过 20—30 件；亦即每两周一件。倘若此人真的如人们偶尔认为的那样，是一个职业的商人，他该如何处理自己的时间呢？在维也纳，以手工业专业商人和（偶尔）从事商业活动的家族人士之间的差异尤为明显（参见：Voltelini，a. a. O. S. 67 ff.）。当然，随着时间的推移，这种零星的、间歇性的银行家或交易员的行为，在个别家庭中逐渐成为一种职业。这些临时性商人并非本章谈论的主题；此处只是在阐述作为手工业的商业。

第一节　营业的范围

关于正确理解前资本主义商业，至关重要的是详细认识此种商业的规模，尤其是了解一个商人所交易的商品数量或价值。可惜的是，迄今为止，我们仍然不得不依赖史料偶尔提供的信息，而且很可能在将来依然如此。然而我们今天所知道的中世纪商业的营业范围，亦足以使我们对其数量上的意义形成一个大致的概念。史料所确保的各种数字，连同统计意识的逐步发展，包括商业往来的数字，都在逐步开始——当然比人口统计要慢得多！——扫除一些幻想的营业规模观念，这些观念产生于许多历史学家的脑海中，诸如莫森尼戈（Mocenigo）及马里诺·萨努托（Marino Sanuto）有关威尼斯、维拉尼（Villani）有关佛罗伦萨的数字报告，邮政总局局长斯蒂芬的著名论文[1]仍然提到这些数字。对于这些数字来源状况，我们无从完全准确地进行考证，然而，针对——尤其是——商业与交通领域过去的所有数字，我们必须秉持一种怀疑的心理加以考察。许多专业的历史学家对著作与文献记载的传说所显示的一丝不苟已经表现其最高的修养，令人奇怪的是，面对在史实资料中发现的所有统计数字，他们却往往采取一种天真的业余的态度，不加审视地加以使用。例如，谁能不知不觉地效仿他的前任，写出威尼斯一家德意志人商店每年的营业额达 10 万杜卡特[2]呢？然而，我不知道有任何事实证据能令我们相信一位自夸胡吹的市长的幻想数字具有可信的价值。

一个同样可疑的数字是**维拉尼**的著名说法，即佛罗伦萨在 1308 年制成 10 万匹布，至今仍被多伦称为"无懈可击"[3]。其实，要证明它们的不可信，只需计算一

---

① Stephan, Das Verkehrsleben im Mittelalter, in Raumers Historischem Taschenbuch. Vierte Folge, zehnter Jahrgang. 1869.

② 杜卡特，14 至 19 世纪在欧洲通用的金币名。——译者

③ Doren, Studien aus der Florentiner Wirtschaftsgeschichte 1（1901），68.

下：13 世纪末，英国向意大利出口的羊毛总量约为 4 000 袋。[1]当年，一袋羊毛可织成三匹布。[2]故此，输入意大利的羊毛总产量为 12 000 匹。佛罗伦萨虽然也可以从别处输入羊毛，但主要出口国还是英国。且这一出口数额不仅指运往佛罗伦萨的羊毛，也指运往意大利各地的羊毛！

然而，这仅为一例。[3]

为了正确了解早期一个商人的营业范围，我们有两种方法：其一，将一个地方的总营业额除以当地参与其中的商人数量，其二，各个商人的直接营业报告，或确证各个商人经营的商品数量。

关于一个地方的总营业额的**数字**或通过公路运输的商品数字，在早期的时代自然特别稀少。然而我们仍有一些富有启发性和完全可靠的统计数字，以下的列举可以作为样本。

首先是 14 世纪最重要的汉萨同盟城市的出口商品总额。在最后的年份——我们的权威人士施提达[4]给出了这些年份的数字——数额为：

雷瓦尔（1384 年）　　131 085 吕贝克马克，或 1 245 305 现今货币马克。

汉堡（1400 年）　　336 000 吕贝克马克，或 3 192 000 现今货币马克。

吕贝克（1384 年）　　293 760 吕贝克马克，或 2 790 720 现今货币马克。

罗斯托克（1384 年）　　76 640 吕贝克马克，或 728 080 现今货币马克。

施特拉尔松（1378 年）　　33 024 吕贝克马克，或 3 137 280 现今货币马克。

根据**舒尔特**的计算，中世纪晚期，每年通过圣哥特哈德的运输量估计为 1 250 吨；与众所周知的一样，此乃一至两列货运列车的容量。

我们对中世纪和新时期早期的城市**谷物贸易**的规模有相当详细的了解。在 16 与 17 世纪，输入谷物的重要贸易城市什切青和汉堡的谷物数量，什切青为 2 000—3 000 吨，汉堡则为其两倍，因此什切青在其全盛时期的谷物年销售量达到现在一艘船的载重量，汉堡则达到现在两艘船的载重量。[5]

我们更确切地知道中世纪外国人从英国进口的羊毛数量。[6]例如，在 1277 至 1278 年，达 14 301 袋，按每袋 400 磅计算，还不到 600 万磅或 3 000 吨；相比之

———————

① 许可证（1277/78）上的数字为 4 235 袋。K. Kunze, Hanseakten aus England 1275—1412. Hans. Geschichtsquellen Bd. 6（1891），S. 332.

② Doren, Studien 1, 54.

③ 关于中世纪统计的窘境：Lamprecht, DWL. 2, 6 ff.。

④ W. Stieda, Revaler Zollbücher und - Quittungen des 14. Jahrhunderts. Hans. Geschichtsquellen Bd. 5（1887）LVI, LVII. 施提达对这一版本的介绍无疑是关于中世纪贸易的最有价值的出版物之一。亦可参照：Oskar Wendt, Lübecks Schiffs- und Warenverkehr in den Jahren 1368 und 1369（1902）。

⑤ W. Naude, Deutsche städtische Getreidehandelspolitik vom 15. bis 17. Jahrhundert usw. 1889；有关这一点，我在施莫勒的年鉴中介绍过此书，Schmollers Jahrbuch XIV, 312 ff.。我试图通过计算方法，并通过与现代条件的比较，更准确地了解汉堡和什切青鼎盛时期的谷物贸易量。

⑥ 据计算，这约占出口总额的三分之二，参见下文引用的绍伯论文第 68 页。

下，汉萨同盟商人今年出口的羊毛为 1 655 袋，约为 66 万磅或 330 吨①，而在过去几年中，德国每年进口的羊毛约为 20 万吨。

如果我们用货币来表示商品的数量，这幅图景也无所改变。14 世纪英国一袋羊毛的价格约为 90—100 先令，以今天的帝国货币计算，约为 300 马克（当时的英国一便士按 20.625 金衡制纯银计算）。故此，英国羊毛的出口总额为 400 万至 500 万马克（现今货币单位），汉萨同盟城市的出口总额约为 50 万马克（现今货币单位）。然 1913 年进口的生羊毛价格为 4.127 亿马克（现今货币单位）。

只有在同时知道实现这一营业额的**经销商数量**的情况下，我们才会对所有这些数字产生兴趣。

据一位权威人士称，16 世纪汉堡的谷物商人数目仅有 6 至 12 人，此人的兴趣也许是低估这个数字。但是，其他数据所得出的结论也表明，在相对较晚的时期，一个“大”谷物商贩卖的谷物量，至多不会超过 400 拉斯特。②

在 1580 年，参加英国羊毛出口的商人不下 252 名，每个商人的平均份额为 56 袋，约 22 000 磅，营业额约为 15 000 马克（现今货币单位），同时，德意志商人的数量为 37 名，每人平均份额为 45 袋，约 18 000 磅，营业额为 13 000—14 000 马克（现今货币单位）。

一般而言，我们可以假定，在中世纪，销售商品总量微小，而参加销售的商人则为数甚多。

有些史学家认为，“从科隆、奥格斯堡到麦德巴赫、拉多夫策尔的无数城市都寄居着现代意义上的商人，即专业发达的商人阶层”，对此，人们曾加以嘲笑。当然，就他们将现代大商人的概念套用到中世纪的城市这一点而言，这样的嘲笑是对的。然而，仅就商人的数目（完全是手工业者）而言，在我看来，这样的嘲笑是错误的，这种商人的确为数很多。事实上，中世纪各城市——至少就经营商业而言——全为商人与商业助手所充斥。人们倘若投身在 12 与 13 世纪的热那亚或威尼斯之中，或投身于中世纪末期的汉萨城市，总是会遇到同样一群中小商人。试想一下：252 名羊毛商人参与了 600 万磅羊毛的出口生意，这意味着什么！试想一想，为了经营上述汉堡的谷物贸易，需要 48 名宣誓的谷物测量员，132 名宣誓的谷物搬运工。或者想象一下威尼斯的德意志商店的人群，直至 1505 年，该商店仅为居住目的就有 56 个房间，后来又常有 72 个和 80 个房间，总是有人居住，其中有 30 名经纪人、38 名捆包工、40 名拍卖师和一批管理人员在履行其业务。③或者

---

① Hans. Geschichtsquellen 6（1891），332. 所列数字涉及已发放的许可证，因此代表了出口的最大值，而出口的最大值往往未能实现。

② 拉斯特，旧时德意志与北欧船舶运输的重量单位。——译者

③ Simonsfeld, Der Fondaco dei Tedeschi 2（1887），10, 18 ff.，112.“中世纪的一个特点是商业官员和中间人（经纪人、计量人、称重人等）的大量出现。”

试想，在巴黎的市长及市议员治下经营严格分离的商务分工组织的公职人员队伍。或者翻阅一下君主国纪念史宪章中的法律证书，人们会惊讶地发现，在 12 世纪的热那亚，几乎每天都有一份最小规模的商业企业签订的委托契约产生。

不过，就我们的目的而言，最好还是观察个别商人的营业范围或营业额的具体数字，而不是考虑这些一般性的说法。[①]幸运的是，这样的材料并不缺乏。最后提及的史实来源在其关于临时"商业企业"的公证合同——因为其中规定了所投入的营业资金的数额——之中，为我们正确衡量中世纪商业的规模提供了一个极好的参考点。在 1853 年出版的《宪章》第二卷中，载有自第 293 号以来——1156年 4 月 16 日以后——大量的委托契约与团体契约，还包括所投入财产的报告。我曾将这些契约最初的 50 份合计起来，并得出其中所述"社会资产"的平均数。50份契约所计金额总数为 7 470 热那亚里拉，其平均数足有 150 里拉，即以里拉与弗罗林的比率为 5∶4，为 120.5 弗罗林，约为 1 000—1 100 马克（现今货币单位）。

在这些数额中，最高的超过 900 里拉，另有两种超过 400 里拉，两种超过 300里拉，其余皆低于这一数额。其中，这些交易往往涉及与远处国家的交易：第 431号契约是与亚历山大的交易，金额 297 里拉，第 434 号契约（224 里拉）是与突尼斯的交易，第 441 号契约（150 里拉）是与亚历山大的交易，第 457 号契约（300里拉）是与西西里的交易，等等。通常，其中一部分金额是以商品（一块布）的形式完成的：织布的手工业者与另一个从事水陆运输布匹的人联系在一起。

在 14 与 15 世纪吕贝克的团体契约中，我们也发现与 12 世纪热那亚完全相同的数字。莱姆发布的团体契约曾载入吕贝克的《下城志》中（其中只记录了重要的交易，特别是与远地人员的交易），契约中最大部分金额（72 号）仍低于 100 吕贝克马克（约合现今货币单位 1 000 马克），金额有低至 4 马克的。一小部分在 200马克左右。在 460 至 1 000 马克之间的有 5 种，此外的金额为 1 350、1 400、3 200和 4 600 马克；最后两种，即超出手工业营业范围的唯一数额，系由两个人（Abr.伯尔和 Joh. de 阿伦）支付。[②]

倘若人们早花一点力气来计算委托契约和团体契约所有的数额，就可以避免对这些社会形态的"经济性质"进行许多无谓的讨论[③]，因为人们从开始起就想在这些社会形态中听到资本主义振翅高飞的声响。

就像团体契约一样，表现商人财产的数字也给出了衡量中世纪商业交易中商

---

①　长期坚持白银货币系为低交易量的一个征兆，这也是一个普遍的现象。德意志最早铸造金币是在 1325 年（Schulte 1，329）；英国是在 1344 年。Th. Rymer, Foedera etc. 5, 403.

②　P. Rehme in der Zeitschr. f. d. ges. HR. Bd. 42. Vgl. auch C. W. Pauli, Lübeckische Zustände, 3 Bde. 1846—78 1, 140 ff.

③　Lastig, Beiträge zur Geschichte des Handelsrechts, in der Zeitschrift für das ges. Handelsrecht Bd. 24, Lattes, I1 diritto commerciale nella legislazione statutaria della città italiane（1884），154 ff. und Max Weber, Zur Geschichte der Handelsgesellschaften im Mittelalter, 1889. 并参照下文提及的著作。

品营业额的指标。

考虑到当时周转时间的长短，我们可以有把握地假定，没有一个商人每年销售的商品能够超过他的财产价值，而他的财产主要还是投在不动产中。然现在我们听说，例如，1429 年，在富有的商业城市巴塞尔，只有 5 个商人的财产超过 4 000 弗罗林，其中 4 人的财产在 4 000 至 6 500 弗罗林之间，另 30 个人的财产在 1 000 至 4 000 弗罗林之间，14 人的财产在 500 至 1 000 弗罗林之间，22 人的财产在 100 至 500 弗罗林之间，6 人的财产在 100 弗罗林以下。[1]即使在奥格斯堡，直至 15 世纪末，才有 70 个人各有 6 000 弗罗林以上的财产，15 个人各有 15 000 弗罗林以上的财产，4 人各有 30 000 弗罗林以上的财产。在这 70 人中，仅有一小部分属于专业的商人阶层。

前资本主义时期海上贸易规模小的另一个征兆是船舶规模小，且大都由多人共有。众所周知，直到新时代，部分所有权一直是海运业的特有形态。[2]

13 世纪从纽卡斯尔出发的船只用石煤作为压舱物，其吨位不到 40 吨。[3]

1470 年，七艘西班牙船只满载铁、酒、水果和羊毛，在前往佛兰德的途中被英国船只捕获，并被带到英国港口。船主向国王亨利六世要求释放，并就船只和货物的价值宣誓。其价值如下[4]：

一艘 100 吨的船＝107 镑 10 先令（货币价值）

一艘 70 吨的船＝70 镑（货币价值）

一艘 120 吨的船＝110 镑（货币价值）

一艘 40 吨的船＝70 镑（货币价值）

一艘 110 吨的船＝140 镑（货币价值）

一艘 110 吨的船＝150 镑（货币价值）

一艘 120 吨的船＝180 镑（货币价值）

1368—1384 年间，在雷瓦尔、里加或佩尔瑙各港口航行的海船的价位为 475—3 421 马克（现金货币单位）。[5]14 世纪期间，北德意志各城市的海船吨位往往不会超过 100 拉斯特，至于 150 拉斯特的船只则极为罕见。[6]

---

[1]　G. Schönberg, Finanzverhältnisse der Stadt Basel（1879），180/81.

[2]　参见：v. Below in den Jahrbüchern 20, 42 ff.，亦可参照本书第二卷中的论述。

[3]　Th. Rogers, Six Centuries ec，德文版，S. 90。

[4]　数字见于：Rymers Foedera. 载于：W. Jacob-Kleinschrod, Über Produktion und Konsumtion der edlen Metalle 1（1838），222。

[5]　Stieda, Revaler Zollbücher, LXIX.

[6]　Hirsch, 264. "在当时，驾驶尽可能平底的船只符合海员的利益，因为即使在浅水的港口，他们也能舒适地航行。没有人想过要进行更大规模的疏浚，深挖港口"，此乃 14 世纪什切青的情景。Th. Schmidt, Zur Geschichte der früheren Stettiner Handelskompagnien usw.（1859），8. Vgl. F. Siewert, Geschichte und Urkunden der Rigafahrer in Lübeck, Hans. Geschichtsquellen. N. F. Bd. I（1899），207 ff. 维利·施特尔的画作非常生动地描绘了 14 与 15 世纪不同类型的汉莎船舶。事实上，在今天的意义上，他们很少在德国的河流上为经济目的而通行。参见：die Tafel im VII. Bde. der von Hans F. Helmolt herausgegebenen Weltgeschichte（1900）zwischen S. 30 u. 37.

即使是威尼斯商船队的海船，可能是当时最大的船只，然与现在船舶的规模来比较，也很小，无异于小艇。根据 13 世纪实行的"航海法规"①，威尼斯海船的载重量从 20 万至 100 万磅；如就净磅计算，即为 66⅔ 至 333⅓ 吨。如就毛磅计算，则为 96 至 480 吨。此外，《法规》并不承认建造较大的船型：只有在遵守一定条文的情况下，才可以建造此类船只。相比之下，（1912 年）德国**内河**船舶中载重量超过 250 吨的有 9 100 艘，其中 400—600 吨的有 2 317 艘，600—800 吨的有 1 423 艘，1 800 吨及以上的有 1 650 艘。莱茵河驳船的**平均**载重量已经超过 500 吨。

因此，如此吨位的船只载货有限，且常有相当多的商人参与，由此可以肯定地得出结论，即各种交易的规模很小。施迪达提供了关于 1369 年从雷瓦尔出发的 12 艘船的货物价值和涉及的商人数量，这些数据对我们极富启发。据称，在这 12 艘船上发货的商人数量为 178 人；然 12 艘船的总价值仅为 429 304.5 吕贝克马克。故此，每个商人的平均商品价值只有 164 吕贝克马克，或者大约 1 600 马克（现今货币单位）。②

然而，这样的数据绝非偶然，大量其他的事例提供的也是完全相似的图景。对于英国的羊毛商人我们已经作过一般的考察。现在让我们暂时再度转向他们详加考察。试以 13 与 14 世纪英国羊毛的主要出口港口波士顿为对象。③例如，1303 年，我们在该地遇到汉萨同盟城市的羊毛商人不下于 47 人，他们总共出口羊毛 749 袋。其中最重要的是来自雷瓦尔的瓦尔特，他出口了 91 袋又 1.5 斯顿（约合现今货币单位 3 万马克）；其次为 68 袋又 15.5 斯顿；还有三人各出口 40 袋以上，出口 10 袋以上有 7 人；其余的 35 人总共出口为 305 袋又 17.5 斯顿，每人平均出售的价值约为 3 000 马克（现今货币单位）。

不来梅的史籍第 352 号记载④显示出汉萨同盟船舶货物的各个运货人所占的份额。包括也有货物上船的船长科林在内，共有 15 个运货人，共装载货物 384 诺贝尔（每诺贝尔约合三分之一英镑）。有 10 人的商品价值不超过 30 诺贝尔，其中 2 人的商品价值为 6 诺贝尔，1 人的商品价值为 3 诺贝尔。还有 1 人装货为 42 诺贝尔，1 人装货为 44 诺贝尔，3 人各装货为 60 诺贝尔，1 人装货为 80 诺贝尔，1 人装货为 100 诺贝尔，1 人装货为 225 诺贝尔（6 拉斯特小麦，2 拉斯特啤酒）。

即使在威尼斯也是如此：例如，一艘船载货的价值（在 12 世纪）是 632 白尔

① 转自：Tafel und Thomas, 3, 404—448。

② Stieda, Revaler Zollbücher LXXXVIII ff. 比照：Stieda, Schiffahrtsregister, in Hans. Geschichtsblätter 1884, 77 ff.。

③ Hans. Geschichtsquellen 6, 340 ff.

④ Rud. Häpke, Die Entstehung der großen bürgerlichen Vermögen im M. A. in Schmollers Jahrbuch 29 (1905), 1079.

白（约合 6 000 马克）。其中一人占 158 白尔白。另一人占 79 白尔白①；所有这些数目不过是今天贩卖殖民地商品的商人在本特森销售的数额。即使是佛罗伦萨大商场——其货币借贷业务十分重要——在 14 世纪的营业额也是微不足道的：1312 年，巴尔迪人用两匹伊普尔的绯色布换取 270 弗罗林，13 匹法国布换取 389 英镑又 17 先令 2 便士。1322 年，他们向比萨出口 74 匹布和 5 包绸缎：此即利托米舍尔的批发贸易。1330 年 10 月，他们在港口的多艘船只被扣押，船上的货物价值共计（！）11 000 弗罗林。②其中包括 36 万磅奶酪。这似乎了不得，其实不算什么：不过 180 吨（1913 年进口到德国为 26 264 吨）。15 世纪的美第奇在佛罗伦萨的商品销售额小得几乎令人难以置信。③

陆路贸易的数量更是很小，这早就可想而知，并得到广泛的原始材料的证实。倘若 13 世纪时曾经为"巴塞尔的三匹布"签订一份委托契约④，还在感叹是否值得的话，那么，在 16 世纪当我们看到奥格斯堡最富有的商人之一克拉默还派其属下去威尼斯购买 16 袋棉花，每百磅出价 4 杜卡特 17 格罗斯⑤，此时便不再会感到惊讶。1222 年，里尔的两个商人在科莫被抢劫，二人随身携带 13 匹半布和 12 条裤子。⑥1391 年，一群巴塞尔商人前往法兰克福集市，被骑士们洗劫一空，其商品的价值为 9 544 弗罗林或 12 430 里拉。参与其中的商人不下 61 人（！），故此，为着平均价值 156 弗洛林的商品，每个商人踏上了此段艰难的旅程。当时巴塞尔最富有的商人一年的营业额为 1 200—1 400 弗罗林，但大多数商人的营业额绝没有达到这一数字。在那群赶赴法兰克福集市的 61 个商人中，有 27 人报告的损失少于 100 弗罗林，还有些人的损失不过 13、10、9、8、7¼弗罗林不等。⑦

这些数字与佛兰德商场全盛时期的汇票金额正相一致。在 1251—1291 年间伊普尔的 102 张吨位证书中，只有 17 张的金额超过 100 镑，其中最高的金额为 239 镑 6 先令。⑧

关于科隆的菜市场在 1491—1495 年间的交易数字也很有趣。⑨其数目之少，令人难以置信。

---

①　R. Heynen, Entst. des Kapitalismus（1905），91.

②　Davidsohn, Forschungen Bd. III Nr. 623. 635. 770. 974.

③　H. Sieveking, Die Handlungsbücher der Medici（1905），17 f.

④　Schulte 1, 116.

⑤　Chroniken deutscher Städte 5, 128. 132（Chron. d. Burkard Zink）.

⑥　Schulte 2, 105（Urkunde 188）.

⑦　Geering, 145. 作为比较，亦可参考 1406 年里加对英国的诉讼条款，涉及三艘沉没商船及其船主的货物。其中也有成百上千的小商贩，每个人在船上的货物都和今天的搬运工一样多，或者充其量只是一个"小贩"的手推车上的货物量。文件载于：Hans. Geschichtsquellen 5, 241 ff.（Nr. 326）。

⑧　Rud. Häpke, Brügges Entwicklung zum mittelalterlichen Weltmarkt. 1908. Anhang.

⑨　Geering in den Mitteilungen aus dem Stadtarchiv von Köln 11. Heft 1887 S. 43. 转自：Beil. VIII zu Inama, DWG. III. 2, 523。

当我们听说 14 世纪诺夫哥罗德的一个普通德意志商人的交易最高限度为 1 000 马克——还不到 10 000 马克（现今货币单位）——时，这反过来又获得了可信度。

在任何地方，我们都看到同样的景象：除了少数几个较大的，但往往并非专业的商人之外，总是成群结队的小型和微型商人。

第二节　商　　人

在前资本主义时代，专门商业的经营者，正如他们的企业规模所表明的那样，不能超出手工业的生存范围。他们的思想和感情、他们的社会地位、他们的活动方式，所有这些都使他们看起来与那个时代的中小型工业经营者相近。事实上，倘若以为在中世纪的商人满怀资本主义的感觉并经受过经济学的训练，这种想法便是再愚蠢不过了。旧式商人那种手工业的本质首先表现在其目的的独特性上。在他的内心深处，亦不过是现代企业家意义上的追逐利润而已；他要凭借自己双手的劳动获得一种不多不少、与自身门第相应的生活，此外别无他求；他的全部活动也是受**糊口的观念**所支配。

我们即将看到，这一思想如何表现在旧式商业的法律与道德秩序的特殊形态之中。

在这里，我们只能回顾，原始商业的手工业精神，作为中世纪漫长的几个世纪的自然精神，是如何在新时代开始时冒出地面的众多忏悔录和改革书中得到证实的。西吉斯蒙德皇帝的改革，我们已经可以用来表现手工业者的特点，这种改革只允许补偿商人的旅费和运输费，但禁止任何企业家的利润。然而，正如改革者，特别是**路德**，以正确的本能，正确地描绘了那种保证"糊口"的旧时商业，下文清楚地表明①："因此，在这种商业中，除了寻找一种适当的糊口之资以外，别无他物，准备食物，打算吃苦，干活，且面对危险，于是规定商品的价格，——或高或低——从如此的劳作中也就获取一种工资。"克里斯蒂安·库佩讷在其关于高利贷者的著名著作（1508 年）中的思路也同样如此。这里也有同样的写照：新兴的人类竭力追求无限的利润，而稳固的小商业为诚实的商人及其家人提供一种体面的生活。在所有这些批评家的考虑中，都有这样一种中心思想：商人也应该将他的收入仅仅看作他所投入的劳动的补偿：这是"公正"价格的理念，这一理念支配着整个中世纪。因为在他们看来，商人也不过是——或者至少应该

---

① M. Luther, Von Kaufshandlung und Wucher (1524). Werke; Krit. Ges. Ausg. 15 (1899), 296.

是——一个**技术劳动者**，①因为这历来就是一种习俗和实践。这反过来又触及了问题的核心。如果要对旧式的商人有一个正确的印象，我们首先必须忘记我们所知道的关于现代商业及其代表人物的一切。

这种代表人物今天几乎完全是销售的组织者。他所运用并发展成为一种科学的艺术——原因详见其他有关章节——即为我们所说的"市场的支配"。这就是说，他的任务——现代经济生活的特点意味着，完成这项任务将被视为履行一项非常有价值的职能——向人们提供商品。在市场供过于求之处，在两个生产者追逐一个买家之处，就是现代商人特性真正活动的领域。商人一旦能够控制局面，便开始使生产者依赖自己。然只有当他懂得运用锐利的眼光知道如何安排、计算并投机，才算是一个好商人。但是，由于生产技术的不发达，早期的时代，特别是我们称之为中世纪的几个世纪，对这一切几乎一无所知。销路的呆滞对他们来说是陌生的。两个买家追逐一个生产者系为常事。销售交易在习惯的范围与向来的轨道上运行。销售的商品量微小。在全世界，商人如何操作计算，向何处去投机？但是，阻碍他发展成为资本主义企业家的同样情形，却迫使他承担许多技术性质的劳动作业，这是今天的商人所没有的。他没有机会算计、安排并投机，却要包装、搬运、运输、零售，不时还要制造。我们知道②，每一种商业业务——此种营业是以（几乎总是如此）货物地点的转移为前提——是何等辛苦的劳作，且大多是危险的工作，我们也知道，商人必须佩剑，行程仆仆，必须亲自扮演车夫和客栈的父亲，长达几个星期甚至几个月，以便将少量的商品侥幸地运到目的地。当年的商人在路上耗费的时间比今天多得多；我们发现中世纪无数的小商人不断地分散在遥远的国度，时而出现在这个城市，时而出现在那个城市。③

1271 年的一份文书恰如其分地描述了中世纪的商人："商人负有义务，将商品与生活品从一个地方运到另一个地方。"④

安德烈亚斯·里夫每年要赶赴超过 30 个的市场。他如此自诉："我很少休息，因为马鞍还没有刺伤我的屁股。"⑤

---

①　因此，海因里希·冯·兰根斯坦将商人与农民和手工业者一起称为"通过体力劳动为自己和他人提供必要的生活条件"的人，与此对应的则是脑力劳动者和闲散者，其中也包括签订合约的高利贷者。Tractatus de contractibus emtionis et venditionis, im Anhange der Kölner Ausgabe von Gersons Opp. 4, 185 f., bei Janssen 1, 480.

②　Schmoller, Die Tatsachen der Arbeitsteilung, in seinem Jahrbuch 13, 1055 ff. Gengier, Deutsche Stadtrechtsaltertümer（1882），456 ff. 以下的著作亦有许多材料：Klöden, namentlich Stück 2 und 3, Falke, Zollwesen, 197 ff. 新的文献有：A. Doren, Untersuchungen zur Geschichte der Kaufmannsgilden des Mittelalters, 1893, und Des Marez, La lettre de foire à Ypres au XIII。siècle（1901），75 ff. 在这一点上，还应记住，"贸易"的概念最初包含着"变化"、运输或流动的概念。施拉德不断地指出过这一点。

③　v. Maurer, Städteverfassung 1, 403 ff.

④　Hans. UB. 1, Nr. 692.

⑤　Geering, 412.

　　但是，当他回到家乡时，也像以前在外地的集市和市场一样，必须站在柜台后面，勤勤恳恳地量货与称货。①我认为，小商贩用贩卖的番红花、胡椒和生姜制成各种香料。②从查理八世的一项法令可以看出，香料商贩技能的熟练受到何等的重视。1484 年，查理八世下令对所有出售糖和香料的量秤进行严格的检查③，并规定：“出于制糖和糖果工作的重要性，必须严格遵守四年的学徒期，并对制作优良的成品进行严格的监督。”如同对药剂师的要求一样！技术劳动——我们总是关注这一点——构成前资本主义商人的主要活动。当然，他还有商品销售——购买与出售——的特殊商业职能。与用老虎钳或在刨床后面工作的同事相比较，他的职业更能进入神秘的数字世界。但即使从狭义及本来意义的理解来看，他既然身为一个商人，我们必须认为他的活动仍然缺乏任何经济理性。他的“业务管理”，他的“行事方式”，如同他的商业同伴一样，纯粹是经验与传统的。

　　在意大利直至 13 世纪，而欧洲其他地方则在整个中世纪期间，仅有极小部分专业商人熟悉**写作与阅读的技艺**。我们恰恰从 10 世纪的威尼斯知道，只有很少商人能写自己的姓名④：既不会写又不会读的人与能写会读的人的比例，即使在中世纪后期的几个世纪里，其变化大概也极为缓慢。我们确实知道，算术对职业商人来说几乎更为重要，然而在漫长的几个世纪里，他们的算术始终处于最低水平，几乎整个中世纪都不得不在没有文字帮助的情况下生存。在这方面，我们也必须假定意大利与欧洲其他国家之间有大约 200 年的差距。在整个中世纪晚期，意大利一直是北方的算术老师。卢卡斯·雷姆（Lukas Rem）在 16 世纪初还前往威尼斯学习算术⑤。算术究竟是什么！几乎不外乎学习四则运算，解决简单的比例问题和基本的“公司账目”。如果某人能够正确地运用除法，便已经达到高级商人技艺的指标。直到 16 世纪末，弗罗本和里夫还在为能正确运用除法计算而沾沾自喜。⑥

　　算术本身是以算盘与筹码的笨拙形式进行的，它仍然必须在（意大利直到 13 世纪，在北方直到 15 世纪为止）没有单位数字、没有零的情况下进行。

---

　　①　我认为，冯·比洛在其《国民经济年鉴》中常常引用的文章的证据完全正确，即直至 16 世纪（在德意志）还不存在“批发贸易”，相反，所有的进口商与出口商都是零售商，亦即“小摊贩”或“服装裁缝”。

　　②　Geering, 240/42.

　　③　A. Philippe, Gesch. der Apotheker, 2. Aufl. deutsch 1859. Kap. 5.

　　④　在签署 960 号禁止贩卖奴隶文书的 69 名代表中，只有 3 名代表亲笔写下自己的名字；在 971 年关于与撒拉逊人进行木材和武器贸易的文件中，81 人中仅有 18 人；其余的都是手印。Fontes rer. austr. 12, 22 ff., bzw. 28 ff. 可比照：R. Heynen, Entst. des Kap., 81 f.。

　　⑤　雷姆本人在他的日记［ed. Greiff, (1861), 5］中讲述他是如何来到威尼斯学习使用算盘，即计算：“我在 5 个月半内学会了算术。”其他德意志人在威尼斯学习算数的事例，可见：Simonsfeld, Fondaco 2（1887），39/40。

　　⑥　Geering, 212.

关于中世纪的计算技巧

我整理出以下资料：

15 世纪初，德意志出现了莫迪斯派。"在所有这些学校……算术课怎么想都不够格。几乎在任何算术课上所教的都不会超过整数的运算。"Unger，Methodik der Praktischen Arithmethik（1888），17—19. 欧洲中世纪最早的算术书或数学简编教材都清楚地说明了算术的状况。莱昂纳多·皮萨诺在 13 世纪初为意大利所取得的成就，顺便说一句，皮萨诺和乔丹努斯在当时处于领先地位，而直至 15 世纪末，德意志的算术书几乎仍没有达到这一水平。例如，伯纳德在 1445 年的算术书中向我们展示了修道院学校的水平如何低下，仍然只想教那些古老的算术，在欧洲甚至只够得上当年乔丹努斯的程度。甚至在大学里，我们还发现"算术课的水平……并高于预科学校"。M. Cantor，Vorlesungen über Geschichite der Mathematik 2（1892），159/160. 我们还得知，毕尔巴吉算法，其水平仅达到今天 10 岁儿童的算术知识，是"为维也纳高中的学生所制订"。Unger，S. 25.

德意志第一本印刷的算术书，系 1483 年在班贝格制作，也仅包含了代数的最初元素。然而，这些为商人出版的指南，与以前相比，已经拥有巨大的进步，体现了意大利的阿拉伯精神，是意大利北方精神孕育出这样的成果。关于不同类型的算术书，参见翁格尔：《实用算术的方法》（Methodik der Praktischen Arithmethik，1888）；康托尔：《数学史教程》（Vorlesungen über Geschichte der Mathematik 2，1892）。

关于 16 世纪，翁格尔如此总结："能够计算并非易事，而是一门完全意义上的艺术。"

在 13 世纪，意大利才慢慢地采用阿拉伯数字和零值。直到 1299 年，佛罗伦萨卡利马拉行会的成员还在禁止使用它！在德意志，它们被公众所使用不会早于 1500 年左右，在英国，它们的普遍使用亦在这一时间；除了翁格尔和康托尔的著作，还可参见汉克尔：《关于古代与中世纪的数学》（Zur Geschichte der Mathematik im Altertum und Mittelalter，1874）。已知最古老的德意志的算法（巴塞尔手稿）源自 1445 年。系由翁格尔翻译出版，发表在《数学与物理杂志》（1888 年）。

即使在意大利，算术的发展也异常缓慢，这可以从 14 世纪下半叶的《数学学科导论》手稿中看出。作者将阿拉伯数字、罗马数字、手指与关节数字混杂使用。

在整个中世纪晚期，用算盘计算在阿尔卑斯山北部仍然很普遍，直到 18 世纪仍然在使用代币计算。

在意大利，这种习惯早已经被打破了；在 15 世纪末，埃尔莫劳-巴尔巴罗

（1495 年左右）谈到计算牌的使用。算术师已经正确地认识到，与用数字计算相比，划线计算是多么的麻烦，西蒙·雅各布·冯·科堡写道："与负重行路的人相比，一个轻装的行人当然轻松许多，同样，用数字计算要比画线好得多。"

很明显，在这种计算状况下，谈不上精确的计算。即使人们比当时更为重视算术，也不过如此。然而，实际上，人们甚至并不想要"精确"。计算必须"正确"，纯属现代的概念。在数字表达的新颖性方面，早期所有的时代只能表现为数量上的近似描述。任何研究过中世纪账目的人都知道，在检查他们的数额时，经常会得出非常不同的数字。遗漏与误算乃家常便饭。①在实例的计算中，数字的错乱几乎可以说是常规。当时的人要记住数字，我们必须视为非常困难，就像今天的孩子们一样。

所有这些缺乏精确计算的意愿和能力，在中世纪的会计中最为明确地表现出来。谁若翻阅托尔讷、维科·冯·格尔德、威腾堡、罗兰德的记录，便很难想象这些抄写员曾是当年的重要商人。他们的全部账目只不过是无序地列出进货和出售量，如同今天小省城的每个小商人所做的一样。这只是真正意义上的"日记"，"备忘录"，亦即裹在赶集农民小手帕中的一种记录。此外，还夹杂着不准确之处。即使有关债务或债权的保留也是随意处置。"还有一小包手套，我不知道有多少"；"又买了一副上面的手套；还有 19 古尔登纯利，可买许多念珠……什么名称我已经忘记……"连一个客户的名字也会被这位商人忘记（在 15 世纪的威尼斯！）。②然而，这些中世纪商人的记录为一个完完全全的手工业企业留下了特别明确的印记，即为他们的个性。它和它的主人不可分割。没有另外一个人能够并且善于作出此种杂乱无章的记录。它们因而具有明显的经验特征。③至于财物的出售，当然完全谈不上任何系统客观地描述。然而，如果是大商人这样的记账，我们则可以得出结论，当时绝大多数商人都没有任何记账。

这种完全缺乏计算和客观、系统的意识与度量衡的状况相适应，正如我们所知，度量衡恰恰也是在完全经验的方式中规制起来，并极其依赖于有机的度量衡方法。

---

① Siehe z. B. C. Sattler, Handelsrechnungen des deutschen Ordens（1887），8，oder die Einleitung Koppmanns zu Tölners Handlungsbuch in den Geschichtsquellen der Stadt Rostock 1（1885），XVIII f. oder die Steuerlisten für Paris aus dem Jahre 1292，die Géraud herausgegeben hat（Coll, des doc. inéd. I. 8）. „La plupart des additions sont inexactes," p. V.

② Sieveking, Aus venat. Handl. -Büchern. Schmollers Jahrb. 26，215. Vgl. noch W. von Slaski, Danziger Handel im 15. Jahrhundert auf Grund eines im Danziger Stadtarchiv befindlichen Handlungsbuches（1905），21 f.

③ Vgl. jetzt die guten Ausführungen bei Luschin v. Ebengreuth in der Gesch. der Stadt Wien II. 2（1905），847 ff. und bei Paul Sander, Feudalstaat und bürgerliche Verfassung（1906），107 ff.

第三节　前资本主义商业的规则

对这一标题所涉及的广泛问题，甚至是其中的要点进行讨论，并非我的本意。最近，许多学者耗费极大的精神，并运用广博的知识进行了这项工作，他们的研究即成为以下简短评论的基础。其目的无非是证明，即使从商人的权利和商人的习俗形成过程中，也可以推论出中世纪商业的非资本主义的性质。

此外，法律条规中有些成分最初是将商业与劫掠作为同类事件加以阐释，对此我并不涉及，在我看来，掘土法、打捞法、外国人法以及其他许多法规应当属于手工业商业本身的规则。可以用个别的事例来说明前资本主义商业的手工业性质。

1. **公司法**及其发展尤其使我们能够深切了解商业的特性及其现状。

众所周知，让各个同伴按比例分担成本和利润的想法是多么困难。最初通常是以家庭为基础的联合只有一个共同的出纳，每个参与者按照他们的个人需要支出其生活费。①满足需求的原则是经济活动的目的，现在是否以为这一原则在这种共同利用与共同维持的旧观念中显得更为突出？我不这么认为。然而，整个商人的活动在多大程度上是以手工业者的思想为基础，正如商人只被视为技术工人一样，在多人进行的商业旅行中，各个同伴之间的关系，特别是流动的手工业商人和居家的出资者之间的关系如何建立起来，对此我想在法律上进行阐述。我特别想到的是备受争议的委托制和相关的公司形式。众所周知，人们喜欢将各种公司形式视为资本主义的商业组织形式。但在我看来，没有什么比这种看法更为离谱。委托制原本就是纯粹的手工业性质的活动。在我看来，拉斯提希（Lastig）的研究也证明了这一点，尽管他的大量术语及其观点似乎倾向于（与一种资本主义的商业形式）相反的解释。按照他的看法②，委托制是"一种劳动关系；资本家——委托人——让另一人（劳动者）——受托人——为其服务，后者可以用交给他的资本（！）……由他（资本家）承担盈亏责任，但以自身（劳动者）的名义经营商业，从而换取利润的份额"。在拉斯提希看来，委托制是一个"单方面的劳动组合"。"受托人或辅助人只是单纯为委托人服务……他有

---

① "在共同体存在期间，按照比例分配共同权利的概念根本不能衡量个人应享权利的标准；相反，他们的需求无论大小……都是从共同基金中提取，而不扣除个人的负担，相反，个人的全部收入，无论多寡，都不作为个人的获利计入共同基金，这也是一个特别之处。"Max Weber, Zur Geschichte der Handelsgesell-schaften（1889），45/46.

② Zeitschrift für das gesamte Handelsrecht 24, S. 400 u. 414.

义务在为他的主人规定的限度内，以其自身的名义用分配的资本进行交易，作为回报——通常除了固定的工资外——获得净收入的份额。只有受托人或辅助人才有权利与义务对抗第三方。"乍一看，这种结构颇令国民经济学家厌恶；它似乎颠倒了事实。再进一步考察，却是完全合理的，并完全顾及经济关系。事实上，它清楚地表明货币持有者和商人之间的完全分离，恰恰证实了当时商业的纯粹手工业性质。货币所有者仍然与商业活动本身没有**任何联系**，商业活动完全是技术劳动者的事情。投入使用的货币还没有具备资本的性质，不过是营运资金而已。①我还要提醒一下，在大多数情况下，委托契约所依据的数额是：以今天的货币计算仅为几百马克，由于其微不足道，而当年劳动力的价值又高，便不能设定为资本的性质。当然，不可否认的是，在进一步发展的过程中，货币拥有者和手工业者之间的合作业务催生了依赖关系，最终产生资本主义企业。然而，这并不排除这样一个事实，即这些商业形态最初是由于经济生活的纯粹手工业组织所产生。

最终，我想强调最后一个观点，在关于前资本主义商业权的文献中（当然，这几乎完全是由法律学者所写！）我觉得这一观点从来没有受到应有的注意：事实上，**社会经营的商业企业占主导地位这一纯粹事实**也证明了它们的手工业性质：通常，只有通过个人手中积累的微薄的有形财产，才有可能在有限的范围内经营远距离商业。②恰如一艘船，即使是当时的海船容积很小，也只能由多艘才能集聚起来。因此，船员社③，更确切地说，船员合作社，恰如商业社——更真正地说，商人合作社———样，完全具备中世纪商业与运输所特有的法律形态。

2. 规范**商业交易形态**的法律与道德标准，自然与此种形态本身一样，对于认识中世纪商业的手工业性质同样重要。我在想，已知最古老的由德意志商人开出的汇票可追溯到1323年④，但即使在法国，汇票的起源也不能追溯到13世纪⑤；我又在想，直到13世纪的法国⑥与15世纪的德意志，仍然在禁止定期交货买卖，

---

① „stock-in-trade there undoubtedly was, but no Capital as we now use the term." Cunningham, Growth 1, 4. 亦请参看本章增补中的内容。

② 然而，正如我们所知，这种社会贸易形式在早期十分普遍。正是那些"显赫"的人，由于他们的财富，最有能力进行更广泛的贸易，往往只能或愿意这样做，即委托一个专业的（手工业者）商人，然后自然地建立一种利润分享关系。Vgl. auch v. Below in den Jahrbüchern 20, 38 ff.

③ 关于前资本主义的航运公司，参见：GoldSchmidt, S. 336 ff.，以及：Tabula de Amalfa, die von Lab and herausgegeben und kommentiert ist in der Zeitschrift für das ges. Handelsrecht 7, 305 ff.。

④ Schulte, Gesch. des Handels 1, 281.

⑤ Nr. 135, 167, 171 der Documents relatifs à l'histoire de l'industrie et du commerce en France, publ. par G. Fagniez（1898）. Vgl. dazu Introduction XLV ff.

⑥ Siehe die außerordentlich interessante Stelle im Livre des metiers, tit. L art. 6. 亦可参看我的《犹太人与经济生活》（1911），60 ff.。

甚至禁止所有信用交易①；即使在 14 世纪的佛罗伦萨，货币贸易的形态与现代相比，全然处于发展的早期阶段。②

　　然而，我认为这里值得一提的是，教会的**禁止利息的规定**对中世纪商业的手工业性质具有证明价值。③我认为，在关于这一禁令的实际效应范围的争论中，应该更多地考虑到这样一种想法，即不从事技术劳动而获得利润，亦即不经过明显的外部物体操作而获得的利润，在一切受手工业观念约束的时代，事实上只能视为是不名誉的、不正当的。④然而，在禁止利息的法律中，除了适应手工业组织的经济生活，承认由做工来满足需求的经济原则外，别无他法。故此，此项禁令已经扩展到纯粹争取利润这一点。⑤但是，在客观上，禁止或蔑视利息有其正当理由，即以常规而言，在绝大多数情况下，只要货币还没有达到资本的质量程度——也就是说，只要货币的使用还没有能够提高劳动生产率——，便不具备自我增殖的力量。因此，借钱最初也是一种高尚的服务，不过是同伴对同伴、市民对城市、慈善家对贫民与受困者提供的一种服务，当然不再获取利息——恰如现在的人救助困难中的朋友一样，只有受债者的敦促，借出的数目才会生息。

　　只有在与陌生人（犹太人！伦巴第人！）的交往中才会产生有利息的贷款的想法，这对天真的人来说是可恶的；但是，任何屈服于这种卑鄙的行为，从需要帮助的人那里收取利息的人，当然必须被视为非法，这应当是起源于习俗的制裁，至于教会禁止利息的规定是否存在，在这种情况下，不过是民声的表达而已。否则，我们便无法理解，即使在意大利的城市，直到 15 和 16 世纪，"盘剥重利者"也一直被排除在商人公会（Kaufmanngilde）和商会（Handelskammer）之外。

　　根据佛罗伦萨布料商的章程（14 世纪），高利贷者要么被完全排除在他们的行会之外，要么，如果高利贷行为已经进入诉讼程序，则必须以双重注册来弥补这一缺

---

　　①　1417 年，在吕贝克的日间旅行中，禁止送货的禁令仍然宣布："任何人都不应该在捕获鲱鱼之前购买鲱鱼，在种植之前购买谷物，在制作之前购买服装。" Neumann, Geschichte des Wuchers, S. 37. 在 15 世纪的德意志城市权利中，禁止一切信贷交易。Neumann, S. 88 ff.

　　②　„Le cambiali a scadenza protatta, il deposito a interesse fermo, il nome stesso di banchieri, le fiere dei cambi, i banchi pubblici, operazioni ed istituti che s'incardiano sopra l'uso generale e costante del mutuo feneratizio appartengono tutte all'età moderna." G. Toniolo, L'economia di credito ec. in der Bivista internazionale di science sociali 8, 571.

　　③　我在这里所说的关于禁止利息的规定，基本上已经包含在第一版中。它在中世纪早期和晚期的部分时间内仍然有效。我在《资产阶级》（1913 年）一书中已经证明，在中世纪晚期，禁止利息的规定仅限于消费信贷，不再适用于资本利润。

　　④　"犹太人，"盖勒·冯·凯泽斯贝格问道，"难道他们比基督徒更好，因为他们不愿意用手劳碌吗？难道他们不遵守上帝的箴言吗？你要靠脸上的汗水谋生吗？高利贷并不意味着劳动，而是在悠闲地榨取他人。"

　　⑤　„huiusmodi homines prointentione lucri, quam habent（cum omnis lesura et superabundantia prohibentur in lege）judicandi sunt male agere." Decr. Greg. Lib. V, tit. XVIII, cap. 10（1186）. Weitere Belege für die Verpönung der usuraria voluntas bei Neumann, 95 f.

陷。在同一个行会中，高利贷也是驱逐一个有罪的同伴成员的充分动机。从 1429 年起，丝绸行会亦会开除屡犯高利贷者。1367 年的《汇兑商行会章程》明确禁止"以利息借款，不论是以抵押或借据，或以其他方式高利贷，罚款 100 里拉"。14 世纪末，这一禁令以最严厉的形式出现在佛罗伦萨所有行会的章程中。米兰（1396 年）、贝尔加莫（1497 年）、佩萨罗（1532 年）的章程中也有类似的规定。

只有当货币转化为资本，由此理所当然地产生利息，才能在一定程度上使高利贷（每一种贷款都是用于消费目的）摆脱恶名。然而，我们显然有理由得出这样的结论：在有息贷款受到立法与民意禁止的几个世纪之中，资本主义的经济模式尚无迹可寻。

3. 然而，中世纪商业的团体权是特别鲜明的。在这里，当时商业的真正手工业结构呈现出清晰的轮廓。

众所周知，手工业行会和商人行会之间往往没有严格的区分，批发商行会和小商人行会之间的关系非常密切。我们必须习惯于这样一种观念，即中世纪的职业商人有时自视比某些手工业者更为高贵，其实与任何"高级"工业行业的成员并无不同。商人和手工业者的区别只是在程度上，并非在性质上；他常常是一个"更好的"手工业者，如同其他地方的金匠或面包师一样，但他的思想和感情则属于手工业者的范围之内。

谁若怀疑这一点，只需翻阅一下商人行会的章程、外国城市的"馆舍"和"营业场所"的规定。[1]其中，每一页都会证明我的观点正确。手工业行会的观念范围几乎毫无改变地被植入其中。

尤为重要的是，在商人行会的章程中，我们到处都遇到手工业秩序的最高原则：每个同伴都在以祖传的方式安排自己的工作[2]，都应该确保一种收入，安得糊口之资。争取尽可能大的销路，以抵御邻近的侵袭；在同伴之间均衡有序地分配各人份额，从而排除一切外部和内部的竞争[3]：这是一切前资本主义商业的基础。行会章程中的所有禁令和戒律都致力于实现这一目标，即保证一种安逸没有竞争的工作，且避免因个人的投机和诡计而产生的变化。凡我们在手工业行会中所发现的，在这里，它以定型的条规方式再次出现：如限制企业的规模[4]；禁止优先购

---

① 对德意志商人在异国他乡生活的生动描述，可见：J. Falke, Gesch. des deutschen Handels 1, 200 ff。

② 几乎没有必要引用证据来证明糊口的概念也支配着商人行会的秩序：查尔斯·格罗斯向我们描述的英国商人行会的情况尤有启发性。至于普遍的情况，可见：A. Doren, Kaufmannsgilden im Mittelalter. Vgl. daselbst u. a. S. 60, 97, 147. W. Kießelbach, Der Gang des Welthandels（1860），206。法国的情况可见：Levasseur, Fagniez, Pigeonneau. „Die Hausierer sind Störer der festen örtlichen Nahrung der Krämer." Ersch und Gruber s. v. „Hausierer"（1828）。

③ "这里的任务是消除康斯坦茨商人之间的竞争，提高康斯坦茨商人的声誉。"Schulte 1, 163.

④ 《诺夫哥罗德规章》规定，任何人每年的销售额不得超过 1 000 马克（或库存?），无论是自己或他人的产品（按照销售合约），或是社会产品皆如此。

买①；让同伙加入买卖合同的义务②；禁止逐客；禁止价格协议以及众多类似规定。

因此，从各方面来看，这句话得到了证实：中世纪的专业商业，更确切地说，一直延续到 14 世纪的意大利商业，以及延续到 16 世纪的欧洲其他国家的商业都具有明确无误的手工业特点。关于前资本主义商业真正的生存条件可以不必花费笔墨：它们和造成手工业稳定状态的条件一样。

第二版的增补

以上阐述系在第一版的基础上进行，基本上没有变化，只是增加了一些新材料，这些材料都是从第一版中摘取。对第二章的处理，我几乎仍然作为一个整体加以利用，尽管没有任何一章（除了所谓"地租理论"那一章外）像这一章受到如此多的批评。深思熟虑之后，我以基本相同的措辞重复了我的陈述，因为关于这一部分的批评并没有能够在任何实质性的问题上驳倒我。

特别是以下著作与我的观点有争论。

A. 努格利施：《关于现代资本主义起源的问题》（Zur Frage nach der Entstehung des modernen Kapitalismus），载于《国民经济学年鉴》（Jahrbücher für Nat. Ökon. III. F. 28，238—250）。

古斯塔夫·贝可曼：《从桑巴特等的论述看商业在经济生活中的重要性》（Die Bedeutung des Handwerks im Wirtschaftsleben nach den Darstellungen Sombarts usw），载于《汇报》副刊（Beilage zur Allgemeinen Zeitung. Jahrgang 1904. Nr. 106. 107. 108）。

F. 科伊特根：《尤其是 14 世纪的汉萨同盟城市的商业公司》（Hansische Handelsgesellschaften vornehmlich des 14. Jahrhunderts），载于《经济与社会学季刊》（Vierteljahrsschrift für Soz. u. W. G. Bd. IV）。

G. 希尔伯施密特：《从 15 世纪的商业通信考察商品的发送和订购》（Das Senden und Befehlen der Waren nach der Kaufmännischen Korrespondenz des 15. Jahr-

---

① Statut der Ripen- und Dänemarkfahrer zu Stade（14. Jahrh.）：Hans. Urkundenbuch III，Nr. 183，Art. 7.

② 商人一般有义务与他的同行分享所有的生意，也就是说，如果他购买了一定数量的商品，任何其他的商人都可以以他购买的相同价格要求分得其中一部分。Groß 1，49. 证据：2，46. 150. 161. 185. 218. 219. 226. 290. 352。此外，在许多情况下，规定只要购买不完美，买方有义务让合作社的每一个其他成员要求分得其中的一半。参见：F. Conze, Kauf nach hanseatischen Quellen. Bonner J. D. 1889. S. 16 f.。

hunderts）。载于《市民法档案》（Archiv f. bürgerl. Recht 25（1905），129 ff., insbes. S. 148 f.）。

同一作者，《汉萨地区的商品发送业务》（Das Sendegeschäft im Hansagebiet in der Zeitschrift für das ges. HR. 68，1910）。

海能：《威尼斯资本主义的起源》（Zur Entstehung des Kapitalismus in Venedig, 1905）。

阿道夫·绍伯：《1273 年的羊毛出口》（Die Wollausfuhr vom Jahre 1273），载于《社会与经济学季刊》（Vierteljahrsschrift für Soz. u. W. G. Bd. VI）。这确实证明了我的一个错误：我把 1273 年外国人从英国进口的羊毛数量等于英国实际出口的羊毛总量：其实大约为 2/3。顺便说一句，这篇恶毒的文章肯定了我自己的观点是正确的。

R. 达维森：《关于资本主义的起源》（Über die Entstehung des Kapitalismus），载于其关于佛罗伦萨历史的研究论文（1908，268 ff.）。

批评家们对我有关中世纪商业观点的主要看法是：

1. 商人总是去购买——即使在中世纪——不仅是为了维持他的生计：并非受"糊口"的观念所支配。我已经就这一反对意见发表了看法，请读者参阅我在有关章节所说的话。我坚持这一点：在中世纪的很长一段时间里，对商业的监管理念与对（工业）手工业的监管理念保持不变。商人的境界和工业生产者的境界基本一致。必须承认，新思想在商业领域比在其他经济领域更为明显。我也总是要求将资本主义精神的整体性（与经济理性主义有关的利润追求，以及将所有品质分解成一定数量的货币：这只是第二卷的主题！）与中世纪商人的精神形成对比。当然，那不勒斯的行李员也想要 3 里拉而不是 1 里拉。但是，谁若看不出他和皮尔庞特·摩根在思想方向上有什么不同，那么在心理上就是一个色盲，就应该退出批评家（甚至历史学家）的行列。

2. 中世纪的商业也许并不像我所说的那样"小"。事实上，我的数字（除了绍伯更正的数字外）没有一个被证明是不正确的①。

然后我被指责：我没有充分认识到中世纪商业的微不足道。有些人（努格利施）告诉我，在确定金钱在一段时间内的重要性时，必须考虑到金钱的购买力。我以前并非完全不知道。但是，任何一个对我们用"货币的支付能力"这个词所暗示的问题的困难略知一二的人，都会像我所做的那样，以不同于其金属价值的方式来表达一笔钱的数额。金钱在中世纪的"购买力"与现在这个时代是根本不能比较的。诸如"花几便士就能吃饱，花一古尔登就能住"这样的说法有何意思？

———————————

① 贝克曼先生反对我的唯一一点是，船只的规模不能证明贸易的规模，因为经常有"数量惊人的"船只为贸易公司服务。对此我表示怀疑。贝克曼似乎是指几艘船的联合航行。在一艘船上——无论多小——我们通常会发现一大堆商人或是本人或是其货物在场。

等于什么也没说。"吃饱"是什么意思？食物的质量！"住"是什么意思？在哪里？即使在今天，农村的生活也不比中世纪贵多少。其他重要物品的价格呢？例如，所有的工业产品，在中世纪的价格是今天的几倍？所有的交通？所有所谓的娱乐？为了"精神食粮"？为了所有的嗜好品？为了使用一个劳动力？还有什么钱能买到的？顺便说一句，请看我在第二卷中所述。

还有人认为，我把中世纪商业的统计数字与现在的数字比较的方法是错误的。最近，赫普克在他的著作《布鲁日走向世界市场》（Brügges Entwicklung zum mittelalterlichen Weltmarkt，1908）中表达了他对贸易史问题的判断。他的实际结果令人高兴地证实了我的观点是正确的。他这样总结他的判断："总的来说，贸易是建立在广泛的民主基础上的，贸易大亨很少参与商品交易。因此，这些批发商的商品数量更不可能给现代的眼睛留下深刻的印象。"但他接着补充说，"然而，中世纪和今天的营业额不能比较"，在另一段话中，他说，"他会徒劳地寻找大规模交易，即使他习惯于用中世纪的眼睛看"。

与此相反，我必须指出以下几点：

（1）我们必须将过去的数字与今天的数字进行比较：这是我们理解其规模的唯一方法。

（2）我们必须用"现代"而不是"中世纪"的眼光来看待中世纪，这样才能理解它的独特性及其与现在的差异。我们应该将自己从当代人的观念中解脱出来，对他来说，当年贸易往来达到的高度自然是顶峰。赫普克本人也警告不要使用"巨大的商品周转量"之类的用词，因为这些用词根本没有任何意义。所有富有成果的历史研究都是建立在亲眼看到当时状态的特殊性的基础之上。我记得，人口统计研究，特别是城市统计研究的令人高兴的结果：只有当我们知道一个中世纪城市的居民不是 20 万人，而是 2 万人时，我们才了解这个城市的本质。

但我的批评家们显然还有其他想法：否则，我就无法解释他们在谈到我对中世纪贸易"小量"的看法时所采取的敌意语气。他们怀疑我想贬低**中世纪的价值和重要性**。仿佛一个时代的伟大可以用交易的商品数量来衡量！我认为，没有什么比这更能说明中世纪的"伟大"，因为我证明，与现在相比，中世纪贸易的扩张微不足道。那个时代之所以伟大，是因为它产生了游吟诗人和斯特拉斯堡大教堂，但丁和乔托，红胡子大帝和托马斯·阿奎那，尽管也许只有 1% 或 1‰ 的奶酪在贸易中"往来"。

（3）我希望在某些段落，特别是在中世纪商业的团体权方面，作些改进，并在某些方面进行更深入的研究。在第二卷中谈到早期资本主义时代商业社会的发展时，我将作些补充。但就基本观点而言，我并没有动摇，尽管法律批评者的一些反对意见，特别是希尔伯施密特的杰出著作，似乎是有道理的。相反，正是这位精明和知识渊博的研究者在关键问题上的说法证实了我的观点，我认为我们的观点没有分歧，因为这适合从法律和社会学的角度作进一步的考察。

我想将希尔伯施密特的批评要点重复如下：

在《从15世纪的商业通信考察货物的发送和订购》文章中，希尔伯施密特称："最近，维尔纳·桑巴特也在贸易史上考察了手工业和资本主义企业的对比，在这一点上，他发现了当时商业的手工业性质。即使人们愿意承认这一点，但他的另一种说法，即'金钱的拥有者仍然与商业活动本身没有任何联系，而商业活动实际上是技术工人的事情'，从史料来看是不能成立的。在以后的时代，非商人将委托权用作资本的投资，但特别是在以前的时代，委托人总是（？）商人。所投入的金钱——最初是商品——从来没有具有资本的性质，即使是在我们所看到的意义上，此说也必须受到怀疑，如同社会的主要活动证明企业的手工业性质的说法一样。相反，从上述对应关系以及早期的资料来源中，这句话可能是合理的：在商业的本质中，除了满足需求和糊口之外，还有一种冲动，即频繁和迅速地出售现有的商品（！）并以出售和交换的动机将这些货物送到陌生人手中，并命令他们在商人不能亲自到达的地方从事销售；为了让这些陌生人在此过程中产生更大的利益，便让他们参与其中，从而形成了分工和社会关系。"

对此，我的答复如下：从形式上讲，希尔伯施密特肯定是对的，他说新加入的人往往（当然不总是）也是专业商人。事实上，这并没有使我的主张无效：将一笔钱（或一件商品）交给一个手工业者商人，即使委托者是一个专业商人，也绝不会改变商业的手工业者性质。这就是我所说的出资者和受托者的分离，这就意味着业务的管理还没有移交给出资者。无论是手工业者，还是移居外国的商人，都不能仅仅因为他们的联合便会成为资本主义的企业家。希尔伯施密特本人生动地向我们描述了委托形式的情景。在其［《13世纪之前委托契约的早期发展》（Die Commenda in ihrer frühesten Entwicklung bis zum 18. Jahrhundert, 1884）］描述中，委托，起初仿佛只是偶尔和个别的行为，后来逐渐普及到亲朋好友，他自己去履行这种委托，亦即"为自身利益而委托他人"，在这种情况下，受托者完全无偿地履行合同，或以荣誉的方式分享公司的收入。于是，出现了伙伴关系：将几笔钱合并成一个共同的生意。希尔伯施密特非常正确地比较了社会契约的原始条款，即《牲畜调换合同》，并恰如其分地指出：正如今天在简单的农村条件下，"进入城市的农民关心他的同胞的买卖一样，我们在这里也发现了纯粹仁慈的案例。然而，这种在国外为其他人工作的行为往往成为一种持续的、职业的活动"等。

无论如何，在手工业经济中各种合伙协议的形式也是可以想象的。因此，它们的出现本身并不能证明不利于手工业。在这里，我想起了中世纪商业的手工业性质的所有其他迹象，我想起了微不足道的委托数额，微不足道的营业额，行会制度等等，并得出结论：这种团体交易，无论是以委托的形式还是以团体的形式，总是以其典型的形式出现，亦即作为一种普遍现象，在漫长的几个世纪中仍然是手工业。至于手工业如何逐渐发展成为资本主义的方式，我将在第二卷中尝试阐述。

*　　　　*　　　　*

我只想提出两点比较一般性的说明，这也许有助于缓和我与**法律学**批评者之间的紧张关系。

我已经指出了法学家和社会学国民经济学家的不同观点：对他们而言，最重要的是经济生活的形态，而对我们来说，则是经济生活的内容。内容首先包括活跃在经济主体中的精神，包括过程和条件的规模维度。同样的法律关系（如本文中的委托契约）现在可以构成在质量和数量上完全不同的经济行为的基础。我将100 马克或 10 万马克借给一个生产者，让他投入一项业务，如果交易的法律形式相同，这样的贷款在法律上便没有区别；然在经济上两种业务具有本质上的差异。

此外，法学家必须了解国民经济和社会学研究领域的最新进展，并熟悉后者近些年来发展的概念，尤其是在历史研究方面。历史学家指责我们有太多的概念和太多的"理论"，而法学家则抱怨我们的概念形成不足。例如，拉斯提希在他的商法史著作中经常指责，国民经济学的概念严重落后。他称："经济学使用资本和劳动的概念，而法学则使用无限精密的术语。"当年发表其基础研究（1879 年）时，拉斯提希的这种指责在某种程度上是正确的。然而，自那时以来，我们一直在努力，许多法律史专家似乎没有注意到这一点。当他们谈到经济关系时，还经常使用诸如"货币经济"与"资本"（在货币或生产手段意义上）这样简单的概念，并将"商业"视为一种单调的现象，等等。

仅举过去几年的一个例子，我想指出哈克曼关于法律史的一篇原本出色的论文中的几句话："由此（随着 8 世纪以来交换经济的开始），整体生活也被引入新的轨道，在这种迄今几乎仍在运行的轨道上，即在商业的（!）轨道上（!）。它之所以能很快得到如此茂盛的发展，因为它被证明是增加财富的一种极好的手段（!）。现在，当个人的力量不足以实现他们热切渴望的目标（!）来获取巨大财富之时，便会寻求与其他志同道合的人联系在一起，他们很快就找到了（!）"，"在总体（!）经济领域发生根本性变化的时刻，即，进入由货币与信贷制度主导的国民经济历史上一个特殊的发展阶段（!）……"

如果我们想用这种笼统的、毫无意义的语言来撰写法律问题，法学史家肯定会感到害怕。同样，他们也应该习惯于用我们现在逐渐形成的严格的概念体系来处理我们的问题。我毫不怀疑，这将大大有助于相互之间的了解。

下　编

现代资本主义的历史基础

第一篇

资本主义的本质与形成

第十九章

资本主义的经济制度

在追溯资本主义经济的起源之前，我首先纯粹在概念上勾勒出这种经济方式的理念，以及阐释其如何出现在资本主义经济制度中。

第一节 概　　念

我们理解的所谓资本主义是指一种特定的"经济制度"①，具有如下的特征：**它是一种流通经济的组织，在此种组织中，通常有两个不同的人口群体：生产资料的所有者与无产的纯粹工人，前者同时掌管着主导权，系为经济主体，后者则为经济客体，二者通过市场互相结合，共同活动，此种组织受营利原则与经济理性主义支配。**

流通经济组织——包括个体或私人经济、各种经济之间的职业分化以及市场联系——是资本主义与手工业的共同点②；在形态上，它与后者的不同之处在于个人生产要素的社会分化，分为管理与执行的劳动者两种成分，他们同时也作为生产资料所有者和纯技术工人相互对立，并且通过市场在生产过程中进行必要的结合。

占主导地位的**经济原则**是营利原则和经济理性主义，它们取代了满足需求的原则和传统主义：正如我们所看到的一样，二者是自足经济和手工业的灵魂。

我在导言中已经解释了这些经济原则的本质，并补充如下：

营利原则的特点在于，在其支配下，经济的直接目的不再是满足一个生存的人的需要，而专为增加货币的数额。这种目的的设定是资本主义组织的观念所固

---

① 参见本书第三章。
② 作为这一章的补充，我在《社会经济学纲要》第四卷中，更详细地发展了所有的想法，此处仅为一些概述而已。

有的；因此，实现利润（即通过经济活动增加初始的金额）可以被称为资本主义经济的客观目的，而各经济主体的主观目的（特别是在资本主义经济充分发展的情况下）并不一定与之相吻合。①

经济理性主义——一切行动的基本态度，都是为了实现最大可能的权宜之计——表现在三个方面：

1. 经济行为的计划性；

2. 狭义的实用性；

3. 有计算。

在资本主义经济制度中，计划性使得经济运行符合有远见的计划；实用性在于确保正确地选择手段；有计算是对所有个别经济现象进行精确的数字计算和登记，并将其计算综合成一个合理排列的数字系统。

第二节　资本主义的企业

资本主义经济制度的经济形式是资本主义的企业。它形成了一个抽象的统一：营业。其目的是获取利润。实现这一目的的特殊手段是缔结具有货币价值的服务和对价合同。在资本主义企业的框架内，每一个技术问题都必须由一个合同的缔结来解决，资本主义企业家的一切意志和追求都集中在这个合同的有利制定。无论劳动的成果是用实物交换，还是物物交换：重要的是，最终，交换价值（货币）的剩余总归留在资本主义企业家的手中，他的一切活动都是专注于获取这种剩余。所有的经济过程因此都失去了它们的定性色彩，而变成了纯粹可用货币来表达的数量。

资本主义的企业有不同的形式，可以区分如下②：

一、按照**企业活动的内容**：

1. 生产货物的企业；

2. 运输货物的企业；

3. 提供劳务的企业；

4. 提供享乐品的企业；

5. 提供或介绍信贷的企业；

---

① 这些一般人无法理解的复杂关系，我已经在本书前面的一些附注中予以厘清。读者在那些地方还可以发现营利思想所包含的各种发展形式，这是理解发达资本主义经济所必要的。

② 详细见本书第一版第199页及以后各页。亦可参照下卷中"资本主义企业家的诞生"一章。

6. 将 1 至 5 不同的内容结合的企业。

二、按照企业资本的形成：

1. 以一个人的资产为基础的个人企业；

2. 由几个人集合资本的集体企业。

三、按照企业家对工人的地位：

下一篇最重要的一项任务是说明，资本主义企业是如何从资金提供者与工人之间偶然及松散的结合，形成**历史上**的劳动组织，故此，为避免重复，我将在阐述各种劳动组织的经验发展过程中，来讨论企业家对工人地位的各种理论可能性。

四、按照企业家对公共权力的地位：

1. 完全独立于公共权力的自由企业；

2. 直接依附于公共权力的受约束企业；在特殊情况下为：混合型公共企业。

第三节　资本主义企业家的职能[①]

一、组织的职能

企业家所做的工作常有其他人的帮助，而其他人必须服从他的意愿，以便与他共同行事，是故，企业家首先必须是一个**组织者**。

所谓组织系指：将许多人聚集在一起，共同从事一种快乐、有成效的工作；亦即意味着，安排人和物，竭力使期望的效用不受限制地显现出来。其中又包含非常多样的才能与行动。首先，任何想要组织的人必须有才能评判人们的服务能力，也就是说，从一大群人中找出适合某一特定目的的人。其次，他必须有天赋，让他们代替他的工作，这样每个人都处于正确的位置，得以完成最大限度的任务，而每个人也真正可以发展与他们的成就相对应的最大活动量。最后，这取决于企业家是否能够确保：参与共同活动的人联合成为一个有效的整体，各个参与者相互之间与上下之间有序安排，他们的活动相互切合，即如克劳塞维茨对将军的要求："在空间上集合力量"；"在时间上统一力量"。

二、商人的职能

企业家与他人建立的关系与"组织"一词所说的关系是不同的：他必须首先

---

① Ausführliches siehe in meinem Bourgeoìs, 70 ff. Vgl. auch 1. Aufl. 1, 197 ff.

招募他的人员；接着，他必须不断地使陌生人为他的目的服务，使他们从事某些行动或停止某些行动，但并非动用强制的手段。为此目的，他必须"谈判"：与另一个人进行对话，通过陈述理由和反驳对方的反对理由，令对方接受某一建议，执行或中止某一行为。谈判即为一场精神武器的角力。

因此，企业家也必须是一个好的谈判者、对话者和商人，如同我们用不同的细微差别来表达同一过程一样。狭义的商人，即经济事务中的谈判者，只是谈判者所表现的众多表象之一。

问题始终在于让买方（或卖方）相信订立合同的好处。当全部人口认为没有什么比购买他刚刚推销的商品更重要之时，销售商的理想便已达到。当人们因不能及时购买而陷入恐慌时（证券市场狂热时期的情况即如此），也是如此。

激发兴趣，赢得信任，刺激购买欲望：在这种情况下，一个幸运商人的效果即由此显现。至于他实现这一点的方式如何，则无关紧要。并非外部的，而是内部的胁迫手段，对应方并非违背自己的意愿，而是出于自己的决定而缔结协定。商人的作用必须在于建议。但内在的强制手段却多种多样。

三、计算与预算的职能

如果说上述功能是所有企业家的固有功能，那么资本主义企业家就有特定的功能，即计算。他的活动既然被分解为关于货币价值的服务和对价的合同，那么他就必须能够立即将每一份合同的内容想象成一笔金额，而这笔金额最终必须在持续的收入和支出中产生一种贷方的剩余：我们将此种功能称为计算。当此种计算是对一种未知量的计算时，我们即称为投机。但他也必须是一个好的管家，因为资本主义企业的最终目标只有借助谨慎的节俭才能实现。

第四节　资本及其循环利用

资本主义企业物质基础的交换价值是**资本**。它以货币的形式开始和结束，同时也在此二者之间以生产资料或商品的形式出现。

我们将资本在生产领域的时间称为生产时间，将资本在流通领域的时间称为流通时间。而生产时间与流通时间的总和即为周转时间。[1]

凡是用以购买生产资料的资本，我们称为实物资本，凡是用以购买劳动力的

---

① Ausführlicher in der 1. Aufl. 1, 204 ff.

资本，我们称为人力资本。这一重要的区别是对固定资本或常备资本以及流通资本或营运资本的通常分类所作的补充。

因此，资本主义经济的目的是"利用"投资于企业的资本，即以溢价（利润）来从事再生产。然增加一定规模资本利润的可能性如下：

1. 如果给定单个产品的利润率，则在**给定时间内生产的产品单位的数量**决定了利润率的多寡。这一数量是通过加速（强化）生产过程——用资本主义的术语是通过加速资本的周转——来扩大的。

2. 如果给定一定时间内可生产的货物的数量，则单个产品的利润率决定了利润的多寡。这种利润系由销售价格与成本之间的差额所形成。因此，人们的目标是扩大这种差异。这样的扩大基本上可以通过两种方式实现：

其一，**提高销售价格**：此种做法在与竞争对手竞价相争时必定会受到限制。这导致了资本的二律背反：尽可能高价和尽可能低价的出售。这种矛盾的解决办法是通过人为地消除竞争，无论是通过法律手段（垄断、特权等），或者通过相互妥协：价格协定的倾向、卡特尔的形成等。如果价格不能上涨，则最后的手段唯有增加利润。

其二，**降低成本**。达到此目的的方法为：

（1）通过**降低生产成本**，即通过提高生产率，以同样的费用生产更多的产品。至于提高生产力则是：

① 通过改进工作流程（组织）；

② 通过改进技术。

（2）通过**降低生产要素成本**，即以较低的成本生产同等数量的产品，却并未同时提高生产率，仅通过节省生产要素的开支；并且由于节省：

① **物质生产要素**：有利的采购，谨慎的保管，并回收废物等；

② **人的生产要素**。

a. 降低同工同酬（降低工资、雇用儿童和妇女等廉价劳动力）；

b. 通过增加工作量（延长工作时间）或强化管理（更严格的监督、计件工资等），在相同的条件下提高工作绩效。

第五节　资本主义经济的条件

与每一种特殊的经济方式一样，资本主义也与满足某些条件有关，无论是在经济人身上，还是在环境中。要确定这些问题，我们有两条路可走：可以列举每一种资本主义在理论上都假定存在的情况。这是我在本书（参见第十三章）描述手工业时，也是我在《社会经济学纲要》中关于资本主义的论文中所走的道路。或者，我们可以确定哪些事件的发生使资本主义这样一种历史的表现形态——"现代"资本主义——成为可能并不断发展。这是我们在这里必须走的路。因为我们要记住本书的整个体系，其所设定的任务是描述属于我们时代和我们民族的资本主义经济方式的形成与发展。故此，我们必须追究：现代资本主义是如何从我们所知道的欧洲中世纪的经济形式中逐渐形成的。而证明其起源所必需的先决条件是如何满足的，已成为本编的主要问题。欧洲各民族的经济在中世纪采用封建手工业的特殊形态——此乃我们认为业已给定——之后，在新的精神产生了资本主义的意志之后，这种在历史上范围狭窄的特殊的提法为：是什么情况集合在一起使这种意志得以实现？在这一方面，可以注意到更多的联系。

第二十章

资本主义的形成

第一节　驱　动　力

资本主义从欧洲灵魂的深处成长起来。

产生新国家、新宗教、新科学和新技术的同样精神也创造了新的经济生活。我们知道：它是一种尘世和世俗的精神；一种具有巨大力量的精神，可以摧毁旧的自然形态、旧的束缚和旧的障碍，但也可以重建新的生命形式、艺术的和人为的目的形态。正是这种精神，自中世纪末期以来，把人们从静悄悄的、有机发育的慈爱和共同关系中拉出来，并促使他们走向躁动不安的自利与自决的轨道之上。

只要在这个和那个坚强的人身上扎下根来，将他从享受安逸与惯于舒适的人群中赶出去；以后越来越多的人群将会愈加充实、愈加充满活力并不断推动这一切。

正是浮士德式的精神：不安分的精神，不疲倦的精神，现在被灌输在人们的灵魂之中。"对远大未来的憧憬在驱赶着他……"倘若我们想将在这里看到的活动视为无限的努力，这是对的，因为目标已经高悬在无限遥远之处，而有机束缚的一切自然的标准都被前进的人视为不适宜，并且过于狭隘。倘若想将其称为对权力的追求，也不算错；因为从一个我们的知识无法俯视的最深层的原因，这种无法形容的冲动由一个坚强的人喷发而出，他力求贯彻，并对抗一切力量，保持自我，强迫他人服从自己的意志和行为，对此我们可以称之为权力意志。倘若将它称为进取心，那么在任何地方，权力的意志都需要其他人的合作来完成一项共同的工作，这也表达了某些正确的成分。"企业家"是征服世界的人，创造的人，活泼的人：非静观者，非享乐者，非逃世者，非否定现世者。

我们知道，在人类生活的所有领域，这种新的"企业"精神都在争取自己的支配地位。尤其在国家中，它的目的首先是征服、支配。但在宗教、在教会中，它也同样活跃：在这里，它想要解放，挣脱枷锁；在科学中，它想要解开谜团；在技术中，它从事发明；在地球上，它力求发现。

同样的精神现在也开始支配经济生活。它打破了建立在安逸自足、自我平衡、静止的、封建手工业的满足需求上的经济的障碍，将人们驱入营利经济的漩涡之中。在这里，征服就意味着在物质追求的领域获利：扩大货币金额。在任何地方，此种无限的渴望，对权力的渴望，从没有像对金钱的追逐一样发现一个如此符合其内在本质的活动领域，金钱是一种完全抽象的价值象征，摆脱了所有有机和自然的限制，占有金钱越来越多地表现为权力的象征。

我在另一处曾经详细解释过，这种对黄金与货币的贪婪最初是如何在经济生活中挖掘一处矿层，并在很长一段时间内导致了一系列与经济生活无关的现象，因为人们最初试图在正常经济活动的范围之外获得黄金或货币。这些是中世纪最后几个世纪和新时代最初几个世纪大量出现的典型现象：

1. 劫掠骑士；
2. 采金业；
3. 炼金术；
4. 策划管理；
5. 高利贷。

这种征服的精神也渗透到经济生活中，资本主义因此出现：这种经济制度以一种奇妙的方式，为无限的渴望、为权力的意志以及企业精神，并恰恰是在为维持生计开辟了一个特别有效的活动领域。资本主义经济之所以具有这种适宜性，是因为在它的支配下，一切目的的中心不是一个有其天然需要的活生生的人格，而是一个抽象的概念：资本。目的的这种抽象性在于其无限性。克服一切目的的具体性，就是克服其局限性。

对权力的追求与对利益的渴求现在是相互交织的：资本主义企业家——我们这样称呼新的经济主体——为了营利而追求权力，为了权力而寻求营利。只有拥有权力才能营利；谁只要营利，谁就可以扩大权力。我们将看到，权力的概念在发展的过程中发生变化。是故，企业家的类型也在发生变化；策略和游说的手段逐渐取代暴力的手段；随着商业倾向愈益增强，商人作为企业家的才能在经济生活中愈加具有决定性的地位。

但资本主义并不是仅仅从这种无止境的追求、从这种权力的渴望、从这种企业家精神中产生出来的。与此相伴的是另一种精神，它给新时代的经济生活带来安全的秩序、精确的计算和冷静的目的：这就是**市民精神**，它可以在资本主义经济的范围之外发挥作用，几个世纪以来它一直在城市经济主体——职业商人和手工业者——的下层中发挥作用。

如果企业家精神在于征服和营利，市民精神则是秩序和维持。这种精神表现在一系列的道德中，所有这些道德一致承认，保证良好的资本主义的经营便是良好的道德。因此，装饰市民的道德尤其是：勤劳、节制、节俭与守约。将**企业精**

神和市民精神交织在一起，形成一个统一的整体，我们称之为资本主义精神。这种精神创造了资本主义。

关于"资本主义精神"的问题，我在《资产阶级》一书中作了详细和全面的论述，此书已于1913年出版，副标题是"思想史第一阶段：现代经济人资本主义的本质和发展"。因此，在提到此书时，我只简要地概述了资本主义精神的本质，在这一点上，我完全放弃了它的衍生过程，我的《资产阶级》的大部分篇幅都致力于这一衍生过程，此处不必重复。同样，对于是"精神"在"创造""经济生活"还是相反的此类问题感兴趣的读者，请他们参阅我在同一地方所作的评论。此外，我认为，我在那本书中所说的解决这一问题的办法，确实需要扩大和深化，特别是在形而上学方面，但我不希望对这一问题进行广泛的讨论，而保留在其他场合再谈这一问题的权利。

第二节　现代资本主义的历史结构

撰写历史意味着：指出民族精神通过哪些途径接近它的目标；在这一努力的过程中，什么是促进力量，什么是阻碍力量。换句话说，即表明一个民族或一个民族群体的基本观念在多大程度上并通过什么手段实现。应用在编撰经济史以及我们的特殊任务——编撰现代资本主义史——上，就意味着追溯资本主义经济制度的理念是如何在几个世纪中转化为现实；欧洲各民族的经济生活是如何从所有分支的新精神中发展起来的。

如用比喻来讲（这也构成本节的标题）：我们试图理解现代资本主义的"结构"。为此，我们假定一个不知名的建筑大师的活动，但他的"建筑精神"为我们所深知——因为它表现在奋斗的人的精神素质中，现在我们要追踪他的建筑由哪些部分组成。关于此项建筑本身，我们将在本书之后的阐述中才能看到它的发育过程。在这里，首先要了解"基础"，即建筑材料和建筑工人。

只要看一看目录，读者就会发现，在对现代经济生活起源的分析中，我最注重的是哪些现象。至于我的选择是否正确，只有研究本书才能证明。此处，我为读者提供一个有关广泛材料的概览，便于读者容易了解这一点。我这样做是通过这种概览来展示诸种行动力量和历史行动的不同领域——这些联系见诸以下七篇之中——之间，在这些领域的相互之间、在它们与资本主义经济之间的种种联系。

我曾经说过："发端是军队"，并试图说明，将现代军队视为第一种最重要的工具，是新精神在形成这一工具，借以完成其工作。**国家**（第二篇）是在军队的帮助下创造出来的，这是新精神的第一个完整的结构，它首先在国家中并通过国家发挥作用。为了控制自然的力量，此种精神试图改造**技术**（第三篇），而它对货币和权力的内在渴求又使它关注于贵金属矿藏（第四篇）并加以开采。

这三个领域表现为新精神活动的独立领域，**一种努力不能完全从另一种努力中推导出来**。然而，我们确实注意到这三者是如何密切互动的。尤其是国家的兴趣在于，为了提高军队的战斗力，必须不断改进技术；国家又将增加贵金属的储藏作为最重要的政策目标，因此竭力提高贵金属产量。但是，如果技术进步和贵金属生产是由国家所引起，那也同样是国家发展的条件：没有高炉技术，便没有大炮，因此也不会有现代军队；没有指南针和观象仪，就没有美洲和殖民国家的发现。倘若没有美洲丰富的金银矿的开采，便没有现代的税收制度，就没有国家信用制度，不会有军队，不会有专业的官僚制度，因此也就不会有现代国家。但技术和贵金属生产也有密切的相互作用：没有抽水机与汞合金的方法，便不会有白银的生产；没有铸币术的进步，便不会有现代的币制。反之，没有对黄金的贪欲，在技术领域，便不会有如此迅速的进步。

国家、技术和贵金属生产是资本主义发展的基本条件：资本主义的意志始终是新精神的一部分。现在将分别研究这些基本条件的每一种影响：

国家，尤其是通过它的军队，为资本主义创造一个大市场；并将其秩序与纪律的精神灌注到经济生活之中。国家通过其教会政策产生异教徒和——同时因宗教的理由促成移民——"外来人"：这两个因素在资本主义的结构中不可或缺。国家向远方侵略，征服殖民地，并借助奴隶制建立起最初的资本主义大型企业。国家通过其政策的蓄意干预来维护和促进资本主义的利益。

技术使大规模的货物生产和运输成为可能（也是必要的）；并凭借新的方式方法，创造了在资本主义组织框架内发展新工业的可能性。

贵金属在许多方面影响经济生活，并通过其丰富的资源独立地产生奇迹：它们使市场朝着资本主义所要求的方向发展，形成市场，此乃资本主义的要求；并通过强化营利冲动与完善计算方法来提高资本主义精神。

因此，国家、技术和贵金属在直接影响资本主义。但是，他们对促进资本主义的发展，在更大的程度上是间接的影响，因为正是它们满足了这一发展所需要的其他一些重要条件。

正是它们的交互作用，才有可能**产生市民的财富**（第五篇）。但这是资本主义的一个必要条件，它一方面促进了资本的形成，另一方面创造了一种支出基金，此种基金在**商品需求的新形态**中起着重要的作用（第六篇）。只有这样，才有可能进行资本主义所需要的大规模销售。然这种新形态又是三种基本力量的工作：国家，技术和贵金属生产，这三种力量一部分直接（宫廷的奢侈需求！军队的需求！海军的需求！殖民地的需求！），一部分通过市民财富的中间环节（新富人的奢侈需求!）发挥其影响。

在技术的影响下，**劳动力的采购**（第七篇）主要是通过国家直接或间接的途径进行。

在企业家精神中——其起源将被揭示（第八篇）——各种力量活跃起来，注定要将所有单独分解的要素组合成资本主义的宇宙。这些力量发挥的作用因起源而异；但它们同样也受本书所述所有情况的影响与限制：就国家自身提出的新经济形态的众多领导人而言，它通过其政策——如我所说——产生出新经济形态的主要类型，并影响着这些力量的组成；市民财富的出现意味着在市民以外各界有一种鼓励创业的刺激，在许多情况下，企业家活动的实际可能性需要首先创造起来，等等。

本书的任务正是详细地证明这一切。

在历史论述之前，我还要简略地评论：在本编以下七篇中，将阐述资本主义经济的前提条件，这些前提条件使资本主义经济从开始至**资本主义时代的末叶**为止得以发展。为了使资本主义进入其鼎盛时期，必须满足其他条件，这一点将在以后证明。只要它们还没有实现——约到 18 世纪后半期，资本主义发展的"障碍"仍然存在。这些障碍是什么，在适当的时候也会提出来。

现在，只有经过长期、深刻的重复体验，我们才能领略大量令人困惑、纷繁交错的事实，而只有这些事实同时存在，才使资本主义的经济成为可能。所有的事件和变化都集中在一点：**它们对资本主义的发展意味着什么？** 这将使我们能够掌握堆积在我们面前的巨量材料。

第二篇

国　家

第二十一章

现代国家的本质与起源

第一节 现代国家的概念

自中世纪末期以来，欧洲出现了君主国或专制国家的实际现象，其基础是这样一个事实，即大量的人——所谓大量：首先意味着居住在一个城市共同体或一个行政区以上地方的人——屈服一个统治者（或其代理人）的意志，服从这些统治者的利益。这些人并非通过一个共同的纽带维系在一起：并无血缘的关系，亦非邻里或扈从的关系；他们的联合是"机械的"（非"有机的"），是造作的（非发育而成）。然而，此种联合是从理性的角度来实现的：此即这些实体与以前人们所有的政治团体的本质区别。

正是在这种状态下，充满新时代的无限努力首先突进到国家之中，并且开辟出一条最为成功之路。我们首先看到强大的个人人格崛起，成为"专制君主"，但旋即超越自身个人，扩展到国家的理念。"国家即朕"也就具有"朕即国家"的意思。君主的利益就是如此扩展成国家的利益，这正是欧洲国家发展的特征，这使它与所有的东方专制国家截然不同。国家的福利与君主的福利相吻合，权力的观念便从君主的绝对权威中发展起来。

但是，当国家的概念从君主个人分离出来之时——君主只是这种观念有形的领导者，只是它的"体现的表象"，并且是独立的——，权威的概念也让国家成为一种不同于人民的东西。因此，国家的理念实际上真正获得其扩张力量；只有这样，它才能作为一种调节原则，服务于无限的权力追求，同时为他的活动开辟一条道路。

脱离民族共同体的有机障碍，国家按照机械原则发展成为一种**专制国家**。对外：通过寻求无限的扩张，凭借机械的组织，因而也可以无限扩张的现代军队，亦即成为一个纯粹的**权力国家**；对内：通过使生活的所有领域服从于有意识的管制，并倾向于使他的意志成为生命的唯一来源，亦即成为一个**警察国家**。

奇特的是，现代国家生活和现代经济生活的发展顺序是一致的。然而试图从一个现象复合体中"衍生出"另一个现象复合体，从国家中"衍生出"经济，或从经济中"衍生出"国家，未免徒劳无功。两者出于共同的根源，并且相互依存和相互决定。

国家如何完全过自己的生活，走自己的道路，并不依赖所有的经济，只要我们观察到它的发展过程，便会明白。

第二节　现代国家的起源

现代国家起源于何处，是什么模式决定了现代国家的起源：人们对这一问题经常给予非常不同方式的回答。倘若将弗里德里希二世视为第一位现代君王——此为常事，显然 1231 年的宪法便承担现代国家的责任，并很容易将现代国家的出现回溯到拜占庭或阿拉伯的影响。[1]事实上，弗里德里希二世的宪法第一次包含一套非常现代的行政原则：尤其是专业官僚制度，这要回溯到罗吉尔，却在弗里德里希的宪法中得到系统的发展。这里当然还是有些疑问。在弗里德里希二世的国家中仍然留下中世纪封建的重要成分：战争仍然以采邑的观念以及其他类似的思想为基础。故此，文艺复兴时期的国家是否真的溯源于弗里德里希国家，也是值得怀疑的。在西西里本身，尤其在西西里大陆，弗里德里希宪法很快就被其他法律所淹没。在那不勒斯，封建制度本身并非被弗里德里希二世的立法所替代：在安茹时期，它再次成为宪法和经济生活的基础，并且以非常彻底的方式加以执行，直到 200 年后，它仍然引起了法国人科明（Commines）的惊讶：所有权与职位的关系，职位与宫廷服务的关系在任何地方都被严格地保留下来。当然，我们也必须记住以下的事实：最早与完全现代的君主之一是阿拉贡的阿方索，他在 1416—1458 年间是那不勒斯国王，我们习惯于称他为"文艺复兴时期的模范国王"。他是否在王位上得到前辈的启发？还是土耳其的影响在他身上复活？因为人们已经开始研究和钦佩奥斯曼帝国，在 16 世纪，奥斯曼帝国是所有政治家感兴趣的中心，**路德**写道："据说，没有比土耳其人更优秀的世俗统治。"

但是，如果要解释现代国家的起源，也许我们无需将目光投向东方国家：也许从中世纪欧洲社会的诸种元素中足以推导出专制君主制度，并进而形成现代的国家。我以为，现代治国理政的大部分原则和思想似乎确实从中世纪的城市——在这些城市中曾经获得最为纯粹的发展——即意大利发展而来。尤其是专制国家

---

[1]　Hans Wilda, Zur sicilischen Gesetzgebung, Staats- und Finanzverwaltung unter Kaiser Friedrich II. und seinen normannischen Vorfahren. I. -D. 1889.

的两种基本思想：理性主义和多元治理，在 14 世纪意大利的城市与城邦中业已充分发展。"有意识地计算所有的手段——当时除意大利之外，任何一位君主皆无此种想法——与国界以内几乎绝对的权力相结合，在这里塑造出非常特殊的人和生命形态。"（布克哈特语）"正如我们在意大利特雷琴托时代所听到的，君主应该独立统治一切，不受朝臣的牵制，但应谨慎而简朴！建设和维护厨房与公共建筑，维持街巷警察，排干沼泽，监督葡萄酒与谷物；实行严格的法律，适当征税与分配，使人民认识到赋税的必要和君主并不乐意收取他人的钱财，支持无助者和病人，并致力于保护和善待杰出的学者。"同样，意大利的发展对其他欧洲国家的影响也并非没有个别的争议。然而，很明显，意大利文艺复兴时期的宪法和艺术不仅引起理论家，而且也令世界各地的政治行动界高度关注、吸引和排斥。"在这里，国家的世俗化比其他地方更明显，更清晰。在这里，权力本身被公开地提升为目的，国家利益提升为至高无上的法则，在其至高无上的权力面前，一切习俗和宗教的考虑都应该退避。"

现代国家的概念是从意大利城邦派生出来的，如果我们还记得，"国家"一词最初是在意大利语的现代意义上使用的，我们首先发现 stato 一词与一个城市的名称（stato di Firenze 等）有关，然后适用于每个国家。根据 J. 布克哈特的观点，统治者及其附庸一起被称为 lo stato（国家），"然后这个名字被允许篡改为领土的存在"。现代君主国的基本思想——君主的利益扩展到国家的利益——在这种意义的变化中得到有形地表达。参见：G. 耶尔内克：《一般国家理论》（Allgemeine Sta-atslehre. 3. Aufl. 1914，S. 131 f.）。

当这些思想向更大的范围蔓延，意大利城邦的小型专制君主转变成为"国王"——他们现在为自己的大帝国要求当年同样的权力——必定会产生一种想法，即将这些新起的统治关系与旧帝国结合。因此，16 与 17 世纪的国家法学者借助罗马法，构造出现代君主权的概念："开明的专制主义在其专横的行动中十分需要良知和说服力。"博丹①开启了这一工作，他将君主权定义为"与法律无关的支配市民的最高权力"，从而赋予实践中的"国家即朕"的理论裁决。**博丹与霍布斯**等人从事形式的国家理论，而蒙克莱田②则从事物质的国家理论：维护国家的中央集权正当性。因此，人们将 15 世纪末统治的大国王——天主教徒斐迪南、路易十一和亨利·都铎——称为"三位魔术师"，在他们唤起现代大国的生命之后，实际上使现代大国成为一个统一的实体。

----

① 博丹（Jean Bodin，1530—1596），法国政治哲学家。主要著作为 1576 年发表的《共和六书》。强调公民应服从了解民意的政府的决定，以避免无政府状态；强调君主应对有效政府具有必要的权力。为法国专制王权提供理论基础。——译者

② 蒙克莱田（Antoine Montchrétien，1576—1621），法国经济学家，主要著作是向路易十三的进言书《政治经济学概论》。该书以最早使用"政治经济学"概念而闻名。主张重视工业、均衡贸易，认为在经济活动中的利己主义最为重要。——译者

然后，专制国家通过新教得以强化，基督教国家和直接来自上帝的基督教权威——此种权威出自上帝的使命——的概念因基督教新教才得到进一步的确立。①

在随后的几个世纪里，这种专制国家的思想及其政策，特别是它的经济政策思想传遍所有国家。也许开明的王国也在太阳王和普鲁士国王身上找到了它的典型代表：他们政策的基本原则在荷兰的自由国家以及立宪的、共和的与专制的英国都有应用。我们甚至可以详细地看到，一个国家的政策如何迫使另一个国家遵循同样的政策：例如，荷兰是如何被英国的政策，以后又特别是被法国的政策拖入重商主义政策的轨道，在18世纪，在对法国亡命者开发的工业采取保护措施时，荷兰便得以张帆前行。②

第三节　国家对资本主义的意义

这种人为地将许多人集中在一个人的意志下所产生的重大"影响"主要是：

首先，为实现君主国家的目标——令一片广大地域的人口服从于国家的目标——建立了一个手段系统，这种手段本身对人类命运的形成具有最为强烈的影响：必须汇集力量，必须指导人们采取某些行动和放弃某些行动，形成一种"组织"，一种行政机构。这种统治手段系统本身获得生命，并在历史进程中继续作为主体和客体发挥作用。

其次，"臣民"，亦即国家目的的对象，在他们自己的生活安排中受到影响：国家的设施介入每一个人的生活，同时将许多人聚集在一起，形成一个更紧密的生命共同体，将以前并不相连的人结合在一起。

在欧洲，我们知道，从"十字军"东征至18世纪末的漫长时期，正是所谓的早期资本主义时期，其特点是专注君主国的发展，在这一时期，现代资本主义有了纯粹外在的发展。

但现代国家的生活表现出的很大一部分，在某种程度上也与现代资本主义的产生有着内在的联系；这一部分必须被视为现代资本主义的一种先决条件，或为一种推动力，或为一种阻力。然而，此事比一眼所见似乎更为重要。因为，即使有意识地直接促进资本主义的发展只在"重商主义"的经济政策中表现出来，但

---

①　以下著作以强大的精神阐述了这些联系：C. B. Hundeshagen, Über einige Momente in der geschichtlichen Entwicklung des Verhältnisses zwischen Staat und Kirche，载于：Doves Zeitschrift f. Kirchenrecht 1（1861）232 ff.，444 ff.。

②　E. Laspeyres, Geschichte der Volkswirtschaftl. Anschauungen der Niederländer（1863）124 ff.，134 ff.

也并非为国家生活的其他部门所乐见，从而对资本主义本质的形成产生极为重要的影响，正如本书探讨的过程中所表现的一样。

因此，对我们的考察具有重要意义的国家行政领域如下：

1. 军队；

2. 工商业政策；

3. 交通政策；

4. 铸币政策与货币政策；

5. 殖民地政策；

6. 教会政策；

7. 劳工政策；

8. 财政管理。

前六个领域将在本篇中讨论，因为它们完全是并且可以理解为国家权力的表现。而第七项所述的政策部门必须结合其他现象一起讨论，这些现象只是在探讨思想发展的后期才出现，因为没有这些现象，它们便会不可理解。因此它构成一个专门篇章的主题。

按照本书的计划，国家的财政管理将在下列情况下讨论：其一，在货币制度一章中；其二，作为资本主义发展的"障碍"（第二卷）；其三，作为资本主义本质生活表现的刺激物，有关讨论和起源描述留待以后的篇章（证券交易所、证券制度等）；其四，作为财富的来源，现代国家的财政管理在专门讨论资产阶级财富史的一篇中将有大量的涉及。

第二十二章

军　事

前 言 与 文 献

现代君主国家建立在血与铁之上。无论是对内与对外，它都变得和剑的威力一样强硬和伟大。因此，现代国家的发展和军队的发展是同等的概念。是故，想要谈论现代国家必须考虑到军事的特殊性。

我并非仅仅因为上述的考虑来谈论现代军队的建立和扩大，更为重要的是出于如下的原因：资本主义的发展正是从这一方面获得相当大的推动，并进而影响到广泛的领域，因此，军国主义的形成似乎是资本主义的先决条件之一。

我在《战争与资本主义》（1912 年）一书中探讨了军国主义与资本主义之间的这些联系，如果读者想要更详尽地了解事实，请参考这本书。在该书的附录中，读者还会发现一些最重要的军事科学著作，这些著作可以作为进一步深入军事历史问题领域的文献指南。

依照本书的总体计划，我在本章首先只介绍现代陆军和舰队的军事组织，这一部分似乎是国家管理的行为。以及，为便于理解，文中还将阐述军事组织的起源，并视具体情况说明军队的革新对经济发展进程的影响。

第一节　现代军队的产生

一、新的组织形态的出现

1. 陆军

现代军队是一支**常备的同时是国家的军队**。有两种始终同时存在的倾向：君主（作为国家的代表）成为独一无二的统领，军队则随时供其召唤，两种倾向共同作用，直至最终成为普遍通行的原则。是否可以作如下表述，这两项原则的胜利的外在表现，即为国家常备军队的采购和装备持续备有或提供经费，其实这样的外在表现对现代军队的基本思想并不同时具有多么现实的意义，人们可能会说，这两项原则的胜利是象征性的；君主拥有可以自由支配的资金，所以能够在时间与管理上让军队服从其意志，正是君主拥有的这种势能将现代军队的两个根本特征结合在一起：常备的、国家的，两者自然形成一个有机统一体。君主现在拥有"金钱与人民"，因此军队在其新的形态中获得保障，成为命里注定的形态：君主手中的刀剑。反之，又使君主达到其独特地位：在政治天地里，"一个君主若失去金钱与人民，便不值得尊重"，正如大选帝侯 1667 年在其政治遗诏中所说。

然而，当人们认识到经费筹措、连续性和国家管理这三个要素之间的内在关联及其对现代军队的根本作用时，便会首肯法国查理七世的改革具有划时代的特征。①

15 世纪中叶在法国已经发生的事情，直到两个世纪后，才在欧洲其他国家重演。在英国，军队的巩固迟至英联邦建立之后才成事实。②

至于德意志，亦即对德意志各个公国来说，我以为，1654 年 5 月 17 日帝国议会第 180 条的颁布具有决定性意义。③

在 18 世纪初，现代军队在其国家法律与管理手段的形态中业已完备。在普鲁士——现在已经成为主导国家——1713 年 5 月 15 日的内阁令标志着新型军队的形成。④

但是，当我们审视"现代军队"的全部特点时，现代军队除了它的宪法和行政管理属性之外，似乎尚存在着其他明显的特点：现代军队在军事技术上也具有自身的特性。事实上，在我们看来可以称为集合式军队，群众军队，或是作战部队，因此，它与所有中世纪的军队截然不同。

这样一支群众军队的特点在于，它的行动主要是因为它的规模，因为它由许多战士组成一个战术单位，并由一种共同的精神所激励。共同的精神系由指挥部的命令所形成，其来源出自统领。故此，（精神）指挥与（队伍）行动的功能二者分离，分别由不同的人行使，而以前则是集中在同一个人身上。这里发生了一个分化的过程，这是整个现代文化发展一个非常特殊的变化。

---

① 关于这一点，以下的著作讲得最清楚、最简洁：Ranke, Franzö. Geschichte l³ (1877), 55 ff. 亦可参见：《战争与资本主义》，第 25 页。

② Quellen bei J. W. Fortescue, Hist. of the British Army 1 (1889), 204 sag.

③ Jany, Die Anfänge der alten Armeen. Urk. Beiträge und Forschungen z. Gesch. des preuß. Heeres, hrsg. vom Großen Generalstab, Heft 1 (1001), 118 f.

④ Zum ersten Male verwertet bei M. Jahns, Gesch. der Kriegs-Wiss. (1889—1891) 2, 1554. Vgl. G. Schmoller, Die Entstehung des preuß. Heeres in seinen „Umrissen", 267.

尤为重要的是，与此种变化相类似的是经济生活组织的发展：从手工业走向资本主义。

指挥与执行功能的分化导致一系列现象的产生，从而成为现代军队的标志：首先是操练与纪律，通过机械的程序将指挥和执行两者结合在一起。希腊人和罗马人练习"步伐整齐"，瑞士人和意大利人同样如此操练，德绍的利奥波德①将此列为普鲁士军队的规矩，现代军队亦认此为其象征。

当然，即便没有任何范例，现代的君主国本身就会产生这种形式的军队组建，即使是模棱两可的模式，就像一定也会从其自身的需要出发来打造这种样式的军队，正如现代资本主义必然会从其自身的内在本质出发打造出大规模的劳动组织方式一样，因为外在的表现孕育在自身的内在之中。

现代君王必然会从自身出发产生出不同样式的群众军队，因为只有这种军队才能满足其**对外扩张**与炫耀权力的内在愿望。当然，其中武器技术也可能发挥作用。但是，在现代军队组织的产生过程中技术的作用并非首位（正如资本主义经济制度框架内大企业的形成过程一样——此处不期然地再次进行比较——技术也不是一个主要原因）。现代群众性军队起始的战术单位是方阵型，其基本武器便是长矛，以后为便于使用火器，这样的战术阵型出现了极大的变化。此后，**火器技术**以其单调的机械作用固化了军队的组织形态，仿佛成为一种自然的形态，从过去纯属自由决定的选择变成一种必然的方式（就像蒸汽技术的出现决定了生产制造向工厂过渡一样）。

然而，最初，群众军队的形态是由现代君主自由创造，并表现出他的最内在的本质：只有在这种形态中，才有可能迅速而不间断地扩张。随着领导与执行事务的分离，以及由此产生的技能的机械传授，在在都保证了可以在短时间内将任何未经训练的人培养成熟练的战士。当然，随着战术上的成功越来越多地建立在群众的作用上——随着火器的渗透，这种情况越来越多——，扩大军队的压力与日俱增，国家权力的强弱便越倚赖军队的规模（此处系指在训练与装备等条件相同的情况下）。

2. 海军

无疑，海战的组织与陆战的组织有着许多共同之处。我们首先看到，海军征募兵员的方式与陆军大同小异：海上与陆上都有征兵与雇佣兵。

然而，海战和陆战之间的区别也许更多并更为重要。首先：海战中从未出现过骑士。这些在故乡的土地上成就其生涯的战士，他们是中世纪军队的典型特征，但是纯粹出于客观原因并没有出现在海战之中。从一开始，海战的战术

---

① 利奥波德一世（Leopold I，1676—1747），安哈尔特-德绍亲王、普鲁士陆军元帅、改革家，创立了普鲁士旧的军事制度。——译者

原则就必须具备群体效应。即使攻占敌方的舰船时需要单打独斗，但战争的胜负更多的还是有赖于舰船的操纵，而舰船的行动总是众人的工作，其中一人负责指挥，其他人则执行他的命令。在诸如威尼斯和热那亚舰船的甲板上坐着的是成百名奴隶，如此的海战与骑士的战斗之间有着何等的差别（完全处于同一时代）！

海战的第二个特点建立在以下事实之上，即总是需要极其巨大的物质耗费，而这种耗费的重要性往往远超个人的能力。除了战士的全部装备外，还有战船，其制造与行驶所需的费用，与单个战士的武装甚至一匹战马的操持相比，远为高昂。

尤为特殊的是：这些在战争中最重要的装备，通常的商人总是以他的商船的形式随时准备着。

基于这一奇特的事实，海战所特有的军队组织系统很早即已产生：商船队为战争所用。整个中世纪，欧洲所有的航海大国都采用了这一制度。[1]

另一方面，物资装备在海战中的重要性一开始便导致了人们所称的**常备海军**的出现。一旦某位王侯有钱建造舰船，便会长时间地使用这些船只；它们不像战士那样不断地需要新的开销。当然，一旦开战还是需要水手和士兵。然而，君主的舰船上本身就拥有主要的海上兵力，只要舰船可用，这些都是"常备的"。君主和城市似乎早已自有舰船。[2]

海军的国家化也远远地早于陆军。为此，君主的刑法裁判权似乎在独立的船员和君主的统治权之间架起了一座桥梁。[3]

二、军队兵员的扩充

我曾说过，现代军队固有的扩充倾向从如下角度而言是其最为重要的特征，因为它产生了至关重要的经济效应，这将从后面的介绍中看出。

为了更清楚地说明现代军队这种扩充的现象，我将列举主要国家军队实力的具体数据。

1. 陆军

汉斯·德尔布吕克（Hans Delbrück）在他的《战术史》第三卷中得出最重要的一个结论是[4]，与人们迄今为止的看法不同，整个中世纪军队的规模其实要小一些。这也为战争的态势所证明，也同我在谈及商业时提出的观点相一致，同样也为人口状况尤其是城市居民的数量所证实，后者则是许多人早已提出的：中世纪

---

①② Krieg und Kap., S. 35.

③ 在英国：Laird Clowes, The Royal Navy, 1897 f., 以及法国：Krieg und Kap., S. 36 f.。

④ H. Delbrück, Geschichte der Kriegskunst im Rahmen der politischen Geschichte. Dritter Band: Das Mittelalter. 1906.

世界的外部规模狭小（因而其内部规模似乎相应地庞大一些）。以往人们说，在黑斯廷斯战役中，曾经有几十万人，甚至上百万人（估计到120万人）互相厮杀；事实上，诺曼人的军队很可能少于7 000人，肯定不会更多；哈拉尔德的军队更弱：仅有4 000—7 000人。

即便是"十字军"，中世纪时代这支最大的军队人数，也不多：在巴勒斯坦战役中作战的骑兵人数估计最多为1 200人，步兵最多为9 000人。

中世纪最大的一支军队是爱德华三世于1347年在加来集合的，计为32 000人。正如德尔布吕克做出这一统计后所言[1]，此乃"中世纪前所未有的战斗力量"。在所有这些数字中，我们必须清楚，这些大军集合在一起的时间都是短暂的。

相比之下，现代军队在18世纪末——直至我们所研究的这一发展时间段为止——业已获得长足的发展。

关于18世纪后半期欧洲所有国家的常备军力。《克吕尼茨年鉴》（第50卷，第746页）从第50卷至第53卷中的文章都是有关战争的扎实资料，专家依据最可靠的史料（第50卷，第746页）整理出如下数据，直至梅克伦堡-施特雷利茨为止，后者的兵力仅有50人。据说四大军事国家的军队人数分别为：

奥地利平时 ···················· 297 000人
奥地利战时 ···················· 363 000人
俄罗斯常备部队 ················ 224 500人
普鲁士 ························ 190 000人
法国 ·························· 182 000人

2. 海军

（1）意大利诸邦国

13世纪时，热那亚共和国是欧洲最大的海军强国。即就今天的理解而言，其当年的舰队也不算小，若以中世纪的标准，简直无与伦比。这些数字几乎无可挑剔，唯其并不齐整更能令人相信。数据来源是年鉴。即便是爱较真的海克也不怀疑其真实性。[2]

早在12世纪中叶（1147—1148），热那亚就已经派出63艘战舰和163艘其他类型的船只与西班牙的萨拉逊士兵作战。1242年，又出动了83艘橹舰、13艘三桅

---

[1]　H. Delbrück, a. a. O. S. 476；其他数据亦见此书：S. 153. 229. 344. 363. 404。此后的陈述可见：Krieg und Kap., S. 37 ff.。

[2]　Ed. Heyck, Genua und seine Marine. 1886. 这是一部出色之作。

小船和 4 艘大型运输船与西西里及比萨的舰队交战。1263 年，60 艘热那亚战舰在希腊海域巡弋。1283 年，包括小型船只在内，甚至有 199 艘舰船在服役。试想一下，每艘船上有 140 名桨手的话，199 艘船上就会有 27 860 名桨手（还不包括战士！）。据此，我们可以如此设想，这 199 艘舰船是先后配员相继出动的。我们也得知其军队的兵员规模：1285 年，热那亚从其海岸地区征用了 12 085 人，其中 9 191 名桨手，2 615 名士兵，279 名船员。他们分别在 65 艘橹舰和一艘大型帆船上服役。

（2）西班牙

无敌舰队于 1588 年被英国击败，驶离里斯本时该舰队由 130 艘帆船与 65 艘橹舰组成（在交战中少了两艘船）。这些船只的载重量为 57 868 吨，兵力为 30 656 名，"不含志愿兵、牧师和其他平民"。[1]

（3）法国

法国的舰队尤其是在柯尔贝尔（Colbert）时期达到令人赞叹的规模。

在柯尔贝尔（1683 年）去世时，已建成的战船总数达到 176 艘[2]，正在建造的还有 68 艘，总数为 244 艘。其中有：

第一级 ································· 12 艘

第二级 ································· 20 艘

第三级 ································· 39 艘

第四至第六级 ······················· 71 艘

辅助船 ································· 44 艘

（4）荷兰

也是在伟大的 17 世纪的几十年里，荷兰舰队从一个很小的起点发展成为当时欧洲也许是第一支同时也是最强大的舰队。

即使在 1615—1616 年[3]，荷兰的海军也不过仅有 43 艘船，且其中大部分为小船，4 艘各为 90 人，11 艘的人数在 50 和 80 人之间，9 艘各为 52 人，其余 19 艘人数更少。总共为 2 000 人，至多 3 000 人。1666 年，荷兰联合舰队与英军对抗，其舰队由 85 艘舰船与 21 909 名官兵组成。

（5）瑞典

瑞典在 16 和 17 世纪时是一个举足轻重的海上强国。1522 年，瑞典海军在古斯塔夫一世·瓦萨（Gustav Wasa）的领导下开始发展。至 1566 年，其舰船数量已

---

① C. F. Duro, La Armada Invincible, 1884, Joe. 110; zitiert bei Laird Clowes, 1, 560.

② Nach den amtlichen Listen: E. Sue, Histoire de la marine française. 4 Vol. 1837. 4, 170.

③ J. C. de Jonge, Geschiedenes van het Nederlandsche Zeewezen. 10 Bde. 1858 Vol. I, Bijlage XII.

经增至70艘。17世纪初，瑞典海军出现新的飞跃：1625年建造21艘新船，并有30艘战船投入使用。[1]

（6）英国

欧洲这一最大的海军强国的异军突起，只有普鲁士军队的瞬间崛起可堪比拟。这种发展大约始于亨利八世时代。[2]

在我们所指的这个时代末期，英国海军的总数如下（根据海军部登记册，1780年5月31日）：

292艘战舰，其中：

114艘战列舰，

13艘50门火炮战舰（类似于战列舰），

113艘护卫舰，

52艘单桅小艇。

战列舰配员在500至850人之间。长期雇佣的水兵为18 000名，即14 140名水手和3 860名士兵。

舰队的总吨位在1749年已经达到228 215吨。

18世纪末**欧洲各国**的海军规模（根据《克吕尼茨年鉴》，参见前文）：

大不列颠 ……………………………… 278艘战舰（其中114艘战列舰）

法国 ……………………………… 221艘战舰

荷兰共和国 ……………………………… 95艘战舰

丹麦与挪威 ……………………………… 60艘武装的船只

撒丁 ……………………………… 32艘战舰

威尼斯 ……………………………… 30艘战舰

西西里岛两部分 ……………………………… 25艘战舰

瑞典 ……………………………… 25艘战列舰

葡萄牙 ……………………………… 24艘战舰

教皇国 ……………………………… 20艘战舰

托斯卡纳 ……………………………… 若干艘护卫舰

---

[1]　App. A. in Publ. of the Navy Records Society Vol. XV, 1899. Für Rußland unter Peter d. Gr. vgl. History of the Russian Fleet during the Reign of Peter the Great. By a Contemporary Englishman（1724）. Edit. by Vice-Achn. Cyprian A. G. Bridge in den genannten Publications.

[2]　Ausführlich dargestellt in Krieg und Kap., S. 46 ff.

第二节 军队装备的原则

军队装备的组织①是军队管理的一部分。它的任务是，保障所有必要的物资供应，以确保军队的生存和正常运作。这些物资系为：1. 武器；2. 运输工具，主要是马匹和车辆，3. 生活品，即食物、服装与营房。如何筹措这样或那样的物资用品，就会产生以下的问题：

装备，

运输，

给养，

服装，

住房。

军队装备最重要的部门经历了如下的发展：

一、武器

中世纪的士兵，无论是骑士、后备军或雇佣兵，通常都是自备武器与装备。

这种情况必须改变，最初是出于纯粹的生产技术和外部原因，尤其当人们学会用大炮射出火药之后。单个战士即使具有最好的意愿，也不能自备**这种**武器。因此，我们看到城市和国家在为置办粗重的大炮未雨绸缪。其外在表现就是设置军火库或器械库，里面存放着供军队使用的大炮。此种军火库最初是城市的，以后是国家的。15 世纪时，巴黎有一座宏伟的器械库②，蒙斯与布鲁日等城市也是如此。③

在 16 世纪，各国的君主都在忙于建立军火库。走在最前面的是两个未来的军事大国：法兰西和勃兰登堡—普鲁士。

直到 17 世纪末期，所有欧洲国家军火库究竟发展到何种地步，从《新建军火库》一书中可以窥其一貌④，此书第四章有一目录，其中记载"火炮与弹药在何处制造、存放及何处使用"。

不过，此处必须指出，军火库及器械库中不仅存放着"笨重的火炮"，其中更

---

① Siehe die ausführliche Darstellung in Krieg und Kap., S. 66 ff.

② E. Boutaric, Institutions militaires de la France（1863），360 seg.

③ M. Guillaume, Hist. de l'organisation mil. sous les ducs de Bourgogne（1847），78，102/3.

④ „Das neueröffnete Arsenal" 系 „Neueröffneten Rittersaales" 一书的一部分，1704.

多的是各种类型的防御性武器。如此可证明以下的事实，即 15 至 17 世纪期间，整个武器装备基本上都掌握在国家的手中，因为堆积在器械库中的武器理所当然地提供给士兵使用，至于无偿或有偿并无多少区别。

可以证实的是，一旦战争爆发，旧式军队中残存的民军便会拿到国家提供的武器。[1]

此后，国家提供武器的方式逐渐扩展到所有部队。17 世纪是产生许多新事物的时代。正是在这一时期出现了这一转折。在那个时代，我们可以清楚地观察到形形色色的过渡状态，他们都是从私人转向国家供给武器这一过程的产物。

1. 战士自备一部分武器，另一部分则由国家提供。通行的收费方式即为扣除薪饷。[2]

2. 指挥官统一采购武器，每月从士兵的薪饷中扣除。[3]

3. 武器或者以实物供给，或者是士兵获得专门的武器津贴。[4]

除此之外，整个 17 世纪，武器已经完全由国家提供。[5]

但是，在装备国有化的同时是武器的统一化过程，即整个武器系统的**一律化**，只有注意到这一点，我们才能理解武器装备革新的全部特有意义。

直到 16 世纪为止，每个士兵的武器与装备各不相同：骑士当然如此，步兵也是如此，甚至新式的瑞士雇佣军队也是如此，他们尽管使用的是短枪、战钺、刺戟以及长柄斧，尤其是应用钺，甚至在火器出现的时候："关于武器的口径、形态以及名称，无论是购买还是定做，都是随意而为。"从 1567 年的条例规定中可以看到这些。[6]

较为大量的同一型号的武器首次出现在 16 世纪，那是雇佣兵使用的长矛。这是旨在建立现代军队的思想所产生的群体效应，这种非个性化的做法不时地会冒出头来。

当然，火器这样一种新的制造技术推动了统一化。16 世纪末，奥格斯堡的军械师向巴伐利亚威廉大公提供了 900 支手持枪筒，"都可以使用同一种枪弹"[7]，这在当时显然不同寻常。

此时，口径这一概念开始进入武器的天地。[8]

---

① M. Thierbach, Die geschichtl. Entwicklung der Handfeuerwaffen (1888—90), 21.

② G. Droysen, Beitr. z. Gesch. des Militärwesens in Deutschland während der Epoche des 30 jährigen Krieges, in der Zeitschr. f. Kult. -Gesch. 4 (1875), 404 ff.

③ Jany, Anfänge, 45.

④ Geschichte der Bekleidung usw. der Kgl. preuß. Armee 2, 277.

⑤ Jany, 55. Gesch. der Bekleidung 2, 203.

⑥ Franc. 16 691; fol. 102 vo bei Ch. de la Ronciere, Hist. de la marine franp. 2, 493.

⑦ Jähns, Gesch. d. Kriegswiss. 1, 662.

⑧ Krieg und Kap., S. 84 f.

二、给养

这里我们还是将陆军和海军分别进行考察，因为这两种军队的给养具有太多的内在差异，难以作为一个整体看待。

整个中世纪，直到近代，陆军的做法通常都是每个兵士自己操办给养，或者由其亲属提供生活品，无论是骑兵还是步兵，不管是招募兵还是雇佣兵，全都一样。

直到华伦斯坦（Wallenstein）时代做法依然如此。①

随着军队逐步国家化，解决给养问题渐渐地变成国家的一项任务。②

就我所知，在任何地方，国家权力机构最初都是以一种**间接的供应**方式来处理给养事务，国王的官员或有关当局负责监督：确保以数量充足、质量优良、价格公道来提供部队所需的食品。前文已提及，15 世纪时的瑞士招募军即是以此种方式提供。③听说法国采取这种做法还要早一些。④三十年战争时军队的给养办法就是如此。⑤

然而，早期在军队的给养中国家的参与具有实质性的内容。君主自古以来就拥有卫士，他必须自己负责卫士的生计。还要负责为他们提供要塞。他必须为派往海外的部队提供食品。早在中世纪，我们已经发现，法国国王让其官员等采购食品，目的即为前面所述。⑥

此外，我们很早就发现一些公共团体受国家委托来操办军队的给养：查理七世的宪兵连是由外省提供实物给养。⑦

在国家化观念日益强化的过程中，王侯们顺理成章地将其军队国家化，接着又将整个给养系统国家化。在 17 世纪，似乎首先是在西班牙完全实现了军队给养系统由国家来承担。由此开始遍及其他国家，如勃兰登堡—普鲁士。直到大选帝侯执政时期，该国在"膳食"即给养的方式上还是习惯由住宿地主人来安排。

---

① 关于华伦斯坦军队的给养供应可见（二者皆不十分精确）：J. Heilmann, Kriegswesen zur Zeit des Dreißigjährigen Krieges（1850）；V. Loewe, Die Organisation und Verwaltung der Wallensteinschen Heere（1895）. Vgl. Fr. Foerster, Lebensbeschreibung Wallensteins, 1834（其中有重要的资料），und M. Ritter, Das Kontributionssystem W. s（Histor. Zeitschr. Bd. 90）。

② 负责给养供应的国家权力机构（战争事务专员！）的发展情况，可见：Krieg und Kap. S. 118 ff。此外可见：O. Hintze, Der Kommissarius und seine Bedeutung in der allgemeinen Verwaltungsgeschichte. Aufsätze für K. Zeumer, S. 493 ff., 以及 G. v. Below, Landtagsakten von Jülich und Berg II, S. IX f.。

③ H. Delbrück, Gesch. d. Kriegskunst 3, 608 f.

④ Boutaric, Inst, milit., S. 277—280.

⑤ G. Droysen, Beiträge, a. a. O. 623 ff.

⑥ Boutaric, 1. c. p. 277 seg.

⑦ Boutaric, 311；nach dem Ms. im Brit. Mus. W 115 u. 2.

　　然而，这种由国家完全提供给养的制度并没有持续多久。相关的驻防营地难以承受这种安排，从而造成执行上的困难，如此困境迫使大选帝侯重新取消为军队提供给养的做法，改为支付金钱。弗里德里希·威廉一世甚至试图进一步从财政上加以限制：规定团、连和个人用于给养的固定货币收入。于是，在17和18世纪期间，大多数国家实施了某种**混合制度**，其原则基本一致，即为：部队行军期间与战场上完全由国家提供给养；驻扎在营地时原则上由士兵用本人的薪饷来解决给养问题。在个别国家，士兵的部分给养系由国家或营地（以所谓的服务形式）向士兵提供实物。

　　当国家一旦承担为士兵提供给养，尤其是具体到提供面包时，无论是自始至终，如法国，还是偶尔为之，如多数德意志国家，都必须考虑准备食品，尤其要注意储备粮食。

　　为解决这一问题，国家尽可能地将**仓储**分散到全国各地：法国在亨利四世时期已经采取如此做法，至路易十三时，范围更加扩大[1]；普鲁士则尤其在弗里德里希·威廉一世统治时期（1726年建立了21个军需库）大力推行[2]；在其他德意志国家，如萨克森、波希米亚及符腾堡自16世纪以来即已开始如此做法。[3]

＊　　　　＊　　　　＊

　　就此而言，海军的情况与陆军不同，在较为大型的舰只上以及较为长途的航行中，船员自备伙食几乎是行不通的。设想一下，在一艘战舰上，几百或上千人，长达数周或数月与外界隔绝。无论如何，他们必须**储备**大量的食物。若将这样的补给交给个人处理，分别堆放在船上，加以看守，并各自消费，会是何等麻烦的事情。似乎也有舰船自行携带给养，不过显然是少数情况。[4]

　　海上大国，尤其是西班牙、荷兰、法国和英国，似乎从未采取过船员自办给养这一做法。他们都是集体办理船员食品，差异仅仅在于方式的不同。就我所知，几个世纪以来，这里有两种制度：一种可称为法国式，由船长办理给养；另一种为英国式，由国家为船员办理给养。[5]

三、服装

1. 服装的制度安排

　　最初也是每个士兵自行操办服装。他们按照自己的喜好来置办军服。即使是大胆的查理麾下的禁卫连（1471年）——已经是一支"常备军"——的士兵也必

[1]　Boutaric，384.

[2]　Acta Borussica，Getreidehandelpolitik 2，272.

[3]　Acta Bor.，1. c. 2，87 ff.

[4]　例如13世纪在热那亚：Ed. Heyck，Genua und seine Marine 158. 160. 169。

[5]　法国：Principes de Mr Colbert sur la marine，abgedruckt bei Sue，1. c. 1，317；英国：Close Rolls 48，71 und 15 John 158，bei Laird Clowes 1，119。

须自备服装（如同自备武器一样）。①伊丽莎白时代的英国海军也同样如此。②

倘若在更高一级的层次上来解决服装问题，往往是通过间接供给的方式，与军队的伙食供给相类似：仍然让每个士兵根据自己的意愿和费用来置装，但必须确保他们去购买物美价廉的商品。

在17世纪，英国政府就是如此办理海军的服装。③

但是，随着各个部队的巩固和统一，集体购置便取代了个人自备。

16与17世纪，军工企业，尤其是控制军事事务的军工企业家理所当然地希望，当个人置办服装应该停止时，置办服装的责任自然会落在团队或连队首长的身上。

在所有军事大国里，从现代军队诞生直到18世纪期间，始终实行由团或连队置办服装这一制度。④

其实，如同参与军队装备供应一样，国家早就插手了服装供应。最初是同其他层级的当局一起，或者是供应某一部分部队的全部服装，或者是供给所有部队的一部分服装。

在这种情形下，国家或者是向团长和连长提供服装的原料，主要是布料，并且收取相应的费用。例如在勃兰登堡—普鲁士就是这样做。⑤

或者是由诸侯供应部分服装，军官自己置办其他部分。⑥

君王参与供给部队服装的另一种办法，即为部分军队提供全部服装，在这种情况下，军队的着装便分为国家和其他来源两种。

从一开始，君王们即负责自己卫队的服装。即便后来卫队在明显扩大，例如在法国壮大成为"王室部队"时，其优厚与昂贵的装备还是由王侯们自己操办。而对其他部队的服装，君王们则根据自身的需要与能力来定。⑦

18世纪时，所有军事国家都实现了军服的国有化。

1768成立的**奥地利**军服委员会是军服事务组织的典范，其目的是"在平时与战时向全军提供必要的军服、装置、皮件马匹装备以及各类野外装置"，同时还负

① M. Guillaume, Hist. de l'organ. militaire sous les ducs de Bourgogne（1874），140.

② M. Oppenheim, Hist. of the administration of the Royal Navy（1896），138. 139.

③ W. Laird Clowes, 1. c. 2, 20. St. P. D. 11. Dez. 1655；St. P. D. CXXXIV, 64；St. P. D. Sept. 1656；bei Oppenheim 329.

④ 英国：Handschr. Quellen bei F. Grose, Military Antiquities resp. a History of the English Army 1（1812），310 seg.；Fortescue, Hist. of the British Army 1, 283 seg.。法国：L. Mention, L'armée de l'ancien régime（1900），255.。勃兰登堡—普鲁士：Geschichte der Bekleidung usw. der Kgl. preuß. Armee, 2. Teil. Die Kürassier- u. Dragon-erregimenter（bearb. von C. Kling），1906, S. 3/4。

⑤ Jany, Anfänge, 83. Frh. v. Richthofen, Der Haushalt der Kriegsheere, in der Handbibliothek für Offiziere 5（1839），628 ff.

⑥ 参见1681年1月23日关于安哈尔特步兵团服装的条约，in der Geschichte der Bekleidung usw. 2, 212.

⑦ 英国：F. Grose, Military Antiquities（2 Vol. 1812）1, 310 ff. Hub. Hall, Society in the Elizabeth Age（4. ed. 1901），p. 127；法国：L. Mention, 1. c. 255 seg.。

责采购医疗器械与床铺等。①

2. 制服

与服装的制度变迁密切相关的是服装样式所经历的变化，就经济角度而言，这一变化意义尤为重大。

如果每个战士完全按照个人与财力来自备服装的话，则整个部队就类似于武器装备那样，会出现五花八门的景象。当一群雇佣兵出现在我们面前的形象就是如此，每个士兵都将自己的嗜好变现在自己的着装之中。②

现代军服③是一种不折不扣的理性产物：它的出现源于一系列非常深入细致的斟酌与考虑。此种有目的的斟酌首先就是一种**军事性质**。

这曾是纯粹的外部原因：从一种制服人们容易识别一支部队，并可以将其与其他部队加以区分。然伴随着这种外在原因，在考虑军队制服化时还有一些重大的内在原因：制服可以让穿着者，有人说，拥有一种**团结一致的感觉**，若没有同样的服装，便不会产生这种感觉。

与这一考虑相类似，但不尽然相同的是后来的大型军事组织的想法：制服是一支军队良好纪律的组成部分。犹如借助外在的安排令个人臣服于整体的目标，这是人们在制服化背后的期待。**没有制服，便没有纪律**：弗里德里希大王在描述大选帝侯军队的状况时曾经表达过这种说法。④

正如前文所言，伴随着这些军事上实用主义的考虑，当然还有强烈的经济上的理由，这些理由同样导致了制服化：制服化可以形成大宗采购与大量制造，从而带来大量的好处，其中最为重要的是价格低廉。

如同服装业的国有化一样，制服是以同等程度与同样的步伐发展起来。

在部队服装问题上，王侯也是采取制服化的办法。因此我们可以看到，在 16、17 与 18 世纪期间，国家的服装业紧跟着制服化的步伐：直到两者之间原则上完全一致。⑤

---

① Frh. v. Richthofen, Der Haushalt der Kriegsheere a. a. O.

② 服装的多种多样一直延续到 17 世纪。关于三十年战争期间瑞典军队服装的五花八门可见：J. Heilmann, Das Kriegwesen der Kaiserlichen usw. (1850), 18; der Armee des Großen Kurfürsten: Geschichte der Bekleidung usw. 2, 213. 关于 17 世纪军队的服装为何仍然那么随意的问题，可见：Geschichte der Bekleidung 2, 4; vgl. Anlage 41—43。

③ 有关现代军服的产生，可见：Krieg und Kap. S. 156 ff.。

④ Mém. pour servir à l'histoire de la Maison de Brandenbourg 1767 par Frédéric II, abgedr. in der Geschichte der Bekleidung 2, 201.

⑤ 关于军服在不同军队中的逐步制服化，可见：Xav. Andouin, Hist. de l'admin. de la guerre 1 (1811), 52 seg.; de Chenneviéres, Details militaires 2 (1750), 116 ff.; Boutaric, Inst, mil., 359. 425; Fortescue, op. cit. 3, 213; Laird Clowes, op. cit. 3, 20; König, Alte und neue Denkwürdigkeiten der Kgl. preußischen Armee (1787), 24, zit. in der Gesch. der Bekleidung 2, 211; Jany, Anfänge, 45 f.; Gesch. der Bekleidung 2, 3; A. v. Crousaz, Die Organisation des brandenburgischen und preußischen Heeres 1640—1665 1 (1865), 11 ff. Vgl. Krieg und Kap. 8. 161 ff.。

第二十三章

重商主义整体观

原始资料与文献

当然，研究重商主义的资料来源几乎都是法律、法令等，进而为此提供了理由。所有这些资料都被汇编成文集，很容易查阅。

所有英文来源的完整概述，可见 Cunningham, Growth, im Anhang。

有关法国：Isambert, Jourdau et Decrusy, Recueil général des anciennes lois françaises de 420 à 1789. 1822—27. 29 Vol. in 8° (v. Index sub Manufactures, Mines etc.)，然后还有较为方便利用的专业汇编：Recueil de réglements généraux sur les manufactures. 4 Vol. in 4° et 2 Vol. de suppl. 1730—32，其中，所有与大工业有关的法律都是从 1660 年到 1730 年进行汇编的。

有关西班牙：Recopilacion de las Leyes destos Reynos. 3 Tom. 1640。

有关荷兰：Groot Placcaetboek, 9 dln, 1658—1797。

有关奥地利：Jos. Kropatschek, Kais. Kön. österr. Gesetze, welche den Kommerzialgewerben und den Gewerbsleuten insbesondere vorgeschrieben sind. 2 Bde. 1804. F. Xav. Wekebrod, Sammlungen der Verordnungen und Generalien für sämtliche Zünfte und Innungen. 1799。

有关德意志：Schmauss-Senckenberg, Sammlung der Reichsabschiede (bis 1736). 4 Bde. 1747。Brandenburg-Preußen：Mylius, C. C. N. Cod. dipl. Brand., ed. Riedel. Acta borussica, hrsg. von der Kgl. Akad. der Wiss. 1892 ff.

除了立法资料外，值得参考的还有君侯、政治家和高级官员的书信等，尤其是法国在这一方面有许多很好的汇集，如路易十四时期：Tome III：Affaires de Finances—Commerce—Industrie. De Boislisle, Correspondance des contrôleurs des finances avec les intendants. 3 Vol. in fol. 1874. 1883. 1878. Clément, Lettres, Instructions et mémoires de Colbert. 7 Vol. 4°. 1861—82。还有如英国：Thom. Carlyle, Oliver Cromwell's Letters and Speeches. 4 Vol. 1902。

从一般角度来述及重商主义的作品，如果撇开纯粹的文学历史作品不谈，并不多见。最重要的著述有：H. J. Bidermann, Der Merkantilismus. 1870. E dm. Frh. v. Hey king, Zur Geschichte der Handelsbilanztheorie. I.（einziger）Teil：Einleitendes. Ältere englische Systeme und Theorien. 1880. 这些书在当年出版时不失为优秀之作。G. Schmoller, Das Merkantil-system in seiner historischen Bedeutung：städtische, territoriale und staatliche Wirtschaftspolitik, in seinem Jahrbuch 8（1884），S. 15 ff. H. Sieveking, Grundzüge der neueren Wirtschaftsgeschichte vom 17. Jahrh. bis zur Gegenwart, in Meisters Grundriß II, 2. 1907.

在以后几章中论及各个国家的重商主义时期时，我将会列出更多的文献资料。

在我看来，如果能明确重商主义的哪些思想和原则是从前一时期（城市经济）继承而来，哪些创新必定是出于君主的利益变化所产生，我们便会透彻理解重商主义的一致特征。

首先，重商主义实际上不过是**城市的经济政策向更为广泛领域的延伸**。城市以其利益成为世界的中心，所有其他利益都从属于这一中心，现在此种领域业已变成君主统治的范围：政策在其基本观念中是以自我为中心。但旧的共同体观念在国家的一般观念中仍然延续，直至其最终结果：整体的利益优先于个人的利益；整体虽然以专制君主为代表，但也是一致团结的。[①]在这一基本概念中，即便是专制国家亦广泛保护其成员的经济消费：中世纪城市"供应政策"的所有细节都得到最认真的延续。

城市的"供应政策"的目的是向居民提供必要的生活品（谷物、牲畜）。于是便尽可能多地将这些货物运到城市，其做法是禁止从农村出口，要求生产者将其产品投放市场，禁止收购，不许过往的商人"囤积"，以及在必要时设立仓库。在所有这些方面，君主继续推行城市政策。

在西班牙，王室在 1307 年、1312 年、1351 年、1371 年、1377 年、1390 年这些年份，禁止出口牲畜和面包，在 1455 年禁止出口谷物和牲畜，在 1502 年禁止出口牛与牲畜。

在法国，国王的供应政策始于 1305 年和 1307 年菲利普四世的法令：禁止谷物出口，必须供应市场，禁止收购，并规定食品价格。这些原则在随后的几个世纪中依然有效：1577 年，只有获得许可证才允许出口谷物，并征收谷物出口关税。谷物贸易的规定在 17 与 18 世纪甚至更为严格：佃农的粮食储存不得超过两年；城市的粮食储存至少维持三年；商人不得在每个城市周围 2 英里以内购买谷物，巴黎规定的范围则为 7—8 英里以内；外地商人必须以个人身份购买和销售粮食等等。

在英国，国王的有关措施始于亨利三世。此外，还禁止在一定价格之下的谷

---

① 这些思想在法国得到最高程度的发展，对此兰克在他的法国历史书中出色地作出描绘。

物出口，并对粮食采购和中间商实行非常严格的规定。

从伊丽莎白时代开始，关于谷物出口的规定变得稍微宽松一些：国王们对谷物和牲畜生产者开始有了越来越多的顾虑，这在所有国家都很明显。在城市消费者和农村生产者的利益之间达成了某种妥协，这通常导致原则上允许谷物出口，但若价格高企则再度禁止谷物出口。如前所述，在 16 世纪的法国即如此。1571 年以来，英国的情况亦是如此：允许出口，只有在饥荒时期才能禁止。然即使在这一时期之后，禁止采购、价格税和对买卖的监督等措施仍然有效。

由此产生一种原则，即单个经济主体的生产或经营商业的权利系来自共同体：而这种共同体的代表现在是君主，他们的判断则出自其权力所赋予的权利与义务，并以其利益的需要为限：所有的经济活动都是一种"特权"行为。

最后，从这一基本假设中可以看出，个人的行为必须严格遵守当局的指示，当局必须监督经济活动，并负责经济活动的审慎执行：为此目的，当局有义务制定适当的条例来调节经济实体的每一项行动：所有的经济活动都是"规定的"行为。

君主现在携其自身的特殊利益出现在城市经济政策这种固定的制度中。我们知道，君主的权力尤其建立在两种制度的基础上：雇佣的军队和专业的官僚，我们也知道，这两种制度从一开始就基本建立在货币经济的基础之上。因此，为了维持军队和官场（再加上昂贵的宫廷），君主尤其需要金钱，再而三地需要金钱。（直到后来，一些国家的人才短缺才变得明显起来，随即实行人口政策，例如在贫穷的普鲁士即如此。）

君主或是通过征税或是通过借贷获得所需的金钱。然为了征税和借贷，必须在国内有**最低限度的贵金属**储备，而这种储备的规模愈大，信贷形式便愈不发达。

从历史学家的角度，我们可以看到，为了满足现代君主国家的要求，地球上必须**生产**一定数量的贵金属。我们还可以补充说，在这几个世纪里，贵金属生产的大量增加——我们将在第四篇中更详细地说明——对现代国家的发展是一个重要的促进因素。一个精通军事史的人偶然说过："他的（萨克森的）军械库和军队是从施内贝格的银矿中成长起来的"[1]，我们可以将这句话普遍化：现代国家是从墨西哥和秘鲁的银矿与巴西的淘金中崛起的。或者换一种说法：有多少银（后来是黄金），就有什么样的国家！当然，这只是从附属的条件而言：如果没有——像美洲发现以来所生产的那样——丰富的贵金属生产，现代的王权国家便不可能取得如此迅速和普遍的发展。

故此，获得金钱成为君主政治的中心问题，众所周知，重商主义政策的所有思想和措施都围绕着对金钱的追逐。如果说城市当局最热切的努力是为他们的城

---

[1] Jähns, Geschichte der Kriegswiss. 1, 686.

市提供充足的商品，那么（可以说）古代政权所有大政治家的核心愿望即在于，以货币的形式将交换价值流入其国库之中，为此目的，首先将货输入到他们所征服的国家，以便直接或间接地收入国库。**城市的商品供给政策演变成国家的货币供给政策。**

"一个国家非有金钱不可，这是由他的强大与威力所决定的，我以为人们应当容易认同这一原则。"柯尔贝尔这句话[1]不仅表达了他的时代信念，而且表达了他所处时代前后几个世纪的信念。这种对货币增长的追求是所有重商主义政治家的基础，也是重商主义理论和实践的基础。随着时间的推移，产生的差异只是对最适当的方法所持有的不同见解，即如何用最容易与最丰富的方式获得所需的金钱。在英国，我们看到 17 世纪的金银货币主张与重商主义之间的意见之争，在英国，前者主张贵金属的流入与流出具有直接的影响，后者则认为通过商品流动的方向（贸易平衡）来建立间接调控更为适宜；然后我们看到，在斯图尔特王朝的最后几年里，期待工业的发展会增加货币供应的这种观点是如何崩溃的。英国最早提出这一观点之一的是《不列颠语言》（1680 年）的作者。[2]

因此，如果将重商主义政策的个别表现理解为实现政治学——就其物质性而言——的最高目的的尝试，并将它们归类为实现既定目标的多种方法，我们就会最容易了解重商主义政策五彩缤纷的世界。此外，对于以上所确定的事实，我们必须记住：重商主义的政治学主要是通过城市当局曾经走过的道路来实现其独特的目标。

当然，所有重商主义政策中最热切的渴求必定是**以直接的方式获取货币**，无论是通过保存本国现有的金银，还是通过在本国生产贵金属。

当君主们禁止现金流出时——法国早在 1303 年和 1322 年即有如此禁令，英国（爱德华三世统治下）、西班牙和其他国家也有此类禁令——也只是在步城市政府的后尘，有关这一点，我们将在其他相关章节中详细看到。

各个城市也曾经开采过贵金属，不过只是零星而为。自 16 世纪起，国家当局越来越倾向于自行管理银矿，以防止贵金属在本国的流动枯竭。[3]贵金属即使在开采过程中有害，但能带来经济利益，因而甚至成为重商主义理论的一个原则。[4]

重要的是，对自有银矿或金矿的渴望驱使各国超越其边界，"到印度去"——这是一个神奇的国度——欧洲各个殖民大国就是从这种对黄金的追逐中崛起，在那几个世纪中，所有国家都参与了这种追逐。我将在第二十七章中详细讨论它们

---

[1]　Lettres, instruet. etc. de Colbert par P. Clement, t. II 2e partie p. CCVII.

[2]　重商主义理论最早形成于英国，如 1436 年出版的《英国政策的解读》已经将黄金等同于财富。参见：Vgl. Alb. Hahl, Zur Geschichte der volkswirtsch. Ideen in England（1893），S. 45 f.。

[3]　相关事实参见：Schmollr, Jahrbuche Band XV, 3. Artikel。

[4]　v. Hörnigk, Österreich über alles. 1684, Ausgabe von 1727, S. 30, 173. 其他可见：Roscher, System Band III § 179 Anm. 6.。

的起源。

殖民地政策是如何通过迂回的方式服务于重商主义的理念，一位最熟悉殖民主义历史的学者以下一段文字，以经典的形式作出如此描述："他们（重商主义的门徒）……在政策的细枝末节上实施了他们最详尽、最激烈的人为计划，为国家注入了大量的贵金属。事实上，殖民地并不总是直接提供这些贵重物品；但它们被用作从其他市场获得物品的手段，并被用来打开欧洲不同国家的钱库。"①

同样，我在此只简短地提及，稍后还要谈到，为了将尽可能多的资金直接注入王室国库，自然产生了税收和债务经济的整个巧妙结构，而同样的追求又造成一种特殊的铸币和货币政策，这对经济生活的形成具有重大的意义。

于是，国家本身就变成企业家，以便通过利润获得自己所缺少的货币：在我们追究资本主义经济本身的发展，和探索早期资本主义时代的经济主体之处，将在这种特征中遇到国家（参见本书第二卷第一篇）。

这里尤其要记住，在重商主义经济政策的组成部分中表明，国家希望以迂回的方式实现其目标：筹集资金。然而，这种迂回的方式使国家与**正在崛起的资本主义之间建立了一种共同关系**，而拓展这种共同关系实际上就是人们在谈及重商主义时通常所想到的。

我们必须认识到，在那些世纪里，君主和资本主义企业家是天然的盟友，因为他们在很大程度上追逐着相同的利益。尤为重要的是，二者因共同反对中世纪城市的封建势力结合在一起。正如这种势力阻碍了君主的统治在广大领域的扩张一样，他们也通过行会或关税壁垒给新兴的资本主义套上枷锁。然这两个新兴势力的共同利益是在国内尽可能广泛地储存贵金属。二者自然联合在一起；特别是——就我们此处所言——专制国家业已变成资本主义利益的促进者和协助者，即首先是资本主义工业和大规模对外贸易的促进者和协助者，正如亨利四世在1603年8月法令的序言中所说，必须推广艺术与制造业，"金钱是政治的血肉之躯，不仅要控制货币，而且要保有货币，除了不准外国商品输入国内，或者如此种商品不可或缺而为普遍所需的话，可在国内通过自然或工业来生产，此外别无他法，总要设法消除让金钱流出国外的机会和原因"。②柯尔贝尔认为，国内的贵金属财富促进了工业："金钱存在国内，会令人们普遍滋生获利的热望，从而行动起来。"国库又从中获利："此种流通恰恰使国库同时获得应有的一份。"然而，若要获得此种良好的效果，则应发展对外的商业："唯有商业以及依赖商业的一切事业才能产生招致金钱的巨大作用；以往无论公与私的方面都不曾从事这一领域，现

①　H. Brougham，An inquiry into the colonial Policy of the European powers. 1（1803），5/6.

②　Hofkammer-Referat 16 /111 1700（2 /VI 1710），Hoff. 13 917，bei H. von Srbik，Exporthandel Österreichs.（1907），270.

在必须将其引入法国。"①……

问题的另一面：资本主义工业如何使新兴国家受益，我在这里不谈。值得强调的是，除了资本主义的发展给君主及其国家带来间接促进之外，国库则通过各种课税直接分享了资本主义事业的繁荣。下文提及的企业特权多为有偿提供。许多企业，特别是大型贸易公司，通常是将全部股本或相当大的一部分作为贷款提供给国家，例如：（新的）英国东印度公司借给威廉三世200万英镑，借给安娜女王120万英镑，合计320万英镑，"这可能被恰当地称为这家公司的资本股票"。1743年，该公司为将其特权延长14年，再度提供300万英镑。成立于安娜女王第九年的南海公司，承担了政府917 967英镑的债务。1715年，再追加822 082.48英镑。为此，该公司有权免征盐、蜡烛等关税（税收）。

法国密西西比公司（法律）成立并享有特权，为此必须替国家偿还6 000万雷亚尔的债务：第一批6 000万雷亚尔资本以政府证券认购；然后国家将资本增加到1亿。

1643年，荷兰东印度公司为扩大其特权，向政府支付了160万弗罗林，以后每次都是如此，例如，在1729年支付了360万弗罗林。

或者，在公司存在期间直接对其征税：威廉与玛丽时期对东印度公司征税，每100英镑股票中征收5英镑；对非洲公司，每股征收20%；对哈德逊湾公司，每股征收5英镑等。政府天真地认为，国内的经济活动总是同时造福于国库。因此，1626年的《利兹宪章》称，自生产布匹以来，这座城市一直是"英国王室的荣耀和收入的最佳来源"；1661年，一份新的宪法文件抱怨羊毛业的欺诈行为不仅损害了羊毛业，而且损害了公共收入等。

此等有偿提供特权的做法不胜枚举，读者可以在下一章提及的专著中看到。

---

① Mém. De Colbert au roi. 1670. Lettres etc., éd. Clement, t. VII, p. 233.

第二十四章

工商业政策

原始资料与文献

有关原始资料我在上一章中已经列出。至于文献则浩如烟海：除了行会和城镇宪章史之外，经济史其他分支的文献都没有像重商主义工业和商业政策那样发达。尽管重商主义为我们提供了关于国家管理过程的大量信息，但它也常常阻碍我们对实际经济史的研究（正如我们在城镇史文献中所看到的那样）。经济史的研究与行政史的研究，这两者当然不是一回事。我选择了一小部分文献，借以提供参考。

法国：

1. 工业政策：涉及 1581 年以前，Rud. Eberstadt, Das französische Gewerberecht und die Schaffung staatlicher Gesetzgebung und Verwaltung usw. 1899；涉及 17 与 18 世纪，G. Fagniez, L'économie sociale de la France sous Henry IV. 1897. Alfred des Cilleuls, Histoire et régime de la grande industrieen France aux XVII et XVIII sc. 1898. L. Mosnier, Origines et développement de la grande industrie en Fr. 1898. G. Martin, La grande industrie sous Louis XIV. 1899. Idem, La grande industrie sous Louis XV. 1900. 当然，首先要提到 E. Levasseur。

2. 商业政策：Charles Gouraud, Hist. de la politique commerciale de la France. 2 Vol. 1854。有关大型商业公司的文献：P. Bonnassieux, Les grandes compagnies de commerce. 1892。Paul Kaeppelin, La compagnie des Indes Orientales. 1908. —H. Pigeonneau, Hist. du Comm. de la France. 2 Vol. 1885. 1889（bis Richelieu）. E. Levasseur, Hist. du Comm. de la France. 2 Vol. 1900.

特别涉及巴黎的部分：M. Frégier, Hist. de l'administrat. de la police de Paris. 2 Vol. 1850。

涉及柯尔贝尔的主要文献：Clément, Hist. de C. et de son administration. 3 ed. 1892. 2 Vol。

英国：

1. 工业政策：述及各个产业有大量的专著，如：J. James，Hist. of the Worsted Manufacture in England. 1857。J. Burnley，Thehistory of Wool and Wool Combing. 1889. L. Duchesne，L'évolution économique et sociale de l'industrie de la laine en Angleterre. 1900. F. Lohmann，Die staatliche Regelung der englischen Wollindustrie. 1900.

一般原理：Ad. Held，Zwei Bücber zur sozialen Geschichte Englands. 1881。W. A. S. Hewins，The english trade and finance chiefly in the XVII. cent. 1892. Cb. I and II behandeln die „Monopolpolitik". George Unwin，Industrial Organisation in the 16. and 17. centuries. 1904. William Hyde Price，The English Patents of Monopoly. 1906. Herm. Levy，Monopole usw. 1909.

2. 商业政策：G. Schanz，Englische Handelspolitik. 2 Bde. 1881（重点述及前两个都铎王朝的政府）。W. A. S. Hewins，1. c.

坎宁汉的著作仍然是经济事务的指导文献。以下一部著作以其清晰和正确的判断至今闻名于世：von W. v. Ochenkowski，Englands wirtschaftliche Entwicklung im Ausgange des Mittelalters. 1879。

西班牙：

G. de Ustariz，Théorie et pratique du commerce. Trad. sur l'espagnol 1753. Bern，de Ulloa，Rétablissement des manufactures et du commerce d'Espagne. Trad. sur l'espagnol 1753. Don Man. Colmeiro，Hist. de la economia en Espana. 2 t. 1863. M. J. Bonn，Spaniens Niedergang. 1896.

荷兰：

E. Laspeyres，Geschichte der Volkswirtschaftl. Anschauungen der Niederländer usw. 1863. Otto Pringsheim，Beiträge zur Wirtschaftl. Entwicklungsgeschichte der ver. Niederlande im 17. und 18. Jahrh. 1890.

奥地利：

1. 工业政策：Karl Pfibram，Geschichte der österreichischen Gewerbepolitik von 1740—1860. Erster Band：1740—1798. 1907. 此书内容丰富且富有教益。可资参照的先前的著作还有：A. Beer，Die österreichische Industriepolitik unter Maria Theresia. 1894. H. Waentig，Gewerbliche Mittelstandspolitik. 1898. S. 7 bis 47. Hans Rizzi，Das österreichische Gewerbe im Zeitalter des Merkantilismus，in der Zeitschrift für Volkswirtschaft，Soz. -Pol. und Verw. Bd. XII. 1903. Max Adler，Die Anfänge der merkantilistischen Gewerbepolitik in Österreich. 1903. Joh. Slokar，Geschichte der österreichischen Industrie und ihrer Förderung unter Franz I. 1914. 此书述及的范围跨越了重商主义时代，系对之前的历史时期的一个补充。

2. 商业政策：A. Beer，Die österreichische Handelspolitik unter Maria Theresia und

Josef II. 1898. Helene Landau，Die Anfänge des Warenhandels in Österreich，in der Zeitschrift für V. -W. usw. Bd. XV. 1906. 此书主要述及对内的商业政策 Heinr. Ritt. v. Srbik，Der staatliche Exporthandel Österreichs von Leopold I. bis Maria Theresia. Untersuchungen zur Wirtschaftsgeschichte Österreichs im Zeitalter des Merkantilismus. 1907. 皆为好书。

勃兰登堡—普鲁士：

G. Schmoller，Studien über die wirtschaft liche Politik Friedrichs II. und Preußens überhaupt von 1680—1786，in seinem Jahrbuch Bd. 8. 10. 11. 同一作者：Das Brandenburg-preußische Innungswesen von 1640—1800，wurde abgedruckt in dem Sammelbande Umrisse und Untersuchungen zur Verfassungs-，Verwaltungs- und Wirtschaftsgeschichte besonders des preußischen Staates im 17. und 18. Jahrh. 1898. 此书亦编入了作者的其他相关著作。G. Schmoller und O. Hintze，Die Preußische Seidenindustrie im 18. Jahrhundert und ihre Begründung durch Friedrich d. Gr. 3fBde. 1892（Acta borussica）. K. v. Rohrscheidt，Vom Zunftzwang zur Gewerbefreiheit. 1898. C. Matschoss，Friedrich d. Gr. als Beförderer des Gewerbefleißes. 1912. H. Freymark，Zur preußischen Handels- und Zollpolitik von 1648—1818. Hall. Diss. 1898. O. Meinardus，Beiträge zur Geschichte der Handelspolitik des Großen Kurfürsten. Histor. Zeitschr. Bd. 66. H. Fechner，Wirtschaftsgeschichte der preußischen Provinz Schlesien in der Zeit ihrer provinziellen Selbständigkeit（1741—1806）. 1907.（其中第 1 至 453 页论及经济政策）。

有关德意志的一般论述：G. v. Below，Der Untergang der mittelalterlichen Stadtwirtschaft，in den Jahrb. f. Nationalök. III. F. 21，S. 449 ff. 593 ff. W. Naude，Die Getreidehandelspolitik der europäischen Staaten vom 13. bis zum 18. Jahrh.，Acta Borussica 1896. 此书的陈述涉及不同的国家。

还有一些报告也含有文献与原始资料的价值，如萨瓦利、波斯特尔思韦特等人的一些商业记载。当然，一些百科全书也有涉及制造业和商业的大量材料（编撰者如：Roland de la Piatiére）。

第一节 概 览

下文对重商主义政策的概述并没有给内行专家提供任何新的细节。我此举的目的旨在表明，尽管各国之间存在重大差异，但这种政策在欧洲所有国家的基本特点是相同的。将最重要的国家在本质上一致的立法措施综合在一起，也许会为那些深刻了解各个国家行政制度的人所欢迎。而另一些人则可将我的概述视为研究的入门。然而在这一点上，它在此处也不可缺少，因为它构成我的整体历史结构中的一个必要的环节。

如果详细观察国家为了资本主义经济因素的利益所采取的种种手段，我们就会看到，国家实际上所做的只是将城市经济政策的原则应用到整个国家，并根据其具体目的进一步发展而已。此即，重商主义政策与城市政策一样致力于：

1. 生产与商业的**特权**和

2. **制定生产和商业规章**，但在此基础上又增加一套重要的新措施，我们最有可能将其称为

3. **统一**。以下列举一些例子，使读者认识到这种政策的意义和重要性。

第二节　特　权

此处所谓的特权，一般是指利用国家的权力手段，来活跃私人的经济活动，或使其在已经进行之处有利可图或获得更大的利益。当然，这只是资本主义企业的"特权"，正如我们所见，现代国家最有兴趣的是资本主义企业的发展。如果要准确区分，就必须说，国家的权力手段用于：或者是推动现有的资本主义利益；或者是促进处于萌芽状态的资本主义利益的发育；或者是栽培这些利益的种子。在许多情况下，这些特权也使资本主义的经济模式足以对抗手工业行会的排他性权利。

然而，国家"特权"的全部意义在亨利二世的以下文书（1568 年 6 月 13 日）中得以表达①：

> 我们要满足所有臣民的愿望，激励他们实践对王国的公众有益的事业，并赋予所有善良和勤劳的人在服务与就业中以特权和优待。

"特权"现已出现不同种类的形式，为了更清楚起见，根据这些形式分类如下。

---

① Ms. bei Levasseur 2, 37.

一、垄断

垄断在重商主义制度中占有非常重要的地位。其原则上是排斥他人；所以可以说，这是一种消极的特权。[①]

从历史的角度来看，垄断的权利可以追溯到封建主义的旧观念：君主拥有一切权力以及由此产生的一切权利，并将其授予他视为适宜的属下，而其属下则将赋予他们的全部或部分的权利转授他人。这种封建制度往往在授予和转授的过程中极其奇妙清晰地表现出完全现代的工业垄断。在这里君主的直接先行者即城市，如罗舍尔（Roscher）所言："作为一种封地，整个城市接受在其范围内销售工业产品。在这个巨大的封地中，有些部门向所有公民开放，有些部门专为议会保留，但大多数部门则向行会开放。"

至于在缓慢的转变中，君主这种排他性权力，如何发展成为适应中世纪以后时期的法律形式，不拟详加描述，因为对于此处探究的目的并不重要。[②]现代君主具有允许和禁止一切经济活动的权力，在开展经济活动中，具有允许某些人并禁止其他人从事经济活动的权力。有时，君主明确宣布他对工商业的独有控制权；所以我们已经在弗里德里希的宪法（1213 年）中看到君主垄断谷物、盐、铁和生丝的商业；在 15 世纪的意大利各邦，所有的商业均为君主所"垄断"[③]；在 16 世纪的葡萄牙，所有的香料商业也被垄断；在亨利三世统治下的法国，工商业被宣布为公家的权利，等等。然而重要的是，所有的君主——无论有无这样的明示——俨然都是唯一的合法人物。

人们希望将现代特权形式与中世纪特权形式——资本主义特权形式与手工业特权形式——加以区分，行会垄断为公司特权，国家（君主）垄断为个人特权。[④]然而，并不尽然如此。个人的垄断虽为资本主义垄断的常规，但也表现为公司的特权。我们在英国看到，其他一些行会系由个别公司在控制——例如肥皂制造业和别针制造业，虽然这些行业早已成为资本主义的组织[⑤]；或者我们发现，巴黎商业团体拥有某些商品的独家经营权[⑥]；或者我们还发现，1600 年一些煤炭商人获得

---

① 重商主义时代垄断形式的特权与现在专利形式的特权的不同之处在于，它是一种政府的授权，其明确意图是通过每一项单独的特权行为促进公共（或君侯）利益，而发明专利则是基于个人（私人）的权利，不可拒绝授予。E. Wyndham Hulme, The History of the Patent System under the Prerogative and at Common Law in The Law Quarterly Review 12（1896）und 16（1900）.

② 除了封建主义与帝国主义之外，各种法律渊源滋长了君主制，这是很有可能的。

③ Burckhardt, Kult, der Ren. 1, 35 ff.

④ R. Eberstadt, Franz. Gew. R.（1897），325 ff.

⑤ Unwin, Organ. 164 ff., und pass. Levy, Monopole 38.

⑥ Savary, Dict, s. h. v.

了组合行会的权利，从而有权向在泰恩河上航行的船只出售煤炭等等。①

如果一个公司被赋予这种权利，他就要同时限制成员的人数，但也可以没有此种限制：这种特权的典型，即组织的垄断，在英国为 16、17 和 18 世纪大多数"受监管的公司"。②

给予个人或一家公司的垄断权基本上可以延伸到任何有利可图的行业：我们经常遇到生产的垄断，犹如商业或运输的垄断一样。

当然，生产垄断本质上是工业垄断。它们或是以确定的方式实现（亦即，对于已经存在的产业，这些行业将转入资本主义组织，通常是通过一种能够实现垄断的新方法），即由一个公司控制整个行业，或是事先造成国家垄断：这是新建行业的规则，例如英国的玻璃、盐业或电线工业。

有时，生产某一特定货物的特权也被授予一个城市或一个地方：所有在该地区生产货物的人。因此，里昂获得生产黑色丝绸长筒袜的独家权力。

垄断的授予可以永久有效，亦可限于第一个接受者的终身，或者规定一定的年限。最后这种形式近于现代的专利，经常出现在英国伊丽莎白时代：1565 年制盐专利（限定 20 年）等；1567 年制造窗户玻璃的专利（限定 21 年）等。③在法国，我们也很早就看到这种限期的垄断权：1551 年，亨利二世授予拉雅的圣日耳曼建立玻璃工厂的第一个垄断权，期限为 10 年。④

在奥地利，我们可以区分两个时代：在重商主义政策的早期（利奥波德一世时期），新经济形式的法律基础是专属特权，它保证个人企业家在奥地利世袭土地的整个领土上独家销售其产品。在玛丽亚·特雷西亚统治时期，取而代之的是"工厂权力"，这种权力具有两种类型：一是"简单的工厂权力"，其中承认企业的价值，免除行会的所有义务，企业有权雇佣各种类型的辅助工人；二是"国家工厂权力"，包括承认企业的"特殊重要性和健全性"。他们有权展示帝国之鹰图标，培训和宣布学徒满师，而对另一个等级而言，此项权力则是交由行会行使。

垄断权也是一种**商业的垄断**。这种垄断只限于经营某种商品或某一类商品的权利：17 世纪纽卡斯尔煤炭商、索林根刀具业中的特权商人⑤都拥有过此种特权。路易十一曾经向一家香料公司授予进口特权。⑥同样，垄断权也可授予一个地方，

---

① "在煤炭贸易中发现的英格兰冤情……那些地方官的专横压迫、他们的特许状和拨款……"Ralph Gardiner, 1655. Repr. 1796.

② 参照：本书第二卷对经济形式的描述。在关于垄断的争论中，这个问题处于十分突出的地位：即垄断究竟有无限额。而商业垄断坚持没有限额的做法。可参见：Jos. Child, A new discourse of Trade Ch. III。

③ 可见以下的一份专利清单：Hulme, Hist. of Patent System, in Law Quarterly Review XII, 1896, und XIV, 1900. Vgl. Cunningham, Growth 2, 58 ff. 76 ff., 以及如下新的详尽陈述：H. Hyde Price, The English Patents of Monopoly. 1906。

④ Levasseur, 2, 37.

⑤ W. Thun, Ind. am Niederrhein 2, 27.

⑥ Pigeonneau, Hist. du comm. 1, 435.

并非某一个人：例如，在法国交易的所有丝绸都必须取道里昂。

或者，垄断仅限于在某一地区与某一个国家经营商业的权利：如商人冒险家公司（直到 17 世纪）单独有权向德意志和荷兰出口各种布料。[1]在这些情况下，我们可以称之为地理上的垄断，此种垄断权利最重要的应用领域是所有大型海外商业公司。在特许证中，明确规定该公司可以无限制开发的地域：其中最著名的是 1600 年成立的英国东印度贸易公司，其被称为"在东印度进行贸易的伦敦商人总督和公司"，该公司垄断了麦哲伦海峡和好望角之间的印度洋及太平洋所有国家的贸易。法国的印度公司于 1719 年由其他三家公司组成，有权"负责经营法国所有殖民地贸易"。[2]

正如我用来确定各种形式垄断的例子所表明的，只要进入促进资本主义利益的道路，所有国家都会推行这种垄断政策，在这一点上，作为城市经济政策的继承者也是如此。

在一个国家，垄断经济生活的倾向可能比另一个国家更强烈；它的消退在这一国家会比另一个国家更早；在此处，它同等地涵盖了经济生活的所有部门，在彼处，有些部门表现更强，有些则弱些，但原则上，这些政策到处都一样。而在 18 世纪的法国，工业垄断经历了最大程度的扩张，并在该世纪末走到尽头。在 19 世纪，这种垄断以特许权制度的形式出现在德意志各邦。而自 1687 年以来，这种形式的垄断在英国则业已消失。然而直至 19 世纪，就商业垄断与运输业的垄断而言，没有一个国家像英国那样给予了严格的操控：直到 1813 年，印度的贸易才向外人开放；而在 1796 年，我们看到，航运业的垄断自理查二世以来即已开始，在克伦威尔的航海条例（1651 年）中最终得以确认，直到 1796 年被首次打破，而航海条例迟至 1849 年才被取消。

17 世纪 70 年代，一位作家关于奥地利的文章可以适用于所有国家："在我们各省有着无数垄断，部分不为人所知，部分则为人所容忍，还有一部分获得政府合法的许可。我们的工厂主、纺织业主和大商人差不多都是垄断者。"[3]

二、商业政策

资本主义工业的一种特权形式——从根本上至少也相当于对整个工业部门授予垄断权——就是人为地影响商品市场，亦即借助种种措施来促进或抑制商品的流入或流出。这种垄断所追求的目标是：并非直接而是以迂回的方式去排除或限制竞争。与此同时，还对商业政策措施产生了一系列其他的影响。

重商主义的贸易政策又是在城市商业政策的基础上直接产生出来的，我们在

---

① Rymers, Foedera 19. 583. Vgl. James, Worst. Manuf. (1857), 148.

② 参见：die Darstellung der Wirtschaftsformen im 2. Bande。

③ 参见：Pribram，273。

讨论"供应政策"时已经有机会指出这一点。君主在其国家中追求的目的，与城市当局曾经寻求实现的目的一样：工业生产者应当要有丰富的原料供应，并受到保护，以免受外国产品的竞争。因此，在国家商业政策的初始阶段，采用的手段仍然相同：禁止原料（和半成品）的出口以及制成品的进口。

在西班牙，早在 14 世纪，如阿拉贡等国王即已禁止出口（食品和）原材料。1462 年，亨利四世下令，当应国内生产者的要求出口羊毛时，允许他们获得三分之一价格的优惠：1551 年、1552 年、1558 年、1560 年的法律进一步扩大了这一特权。1537 年，禁止出口铁矿石；1548 年、1550 年、1552 年、1560 年禁止皮革出口。

在法国，最早的法令是由国王制定的，制定城市的排他性政策这一做法可以追溯到菲利普三世，他在 1278 年即已禁止国内羊毛的出口。在其后的几个世纪中，如 1305 年、1320 年、1567 年、1572 年、1577 年等，这一禁令一再延长，并扩展到其他原材料和半成品，如亚麻、染料、纱线、生布等等。早期的禁令是禁止进口制成品，特别是纺织品：1469 年路易十一世禁止进口印度亚麻布，1538 年弗朗西斯一世禁止进口加泰罗尼亚和佩皮尼昂的布料，1567 年禁止进口佛莱芒布料；1567 年、1572 年和 1577 年禁止进口金色、银色与白色的布匹。

在英格兰，牛津议会在 1258 年禁止出口羊毛，爱德华二世禁止出口绒布。其后这些出口禁令一度被暂时取消，原因是羊毛出口对英国的经济变得非常重要。但在 15 世纪末，旧的禁令再度恢复：如爱德华六世禁止出口白灰。詹姆斯一世禁止出口未加工的羊毛制品；1648 年与 1660 年对羊毛出口的禁令再次出现。然后，该禁令一直持续到 1825 年。即使在 18 世纪的最后 25 年禁止羊毛出口的努力也特别活跃。

另一方面，即使在 15 世纪，也有许多制成品被排除在英国的进口之外，如禁止进口丝绸和各种丝绸产品；禁止进口所有行业的近百种物品。

其他国家的情况也是如此：德意志各邦禁止出口生皮和毛皮、橡树皮和树皮；荷兰禁止出口造船材料。

虽然君主国家在进出口禁令中只是在延续城市的经济政策，然而随着时间的推移，也发展出了一种商业政策手段，这为早先时代所不知，因此，整个重商主义商业政策往往被视为一种全面的革新：**关税保护**。

在整个中世纪，对流通领域的货物征税一直通行：最初这些征税还是属于收费的类型，后来逐渐成为领主和城镇的税收来源。此乃一种绝妙的主意，通过征收这种财政关税——如同我们今天如此称呼——来达到保护工业的目的。我们不能完全确定这种转变是何时发生的[①]：也许，甚至很可能，将财政关税制度转变为

---

　　① 关于法国：A. Callery, Les douanes avant Colbert et rordormance de 1664, in der Revue historique, 7 e annee, tome 18（1882），47 ff.；auch u. d. T. Histoire generale du Systeme des droits de douane aux XVI et XVII siecles, 1882；有关英国：Hub. Hall, A historv of the Custom Revenue in England, 1885.

关税保护制度是一个渐进的过程，系属于案例法的一种做法。

据我们所知，16 世纪法国和英国出现大量的保护性关税。在**英国**可以提及 1534 年的税则，在**法国**可以提到 1564 年的税则、1577 年的税则，特别是 1581 年的税则是最初的保护性关税。

众所周知，在 1664 年和 1667 年的柯尔贝尔税则中，保护性关税制度得到充分和系统的发展：原材料的高出口关税，制成品的高进口关税，对原材料的进口与制成品的出口给予优惠。这些政策的原则，由于其推行者的缘故，我们将之称为柯尔贝尔主义。这些原则与垄断政策一样，一直延续到 19 世纪的所有国家：英国，这个最好的"自由贸易国家"，因 1786 年皮特①与法国缔结商业协定，首次突破了当时的高度保护关税制度。尽管哈斯基松在 1824 年和 1825 年实施了改革，1845 年皮尔②的关税改革仍然要求取消 130 种不同的关税。

＊　　　　＊　　　　＊

但是，若不提及一项强力推进资本主义利益的措施——**取消国内关税**——将是对重商主义的商业政策非常不完整的表达。旧有的城市边界现在几乎已经推移到国家边界：然而，这种边界所包括的地区应当统一，且无任何关税壁垒将其分割成支离破碎的部分。法国和德意志的国内关税制度尤为发达。在法国，柯尔贝尔（1664 年）至少取消了一部分国内的关税限制：20 个"五大农庄的省份"的限制，自此以后，诺曼底、皮卡第（Picardie）、香槟（Champagne）、勃艮第（Bourgogne）、都兰（Touraine）、波伊图、安茹、法兰西岛和巴黎就连成一个整体。法国革命完成了此项工作，而众所周知，在德意志，至少各邦之间的关税（大致相当于法国的省界关税）则是直到关税同盟成立（1834 年）才取消。

三、奖励

然而，除了通过垄断和人为的保护措施来影响商品的流通之外，在重商主义经济政策的武器库中还发现其他保护资本主义利益的特权手段。

这些手段可以总称为"支持"或"奖励"，目的是使人们倾向于从事资本主义企业家的活动，或者，当他们已经决定从事工业、商业或其他有利可图的活动时，能够因此获取利润。

萨瓦利（Savary）在其词典③中列举了国家对皇家制造业企业家和工人提供的所有优惠。计为：

---

① 皮特（William Pitt, 1759—1806），1783—1801 年、1804—1806 年担任英国首相，主张自由贸易，废除某些关税。——译者

② 皮尔（Sir Robert Peel, 1788—1850），1834—1835 年、1841—1846 年担任英国首相，保守党创建人，曾颁布《银行宪章法》减免出口关税以鼓励自由贸易。——译者

③ Savary, Dich du Comm. s. v. Manufactures 2, 632.

1. 企业家获得：

世袭贵族（最重要的）；

入籍许可（如果是外国人）；

免除对其使用的原材料或制成品征收的进口或出口关税；

多年无息贷款；

年度津贴（视其经营成果而定）；

允许以批发价购买食盐；

允许为本人、亲属和工人酿造啤酒；

为其工场提供建造场地；

"裁决"权；

免于营业监察。

2. 工人享有：

免税；

由职工成为师傅的权利。

当然，对企业家来说，最重要的是可以从国库中以现金形式获得补贴。这一数目在**法国**相当可观，特别是在柯尔贝尔执政时期。据计算，在 1664 至 1683 年间，用于建立或补贴工业企业的资金达 180 万里弗赫。其中并不包括制造业，仅制造业即获得 300 万里弗赫。据《国王建筑业报告》（Compte de Bâtiments du roi）的作者吉夫雷计算，用于直接支持纺织业的金额总计 550 万里弗赫：其中 200 万里弗赫为津贴与补助金，300 万里弗赫用于订购地毯和织物。此外，各省市也被鼓励为工业企业提供资金，许多省当局的预算，特别是朗格多克和勃艮第的预算[①]以及里尔等城市实际上在用自己的资金来维持工业。"所有的发明都是通过特权和保护来实现，君主的金库似乎是设立在市场和道路上，等待着奖励那些拥有某种发明的人。"

也许并非所有的君主都以同样的热情和同样的金钱，但基本上是以同样的手段来促进资本主义工业。特别是在英国，乐于奖励制成品的出口。[②]或者，通过其他方式来促进工业：例如将王室的优先购买权让给资本家，如伊丽莎白时代以来英国国王将康沃尔锡矿的优先购买权出让给资本家那样。[③]

所有其他国家都在采取同样的措施。自 17 世纪 60 年代中期以来，**奥地利**的国家补助和垫付款每年为 50 000—80 000 弗罗林。[④]

---

① 为 200 把椅子，他们（1667 年）预付 40 万里弗赫；在接下来几年的时间用补贴的方式继续下去：Levasseur, Ind. 2, 241。

② Cunningham, 2, 516.

③ G. R. Lewis, The Stannaries（1908）.

④ Pribram, a. a. O. S. 71 ff. 132.

第三节 制 定 规 章

中世纪经济生活的第一种基本观念：除非从上面，即从君主国家那里获得权力，否则任何人都不得从事经济活动。然而，第二种基本观念的严格程度并不弱于前者：每个人都必须按照当局的指示规范自己的（经济）行为。我将第一个基本观念称为特权思想，第二种基本观念称为规则思想，整个早期资本主义时代仍然受到规则思想的约束。

所谓专制国家特有的"多重治理"：其中恰恰反映出弗里德里希二世的这种规章思想的统治权威。从弗里德里希二世和意大利特雷琴托君主开始，直到斯图尔特、路易十四或弗里德里希时代为止。在专制君主早期，作为职责和理想而被颂扬的义务——我们听到布克哈特如此说——在 17 与 18 世纪最为充分地变成现实。让我们来看看，即使是在最少"管制"的英国，政府（在斯图尔特时代确实如此：我以 1630 年为例）所关心的是：

丝绸染色不良：规定只用西班牙黑作颜料；

谷物不足：规定废除星期五晚餐，在其他禁食日亦为如此；

渔业不振：规定设立一个调查委员会；

出口的布料长度、宽度和重量常有缺陷：规定任命萨默塞特（Somerset）、威尔茨（Wilts）、格洛斯特和牛津委员会实施监督；

羊毛工业需要支持：规定只用当地羊毛生产布料；

染色失误：规定不得采用原木或块木颜料；

使用过多的外国金属线：规定不再进口外国导线等；

伦敦面临人口过多的威胁：规定在伦敦及其周围三英里之内不得新建房屋；

烟草的消费蔓延：禁止英国再种烟草等。[1]

在这里，我们只对经济活动的秩序感兴趣，特别是工业和商业活动的秩序（只要它还没有被包含在特权中），在以下几页中，我们试图确定：在专制国家中，这种秩序的本质是什么，哪些系从以前的时代继承，哪些为新增加。

因此，正如导言所表明的，我们首先要指出，**在整个早期资本主义时代，中世纪行会制度所体现的经济宪章仍有效力，并无改变，其基本思想一直保持不变。**所以，经济权原则上仍然受到约束。

---

[1]　条例案文见 Rymers Foedera 19，187—235。

　　当然，这并不排除专制君主国对旧的经济秩序曾有过重大的改变，有关这种改变，将在下文讨论。

　　首先，在专制国家的几个世纪里，行会制度在许多方面变得更加严格，其有效性也更加普遍化。自 16 世纪末以来，**法国**君王的命令才处处被灌入强制的意识，并严格执行行会的强制，尤其是两个最重要之处：1581 年 12 月亨利三世的命令和 1673 年柯尔贝尔的命令。18 世纪中叶，许多行会更新了他们的章程，其明确的意图是借新的章程颁布来加强排他的精神。搜集此项章程是有用的：例如制锅业者认为："尤其在和商人或另一行会的老板发生纠纷时，他们便会对上述行会不断采取行动，并会承诺反对有关侵犯其权利的判决。"[1]

　　16 至 18 世纪建立的**英国**行会也是如此。在某种程度上，一部分原则比中世纪更为排他和狭隘。[2]

　　同样众所周知的是，17 与 18 世纪的德意志行会制度更加僵硬和黑暗。[3]

　　在这一时期，行会的数量大大增加：1672 年，巴黎有 60 家行会，在柯尔贝尔的工业条例颁布不久，增至 83 家，至 1691 年已经有 129 家行会[4]；在 16 世纪中叶的普瓦捷有 25 家行会，1708 年增加到 35 家，1717 年又增至 43 家。[5]

　　这种行会倾向的加剧当然主要影响到手工业，一些手工业在很大程度上因资本主义发展的影响而陷入困境。然而，**资本主义的利益也在不小的程度上受到这些革新的影响**：例如，公司章程中关于工业监督的规定——关于产品质量的规定与工厂规章制度的规定——等等。他们的主要注意力集中在资本主义工业上。从柯尔贝尔在 1669 年发布法国工业规定时所作的导言中，我们听到对监管工业的强烈兴趣（该法包含了从前 150 项特别条例！）："对于许多年来纺织品、亚麻布及其他毛织品或棉织品在长度、宽度、厚薄及质量上的种种毛病，我们尽力铲除，并将所有同种类的物品，无论产自何处，均以名称和性质为标准，完全一致，如此可以提高国内与国外的销路，人民亦可免受欺骗。"另一次在说到实行细则时，他以为，与此相比，"没有什么更为重要的事"[6]。

　　到 18 世纪，这项规则愈趋严格，愈趋细致：多达 100 至 200 条规范，并愈益包含更多的生产指令：立法变得愈趋复杂。至 1683 年，规则的数量达 48 种，从 1683 年至 1739 年，计有 230 种"有关各种职业的规则、命令与条例"[7]。罗兰先生曾为《百科全书》编辑工业条目，他惊恐地称："时人业已发狂，绝对无法保持

---

　　① 参见：die Liste der neuen Statuten bei Levasseur, Ind. 2, 461 f.。
　　② Unwin, Ind. Org., 103 ff.
　　③ Stieda, Art. Zunftwesen in HSt.
　　④ Savary, Dict. Art. Corps et Com.
　　⑤ Boissonade, Essai sur l'origine du trav. en Poitou 2, 6. 15.
　　⑥ Depping, Introd. ä la correspondance administr. de Louis XIV Tome III p. IV/VL.
　　⑦ 参见上条注释。

人类的精神。"①

在其他国家，情况亦无多大差别：**英国**的纺织业一直受到严格的束缚（棉花业除外，此业的发展略微自由）。1329 年、1469 年、1484 年、1585 年和 1593 年等法令规定件数的尺寸；1515 年与 1518 年的法令规定制造工艺、商标等。为实施法律，对工业进行严格的监督，直到 18 世纪。1806 年，调查委员会发现，仅在羊毛行业计有 70 项法令仍在实施。

在 17 与 18 世纪的**荷兰**，我们发现关于制造方式、销售方式、政府管理等非常详细的规定，这不仅是中世纪的残余，而且还在经常更新和增加："在 18 世纪下半叶，当局比以往任何时候都更多地致力于扶持稚嫩的工业。"一个又一个取缔掺假的禁令接踵而来：啤酒花（1721 年）、牛奶和奶酪（1727 年）、黄油（1725 年）、靛蓝（1739 年），等等。在一个又一个行业中，生产过程被重组：毛纺业（1724 年）、印染业（1767 年）、制麻业（1770 年、1790 年）、帆布经纱业（1759 年），等等。

奥地利的情形也同样如此②：

法令涉及纱线、布料与亚麻。"17 与 18 世纪的奥地利政策完全沿着柯尔贝尔的路径发展。简言之：规制、国家监督、警察监视正是政府按照柯尔贝尔的习惯，试图以教育的方法对工业施加影响；他们希望通过严格的控制和统一的工作来确保生产的规范性。"③

当然，这一规定在当时的标准行业——纺织业——中最受欢迎。然而，其他行业的生产也受到严苛规则的约束：例如，德意志金属板厂的法令对金属板的数量以及尺寸、长度、宽度、剪裁、装饰等都有详细的规定。④

同样，造纸业等也有非常详细的规定。⑤

虽然这些条例在某些情况下适用于资本主义工业（以及资本主义商业），因为它们是工商业（而并非因为是以资本主义形式经营的），但许多新的条例与措施是针对工商业的资本主义性质而制定的，这些条例和措施实际上是**对手工业规律的突破、压制或进一步发展**，因此，专制君主国家又力图借此促进资本主义的利益——往往以牺牲手工业为代价。

我首先想到的是取消行会工业权的所有限制，这些限制的目的旨在阻止企业的扩张：对雇员或生产资料（织布机等）数量的限制。新的行业或者明确地不受这些法律的约束，或者在工业条例中删除这些限制性规定：例如，伊丽莎白的工

---

①　Enc. meth. Mf. 1, 4. 其中亦可在"条例"一词下找到 17 世纪 70 年代和 80 年代非常详细的条例。

②　Pribram, a. a. O. S. 76 ff.

③　H. v. Srbik, 304; vgl. S. 286 ff.

④　参见：die kurfürstl. sächsischen von 1660 und 1666，载于：Allgem. Schatzkammer der Kaufm. 1 （1741），585/86。

⑤　参见：die Regl. von 1671. 1730. 1739. 1741，其中对造纸业有最详尽的规定：P. Boissonade, L'ind. du papier en Charente. Bibl. du „Pays Poitevin" Nr. 9 （1899），13 ff.。

匠章程固然仍有至少七年学徒期的规定，但学徒与工人的数量若在适当的比例范围之内，便不再受到限制。

第四节 统　　一

然而，实质性促进资本主义利益的首先是重商主义政策的措施，这些措施可称为行会秩序的全国化，其目的在于消除中世纪城市为地方利益而设置的所有障碍，最重要的是，尽可能地将全国的工业权标准化。

实现这种全国化有着种种办法，或是由国家取代城市或行会成为监督或管理机构；或者使行会成为全国性的联合会；或者从一开始即在新出现的行业中建立全国性行会。根据当时经济形式的转变，特别是在许多行业中，手工业转变成家庭工业，与此相适应，新的全国性行会从一开始便具有家庭工业的性质。17 与 18 世纪在各国出现的全国性行会即为此种类型，它们赋予当时的工业组织以独特的性质。此处不宜详细追踪这些变化：有一系列好书对此已特别阐明，任何从事早期资本主义时代研究的人对此都非常熟知。为完整起见，我仅就一些最重要的法律和条例作几点说明。

在英国和法国，行会的全国化早在中世纪即已开始，这与当时盛行的强大的统一趋势相一致；1307 年、1351 年和 1383 年的法令是最后一代金雀花王朝和第一代瓦卢瓦时期所采取的最早措施。这两个国家几乎同时完成：16 世纪下半叶，英国通过伊丽莎白的《工匠规约》和《学徒规约》；在法国，则是 1581 年亨利三世以及 1597 年亨利四世颁布的命令。这些法律的内容基本一样：行会章程得到确认，但剥夺了其地方性质。在英国法律中，国家确立了全国性行会，部分在地方行会的废墟上建立，行会的权力在于监督行业，并由国王授予；法国的法令明确规定在一定范围内的流动自由：每位师傅可以在同一辖区的另一处开展自己的业务，但巴黎除外；而巴黎的师傅可以在全国建立自己的企业。

其他国家，特别是德意志的行会制度，在实行工业自由之前并没有达到法国和英国这样统一化的程度。

1731 年 8 月 16 日（奥地利于 1731 年 11 月 16 日作为一般行会专利）颁布的帝国行会规章，亦在试图像其他西欧国家的相应法律一样，将行会制度统一化。德意志较大的邦（勃兰登堡—普鲁士，1668 年）试图独立组织行会制度，即如人们所说，将行会制度全国化。

然而，使行会制度符合资本主义组织要求的最重要措施，即为新兴的家庭工业或类似的行业建立新的、独特的行会，这些行业往往处于手工业和资本主义之间。在 16 世纪后半期，法国和英国几乎同时——在 16 世纪后半期与 17 世纪最初数十年间——大量产生了这种家庭工业制度：在法国，1583 年的皮草商条例、1575 年的裤子制造商条例、1575 年的皮带制造商条例、1656 年的手套制造商条例，以及最重要的 1700 年里昂丝织厂条例。

在英国，有布商、制革商、金匠、衣匠、裁缝、铁匠、鞍具匠、刀匠、皮革商、腰带匠、木匠、锡匠等行会：所有这些行会来自同一时期，即伊丽莎白时代。在资本主义基础上的新行会的一个特别有启发性的例子是文具公司，在这类公司中，出版商和印刷商联合起来从事共同的工作。现在，昂温的著作令我们对英国家庭工业行会有了新的认识。①

然而，我们在其他国家也发现了同样的行会：在荷兰，床上用品和丝带织工行会成立于 1752 年，蕾丝织工行会成立于 1756 年。

在德意志，最著名的例子是索林根的刀剑制造商、卡威工具商、法兰克袜商、索内贝格玩具业的行会。

奥地利的情况亦大体相似。

---

① 乔治·昂温（George Unwin, 1870—1925），英国经济史学家，属曼彻斯特学派，反对政府对经济的干预，推崇自愿结合原则，将资本主义工业视为中世纪行会和平发展的结果。主要著作有《工业组织》《伦敦的基尔特和公司》。——译者

第二十五章

交通政策

文　献

我在第二卷阐述交通事业时将会引用众多专著。维尼翁的杰作《关于 17 与 18 世纪法国公共道路管理的历史研究》（Etudes historiques sur l'administration des voies publiques en France aux 17 et 18 siècles. 4 Vol. 1862 bis 1880）至少对法国专制国家的交通政策的某些部分作了总结。上一章提到的许多著作也涉及交通政策。

第一节　促进私营企业家的措施

重商主义的交通政策在某种程度上是利用与工商业政策相同的手段来实现其"便捷交通"的目标。此中最重要的手段如下：

一、垄断与特许

交通垄断为国内的航运（就整体而言）提供优势：例如，将一定地方之间的商品运输，尤其是在国内港口之间的交通，保留给本国的船只。

重商主义航运政策，其实只是城市航运政策的延续，在各地都带有同样强烈的保护主义特征。众所周知，最明显的是在英国，垄断的趋势在理查二世时期就已经开始。理查二世时期规定："除英国船只外，国王的臣民不得将任何商品运入或运出。"这一政策在都铎王朝时期得到进一步的发展，随后经历了一些挫折，但在伊丽莎白时代（禁止外国船只沿海航行！）以来又恢复了这一政策，并在克伦威尔的《航海法》（1651 年）中达到顶峰，一直延续到 19 世纪。然而，著名的《航海法》规定：

1. 原产于亚洲、非洲或美洲的货物，无论是来自英国殖民地还是其他地区，只允许通过英国的船只或大部分为英国臣民所驾驶的船只才能进口到英国和爱尔兰；

2. 原产于欧洲国家的货物只能由英国船只或货物原产地国家的船只运送；

3. 保留英国船只的捕鱼权；

4. 保留英国船只的沿海航行权。

法国也采取了类似的措施：1555 年 2 月 8 日的法令为，法国人只许租用法国船只；1659 年实行"货运法"：对外国船只每吨征收 50 苏的差额税；1670 年，与殖民地的交通保留为法国船只的运营，等等。

然而，垄断和特权也在更快加速国内交通设施的发展。在大多数国家，水路和陆路交通——特别是邮件交通——在早期阶段就被宣布为"君主特权"。

二、奖励

所有航海国家都不遗余力地通过精心设计的奖励制度来促进本国航运。最初是意大利各邦，然后西班牙（1498 年的法令）、法国，特别是英国都将奖励造船作为一个长久的安排：伊丽莎白和雅各布一世对于 100 吨以上的船舶，每吨补助 5 先令，查理一世（1626 年）对于 200 吨以上的船舶，每吨给予相同的数额[1]；克伦威尔延续这一政策，整个 18 世纪仍在实行这一政策。[2]

除了这些现金奖励之外，对造船还有其他优待：在伊丽莎白治下，伯利[3]保护木材、麻和绳索的生产；对推广海上渔业（培训水手）等亦如此。这一政策在 17 世纪的英国继续采用。

三、统一

专制国家的交通政策所设定的任务是，以统一的方式规范公共交通权，借以满足日益增长的公共交通的需要：市场权、测量权、度量衡制度——如我们将要看到——以及部分的铸币制度和货币制度都由国家为其整个领土重新设计。

第二节　国家独立推进交通的利益

交通的特点及其条件意味着，国家如要促进交通的发展，在许多情况下就必

---

[1]　Anderson, Orig. 2, 318.

[2]　Cunningham, Growth 2, 483 ff.

[3]　威廉·塞西尔（William Cecil, 1520—1598），自伊丽莎白一世即位后任其首席秘书，长达 40 年，1571 年受封伯利男爵。——译者

须自己动手，自行建设交通设施。因此，现代的君主势力特别注意**改善陆上与水上道路**，并关心国家内部运输的**组织**：国家邮政服务的开端即在这一时期。

尤其是**法国**国王，从美男子菲利普——他已经使塞纳河通航到特鲁瓦——开始，在这一领域取得巨大的成就：自亨利四世以来，由于设立法国路政大员的职位，交通事业得以集中管理，苏利①是法国首任路政大员。修建道路桥梁的费用现在常规地出现在国家预算中：在亨利四世时代每年支出约为 40 万里弗赫。②此外还有各省市的支出。

1609 年，为挖通河道付出 87 万里弗赫，正如苏利在回忆录中告诉我们："目的在于各条运河与河道，如卢瓦尔河、塞纳河、恩纳河、威尔河、韦恩河、珍河等便于航行。"在苏利的领导下，法国开凿第一条运河③：布里亚尔运河，目的不仅为了方便首都的供应，同时也为连接地中海与大洋（包括塞纳河和卢瓦尔河），为此雇用了 6 000 人。该项工程始于 1605 年，至 1642 年方得完工。

在柯尔贝尔时期，这一政策得到坚定地执行：改善道路；整治河道；并由雷奎领导开凿连接地中海（罗纳河）与大西洋（加隆河）的大运河，即米迪运河（1666 至 1681 年）。1666—1683 年支出的费用为④：

桥梁和道路 ······························· 4 860 489 里弗赫

巴黎人行道 ······························· 1 436 641 里弗赫

运河建设 ································· 9 619 315 里弗赫

改善道路总计 ···························· 15 916 445 里弗赫

在 1737—1769 年期间——有关这一时期我们有确切数字——用于上述目的的支出在 2 297 001 和 4 011 125 里弗赫之间，但最后几年始终维持在近 400 万里弗赫。

在**英国**，陆上道路的维护工作由当地居民负责，而运河的开凿则由私人资本负责。⑤河道的改善则由政府进行。⑥

在**德意志**，自 18 世纪初以来，西部的一些领土即由国家修建公路，尤其是勃兰登堡—普鲁士，自大选帝侯以来，就由国家修建运河。

---

① 苏利（Maximilien de Béthune, Duke of Sully, 1560—1641），法国大臣，亨利四世时期受命管理财政，发展农业，兴建道路、桥梁、运河等。——译者

② 有关 1600—1661 年改善陆路与水路的确切数据，可见：Vignon, Voies publiques. App. au tome premier p. 2 im 4. Vol. des ganzen Werkes。

③ Vignon, 1. c. 1, 61.

④ Vignon, 1. c. 1, 133.

⑤ Cunningham, 2, 532 ff.

⑥ Forbes-Ashford, Our Waterways（1906），61 f. 64 f.

　　国家的交通服务既然与私人的愿望密切相关，若不考虑交通条件的实际状况，便不可能对积极的交通政策的成就作出判断，除国家条件外，还需要其他条件，为此，在本书第二卷阐述交通状况时，我会更详细地讨论国家交通政策的措施并评价其中的成就。此处所及仅为概要，若以为过于简单者，可参考以后的描述。后文还会详细讨论邮政服务，许多国家的邮政服务组织系由国家所为，故此，严格地说，邮政服务是国家交通政策或交通管理的一部分。对同一事实复合体的不同方面进行如此严格的划分——以满足对材料进行适当编排的需要——在客观上往往并不允许。

第二十六章

货币制度

前　言

关于货币制度的一章在本篇中占有特殊地位。正如读者所知，本篇的主要目的是描述现代国家的生活，亦即意味着促进资本主义的经济方式。然而这显然并不适用于国家货币政策中很大一部分，这些政策必然被视为资本主义发展的"障碍"，尽管他们（立法者无意之中）实际常常以迂回的方式在促进资本主义性质的发展。但是，若从国家整体货币政策中排除这些因素，便不可能理解有利于资本主义本质发展的其他措施。不错，为了从根本上理解国家铸币与货币政策的意义，甚至有必要至少在一些特别杰出的著作中勾勒出**货币制度的实际结构**，而这些著作必须追溯到中世纪时期。但另一方面，货币领域仍然是国家行政管理的一个领域，与经济领域相对，其作为一个整体仍然是"基础"，因此，便不能像交通事业那样放在第二卷所给出的经济过程之中。

所有这些考虑的结果是下面的概述，它（在简短的理论指导之后）试图描述早期资本主义时代货币历史的进程。这个历史的一部分：贵金属转变成硬币，只有在我讨论贵金属的使用及其与价格形成的关系即第三十六章中才能完成。

不言而喻，与以往一样，此处的目的只是强调一些要点。为了描述这种"货币史概述"的性质，我想引用最早的硬币制造者之一（H. 格罗特）的话，他在精妙的《德国货币与硬币系统的历史概述以及当前的硬币类型》（H. Grote, "Münzstudien" 1, 1855, S. 139 ff.）一文的引言中说："我不想当游泳教练，而是想当一根刻有'浅滩'字样的木桩。"此处的重点亦证明欧洲主要国家的发展态势相一致。

原始资料与文献

1. 关于**流通货币与国家货币**：G. F. Knapp, Staatliche Theorie des Geldes（1905;

2. Aufl. 1912），更早一些的文献还有：Karl Marx, *Zur Kritik der pol. Ökonomie* (1859)；马克思可以代表所有现代"金属主义"货币理论家，他们都遵循他的路线（例如克尼斯和门格尔即为其中最重要的两位）。

2. 关于**金属货币**：这样的文献与原始资料有两类。钱币学与货币学皆属其中。这两类资料在数量和质量上有很大的不同。钱币史（钱币学）文献（据我所知）极为丰富：分类与汇编的描述同样是既多且好。此处我只需列出其中两份即可，二者很有可能在很长一段时间占据研究的高位：A. Engel et R. Serrure, *Traité du numismatique du moyen âge*. 3 Vol. 1894 bis 1901, und A. Engel et R. Serrure, *Traité du numismatique moderne et cohtemporain*. (16. —18. sc.) 1897 ff.；还有一部系统编辑的优秀著作：A. von Luschin von Ebengreuth, *Allgemeine Münzkunde und Geldgeschichte des Mittelalters und der neueren Zeit*. 1904；其他值得一提的有：Ad. Wagners, *Theoret. Sozialökonomik*. 2. Bd. 1909, sowie das Buch von W. A. Shaw, *The History of Currency 1252 to 1894*（2. Aufl. 1896，我所使用的是第二版）；Dr. Julius Cahn. I. Teil. *Konstanz und das Bodenseegebiet im Mittelalter*. 1906；Alfr. Schmidt, *Geschichte des englischen Geldwesens im 17. und 18. Jahrhundert*. 1914。

不幸的是，据我所知，有关货币历史的文件完全缺乏有用和全面的版本，因此我们仍然不得不求助于较旧的，其中有一部分相当陈旧的文档，值得提及的是一类关于所有欧洲国家货币的最重要的钱币条例、法令、国会等的出版物。以下资料可供参考：

法国：Le Blanc, *Traité historique des monnoies de France*. 1690。（Dupré de St. Maur），*Essai sur les monnoies* etc. 1746.

意大利：Ph. Argelatus, *De monetis Italiae varior. illustr. virorum dissertationes*. 6 Vol. 1750—59；其中除论文外还有丰富的文档汇编。

英国：Ruding, *Annais of the Coinage of Britain*. 3 Vol. 1840. W. A. Shaw, *Select Tracts and Documents illustrative of English Monetary History 1626—1730*. 1896；其中仅有文章并无法律资料。

西班牙：A. Heiss, *Descripcion general de las monedas Hispano-Cristianas*. 3 Vol. 1865—1869；其中除钱币介绍以外，还有关于钱币与货币历史的珍贵文献资料。

德意志：Melchior Goldast, *Catholicon rei monetariae sive leges monarchicae generales de rebus numariis et pecuniariis* etc. 1620. Joh. Chr. Hirsch, *Des Teutschen Reichs Münz-Archiv*. 9 Bde. in fol. 1756—1768。有关乌尔姆的颇有趣味的资料，可见：Eugen Nübling, *Zur Währungsgeschichte des Merkantilzeitalters. Ein Beitrag zur deutschen Wirtschaftsgeschichte*. 1903。有关勃兰登堡—普鲁士的文档，可见前文提及的出版物。

3. 关于**银行货币**：P. J. Marp erger, *Beschreibung der Banquen* (1717)，此书在

第 7 至 10 章中描述了当年的四家汇兑银行。

有关商业金库的情况，可见：O. Hübner, Die Banken. 1854（但此书将各类"银行"混为一谈），以及 R. Ehrenberg im HSt. 2 3, 360 ff。

有关阿姆斯特丹威塞尔银行，可见：Le Moine de l'Espine, Le negoce d'A. (1710)；Ch. I et II；Ricard, Le négoce d'A. (1723)；Ch. XXVI。

有关汉堡汇划银行，可见：Levy von Halle, Die Hamburger Girobank und ihr Ausgang. 1891。

其他专门分类的文献，我会在此后的叙述中列出。

4. 关于纸币：由于这一主题还没有从根本上进行讨论，我们只需参考在引文中"银行"和"纸币"这两个标题下的各种文章即已足够，其中也概述了相关的历史发展。

第一节　流通货币与国家货币

对于此标题中的两种货币，必须明确加以区分，这是讨论以下问题必不可少的条件。

克纳普[①]认为货币是一种国家安排，是一种"法律秩序的创造物"，此说当然有理；但**马克思**将货币定义为"商品的一般等价物"，也完全正确。这就意味着，**我们用货币这个名词来指代两个截然不同的东西**，如下文所述。

对于我们所说的货币，也可以称之为 G 或 X，在流通经济中的"功能"是一致的。其作用是：第一，计量"交换价值"：它是所有交换价值的表现；第二，中介交换行为：是一般的交换手段和流通手段；第三，转让交换价值：是一般的支付手段；第四，保存交换价值：是储藏手段。

当涉及确定这种"东西"是什么，它的"本质"是什么时，争论便开始。

现在，关于货币"本质"的这一问题在我看来并非十分有趣，我宁愿用另一个问题来代替：什么（什么权力）使这个不确定的东西行使其功能——我们认为它实际上行使的功能；它的"权限"从何而来？只有这个问题的答案才属于社会科学感兴趣的领域。就像行政管理学家会问：什么是警察？（也就是说，对行使其

---

① 格奥尔格·弗里德里希·克纳普（Georg Friedrich Knapp, 1842—1926），德国经济学家，历史学派代表人物之一。从统计学开始其学术活动，后发展了数学方法在人口统计上的运用，对普鲁士土地问题很有研究，以经济史《农民的解放和农工的起源》两卷本著名。其最后一本重要著作《国家货币理论》强调国家维护货币价值的作用，颇有争议。——译者

职能的人所感兴趣的是：他究竟在代表哪一个权威机构？）只对另一种方式的问话产生兴趣：他代表这个还是那个权威机构。

倘若以这种方式提出货币的"本质"问题，我们就会发现，这个名词指向的是两种完全不同的事物，因为那种事物的绝对权来自两种不同的源泉，是一切交换价值的表现，是一般的交换手段，等等。在一种情况下，这是所有参与流通社会的人的默示共识；在另一种情况下，这是（国家）行使立法权的专断行为赋予某物以权威地位。根据其"效力"的来源，我们现在可以称其为**流通货币**或**国家货币**。[①]

虽然流通货币和国家货币的功能范围最终相同，但它却是从两个完全不同之点得以实现：流通货币总是从交换价值的标准或交换行为中介者的功能出发，而只有具有自身价值的一种用品——此物已经变成商品——才能行使这一功能；在开始时，此物是一种**有形的商品（或估价）**。反之，国家货币系作为一种支付手段出现，并由此公开行使货币的其他功能：国家赋予它支付法定债务的权力，宣布它为**"法定"**支付手段：**最初是一种国家行为。**

国家（将货币）认知为金钱之物——赋予其任何法定支付手段——（在形式上）完全由其自身的意识所决定：或是旧帽子、纸条或金属。"为什么用任何材料制成的碎片不应该经过宪章来认可？"（克纳普语）

显然，流通意义上的货币和国家意义上的货币是截然不同的概念。然而在现实中，这两种现象经常相互接触，有时甚至在外部重合。**若国家承认流通货币为货币，或者反之亦然，在流通过程中接受国家货币**，就会出现这种情况。但是，这两种货币可以重合的领域总是由国家的权力范围来决定，即在空间上是有限的。即使在国家范围内，国家意义上的货币和一般的"商品等价物"意义上的货币，很可能非常不同。倘若（中世纪的情况即如此）流通是以"金银货币"为基础，而无关国家（城市）所宣布为货币的物品时，或者外国铸币在一个国家流通而不被该国所承认时，即属此类情况。

显然，货币概念的两重性经常出现在国际交往中，任何国家的法律都不能对此制定强制性规范。国际交往只承认货币为一般的商品等价物，是一种流通现象，其存在的理由只能从默契的普遍共识中推导出来。如果今天世界上所有的国家都改用锅碗瓢盆作为货币的话，则国际流通中的货币只能是黄金（只能是暂时性，直至被另一种用品所取代，这当然可以想象）。

（国家的"货币政策"在多大程度上受到国家货币的选择的约束，在多大程度上依赖于流通货币的创造，对此我们无须在此处决定。）

在这一方面，我们看到这样的事实：一个发达的流通可以从其需要中创造货

[①] 然而，我们不可能仅仅用货币一词来表示国家货币，或者在其术语中仅仅用货币一词来表示"特许支付手段"，以便能够证明"货币"是一种国家行为。否则会意味着对语言的滥用，甚至是对逻辑的滥用。

币，而无须国家的扶助，甚至会反对国家的扶助。与此相关的是一系列所谓的"法则"，或者更确切地说，各种发展趋势的结合，一旦货币被大量的流通所占有，就会在各个阶段被这些"法则"所左右。我的意思是：

1. 一种"法则"为，某种金属在一个国家被许多人用作货币，在法律上被贬值，便会从流通中消失；

2. 一种"法则"为，超重的铸币同样会消失，在这种情况下，较轻的货币会留下。

这两种倾向都可以从这样一种考虑中找到理由：寻求利益（并知道利益何在）的人愿意用较低而并非较高的价值来履行其义务。

此外，这两种"法则"也可以概括为一种：在一个国家，当"优"与"劣"（即优质与低值）的货币以相同的支付能力流通时，那么"优"值货币便有从流通中消失的趋势。在我们现在讨论的所有货币史上，这种趋势的效应极为重要。

第二节　金　属　货　币

一、13 至 18 世纪货币制度的总体基础

我们在这里所回顾的时期即早期资本主义时期，起始于各地之间较为广泛流通的最初生活纪录（货币制度的"历史"由此真正开始），并以 17 世纪一系列重大事件的影响而告终：一方面是铸币技术；另一方面有查理二世（1666 年）第 18 号法令、英格兰银行的成立及纸币的出现；第三个方面则有货币理论的著作。

在这一时期，决定货币制度的主要因素是以下几个方面：

其一，技术和经济领域的知识和能力**极不完备**。

铸币技术是原始的，在整个时期几乎没有变化（第三十章提及的铸币技术的进步系 18 世纪才在英国开始使用，其他国家应用此项技术还要晚一些）。从铸件准备到铸造整个过程基于纯粹的手工业生产，自始至终都是由手工业者完成的，他们只使用必要的平底锅、铁砧和锤子，此外别无其他工具。许多手工业者相互携手合作（在铸币工场很早就已经产生制造业的萌芽）。①金匠（1）似乎曾经负责铸币模具的雕刻（但很可能是在他们自己的作坊里）。此外，还提到（例如，在1450 年所谓的维也纳铸币法中）采铁人（2），他们同样也在制铁（模型）。金属的熔铸由试验人（3）和检验人（4）检查；检查结束后，铸造人（5）将已熔化

---

①　1497 年，塞维利亚造币厂的法定劳动力数量为170人，格拉纳达为100人，布尔戈斯为98人，还有62名注模工。

的金属铸成金属条；这些金属条再由金属条师傅（6）锤炼到所需的铸币厚度，然后由剪裁师傅（7）用一种特殊的剪刀——所谓的剪裁刀——切割。然后用锤子（8）把剪好的片材整平，交给排字师傅（9），由其完成排字的工序。至于压花则以下列方式进行：将模型固定在木头或石块上，这种木头或石块必须足够宽大和牢固，能够经受锤击所产生的震动。这枚金属片放置在模盘上，再将另一个模盘垂直放置在金属片上面；一个工人（10）手拿，另一个工人（11）双手用一把重锤，按照所需的程度敲击。后来（冯·恩斯特认为，现今犹存的模型上端明显平滑的表面证明了这一点；在法国，这一点也得到确证），为了能有更为安全的把握，使用了一种落锤而不是自由弯曲的锻造锤。但即使如此，铸币依然是一项漫长而艰辛的劳动，正如我们对这一过程的概述所表明的那样。这种不完备的铸币技术的主要后果有二：硬币的生产既**昂贵又不精确**。昂贵：金币的铸造成本为0.6%，大银币的铸造成本为1.5%—3%。小银币为8%—25%。[①]不精确：没有足够的化学知识来确定铸件的一定含量；尤其是，也缺乏所需的称重仪器来制造同等重量的铸币。同一种铸币，这一枚的重量与另一枚可以相差好几克。

例如，英国铸币的重量差异在17世纪末仍然存在[②]：

	最轻枚数的价值				最重枚数的价值			
	先令	便士	便士	便士	先令	便士	便士	便士
克朗	4	9	10	11	5	1	2	2
半克朗	2	4	5	0	2	7	8	0
先令	0	10½	11	0	1	1	2	0
六便士	0	5	5½	…	…	…	…	…

技术固然不佳，同时，社会经济学关于货币性质与功能的知识亦不足够。[③]在14、15世纪中，当意大利各座商业城市的人突然看到白银流向国外，或者察觉到他们的同胞不愿意支付本国的货币时，似乎在面对一个奇迹。而法国当局则总是抱怨人民的无理或恶意，不愿忍受铸币的轻微变质，这些抱怨半是可笑，半是刺

---

① G. Schmoller, Grundriß der Allg. Volkswirtschaftslehre, 532. 14与15世纪在巴塞尔，83%的铸币的铸造成本为5.72—11.83%；B. Harms, Die Münz- und Geldpolitik der Stadt Basel im Mittalalter（1907）78。

② Haynes, Brief Memoirs relating to the Silver and Gold Coins of England with an Account of the Corruption of the Hammer'd Monys and of the Reform by the Late Grand Coynage at the Tower and the five Country Mints 1700. Brit. Mus. Lans. M. S. DCCCI p. 63，载于：Cunningham, Growth 2, 434。

③ 关于哥白尼较高水平的货币理论洞察力，可参见以下富有教益的文章：J. Jastrow, K. Münz-und Geldtheorie, im Archiv Bd, 38. 而奥雷姆则是"一燕不成夏"。（与达·芬奇在技术上的地位恰成对照！参见本书第二十九章。）

哥白尼（Kopernikus, 1473—1543）于1517年确立了货币量化理论，该理论成为现今经济学的重要基础之一。其后他又总结出劣币驱逐良币理论的雏形。尼科尔·奥雷姆（Nicole Oresme, 1325—1382），中世纪晚期最知名、最具影响力的法国哲学家之一，集经济学家、数学家、物理学家、天文学家等于一身。作者此处喻其为"一燕不成夏"，应指并未造成广泛影响。——译者

耳。一言以蔽之：在权威界别中还缺乏区别国家货币与流通货币的洞见。

因此，即使以最好的意愿，也不可能创造一个（在我们今天重商主义意义上）完备的货币制度。但那个时代的另一个特征是：

其二，建立一个良好的铸币与货币制度，从商业角度可以理解，然在国家的意愿上却根本不存在，相反，国家的货币政策一部分直至最近（法国、德意志），大部分则直至17世纪，完全是以财政为导向。这就是说，君主们将货币视为充实长期空虚的国库的一项来源。从财政史的角度看，这是在纯粹以君主地产为基础的时代和我所说的现代公共信贷时代之间的一段时期。然而，由于人们仍然缺乏对货币流通条件的洞察力，公共当局（顺便说一句，意大利的商业城市：即使是威尼斯和佛罗伦萨的行政当局也不能完全免于过失，不过正如我们将看到的那样，他们还是比其他国家那些封建木头雕刻的君主们略胜一筹）仅将货币当作他们可以自行决定的一种国家安排。当时的理论家们为迎合此种意愿匆忙提出一种"国家货币理论"：请读一下纪尧姆·布代①在1591年的著作《论铸币与货币制度》中搜集的15与16世纪货币理论家的作品，便很清楚！

但我们不能想象"流通"领域会轻易地容忍这种专横。中世纪早期直到12与13世纪——当时的商业还是纯粹的手工业，并且局限在很小的范围内——情况固然如此，随着13世纪的飞跃发展，当意大利的城市开始上升到商业势力的顶点时，局面便发生了根本的变化。"流通"，当然，最重要的是国际流通，意大利各共和邦的商品和（特别是）货币批发商都开始**反抗国家权力的专横行为**。在不同的道路上，他们以不同的方式努力实现每一种（当然，最重要的是每一种以资本主义为导向的）商业的不言而喻的目标：在货币中拥有一种确定的一般的商品等价物。如果要正确理解那几个世纪的货币起源，我们就不能低估当时流通关系的国际性，至少在其密集的影响方面是如此。相反，我们必须记住，至少从13世纪开始，各国对货币制度进行了定期的商业检查，从而形成对"铸币"计价汇率的精确登记，进而导致活跃的套利交易以及货币和贵金属的定期国际流动。从13世纪至15世纪末叶，确定整个欧洲价格的市场为佛罗伦萨，以后变成安特卫普，直到（从我们所说的时代的末叶以来）伦敦取而代之。②

十分明显，建立在这些基础上的货币制度必定带有不安全、不稳定和混乱的印记。下面的描述旨在通过一些明显的症状来证明这一点，然后指出改革的开始，即适应资本主义利益的开端。

---

① 布代（Guillaume Bude，1468—1540），法国学者，推动了法国古典研究的复兴，其著作是研究图书馆学、罗马法、度量衡系统与钱币的基础。——译者

② 1606年，荷兰的广告上有近1 000枚外国硬币的图片和价格！萧的著作的一个贡献是澄清了这些联系。特别是，他非常努力地描述了安特卫普作为一个中心"市场"所发挥的作用。至于佛罗伦萨的相应工作仍有待完成。此书提供了一些材料：G. Arrias，159。

二、铸币与货币比例关系的形成

1. 铸币的通用范围

中世纪曾经开发出这样一个原则：将海勒①限于铸造的地方通用。对于一个基本限于本地，偶尔才会有外国商人进入的流通，这样的原则业已获得证实。最重要的是，与其他所有的交换物品相比，人们看重这一众所周知的铸币印记，遂将其作为本地的货币。当然，铸币的所有人非常乐意保有这一原则。原则倘若适用，则纯国家货币的权力范围便得以巩固。只要铸币的品质保持不变，"流通"即可安定。在这种情况下，国际商人只需承受些许麻烦，花费一点兑换费用（这通常也被认为一项有利的主权，由当局行使或出租或以其他方式赠予）。然而，当铸币制度朝着不同方向发展时，尤其是当"优质"与"劣质"铸币、较高与较低的金属价值铸币开始分化，情况便会发生很大的变化。于是，使用本国铸币以外的货币支付有利且划算，并且是因为——乍一看似乎很矛盾——外国铸币更好或更差的缘故。在前者的情况下，外国铸币更有保障和更为安全；在后者的情况下，外国铸币可以一笔较小（金属）数额来清偿债务。

因此，出于这样或那样的理由，外国铸币总是流入本国铸币之中。**流通手段具有强烈的国际性**，这正是我们时代的一个标志。国家和流通之间为国家货币的纯洁性而进行的这种永恒的斗争，充斥着几个世纪。数百项法令和法律总是在千篇一律地抱怨外国铸币的泛滥，并禁止使用外国铸币——在大多数情况下显然无效，我们可以从一再重复的法令中得出此项推论。然而，在某些情况下也会允许使用外国铸币。

随便列举几例便可以证实这些推论的正确。

在佛罗伦萨，我们了解到，整个 14 世纪，用于支付雇佣劳动者的是劣质的外国铸币。同样在 1382 年，禁止——除佛罗伦萨人以外——使用所有的外国铸币。然而，在 1534—1650 年间，佛罗伦萨亦经常禁止使用外国银币。

在法国，一项又一项法令禁止外国铸币的流通。在美男子菲利普（1309 年）统治下，英镑和弗罗林金币禁止流通。此外还有如 1355、1577 年等禁令。1500 年 3 月 10 日，国家允许威尼斯、佛罗伦萨、锡耶纳和匈牙利金币流通，此外还有其他一些地区的硬币亦在此列。

奥地利人抱怨劣质的巴伐利亚硬币渗入奥地利，它在许多情况下不受欢迎。

德意志：纽伦堡的帝国国会（1522 年）抱怨在该国流通的不是古尔登金币及优良银币，而是那些无法使用、虚假和贬值的铸币。

---

① 海勒，系旧银币或铜币，在德意志地区价值为 1/2 芬尼，在奥地利价值为 1% 克朗，以铸币的城镇命名。——译者

1559 年斐迪南一世的钱币法令规定，在法令颁布六个月后，"任何外国的黄金，如在德意志国家以外铸造，都不得在帝国中发行和流通，所有其他古尔登铸币，都可按现行惯例通行"，随后颁布了下列许可的流通铸币并规定了法定汇率：

所有卡斯蒂利亚、阿拉贡、瓦伦西亚、纳瓦拉、西西里、米兰、法国双金币；

所有西班牙、卡斯蒂利亚、阿拉贡、那不勒斯、明斯特贝格、波兰、热那亚、威尼斯、教皇、博洛尼亚、弗罗茨瓦夫（主教和城市）、利格尼茨、维迪奇、格拉茨、佛罗伦萨、米兰、萨尔茨堡、奥格斯堡、考夫伯里、汉堡、吕贝克和葡萄牙的金币；

所有勃艮第、荷兰、法国、西班牙、卡斯蒂利亚、瓦伦西亚、米兰、西西里、热那亚和教皇的克朗。

竟还有如此多种外国铸币获得准许！

还可参见 1551 年查理五世的铸币法令，其中列出数十种银币可以在帝国内流通，但在一年后被"搁置"。显然，这一禁令毫无用处，因为各种劣质的银币甚至在后来不断地潜入神圣罗马帝国。马克西米利安二世 1570 年的法令称，"在德意志帝国，除了看到和拥有邪恶、伪造的银币品种外，并没有良好的、经过检验的帝国铸币。这些银币并非商业与食品持续增长的原因"。

在英国，1346 年的英国商人抱怨说，优质货币正在离开这个国家，而劣质的卢森堡铸币只值 1 英镑 8 先令。议会在抱怨，佛兰德诺贝尔[①]在英国如此普遍，以至于在收到 100 先令时，其中会找到 4 个或 8 个这样的诺贝尔。而 18 世纪期间，葡萄牙金币已经在英国普遍流通。

在西班牙，我们发现对外国铸币的明确认可。纳瓦拉王国的查理二世命令（1356 年）称："我们希望本国和国外的所有雇员都能在国内和国际上装载和运输各种法国货币，并且不被逮捕或强制执行。"用外国铸币代替本国铸币这种做法，可能会导致外国铸币威胁到本地人的地位。因此，锡耶纳（14 世纪初）颁布明确的戒律：无人可以拒绝使用本国铸币。

2. 货币与铸币制度

如果首先询问**货币的实质**，询问作为货币商品的此种或彼种金属，我们就必须完全放弃一种简明扼要的答案，这是我们今天在这个问题上所能做到的一点。诸如金本位、银本位、金银双本位等概念，其意义在于，法律明确赋予此两种或两种金属中的一种作为法定支付手段的地位，赋予另一种金属有限的支付能力，或者，如果这两种金属都有充分的支付能力，则在这两种金属之间确立一种比

---

① 诺贝尔系中世纪后期的一种金币，作为商业铸币在各地广为使用，其重量与币值不等，约合英国旧币 6 先令 8 便士。——译者

例——这才是最重要的——所有这一切都被一致地记录在案；而在那几个世纪里根本谈不上这一点。相反，这里的一切都摇摆不定，都是经验主义的，都是疑难的；甚至没有努力去建立这些比例关系的基本和系统的秩序。因此，我们不能说存在着这些货币本位的规定；但也不能说他们不存在。例如，在其《序言》第九页中①，萧认为，从13世纪至18世纪，根本谈不上明白规定或限制法定的支付力——无论是金或银，但鉴于众多条文规定某种金属具有作为支付手段的资格，我不能同意萧的上述看法。萧本人在其书中引用了爱德华三世1346年的法令。依照此法令，从1346年起：所有商品应以黄金支付，并不得就支付种类签订契约，然而，若已达成契约，买方仍应有权在黄金或白银之间选择。萧也应当发现法令中的相关条文。意大利法令中亦常有类似规定。只是我们无法相信其有效性。

在现实中，事情很可能是这样：在13至18世纪的整个时期，金银都作为货币同时流通。这两种金属中的一种当时被商业选择为标准货币：在14和15世纪可能是黄金，16和17世纪多为白银。在经济落后的国家，直至19世纪，白银仍为主要的金属货币。然自17世纪末以来，英国越来越多地倾向使用黄金。

两种金属之间的价值比例部分是由立法者（通常是故意作伪），部分是由流通领域——（若缺乏法定比例的话）完全由流通领域或与法律标准一起确定——来确定。故此，在这一时期，总是有多种比例：一种是铸币厂为生金属支付的价格，此种价格也是千方百计强加在流通中的，正如勒克希斯所说，此系铸币的价格比例；另一种是贵金属量——在相同面值的情况下的贵金属数量——所产生的比例：此系名义价值比例。（若两种金属的铸造用量相同，第一和第二个比例应该一致；但实际上银币的铸造用量更高。）在这两种比例——（可以说）构成一种纯粹的国家货币比例（如同萧所说那样，是一种人为的任意的铸币厂比例）——之外，现在还有第三种比例在流通中形成：流通货币比例。它起源于——或者更确切地说，是表现在——铸币的市值增加中。此种铸币系由优选的（法律上被低估的）金属所制成。

此种状况的后果很容易想象：一种金属铸币的市价波动是以另一种金属铸币来表现的；货币量和贵金属数量的不断流动：从一个国家到另一个国家，或由一种铸币方式转为条块形式；最后，一个国家频繁地开采一种金属：如同1345年在佛罗伦萨发生的那样，因为贬值当时所有的白银都消失不见。②

无论是选择这种或那种金属，当时的货币制度本身所表现出的一系列特性，都会加剧由此而产生的所有纷扰。

---

① 　W. A. Shaw, The History of Currency 1252 to 1894, 2. Aufl. 1896.

② 　Villani, Cron. lib. XII, c. 53（此章极富教益）。

这些特性中的第一个是各种铸币在几个世纪中几乎不断地**贬值**，无论是降低成色，或——更重要的是——减少重量，但名义价值始终不变。这一发展以如下方式进行。

当欧洲经济史开始时，铸币制度也在重新安排。查理大帝的英镑制度应运而生：一镑白银分为 20 先令，1 先令分为 12 便士，即一英镑分为 240 便士。这种加洛林铸币制度几乎遍及整个北欧和西欧，作为一种计算制度，它统治了货币制度近一千年：到处都有英镑、先令、便士的计算；里弗赫、苏、便士、利布拉、索利迪，夸特里尼；英镑、先令、便士等，而真正铸造的货币则经历了各自的发展。在加洛林制度的铸币中，最初只有芬尼的铸造：这恰恰符合当年交易额的微小程度。几个世纪以来，人们满足于使用便士：从钱币学看，时间可以追溯到公元 8 世纪末直至 12 世纪末，这一时代被称为芬尼时代。其后，随着交通的发展，（大约在 13 世纪中叶）开始铸造先令，但当时，先令还只是作为一个记账单位存在。12 便士为银的先令铸币，是一种大的铸币，最初在图尔①铸造，故而称作"大图尔"。差不多同一时期，人们进而铸造（金）镑，关于金镑以后再说。我们必须首先更为详细地研究芬尼和厚的铸币，并试图确定这些究竟为何种铸币。

正如我们所看到，按照查理大帝的制度，设计的一镑为 240 便士。其重量并未固定。格罗特算作 326.6 克；根据最近的研究，重量应该为 409.32 克。②然无论如何，一先令始终是一个银币，和我们的塔勒一样大，甚至更大一些；以我们现在的货币计算，一个芬尼代表 25 至 30 现今芬尼的银含量。但是在查理大帝时代之后的几个世纪里，这些铸币变成何等模样？它们愈变愈小：如同涨价时期面包师的面包一样，然价格（在计算时）总是一样：一便士等于 1/240 镑，一先令等于 1/20 镑。当先令（等于 12 个便士）开始铸造时，其大小犹如今天的一个法郎那样：因此，先令业已贬值，也就是说，它变得较劣并较轻。然而，货币贬值的时代实际上是从厚的铸币开始，但这种铸币的价值总是保持为 12 便士。20 枚的价值总是一英镑，因此英镑代表的银量也越来越少。为了使这幅图像生动起来，我将分享铸币制度的一些数字，从中可以毫不费力地看到这种令人发指的贬值。这是所有国家的普遍现象；只是贬值的程度和速度因国而异。

德意志：（1）在汉堡—吕贝克，1 马克（约 234 克）细银：

年　份	马克	先令	芬尼	年　份	马克	先令	芬尼
1226 年	2	2	0	1398 年	4	15	2
1255 年	2	9	5	1403 年	5	1	11

---

①　图尔系法国卢瓦河谷都兰地区的中心城市。——译者

②　Benno Hilliger, Studien zu mittelalterlichen Maßen und Gewichten, in Seeligers Historischer Vierteljahrsschrift 1900, S. 202 ff. 见：den Art. Münzwesen（Mittelalter），Verf. Sommerlad，im HSt。

年　份	马克	先令	芬尼	年　份	马克	先令	芬尼
1298 年	2	9	8	1411 年	5	12	5
1305 年	2	15	5	1430 年	8	8	0
1325 年	8	0	9	1450 年	9	12	2
1353 年	3	10	11	1461 年	11	8	10
1375 年	4	3	0	1506 年	12	8	0

（2）在斯特拉斯堡：

年　份	1 马克粗币含芬尼数量	芬尼的重量
12 世纪	240	0.979 克
1313 年	480	0.487 克
1319 年	490	0.476 克
1321 年	494	0.473 克
1329 年	510	0.455 克
1340 年	516	0.453 克
1362 年	540	0.432 克

（Jul. 卡恩：《中世纪斯特拉斯堡的钱币史》，1895 年，第 44 页。）

英国：1 银便士含金衡制格令[1]：

1300 年 ……………………………………… 22

1344 年 ……………………………………… 20¼

1346 年 ……………………………………… 20

1351 年 ……………………………………… 18

1412 年 ……………………………………… 15

1464 年 ……………………………………… 12

西班牙：古铜币（1 硬币）科隆马克[2]重量为：

1312 年 ……………………………………… 130

1324 年 ……………………………………… 125

1368 年 ……………………………………… 200

1379 年 ……………………………………… 250

---

① 格令为英美制最小重量单位，等于 0.064 8 克。——译者
② 科隆马克系旧时欧洲大陆金银重量单位，约为 8 盎司。——译者

1390 年 …………………………………	500
1406 年 …………………………………	1 000
1454 年 …………………………………	2 250
1550 年 …………………………………	2 210

法国：每一马克白银可铸造：

年份	里弗赫 （图尔铸币）	苏	年份	里弗赫 （图尔铸币）	苏
1309 年	2	19	1561 年	15	15
1315 年	2	14	1573 年	17	0
1343 年	3	4	1602 年	20	5
1350 年	5	5	1636 年	23	10
1361 年	5	0	1641 年	26	10
1381 年	5	8	1679 年	29	11
1422 年	7	0	1693 年	33	16
1427 年	8	0	1713 年	43	7/11
1429 年	7	0	1719 年	69	1/8
1446 年	7	10	1720 年	98	2/11
1456 年	8	10			
1473 年	10	0			
1519 年	12	10			
1540 年	14	0			

（此后一些年间继续略有攀升，直至 1803 年颁布法令，规定每千克白银铸制 222 又 2/9 法郎。）

应该指出的是，这些数字所反映的并非几个世纪以来币值的唯一变化，而只是再现币值下降的几个主要阶段。在此处所记录的年份之间，铸币的价值往往上升和下降无数次。在这些不间断的变化中，尤其是法国的铸币制度更是变化多端。例如，在 1348 年，铸币改变了 11 次，1349 年改变了 9 次，1351 年改变了 18 次，1353 年改变了 13 次，1355 年改变了 18 次。在如此短暂的时间内，币值从 4 里弗赫（对马克）上升到 17½ 里弗赫，然后再降到 4 又 3/8 里弗赫。

试问，**货币如此迅速和普遍贬值**究竟出于何种原因？

对利润的盲目追求，或者，毋宁说，君主们日益严重的财政困难，毫无疑问，这些答案都有助于我们理解如此奇特的铸币政策。我曾说过，在公共信贷尚不发达，纸币还不为人所知的时代，对那些需要金钱的君主们，这一定会是一条非常幸运的出路：他们可以花费 5 或 6 枚（名义）等值的钱来废弃或回收 3 或 4 枚铸币。但在我看来，关于政府财政困难的这条线索似乎还不足以解释如此庞大的现象。所有国家的铸币如此普及的原因何在？所有的政府都是同样穷困、同样不讲良心？

不——我认为，还需要考虑其他的原因。有人也提出其他理由。例如萧认为，14 与 15 世纪的货币贬值与当时白银价值的上升有关：为了防止随后的价格下跌，各城市和国家以上述方式降低了铸币的含银量。[①]当然，在许多情况下，这种考虑至少已经在表面上解释了贬值的理由。但这种情形是否普遍存在？在贵金属库存长期增加但价格迅速上涨之后，贬值仍在持续的原因又是什么？

相反，我宁愿认为贬值的趋势首先已经潜伏在当时铸币制度的技术性质中，一旦一个国家的铸币制度因某种原因开始贬值，这一事实几乎会迫使其他国家也人为地将自己的铸币贬值。

即如我们所见到的那样，由于铸币技术的不完善——以及在许多情况下，确实存在着伪造铸币故意欺诈的行为——铸币的重量及其内含价值常有很大的差异。从一开始，一个国家的每种铸币都包含重的和轻的、优质和劣质的铸币。然而，这恰恰为商人［很可能主要是金匠或高利贷者（犹太人）］提供了一个良机，让他们从流通中抽出优质铸币，或者熔化，或者带到国外兑换，从中牟利。

大量的书面证据表明，这种做法一直在持续进行：例如，维也纳的家族成员誓言中提到，他们不会选择通过汇票获利，也不会熔化重金属之类，而是不加选择地交易。1470 年斯特拉斯堡铸币法开头是这样一句话："人们在银币中追逐很多的价值与好处，因而从中挑选最好及最有价值的银币，并将其熔化，再制成餐具。"

我们甚至了解到，有谁知道如何从中获得这种"好处"，以及这种好处究竟如何：多达 80 马克的白银被个别斯特拉斯堡人熔化，并送往城外。特别是在法兰克福博览会上，当时为莱茵兰铸造硬币提供贵金属，但白银被秘密出售。古旧、有重量的芬尼通常被钱庄挑选出来，然后熔化。

英国：1627 年查理一世的一项规定中称，"一些人（金匠）已经贪婪到如此地步，他们为了自己的私利，多年来自以为是地对我国境内的各种货币进行分类和称量，以便剔除新旧货币。他们将最重的铸币熔化，再制成板材，然后进行交易并出口"。

因此，一个国家的货币最初会自行恶化：一段时间后，铸币不再像其名义价值那样含有足量的金属。

这种劣质铸币进入一个国家，而这个国家仍然有足量的铸币流通，前者便会取而代之，并促使后者在流通中逐渐消失。为将本国铸币留住，政府必定同样会将本国的货币贬值，从而能与外国铸币竞争。其结果是贬值的铸币又流向外国，产生的效果如同先前一样，在外国将优质铸币逐出流通领域，从而迫使当局将本

---

① 例如亨利五世在 1411 年给出了货币恶化的理由，萧的书中说，"由于当时货币非常稀少"，他现在想用一磅黄金铸造 50 枚金币，用一磅白银铸造 30 先令，从而使一便士的含银量从 18 格令降到 15 格令，使金币的含量从 120 格令降到 108 格令。参见第三十一章。

国铸币贬值，如此的循环总是在不断地持续下去。

　　然而，这一发展也可能以恰恰相反的途径显现出来，但最终结果却完全相同：货币被恶化。事实上，在上述情况下，外国的劣币取代了本国的良币（因为在相同的名义价值下，外国的劣币所含的白银分量较少，同样的铸币价格故而可用较少的白银来支付），同样有可能的是，一个国家的良币流入一个铸币贬值的国家，在同时流通的条件下，由于其较高的金属含量，反而会改善该国原先劣币的表现。一方面，劣币获得相同的名义价值，另一方面，良币获得较高的金属价值。这种双重用途解释了如下的现象：为什么我们在文献中看到，时而会有劣币在流通，时而会有良币在流通。但总有一种倾向存在，即当良币从流通中消失时，就会产生一种需要，本国必定会复制外国曾经开启的贬值模式。

　　这里没有必要提供详细的证据来表明上述事件的发生方式：不仅在货币史上充斥这样的事例，而且可以说，货币从一个国家向另一个国家的流入或流出，良币不断消失，并因而迫使该国的铸币贬值：这正是我们所考察的时期的货币史。

　　我所想到的那些世纪铸币制度的其他特征，与刚才描述的这些过程密切相关：此处指向的是**双重的铸币制度**，自13世纪以来所有欧洲国家都普遍采用此种制度，其特点如下。

　　很明显，所有国家不同价值的铸币在空间上的混乱交错，系由大量货币的流动所产生，同一枚铸币的价值随着时间的推移而变化，必定是因为铸币的君主习惯以任意次数和任意程度来确定一枚铸币的价值，从而造成一种最令人恼火的不确定状态，这种不确定状态似乎变得愈加不可容忍，原因则在于国际流通行为变得更有规律且频繁，资本主义的本质愈益发展。于是，"流通"不得不寻求补救的办法，并发明了一些方法和手段，至少要以最为严厉的态度来消除这些弊端。为了摆脱日益严重的铸币混乱状况，故而选择了一条出路，即为**回归纯粹的无国界的流通货币**；重新需要贵金属，而不考虑金属铸币的形式，或采用未经铸造的形式作为货币。克纳普一定会说：作为一种以重量计算的支付手段。所谓重量即为称重，以实在的（并非虚拟的）重量作为交易的基础（按重量计算的变形支付手段）；所谓未加铸造系指贵金属具有条块形态，或还原为条块的形态。例如，向英国财政部的支付早就按重量计算[1]（财政部当然最了解铸币的情况！）；同样，在德意志，有一段时间是按重量来计算银币的。[2]然而，在中世纪的德意志，使用金银条的做法同样也很普遍：自13世纪初以来，我们在莱茵、施瓦本、巴伐利亚、奥地利和西里西亚都看到过这种做法。在整个14世纪，在下萨克森、恩格伦和威斯特伐利亚亦有此种做法。[3]

---

[1]　Madox, Hist. of the Exchequer 1, 274 f.

[2]　Inama, DWG. 3 II, 890 ff.

[3]　Inama, DWG. 3 II, 891. Sentent. de cambio et imag. den. MG. Const. II Nr. 301/2 (1231), p. 416.

然而，从长远来看，流通领域不会满足于这些合理货币制度的替代品。在国家货币领域，流通也必须努力维护自身的利益，至少要保护一种铸币免受贬值的"瘟疫"。[1]事实上，首先在意大利的城市共和国，人们成功地制造出了一种**铸币**，**其金属价值一劳永逸地保持不变**（或至少几乎保持不变），现在，此种铸币变成潮流中的"中流砥柱"：这就是 1252 年首先在佛罗伦萨出现的金"镑"（所谓"菲奥里诺"金币）。

事实上，佛罗伦萨古尔登的价值在当时是史无前例的稳定：几个世纪以来，它一直是精细铸造，重达 3 519 克。这一特点使它很快成为最受喜爱的商业铸币，到处受人欢迎，其他国家纷纷仿效。意大利金币的模式（直到 13 世纪，威尼斯、热那亚还在发行自己的金盾）迫使其他国家的政府也创造出某种不变的金币，只有这样，才能阻止意大利金币在本国流通的窘境。他们喜欢在外表上仿效意大利来铸造自己的硬币：这证明了意大利金盾的流通在商人中赢得了地位。显然，这些国家试图通过模仿让当地的硬币与意大利金盾相似，让人混淆不清。

然而，这种不变的理想在意大利以外并没有完全实现。荷兰盾因此贬值。例如在德意志，自 15 世纪以来，古尔登的金银成色很低。从那时起，匈牙利（意大利）古尔登和莱茵古尔登被区分开来：之所以这么叫，是因为莱茵的四位选帝侯成功地稳定住其成色。从 15 世纪末开始，莱茵古尔登的金属含量相当稳定：约为杜卡特价值的 3/4。

以下表格告诉我们莱茵古尔登的情形（见于：Julius Cahn, a. a. O. S. 154.）：

年份	金银含量 （开与格令）	重量（克）	含金量	金价 折合现今币值
1391	23 开……格令	3.542	3.396	9.48 马克
1402	22 开……6 格令	3.542	3.322	9.27 马克
1409	22 开……格令	3.542	3.248	9.06 马克
1417	20 开……格令	3.542	2.953	8.23 马克
1425	19 开……格令	3.507	2.777	7.95 马克
1464	19 开……格令	3.405	2.696	7.52 马克
1477	18 开……10 格令	3.372	2.647	7.39 马克
1490	18 开……6 格令	3.278	2.527	7.05 马克

因此，（从 14 世纪中叶开始）金盾也变成通用的计算货币：在大商业世界里，人们以古尔登计算，而在地方流通中则以镑的计算规定比例。[2]故而总是有两种货币的表现方式，它们之间的比例在不断变化：古尔登的表现方式（人们时常将镑

---

[1] 此为卡利在其论文中的说法，见：SS. class. P. M. 13, 823。

[2] 就我所知，关于中世纪黄金（古尔登）价格的著名的调查研究为：C. Schalk, Der Münzfuß der Wiener Pfennige, in der Num. Zeitschr. 12, 186 ff. 324 ff.。

排除在外）和先令及芬尼的表现方式。

此种情况在我们所指的时代结束时几乎没有改变。改变的只是金属的物质和古尔登的名称：黄金变成白银，古尔登变成塔勒，等等。

这种改变与15世纪末以来**白银产量的增加**密切相关。[①]在此之前，白银一直被用来铸造格罗申与芬尼，而这两种铸币越来越降格为"辅币"。当德意志和奥地利突然获得如此之多的白银时，并不能将所有这些铸币作为辅币使用。因此产生用白银铸造一种通用货币（库兰特币，即古尔登）的想法。因此，在16世纪结束之际，即出现大的银币，按照当时的银币价格，重量约为2罗特[②]，成色为15罗特，实际上代表一古尔登的价值。到此时为止人们还没有见过比格罗申更大的银币，故称此新的铸币为古尔登格罗申，直到一个新的名称出现：塔勒。然而，如同德意志的白银一样，美洲的白银推动了库兰特大银币的铸造：西班牙的皮阿斯特银币和其他国家类似的大银币，皆属此类。

通过这种方式，白银越来越多地恢复了三个世纪前在流通中占有的支配地位，并一直保持到最近时代（在英国直到18世纪初，在其他国家直至19世纪中叶为止）。

然而，"良种"铸币与较小且仍在恶化的先令和芬尼之间旧有的比例关系仍然存在。

在法国，硬币的破损发生在18世纪，在政府不幸的金融投机之后才真正达到顶峰。直到19世纪中叶，德意志的情形并无多大变化。格罗特在其《硬币研究》一书中如此描述这一情景："近三个世纪德意志硬币的历史系十位无知的伪造者对逐渐发展的世界贸易所进行的徒劳无功的斗争。"

在一些国家，（计数）英镑被一种新的计数单位所取代：在德意志有计数塔勒，就像以前的镑一样，与硬币塔勒（如此称呼是因为其表现在"硬币"中）、皮阿斯特或路易铸币等之间保持着一种变化的比例关系。此外，金币也会继续流通，并进一步增加混乱。从16世纪至18世纪，人们签订契约，部分是用黄金，部分是用银币，或者在某些交易中按照习惯使用此种或彼种金属。当然，按照当时金银的不同比例，又会导致两种不同的价格，就像库兰特硬币的定价一样，仍然是由流通领域根据市场条件而无视所有法律定价和禁令（例如1509年的帝国铸币法令）来确定。

在某些情况下，芬尼作为法定货币的能力受到限制，即便被宣布为辅币[③]，其成效如何，尚有待观察。

---

① 参见本书第四篇，特别是第三十一章。

② 罗特系旧时重量单位，约为三十分之一磅。——译者

③ 1551年的硬币规则将接受芬尼的义务限制在10弗罗林。1559年的《钱币法令》甚至规定，"任何人都不应违背自己的意愿，在某些大额支付中接受多少数量的芬尼"。Goldast, 184.

18 世纪，在英国一个新的货币时代已经开始，这主要是因为英国政府是第一个（直到 18 世纪末也是唯一一个）从商业理性的角度来处理货币制度的政府。查理二世第 18 号法令第 5 章——其中铸币费被取消——即为此事之开端。17 世纪末，由于劣币流通加剧，银币开始大幅贬值，国家企图阻止降低铸币含银量成分，为便于流通转而改铸货币。国家于是引入一种最低法定重量，并借助同时进步的新的铸造技术，维护了新的货币币值的稳定。此外，自 18 世纪初以来，**黄金货币**首先在事实上，然后在法律上被采用。正如我们稍后将看到的那样，这是巴西和非洲金矿开发的直接效果，黄金货币开创了一个新的时代，即发达资本主义的时代、黄金时代。它的开端正处于早期资本主义时代，并以下列阶段为标志：

（1）1666 年法令宣布金（银）的自由铸造；

（2）用黄金充实公共金库，因为这些金库一度必须履行接受的义务；

（3）1717 年宣布每人皆有接受的义务；

（4）黄金高估导致白银外流（21 先令等于 1 几尼）①，白银退出；

（5）1774 年宣布银币为辅币；

（6）1798 年废除白银的自由铸造。

第三节　银　行　货　币

16 与 17 世纪的铸币混乱催生出一种措施——与"金镑"一样——其目的是为商业交易提供一种不受市场汇率持续变化的影响、维持价值稳定的支付手段，或更确切地说，创造能够满足这些条件的安全支付，这就是银行货币的建立。要点在于：商人将规定铸币的金属货币存入"银行"，由银行将这笔款项记账，作为此项目的计数货币（或作为固定的国家铸币）。存款人可以通过汇票处置这笔款项，而这笔款项对应于一定数量的贵金属，并留存在"银行"的地库中不动。这些"银行"所在地区的大多数商人都有一个账户，因此可以通过"转账"支付，这就带来第二个重大的利益。

很明显，此类机构与我们今天所说的银行毫无关系。然当年人们仍将其称为"银行"，17 世纪所谓的"银行"其实应理解为"票据交易所"。

在当年文献中通常提到四个这样的银行金融机构，即（按成立年份排列）：

———————————

① 此处的几尼系指 1663 年英国发行的一种金币，等于 21 先令，1813 年停止流通。——译者

1. 里阿尔托银行（1587 年），自 1619 年起变成威尼斯的汇划银行；

2. 阿姆斯特丹威塞尔银行（1609 年）；

3. 汉堡的汇划银行（1629 年）；

4. 纽伦堡公共银行（1621 年）。

然据我所知，尚有更多的机构具有相同或非常相似的特征，即

5. 里昂银行①；

6. 热那亚的圣乔治银行（自 1586 年以来），通货银行于 1675 年也与该行联合②；

7. 米兰的圣安布洛吉奥银行（自 1593 年以来）③；

8. 莱比锡的储蓄银行④；

9. 鹿特丹银行（1635 年）。

这些机构中最著名的是阿姆斯特丹威塞尔银行，因此我略微详细地介绍一下。该银行于 1609 年 1 月 16 日基于州政府和阿姆斯特丹市市长的特权建立，阿姆斯特丹市市长负责保管存入银行的资金。其章程规定成立的目的是"避免所有的硬币混乱，并为那些有钱的人创造一个方便的支付手段"。一位有判断能力的同时代人写道："这对贸易世界十分方便，如果你没有在这个城市生活过一段时间并做过生意，你会认为这是不可能的：在这家银行帮助下，你可以通过简单的货币手段，也就是银行汇票，每天支付数百万。"因此，在阿姆斯特丹和邻近城市没有银行账户的商人很少，也就是说，他们不会没有银行户头。设立这种账户的方式：1. 通过在股市购买银行资金；2. 通过购买银行货币支付的汇票；3. 通过销售以银行货币支付的商品；4. 通过存入硬币。该行接受：1. 金币；2. 帝国塔勒；3. 皮亚斯特；4. 金路易，所有币种都以低于金属价值的一定比率兑换。不包括金条或银条。只能在第二天（一年中的三天除外）获得汇兑的金额。汇兑的最低金额为 300 弗罗林。必须在下午 3 点前亲自递交汇票（上午 11 点后收取特别费用），并收到付款。所有超过 600 弗罗林的汇票必须以银行货币计价。

第四节　纸币的起源

只有当我们充分认识到，我们所说的纸币或诸如纸币本位的名称，皆与早期

---

①　Vigne, La banque de Lyon（1903），84.

②　H. Sieveking, Die Casa die S. Giorgio（1899），202. 205 ff.

③　E. Greppi, II banco die S. Ambrogio, im Arch. Stor. Lomb. 10（1883），514 seq.

④　Allgem. Schatzkammer der Kaufmannschaft 4, 540 ff.

资本主义的时代精神格格不入，如此才能理解当时货币形式的特殊性，这些货币形式不能被视为整个经济生活的正常组成部分（唯有一种情况除外）。

更确切地说，资本主义早期纸币历史的特征是，1. 国家机关无力处理这种危险的工具，2. 公众对这种货币形式极不信任，特别是在 18 世纪（由于最初的"创业者年代"的欺诈行为）。

纸币的概念仍然被一种浪漫主义的魔力所笼罩；君主们将其视为一种新的炼金术；人们对这种货币形式的内在规律还没有充分认识；它依然被看作"魔鬼的把戏"，一种魔术作品。这一切在《浮士德》的帝王场景中有着经典的展现。

因此，人们必须将法定的银行企业视为当时所有发行纸币尝试的真正单位类型。众所周知，这样的插曲最终花费了 20 亿法郎的纸币。纸币来了，但为期很短：1720 年一切都即告中止，直到半个世纪后，法国才开始考虑建立一个中央银行。然而即使在那时，纸币的时代仍然没有实现，这显明了革命年代发行的指券[①]的命运。

18 世纪，在**丹麦、挪威、瑞典、俄罗斯与美洲各国**进行的纸币实验都不那么引人注目，也相差无几。过程到处都一样：此类企图到处都是以纸币的大幅贬值告终。例如，在美国的大多数州，纸币的贬值至少为 100%，个别达到 1 000%，甚至高达 1 400%，业已接近法国革命时期发行的指券的状况。

因此，公众，特别是工商界对纸币的不信任，可以理解。

1782 年，一位汉堡人写的一段话反映出普遍的舆论[②]："瞧，我们的银行完全是为了我们行动的安全、方便和正确而设立；因此，它不同于所有的信贷银行，信贷银行往往是由各种人为的金融项目拼凑和维持，它们将许多精美的铜质钞票投放到世界上，意在代表响亮的铸币；但信用终于因此削弱，国家的行动从而变得如此混乱……"

我上面提到的一个例外是英格兰银行的纸币。此处发行纸币的权力仅限于银行资本的数额，因此不可能像其他国家那样滥用纸币印刷机。故而，我们只听说这家银行的纸币贬值有限，这一纸币应当是 18 世纪英国正常货币储备的一部分。然在此种情况下，我要提醒大家，不可认为 18 世纪的英国纸币或银行货币业已具有现今纸币相近的意义。直至 19 世纪初（或者至少是 18 世纪的最后几十年），它们在整个英国货币体系中只是一个微不足道的部分。一方面，我们可以从纸币的发行方式，另一方面（尤为重要的是！）从流通中的纸币数量很少来推断出这一点。

纸币必须得到认可；但直到 1759 年，只有 20 英镑及以上数额的纸币才会

---

① 指券，1789 至 1796 年法国革命时期最初是以国有财产为担保的债券，以后为填补不断飙升的财政赤字，遂当作通货发行的纸币。——译者

② Schlözers Staatsanzeigen 1（1782），76. Vgl. auch die Ausführungen ebenda Band 11（1787），369 ff.

发行。

直到 18 世纪中叶，英格兰银行的纸币不得不为自己的货币地位而奋斗。迟至
1758 年，最高法院才裁定，一个人对其拥有的所有金钱的遗嘱也包括银行的任何
纸币，因为这些纸币和几尼一样，都是货币。收到银行的票据相当于收到金钱。
即使在破产的情况下，纸币也应被视为货币。

然而，在 18 世纪发行量最长的时间里，所发行的纸币额亦不超过 200 万镑
（相当于银行的资本额）。即使在 1780 年也只发行 841 万镑。1796—1797 年仅为
967 万镑。

我们必须将这些数字与当时在英国流通的铸币数量进行比较。正如我们将更
详细确定的那样，铸币的这一数量接近 1 亿镑。故此，在 18 世纪的最初几十年间，
英国的纸币与硬币在数量上的比较，大约是 1 比 50，这一比例后来逐渐向有利于
纸币的方向转变，直到 18 世纪末，这一比例最终达到 1 比 10。但是，这种比例仍
然同今天大不相同。今天（即使在德意志这样一个对金属货币有强烈偏好的国
家），在正常时期，国内所有的硬币亦不过大约为纸币的两倍。

第二十七章

殖民政策

前　　言

事实上，自中世纪和近代威尼斯与热那亚时代以来，我们所经历的殖民大国的建立是重商主义贸易政策的一部分，若考虑到本书结构的系统性，这一部分本应在第二十四章中予以论述。我专门用一章来论述殖民地，或者更确切地说是论述殖民政策，主要因为这样一股来自重商主义水域的洪流以其非凡的力量闯入历史之中；此外还有许多其他特点，这些特点从各个方面配合着殖民地的发展，并赋予其完全独立的意义，促使它们走向完全独立的发展。殖民问题的这一特殊地位在文学中也得到了承认，它一直是一个极其丰富的专门文献的主题：这是本书将此问题与一般的重商主义政策分开论述的最后一个理由。严格说来，只要将这一内容安排在与国家有关的篇章之中，本书系统性就能得以保留，此处涉及关于殖民和殖民地建立的所有一切，始终是与国家直接相关：征服、组织、管理（尽管殖民地经济的重要性在本书其他各部分中业已获得承认）。

最后，我需要解释以下这一事实：我从意大利殖民地开始勾勒现代殖民，并特别详细地对这些殖民地加以描述。

第一个事实有一个内在的原因：我确实相信，随着对黎凡特的占领，至少就意大利而言，从中世纪向新时代的转变开始，但丁的时代不仅在精神上，而且在经济上，特别是在国家上，都应该被视为新的历史时代的开端：尤其是由于意大利城邦的殖民扩张。我们将看到，殖民最初也是以中世纪的生活方式开始，但正如我们所看到的那样，这适用于现代国家的所有政策，然后，伴随着殖民努力产生出一个接一个的现代安排，一个接一个的现代思想。最重要的是，如果不了解意大利黎凡特殖民地的基础，也就完全无法理解 16 世纪意大利殖民工程的内部结构。因此，我在本章占用相当大的篇幅来讨论这些问题，这是由于人们对这些问题知之甚少的外在原因：在前人所有关于殖民历史的著作，只有在最近的一部著作中，意大利殖民地才得到关注，即为莫里斯的著作：Henry C. Morris, The

History of Colonization from the earliest times to the present day. 2 Vol. 1904。

原始资料与文献

我们所依据的资料来源主要是基于对重商主义政策的总体了解。在特别与殖民历史有关的资料汇编中，除了第二十四章中提到的资料外，还应补充以下资料：

意大利殖民地：H. Noiret, Docum. inédits pour servir à l'histoire de la domination vénétienne à Créte（Bibliotheque des écoles françaises d'Athénes et de Rome fasc. 21 ［1892］）. Mas Latrie, Histoire de l'ile de Chypre. 3 Vol. 1851—61。

西班牙殖民地：Colleccion de documentos ineditos relativos al descubrimento, conquista y colonizacion de las posesiones Españoles en America e Oceania. 1864 seg。

荷兰殖民地：De Jonge, Opkomst van hed Nederlandsch gezag in Oostindie. 1862.

英国殖民地：Calendar of State Papers. Colonial Series。

北美殖民地：Docum. relat. the Colon. Hist. of the State of New York。

正如我在适当的地方所指出的那样，许多文档材料也以较新的专著形式独立出版。

除了"文档证书"之外，更古老的殖民地历史的资料来源主要是游记。此处我仅指出两个最重要的旅行报告文集：Ramusio, Delle navigationi ec. 3. ed. 1563；Rich. Hackluyt, Principal Voyages etc. 3 Vol. 1600。

关于殖民地历史的文献非常丰富。我将在适当的地方点出所使用的作品，这里只提及非常笼统的描述，其中更多的是殖民政治，但也有历史成分：H. Brougham, An inquiry into the colonial policy of the European powers. 2 Vol. 1803；H. Merivale, Lectures on Colonization and Colonies. 1861（这两部著作始终属于有关殖民政治的最佳著作）；Roscher und Jannasch, Kolonien, Kolonialpolitik und Auswanderung. 3. Aufl. 1885。

涉及殖民帝国的产生，还需要历史地理方面的著作作为补充。德国古典文献中的出色作品有：Osc. Peschel, Geschichte des Zeitalters der Entwicklungen. 1858。新近的最重要的出版物有：Sophus Buge, Das Zeitalter der Entdeckungen. 1881, und AI. Supan, Die territoriale Entwicklung der europäischen Kolonien. 1906。

关于奴隶制和奴隶贸易的文献是一般殖民历史文献中的一个特殊分支，与本书特别相关的一些作品著作我会在下文中具体说明。

第一节　殖民地的观念

倘若将专制国家政策的外在形式视作中世纪城市政策的延续和完善——如本书所阐述，我们便可以将围绕所有这些国家的殖民地带视作"乡村"来加以比较，中世纪城市经济的势力范围至少要扩展到此类"乡村"地带，正如我们从无数事例中可以看到的那样——国家取代城市，在殖民地中创造一个地带，如同城市剥削乡村一样，现在剥削这个地带——强迫这种地带专门为它供应产品，并采购自己国内的产品。事实上，毫无疑问，城市与乡村之间的这种基本关系在宗主国与殖民地之间的经济关系中再次出现。

大多数欧洲国家的殖民经济政策可以用以下几句话来概括：

1. 殖民地对宗主国只能供应自身的产品：亚洲、非洲和美洲殖民地所生长或制造的糖、烟草、棉花、靛蓝、生姜、茴香及其他染料木，只能运往英格兰、爱尔兰或其他帝国所属的其他殖民地，此外不得运往他处[①]：此为道路通行权！

2. 殖民地只能从其宗主国购买产品，特别是工业产品：此为市场权！

3. 殖民地不得自行制造宗主国的产品：此为专属领域供应权！

4. 宗主国保留运输垄断权。

5. 来自殖民地的货物在离开殖民地港口进入宗主国港口时，需征收关税。

但如果仔细观察，我们还会发现许多不同之处，殖民地的关系与旧的乡村对城市的关系大不相同。如果我们将两者之间的对立与大经济观念的对立联系起来，则可以说，中世纪城市的扩张欲望是由糊口观念所引导与支配，而现代城邦和大国的扩张欲望是由营利观念所引导与支配。旧城市为维持自身的生计——维持生计本身则取决于恒定数量的人口及其标准与方式——希望有足够多的土地。现代国家在其诞生之初就不知道这种自然的局限性：我们已知的事实是，现代国家的一种基本特性（我们必须始终将意大利的大城邦包括在内）是在无限地寻求扩张中表现出来的。而这种扩张的趋势是在殖民地的开拓中真正表现出来的。这是一个没有限制的倾向，然而，在掠夺过程中，所有国家都为其努力实现的目标——黄金——找出一种特殊的理由。因为黄金特别引诱他们超出欧洲的边界，对无限财富的狂热则令他们迷恋，这种迷恋驱使经济主体走出了糊口观念的狭隘范围。

这样的冲动使各国几乎在任何地方都进入同样的轨道，并在所有地方都发展

---

① Art. XIII der Schiffahrtsakte vom Jahre 1660（1. Karl II. c. 18）bestätigt durch 25 Karl II. c. 7.

类似形式的殖民统治。

第二节　殖民帝国的起源

在几个世纪的进程中，各个殖民帝国如何形成，各个国家和城邦如何先后在世界各地争夺地盘，这个和那个国家如何在有争议的地区占据支配地位：此乃众所周知，这里只能略加叙述。

现代殖民地的历史始于"十字军"东征和欧洲人在圣地的定居。

参加"十字军"的国家本身并不是现代意义上的殖民者①，但它们确实为意大利城市提供了第一次机会，使其能够渗透到外国民族的毛孔之中，进而为后来的殖民经济奠定基础。在 1101 年和 1104 年被征服的阿尔苏夫、凯撒利亚和阿孔三个城市中，**热那亚**分别取得三分之一，在这些城市的周边地带，也是如此。继而是**比萨**和**威尼斯**，威尼斯自 1100 年以来一直参加战争，1110 年对西顿、1123 年对推罗各要求占据三分之一的土地。②这些城市拥有广阔的乡村地带；仅在推罗附近，威尼斯人就拥有大约 80 个居留地。③

从那时起，意大利主要城市的一切意图和愿望都在关注扩大地中海地区的殖民地盘。于是产生了强大的（自然是以其宗主城市的规模为比例的）殖民帝国，这在世界历史上——罗马和英国除外——未曾再次见到。

众所周知，由于拜占庭帝国的分裂——潟湖岛（Lagunenstdt）上的城市占据该区域领土的八分之三——**威尼斯**的殖民地位突然扩大。④因此而获得的地方有，伊庇鲁斯（Epirus）、阿卡纳尼亚（Akranànien）、环礁（Ätolien）、爱奥尼亚群岛（Ionische Inseln）、伯罗奔尼撒半岛（Peloponnes）、爱琴海群岛（Archipelagus）西南诸岛⑤、达达尼尔（Dardanellen）海峡和马尔马拉海（Marmarameer）的一些城市，色雷斯（Thrazisch）内陆城市，如亚德里亚堡（Adrianopel）等，君士坦丁堡的郊区佩拉（Pera）、坎迪亚（Kandia），其后还有重要的塞浦路斯（Cypern）等地。在几个世纪的进程中，通过占领黑海之滨的亚美尼亚（Armenien）等地，这

---

①　E. Rey, Les colonies franques de Syrie aux XII et Xfll siécle. 1883.

②　H. Prutz, Kulturgeschichte der Kreuzzüge（1883），377 ff.

③　H. Prutz, a. a. O. S. 390. Heyd 1, 170 f.

④　Le livre de la Conqueste. Edit. Buchon（1845），21. 数据可见：J. A. C. Buchon, Recherches et matériaux pour servir à une histoire de la domination française aux XIIL, XIV. et XV. sc. dans les provinces démemberées de l'empire grec. 1（1851），13 ff. 有关文档见于：Thomas und Tafel 1, 452 ff.。

⑤　在 1372 年被克里斯波取代之前，萨努多人一直统治着这个地区。Buchon, 352 ff., 357 f.

一地区显得更为开阔。

但是，威尼斯在这一区域的统治面临一个最危险的对手：**热那亚**。[1]热那亚人在克里米亚和大陆拥有大片土地。自 1266 年以来所统治的卡法（Kaffa）乃是其黑海殖民地的中心。这座城市在 14 世纪据说有 10 万居民（？）。后来，富饶的基奥斯（Chios）、萨摩斯（Samos）、尼卡里亚（Nikaria）、奥努萨（Ónussa）、圣帕纳吉亚（Sa. Panagia）、塞浦路斯部分（法马古斯塔）、科西嘉（至 1768 年为止）和撒丁等岛都落入热那亚人手中——后来撒丁岛被阿拉贡王国所夺，他们在西班牙、希腊[2]、亚美尼亚沿岸、叙利亚和巴勒斯坦也有属地。

除了威尼斯和热那亚殖民国家，意大利其他各邦的殖民地都在消失。然而，**比萨**[3]和**佛罗伦萨**[4]的殖民领地也并非微不足道。自 12 世纪以来一直都有人在叙利亚和巴勒斯坦定居；比萨很早就在非洲海岸站稳脚跟，佛罗伦萨家族则统治着希腊。[5]

自从发现美洲和通往东印度群岛的海路以来，大洋彼岸出现了新的殖民大国，正如我们所知[6]，建立这些国家的是其他民族：在 16 世纪是西班牙和葡萄牙；17 与 18 世纪为法国、荷兰和英国，至于德意志各邦只是站在一边观看，只有小小的勃兰登堡曾试图成为一个大国，但徒劳无功。

西班牙人在时间上是现代殖民列强中的第一批。他们的领地在 16 世纪业已伸展到整个南美洲（巴西除外）、中美洲和北美洲南部——从加利福尼亚到佛罗里达——以及非洲和南海的一些较小的地域：一直到 19 世纪，他们还占据这些地带。

在 16 世纪，与西班牙并驾齐驱的是**葡萄牙**，葡萄牙统治着非洲的西海岸和东海岸、阿拉伯海沿岸——包括印度西海岸、后印度一些海岸地方、摩鹿加群岛，尤为重要的是广大的巴西。但这种领地在 16 世纪就已经因为其他国家的进逼而减少，到 17 世纪则急剧萎缩。

17 世纪上半期，在殖民国家中占据领导地位的是**法国**。法国殖民帝国的缔造者是黎塞留（Richelieu，1624—1642 年执政）。在他执政初始，法国只占有魁北克，待到他去世时，法国已经占据加拿大、马提尼克岛（Martinique）、瓜德罗普岛（Guadeloupe）、多米尼克（Dominique）和其他安的列斯群岛（Antillen）。路易斯

① Heyck, Genua und seine Marine（1886），154；Sieveking, Genues. Finanzwesen 1, 178 f.；2, 102；Cibrario, Ec. pol. 3 2, 280（der ein Ms. Semino, Mem. Stor, sul commercio de' Genovesi dal sec. X al XV, zitiert），此外当然亦可参见海德的相关著作。

② 有关热那亚琴塔略尼家族在希腊的财产，可见：Buchon, 1. c. 304 ff.。

③ A. Main, I Pisani alle prime crociate（1893），zit. bei Toniolo, L'economia di credito e le origini del capitalismo nella rep. fior., in der Eiv. intern. 8, 37 f.

④ Toniolo, a. a. O. Davidsohn, Gesch. von Florenz 1, 282. Ida Masetti-Bencini, F. e le isole della Capraia e della Pianosa, im Arch. Stor. ital. Ser. V t. XIX（1897），p. 110 ff.

⑤ 在 14 世纪，阿恰尤利家族获得雅典公爵的头衔。Buchon, 346 ff.

⑥ 最近殖民历史的事实在上述提及的著作中看得最为清晰：Al Supan, 14 ff.。

安那州（Louisiana）于 1682 年建立，法国也在后印度站稳脚跟。这个殖民大国的崩溃发生在 18 世纪末，其时加拿大落入英国人手中，路易斯安那州（1803 年）则被卖给美国。

17 世纪时，除法国的领地之外，还有新时代两个最大殖民帝国的兴起：荷兰和英国。

荷兰人部分是将西班牙人和葡萄牙人驱出他们的殖民地，于 17 世纪期间占据巴西、非洲和东印度，这些地方本来是葡萄牙人所据有。此外，荷兰人还获得卡普兰（Kapland），尤其是巽他群岛。

英国人紧随着荷兰人的足迹前行，他们猎取了荷兰人一些战利品：纽约、锡兰与卡普兰；同时又从西班牙人手中夺走西印度群岛的几个岛屿，从法国人手中夺走加拿大和前印度，成为掌握丰富掠夺品的最后所有者。

殖民地是每个国家在长期、艰难和无情的斗争中获得：**殖民地是被征服的。**

殖民地是在与土著人的斗争中被征服的，是在与嫉妒的欧洲国家的斗争中被征服的。当然，外交技巧可能在这里和那里有所帮助，使一个国家在与其他民族的贸易中占据优势；我们看到很多与土著君主缔结的条约，通过这些条约，欧洲国家获得了各种特权。特别是在黎凡特殖民地，与半文明和完全文明的民族打交道，缔结条约是很常见的现象。同样的情形也发生在亚洲与美洲地区。其中（例如 1692 年的条约中规定，莫卧儿在昌德纳哥尔获得法国公司的部分利润），法国公司向莫卧儿支付 4 万克朗，先付 1 万克朗，剩余部分每年分期支付 5 000 克朗；法国人则有权在孟加拉、奥里萨和比哈尔三邦自由行动，享有与荷兰人同样的特权和关税。

但是，尽管有了这些条约，它们肯定难以实施。虽然看上去土著君主得到了足够的尊重，但他们面对的仍然是一个敌对的欧洲国家，因而随时准备用手中的剑为自己的地位而战斗。

热那亚人和威尼斯人的殖民历史本身就是一部永恒战争的历史。只有最勇敢的国家才能获得良好的条约。

人们知道，自 17 世纪以来，国家主权，特别是战争手段，通常交由享有特权的商业公司掌握，因此，这些公司实际上被赋予征服殖民地的任务，在这些公司之间，争夺粮仓（如果是在欧洲以外）的斗争开始。显然，在这场斗争中，国家权力手段的强硬最终是决定性的，胜利不是由和平的商人取得，而是由熟练的商人和残暴的海军英雄夺得。

非洲商业公司的历史提供了一个特别清楚的实例，说明获得殖民财产的情况：

首先，非洲被葡萄牙人占领。此外，英国人也站稳了脚跟：伊丽莎白女王赋予一个公司特权。英国人现在在黄金海岸建造了他们的第一个堡垒，然后在冈比亚河上，这是在斯图尔特时代。1621 年，荷兰—西印度公司成立，其获得的权利是，将所有非洲西部和美洲东海岸的土地据为己有；以及开展贸易的独家权利。由于葡萄牙人已经占领了对该公司至关重要的地方，冲突便不可避免，而且很快发生：1637 年，荷兰人征服了葡萄牙在非洲的第一座堡垒，很快又征服了所有其他堡垒，并在 1641 年的条约中获得正式承认。但现在英国人仍然挡住他们的去路，荷兰人现在也向他们主张独家贸易的权利：他们不断地让两艘战舰在海岸上巡航，这些战舰是为了猎杀新来的英国商船。情况已经非常清楚：

1. 英国私人商人无法对抗荷兰—西印度群岛公司的联合力量；

2. 缔约国之间的条约没有多大价值（东印度的经验！）；

3. 对付荷兰—西印度群岛公司这样的敌人只有一种手段：同样地把英国商人团结在一家公司中，并授予他们所需要的一切权力和特权。

正是基于这些考虑，1662 年成立了"英国皇家冒险家公司"。

只是在我们这个时代的过程中，即 18 世纪，"条约"作为一种权力手段的重要性与日俱增：武力让位于狡猾，条约成为一种占主导地位的征服手段，也许是英国人发展了这种新的形式。但是，在早期资本主义时代的大部分时间里，武器的力量决定了欧洲国家和殖民地的命运；因此，这句话是正确的：军队是先锋。

因此，殖民地的历史在很大程度上是战争的历史，大多数历史学家甚至认为这只是战争的历史。因此，一般的殖民史著作通常是在大量描述掠夺性的战争。作为补充，我还要特别提及一些涉及殖民地争斗的著作。首先是：W. Heyd, Geschichte des Levantehandels. 2 Bde., 1879。此书描述有关黎凡特殖民地的历史，是一部不折不扣的外交与军事行动清单。

有关葡萄牙：F. Saalfeld, Geschichte des portugiesischen Kolonialwesens in Ostindien（1810）；H. Bokemeyer, Die Molukken, 45—79；de Veer, Heinrich der Seefahrer（1864），86 ff.。

有关西班牙：W. H. Prescott, History of the Conquest of Mexico. 3 Bde, 1843, und History of the Conquest of Peru. 3 Bde, 1847；Arth. Helps, The Spanish Conquest in America etc. 4 Vol., 1855—1861；K. Häbler：Amerika, in Helmolts Weltgeschichte Bd. I, 1899, und Geschichte Spaniens unter den Habsburgern Bd. I, 1907.

有关荷兰：F. Saalfeld in seiner Geschichte des holländischen Kolonialwesens, 1812；G. C. Klerk de Reus, Geschichtlicher Überblick der … niederl. -ostind. Komp.（1894），S. XI—XLVI；J. P. J. Dubois, Vie des gouverneurs généraux etc., 1763；有关法国可参见本书经常引用的凯佩林的著作。

然而，最后的决定性斗争从来不是在海外水域进行，而是在欧洲展开。很明显，充斥在 17 与 18 世纪的无数战争中的大多数具有商业政策与殖民政策的动机。特别是英国获得决定性影响以来，此种动机愈加纯粹："荷兰人摆脱西班牙枷锁的英勇的宗教解放战争，严格说来，既是近百年来征服东印度殖民地的一种战争，也是一场同样漫长的反对西班牙白银船队和西班牙美洲殖民地商业的战争。"（施莫勒语）1652 至 1654 年联合各省对英国的战争是由克伦威尔的航海条例引起；1664 年，英国向荷兰人开战，即是对荷兰西印度公司在非洲敌对行为的回应。路易十四的战争理由通常比纯粹的商业利益更为充足，他在 1672 年入侵荷兰，便是在惩罚荷兰人对柯尔贝尔关税的过度报复。西班牙王位继承战争以及 1689 年至 1697 年的大联盟战争，主要是英国和荷兰针对法国构成的威胁以及法国商业势力与西班牙殖民势力的联合。最终，在 18 世纪，英国和法国这两大殖民地国家之间的决斗再度发生，其最后的结果很快揭晓。英国在 1756—1763 年的战争中成为胜利者，这一事实因而决定了它在世界贸易和殖民地占领中的优先地位。

第三节　殖民地的利用

至于殖民地的利用则各不相同，其中自然取决于纯粹建立贸易设施、种植园还是定居点。当时，只有在北美殖民地的北部才有可能定居，而所有其他殖民地，无论是黎凡特殖民地还是后来的海外殖民地，皆为"贸易"或"种植"殖民地。它们的利用（仅限于我们这里）又会以不同的方式进行，这取决于各国采用的行政管理制度。我们将此区分两种：国家直接管理和交由殖民地公司管理。前者表现在威尼斯人以及后来的西班牙人、葡萄牙人的殖民地中，后者则表现在热那亚人以及后来的荷兰人、法国人和英国人的殖民地中。

但是，从意大利人在黎凡特站稳脚跟，直到大型商业公司的垮台和奴隶制的废除，在所有世纪中，殖民地制度的核心是一样的，因为它建立在以下基础之上：

1. **特权**，这一点在殖民地中获得最高度的发展。当一个商业公司被授予单独利用殖民地的权利时，特权的形式表现得十分明显。但即使在没有特权公司的地方，我们也看到特权制度的存在。在意大利人以及西班牙人和葡萄牙人殖民的早期，旧的封建制度直接用来赋予个人的特权：于是对某些地区实行"采邑"。后来王权出现，个人有权在偿付一定租金的情况下使用君主的剥削权利。

2. 第二种国家措施——令早期所有殖民政策具有一种独特特征——是向殖民者（无论是个人还是公司）提供极其**强大的军事**装备。我们必须想象，在那些世纪里，所有的殖民聚居地皆有要塞，在这些要塞中，通常有一支拥有丰富弹药的强大兵力，除非是商人或农民自己单独保卫自身的堡垒。

这同样适用于意大利人在黎凡特以及后来的殖民地。仅举几个随意选择的例子："根据本波的描述，我们必须认为威尼斯人在塔纳的堡垒非常重要。不仅威尼斯人居住的地区用城墙和塔楼环绕，并且在城外一座高地上还有一座特殊的堡垒，建有两座塔楼，周围有一条大沟，如果城市受到敌人的攻击，他们可以罄其所有撤到要塞中。"①荷兰人在孟加拉的贸易站看上去"更像一座城堡，围以幽深的水沟，高高的石墙以及用石头砌成的堡垒，并配有大炮。他们宽敞的仓库也是用石头砌成，军官和商人的公寓十分宽大"②。

荷兰东印度公司（18 世纪初）在其印度属地驻扎的部队有 12 000 人，并有 10 万当地人接受军事训练，以备不虞。各公司经常需将其商船保持战争状态，因为这种船只也经常充当战舰使用。荷兰印度公司的船队系由大约 60 艘"适合服役"的帆船组成，每艘配备 30—60 门火炮。③

英国东印度公司的民用与军用开支——主要是军用——例如，在 1765—1771 年的六年中，包括孟加拉邦的防御工事在内总计为 9 027 609 英镑。④

从以下数字可以看出 18 世纪英国殖民地军事占领力量⑤：

牙买加（1734 年）：7 644 名白人，其中 3 000 名为驻防人员；6 座炮台；

巴巴多斯（1734 年）：18 295 名白人，其中 4 812 名为驻防人员；21 座要塞；26 个炮台，463 门火炮；

背风群岛（1734 年）：白人 10 262 人，其中民兵 3 772 人。

3. 然而，最重要的是，建立殖民地的国家利用其权力手段，确保殖民地的价值都建立在土著或外国工人在这些殖民地所从事的劳动的基础之上，正如哥伦布在发现美洲时非常正确地认识到的那样⑥：法律承认这种强迫的劳动形式，亦即允许任何形式的奴隶制作为一种劳动制度。奴隶制是意大利人在黎凡特殖民经济的基础，也是西班牙人、葡萄牙人、法国人、荷兰人和英国人在非洲、美洲及亚洲的殖民经济的基础。关于这一点，可见关于殖民地经济的第四十七章，应可视为此处讨论的必要补充。

---

① Heyd, 2, 376.

② Postlethwayt, Dict. 1, 241.

③ Ohslow Burrish, Batavia illustrata (1728), 327. Vgl. das Kapitel „Seeschiffahrt" im 2. Bande.

④ Fourth Report ... on Administration of Justice in India, 1773, p. 535, bei Dult, Econ. Hist. of India 3. ed., 1908, p. 46.

⑤ Bericht des Lord Comm. of Trade and Plantat. bei Anderson, 3, 203; Dict. des Postlethwayt（1, 728），其中提供了关于非洲海岸的堡垒、装备、弹药、船员等状况的全面概述。

⑥ „Los Indias desta isla espanola eran y son la riqueza della": Memorial aus dem Jahre 1505.

第二十八章

国家与教会

前 言 与 文 献

国家权力对宗教团体和宗教信仰的不同行为是资本主义发展的特殊条件。因此，有必要改善教会和国家之间的关系，就像中世纪末期到 18 世纪末或 19 世纪初所发生的那样。（另一方面，宗教信仰在经济生活中的重要性，必须在一个完全不同的背景下加以评价。见我的《资产阶级》一书中的有关章节，我曾试图在其中作出这样的评价。）然而，国家与教会的关系，特别是在我们所考察的时期内，对经济生活的组织产生了决定性的影响，因为它决定了国家领土内对各种宗教团体的宽容或排斥。因此，除了各种宗教制度在文化民族中的实际传播之外，我们必须关注的主要问题是宽容或不容异说原则在不同时期不同国家的统治地位。从这一角度我挑选出最重要的文献。

从历史的角度看，一些著作试图在一个普遍的背景下处理宗教宽容的问题，如 Franc. Ruffini, La liberta religiosa. Vol. I. Storia dell' idea. 1901；Amadee Matagrin, Histoire de la tolerance religieuse，1905；这两部著作都很好，但并没有穷尽主题，此外，问题的提出过于文学化。一部简述：Jules Simon，La liberte，2 ed. 1859，4e partie；W. E. H. Lecky, History of the rise and influence of the spirit of Rationalism in Europe，此书以更哲学和理性的方式讨论了这一问题。Ernst Troeltsch, Die Soziallehren der christlichen Gruppen und Kirchen. 1912，此书更多地从教条而并非历史的角度来讨论这个问题。

若要研究事件的真实发展过程，仍然要依靠各个国家的专著。以下著作值得一提：

法国：Gottl. von Polenz, Geschichte des französischen Calvinismus. 5 Bde. 1857 ff.（nur bis 1629 geführt）. Theod. Schott, Die Aufhebung des Edikts von Nantes usw. 1885. Tbh. Buckle. Hist. of Civil. 1. Vol. Ch. 8—14；das Werk von Matagrin.

西班牙：E. Schäfer, Beiträge zur Geschichte des Protestantismus und der Inquisition im 16. Jahrhundert. 3 Bde.（Bd. II u. III Urkunden）. 1902，这本杰出的著作是在对原

始资料进行深入研究的基础上编写的，在导言中对相关文献进行了批判性的概述。Don Juan Ant. Llorentes Historia critica de la Inquisicion de Espana，此书于1817年首次以法文出版，其后不断再版，并被翻译成多种文字，德文版，4卷本，1820—1822年。长期以来，这部作品被认为是一种客观的描述，但今天则被认为具有一种强烈的倾向性，可参见：Schäfer, a. a. O. 1, 24 ff.；亦可比照：Th. Buckle, 1. c. 2. Vol., Ch. I。

英国及其殖民地：Th. Buckle, 1. c. 1. Vol. Ch. 7 und 2. Vol. Ch. II—VI（Schottland）. James S. M. Anderson, The History of the Church of England in the Colonies. 2. ed. 3 Vol. 1856（此书非常有用）。可资补充的有：Sanford H. Cobb, The rise of religious liberty in America. 1902。特别涉及清教主义的可见：Dougl. Campbell, The Puritan in Holland, England and America. 2 Vol. 1892. Ezra Hoyt Byington, The Puritan in England and New England. 1906，二者皆为出色的代表作。迄今为止仍常为人所用的有：Neal, History of the Puritan. 5 Vol. 1822. Henry W. Clark, Hist. of Engl, nonconformity. 2 Vol. 1911/13，此书提供了良好的概述。

荷兰：Dougl. Campbell, 1. c. Louis Ulbach, La Hollande et la liberté de penser aux XVII et XVIII sc. 1884。

德意志：H. Landwehr, Die Kirchenpolitik Friedrich Wilhelms, des Großen Kurfürsten. Auf Grund archivalischer Quellen. 1894. L. Keller, Der Große Kurfürst und die Begründung des modernen Toleranzstaates. 1901，此书载于以下一部汇编中：Der Protestantismus am Ende des 19. Jahrh., hrsg. von Pastor C. Werckshagen. Bd. I, S. 229 ff.（出色之作）。G. Pariset, L'Etat et les Eglises en Prusse sous Fréderic Guillaume I（1713—1740）. 1897（此书主要述及教会组织）。C. F. Arnold, Die Ausrottung des Protestantismus in Salzburg unter Erzbischof Firmian und seinen Nachfolgern. 2 Bde. 1900—1901（Schriften zur Reformationsgeschichte Schrift 67 und 69）. Vgl. auch O. Hintze, Die Epochen des evangelischen Kirchenregiments in Preußen. Hist. Zeitschr. Bd. 97（1906），S. 67 ff.

此外，还有关于教派历史和有关移民的文献，但我在其他章节中会加以引用。关于犹太人的立场，可见我的《犹太人与经济生活》（Die Juden und das Wirtschaftsleben, 1911）一书中的论述。

第一节　不容异说的加剧

从文艺复兴时期的习俗中向我们吹来的宽容精神只影响了少数受过良好教育

的教士；并没有渗透到大众中，也未曾触及那些创造人类共存的外在形式的力量。它像烟一样消失，如云一般吹散。

宽容思想的时代尚未到来。不容异说的精神在从历史上消失之前，似乎还要存在下去。国家的发展，特别是通过文艺复兴时期引发的诸种力量首先推动了宗教不容忍的加剧。这一发展的开端可以追溯到中世纪晚期的几个世纪：宗教改革促使所有的萌芽获得充分的发育。

至于不容异说的精神加剧的缘由，我们首先可以归之为国家的世俗化，在逻辑上这必然导致国家教会体系的建立。"早前教会和世俗的关系发生逆转；宗教作为一种有价值的工具，必须以其力量为政治服务"。这是君主专制主义观念的简单后果：一旦整个体系委托给君主，教会事务就不能不由其处理。教会领域与国家领域现在重合在一起，教会权力与国家权力重合，正如教会与政治在基督教社会的概念中合二为一一样。

众所周知，这场运动大约从1335年至1370年以来，最初在西班牙和法国以及德意志的一些城市地区开始。我们同样知道，这一运动由教会的宗教改革过程所激发与强化，并终于实现其目的：路德教以其内在的必然性推进为国教。[①]

路德教义所特有的教会类型导致教会的统一、团结以及普遍的权威，在欧洲或德意志不可能进行全面改革的情况下，最终建立了统一的国家教会。"它的基础——路德教的——无处不在地体现出一种教会文化，这种文化必然被宗教思想所支配……是故，它的社会教义的中心仍然是无处不在的国家教会的概念。"

现在，经过**16与17世纪宗教信仰自身**的形成，所有国家教会原有的不容异说的萌芽迅速发育起来。[②]在新的宗教团体中充满着一种极度的偏狭心态，一个比一个更胜一筹。当然，在与异端的斗争中，天主教再次显示其顽固与冷酷：加尔文和洛约拉的伊格内修斯代表同一事物的两面。

路德教起初具有一种宽容的倾向，这也许与它的内在本质相一致：路德期望话语的力量会实现忏悔的普遍性。然而，随着这种希望的破灭，他也不得不采取强制手段，并且和天主教会一样，不是由教会而是由国家来实施这些手段。新教的文化和中世纪的文化一样成为一种"强制文化"（E. Troeltsch语）。因此，路德终于要求当局用强权来铲除一切扰乱基督教公共秩序的异端邪说。"惩罚并用强权铲除叛徒的不是教会本身，而是由此产生的绝对和唯一赐福的普世统治的理想，是真理的绝对客观概念及其所承载的一般基督教社会理念。"[③]

这些同样的观点，我们在其他新教团体中亦有发现，只是色彩稍淡一些：加

---

① 这最近又一次从路德教义的本质中得到很好的理解：E. Troeltsch, a. a. O. 8. 516 f., 以及更多处。

② 见以下一书的微妙评论：C. B. Hundeshagen, a. a. O.。

③ E. Troeltsch, a. a. O. S. 472.

尔文以可怕的严肃态度代表着正统观念，从而代表完全不容异说的思想。他因教义上的差异将塞尔维特①处以火刑之后，在（1554 年的）一篇文章中为自己的行为辩护："提倡异端者必须受到武力的惩罚。"

加尔文的精神在清教徒中继续活跃：他们从根本上拒绝对异教徒作出任何让步："宽容是魔鬼的大计，是他的杰作和主要的工具，此时借以维持他摇摇欲坠的王国；此为毁灭所有宗教、蹂躏一切并引入一切邪恶的最简明、现成和确定的方法。"②

约翰·诺克斯同样认为异端是一种应受死刑惩罚的罪犯。

正如当时英国国家认可的新教通过其正式代表为不容异端做法的辩护："良心自由是祸害与纷乱的工具、争取宽容就是反对一切政府。"此系英国国教的一位高级牧师于 1681 年在一次论战中所说。

然而，这最后几句话向我们指出了另一个情况，足以解释这个时代严酷的不容异端。据我们所知，仅从单纯信仰上的对立所能激发人们的狂热而言，似乎还不足以导致 16 与 17 世纪所有国家所经历的长期而激烈的斗争。好像只有宗教利益与**政治利益**的融合才能产生如此巨大的动荡。因为这至少是这几个世纪的特点：在宗教斗争中，总有激烈的政治对手在相互对抗；反之亦然，当时所有大的政治运动亦具有宗教或教会的性质。③我们无法想象，像黎塞留这样的人倘若不是因为胡格诺派中的叛乱政党——二者在好多强大的地区联手抵抗——实施镇压，何以会对一个纯粹的宗教团体抱有如此的敌意——如同他在打击胡格诺派时所表现的那样："这些都是黎塞留惧怕的国中之国的堡垒。"

正如德意志新教徒与天主教徒之间的紧张关系，以及英国圣公会教徒和长老会教徒之间的紧张关系一样，如果德意志与英国政党不是按照政治和宗教的观点所组成，绝不会达到如此紧张的程度。

但是，不容异端精神已经安下根基，生活的现实便无关紧要：至关重要的是，两个世纪以来各国的政策旨在使一种宗教团体——认可的国教——成为唯一的统治者，从而镇压一切异端，不是施以火刑，就是迫使异教徒迁徙。

天主教国家的纲领如此，新教国家的纲领也如此。

西班牙在这一政策方面走在前面：在这里，宗教裁判所首先发挥作用；在这里，排斥异端最为无情：在本国如此，在荷兰属地也是如此。

法国反对新教徒始于弗朗茨一世，他最初在妹妹凯瑟琳·纳瓦拉的影响下同

---

① 米格尔·塞尔维特（Miguel Servet, 1511—1553），西班牙神学家、生理学家、医生、人文主义者，于 1553 年 10 月 27 日被以"异端罪"施火刑处死。——译者

② 摘自爱德华兹著名的论战文章；Gangraena（1645），121；zit. bei Anderson, Church 2, 233。

③ H. Delbrück, Über den politischen Charakter der englischen Kirchenspaltung im 17. Jahrhundert, in der Histor Zeitschr. Bd. 36；wieder abgedruckt in den „Aufsätzen" 1887.

情宗教改革者。但自 1535 年以来，迫害的时代开启，这个时代持续了一个半世纪，仅有短暂的中断；在弗朗茨一世统治下，3 000 人在与旺达尔人的战斗中被杀害，城镇和村庄被烧毁，因此伏尔泰可以用这样一句话来结束他的描述："地方仍旧是荒凉的，血染的土地仍旧无人耕种。"然后（在亨利二世统治下）出现了宗教裁判所；1548 年，火刑裁判所开庭；1559 年颁布埃科安法令，强迫裁判官根据每个路德教徒的忏悔判处死刑。亨利四世的时代只不过是这场生死斗争的短暂停战，在黎塞留和路易十四的统治下，这场斗争达到顶峰，这不仅是出于政治原因——正如我们所看到的内政原因——也是出于教会政策的原因①：1681年，龙骑兵时代开始，南特敕令（1685 年）的废除结束了旨在根除法国新教的一系列措施。

在**英国**，宗教改革从 1532 年开始，至高权条例和顺从权条例（1558 年与 1559年）以及 39 条（1562 年）是巩固国家教会的第一步——持不同政见者旋即挺身反对：在 1563 年和 1564 年，我们必须考虑到清教徒的兴起（在 16 世纪 70 年代末，清教徒被布朗派——以后被称为独立党——所取代）；第一次针对不顺从国教者的行动发生在 1567 年②，当时有 200 多人在普兰乃大厅的礼拜仪式上被捕。另一方面，伊丽莎白被逐出教会（1569 年）促成一种对天主教徒的严厉法令。③正如我们所知，新教正统派和反对国教派之间的对抗，在斯图尔特时代变得更加尖锐：西敏寺神职人员大会（自 1643 年以来）④系此种尖锐对抗的明显表现；这种对抗在英联邦时期进一步强化，在复辟时期依然存在：1664 年还在颁布一项法律，规定所有 16 岁以上的人若参加非国教的礼拜，便会被处以监禁或流放。⑤

异教徒受到放逐的惩罚：放逐在殖民地的那些不从国教的教徒——至少在一定程度上——在那里找到安息之处：1617 年至 1619 年，逃到荷兰的清教徒前往北美，根据弗吉尼亚公司授予他们的特许状，建立了马萨诸塞州殖民地，后来康涅狄格州、长岛州和其他"新英格兰"州都是按照这个模式建立。被逐出英格兰的异教徒在这里找到了庇护所，他们以前所遭受的一切不容异端的苦痛现在可以转嫁他人：新英格兰各州成为有史以来最不宽容的地方。凡是不代表长老会的教派都受到残酷的迫害。因此，1652 年和 1657 年的法律禁止贵格会：这个被诅咒的教派的信徒一经捕获即处死刑。⑥

---

①   也许与其说是路易十四宫廷的狂热，不如说是国王的忌惮，当时国王为加里肯教会与教皇做斗争，这解释了南特法令被废除之前的迫害狂潮。Michelet，Hist. de France t. XII p. 245.

②   Hallain, Const. Hist. 1（1827），246.

③   Abgedruckt ebenda 1, 185 seq.

④   Anderson, Church 1, 425—428.

⑤   Vgl. noch H. Levy, Die Grundlagen d. ökon. Liberalismus, in der Gesch. der engl. Volkswirtschaft（1912），8 ff.

⑥   Anderson, Church 2, 211 seq. Vgl. 2, 157 ff. 175 ff. 210 ff.

在其他英国殖民地，凡是新教正统派被公认为国教的地方，亦同其母国一样迫害那些反对国教的教徒。例如，在弗吉尼亚州，1631 年，大会的一项法案规定："本殖民地在实质和环境上都尽可能地与英格兰国教的教规和组织保持一致"①，因此敌视清教徒——清教徒最初曾受到友好接待——的结果是，一项法律最终规定驱逐所有不从国教的教徒②。

在德意志，我们也看到同样的情景。各城市采取严厉的措施对付异端邪说：这是日益普遍的国教思想的直接影响。

与基督教宗教情感的增强密切相关的是一种敌意行为，这是 15 世纪末以来犹太人在不同的国家必须再度忍受的苦难。他们被逐出西班牙（1492 年及以后）、葡萄牙（1497 年），被逐出德意志和意大利的各个城市（15 与 16 世纪）。

我们认为，在这样一个反宗教改革时期——资本主义在这一时期有着蓬勃发展——所有国家都在奉行这种不容忍和迫害的政策，这种政策必定会对经济生活的形成产生决定性的影响，这是可以预先推定的，我将在本书以后的阐述中在适当的地方予以指证。此处我只想指出我们必须主要研究不容异端的影响。我认为这些影响为：

1. **内在性**：宗教情感被提升到极致；宗教狂热也许在经历着最强烈的扩展。然而，与不同的教义形成对比的是，人们对宗教体验的细微差别的认识也变得更加敏锐：我们注意到，在英国，教派的形成突飞猛进，这在一定程度上是不同宗教团体之间外部斗争的直接结果。英国教派主要出现在内战的初期，是对长期议会和神学家会议行为的反应，当旧的崇拜被废除，新的崇拜尚未完成："在这段时间里，毫不奇怪，各个教派的分裂达到这样一个高度，以至于在他们之后的力量无力将其摧毁。"③

不容异端的影响是：

2. **外在性**。在一般性质上，我们可以特别关注三个方面，他们对资本主义发展具有最重大的意义：

（1）将异端作为一种社会现象；

（2）异教徒被迫从一个国家迁徙到另一个国家；

（3）16 与 17 世纪各国宗教纷争引起的战争；

此外，就英国而言还有一种特别重要的事件：

（4）亨利八世统治下废除修道院并没收教会的财产。

---

① Anderson, 1. c. 1, 462.

② Anderson, 1. c. 2, 7 ff.

③ Neal, Hist. of the Puritans 2, 271.

第二节　宽容思想的发展

当人们因为对上帝信仰的无谓分歧而互相残杀之时，**宽容的思想**在灰烬下继续燃烧，直至最终生成火焰。

促使个人容忍异己意见特别是异己信仰的原因可能是多方面的，而且当这种思想在我们的历史时代出现时，显然也有多方面的缘由。**菲奇诺或蒙田**的宗教无差别主义造就宽容的人，而对许多人来说，正是因为本身的宗教信仰而达到对其他宗教的宽容境地：就像 17 世纪以来的**巴尔扎克、弥尔顿、泰罗或威廉·佩恩**。还有另一些人，如**培尔**，则通过逻辑推演获得了更为宽泛的概念。像**洛皮塔尔**宰相、法国的"政治家"，都愿意实行"宽容"政策，因为他们认识到民族分裂所造成的严重政治损害。还有一些人主张在容忍不同的宗教团体时，将经济考虑放在首位：我想起像**沃邦**①或荷兰的**威廉四世**这样的人。也想起让犹太人回归的**克伦威尔**，或**雅各布二世**，后者在《宽恕宣言》（1687 年）中说："迫害不利于人口和商业"，或是最信奉天主教的奥地利女皇，她下令对不能在这个国家定居的老天主教徒"开辟一条道路，参加祖国的商业团体，并在这种情况下……允许他们因其商业活动而得以居留"②。或者像**弗里德里希·威廉一世**那样，出于国家总体利益的考虑，决定为萨尔茨堡人提供避难所。③

我们可以清楚地看到，正是宽容思想在生活中的存在方式，才最终决定了人类世界的形成。我们可以清楚地看到，如果这一思想仅仅存在于仁慈的人道主义者的头脑和心中，它就不会产生任何作用。只有当他得到强大的利益——无论是国家还是经济的利益——的支持和推动时，才会有所突破。但也只有在不容异端的政策所涉及的矛盾中，这种力量才会卷入。

此处并非追溯宽容思想的起源及其对现代国家政治的渗透的地方。我们只需回顾一下这种思想的胜利过程就已足够。

---

① 塞巴斯蒂安·勒·普雷斯特尔·德·沃邦（Sébastien Le Prestre Vauban, 1633—1707），法国军事工程师、元帅，长期从事战术和军事工程技术理论研究。其筑城理论体系对欧洲军事学术产生深远影响。主要著作有《论要塞的攻击和防御》《筑城论文集》。——译者

② Pribram, Österr. Gewerbepol. 1, 146.

③ 众所周知，自古以来，关于促使弗里德里希·威廉一世采取这一举措的动机一直存在着激烈的争论：究竟是出于政治的算计还是宗教的同情心。现在，阿诺德又在与帕里塞等人争论。在我看来，帕里塞在这种情况下似乎是正确的，他写道："在普鲁士国王的身上确实存在着宗教情感和物质利益的亲密的结合"。Pariset, 1. c. p. 797.

如果将**奥兰治的威廉**①称为第一位坚持宽容原则的君主，并将**七个省**称为第一个以宗教宽容作为政策的重要成分的国家，大致不会有错。威廉四世在他的七省建议中解释②：宽容从一开始，便"使共和国的坚强政策将这一地区造就成为一切被放逐与被压迫的外人的自由区域。"因此，正如**培尔**所说，荷兰变成诺亚方舟，载着各处的船难失事者。自乌得勒支联盟后不到一百年，当欧洲其他地区仍被宗教战争的火焰所笼罩时，一位目光锐利的观察者对荷兰的情况作出如下描述③："……犹太人在阿姆斯特丹和鹿特丹都有教堂，在基督教徒的已知教派中，任何一派在这两座城市都举办过公共集会。…… 在其他国家，暴行与怨恨恰是不同教派之间不可或缺的现象，然而在这个国家出于普遍自由之故——或是由于明显的许可，或是由于宽容，每个人都欢迎这样的自由——似乎皆得以缓和。若要想象两者的情形，人们需花费一些气力。""在其他国家，宗教也许办过更多的好事，但在这个国家则很少做过坏事。"

然后，宽容的思想也从母国荷兰传入**其殖民地**：1602 年与班达小共和国签订的条约是对殖民地人口的第一项协定，伴随着香料的垄断供应外，还明确规定了宗教自由。④

但在另一个地方，与荷兰人的行动无关的是出现了第二个宽容的来源：在**英国殖民地**，并且首先是**北美殖民地**。

除了不宽容的清教徒国家和同样不宽容的新教正统派国家之外，还有第三种类型：宗教平等或至少宗教宽容的国家。第一个将宽容原则纳入立法和行政的殖民地可能是马里兰州，由天主教的巴尔的摩勋爵采用，其议会（在 1637 年至 1657 年间）为总督和行政会制定了以下誓言："我不会为着宗教的缘故，以我本人或任何其他方式，直接或间接地给任何声称相信耶稣基督的人造成妨害，阻碍或贬低任何相信耶稣基督的人。"⑤1649 年的一项法案证实了这一观点，因此，这个殖民地——与荷兰一样——变成各种各样教派的云集之地。⑥

同样，卡罗来纳 1662—1663 年的《第一宪章》第 18 条规定，对不顺从英国

① 奥兰治的威廉（Willem van Oranje, 1533—1584），又称沉默者威廉、拿骚伯爵，尼德兰革命时期反西班牙统治运动领导人。——译者

② 引自：Koenen, Geschiedenes der Joden in Ned.（1843），156/57。

③ William Temple in seinen Remarques sur l'estat des provinces unies des Païs-bas, faites en l'an 1672（1674），263. 270.

④ J. L. Motley, Hist. of the United Netherlands 4（1867），109.

⑤ Anderson, Church 1, 488. 在一座城市（普罗维登斯），不久之前（1636 年），由被逐出马萨诸塞州的独立人士罗杰斯·威廉姆斯所宣扬、在分离主义者的基本条约中，宗教信仰的无限自由得到认可，因为这个城市的缔造者承诺"只在民事事务上"服从法律。S. Green Arnold, History of the State of Rhode Island 1（1859），103，zitiert bei G. Je 11 in ek, Die Erklärung der Menschen- und Bürgerrechte（1895），35.

⑥ Anderson, 1. c. 2, 29.

国教者保证"宽恕和赦免的义务"①，《第二宪章》（1669 年）第 97 条（众所周知，洛克被认为是该宪章的起草人）规定："任何七人或七人以上同意任何宗教的人都可组成一个教会或教派，由他们命名，以资区别于其他教会或教派。"②威廉·佩恩在宾夕法尼亚州定居地的宪法从一开始就完全建立在宽容的基础之上。③

最后，宽容的思想终于蔓延到母国英格兰，1689 年颁布《宽容法》。虽然它还没有在原则上反对英国国教的宗教团体（相反，它保留"迫害"作为规则），但它确实停止了对反对国教者的公开斗争：它允许各教派在某些条件下（签署某些信仰条款、宣誓效忠等）进行礼拜。（在爱尔兰，对反对英国国教者的迫害和骚扰在整个 18 世纪仍在继续，直到 1782 年，一项爱尔兰的宽容条例才成为法律。）

在 17 世纪，各较大的国家实行了一定程度的宽容。只有**勃兰登堡—普鲁士**在大选帝侯的统治下，其思想是在奥兰治的影响下形成的。④《波茨坦法令》（1685 年 11 月 8 日）给逃亡的法国宗教改革者打开了选帝侯疆土的国门；1732 年 2 月 2 日，这项特许权授予萨尔茨堡人。

直到 18 世纪末，各国才普遍承认宽容是国家宪法的一个基本组成部分。约瑟芬的改革、美国和法国的人权宣言接踵而至。这是发达资本主义时代的序幕，在这里我们还没有涉及这一时代。

在这方面，必须用一句话再次提到**犹太人**在国家法律中的**特殊地位**。

犹太人在宣布独立宣言以后的荷兰、1654 年以后的英国、16 世纪末以后的美国某些州和 17 世纪以后德意志的某些城市都享有宗教宽容和其他一些权利。但是，即使在那些后来才接纳犹太人的国家，君主们也找到一些办法，即通过特权制度，特别是通过建立宫廷保护犹太教制度⑤，使犹太人——至少是其中的富人——能够从事经济活动。

因此，宽容思想在经济生活中至少是零星的渗透极其重要，这一点无需特别强调：一个国家对不同宗教团体的宽容对于迁徙运动的影响与迫害的影响——在相反的意义上——相同：某些宗教团体的信徒留在能够宽容他们的国家——否则就会移民——或者如果他们被迫离开，就会被吸引到这些宽容他们的国家。凯勒对于《波茨坦法令》的影响曾说：它"引发了迁徙与变革，这些迁徙与变革将永久地影响中欧的势力平衡和文化状况"⑥。这也同样适用于当时教会的一般政治措施。

---

① Anderson, 1. c. 2, 317 ff.

② Anderson, 1. c. 2, 324.

③ Anderson, 1. c. 2, 423 ff.

④ L. Keller a. a. O. 此书为此提出了良好的理由。

⑤ 具体可参见我的关于犹太人一书。

⑥ L. Keller, Der Große Kurfürst und die Begründung des modernen Toleranzstaates, a. a. O. S. 251.

附录：私法的制度安排

私法的决定性和根本的变化——无论是在形式上还是在物质上——发生在下一个时代，或者发生在早期资本主义时代的末叶。

在专制君主的统治下，仅仅发生下列这些变化：

1. **商法**，直至 17 世纪为止主要是以习惯法为基础，此种法律现在才开始编纂。第一个国家法典是法国商法（1673 年）和航海法（1681 年）。[①]在德意志，直到 18 世纪末才有个别的商法条例受到国家的规定。1794 年的普鲁士土地法首次实现了第一次重大的法典编纂。

2. **汇票法**，在 17 世纪期间，许多国家和城市都特别规定了汇兑条例。在内容上适应了当时的要求。18 世纪中叶共有 48 种汇票法规。[②]

新的汇票法迈出的决定性一步是过渡到一种普遍的权利，即不再按公民的社会地位来划分。

例如，《勃兰登堡汇票法》第 4 条："所有发出汇票的人，不论男女、君主、伯爵、男爵、宫廷侍从、贵族、学者或军人，无论他们的条件、地位和服务如何，都应与商人一样坚持遵守汇票制度，没有区别和例外……"

对法律形成领域首次发生的事情，倘若要正确理解其基本意义，就必须在新的法律中认识到法律的去人格化。但是，正如曾经所说，与文化发展的许多其他领域一样，我们在早期资本主义时代看到的只是新结构的**雏形**。

3. 在早期资本主义时代，在程序领域，法律制度就经历了一场并非不重要的变革，此种变革旨在服务于资本主义的利益。其要点如下：（1）赋予商业契约尽可能确定的证据效力和义务效力（去人格化！）；（2）债务契约的执行程序或执行权力得以发展，这当然符合商业的利益，对商业来说，普通程序是无法忍受的。就其而言，最大的利益在于，在明确规定债务的情况下，至少可以暂时对债务人强制执行。自 15 世纪以来，债务契约的执行力从托斯卡纳和伦巴第这些商业城市

---

① 参见：die Zusammenstellung bei K. Cosack, Lebrb. d. HR. § 4 II 2 a。16 世纪法国国王的法令（例如，1563 年查理九世的《巴黎商事法院》）即依照此项法令行事具有行政法的内容，私人商事法的规定只是通过上述法典进行。

② 可见以下汇编：D. Siegels Corp. jur. cambialis. 1742. 2 Tle., nebst Uhls zwei Fortsetzungen, 1758 u. 1764。亦见：Ludovici, Kaufm. Syst.（1768）§ 389, und Siegels Einleitung zum Wechselrechte, 1751。

扩展到整个意大利以及意大利以外的地方。执行的程序也随之发展起来。①

4. 现在，法律史学家似乎越来越认为，**德意志接受罗马法**并不是为了"资本主义"的利益，甚至可能与经济的进程和要求几乎都没有关系。②事实上，从经济的动机完成这种变化的，为什么恰恰是德意志，而并非当时经济生活发达得多的法国、荷兰或英国？此外，还需考虑的是，主要为资本主义发展服务的法律领域，海上法、商法和汇票法，特别是公司法，它们只是在很小的程度上源自罗马法，无论如何，其起源并非因为"接受罗马法"，至多不过是逐渐汲取罗马法的思想而已。

在**意大利**，人们现在也试图证明，新（罗马）法学派在很长一段时间里一直是一种纯粹科学的运动。12 世纪初，出于纯粹的科学兴趣，法律学开始复古，在法律学之后，这种复古又继续导致在哲学领域产生经院哲学。③

---

① 见：z. B. W. Endemann, Beiträge zur Kenntniss des Handelsrechts im M. A. in der Zeitschr. f. d. ges. HR. 5（1862），333 ff., nam. 393 ff. Vgl. Marquardus, De jure merc. Cap. VII ff. des III. Buches。

② 见：v. Below, Die Ursachen der Rezeption des römischen Rechts. 1905。其中包含迄今为止的文献概览。作者本人坚决反对将罗马法引入德国是为了符合据称德国法律无法满足的"流通需求"的观点。

③ Walter Goetze, Das Wiederaufleben des römischen Rechts im 12. Jahrhundert, im Archiv f. Kulturgesch. 10（1912），25 ff.

第三篇

技　术

第二十九章

技术精神

我们习惯于认为，包括文艺复兴和宗教改革、反宗教改革和巴洛克时期在内的几个世纪——或许也是因为在国家和宗教的形成、哲学、诗歌、绘画和雕刻领域，简言之，在人类精神能够建立丰功伟绩的所有生活领域——在所有技术性质的事情上都是徒劳无功的（尽管还有达·芬奇！）。**因为**它们是如此伟大，我们从今天的经验中得出结论（也许过于草率）：在技术上收集了"光荣名册"的时代，在人类的其他事务上只能是微不足道。我们还记得几个世纪以来著名的"发明家"所经历的悲惨命运：从开创我们时代的黑皮肤贝特霍尔德①开始，到结束我们时代的丹尼斯·帕平②为止，我们认为他们在其中感受到那些人对所有技术创新者的仇恨，甚至是恐惧。事实上，我们发现当时对"发明家"的厌恶和蔑视，即使是用最枯燥的语言也表达得足够多。例如，帕斯卡（Pascal）将同时代人的情绪总结如下："能有所发明的人很少；不能发明的人却占多数，因而是最强有力者。大家可以看到，对于那些本该获得荣誉并借自己的发明要求荣誉的真正发明者，人们通常不肯给予荣誉。当发明者放弃荣誉的念想，而非发明者又不为人所轻视时，他们因此获得的不过是恶名化，被视为幻想家罢了。故此，人们必须谨慎小心，无论自己的发明才能如何伟大，切不可显示出来；至于能有少数人认识其真实价值并予以重视，则必须表示满意。"③如约阿希姆·贝歇尔④——他必定知道这一点——警告说："因此，我们不应该将所有的投机者——他们的头脑确实紊乱——都当作傻瓜，但我们必须知道，世界上因为这种人而获得很大的利益和服务，他们浪费了自己的劳力、时间和金钱，只是为了服务那些普通人。"⑤

---

① 黑皮肤贝特霍尔德（Berthold dem Schwarzen），14 世纪德意志修士、炼丹术士。14 世纪 30 年代任教于巴黎大学。据传，可能在 1313 年研制过火药，并被认为是第一个铸造青铜枪的欧洲人。——译者

② 丹尼斯·帕平（Denis Papin，1647—1714），法国物理学家、数学家与发明家，以其开创性发明蒸汽蒸煮器闻名，此为压力锅的先驱和蒸汽机的前身。——译者

③ Pascal，Pensees XXXI. Ausgabe von 1679 p. 326/37.

④ 约阿希姆·贝歇尔（Joachim Becher，1635—1682），德意志化学家、财政学家、医生，创立了燃素说的雏形，神圣罗马帝国皇帝利奥波德一世的顾问。——译者

⑤ Joachim Becher, Närrische Weisheit usw.（1686），128 f.

　　尽管"公众舆论"对"发明者"的敌意可以从这些类似的词语中清楚地看出，但是从这些话语和其他迹象中直接推断出一个缺少发明的时代则是错误的。是的，恰恰相反：从这些遗漏中所看到的紧张关系，以及根据这些遗漏所采取的行动，恰恰使我们相信，在那个时代里流淌过强大的"发明"精神的潮流，倘若更深入地研究那些世纪的技术文献，我们就会发现这一假设得到了证实。例如，令人惊讶的是，在16与17世纪，许多著作都包含着使用中的机器及其应用的文字描述。此处我只提及那些古老的技术文献中最重要的著作：

Vanuccio Biringuccio, Pirotecnica. Venedig 1540，该书经常再版；

Georg Agricola, De re metallica. Basel 1556，一本名著，其中大部分涉及机器；

Jaques Besson, Théâtre des instrumenta mathématiques et méchaniques. Lyon 1578；

Agostino Ramelli, Le diverse et artificiose machine. Paris 1588；

Vittorio Zonca, Nuovo Teatro delle macchine. Padova 1621；

Heinrich Zeising, Theatrum machinarum（德文版）. Leipzig 1612—14；

Sal. de Caus, Les raisons des forces mouvantes. Frankfurt 1615；

Jakob de Strada, Künstlicher Abrißusw. Frankfurt 1618；

Giov. Branca, Le macchine. Roma 1629；

G. A. Böckler, Theatrum macchinarum. Nürnberg 1667。

　　从17世纪后半期开始，我们也可以发现一系列可以称为发明家或有关发明的书籍，亦可称为新发明提案的丛书。

　　我已经提到最著名的是约阿希姆·贝歇尔的《愚蠢的智慧和智慧的愚蠢》，或者《一百个像物理/机械和重商主义一样政治的概念和命题》（Ein Hundert so Politische als physikalische/mechanische und merkantische Concepta und Propositionen/usw. 1686）。与此相对应的几部英语著作是：

　　伍斯特侯爵 E. 索梅塞特（E. Sommerset）：《一百年中发明的名称与尺度》（E. Sommerset, Marquis of Worcenster, A Century of the names and Scantlings of such Inventions as at present I can call to mind to have tried and perfected.），最初于1663年在伦敦出版，之后不断重印，最后编入亨利·德尔克所著《索梅塞特第二侯爵的生平、时代与科学著作》（The Life, Times and Scientific Labours of the Second Marquis of W. 1865）。

　　《几种新的发明和改进等》（An Account of Several new inventions and improvements etc. 1691）（作者：威廉·佩蒂（Williarm Petty）?）约翰·怀特（John White）：《稀有之物与奇异发明的艺术宝库》（Arts treasury of Rareties and curious inventions s. a.）（17世纪）。

　　鉴于这些文献，听到同时代的人谈论一个"发明时代"——如笛福在其著名的论文《设计论》中所说的一个"设计时代"——时，我们不会感到惊讶。

确实如此：倘若你不厌其烦地将中世纪起大约到 18 世纪中叶的一切事实搜集在一起，便会发现，在技术知识和技能的积累中，出现了一系列真正重要的发明和发现：读者在下一章中可以找到这样的概述。

然而，我们仍须小心，不可仅仅因为这些丰富的发明，就将那几个世纪与我们的时代等量齐观。相反，如果要正确评价在早期资本主义时代技术的地位，我们就必须认识到当时的技术与现在的技术之间的深刻差异。当然，早期资本主义时代的技术和前资本主义时代的技术之间的区别亦复如此。将文艺复兴时代和巴洛克时期技术能力的获取和占有的种种特点加以整理，看来是一项非常有吸引力的任务：特别是追溯中世纪到文艺复兴时期技术风格的转变，再从文艺复兴到巴洛克时期技术类型的转变；探寻这些奇特而伟大时代的特点是如何在技术以及所有其他文化现象上清楚地反映出来。以下几行文字包含着解决这一问题的初步且胆怯的尝试，当然只能指出需要考虑的问题，并且——如本书中的许多陈述一样——只想指出研究人员在人类的未来时代必须行走的路径。

最重要的是：**那些世纪的技术仍然缺乏精确的科学基础**，就像所有早期的技术一样。当然，我们的确拥有相当多科学的基础材料，然这终究不过只是一些材料而已。我们切不可被达·芬奇这样人物的出现所迷惑[1]，达·芬奇至少在其原理上已经表现出非常现代的研究者和发明家的本质。所谓现代，系指他"思索"，也就是说：他会观察和理解，经验性地研究并追寻种种原因，探索其中的特点，并思考其中的普遍性。特别是，他已经在努力量化人类的所有知识。他告诫说："人类的研究，如果不是经由数学论证给出，就不能称为真正的科学。"而且，"谁若轻视数学的最高确定性，谁就会陷入混乱之中，而诡辩科学永不会销声匿迹，他们除去发出一种永恒的呐喊之外，别无用途。"

对达·芬奇来说，因果思维是一条严格的戒律："必然性是自然的主人和监护人。必然性是大自然的基本思想和发明者，是她的缰绳和永恒的规律。"

"自然不会违背它的规律。"

"自然处在定律的合理原因的强制之下，定律系生存在其自身之中。"

然而达·芬奇作为一个技术家和发明者也是现代的，他努力将他的所有技术思想建立在自然科学的基础之上："首先必须陈述理论，然后付诸实践。""那些爱好实践却缺乏科学的人，犹如一个引水员，跳上一艘既无舵机亦无罗盘的船只：此艘船只永远不会确定它要驶往何地。实践必须建立在良好的理论之上。"

他嘲笑那些寻找永动机的人就像魔术师一样："啊，永恒运动的探索者，你们

---

① 达·芬奇科学和技术工作的最大部分业已印刷成文。有关各种版本及要点的介绍，可见以下著作：Marie Herzfeld, Leonardo da Vinci, der Denker, Forscher und Poet. 2. Anfl. 1906. 作者的导言值得一读。亦可参见：H. Grothe, L. da V. als Ingenieur und Philosoph. 1874, 以及特奥多尔·贝克关于达·芬奇的三篇论文，现已汇编收入合并在其 "Beiträgen zur Geschichte des Maschinenbaues" 书中（1900 年第二版）。

在这样的探索中曾经创造过多少徒劳的计划。你们还是和寻找黄金的人联合起来吧。"

达·芬奇作为一个完全独立的人进入了一个陌生的世界。大多数其他"发明者"根本不想走这条严格的科学道路。但他本人也不可能满足自身学说中所提出的这些高度要求。对自然界相互关系的科学洞察力仍然十分有限。直到现在，人们才开始为新的世界观奠定最初的基础：科学力学在达·芬奇死后才建立起来。建造这座巨大建筑的人很少关心实际的技术问题。我们在 16 与 17 世纪的发明者中遇到如奥托·冯·格里克①或克里斯蒂安·惠更斯②这样的理论研究家，算是例外。自然科学家和技术人员的道路在达·芬奇身上交汇，在一段时间里平行发展〔我想到的是雅克·布列松（Jacques Bresson）这些人〕，但在接下来的几个世纪里再度分开：伽利略、牛顿与莱布尼茨走在一边，贝歇尔、豪奇与帕平走在另一边。

技术与发明者的世界仍然是一个陈旧的、杂色的、快乐的和可怕的世界，在科学家将其变成废墟之前，人类即已栖息其间。人们还将自己的精神与想象力转移到大自然中，天地为观者的感觉而活跃。正是从这种对自然界有灵魂的信仰中流淌出所有那些神秘的意识和奇幻的活动，这些意识与活动恰恰充斥着我们在这里所考察的时代，特别是充满信仰力量的 17 世纪；甚至那些作为宫廷或城市"工程师"而活动的实践技术专家——我们感谢他们在那个时代积累的许多技术经验——也是如此：16 世纪最伟大的"技术专家"阿格里科拉③的矿井里充满了"恶魔"——他对矿工的工作进行了老练的描述，借以保护矿工的生命与健康。许多人称自己的论文为"自然界的神奇"，并在其中留下巨大的空间来表达那些奇妙的东西。伟大的开普勒解释潮起潮落的原因是一个具有理性的怪物——此乃他所想象的地球——的呼吸、睡眠和觉醒。

毕竟，魔法只不过是这种对自然界具有灵魂的信仰的表达而已，另一种"实用"的信仰也与之相连：生活在自然中的生物，特别是低级的自然恶魔，可以同人类交往，并在其行为上受到人类的影响。

> 这样的幽灵充斥着世界，
> 无人知晓如何趋避。

从对自然界灵魂的信仰中，也产生了星宿的位置决定人对命运的信仰，并且

---

① 奥托·冯·格里克（Otto von Guericke, 1602—1686），德意志自然科学家，政治活动家。——译者
② 克里斯蒂安·惠更斯（Christian Huygens, 1629—1695），荷兰数学家、物理学家、天文学家。——译者
③ 格奥尔格乌斯·阿格里科拉（Georgius Agricola, 1494—1555），德意志矿物学家、冶金学家和医师，著有《金属学》《矿物学》等，首创矿物分类法。——译者

相信可从星宿中读懂人的命运，此即占星术。

从同样的信仰中又生出对女巫的迷信，即对妇女的信仰，以为她们与魔鬼订有契约，能用各种花言巧语来伤害她们的同胞。

炼金术也建立在同样的信仰之上，与炼金术最为密切相关的是那个时代的发明者及其所创造的技术。

在中世纪的世界里，人们对于所有的技术能力具有一种神秘的敬意，具有一种虔诚的畏惧，这是我们在手工业中所发现的。

火器发射这种技术的发展实际上引发了一个新的时代，在最初的几个世纪里，这是一种秘密的技术，仅为少数人所理解。众所周知，黑皮肤贝特霍尔德有着怎样一个传说中的世界，他是第一个知道如何操作火炮并制作火药的人。这种对神秘事物的无意识的敬畏——人们可以说——恰恰被后人有意识地形成一个体系。这种体系就是**发明者的艺术**。人们还要读一本书，如 17 世纪末约阿希姆·贝歇尔的那本书。此人是他那个时代最伟大的发明家之一，从他的书中可以察觉到一种奇特的魔力，人们喜欢用这种魔力来改变所有的技术过程和企图："流动中的沙子是矿物的孕育之母，特别喜欢金属，它们经过磨炼，随时会得到改善。""上升的水……有一种温暖的精神，因此被称为活的泉水；但下降的水或必须汲取的水便是死水。"①

"这个世界仍然充满这样的幽灵"，"……所以我不想斥责许多字符、言语和符咒的秘密力量。在我们的时代还在经历着维也纳一位名叫卢茨的生理学家的故事，他住在霍伊斯特将军身边，在帕多瓦发现了著名的大宝藏，他因此到达何种地步，我读过他的手笔，他对一切施以符咒，却忘记了那个虚弱的魔鬼，后来这个魔鬼竟然将他催眠以致死去"②。这是一个被恰当地描述为"寻求精髓，崇尚而并非研究神秘力量的时代"③。

然而，从这一观点中得出的重要结论是：发明者的艺术是无法学习的，为了实现技术创新，人们不必进行科学研究："发明"无疑是一个神秘的过程，必须将这样的能力视为上天的恩赐。

因此，贝歇尔（巴洛克时期那些发明家中最完美的一类）在他的《愚蠢的智慧与智慧的愚蠢》的序言中表达了这一思想，"尽管上帝将他的仁慈、天意和存在的各种论据和文件明显地放在自然界中，但人类的发明并非最渺小的……这里无关人的威望，也无关职业：君王与农民、学者与未受过教育的人、异教徒与基督徒、虔诚的人与邪恶的人都被赋予这一点……上帝的恩典也赐予我一点，如同我的著作所显示的那样"，如此等等。

---

① Becher, Närrische Weisheit, 87, 247/48.

② Becher, Närrische Weisheit, 232.

③ C. Fraas, Geschichte der Landbau- und Forstwissenschaft（1865），134.

"这里无关人的威望，也无关职业"：事实上，如果我们回顾一下直到18世纪中叶使技术真正持续进步的那些人，便会发现他们来自各个阶层和职业，他们中的大多数人根本没有从事过"专门技术"。但是，如果当时一位典型的发明家真正"研究"过"物理学"或类似的东西，那么可以肯定的是，他的发明仅有很小一部分归功于这种研究：想一想列奥缪尔①或科内利斯·德雷贝尔②即可知道。

当然，**除了这些人之外，我们还必须将以下这些专家看作是发明者**：发明新的钟表机器的钟表匠，发明新的染色方法的染色师以及改进织布机的织工。

在这里，还必须提到那些被视为专业工程师和专业化学家之父的人，他们在某种程度上将理论和实践结合在一起："宫廷建筑师"、城镇建筑师、雇佣军首领之后的"战争工程师"，他们负责所有的"技术"工作，然后撰写了关于战争和防御工事的建筑、机械、采矿、水园艺和"磨坊"设施的论文，我们已经见过并还会再次见到，因为他们确实是技术史的最佳来源。在大多数情况下，这些实用的技术专家在他们的书中所描述的装置、机制和方法中有多少是他们自己发明的，确实大都无从确定。他们可能只是纯粹的编撰者，正如其中一些人所承认的那样。另有一些人，就像个别行业的手工业者一样，尽管没有许多科学的基础，但已经具有今天意义上的所谓"专业"，他们对这种或那种机制进行了改进。

他们可以称为日常的发明家，而这个时代的特点是那些幸运儿，他们在上帝的恩典下显示出发明的天分，当时利用自己的才能，终其一生都致力于发明，他们并不将自己的工作局限于某一特定的部门，而是跨越在各个领域。在那个时代，特别是巴洛克时代，真正具有特色的发明家类型是那些**多才多艺的发明家**，他们群集在一起。我已经提到过其中的一些。

维也纳有一位施瓦本人，名叫保罗·韦伯……很有发明天才，精于一切制造，尤为善于制作通风管；一位名为伊萨克·冯·尼克恩，他是一位优秀的光学师，精通桑树和蚕丝的养殖技术；有一位名叫弗斯图斯·维兰蒂乌斯，系一位牧师，他（约在1617年）出版了一本五种语言的词典，此外他勤于思考并写出了磨坊、桥梁、谷物清理、洪水及威尼斯喷泉建造的著作。③关于这些人中一位（汉斯·豪奇）诺伊多夫曾写道，他是"一个发明和创造的人"。1684年，爱丁堡的一位书记员詹姆斯·杨发明了打字机，次年发明了一种新锁，几年后又发明了一种织布机（"一种织布机，以前在任何一个国家都从未使用过，无需人工操作就

---

① 列奥缪尔，又译雷奥米尔（Réaumur，1683—1756），法国化学家、物理学家、博物学家，曾发明列氏温标R的单位，用于热学中温度测定，现已废弃不用。——译者

② 科内利乌斯·德雷贝尔（Cornelius Drebbel）17世纪荷兰人，此人集炼金术士、透镜研磨匠、纵火狂与潜艇癖于一身，曾经做出不止一艘能潜到1 600米以下的潜水艇。——译者

③ 关于弗斯图斯·维兰蒂乌斯可见：Über Faustus Verantius：Theodor Beck，Beiträge zur Geschichte des Maschinenbaus（2. Aufl. 1900），513 ff.。

能织出几种布匹")。①

这种巴洛克式的创造力最终形成了一种奇特的现象，诞生出诸如萨默塞特、列奥缪尔、帕平、贝歇尔等人物。

萨默塞特，伍斯特第二侯爵（1601—1670 年）。他发明的有：各种印章、一种新的文字（速记）、一种电报术、夜间发射的大炮、一种不沉的船、一种逆风逆水行驶的小艇、一种漂浮的堡垒、一种漂浮在泰晤士河上的花园、人造喷泉、刹车装置、水力衡器、水钟、起重机、可转运的桥梁、可转运的堡垒、通俗的文字、各种字母、打火机、人工飞鸟、密码、使用涨潮和退潮的水力机械、连发手枪（可发射 12 次）、散弹炮、蒸汽机（一种令人钦佩的通过火来蒸发水的方式）、安全（报警）锁、一种新的织物技术、飞行器（如何让人飞行）、一个永远行走的时钟、计算器、船舶升降装置等。

列奥缪尔（1683—1767 年）是 80 度温度计的发明者，也是炼铁、制瓷、染色和制镜领域的创新者；他也撰写过关于绳索及其耐久性、关于四季孵化和养鸡的方法；还发明了一种保存鸡蛋的方法，等等。

丹尼斯·帕平（1647—1714 年）发明或改进的有气泵、火药机、潜水船、加热炉、抽水机、离心泵、通风机、风力炮、高压蒸汽机、汽船等等；他对人工培育花卉甚感兴趣；还在伦敦皇家科学学会（1685 年）提出过一个力的传导计划；并著有《无痛手术论》（1681 年）等。

然而所有人中最为可贵的一位是好汉约阿希姆·贝歇尔（1635—1682 年）：他的发明思想犹如火花和照明弹一般从他的独创性中喷发而出。他"发明"了什么！一种器械，能将粗毛或山羊毛从绵羊毛中分离出来；一种织布机，能让两个人在一天内织出 100 块麻布；一种木制的工具，一天能织成一双上等的羊毛袜；一种纺丝机，只需很少的人便可以大量地卷织出上等的丝绸；一个自动永久转运机，一种物理的机械装置，可以将所有的钟表放置在一个地方，无需人力不停地行走；一种可以在所有的地方建造水磨的方法；一种新的水车装置；一种奇怪的盐，既不含酸，也不含碱，但又同时具有这两种成份的特性；在蒸馏中产生一种特殊酒精与溶液；从普通陶工用的石灰中制出铁；从石炭中制出煤膏；发明一种饮料——是葡萄酒或苹果酒——使之发酵至三个月；一种世界文字；一种世界语言；一种排炮，……一个人能携带、一匹马能方便地驮上几支旧式的枪；一种体温计；一种节约木材的新火炉。

这样的头脑如何去发明，很容易想象：大多借助他们的幻想，没有系统，也没有根据。他们的幻想驱使他们四处闯荡，没有正确的意识，也没有真正的计划：

---

① Reg. of the Privy Council；Acts Parl. Scot. Vol. X，bei John Mackintosh，The History of Civilization in Scotland 3（1895），333.

"学者和好奇者努力追求的，计有八件事：

（1）哲人石；

（2）万灵剂；

（3）使玻璃变软；

（4）永恒之光芒；

（5）凹镜中的双曲线；

（6）寻找经线的斜度；

（7）圆形精确求积法；

（8）永动机。

现在谁有金钱、时间与欲望，便可以从此中找到机会。"[1]

如此选择的道路大多并不能达到目的：因为你突然不得不停顿下来。在那个时代，有许多发明原本十分接近解决的途径，今天任何一个物理或化学专业的学生都会在几个星期内"发明"出来，但当时却没能实现，因为它们的完成取决于偶然的幸运思想，而这样的思想恰恰并未出现。或者是因为在机器的设计中犯了一些错误，而发明者并没有察觉，以致试验失败：帕平就因为并非是一个训练有素的机械师而吃了很多苦头。他经常失败的原因可能只是一件琐碎小事：一个螺丝钉太小或夹子太小。人们必须想一想，像帕平这样的人对材料的强度及承载能力等，几乎可以说一无所知。

但显然，这些人在科学修养和训练方面的缺失，使得他们只知道用一种宏大的想象力来取代，然而对于这种幻想的创造力我们几乎无法设想。在启蒙运动时代之前的几个世纪，即早期资本主义所处的时代，在人类文化的所有领域都显示出令人难以置信的发明与成果。如果这种创造性的力量并没有表现在技术领域，不免令人奇怪，因为现在看来，那个时代确实充满强烈而顽强的发明意志。

一些开路者在技术领域的表现，倘若基本上仍为中世纪的神秘主义所笼罩，这种对技术进步的坚定决心却是——特别是——巴洛克时代的精神特别"现代"的原因，将所有这些精神与我们的时代联系在一起，就像他们的思维习惯令其与中世纪接近一样。

这种发明家的意志曾经如何活跃？笛福以同时代人的身份已经提出这一问题，他给出的答案是：因为英联邦和复辟时期的商业损失迫使许多人设法改善他们的事业，考虑一种新的经济生存机会。我则以为这个答案未免过于狭隘。最重要的是，我更为相信，这一答案仅仅适用于这样一段时间：新的力量已经在集合推动技术的完善，此种力量是从资本主义利益的紧张关系中爆发出来的，直到我们的时代，它们确实成为技术进步的真正推动力，但是在我们此前

---

[1]　Becher, Närrische Weisheit, 213 f.

看到的发明家意志发展的所有几个世纪里，它们根本没有出现，或者仅有一些萌芽的表现，在我看来，即使在笛福所说的巴洛克晚期，它们也几乎没有后来所呈现的重要意义，当然，即便在这个时代——更不必说在前期文艺复兴时代与 16 世纪文艺复兴时代——我们还是可以追溯到当时那种十分强烈的发明者意志所产生的影响。

然而，我们现在要问，是什么解除了这种传统主义？中世纪的传统主义不仅不想而且全力反对技术创新：在商业利益及资本主义固有的利润欲望结合起来征伐之前，这种传统主义从未让技术向前发展并超越自己，究竟什么力量克服了这种顽固的传统主义？

即使在资本主义产生之前，我以为**发明者的意志可以而且必定出自三个来源**，这三个来源反过来又汲取了无限努力的原始源泉的养分，而新欧洲的所有生命也是从这三个来源中产生。一个来源是时代——至少是 15 世纪末期以及 16 和 17 世纪——的普遍冲动，一种要认识世界的冲动，亦可称之为浮士德式的特征，如最古老的一本《浮士德》书中所说："浮士德的日子多么久远，他爱的是不该爱的东西，他日日夜夜地寻找它，它的名字本身就是鹰的羽翼，他试图探索天地间的所有原理。"

> 世界内心深处的联系，
> 吾皆一览无遗。

此种努力将一些人引向投机的高处，将另一些人引向实验和魔术的深渊。发明家和发现者即栖息在此处，特别是当这种对认知的暗昧渴望，对新形态、新生活形式、新世界的不确定的憧憬结合在一起时：这种憧憬体现在当时的探索之旅中，恰同表现在对新形式国家的遐想一样，在德雷克①和雷利②，以及莫鲁斯（Morus）、康帕内拉③和维拉斯④的心境中也表达了同样的渴望。

但是，现实的利益必须帮助这种纯粹理想的追求，如此才能赋予它巨大的穿透力量。这里仔细观察一下，我们就会发现两个利益中心，在前资本主义时代，自中世纪末期以来，必定为征服与控制自然不断地进行激烈的斗争，从而不断地寻找新的自然力量：我指的是拥有金钱的兴趣与从事胜利的战争的兴趣。

炼金术是从**对黄金的渴望**中产生，而炼金术本身又成为许多发明和发现之母；

---

① 弗朗西斯·德雷克（Francis Drake，约 1540—1596），英格兰航海探险家，海军将领。——译者
② 沃尔特·雷利（Walter Raleigh，1554—1618），英格兰探险家、作家，女王伊丽莎白一世的宠臣。——译者
③ 托马索·康帕内拉（Tommaso Campanella，1568—1639），意大利思想家，早期空想社会主义者。——译者
④ 德尼·维拉斯·德·阿莱（Denis Vairasse，约 1630—约 1700），法国空想社会主义者。——译者

采矿技术领域的重大改革也是产生于同样的追求之中；对黄金的追求将人们引向海洋，并促使航海领域的进步。

同样，军队的发展也系统地促进了技术的进步。[①]在这里开辟了人类活动的一个领域，对创新和改进的根本努力成为一种必要，就像在文化的所有其他领域中对传统的根本坚持一样。我们可以清楚地看到，当时所有进步的技术如何围绕着这两个核心而展开：关于炼金术的著作、火器的著作和其他大炮的著作、采矿业的著作、海员的著作是最初的特征，表明人们对技术产业有一种明确的冲动，最重要的是渴望扩大这种产业并要求完善技术能力。

从 13 世纪中叶开始到 18 世纪中叶的五百年间，这些努力在技术领域中产生了重大的变革，我将在下一章中加以总结。我们将会看到，技术革新基本上是从文艺复兴时期开始，然后在 17 与 18 世纪此类的数量迅速增加；在这些创新中，有些已经在根本上具有重要意义，为资本主义——甚至在其早期——的发展提供更为广阔的活动范围，有些创新似乎正是资本主义经济的起源所不可缺少的。

这里，我们只需指出这一时期**技术的一般性质**，我们可以确切地说：在早期资本主义时代，技术的能力与知识依然建立在同以往一样的基础之上。这就意味着：在这一时期技术仍旧是：（1）经验性的；（2）有机的。

在几乎整个 18 世纪期间，技术能力纯粹是以经验为导向并建立在技能的论证基础之上。这适用于化学和机械生产过程。试举几例来证明：我选择的是最重要的化学工业、钢铁生产以及（除纺织业外）最重要的机械工业和造船业。

因此，如果技术仍然是以经验为基础，而并非建立在对自然的科学认识的基础上，就不再完全是传统的。相反，在我们这个时代，技术开始决定性地成为合理的。如果将经验的概念与科学的方法对立起来（而并非如语言所习惯表达的那样：与理性方法的对立），则可以概括地说，中世纪的技术是经验的、传统的；早期资本主义时代的技术是经验的、理性的，现代技术则是科学的、理性的。在我们的想象中，理性的技术这一术语最容易与农业联系在一起。这里有一个"理性的农业"时期（从 18 世纪中叶到 19 世纪中叶），恰恰处于传统农业与科学农业时期之间。技术作为一个整体也发生了完全类似的发展。倘若用一句话从形式与技术上来概括早期资本主义时代的特征，便可以说，此为**理性技术的时代**。

早期资本主义技术维持在活的自然界范围内——从而保持其"**有机的**"性质，有关这一点，我在描述生产与运输技术物质的发展趋势时将会详加证明。

---

① F. Toennies, Die Entwicklung der Technik（Festgabe für Ad. Wagner. 1905. S. 130 f.

第三十章

技术的进步

前　言

下文试图对工具技术领域的创新成果进行梳理，这些创新对经济生活的发展具有决定性的意义。这种意义可以是多方面的：一项发明之所以重要，是因为它改变了生产过程的外部形式，故此，需要新的生产方式，需要其他类型的劳动力，需要改变生产地点，等等。然而，它的影响也可以是间接的：提高生产力水平，从而反过来促进生产的扩展，改变收益的分配。一项发明也可能以迂回的方式产生影响，它可以促进其他生产部门的发展，甚至决定性地影响非经济过程，而非经济过程又会对经济生活的形成产生影响。同样，生产技术也可以受到其他技术的影响，这些技术也可以受到其他方面的影响：例如，制铁技术的完善与武器装备及现代国家的发展之间的密切联系，抑或测绘技术与运输技术之间的联系。关于技术与文化之间更远一些的联系，我在另一篇文章中已有论述，请参见：Archiv für Soz. -Wiss. Bd. 33 S. 305 ff。

我们观察到那些业已产生效果的发明从何而来，就我们的目的而言无关紧要：无论这项发明是新的，即在我们所处的时代首次使用，还是在地球上早已为人所知而没有被欧洲人所使用，都无关紧要。因此，如果中国人在 1 000 年前或阿拉伯人在 500 年前已经使用过一种方法，而这种方法在 15 世纪的欧洲才开始使用，那在我们的意义上，这种方法还是一种创新，例如，古代的人们曾经使用过这种方法，但直到文艺复兴时期，这种方法才被重新引入。

下述涵盖的时期约从 13 世纪末直到 18 世纪中叶（或末期）。

此处综述的材料系从许多技术著作中汇编而成，因此，综述的价值只能在于正确地选择真正重要的发明。关于技术在我们这个时代所经历的一些剧变，我将明确地指出我所汲取的来源。然而，总的来说，我对每一项创新都说明了信息的来源，至于其中的具体创新则无关紧要。只是我可以保证，对每一项重要事件，我都比较过不同的信息来源，若无法达成一致，我会优先考虑其中最值得信赖者。

顺便说一句，就我们的目的而言，确定一项发明的具体日期与时间并不重要：知道燧石火枪是 1630 年还是 1640 年发明，或者带式磨坊是 1590 年还是 1600 年发明的，其实都无关紧要。（在多数情况下）能够提供一个二三十年的大致范围即已足够。

资料来源与文献

这一领域的资料来源和文献，如同其他许多领域一样，往往是相互交织的：较老的文献是最好的资料来源。它们或是专门编辑的，我会将这些分门别类放置；或是按照发明历史或在给定的时间点上依现有技术状况作一般性描述。其中最重要的，我将在此处提及：

我们拥有一个无与伦比的资料来源——当然，基本上只适用于 17 世纪初以来英国的那些发明——即发明专利汇编，其中可以追溯到 17 世纪初期的年代。据我所知，到目前为止，这些只在个别的英文专著从历史的角度而被利用。目录卷（明细单）的使用更加方便，因为其是按行业的字母顺序，在行业内按发明的时间顺序排列。德国皇家专利局图书馆藏有该汇编的完整副本。

古代的"发明史"是一个重要的来源文学作品群。享有第一部"发明史"名声的是：Polydori Virgilii Urbinatis De rerum inventoribus libri octo；初版于 1499 年，以后经常再版，仅在 16 世纪就有 39 次（我用的是 1576 年的版本）。还有：Joh. Beckmann, Beiträge zur Geschichte der Erfindungen. 5 Bde. 1780—1805；同一作者，Beiträge zur Ökonomie, Technologie, Polizei- und Kameralwissenschaft. 12 Bde. 1777—91. Joh. H. M. von Poppe, Geschichte der Technologie. 3 Bde. 1807—11；同一作者，Geschichte aller Erfindungen und Entdeckungen usw. 1837。贝克曼，尤其是波普的著作在涉及更为久远时期的有关发明时并未过时，仍是不可或缺的，特别是在这里所讨论的时期，因为他们所使用的第一个来源在某种程度上是根本无法获得的。还有《旧与新：现代发明与发现的古代历史》（Edouard Fournier, Le Vieux-Neuf. Histoire ancienne des inventions et découvertes modernes. 2. ed. 3 Vol. 1877），该书内容丰富但显得杂乱，其价值有时受到作者的沙文主义倾向的影响，即将尽可能多的发明归因于法国人。一些历史性质的专门研究可见：Das Buch der Erfindungen. 9. (neueste) Aufl. 10 Bde. 1896—1901，历史部分当然是这部伟大作品的派生物。F. M. 费尔德豪斯：Feldhaus, Ruhmesblätter der Technik. 1910，该书有插图，其特点是努力从源头上解释个别发明——主要是战争和运输性质发明——的起源。

在词典著作中，以前，特别是在 18 世纪非常流行的是：（Ph. Macquer），Dictionnaire portatif des arts et métiers. 3 Vol. 1766—1767，此书更像是一本商业百科全书，可用。Dictionnaire de l'industrie ou collection raisonnée des procédés utiles dans les sciences et dans les arts etc. etc. 3 Vol. 1776，此书有用。Gabr. Chr. B. Busch, Handbuch der Erfindungen. 12 Teile. 1802—22，一种会话词典，包含所有可能的"发明"，即使是纯粹的精神性质，但缺乏批评。与其他较老的著作一样，也非常有用，其中包含今天早已失传的文献和资料来源，其内容之丰富超过大多数相同内容的书籍。同一作者：Almanach der Fortschritte, neuesten Erfindungen und Entdeckungen in Wissenschaften, Künsten etc.（1795 ff.），系其《手册》的补充，为一种化学、物理和技术领域的年鉴。A. Ure，A dictionary of Arts, Manufactures and Mines. 3. ed. 1843，此书的历史介绍对我们有用。最近，又出版了一本按字母顺序排列的发明百科全书：F. M. Feldhaus, Die Technik der Vorzeit, der geschichtlichen Völker und der Naturvölker, 1914，这是一本非常有价值的著作，有 873 幅插图，是目前最好的一部综述性著作。

为方便快速搜寻，以下按时间顺序排列一些汇编：Franz M. Feldhaus, Lexikon der Erfindungen und Entdeckungen. 1904；L. Darmstaedter und R. du Bois-Reymond, 4000 Jahre Pionierarbeit in den exakten Wissenschaften. 1904. 2. Aufl. 1908, u. d. T. Handbuch zur Geschichte der Naturwissenschaften und der Technik。

然后我们还有 17 与 18 世纪为数不少的**机械与化学教科书**。我将在第二卷介绍当代工业时具体列出。

Henry Dircks, The Life etc. of the Sec. Marquis of Worcester, 1865. 此书的附录提供了关于 16 和 17 世纪古老的技术和工艺著作以及相关文献的参考书目。

第一节 生 产 技 术

一、总体发展趋势

我们已经可以确定，早期资本主义时代的技术也带有过渡现象的特征。总的来说，它继续沿着中世纪曾经走过的同样路径发展：它的基本特征仍然是经验的、有机的。然而，它与早期技术的不同之处，并不在于到处都有从根本上开始发明的尝试——如科学机械工程的第一次尝试！焦炭法在炼铁工业中的首次试验——而是在于，知识和技能，特别是自古以来所掌握的方法，在这个时代得到非凡的改进，达到"量变为质变"的程度，也就是说，技术原理的显著提高实际上是一种根本性的创新。

对技术能力不同要素的概述将会证实这一点。

用于生产物品的**材料**基本上同从前一样：只是由于在新开发的大陆国家发现了新的材料而显得更加丰富。这些材料仍然几乎完全来自动植物界，而从矿物界提取的最重要的材料——铁——与有机物质的关系最为密切，它需要大量的辅料来制造，而这些辅料又必须由植物界来提供（木材）。

在生产和运输物品时所使用的诸种力量暂时也与先前一样：人和动物；水和风。因为利用水蒸气作为驱动力（当时的机器著作告诉我们）一事，可能还一时被视为某种小玩意，"重力磨"也是如此——在这种磨机中，重力必须承担通常的力的任务（我们有关此种重力磨的图形与描述可见：Andr. Böckler, Fig. XXIV bis XXX und S. 6 bis 8）——此外几乎没有任何值得称道之处。但是，今天这个时代与前一个时代的显著区别在于，在使用这些力量方面已经非常完善。这种完善首先是由于越来越多地运用水和风的这些基本力量来取代人和动物的力量，其次是由于创造了巧妙的机械设备，如此才能更好地利用这些力量。因此，在我们这个时代，值得称道的最重要的技术革新即形成完善的**工艺方法**。

机械的工艺方法朝着机械原理的方向发展（机械原理本身与人类一样古老）：特别是在这一时期，运动机械经历了相当重要的发展，而在工作机械领域成效甚少，这一点却有助于保存技术的"有机"性质。

为了说明机器的进步，我想从一些纷乱零星的事实[1]中找出两种发展类型，就我看来，这在机械工程史上特别重要：工场的发展和动力传输的发展。

1. 如果将工场理解为一种运用水力（在较小程度上也使用风力、动物的力量和人力）来转动机轮的设施，借以服务于各种用途，那么，我们所指的时代，特别是过去的两个世纪，恰恰可以称为典型的**工场时代**。最古老的工场形式是"磨坊"——在早期资本主义时代，它作为一种经营形式，与手工工场一样重要——因此英国人在蒸汽时代很长一段时间里仍然将他们的工厂称为"Mill"，即磨坊。如前所述，最受欢迎的推动工场的力量是水力，人们可以利用流水的自然力量，将水抽到高处形成一种人工下降的水力。

在缺水的情况下，可以利用风力，或者畜力与人力来推动。

我在这里依照其用途列出这个时代末期最重要的"工场"类型，至于在这些不同的"工场"中使用的工作机器，则留在本概述的特别部分中详细加以讨论。

磨谷工场   很久以前就被称为水车和风车，在我们所说的时代经历了各种各样的改进：荷兰风车出现在 15 世纪中叶。

---

[1]   这里的资料来源主要是前文提及的相关"机器著作"。特奥多尔·贝克将一些内容进行了批判性的叙述，参见：Theodor Beck, Beiträge zur Gesch. d. Maschinenbaues 2. Aufl. 1900。

碾麦工场　最早的碾麦工场于 1660 年出现在萨尔达姆。

制油工场　荷兰人从 17 世纪下半叶开始所谓的荷兰制油工场。

锯木工场　用水驱动，中世纪时已有一种锯子，1575 年后有多种锯子；16 世纪以来用风力驱动；1633 年，一个荷兰人在泰晤士河岸建立一个风力驱动的锯木工场，借用风力，一个男工和一个童工所锯的木板，等于先前 20 个人的工作；但这种方法后来又被抛弃："目的是不让我们的劳工缺乏就业机会。"（Anderson, Orig. of Com. 2，354）。

车削工场　用于车削许多物品，其中包括黄铜金属制品：早在中世纪即已用水驱动，至 1661 年更为完善。

钻孔工场　用于钻木管或金属管：在达·芬奇和比林古乔时期已经如此。

锤击工场　用于捶打大块金属：自 15 世纪以来已有此类工场。关于铁条场（横棒铁场）和碎矿场——这些只是锤击工场的特殊类型——我还会说到。

金属切割工场　自 16 世纪以来即已有此类工场。

金属研磨工场　宗卡首先描述过（?）此类工场。但研磨工场很早即已存在：根据施泰腾［Stetten, Kunst- und Handwerksgeschichte der Stadt Augsburg（1779），141］的说法，1389 年时奥格斯堡已有研磨工场在运营。

金属线工场　这个名称早在 1400 年以前就出现在纽伦堡，至于是否也称为手工金属线工场，尚无定论；无论如何，水驱动的金属线磨直到 15 世纪才出现。1532 年，欧巴努斯·赫苏斯①在他的书中还将此描写成一种奇迹；比林古桥在其《烟火技术》书中第九篇第八章（插图 139）中曾描写一个用水驱动的金属线工场。

黄铜工场　是指运用水力从事黄铜业和制铜线业的设施；人们所说的"工场铜匠"和"黄铜锤"，后者是和一个"金属线轮"连接在一起的。纽伦堡的编年史描述了自 1484 年以来在富尔特附近的托斯这样一座黄铜工场的命运（Roth, Gesch. des nürnberg. Handels 2，1801，76），另见魏格尔《黄铜击锤》一书中的插图。

鼓风工场　用水轮驱动装置来启动风箱（用于熔化金属）的一种设施，玛里安努斯·雅各布斯②时代（15 世纪）已有此设备，参见：Theod. Beck, Beiträge, 280. Abbildungen einer „Blasmühle" im 17. Jahrhundert bei Böckler, Fig. 78. 146。

造纸工场　17 世纪，宗卡作出造纸工场的第一张（?）图片。

火药工场　在 16 世纪出现（比林古乔记载），水轮驱动的粉碎机也许已经在

---

① 欧巴努斯·赫苏斯（Eobanus Hessus, 1488—1540），德意志人文主义者、诗人。——译者

② 玛里安努斯·雅各布斯（Marianus Jacobus），生于 1381 年，卒年不详，意大利工程师、艺术家，以其技术图纸闻名，自称为锡耶那的"阿基米德"。去世后逐渐被遗忘，直至 20 世纪 60 年代初，其手稿才被发现。——译者

15 世纪使用。

染料工场　达·芬奇对此有所记述：Theod. Beck, Beiträge, 451。

丝织工场　首先（？）出现在宗卡书中：17 世纪流行于意大利。

制带工场　自 16 世纪末以来即有此种工场。

织布工场　自 14 世纪以来已有毡合工场：1389 年奥格斯堡设有毡合场（参见前引施泰腾一书）；自 17 世纪以来出现水力驱动剪布工场，1684 年英格兰首次设有此种工场。

制锰工场　17（？）世纪以来即有此类工场：伯克勒书中已有描述和插图，参见：Böckler, S. 20 und Fig. 80。

2. 我想在此探讨机械史上另一要点，即动力传输的发展，在我们这一时代，动力传输正在取得一些非常并具有根本意义的重大进步。

（1）通过动力"传递"，亦即将多个齿轮相互连接形成力的传递技术早就为人所知，但在文艺复兴时期的几个世纪里，这种技术愈加完善，因此也更加有效。

然而，在我们这个时代，产生出一些新的和重要的动力学设施的发明，在现有的机械工程的基础上又增加有：

（2）**飞轮**：出现在 16 世纪工艺学的著作中，达·芬奇（首先?）、阿格里科拉与洛里尼都曾提到。

（3）**皮带传动**：贝克在其《机械制造史论文集》（第 306 页）记载有此种装置，首先提到此装置的是宗卡。

（4）**传动装置**：由同一台发动机驱动几台机器的装置。这种极其重要的装置的发明可以追溯到 1500 年左右，阿格里科拉描述过此种装置，萨克森矿工早就——但没说多久——使用过；然而，比林古桥曾将此装置称为一项新发明，由此我们可以推断（因为他也非常熟悉德意志的情况），此种创新发生在他的有生之年。

3. **化学**方法最初与中世纪手工业者及药剂师的技术方法相同，并因炼金术士——他们准备了科学的化学——的幻想而变得丰富起来。化学工业（广义的，而非应用意义上的）根本性的创新，是下一个时代的事情。18 世纪中叶以前化学技术（特别是在火药、铁及银的生产方面）所取得的个别的但非常重要的成就，我将在后面列出。在这里，我只想提请读者注意一些著作，以便能够了解早期资本主义时代末叶化学知识的一般状况。

尤斯蒂的《化学汇集》（J. H. G. von Justi, Gesammlete Chymische Schriften, 2 Bände. 1760/61），其中详细讨论了金属的本质、食品方面最重要的化学研究以及采矿业。

孔克尔斯·冯·列文斯滕《完备的化学实验室》（Joh. Kunkels von Löwenstern, Vollständiges Laboratorium Chymicum, 4. verb. Aufl. 1767），其中涉及自然界的实际原理，植物、矿物和金属的生产、特性与分析，以及金属的改良。

二、各领域决定性的进步

1. 农业

在这一时期，农业领域的技术进步微小。记录知识与技能的"家长文献"，除了对古代农业著作的一些回忆之外，无非是一些中世纪的经验，别无他物。"这个时代的观念在于寻求精髓，崇敬但并不探究神秘的力量，这种观念显然也在支配着农民，何况农民比其他阶层更加富有信仰"：弗拉斯（Fraas）用这些话来结束对这一时代农林业的描述。①

然而，我们依然注意到，至少自 16 世纪以来已经产生一些合理的经济行为的萌芽：至少在意大利，已经开始认识到植物轮种的重要性。1550 年，帕利希（B. Palissy）教导说，如果在一块土地上持续耕种，土壤就会变得贫瘠，因为所有可溶性物质都会被吸收。《农业记录》一书（Ricordo d'agricoltura，Venezia 1567）将作物轮种的"发明"归功于塔雷洛的某个家族。

合理饲养家畜的第一次尝试发生在同一世纪：在德意志，马克斯·富格尔（Marx Fugger）的《饲养书》（1578 年）和勒内森（Löneisen）《马的饲养》（1609 年）是划时代的著作。

土壤耕作的改善始于播种机的发明，此种发明一说可以追溯到卡法利纳（M. Giovanni Cavallina，1500），另一说可以追溯到罗卡特利（Locatelli，1663）。在这种情况下，关于起源时期的差别很大，这可能是因为 1550 年是第一次提及的日期，而 1663 年则是这种方法长期使用的时期。

奥利维尔·德塞勒（Olivier de Serre）的著作代表农业科学和技术的重大进步。此人曾创造人工草坪，并是第一个深入研究果树栽培的人，又是第一位描述并推荐自古以来的排水设备等的人。②

但这一切都只是一种尝试。即使在当时农业最好并为其他国家所钦羡的法国，也只是在 18 世纪下半叶才开始减少休耕地，此种休耕地本来占据一半以上的土地，直到此时才开始种植饲料作物，留心照顾牲畜，注重施肥。③在我们这个时代，所有重大的技术进步都是在工业生产领域。

2. 工业

（1）矿冶业

从中世纪直到 17 世纪的采矿业，主要是开采铁、铜、锌和银矿。只是在我们

---

① C. Fraas, Gesch. der Landbau- und Forstwirtschaft（1865），134.

② 奥利维尔·德塞勒的主要著作《农业剧院》于 1600 年出版，到 1675 年共出版了 19 次。关于其人，可参见：G. Fagniez, L'économie sociale de la France sous Henry IV（1897），36 ff.；Fournier, Le Vieux-neuf 2, 179 ff.；关于人工草地：Fraas, Gesch. der Landbauwiss., 206 ff.。

③ D'Avenel, Hist. econ. 1（1894），293 ff.

这个时代的末期，煤矿才变得更加重要。在几乎整个中世纪的时间里，狭义的采矿技术和冶炼技术都处于相当原始的阶段。采矿业的一般规则是露天开采或简单的坑道开采。采矿的辅助工具是通常的手工工具，即桶和手推车，或者肩背，或者手推。这种原始的技术在整个中世纪基本保持不变，直至 13 世纪，才有一个进步：在波希米亚出现坑道。大约 1300 年，坑道在那里显得十分重要，而在其他地方，直到 14 世纪才有进展。众所周知，所谓坑道在这种意义上是指水平的或略微陡斜的通道，在采矿场下方打进，并借此排出矿坑中的水，将空气输入到矿坑之中。

旧的采矿技术的所有其他重要进步都发生在 16 世纪，甚至 17 世纪。其中，特别对于银矿的发展至关重要的是采用了**人工装置**，可将矿坑里的水排除出来（如此才能在更深的矿层继续采银，阻止银矿的迅速枯竭）。①

自 16 世纪以来，这些机器越来越多地用踏板轮特别是绞盘来驱动。第一台用于采矿的绞盘是在约阿希姆斯塔尔附近的圣安德列亚斯出现的。

阿格里科拉为我们画出的绞盘机已经是一种令人惊叹的设备。采矿技术领域的重要发明在 18 世纪之前即已存在：

① 凿井机和开矿机：帕利希在 1550 年提到。

② 炸药爆破：1613 年进行第一次试验。然而，由于还缺少一种安全的"火工品"，至 1687 年才发明出来。

③ 轨距和后来的轨道：狭轨即木轨、石轨或铁轨，自 16 世纪以来，德意志的矿山中即有此种轨道（见阿格里科拉的著作第五卷《金属》中的描述）；（木制）轨道最早是 17 世纪末在英国首先应用：自 1671 年以来应用在纽卡斯尔的煤矿中。"这种装置可以使一匹马将 4—5 查尔特隆②的煤运到（海边），这给商人带来了巨大的优势。"③

④ 通风设备的发明被误认为在 18 世纪（1721—1734）：**阿格里科拉**知道三种不同的通风设备。

直到 1500 年左右，矿石的**洗选**还是用一种非常原始的方式："他们在砂浆中用手将矿石捣碎成粗粉末，再用手磨磨成细粉，这样就可以洗去泥浆。然后用筛子来筛矿石的碎粉。"

---

① 此项发明可以追溯到 1560 年。相反亦有其他更早一些的尝试。有趣的细节可参见：M. v. Wolfstrigl-Wolfskron, Die Tiroler Erzbergbaue（1903），39 ff. 50。关于 1680 年前后"排水装置"的状况，可见贝歇尔简短却透彻的报告，载于：J. J. Bechers Anhang zu der Närrischen Weisheit（1686）。

② 查尔特隆（Chaldron）系旧时英国干量单位，用于煤、焦炭、石灰等，约等于 32—72 蒲式耳。——译者

③ Aus dem Leben des Lord Keeper-North（1696），引自 Fournier, Le Vieux-neuf 1, 60。

16 世纪初（1512—1519）①的重要发明是在（湿的）碎矿场采用洗涤法来处理贫矿。这项发明之所以重要，有两个原因：节省人力，并节省矿石。

然而，**矿石冶炼工作的决定性转变**发生在 15 世纪结束与 16 世纪的进程之中，这对于整个经济发展具有深远的意义：制铁业过渡到高炉生产；白银的生产引进了汞齐化的工艺方法。

直到 15 世纪为止，人们只知道采用所谓的直接炼铁法来**制铁**。

然后，在一个敞开的容器（在直接制铁的火）中，用鼓风机将容易炼制的褐铁矿与多晶石铁矿熔化。再用重锤锤击下沉的铁块，除去渣质，接着截成几块以便锤薄。

15 世纪取得的重要进展包括铸铁的发明和向高炉的过渡：所谓的间接炼铁，采用此种方法，首先制成生铁，再从生铁制成熟铁和钢。铸铁的发明以及向制造生铁的过渡都是用水为动力。水力的利用主要在两个方面：推动铁锤来锻造铁块——所谓的铁条（横铁条）——并推动风箱（最初由皮革制成，自 17 世纪以来才用木制）。②在矿石熔化过程中，强度风力的作用是，铁并非作为一种坚硬的蜡状物质，而是作为一种液态金属，在铁锤锻造之下彼此分离乃至凝固。以后人们逐渐明白，可以将这种液态金属灌入模具中，在风前的炉火中再一次熔化，便可以变成一种柔软、可锻造的铁，这种铁比从前在制铁块和制铁条的火中制成的铁更为均匀，在许多情况下也会更好一些。③

这些技术创新的重要意义在于：

① 较难熔化的铁矿石是地球上铁矿中的最大部分，应用高炉工艺便有可能炼制此类矿石。当然，这意味着生产范围的极度扩大，而且由于高炉容量的扩大进一步扩展。

② 铸铁使大件铁条的生产速度加快，成本因而大大降低，这对于现在刚刚开始的火炮生产尤为重要。

③ 水力的利用导致工业区位的重新定位：铁工业从高山和森林转移到山谷地带。

④ 这种新的方法对企业的组织提出了完全不同的要求：取而代之的是大量的小熔炉被新的宏伟的制铁厂房所替代，里面有熔炉、水轮、风箱、碎矿场及重锤。

---

① 1519 年这一年份见于：Albinus, Meißner Chron. S. 75/76，因为保罗·格罗默斯施德特尔这一年在约阿希姆施塔尔建立了一台捣矿机。阿格里科拉则报告说，1512 年西格蒙德·马尔提茨将矿坑里挖出来的所有土堆进行捣碎。因此，这项发明发生在 1512 年至 1519 年之间。关于捣碎机的历史，另见 Joh. Beckmann, Beiträge zur Gesch. der Erfind. 5（1800），101 ff.。

② Beckmann, Gesch. der Erfind. 1, 319 ff.

③ Ludw. Beck, Geschichte des Eisens 2（1893），12 f. 这本重要的著作（5 卷，1892—1903 年）详尽地论述了铁（生产和使用）的历史。第一卷末尾介绍向高炉操作和铸铁的过渡；第二卷涵盖 16 世纪和 17 世纪。第三卷已经开始讨论发达资本主义时代颠覆性的创新，本章尚未涉及这一点。

所有这些详情可以在本书第二卷中看到。

15 世纪末，高炉炼铁原则上已经取代了直接炼铁。然而，新工艺的采用并非一蹴而就，而是逐渐发生的：在法国和意大利于 16 世纪初才开始站稳脚跟，在德意志和英国于 16 世纪中叶，在瑞典于 16 世纪末叶才扎下根来。整个 16 世纪，甚至 17 世纪，仍然还是直接炼铁工场的天下。

在我们这个时代，制造生铁及炼制熟铁和钢所需的辅料仍然是木材。

在经济发展过程中，与上述炼铁技术的变化同样重要的是，16 世纪中叶由于引入汞齐化工艺，**白银生产技术**经历了一次革命性的变化。

在此之前，一直是从铅中提取白银，即通过所谓的精炼使之分离出来。

这样的转变在于利用汞齐化的方法将白银分离提取，因而称之为汞齐化过程。

1557 年，帕丘卡的巴塞洛缪·德麦地那（Bartholomé de Medina）发明了**汞齐化工艺**，但自 1566 年以来，此工艺才得到广泛的应用。1571 年被传播到秘鲁。该工艺包括（或仍然包括：由于美洲白银的很大一部分至今仍然通过这种冷汞齐化或天井工艺抽取出来）以下步骤[1]：矿石在石磨中被磨成粉末。然后将矿石粉末铺放在石板铺成的院子或"天井"中，石板上放有食盐、烘烤的黄铜矿和水银的混合物。这些不同的成分过去（直到 1793 年）是由人力来混合，之后是用骡子拖弋混合。在这种矿石堆中发生的反应中产生银汞合金，经过洗涤从矿石粉中分离出来。白银和汞经由蒸馏分离出来。这种新工艺的主要优点是几乎不需要任何设备，尤其是不需要任何燃料，如此一来，在科迪勒拉光秃秃的高地上开采银矿便成为可能。然而，此种方法的弱点也十分明显。即这一过程持续时间很长，需 3—6 周，而且汞的消耗量很大。这种冷汞合金化过程中的汞的损失为 10%—20%，平均为所产白银的一倍半。因此，白银的产量便取决于汞的产量，与本书在适当之处（参见第三十六章）用数字所表明的一样。

然而，与上述优点相比，这些缺点显然次要，并不足以损害这种新工艺的巨大意义。世界上充斥着白银——正如我们将详细观察的那样——白银价值的大幅下降以及所有商品价格的大幅上涨，皆受此工艺所赐，所有这些都在不小的程度上促进了资本主义的迅速胜利。

（2）金属加工业

铁的加工经历了一些重要的变化：拉丝发展成精细拉丝（16 世纪）；铁皮镀锡兴起（17 世纪上半叶）；轧铁工场在 17 世纪开始普及（在 1615 年萨尔·德高斯首次提及之后）；铁皮剪裁工场也加入进来；1738 年，约翰·佩恩发明了轧制铁皮等。此外，还有一些铁加工的创新，这些创新首先在武器制造中发挥了重要作用：

---

[1]   Neumann, Die Metalle（1904），169. Buch der Erfind, 5, 532. 有关天井工艺的详细介绍，参见 Humboldt, Essai 4, 51 ff. Vgl. auch Beckmann, Gesch. der Erfind. 1, 44 ff.。

早在 1500 年之前，就已发明了用于炮管的钻孔机，比林古乔对此曾有描述。

我们还必须注意到，在 19 世纪之前已经有了一种**锤击机**，可以加工如人一般大小，特别是制造铁锚这样的铁块。①即使在横铁条场中锻造铁块，也是使用此种重达 6—10 公担的机器锤，每分钟捶打两次。②

尽管铁加工领域的这些进展和其他进展十分重要，但与**贵金属加工**中发生的变化相比，却相去甚远。我所指的并非 17 世纪一种新的镀金技术的出现——路易十五时期的古蒂埃（Gouthière）是"无光镀金的发明者"③——而是从贵金属加工到钱币制造的种种剧变：在 16 和 17 世纪中，过渡到机械铸币。其中经历以下阶段：

① 1552 年法国人布吕埃尔（Brulier）的碾轧机。④

② 17 世纪下半期出现精整设备。

③ 同时有切割机。

④ 同时有压币机。

⑤ 1685 年卡斯坦发明一种滚花机，这是在克伦威尔时期英国已经使用一种刻边机之后。

显而易见，这种向机械铸币的转变必定具有深远的意义：只有这样的过渡，才能形成一种有序的铸币制度，倘若没有这种制度，至少高度资本主义的经济是不可想象的。当然，我想在此重申，这场铸币技术革命的成效，基本上出现在后面的一个时期；它是开启高度资本主义时期的技术进步之一。此外可参见本卷第二十六章。然而，我不得不在此提及这些重要的发明，因为它们都出现在早期资本主义时代：但长期没有发挥作用，也许是出于权威机构深思熟虑的图谋。

（3）纺织业

经济史学家如果真正关心技术进步，就一定只会看到 18 世纪纺织工业所有的技术进步怎样受到压抑。然而，不可否认的是，18 世纪纺织业经历的技术革命（对这一点我们在此还没有作出评价）对经济生活的进程具有决定性的意义。不过，它们只能被与当时其他根本性的创新联系起来看待，并相应地加以评价。另一方面，我们不应忘记，18 世纪所有划时代的发明——皆有助于纺织业的革命——除了保罗的三种转轮之外，原则上都已经出现在我们所说的这一时代！

1530 年，在纺车上安装了脚踏装置，纺纱工艺因此得到很大改进，在此之前，

---

① 参见 Enc. -meth. Abt. Arts et manuf. 第一卷"金属板"中"锚链"词目下的插图。

② 对这种蒸汽锤的最好描述，可见 Joh. Gottl. Volkets gesammleten Nachrichten von schlesischen Bergwerken（1775），265；Job. Phil. Becher, Mineralische Beschreibung der oranisch- nassauischen Lande（1798），560 f.；L. Lecornu, Sur la métallurgie du Fer en Basse-Normandie, in den Mém. de l'académie nation. des sciences etc. de Caen（1884），94.

③ Fournier, Le Vieux-neuf 2, 377. Vgl. Beckmann, Gesch. der Erfind. 1, 55 ff.

④ 据 Beckmann, Gesch. der Erfind. 2, 527, ist damit die Walzkunst zum ersten Male zur Anwendung gelangt.

纺车是用手转动。纺纱业的其他改进出现在 17 世纪。①自 15 世纪以来，一直有一种特别的卷丝机器。贝歇尔发明了一种"卷丝器"——比博洛尼亚更好：简单、无声，"转动方便，一个人一次可以卷丝一千股，而博洛尼亚的机器必须用水驱动"（!）。②

机械**织造**是 16 世纪末期在荷兰发明的（另有人说是安东·莫勒 1600 年在但泽发明），其形态为线带机。根据 18 世纪中叶对线带机的描述，直到还没有任何完善之前，这已经是一台完整的机器，基本上并不缺少机械织布机的任何部件。从外表看，它是一台织布机，但并不用手投梭，而是自动织布：一切都是通过一种齿轮（传动装置）的运动来完成。这种织布机可以织 10、12、16、20 甚至更多条带子。只需一个人工作，同时可以织成 10、20 或更多条丝带，每条都有不同的颜色，"工人们织带时，不用手投梭，无需懂得制带，无需抽板"③。

机械宽织机在 17 世纪末也已发明。我们的老朋友**贝歇尔**（在其《愚蠢的发明》中，第 14 页等）告诉我们，他曾发明一种"织机，两个人可以在一天内编织一百厄伦布匹"。"我按照哈梅利施的丝带织机的办法，但不同之处在于，它能随意编织宽布，与用手编织有许多相似之处。"

当然，在大多数国家，这些发明在很长一段时间似乎并未投入使用。尤其是，当局为了照顾手工业者的利益，在法律上禁止使用：线带机的发明者（据说）被荷兰各州永久拘留，作品被扣留。在 1623 年、1639 年和 1661 年，各州明确禁止使用线带机和在此种机器上加工任何东西；1661 年，（当时西班牙所属的）荷兰政府在布鲁塞尔颁布同样的禁令。在德意志，1685 年 6 月 5 日颁布的法令禁止在整个德意志使用该种机器，1685 年 2 月 19 日，禁止这种机器在奥地利的土地上使用。1719 年，这些禁令再次生效。然而这些禁令似乎并没有得到严格执行："事情就这样被搁置下来，线带织机在此处与彼处不受阻碍地被保留下来。"1765 年，库尔的一份文件承认该机器的地位，明确允许使用线带织机，甚至为该机颁发了奖金。

我们对瑞士线带织机的历史了如指掌。1668 年，一位织工从阿姆斯特丹将第一台线带织机带到巴塞尔。早在 1669 年，苏黎世就注意到丝带织机，巴塞尔、沙夫豪森和库尔也有引进。不久，行会开始抱怨"一个没有技能的人夺走了 16 个师傅的工作"等，这样的抱怨让我们发现这项新发明实际上已经投入运用。详情参见：Tr. Geering, Handel und Ind. der Stadt Basel, 609 f。

巴塞尔市政府 1670 年设立了一个调查委员会，来调查丝织行会的抗议。从该

---

① 在英国专利收藏中，与纺纱有关的记录包含 17 世纪关于机械纺纱的八项发明。其中（在 1678 年）"一种新的纺纱机从未在英国使用过"，它一天的产量相当于从前两三天。

② Becher, Närrische Weisheit, 19.

③ J. H. L. Bergius, Neues Policey- und Cameral-Magazin 1（1775），191 ff，其中详细描述了当时"线带生产"的状况及其历史。参照 Beckmann, Gesch. der Erfindd. 1, 122 ff.。

委员会的调查报告来看，丝带织机当时已经在巴伐利亚、维也纳、库尔、沙夫豪森、福伊尔塔伦和苏黎世得以应用。

由于约翰·凯（John Kay）（于 1733 年）发明机械移动的快速织布梭，手动织布机因而获得实际上的重大改进。[1]

至于织物的整理，也出现一大批相关机械设备：正如我们先前已经看到，早在 14 世纪，奥格斯堡就有漂揉工场。达·芬奇曾记述过布匹剪裁机（有多种样式）；布料梳理机也是如此：我们在宗卡的有关描述中找到用于梳理羊毛布的机器（插图 377）。早在 14 世纪就已出现用马拖动轧平织物的机器（Stetten, a. a. O. S. 143）。在 17 世纪，这些都转变成工场的形态，当我们在了解不同类型的**工场**时，便会看到这些机器。

然而，在欧洲引入**印布机**具有特别重要的实际意义。人们不能将此称为一项发明，当东印度公司在 17 世纪初将此项技术带到欧洲时，印度与东亚采用泰国方式印染棉布织物已经长达好几个世纪。但在欧洲采用此种技术——因熨平机的采用而大大改善——还属新鲜事物。法国、英国、奥格斯堡和日内瓦几乎同时（大约在 17 世纪末）开始模仿印度的织物印花；1678 年，商人雅各布·特尔·古夫在阿姆斯特丹建立了第一家印度风格的靛蓝和茜草印染工场。[2]我所说的这项技术革新的重大实际意义在于，（和我们将看到的一样）花布印染业对资本主义企业家的活动是一个特别有利的领域，它们迅速发展成具有扩张倾向的大型企业，**并且因此**对纺织业的基础部门——纺纱与织造——的发展产生强烈的激励作用。

16 世纪末，随着"代替手工辛苦劳作的"织袜机的发明，编织业也经历了向纯机器技术的决定性转变。神学研究者李（Lee）的这台经编机已经是一个极其复杂的结构，有数百根针，直到今天原则上还没有被取代。后来的种种发明都微不足道，"大多注重新的模型和所谓使编物没有缝合线的圆筒及管器的制造（编织机）"。编织机在 17 世纪期间开始使用：1656 年在法国建立了第一家织袜业工场。[3]

我们还需说及的是，在 16 和 17 世纪，**染色技术**也发生了重大变化：16 世纪中叶，靛蓝染料厂出现[4]；1630 年，绯红染色（硝石盐酸和胭脂红颜料）发明，因此必须承认，在 18 世纪之前，纺织业所经历的技术革新，在效果上并不比后来的革新差多少。至于 16 与 17 世纪发明的影响并不大，必须从其他情况中去寻找原

---

① Pat. for Inv. Specif. rel. to Spinning etc. 1866.

② Tr. Geeriug, Die Entwicklung des Zeugdrucks im Abendlande sei dem 17. Jahrhundert, in der Vierteljahrschrift f. Soc. U. WG. 1, 379 f. 据其他人说，伦敦早在 1676 年即已引进印花布印刷。

③ Savary, Dict. du Comm. 1, 274. 根据此人的说法，经编机的发明者应该是一位法国人，这一观点可能源于这样一个事实，即这位英国发明者在他的祖国并不受欢迎，便很快去了法国，以便利用他的发明。亦可参见 Fournier, Le Vieux-neuf 2, 240. ff.。

④ 1616 年还有 300 个，1629 年仅有 30 个图林根村庄生产菘蓝：Poppe, 191.

因。然而，我们总会看到，早期的发明也引起了许多经济变革，这些变革在当时的纺织业中总是具有非常特殊和普遍的重要意义，因为纺织业是早期资本主义时代的主导工业。

（4）新兴工业

在我们这个时代，特别是在过去两个世纪里，技术革新对经济生活的发展产生了相当大的影响，它们为引进全新的工业，或者至少为旧工业的决定性重组提供了机会。工业的更新之处可能在于将一种全新的物质加工成已知的用途，或者创造出新的商品，或者使用新的物质来制造旧的商品，但其形态则大不相同。

我只需简单地列举一下这些新工业中最重要的门类便已足够，这些工业是在我们这个时代建立起来：

一个特殊的类别是那些与从殖民地引进的新原料有关的工业，其中最重要的是：

① **巧克力产业**。在 16 世纪末出现在意大利；1650 年左右，在法国广泛传播：1659 年，大卫·沙永获得生产和销售巧克力的特权。（参见 Fournier，Le Vieux-neuf 2，366 ff.。）在英国，首家巧克力屋 1657 年建造。

② **气泡酒生产**。这是在软木塞瓶盖发明之后才成为可能。这项发明，与气泡酒的酿造有关，相传是 1670 年左右欧特维尔修道院的酿酒师多姆·佩里尼翁神父的发明。在 18 世纪初，香槟已经广为人知。（参见 Fournier，Le Vieux-neuf 2，311。）一系列新的产业系从纺织业的老树干开始。

③ 16 世纪上半叶出现的**织袜业**，据说是在西班牙发明的。亨利八世拥有几件丝绸针织球衣，那是西班牙送的礼物。1564 年，提到英国第一位袜子制造者威廉·赖德。我们已经看到，即使在这种情况下，针织过程业已出现多么迅速的改进。针织业之所以重要，因为它是由妇女和儿童从事，取代了男人从事的旧裁缝工作。

④ **挂毯编织**早就为人所知。17 世纪初，巴黎的彼得·杜邦实现了极大的完善，1667 年，哥贝林兄弟将其提升到最高水平。[1]

⑤ **前沿产业**。自 15 世纪末以来，最古老的花边织品在西班牙、意大利、荷兰和德意志。然而，无论是缝纫还是编结花边，真正的发展直到 16 世纪才从意大利开始。在意大利（威尼斯！）花边制作技术经历了最高的训练。1664 年，柯尔贝尔让威尼斯工人来到法国（我们将在其他情况下更详细地讨论），以提高当地花边制作的水平，从而建立起著名的法国花边产业。

---

[1]　J. Guiffrey, Hist. Guiffrey, Hist. de la tapisserie, 1883. Gerspach, La manufacture nationale des Gobelins, 1892. Fenaille, Etat general des tapisseries de la manufacture des Gobelins 1600—1900, 1903. 此书我未找到。

1561 年，芭芭拉·乌特曼据说在埃尔茨地带①建立了花边产业。②

⑥ **洗衣业**。16 世纪进入法国。当时，熨斗和许多洗衣方法已经发明出来。非常有趣的是 1530 年至 1597 年间出版了数不清的"内衣书籍"。（摘录自 Fournier, Le Vieux-neuf 2, 212 ff.）

然后还有形形色色的各种行业，首先是一些木材加工业：

⑦ **钢琴产业**。根据最新的研究，佛罗伦萨的乐器制作者巴托尔·克里斯托福里（1655—1731 年）是钢琴的发明者，其中的创新是使用锤击装置。这项新发明于 1711 年在意大利文学杂志上公布。

⑧ **马车业**。我们现在所说的马车，即包厢挂在皮带或弹簧上的有盖马车，其历史不会超过三四百年。马车（Kutsche）这个名字据说来自匈牙利的一个村庄，名为 Kocs，当地带有上述特征的马车，据认为最早出现在 15 世纪末。还有一个说法是，第一辆真正的"马车"是 1546 年在西班牙，也有说是 1580 年在英国投入使用。第三种说法，装有弹簧的马车是 M. 德弗雷纳的专利，源自 1686 年。为了公正地对待所有的说法，我们可以说，马车工业当然在 15 世纪末以前并不存在，但它肯定在 17 世纪，很可能在 16 世纪迅速发展：无论如何，我们在 16 世纪已经遇到许多有盖的公共马车，这些马车的生产——不管是否称为"马车"——为一个新的产业提供了就业机会。

在 17 世纪，我们看到到处都有大玻璃窗的马车在行驶。"在明斯特，隆格维洛公爵夫人的马车引人注目，导致一些德意志公主的模仿；波兰王后和瑞典克里斯蒂娜的火车将马车带到华沙，路易十四乘坐的大多是租来的马车，半个欧洲都在夸赞装有玻璃、镀金木材和锦缎坐垫的这些奇妙马车。"③

⑨ 根据所加工的织物，**雨伞工业**属于不同的行业。它的起源可以追溯到 17 世纪初：1622 年，雨伞在巴黎是一种新事物；不久之后，阳伞流行起来。大约在该世纪中叶，伊芙琳在蒙彼利埃注意到此物；1675 年，哲学家洛克在一次去巴黎的旅行中注意到此项物品。④

⑩ **灯具行业**自 17 世纪以来同样也在发展：第一种灯具系反射灯，不久后出现卤素灯，都是在那个时代发明的。

⑪ **镜子行业**借鉴了法国人泰瓦尔（17 世纪末）铸造玻璃板的发明。

⑫ 欧洲的瓷器工业大概不超过两百年。有人断言，早在 16 与 17 世纪欧洲就已经在制造瓷器⑤，（并再次将发明归因于法国人）此说在我看来似乎并没有得到

---

① 埃尔茨山脉位于德国、捷克与斯洛伐克。——译者

② Bury Palliser, History of Lace。我使用的是 1890 年出版的法文译本。

③ A. v. Gleichen-Russwurm, Das Galante Europa（1911），143. 参见：Beckmann Beyträge 1, 390 ff.。

④ Fournier, Le Vieux-neuf 2, 228 ff.

⑤ Fournier, Le Vieux-neuf 2, 331 ff.

证实。因此，在目前的情况下，约翰·弗里德里希·伯特歇尔（亦并非埃伦弗里德·瓦尔特·冯·奇尔恩豪斯）仍然是欧洲瓷器的先驱，欧洲第一家瓷器制造厂系于 1710 年在迈森附近阿尔布莱希特堡的城堡中建立。[1]

⑬ **壁纸业**最初是皮革壁纸的生产，早在 12 世纪即已出现，是由西班牙的泥瓦匠开启的。皮革壁纸业从 15 世纪开始在欧洲所有国家广泛传播；17 与 18 世纪将总部设在德意志的奥格斯堡。纸质壁纸制作艺术源于中国，可能是在 17 世纪传到欧洲，可以证实的是，自 18 世纪以来，欧洲在制作纸质壁纸。最初，纸张是用模板作画的，直到 1760 年，雷韦永在花布印刷厂运用印刷方法取代了模板和墨盒作画。直到 1799 年发明了长短无限的纸张，壁纸业才有了真正的发展，因为在此之前，将长条的方形纸拼凑起来非常艰难。[2]

第二节　军　事　技　术

在我们所说的这个时代，武器技术的进步值得特别提及。这种进步的重大意义，不仅在于对企业形态的转变所产生的影响（我们将看到，制造大炮与枪支的工场和工厂是第一批现代大型社会企业）；也不仅是因为武器工厂对其他重要工业部门产生的振兴作用（铸铁和整个炼铁工业通过火炮技术的完成而得以最大地推进）；而是在于对全新的国家形成所具有的重大意义。

在下文中，我只能按时间顺序汇编最重要的发明，至于其中的细节可以参考**武器史的文献**，对此我在《战争与资本主义》一书中已有一些选编。

火药的发明及其在射击技术中的使用，隐藏在一种无法穿透的黑暗之中，随着研究的深入，这种黑暗似乎变得更加浓厚。现已了解，13 世纪的学者——罗杰·巴科和阿尔韦图斯·马格努斯——已经知道火药，并且还可以假定，从 14 世纪以来欧洲已将火药用于射击目的。

在《烟火书》（1450 年）中，首先提到了颗粒状火药。为更容易、更安全地研磨粉末，水轮滚筒可能早在 15 世纪，最晚在 16 世纪初就已投入使用：对此，比林古乔（1540 年）已经知晓。

然而，大批量火药的出现可能要到 16 世纪才开始。在此之前，只有在武力冲突迫在眉睫之际，人们才会从四处游荡的烟火工和枪械匠那里获得少量的供应。

---

① 有关欧洲瓷器工业起源的详细研究，可见：Willy Doenges, Meißner Porzellen（1907），13 ff, 其中也涉及发明的先后时间。

② W. F. Exner, Die Tapeten- und Buntpapierindustrie（1869），16 ff. 其中可以找到更多相关的文献。

可以确定的是，1578 年在施潘道出现了第一家火药研磨机。

火器的起源也可以追溯到 14 世纪：当时人们业已知道并使用手持的火器（火线发射的枪）及火炮（铁铸的大炮）。

手持火器的进步以下列发明为标志：1515 年有德意志轮盘锁；16 世纪中叶有铁铸枪管；16 世纪期间有毛瑟枪，古斯塔夫·阿道夫（1620 年）将枪的重量减至 5 千克；1630 年至 1640 年间有燧石枪机或所谓法兰西枪机；同时还有刺刀。

火炮技术的发展有以下几个阶段：1471 年路易十一用铁弹代替石弹；16 世纪起有炮架的改进；后镗炮；铸铁炮弹；储藏火药的炮弹（榴弹）（第一枚据说是 1588 年在瓦赫滕冬克投掷）；铸铁炮身（第一个消息出自 1591 年）；1627 年首次使用圆筒形炮弹；1692 年发明用大炮榴弹射击；自 18 世纪中期以来，炮身全为铸铁（1740 年日内瓦人马里茨的卧式钻机制造）。

自火器出现以来，**要塞工事的建造技术**发生变化，这种改变对工业生产的各个部门亦具有相当重要的意义。

第三节　测量与定位技术

我们现在再次面临技术事变。当我们想到——自中世纪末期至我们所说的这一时代末期在测量技术领域所出现的——种种划时代的发明时，必须将这些事件的发生视为实现资本主义经济制度不可或缺的条件。

关于测量所用的三个基本单位：长度、时间与重量，此处只考虑前两个。这并非意味着**重量的确定**对经济生活和一般文化生活的发展并不重要：只不过是因为在我们所回顾的时期，称重技术领域并没有任何重大的发明。衡器的两种形式为弹簧秤和杠杆秤，这是很古老的。而导致化学衡器或精确衡器的度量衡的改进，则是以后一个时代的事情。此等改进属于那些准备过渡到高级资本主义的各种发明之列，尤其是使现代化学成为可能。

不过，在我们所考察的过去几个世纪中，时间测量和长度测量的技术取得了相当大的进展。

测量时间的仪器，我们称之为**时钟**。[①]古代有太阳时钟和水时钟（其中有一部分相当巧妙），中世纪（从 11 世纪初开始，在各座修道院里——理性生活方式的

---

① 关于时钟历史的资料很多：Beckmann, Gesch. der Erfind. 1, 149 ff. 301 ff. 2, 465 ff.。较新的文献可见：Saunier-Speckhardt, Geschichte der Zeitmesskunst. 1902. Ernst Bassermann-Jordan, Die Geschichte der Räderuhren. 1907。此书虽然主要从艺术史角度撰写，但对技术史也很有价值。

养成所——主要是用夜钟和报时钟）则是齿轮时钟。然而，今天形式的时钟是 15 与 16 世纪的作品。1500 年，彼得·赫勒发明怀表，即基于身体某部位的弹性原理的钟表，即为发条钟①，在接下来的几个世纪里，它得到相当大的改进：17 世纪初，为纠正弹簧拉力不均匀的运动发明蜗杆，1674 年出现螺旋弹簧；1680 年发明锚形擒纵装置，与此同时还有筒形擒纵装置，平衡钟，打簧钟；18 世纪初，出现有秒针的时钟。

17 世纪中叶出现第二类时钟的发明，即钟摆时钟，于是准确无误地计时才完全可能。人们推测，伽利略早在 1641 年就已发明此物，只是因为怕受迫害才秘而不宣，并不为人所知，而惠更斯在 1656 年（或 1657 年）以实用的方式完成这项发明，他的这项发明与伽利略并无关系。

精确测量时间的重要性部分在于，可以使货物的生产和运输更为精确和可靠，特别是精确的时间对从事经济活动的人员所产生的影响，这种活动的合理化反过来可以通过时钟的进一步使用来加以测定。②

虽然我认为这一时期在长度测量领域取得的进展至关重要③，但这可以解释为，我对长度测量的概念作了更宽泛的理解，其中也包括确定位置的概念，此项技术特别是在这几个世纪里发生了根本的改革。人们可以看出我的意思：只有在地球上的每一个地方可以迅速且确切定位，人类才能开拓地球，才能在茫茫大海上航行，才能开辟通往美洲和印度的海路。

指南针的出现如同火药一样，迷失在中世纪的黑暗之中。在英国人亚历山大·内卡姆（1195 年左右）的著作中发现欧洲使用指南针的第一个书面信息。1205 年，宫廷诗人吉奥特详细描述了水罗盘——罗盘最初是以这种形式出现。在 13 世纪的著作中也经常提及它。在很长一段时间里，阿马尔菲的弗拉维奥·迪·乔亚被视为最早使用指南针的人，时间在 1305 年。新近的调查打破了"乔亚的传说"④。不过，这种传说的起源证明，指南针的普遍使用不会晚于 14 世纪之后。但其他迹象则表明，指南针是在很久以后才出现于世：直到 1499 年，波利多里乌斯·维吉留斯在他有关发明的书中还没有提到指南针；1560 年，卡尔达诺将此称为所有发明之冠，如此等等。

无论如何，只有在 16 世纪，指南针的使用才取得决定性的进步。1492 年 9 月 13 日，哥伦布在他的航海日志中记载首次观察到的磁针偏角；1510 年，来自纽伦

---

① 根据最近的研究，弹簧钟早在 15 世纪就被用作台钟。勃艮第的菲利普落地钟很可能是一座弹簧钟：Bassermann, S. 26 f.。

② 参阅我的《资产阶级》一书，第 421 页。亦参照本书第二卷有关资本主义企业起源的章节，在那里，我还概述了钟表的出现和传播的历史。

③ 从 17 世纪开始发展的公制计量属于下一个时期：L. Grumrnacher, Maß und Messen, im Buch der Erfindungcn 2, 195 ff.。

④ Feldhaus, Ruhmesblätter, 431 ff.

堡的格奥尔格·哈特曼首次在陆地上观察到磁针偏角。1525 年、1538 年、1585 年等年份对倾角的测定继续有改进。1544 年，格奥尔格·哈特曼发现倾角，1576 年，航海家诺尔曼首次精确地观察到倾角。万向节的发明（1545 年）对指南针的使用十分重要。

　　除了指南针外，海上定位仪器对于通畅和安全的海上航行也必不可少。他们的发明（马达伽马和哥伦布的航行因此才能成行）出现在 15 世纪的最后几十年（1325 年热尔松发明"雅各布尺"曾用于海上地理方位的测量，现在因为不够完善而弃之不用）。1473 年，扎库托编写了他的天文图表（万历年鉴），根据这些图表，贝辛荷和数学家摩西与两位基督教同事联合发明了观象仪：一种可以从太阳的位置确定船的距离的仪器。[1]

　　然而之后，确定或测量地理经度的仪器一直没有问世，这种发明是人们热切的期盼：在 17 世纪，各学院和政府都在悬赏解决这一问题的幸运方案。

　　在经历许多徒劳无功的实验之后，1714 年，英国议会根据艾萨克·牛顿和哈雷博士的意见，发起了一场有奖竞赛：为了发现经度，如果谁能确定将经度精确到 1°，奖金为 10 000 英镑，如果谁能精确到 2/3°，奖金为 15 000 英镑，如果能精确到 1/2°，则为 20 000 英镑。直至 18 世纪初，约翰·哈里森才成功地发明所谓的经度钟，至少在理论上满足了这些要求。

　　但哈里森的发明似乎还没有满足实际的需要。英国议会在 1765 年、1770 年、1780 年和 1781 年再度重复 1714 年的有奖竞赛。1765 年，向威彻尔先生提供 1 000 镑的预付款，此人提交了海图和经度确定方法，以便付诸实施。

　　最后，航海家们还需配备一种**望远镜**，这样他们的装备才能齐备：经过哈廷教授的仔细研究，1608 年提出了此项发明。[2]

　　即使有最好的定位仪器，船主如果没有可靠的**海图**，也无计可施。最古老的海图是马里诺·萨努托（1306—1324 年）和佩德罗·维斯孔特（1318 年）的海图。这些图片仍然是所谓的罗盘地图，因此非常不完整。一个重要的进步是应用了所谓的墨卡托投影，由著名的制图家墨卡托（1512—1594 年）1569 年首次在他的世界大地图上投入使用。17 世纪末，哈雷绘制了第一张气流图，供航海家使用；1665 年，耶稣会士阿萨内修斯·基尔舍首次在地图上记录洋流。

　　自 16 世纪以来，驾驶技术成为一门特殊科学的主题，即为"**航海术**"。1575

---

　　[1]　如描述中的那样，参与这项重要发明的有多位犹太人。因此，犹太历史学家们不无醋意地注意不让他们的同胞在这项发明中的份额有所减少：Graetz, Gesch. d. Juden 8, 301, 此书列出各种文献，并与亚历山大·洪堡展开论战，后者在《宇宙》（2, 296）一书中，将天文表的建立和天文实验室的改进完全归因于马丁·冯·贝哈伊姆。

　　[2]　N. Grunmach im Buch der Erfindungen 2, 384.

年，第一部关于远洋航行的较好著作《西方海洋航行路线》出版。[①]

可以看出，改进的测量和定向技术主要服务于交通，但交通领域现在也在发展其自身的特殊技术。

第四节　运 输 技 术

早期资本主义时期的一个特点是，运输技术的进步很小，基本上只限于一种唯一的运输方式：内陆水道。

海上运输的主要特点保持不变。船只在许多方面得到改进：船板用铜皮包裹（这对铜工业的发展很重要！），并开始用铁链代替绳索（自从 1634 年菲尔·怀特开始应用以来）；桅杆和帆的分布较前改进；船舶的种类增加，但造船技术和航海技术都没有发生根本性的变化。

正如我们所看到的，陆上道路得到了改善；但是，并没有发明新的筑路技术，这种技术直到我们所说的这个时代末期才有很大的发展。车辆改进，新型车辆出现："上等马车"、柏林式车、图哥式车和邮车等。这可能意味着对工业的一种支持，但对运输形态的影响很小。在造车技术领域，最重要的发明恐怕就是前轮可以转动，此项技术似乎出现在 16 世纪或 17 世纪。

我们了解到一种新的陆路行驶形式，即所谓的"**帆车**"。

威尔金斯主教在 1648 年的《数学魔术》中描述了这种交通工具，并称它们在荷兰取得了最大的成功。"在那里，这种车辆在几个小时内可容纳 6—10 人，行驶距离可达 20—30 荷兰公里。操纵方向盘的司机可以很容易地朝着任何方向行驶……"

但这种车辆仅仅对荷兰具有纯粹地方上的意义，而且作用非常有限。在其他国家，由于道路状况不佳，其传播受到阻碍。

轨道车，我们首先在矿场中发现（德意志的矿场在 16 世纪，英国的矿场在 17世纪业已筑有轨道），此种设施确实注定会成为运输领域最大的技术革新之一，但此时只是在很小的范围内用于地面交通。

在此期间，发明家的意愿仍然完全集中在将内河航道作为一种交通工具。由

---

① 格尔茨希的著作对此作出最好的说明：E. Gelcich, 1. Studien zur Entwicklungsgeschichte der Schiffahrt mit besonderer Berücksichtigung der nautischen Wissenschaften nebst einem Anhang über die nautische Literatur des 16. und 17. Jahrh. usw. 1882；2. Die Instrumente. und die wissenschaftlichen Hilfsmittel der Nautik z. Z. der großen Länder-Entdeckung, in der Hamburger-Festschrift zur Erinnerung an die Entdeckung Amerikas. Bd. I. 1892. Nr. 2。

于陆路运输的困难，正如我们以前所看到的那样，在中世纪，交通一经开始便趋向于水路。在早期资本主义时代，水路运输是一条受欢迎的交通路线，运输技术领域的唯一发明是水路交通的改善，我们必须承认这些发明具有重大意义。它们是：

1. **水闸**的发明，起初是拦河闸，然后是穴室闸。

到目前为止，人们还无法确定这项发明是何时由何人发明。根据《4000年》一书，威廉·冯·荷兰早在 1253 年就在斯帕恩丹建造了第一座穴室闸。亦有人称达·芬奇为此项发明者，有人称 L. B. 阿尔贝蒂为发明者，还有人将西蒙·史蒂文称为发明者。有些人在 1489 年看到由维斯康蒂家族建造的船闸，有些人在 1488 年在帕多瓦附近的布伦塔河上看到第一个船闸。可以肯定的是，此项发明的全部工程在 15 世纪末业已完成。达·芬奇作品中的众多描述证明了这一点，据贝克的论文，史蒂文曾描述穴室闸是一个"已经使用很长时间"的装置。1617 年，一位英国人获得一项改进水闸的专利：参见福布斯-阿什福德的文本，第 69 页。

2. **挖掘机**的发明。

在达·芬奇的书中，我们发现与现今挖掘机非常相似的描述（附有插图），不同的只是它们是用手驱动。我们在洛里尼（生于 1545 年左右）的书中也看到挖掘机。还可以在韦兰奇乌斯的书（《新机器》，约 1617 年）中找到它。书中称："有各种各样的工具来清除海底的泥沙（！），你可以在威尼斯看到很多此类机器，但是这些机器动作很慢，挖掘深度不能超过 6 英尺。"（洛里尼描述了这样一台机器！）在英国，1618 年 7 月 16 日约翰·吉尔伯特获得一种挖掘机的专利，仿佛这是一项全新的发明；有关这种机器的描述如下："一种用于挖掘砂土、砾石的犁，出现在泰晤士河与其他河岸、港口、河流或水域。"其中还列出 17 世纪在英国作为专利申请的 18 项改善水道的发明，涉及港口、码头与运河。

1634 年，我们在汉堡看到有人使用一种所谓吸盘船，系在荷兰购买，此机器"很可能是一个所谓的旋转轮盘"。

这两项发明中尤其是第一项特别重要，借此现在可以引水上山。自 16 世纪以来，人们开始利用这两项发明大力发展内河航道网：无论是利用天然河道通航（或经过"改造"或"疏浚"），还是建造人工水道（运河）。我在本书第二卷将会详细介绍。

第五节　印　刷　艺　术

有关此项，只需点到即已足以。

第四篇

贵金属的生产

概　览

　　本书的一个基本思想是，现代资本主义之所以能够成长如现在这般，只因历史的"偶然"导致人们拥有强大而丰富的贵金属。本书设定的任务之一是：提出证据，不仅证明下列说法的正确，即倘若没有美洲、非洲和澳大利亚的金银矿的开采，现代资本主义就不可能存在，而且还要证明，现代资本主义的全部性质是由贵金属生产的特殊过程所决定。资本主义的发展，犹如一条生命的溪流，从黄金（若无特别指出，所谓黄金即为贵金属的代名词）中流出。每当新的金矿开发，资本主义就会在新的发展中昂首挺进；每当黄金的流动减弱，资本主义便会陷入一种虚弱的状态，其成长便会停滞不前，力量减弱。

　　现代资本主义的历史是（也是！）贵金属生产的历史：库滕贝格（Kuttenberg）和格斯拉尔、施瓦茨（Schwaz）和约阿希姆斯塔尔、波托希（Potosi）和瓜纳希阿托（Guanaxuato）、巴西和几内亚、加利福尼亚和澳大利亚、克伦迪克（Klondikc）和威特沃特斯兰德（Witwaterstrand）这些名字代表了现代资本主义发展过程中的许多阶段。贵金属生产的脾性，就像大自然的爱的脾性，携同其自身的非理性，与资本主义的基本思想——理性主义——形成如此奇特的对比：正是这些脾性决定我们在资本主义发展过程中所区分的两个主要时代——早期资本主义时代和发达资本主义时代。前者与人们所称资本主义的白银时代重合，后者则真正是资本主义的黄金时代。白银是贵金属，在整个中世纪和新世界开辟后的最初几个世纪中具有极其重要的意义。黄金曾在 13 世纪一个短时期中大放光彩，随着巴西发现金矿，黄金才进入经济史。巴西和非洲的黄金开启了资本主义的黄金时代，但其力量并不足以发展出高度资本主义。要做到这一点，需要一种异常强大的新潮流，19 世纪中叶，这股力量从加利福尼亚和澳大利亚的金矿中涌现出来。

　　下面的描述将证明这一点。但是，为了能够令人满意地完成这一任务，必须首先了解贵金属生产本身的过程和条件，贵金属生产本身关系到资本主义发展的不同程序，因此属于资本主义经济制度的独立"基础"。基于本书的逻辑结构，先提出所有关于贵金属的讨论，并专门加以介绍。在本篇中，我将分成多章进行讨论：

1. 贵金属生产与运动的进程；

2. 贵金属生产组织对一般文化和经济生活所产生的系统性影响；

3. 贵金属生产尤其是与价格形成之间的关系，关于理论以及经验、历史的。

本篇的描述主要涵盖大约 1250 年至 1850 年的时期，即最广泛意义上的早期资本主义时期。只有在贵金属生产过程的概述中，我才会追溯更远，以便形成大的历史联系。

第三十一章

贵金属生产与贵金属运动的过程

前 言 与 文 献

关于贵金属生产和运动，我们只掌握 1493 年以后的可靠统计数据。然而，用数字来表示中世纪的情况过于大胆，最好不要这样做。不过，这种描述的目的本身并不一定要求对贵金属的生产或运动的绝对数量进行精确的数字记录。就我们而言，最重要的是：西欧的贵金属库存（此乃我们考察的出发点）在一段时间内是增加还是减少（快还是慢），抑或保持稳定。即使我们并不知道贵金属生产和运动的绝对值，无论是从一般的生产历史还是从各种确定的征兆来看，还是可以把握这一点。

根据我们的兴趣，特别是为了解贵金属库存的运动，我也将——与通常流行的时期划分相反——不同的时期区分为西欧贵金属供应增加或减少或维持不变的时期。

在所考虑的整个历史时期，我们并没有掌握任何一部关于贵金属生产与运动的概述性著作，唯一有价值的是威廉·雅各布的《贵金属生产和消费的历史探究》[1]，尽管有很多不足之处，仍然值得称许。而德尔马的著作[2]，虽然值得感谢并有启发之处，但其中的资料几乎都是以雅各布的著作为基础——特别是涉及较早的时期。幸运的是，在过去几十年里通过大量深入的工作，我们对中世纪德意志和奥地利的贵金属开采有了很好的了解，而雅各布和德尔马完全没有这样做。现在，由于德意志和奥地利几乎完全被认为是美洲发现之前的贵金属供应之地（如果撇开具体数量不谈的话），我们可以清晰地描绘出 1493 年以前的贵金属生产过程。

正如我所说，从 1493 年开始有了更好的统计数字。亚历山大·冯·洪堡关于《新西班牙》的报告集为此奠定了基础。1493 年以后的所有数字都是由 Ad. 泽特比尔在其研究中以规范的方式汇编而成：Edelmetall-Produktion und Wertverhältniß

---

① William Jacob, Historical Inquiry into the Production and consumption of Precious Metals. 2 Vol. 1831.

② Del Mar, History of the Precious Metals. 1880, 2. ed. 1902, und Money and Civilization. 1886.

zwischen Gold und Silber seit der Entdeckung Amerikas bis zur Gegenwart, im 57. Ergänzungsheft zu Petermanns Mitteilungen. 1879。其中所谓的"现在"系指 1875 年。我将在谈及新时代的其他之处继续提到泽特比尔的著作。

泽特比尔的数据具有权威性，这无疑是应得的。W. 莱克西斯的出色研究，就贵金属统计及其比价关系，对泽特比尔的数据作了一些更正，但并没有根本改变他的结果。莱克西斯计算出的墨西哥和南美的贵金属产量略低，即在 1493—1800 年期间黄金产量为 242 万千克，白银产量为 9 020 万千克，而泽特比尔计算的产量为 249 万千克和 10 140 万千克。这一较高的估计是由于对秘鲁白银产量计算得更多。这些数字基本正确，其来源可以提供保证：数据基于西班牙殖民地的装运清单。当然，根据这些真实数据计算的总数字仍然必须"估计"，但上述两位研究者完全正确地做到这一点。泽特比尔或莱克西斯的不同数字表现出可能的偏差。但是，倘若这两位学者计算出的数字全然一致，他们众所周知的一丝不苟反倒显得不可信，即使他们无需证实自己的判断是正确的。

然而，最近一位西班牙作者在其书中引用了苏潘报告的数字，倘若此言不虚，泽特比尔与莱克西斯的数据就会变得毫无意义。此书（F. de Laiglesia, Los caudales de Indias en la primera mitad del siglo XVI, Madrid, 1904）根据"西班牙在美洲的皇家收入账簿"（塞维利亚档案），得出的生产数字如下：

1509—14 年：	995 925 比塞塔
1516—23 年：	624 210 比塞塔
1525 年：	2 121 460 比塞塔
1526—29 年：	943 152 比塞塔
1530—40 年：	3 110 896 比塞塔
1541—46 年：	2 419 840 比塞塔
1547—50 年：	1 225 312 比塞塔
1551—55 年：	10 145 760 比塞塔
1509—55 年：	21 559 555 比塞塔；

折合今日货币为 17 277 244 马克。

与此对照，我们看到，泽特比尔计算的平均年产量为：

1521—44 年：	90 200 千克
1545—60 年：	311 600 千克

这意味着总产量约为今日货币 10 亿马克。而在西班牙作者编写时为 1 700 万马克。当然，这两组数字中有一组是疯狂的：我想是后面一组。为理解这一点，

我们只需要使用以下数字作为比较：萨克森州的安纳贝格矿场在 16 世纪中叶（根据可靠的数据），每年产量大约为 4 万磅白银，大约为今天的货币 400 万马克。即在大约四年的时间里，其产出的数量如同莱克西斯先生所说的全部美洲矿场在最富饶的 46 年里的产量！

这位西班牙作者究竟如何编出此等无稽之谈，我难以言说，因为我手中并无此书。也许他将比索和比塞塔混为一谈，将昆托视为总产量，而仅仅考虑到铸币厂的数字。

如上所述，苏潘认为，这两组数字（莱克西斯和泽特比尔）之间的差异"非常之大"：1 700 万马克对 7 300 万马克，于是，他错误地认为所看到的数字是总额，而其实这些数字是一年的平均数。因此，正如我们所看到，差异甚至更为"明显"：1 700 万对 10 亿！

第一时期 从罗马帝国的衰亡至 8 世纪

在罗马帝国时期，世界帝国的中心地带积有大量的贵金属。许多是在几个世纪的征服与掠夺中所获得：例如对安条克的胜利，对埃托利亚的战利品，以及在科林斯的劫掠、萨拉的洗劫、西西里的韦雷斯的抢劫，等等。

然而，持续不断的新开发无疑更有助于贵金属的积聚，罗马逐渐接管了古代著名民族的几乎所有矿场：达西安、伊利里亚、达尔马提亚、色雷斯即如此，西班牙更是这样，其金银矿无疑是布匿战争中最抢手的战利品。如果莱克西斯的估计是正确的，那么在纪元开始时罗马帝国的贵金属储存约为 100 亿现今马克，金和银的比例大致相等。

在罗马人统治的最后几个世纪里，尤其是随后的时期中，西欧已经失去这些财富的最大部分。

自君士坦丁大帝时代开始，从淘金和采矿中获得的新材料愈趋减少[①]：但不确定的是由于奴隶的供应减少还是由于矿脉的枯竭。

在接下来的几个世纪里，当"野蛮人"占领罗马帝国时，这些新材料的输入完全断绝。413 年，在西班牙——当时最重要的生产地点——我们还可以看到一个管金属的官吏在行使矿山的管理权。然而，不久之后，此项业务完全停止。

原有的供应在迅速减少：这并不是因为自然消亡，而是由于它在向东方转移，

---

① Ungern-Sternberg, Geschichte des Goldes（1835），23.

无论是向哈里发帝国（通过非常有限的贸易方式），还是（尤其是！）向拜占庭（特别是以税收和关税的形式输入）。我们可以假设，这样的运动走向于 8 世纪达到其最低点，当时——正如我在其他地方试图证明的那样，即西欧经济史开始的时期——西欧缺乏贵金属，特别是在货币形态中贵金属严重消失，剩下的已经微不足道。①

第二时期　从 8 世纪至 13 世纪末叶

这是西欧贵金属储存缓慢增长的时期，然后——在最近的两个世纪里——又以更快的速度增长。

第一批恢复大规模使用的矿场也许是西班牙的矿场。至少在他们被阿拉伯统治之下时是如此。莱昂富有的淘金场落入"野蛮人"之手，直至后来才重新运营起来。另外，我们了解到，在阿拉伯人定居的地方——如安达卢西亚、雅恩等地——贵金属的开采在他们到达后不久即已恢复。②从公元 9、10 世纪西班牙哈里发时期的金银财富中可以看出，这种开采产生极大的收益：据说阿卜杜拉曼一世的年收入为 10 000 盎司黄金和 10 000 磅白银；阿卜杜拉曼三世的年收入超过 1 亿现今马克。在 938 年，他送给哈里发 400 磅纯金、大量的银锭、30 件绣金碧幢、48 套金银制马罩。③

但在西欧其他地方，老的贵金属矿此时也在重新活跃起来：在波希米亚、匈牙利和特兰西瓦尼亚（Siebenbürgen），大量的**黄金**被开采出来。然后，新的产地相继发现，特别是银矿颇多：早在 9 世纪，已在阿尔萨斯发现；10 和 11 世纪（文书记载为自 1028 年以来）在黑森林（Schwarzwald）和哈尔茨［970 年在拉默斯贝格（Rammelsberg）］亦有发现。尤为重要的是，12 与 13 世纪颇多新开采的银矿：曼斯菲尔德（Mansfeldschen）银矿、萨克森银矿（弗赖贝格：自 1167 年）、波希米亚银矿（库滕贝格银矿）和古老的蒂罗尔银矿（特伦托银矿）的繁荣正值这一年代；12 世纪也有银矿的开采——此等银矿今天已无迹可寻④：本茨劳（Bunzlau）

---

① 参见：泽特比尔在《德国历史研究》中仅有的几个资料来源，特别是在第 6 卷。亦可比较：Hanauer, Etudes 1, 177, und Inama, DWG. 1, 465。

② 征服十年后，一份西班牙地图被提交给哈里发，上面记录有矿产的生产情况。参见：Cardonne, Geschichte Afrikas und Spaniens 1, 116; zit. bei Del Mar, Money and Civilisation, 80。

③ Del Mar, 1. c. pag. 81.

④ Urk. Heinrichs IV. von 1189, bei Goldast, Cath. rei monet. (1620), 98/99.

地区开始黄金开采①，在匈牙利开采的规模更大。

在美国被发现之前，德意志王冠下的疆土是墨西哥和秘鲁。但西欧其他国家的贵金属生产也很活跃：我们知道 12 与 13 世纪的意大利有银矿业②，法国也是如此。③

根据我们对这两个世纪黄金，以及白银生产发展的所有了解④，可以断定，当时西欧贵金属的储存增长比较迅速，只不过前提是其产出不向其他地方流出。一旦西欧与东方建立贸易关系，这种流出的趋势总是存在：因为西欧对黎凡特的贸易向来处于负债地位。故此，佩舍尔——在结束他对这个问题的出色研究时——所说的话无疑是正确的⑤："从最古老的历史时代起，金属产量在各国之间的分配有其自身的规律。文化不断地向西渗透，金银总是向东流去，金属确实必须向东流动，因为文化是来自那里。"

然而，我宁愿相信，在此处所说的时期，向东方的贵金属外流被从东方的回流所抵消，这要归功于意大利对黎凡特的殖民。这种平衡可以说是完美的，甚至对于西欧还有盈余：因为当时的贸易关系范围还不大；另一方面，正是在这一时期，被征服的恰是有文化的区域，众所周知，如此的征服总是与抢劫和掠夺联系在一起。结果是大量的贵金属落入征服者的手里。

当西欧人来到拜占庭和阿拉伯国家时，这些国家拥有大量的贵金属，这一事实从同时代人的描述中可以看出。⑥

当然，这些贵金属很大一部分已经通过税收与进贡⑦，更不用说还有不少是通过偷窃和掠夺进入征服者的口袋之中。对于这样的数目，我们甚至难以近似地确定，这也十分自然。然而，正如经常发生的那样，一般性质的记述在这里也常有一种证据价值，特别是当我们偶尔看到关于抢劫等报告时更是如此。

参看德尔玛的图表：Hist. of Precious Metals，239 f. 并参见：A. Soetbeer，Das Wertverhältnis zwischen Gold und Silber usw.，in 57. Erg. -Heft zu Petermann's Mitteilungen S. 114 ff.。黄金浪潮最初起源于欧洲南部，并从那里在半个世纪后继续延伸

① Steinbeck, Geschichte des schlesischen Bergbaus 2 (1857), 125 ff.
② R. Davidsohn, Geschichte von Florenz, und Forschungen 3 (1901), 3.
③ Pigeonneau, 1, 264.
④ 偶然的数字也证实了这一假设：库滕贝格最初一个时期的产量为 20 000—40 000 马克，系为细银。
⑤ O. Peschel, Histor. Erörterungen über die Schwankungen der Wertrelationen zwischen den edlen Metallen und den übrigen Handelsgütern, in der Deutschen Vierteljahrsschrift 1853, 4. Heft, S. 35. 一种奇特的不同意见可见：Alex, von Humboldt（Deutsche Vierteljahrsschrift 1838, 4. Heft）。但此说已被 J. 赫尔费里希有力地驳斥，见：J. Helferich, Periodische Schwankungen (1843), S. 49 ff.。
⑥ 关于拜占庭，可见 J. H. Krause, Die Byzantiner im Mittelalter (1869), 49. 51 ff. 55 f. 280；关于哈里发帝国，见 A. von Kremer, Kulturgeschichte des Orients 2 (1877), 194 f. 300 f.。参照同一作者：in den Verhandlungen des VII. Internationalen Orientalisten-Kongresses, Semit. Sekt. Wien 1888. S. 12。
⑦ Heyd 1, 224, 252, 260, 265, 其中报告了礼品及其在黎凡特殖民地的作用。

到德意志（造成的后果：第一，有利于汉萨人对荷兰与布鲁日的贸易平衡：第二，英国对战争的援助，通过意大利的金币，以借贷的方式流入德意志）。随着西里西亚和波希米亚金矿的生产力不断提高，黄金的流通随之增加，并且德意志金币的铸造在短时间内（1325 年波希米亚国王约翰）达到顶峰。

这种一般性的记述也使我认为，由于上述事件，西欧的贵金属库存发生了有利于黄金的转变。人们采用（德意志）白银来支付东方的商品，在征服亚洲国家的过程中，攫夺的黄金比白银更多。有两件事实证明我的猜测的正确：

1. 金币的铸造，13 世纪时意大利一些城市开始铸造：1252 年费奥里诺-德罗；1283 年威尼斯的杜卡，等等；

2. 13 与 14 世纪时期产生有利于黄金比价关系的转变。在中世纪后期，这一比价多在 1∶10 到 1∶11 之间。[1]

第三时期　从 13 世纪末叶至 15 世纪中叶

然而，就刚才所说黄金贬值的影响而言，不仅意味着黄金更为有利的地位，同样也许更加意味着白银的生产关系恶化。因为接下来的时期——包括中世纪的最后两个世纪（最后一个世纪并不完全属于中世纪）——的特点就是由于开采条件的恶化导致**白银产量的减少**。12 和 13 世纪所开采的露天矿脉皆告枯竭，较深的矿井因无法排水而经常被淹没[2]，我们几乎在每个地方都听到产量下降的消息。当国王文策尔二世为库滕贝格颁布规章（1300 年）时，说道："吾举手向天，感谢造物主，尽管**世上几乎所有的王国都已失去矿山的恩泽**，但我们这个时代唯一丰富的波希米亚仍在产出金银，实乃幸事。"[3]

除了这些直接阐释的证据之外，我们还了解一些征兆，由此表明 14 世纪以及 15 世纪的部分时期贵金属产量，特别是白银产量急剧下降。

所谓征兆系为：

1. 对贵金属出口的禁令，中世纪末叶全部由城镇和领地颁布[4]；

---

[1]　Matth. Paris. Chron. maj. in Rer. Br. med. Aevi SS. Ed. H. Richards Luard. Vol. II（1874），p. 78/79.

[2]　14 世纪初戈斯拉尔衰落的书面证据（其中提到的原因基本上有效），参见 C. Neuburg, Goslars Bergbau S. 49 ff.。

[3]　K. Graf Sternberg, Umrisse einer Gesch. d, böhmischen Bergwerke. 2 Bde. 1836/38. 1, 52.

[4]　Jacob, History passim；意大利部分，参见 Salvioni, Sul valore della Lira Bolognese, in den Atti e Mem. della R. Dep. di Stor. patr. delle Prov. di Romagna 17, 334 sg.；引自 Gino Arrias, Const. econ. 158；英国部分，参见 W. A. Shaw, The History of Cnrrency（1894），54 ff.。其他证据见第四十二章。

2. 用于铸币的贵金属量减少。虽然我只知道其中一项——英国铸币——数字，但我相信这是贵金属市场整体情况的典型。我们知道英国铸币中的金银含量：白银从 1272 年开始，黄金从 1345 年开始。①据此，我计算出以下的年平均数（以今天的货币计算）：

	白　银	黄　金
1271—1377 年	8 906 镑	2 538 镑（1345—1377 年）
1377—1461 年	1 157 镑	1 845 镑
1461—1509 年	3 184 镑	4 338 镑

故此，14 世纪末铸币所用的金银数量呈现出大幅度的下降，而且，白银下降的幅度比黄金更快、更大。

与产量的减少同步发生的，大概就是**贵金属流向东方**的速度。我们可以认为，这种流向在中世纪的最后几个世纪最为严重：因为在这一时期，黎凡特贸易的发展才真正进入繁荣的程度，但另一方面，导致贵金属外流的原因（正如我们所假定的那样，在前一个时代，贵金属的外流与其生产相互均衡）却不复存在或变得不那么有效，从德意志和奥地利获取的白银，主要用于交换东方的商品，估计也要用于交换欧洲南部和西部国家的商品②；不过是从那里再输往东方，以便支付他们的商品。③

因此，在不同因素的共同作用下，中世纪末叶欧洲贵金属的匮乏愈趋严重。大约到 15 世纪中期开始发生真正的转变，这对未来欧洲经济生活的整个进程将会产生决定性的影响。

第四时期　从 15 世纪中叶至 1545 年

贵金属的匮乏一夜之间转化为富有，这样的转变可以追溯到三个不同的原因：

1. 德意志和奥地利发现新的金银矿；

---

① Ruding, Annals of the coinage of Great Britain 1, 135；参见 Jacob（deutsche Ansg）1, 244 ff.。至于 14 与 15 世纪英国的铸币与货币政策由此受到何种影响，涉及贵金属的短缺，可见：Shaw，同前文。为控制白银短缺的局面，1453 年下议院发文将重新启动长期关闭的德文与康沃尔银矿。

② "德意志……在金属财富上……没有让那些富国屈服；因为所有的国家，威尔士人、加利西亚人、西班牙人和其他国家，几乎都拥有来自德意志商人的银子。"引自：Buch der Chroniken（1493），载于 Janssen 1, 419。

③ 15 世纪，从威尼斯向亚历山大出口的贵金属每年达 30 万杜卡特。Gutachten des venetianischen Botschafters Trevisano im Journal Asiatique. Tome IV（1829）pag. 23 quest. XI, zit. bei Peschel, 28.

2. 葡萄牙人在非洲和亚洲产金地区定居；

3. 西班牙人对墨西哥和秘鲁的掠夺。

一、德意志与奥地利发现新的金银矿

德意志和奥地利新的金银矿的出现，部分是一个幸运的巧合，部分是采矿技术的改进。[①]

15 世纪中叶以来，在德意志和奥地利发现一系列新的、丰富的贵金属矿藏，并恢复了旧矿藏的活力，由此可以提取到前所未闻数量的金银。萨尔茨堡供应黄金。1460 年至 1560 年是该地金矿开采的全盛时期。在加施泰因，当时有 30 名矿主和许多新的开采者，在这段时间里，他们开采的矿井有 1 000 个，每年产出黄金 4 000 马克，白银 8 000 马克。[②]

新的银矿的发现尤其成为这一时代的标记：在蒂罗尔、萨克森和波希米亚都是如此。15 世纪中叶，在**蒂罗尔，施瓦茨**矿开始提供可观的产量。当年最著名的矿床——法尔肯斯坦——不断被开采。[③]到 15 世纪末和 16 世纪最初几十年，产量迅速上升。直到 1523 年出产纯银 55 855 马克[④]，达到其顶峰。（自此之后，便开始下降。1570 年产量仅为 2 000 马克。）

蒂罗尔之后是**萨克森**。1471 年开采施内贝格（Schneeberg）的富饶矿场，1496 年开采安娜贝格（Annaberg）的矿场。1471 年至 1550 年，施内贝格每年平均生产纯银约 5 400 马克（16 世纪下半叶最多为 1 400 马克）；安娜贝格的平均年产量为：

1493—1520 年 ···································	22 145 磅
1520—1544 年 ···································	31 180 磅
1545—1560 年 ···································	39 700 磅

在萨克森之后是**波希米亚**，1516 年此地开始开采**约阿希姆斯塔尔**的矿场。他们的产量迅速上升：从第一年的 2 064 塔勒增加到 1532 年的 254 259 塔勒。（自此以后，产量下降的速度和上升的速度一样快，直到 16 世纪末几近消失。）

[①] 戈斯拉尔的银矿即如此，自 1450 年以来，该处成功地控制了汹涌的水流，产量随即大幅增长。C. Neuburg, Goslars Bergbau（1892），S. 105 ff. 149. 亦可参见本书第三十章。

[②] Koch-Sternfels, Die Tauern（1820），bei Soetbeer, Edelmetallprod., CO. 此处的马克系旧时的重量单位，合 24 克拉金，8 盎司银。——译者

[③] 据 1446 年较新的研究：Worms, Schwazer Bergbau, 11。

[④] Worms，同前，第 86 页，可比较 M. v. Wolfstrigl-Wolfskron, Die Tiroler Erzbergbaue（1903），S. 35（其中，根据因斯布鲁克-佩斯特皇家总督档案馆的档案，准确地记录 1470—1623 年期间施瓦茨精炼银的供应情况），泽特比尔与施莫勒根据施佩格斯提供的情况，必须依据这些新的数据进行调整。

　　可惜的是，我们无法将 15、16 世纪德意志各地贵金属产量的迅速增长与 1450 年以前的生产进行比较，因为从此时开始才有可靠的数字。但是，从我刚才给出的几个数字已经可以看出，这一增长极为可观。根据新的发现，直到下一个世纪中叶，产量的增加有多大，可以从**泽特比尔**收集的 1493 年以后的数字中看出。（萨尔茨堡）的黄金产量在 15 世纪结束时已经达到顶点，在 1493—1520 年期间，平均年产量为 558 万马克（1521—1544 年平均 418 万马克，1545—1560 年平均 279 万马克）。相比之下，1493—1560 年德意志和奥地利银矿的总产量仍呈上升趋势，如下所示：德意志每年平均生产白银：

　　　1493—1520 年 ⋯⋯⋯⋯⋯⋯⋯⋯⋯　22 145 磅

　　　1521—1544 年 ⋯⋯⋯⋯⋯⋯⋯⋯⋯　31 180 磅

　　　1545—1560 年 ⋯⋯⋯⋯⋯⋯⋯⋯⋯　39 700 磅

　　奥地利平均每年生产白银：

　　　1493—1520 年 ⋯⋯⋯⋯⋯⋯⋯⋯⋯　24 000 千克

　　　1521—1544 年 ⋯⋯⋯⋯⋯⋯⋯⋯⋯　32 000 千克

　　　1545—1560 年 ⋯⋯⋯⋯⋯⋯⋯⋯⋯　30 000 千克

二、葡萄牙人在非洲与亚洲的产金地区定居

　　对西欧来说，划分两个时代的决定性事件——因此我们便理所当然地将此视为一个历史新阶段的开启——是排除阿拉伯人在东西方之间的中介地位：众所周知，此事系葡萄牙人所为。阿拉伯人在非洲和东印度的统治是被用武力打破的：他们被赶出非洲，始于休达的征服（1415 年），终结于阿拉恰尔·凯比尔战役；随着马六甲被征服（1511 年），阿拉伯人在印度的影响被摧毁。葡萄牙人无敌武力的消息传遍各处；从四面八方，甚至暹罗和佩古（Pegu）的国王，都派使节来缔结联盟和签订商约。然而，阿尔伯克基（Albuqerque）的远见卓识是，必须在阿拉伯人的本土上攻击阿拉伯人，切断红海和波斯海这两个阿拉伯中间商业的交通线路，从根源上打击阿拉伯人。这就是征服亚丁（Aden）和霍尔木兹（Hormus）的目的。从那一刻起，一个新的文化时代事实上已经开启：西欧终于继承了哈里发帝国的遗产。

　　这对整个欧洲经济的进一步发展意味着什么，我试图在其他地方证明。此处只需研究新情况对欧洲贵金属供应的影响。在这一方面，葡萄牙人的挺进也被证明极其重要：有助于贵金属——特别是黄金——的输入，尤其是在葡萄牙人定居后的最初几十年中，这项供应大大增加。

与东印度的直接联系，以及由此产生的欧洲—印度商业的增长，起先确实增加了流向东方的贵金属——特别是白银。白银是从里斯本出发船只的通常载货；通常情况下，每艘大船装载 4 万—5 万西班牙塔勒，记在君主账户上，用来购买运回的胡椒。同样，荷兰人也必须用现金支付东印度进口的大部分商品："其余货物的出口则没那么重要。"

但另一方面，与东方各民族的直接联系确实促进了贵金属的回流。殖民定居点尤其为进贡、掠夺和敲诈、抢劫和盗窃创造了机会。

当然，一个地区的贵金属越丰富，入侵的欧洲人的掠夺制度便会越成功，这些贵金属或者是当地人业已获得，或者他们现在必须开采出来。事实证明，当葡萄牙人前往定居时，亚洲大陆、特别是**亚洲岛屿的黄金非常丰富**。然这一事实今天已被人忘却，以至于我们最早的贵金属统计专家甚至从未提及亚洲的黄金。[①]而如此富饶的地区却如此迅速地枯竭，可见葡萄牙人在 16 世纪期间必定从它们的亚洲领地提取过大量的黄金。尽管我们可以追溯到阿拉伯人已经在 15 世纪渗透到黄金生产的各个领域，并且很可能在整个中世纪从这些国家提取黄金，然那些岛屿在 1500 年左右显然仍旧是黄金的主要产地。[②]

但是，就耗尽一个区域的贵金属而言，阿拉伯人的统治似乎远不如沉迷于黄金的欧洲人那样致命：阿拉伯人在几个世纪中的所为，欧洲人则在几十年里即已相当。

亚洲的产金地如此，**非洲的富金产地**亦不例外。[③]这些地区——其中有三个——在中世纪很长一段时间里为阿拉伯人所利用，但远不及葡萄牙人入侵后那般竭泽而渔。因此，当欧洲征服者首先到达塞内加尔的金矿，然后很快到达东非索法拉海岸的丰富金矿时，便意味着黄金产量的再次强劲增长，欧洲必定分享了其中一部分。

所有专家都承认，在那个遥远的时期，几乎不可能有数字记录黄金的进口量。即使"产出"的金属本身可以大致确定，被掠夺的金银的数量仍无法确定。在这种条件下，泽特比尔假定的从非洲出口黄金的数字，在这里可能被加以利用。根据他的说法，这些数字在下列时期平均每年输出为[④]：

---

① 　无论在泽特比尔还是 E. 聚斯《黄金的未来》（1877 年）的著作中，都没有将亚洲视为黄金之乡。德尔马在其《贵金属史》（1880 年）中也只知道日本是黄金之地。莱克西斯亦同样如此：Art. „Gold" im H. St. 2。

② 　在本书第一版第一卷第 373 页及其后各页的参考文献中，我曾编列相关的原始资料来源，有专门兴趣的可以检索。

③ 　见上条附注。

④ 　基于我的上述考虑，这些数字仅仅是最低限度。当然，如果知道洛佩斯关于索法拉矿产量的报告，泽特比尔也会接受更高的数量。当葡萄牙人到达那里时，每年产量估计已经达到 200 万米特卡（1 米特卡为 1/3 杜卡特，即约 2 400 万马克）。欧洲人肯定会比阿拉伯人获得更多的产出。参见 Lopez, Navigatione verso le Indie orientali（1502），bei Ramusio 1, 134 C。这一数字同萨尔费尔德依据其他来源计算的葡萄牙殖民地的产量一致，即为 150 万磅。见 Saalfeld, Portug. Kol, 174。

1493—1520 年 ························· 3 000 千克或 8 370 000 马克

1521—1544 年 ························· 2 500 千克或 6 975 000 马克

至于从亚洲的进口则无任何确定的数字。

三、西班牙人对墨西哥和秘鲁的掠夺

在古代美洲文化的土地上①——16 世纪初遭西班牙人的入侵——贵金属的储量非常丰富，这些贵金属大多被用作珠宝和装饰。

若用数字来表示从这些国家掠回欧洲的贵金属数量，极其困难。最好的专家的估计（或计算）相距如此之大②，我宁愿抛弃确定数字的想法。至于其数量之巨大，可以从一些人掠获的数量中看出，其中一些我将在下文提及。

第五时期 从 16 世纪中叶至 17 世纪初期（1545 至 1620 年左右）

这一时期，贵金属的生产和库存发生了巨大的变化，就此我可以简短报告。前文已经说过，随着美洲的发现，我们进入有可靠统计数据的时期，此外，我们还处于有利的地位，可以充分利用经常提到的**泽特比尔**的最新工作。即便没有特别可用之处，亦可从中提取以下的数字报告。

16 世纪中叶的贵金属情况所以出现根本性的改变，一方面是美洲最丰富的矿场（萨卡特卡斯、瓜纳索托）的开采，以及特别是波托西斯的开采——前已提及。另一方面是由于采用汞齐化工艺。这两件事造成 16 世纪后半期白银产量的骤然且强劲的增长。在同一时期，德意志和奥地利的金银产地正在枯竭，我在上一篇中已经用一些数字说明了这一点。但非洲的（黄金）产量也从 16 世纪中叶开始衰落：新发现的大陆必须补偿这些损失，并且以极其丰盛的状态来提供替代品，至

---

① 有关秘鲁金银矿藏的描述，参见 W. H. Prescott, Geschichte der Eroberung von Mexiko, deutsch 1848, 1, 22 f. 74 f. 194. 214. 329 f. 348. 354—358（Lösegeld des Atahualpa）. 397 f.；关于墨西哥同样可见 Prescott, Geschichte der Eroberung von Mexiko, deutsch 1845, 1, 143. 239. 448. 539 ff.；有关奇布查，尤其是波哥大的西帕、通哈的萨奎等地的情况，可见 Häbler, Amerika, 300. 亦可参阅 Max Wichmann, Über die Metalle bei den altamerikanischen Kulturvölkern. Hall. In. -Diss.（1885）, S. 27 ff.。此书为良好的汇编。

② 亚历山大·冯·洪堡的计算是，在波托西斯矿场开放之前落入征服者手中的获利总额为 18.6 万金马克，约为当年货币 2 500 万皮阿斯特或 1.3 亿法郎。参见：Essai sur la Nouvello Espagne 4, 253 ff.。然莱克西斯则仅计算出 2 000 万马克，参见 Art. Gold in H. St. 2。

少就白银而言必须如此。随着美洲矿场的开发（一直延续到巴西金矿的发现），这种贵金属进入绝对繁荣期：1521—1544 年，白银在贵金属总产量中所占的价值仅为 44.9%，至 16 世纪末时，这一比重已上升到 70.3%、73.9%、78.6%。

世界黄金产量在整个 16 世纪大致保持不变：从 1521—1544 年的年平均 7 160 千克，到 1545—1560 年的年平均增加到 8 510 千克，在随后的 40 年里平均每年产量下降到 6 840 千克和 7 380 千克。

另一方面，白银产量在增加！每年的平均量为：

1521—1544 年 ················· 90 200 千克

1545—1560 年 ················· 311 600 千克

1561—1580 年 ················· 299 500 千克

1581—1600 年 ················· 418 900 千克

1600—1621 年 ················· 422 900 千克

因此，白银产量在 16 世纪中叶增加了两倍多，并且（在短暂的停滞之后）继续增加，直到 17 世纪的初期为止。如前所述，首先是拜墨西哥，特别是拜波托西斯所赐。

在上述各个 20 年间，墨西哥的白银产量平均每年增加：

3 400 千克

15 000 千克

50 200 千克

74 300 千克

81 200 千克

波托西斯的白银生产在 1545—1560 年期间，平均每年产量为 183 200 千克，随后下降到 151 800 千克，在 1581—1600 年达到最大值 254 300 千克。

在这一时期，对欧洲经济生活的发展具有重要意义的不仅是贵金属数量的迅速增加，而且还有其生产地点的转移：经济生活的源泉在德意志业已枯竭，而在西欧各国的殖民地中突飞猛进。然而，新的黄金流并没有使这些殖民地受益，相反，新的黄金流（形象地说）像一条人工管道一样经西班牙（后来又经葡萄牙），流入荷兰、法国和英国的经济领域。我将在稍后篇章中详细讨论这一问题以及与之相关的民族地位的转变。此处暂时提出一个事实：德意志之所以枯竭，是因为它本身的贵金属来源枯竭，但西班牙尽管有美洲的属地，却也同样枯竭。美洲的白银为何没有留在西班牙或甚至没有首先流经西班牙，原因主要如下：

1. 部分生产保留在殖民地；

2. 另一部分因船舶被抢劫①等而丢失；

3. 许多物品退出流通，变成珍贵的器具等；

4. 大部分用于支付北欧民族，特别是荷兰人，还包括法国人和英国人②，他们为西班牙或殖民地供应商品③；

5. 其余款项用于支付西班牙政府的债务利息。

从这一时期流传下来的一些数字可以看出西班牙从这些途径流出的贵金属的具体数量。例如，1577 年菲利普二世的舰队为富格尔家族带到安特卫普（他在那里扣留了这些银子）的白银价值 80 万杜卡特。1595 年，从圣卢卡沙滩运出的金银达 3 500 万斯卡第，据称是三年的收入。到了 1596 年，在卡斯蒂利亚再也没有雷亚尔这样的货币出现。④

根据这些数字，我们可以相信这样一种说法：在发现美洲一百年间，荷兰、英国和法国的贵金属，特别是货币形式的贵金属，远比西班牙多。⑤

第六时期　17　世　纪

在此期间，贵金属产量起初略有下降，在最后三十几年里又迅速上升。欧洲在白银生产中所占的份额微乎其微。黄金产量有所增加。以下是总计数字。

按重量（千克）计算的年产量：

时　期	白银	黄金
1601—1620 年	422 900	8 520
1621—1640 年	393 600	8 300
1641—1660 年	366 300	8 770
1661—1680 年	337 000	9 260
1681—1700 年	341 900	10 765

倘若我们将两种贵金属的产量总合一起，用一种（货币）价值来表示时，这一时期的波动过程就更加明显。于是全部贵金属的总产量为：

---

① Del Mar, Money and Civilization, 166 ff.

② 在亨利四世统治时期，法国流通的西班牙金币和手枪，比查理九世时期更多。参见：Brautome, Oeuvres 3, 197 ff.。

③ 参见本书第二卷第六篇，这一部分论及国际经济关系。

④ Gonzales Davila, Vida y hechos del Rey Felipe III, p. 35. 引用这一报告的兰克认为，此说并不可信，但此人"值得信赖"。见 Ranke, Fürsten und Völker Süd-Europas 13 428。

⑤ 详情亦见本书第二卷第六篇中确切的调查。

1621—1640 年 ···················· 18.801 亿马克

1641—1660 年 ···················· 18.081 亿马克

1661—1680 年 ···················· 17.299 亿马克

1681—1700 年 ···················· 18.315 亿马克

在 17 世纪的最后二十年里，黄金产量的增长尤为明显。

第七时期　18　世　纪

这一时期贵金属生产的增长比较迅速而持久。从 18 世纪初至中叶，新发现的巴西黄金正涌入欧洲。巴西的金矿在 18 世纪之交开始产生较丰硕的产量，其黄金产量为：

1701—1720 年 ···················· 1 亿 5 000 万马克

1721—1740 年 ···················· 4 亿 9 000 万马克

1741—1760 年 ···················· 8 亿 1 600 万马克

然后（从 1764 年起）产量逐渐下降，直到 19 世纪初，几乎完全停止。[1]

然而，就在巴西黄金开始枯竭之时，墨西哥白银产量的强劲增长开始了：1760 年，因西班牙人奥夫雷贡（Obregon）的工作，瓜纳华托高原（Veta Madre von Guanajuato）上的瓦伦西亚纳（Valenciana）矿场最丰富的部分被开采；1765 年，萨卡特卡斯高原（Veta Granda zu Zacatecas）圣阿卡西亚（Concession S. Acasio）的博南萨（Bonanza）矿被开采。[2]

墨西哥每年的白银产量：

1721—1740 年 ···················· 230 800 千克

1741—1760 年 ···················· 301 000 千克

1761—1780 年 ···················· 366 400 千克

1781—1800 年 ···················· 562 400 千克

1800—1810 年 ···················· 553 800 千克

---

① H. Handelmann, Geschichte Brasiliens（1889），S. 579/80. v. Eschwege, Pluto brasiliensis（1833），145.

② Suess, Gold, 172.

每年的金银总产量为：

	白银	黄金
1721—1740 年	431 200	19 080
1741—1760 年	533 145	24 160
1761—1780 年	652 740	20 705
1781—1800 年	879 060	17 790
1801—1810 年	894 150	17 778

以价值额显示出下列图形，我们可以明显看到，这一时期——准确地说，18 世纪以及 19 世纪的第一个十年——贵金属生产的迅速增长。总产量为：

1701—1720 年 ⋯⋯⋯⋯⋯⋯⋯⋯ 19.955 亿马克

1721—1740 年 ⋯⋯⋯⋯⋯⋯⋯⋯ 26.17 亿马克

1741—1760 年 ⋯⋯⋯⋯⋯⋯⋯⋯ 32.926 亿马克

1761—1780 年 ⋯⋯⋯⋯⋯⋯⋯⋯ 35.052 亿马克

1781—1800 年 ⋯⋯⋯⋯⋯⋯⋯⋯ 41.573 亿马克

1801—1810 年 ⋯⋯⋯⋯⋯⋯⋯⋯ 21.06 亿马克

这些产量主要来自西班牙和葡萄牙的殖民地，其中大部分绕过了殖民地国家的本土或迅速离开本土转移到经济发展较快的欧洲西北部国家，特别是英国。

第八时期　从 1810 到 1848 年

在这一时期，贵金属，特别是白银的产量突然大跌，几乎是任何其他时期均未出现的情况。原因在于：主要是美洲生产地区的政治动荡（正如以后将说明的那样，生产条件因此恶化）。

墨西哥的白银产量在几年内下降到不及原先的一半：从 1801 至 1810 年的年平均 553 800 千克下降到随后 20 年中的 312 000 千克和 264 800 千克。美洲的黄金产量同样也下降很多，只是在 19 世纪 30 年代，值得庆幸的是俄罗斯在迅速扩大黄金供应，故此，世界的黄金产量才没有像白银产量那样同比例下降。俄罗斯黄金产量的增长在 19 世纪 30 年代和 40 年代甚至更多一些（加上墨西哥白银产量的缓慢恢复：1831 至 1840 年每年生产 331 000 千克，1841 至 1850 年每年生产 420 300 千克），因此从 19 世纪 30 年代开始贵金属总价值又在缓慢增长。总计数字如下：

年　份	贵金属的总产量 百万马克	其中白银 百万马克	黄金 百万马克
1801—1810	2 106.1	1 609.1	497.0
1811—1820	1 202.7	973.4	319.3
1821—1830	1 225.6	829.0	396.6
1831—1840	1 639.7	1 073.6	566.1

　　1848 年出现一个决定性的转折，世界历史由此进入新的轨道：资本主义的黄金时代展开。不过，此处对这一时代还不能加以描绘。

第三十二章

贵金属对经济生活的普遍意义

文 献

当然，许多学者已经不时提到贵金属和贵金属生产在经济生活中这种或那种领域内的重要性。这里没有必要再提这点。然而，一些著作必须提到，它们是从根本上处理这一问题，并尝试阐述贵金属的总体影响。奇怪的是，这些书都是美国人写的：德尔玛，在他的众多著作中，特别是：Al. Del. Mar, Money and Civilization, 1886，并附有书目。布鲁克斯·亚当：Brooks Adam, The Law of civilization and decay, 1895；德文版（更为完整）：《文明与衰落的法则》，1907 年。欧文·费希尔：The purchasing power of money. New Ed. 1918。

除了贵金属生产对经济生活进程和整个文化的影响极其重要这一点之外，我与业已提及的研究者之间没有任何相通之处。我们在非常不同的方向上建立影响的方式与方法并无相同之处。

第一节 贵金属的虚幻意义

关于黄金及其在人类生活中具有何种重要地位，大多数国家的传说中都有许多描写：如"金羊毛"①以及英雄们如何寻找它，如何无惧生死，或获得胜利；或如不幸的迈达斯②，他触及的所有物件都变成黄金，食品和饮料亦然，因此便面临着悲惨的饥饿危险，直到他在帕克托卢斯河洗浴，才得以幸免，自此以后，帕克托卢斯河开始富有黄金，如此等等。但在德意志的神话中，对黄金问题的把握最

---

① 希腊神话故事中的稀世珍宝，许多英雄和君王都想得到它。——译者
② 迈达斯，或译米达斯（Midas），希腊神话中的弗里吉亚国王，贪恋财富，能点物成金。——译者

为深刻，神和人所遭受的一切痛苦都归因于拥有黄金，而解脱一切邪恶的方法就在于，将来自莱茵河深处带有祸灾的金戒指归还给莱茵的女儿们。这不外乎是说神和人的命运与黄金的命运紧密相连。

就我们所知，民间传说几乎总是在告诉我们深刻的真理。许多关于黄金的传说告诉我们什么？人类的历史教会我们什么？在这些传说中，黄金是否也具有神话所赋予的至高无上的意义？

可以肯定的是，在历史上人类的**观念**中，黄金总是具有最高的价值，人类一直准备冒险去获得贵金属。仅凭这一点，黄金在人类历史的进程中就变得非常重要：对黄金的渴望成为决定性事件的强大动力。黄金尤其成为征服和战争的动力，其结果往往决定整个民族和整个文化的命运：大流士追求黄金，亚历山大大帝也是如此；罗马人和迦太基人最终为西班牙的黄金而战；凯撒希望在日耳曼尼亚找到黄金；中世纪围绕波希米亚的金银财宝爆发许多战争："强烈的贪欲和无穷的恶意为何吸引众多外人、大批的民族和异邦的君主来到库腾贝格①？只因其地下埋藏着贪欲的养料——白银。"古代的编年史家已经知道这一点；几个世纪以来，欧洲各国一直在争夺美洲的黄金，对金矿的争夺系最近一次大战的起源。

黄金在文化发展中也变得重要，重大的事件因追逐黄金而发生，当开始追逐之时，无人会想到会发生这些事件，故此我们必须将这些事件视为追逐黄金欲望的间接后果：奴隶制只是在金矿开采业之后才充分发展。

> 无忧无虑的铁匠，
> 为妇女们制作珠宝。
> 我们笑得开心，
> 不知疲倦在劳作。
> 邪恶的人迫使
> 我们去填补沟壑，
> 只是为着他一人
> 我们永远在受累。

在寻找黄金的过程中，化学因此成为一门科学；在寻找黄金的过程中，美洲被发现，现代大国因此而形成。

因此——正如人们所说——**黄金**对人类发展的**虚幻意义**毋庸置疑，但它并没有说明其真实的意义；黄金对文化生活的进程是否真正产生如此强烈的影响，这

---

①　库腾贝格（Kuttenberg），又称库特纳霍拉（Kutna Hora），波希米亚中部城市，德文名称为库腾贝格，该地有多种金属矿藏。——译者

种生活是否真的是因拥有并使用黄金，而决定其性质与方向？黄金的开采真的像所有寻求黄金的人所臆测的那样，是一种祝福吗？还是如神话所警告的那样是一种诅咒呢？

此问题的最后一部分具有哲学与形而上学的意义，并包含着人类的生存意义和重要性的问题；对此，本书在此处不加考虑。但除此之外，还留有一个纯粹的历史问题：贵金属的利用、增值和减少，在事实上对文化进程所产生的影响。

第二节　贵金属的真实意义

上述陈述为以下问题准备了答案：贵金属及其生产关系的形态、数量和类型对经济生活的真正意义；至于答案本身将包含在以下两章及本书各处。在此，首先仅就贵金属所能产生的众多方面的影响作一个简短的说明：以示意的方式来表现贵金属在经济生活中的重要性，便于我们一开始即将注意力集中在贵金属的实际影响可能显现或隐藏的各种联系之上。这是任何先前观察过类似问题——描述贵金属在历史进程中的作用——的人所注意到的问题：关于贵金属对经济（以及所有文化）生活的重要性问题经常被提出，但至今仍然没有人作出详尽的答复，无论是因为人们没有足够系统地研究这个问题，还是因为（更是常有的情况）人们总是过于片面地考虑贵金属的这种或那种影响，如通常只考虑唯一的（对价格形成的）影响，且即便对这种影响也没有在其所有分支和一切细微差别之处作过足够彻底的研究。

本书试图克服这些缺陷。首先要做的似乎是：提出一个尽可能完整的纲要，借以说明贵金属能够（或业已）发挥的可以想象的影响。

我已经说过：人们通常只想到贵金属对价格形成的影响。与此相反，现在必须从一开始就说明，贵金属一般在对价格产生影响之前，甚至在它们成为货币之前，其重要性已经显现出来。所以我们必须区分：

1. **直接和间接**方式的影响，即作为单纯使用物品的贵金属与作为货币的贵金属的影响。此种影响如果是以后一种方式所产生，在本质上则是不同的。

2. 纯粹对需求的**数量上的**影响，还是同时对**价格的影响**。

对于影响有意义的是：

3. **贵金属的来源**。

这里必须区分获得贵金属的以下不同方式（个人，因此也是一个经营整体）：

（1）**直接**：通过掠夺、被征服地的税贡或自己的生产。

（2）**间接**：一种可能为贵金属通过贸易进入该国，作为对所供应货物的付款；也有其他方式，特别是一国因债务向他国的付款。这种债务偿付的一个特殊事例是战争赔偿。

如果贵金属是自己的生产所获，其影响的表现则有很大的差异。

4. 根据**生产关系的不同**。谁开采贵金属：奴隶、手工业者或雇工；谁直接分享生产的收益：国家（作为矿场的所有者或合法权益者）、小人物、西班牙大公或伦敦商人。同样重要的是，受益人如何获得他们的份额：是作为资本的回报，还是作为劳动的报酬；是作为有规律的稳定流动的收入，还是作为一种突然的侥幸的收入；是因采矿而致富，还是生活于贫困之中；抑或是因矿山而变得富有：由富人变成巨富，由穷人变成富人。由此可以看出，贵金属生产影响收入形成的不同方式，对经济生活的形成显然至关重要。

这反过来特别取决于收入形成的性质：

5. **支出的差异**，也取决于第 4 项所述的差异：无论是生活必需品、奢侈品或是从贵金属生产的盈余中购买的生产资料，还是从贵金属生产的利润中间接购买。

然而，现在很明显，到目前为止所讨论的诸种影响的所有可能性保持着它们的特征。

6. 取决于**贵金属进入的环境**，特别是取决于它们要影响的经济制度：是自足经济、扩大的自足经济、手工业还是资本主义，及其处在何种发展阶段之中。在早期资本主义时期的影响不同于高度资本主义时期的影响；如果一个经济区的信贷组织水平较低，另一个经济地区的信贷组织水平较高，则两者造成的影响不同，故此，1750 至 1850 年再至 1900 年的影响完全不同。

但是，如何适当评价所有这些无穷变化可能产生的效果，而又不致迷失在一种混乱的诡辩中？我以为只有一种方式：贵金属的普遍意义必须根据**一种明确界定的单个问题**来探讨。此处正是采取如此做法。正如我在本篇的序言中所说，我们将努力认识贵金属生产与资本主义之间的联系，但首先要认识到贵金属**对资本主义起源的重要意义**。我们现在将贵金属的各种不同的影响包括在这种联系中，并再度确定它们尤其是：

7. 能够在**四种不同的方向**，以四种不同的方式表现出来。

这四个方向是：

（1）国家的形成，

（2）精神的形成，

（3）财产的形成，

（4）市场的形成。

当我们认识到现代国家的诸种成长条件时，已经有机会去追究（1）所概述的各种影响。

通过发挥资本主义精神的各个方面，贵金属体现出塑造精神的影响，或是通过突然的强劲增长将经营的本能极致化、促进投机的精神，或是不断地将贵金属用作货币，促进计算意识的发展。本书——并非将资本主义精神视为派生，而是假设为给定——对于其所产生的这一部分影响不加描述，因为我在其他书中已有述及。[1]

贵金属具有**形成财产**的力量，并且已经在不止一个方向上证明这一点：在它们的开采和转化为货币方面。显然，这种力量必定会随着贵金属生产的增长而同比例地增加，而财产形成的方式则取决于矿冶业的组织与贵金属的利用，这也是正确认识这些问题如此重要的原因。除了这种——正如人们所称——依附贵金属直接形成财产之外（我在本书第四十二章将会探讨这一点），就贵金属在财产形成中的作用而言，还会发挥另一种间接的影响：通过价格形成的媒介手段。

最后，贵金属作为**市场形成者**出现。因此，它们以四种方式发挥其影响。

1. 它们**能够向市场为基础的生产过渡**：我们以前已经注意到这种影响，见前文第八章第二节第四项。

2. 它们因持续的（唯一的）商品需求而**扩大市场**，而扩充的范围恰以新开采的贵金属数量增加为变大。

3. 它们作为一种条件，能够在财产增加所引发的**对商品的增量需求中**发挥作用。

4. 它们**对价格产生影响**，即在价格上涨的情况下，能够形成经济普遍上升的局面。

此处所断言的大多数联系，在适当的地方，只要放眼一看，便不难察觉：指出这些就意味着揭示它们，如此就会像洗净的金子一样暴露在水面上，很容易被攫取。反之，在一种稍微复杂的程序情况下：就需要认识贵金属为什么能够影响价格，进而影响财产和市场的形成，并且在早期资本主义时代即已发挥如此这般的影响。这一认识可与黄金相提并论，黄金如细脉贯穿在含金矿石之中，必须用巧妙的器械去开采。

以下各章旨在揭示贵金属生产与价格形成之间的联系：理论的（第三十三章）和经验、历史的（第三十四章）。

---

[1] 见我的《资产阶级》一书，第 25 章。

第三十三章

货币价值与价格

文　献

这个问题在每一本政治经济学教科书中都有论述。在德文教科书中，菲利波维奇和瓦格纳特别值得一提。阿尔特曼在其《数量理论》（„Quantitätstheorie" im Hst. 3.）一文中对有关研究状况作了很好的概述。读者在该文中还可以找到更多的文献。关于教义史，请参阅：Hoffmann, Kritische Dogmengeschichte der Geldwerttheorie, 1907。

在最新的文献中，值得强调的是：Irving Fisher, The Purchasing Power of Money, 1911. New and revised ed 1913。主要是因为作者决心重新接受被广泛亵渎的数量理论。基本上是以"天真的"数量理论为基础，为毫无疑问正确和重要的认识提供新的支持，即货币的数量，特别是贵金属的生产关系对价格的高低具有决定性的影响。遗憾的是，我找不到费舍尔新的依据。经典数量论者的论点无法做到这一点——顺便说一句，关于数量理论的争论是我们科学中"话语统治"的一个极佳例子。大多数作者将旧学派的思想与数量理论联系在一起，因此对任何新的物质复兴都充耳不闻。

第一节　"价格定律"

在这一点上，我的任务并非阐明一种详细的价格学说，而只是必须强调那些在我看来特别重要的问题，以此为限。

我基本上是立足于"经典"价格学说的基础上，因此认为"供求定律"与"生产成本定律"是"价格定律"的最佳理解，为了防止误解，对于其性质我想明确指出：

价格定律的形成是所谓"理论的国民经济学"最重要的任务之一。价格定律是我们思考的工具，其形成的目的就在于理解经验的历史的价格形态。它们并不代表价格形成的真实过程，而是给出在特定条件下价格如何形成的概念图形。

"价格定律"是概念图形，系在我们追踪现实生活中活动的原因（动机）中产生的概念，其假设为：

1. 此等原因总是相同的，且总是同样强大的；

2. 此等原因总是在我们确定的相同条件下发挥作用。

此种动机——其效果需要我们研究——努力以尽可能有利的方式进行购买；卖方以尽可能高的价格出售，买方以尽可能低的价格购买。我们假设作为给定手段的条件如下：

（1）买方和卖方的充分理性：他们的行动应完全以上述动机为指导，并应完全知道在何处寻找他们的优势，因此应始终熟悉最有利的买卖机会等；

（2）流通自由：买方应始终有机会寻找被认为是最好的购买机会，卖方应有机会将商业与生产趋向他们获得最大利润的方向；

（3）价格已经存在。这一点特别重要的是，要认识到价格是**价格定律的先验因素**。

在现实中，价格永远不会（或者最多出于偶然）遵循既定的价格规则，因为所必需的条件永远不会在充分的范围内出现。

下列一个或多个偏差将始终发生：

1. 除了追求最高的利益之外，其他动机也有效。传统感：对一个裁缝保持忠诚，因为他做了我的裁缝 30 年；同情：我托付老鞋匠制靴，因为他年老体弱；方便：我在最近的商店购物；身份的考虑：我只在高雅的商店购买；时尚瘾：在百货公司游逛；政治原则：我避开不同信仰人群的生意，如此等等（在这种情况下，这确实不仅仅是一个说辞，因为可以有无数的内心活动在决定价格）。

2. 理性并不存在：我们往往不知道在哪里可以买到最便宜的商品；卖家往往不知道哪里的需求最旺盛。

3. 流通自由不是为了货物的流动：各种人为的（合法的！）自然障碍阻碍着货主将货物运到最有利的地方。

4. 资本和劳动力的自由流动并不存在：事实上，生产不可能总是（或在大多数情况下）像我们的图形所要求的那样迅速扩大，因此，价格可能在较长的一段时间内维持在理性价格的水平。同样，如果价格低于"理性"价格，生产也不会受到必要的限制，因为工厂设备需要折旧，而工人（手工业者）也不能立即重新学习，等等，因此，价格可能长期低于理性价格。

5. 同一个商品销售商（生产者、贸易商）往往不会均衡地计算他所销售的所有商品的利润，而是将其中一些商品出售，也许无法盈利，另一些商品甚至亏损，因为他可以从其他商品中赚取更多的利润。其结果是，个别商品的价格高于其合理价格，而另一些商品的价格低于其合理价格（尽管它们是根据价格定律作为一个整体所形成）：所谓相互关联的价格。

总之，存在着各种细节上的混乱。但是——在一个只享有些许自由流动的经济地区——也有一定的规律性，这是由于价格图形所依据的动机总是（作为常数）有效，而其他动机则并没有同样的规律性。暴风雨肆虐的大海的形象，它的表面被千千万万的海浪所摇荡，而海水却在巨大的海浪下保持着均匀的运动。

最初，"价格定律"的目的只是指商品交换价值的变化所产生的影响。因为在价格中含有货币的交换价值和商品的交换价值之间的一个方程式，故此不仅要从商品的角度，而且要从货币的角度来解释价格的变化。还有一件十分明显的事情，即货币的价值也可能发生变化，而这种变化——在相反的意义上——也可以影响价格：如果货币价值下降，价格必定上升；如果货币价值上升，价格则必定下降。在这一点上，我们必须研究货币价值变化对价格的这种影响，我对于这种变化的影响在历史上的评价特别高。因此，我将采取与迄今不同的方法，详细讨论**货币价值与价格之间的关系**。同时，我会立即回答人们在批评中向我提出的许多问题。

第二节　价格定律对货币的应用

在早前的淳朴时代，人们几乎不假思索地认为，货币价值和价格之间的联系似乎理所当然，并且已经知道，货币价值是如何决定的：由现有的货币数量所决定。这些都是我们所说的旧铸币数量理论的追随者，他们中间最优秀的人物，如**洛克、休谟、孟德斯鸠**和其他人等。他们以为，价格水平出自一个国家所流通的货币数量，只需将支付价格之和除以所有铸币的价值之和。如果货币量增加，也就是说，被除数增加，而除数（商品的买卖量）保持不变，在他们看来——完全基于亚当·里斯的权威——商数——商品的价格——也会同样增加。反之亦然。

今天在我们看来，这种观点是如此天真，以至于我们实在无法理解，那些杰出的思想家，他们对其他事物看得如此透彻，为什么竟然持有此种观点。原因可能在于，对所有社会和经济过程作心理学解释，我们今天认为理所当然，而那个时代与此相距甚远，他们并没有意识到，价格形成是由一种意志行为所引起的，而试图在不考虑任何因素的情况下解释一种意志行为是多么荒唐。他们解释一种意志行为，如价格的形成，但并不考虑与其心理原因的关系。对我们来说，天真的数量论者这种机械的除法是纯粹的神秘主义，根本不值得讨论。

除此之外，在早期资本主义时期，在有些情况下，价格实际上是通过除法以看似纯粹的机械方式所产生。其中一个例子是在维拉克鲁兹和波托贝洛举行的交易会上确定价格，众所周知，欧洲和中、南美洲白银生产国之间几乎所有的商品交换都是在这里进行的。白银生产者和商品销售商在这里直接相遇。当然，参加交易会的商品数量是给定的，购买者获得的贵金属数量也是给定的。由于所有的商品都被卖掉，所有带来的贵金属（货币）都被花掉，因此各自的价格是根据需求者手中的货币数量（不可预测、随机地）确定。有关这一事实，可参见：Ulloa，Retablissement 2，101。亦可参见：Ricard，Neg. d'Amst. 528。

当然，这种看似机械的价格形成也是基于一种心理过程，然其影响十分惊人，可以为建立旧的数量理论提供一个契机。

我们今天知道，社会理论需要心理学的根据，否则不成其为学说。有心理学依据的价格学说包括供给和需求决定价格的理论。因为，在供求的抽象名词背后毕竟隐藏着卖方的艰辛与买方的追求。心理过程（无论客观上如何决定）导致价格的上升或下降。因此，一些价格理论家将供求规律应用于货币商品并希望按照这一规律来确定货币价值的升降，对于这样的意见，我们必须多加听取。据我所知，绝大多数后古典经济学家都试图在这种方式中确立货币价值和价格之间的联系。因此，正如罗舍尔所言："此处涉及的首先是最普遍的价格定律的应用，即货币的供给和需求。"[1]

不难证明，这种将商品价格定律机械地应用在货币价值形成上的做法是不可取的。原因非常简单，就货币商品而言，根本不存在我们对普通商品所使用的供给与需求这些概念。[2]

这样的考虑进而导致一些人否认货币影响价格的可能性。

然而，这未免又走得太远。如果一个证据被认为是错误的，待证明的对象并不一定就是错误的。我相信货币价值一定会发生变化，并一定会对价格产生影响。只是必须以一种不同于迄今所尝试的方式，来找到货币价值与价格之间的联系。让我们看看究竟是哪一种方式。

最好的办法是：我们将贵金属生产者及其在经济生活中的独特地位作为出发点。在所有的生产者中，贵金属生产者是唯一一个不需要出售却可以利用其商品的人。但由于他是唯一的非卖方，便成为唯一的买方。他在出卖之前——只有他一个人——可以购买。他的产品**不像所有其他产品那样代表供给，而是代表需求**。因为它们绝对可以交换，绝对可以销售：无论其生产的数量如何。故此，从银矿、

---

[1]　Roscher，System Bd. I，§ 122.

[2]　这方面的证据已经经常出现。参见：Philippovich，Grundriß der pol. Ökon Bd. I. 此书的阐释颇佳。我的论证在基本要点上与他人不同，但在其他重要问题上却吸收了他人的通常做法。

金矿和含沙金的溪流深处，源源不断地涌现出对商品的需求，这种需求似乎是凭空突然发生的，一旦它存在，就永远不会中断，它不断地创造一个新的欲望世界：一种经济生活的源泉，这种源泉从不会在其他任何地方流淌出来。

贵金属与商品之间的价值关系难道不应该从这一点开始受到决定性的影响吗？我想是的。我们必须从这一点上设想这些联系。

第三节　货币商品的数量与价值对价格的可能影响

贵金属生产的变化——例如增加——在假定的情况下，会增加对商品的需求，无论是作为生产资料还是消费品。黄金生产者的产品一旦进入流通，就会作为需求产生作用。所以，随着黄金开采量的增加，黄金生产者所在地区的商品价格会首先上涨。当然，这里的每一次价格上涨都意味着第一类生产者的需求增加，这种需求必定会表现为第二类生产者的价格上涨。当贵金属产量下降时，便会发生相反的趋势。

因此，我们可以毫不迟疑地提出：

第一条定理：贵金属（货币产品）产量的每一次增加（减少）都有提高（降低）商品价格的趋势。

这种价格变化是否会持续下去，是否会普遍化，即货币商品的贬值，取决于一系列特殊情况。首先，我想提出以下一条定理：

第二条定理：只有当这种变化伴随着生产条件的相应变化——贵金属生产成本的减少或增加——时，贵金属生产的变化才会对价格产生影响。

我们假定，黄金产量的大幅增加导致商品价格的大幅和深远的上涨——根据我们的第一条定理——但贵金属生产成本保持不变，其结果将是，他们的货币表现将随着生产资料和工资价格的普遍上涨而增加。如果一磅黄金的生产花费1 000马克，当价格上涨50%——开采一磅黄金所用的机器与工人如果同从前一样——时，这1 000马克的金额现在将变为1 500马克，但一磅黄金仍然等于1 392马克：所以他的生产者每磅黄金亏损108马克，而不是盈利。结果将是，他收回资本，停止经营。他的需求也化为乌有。因此，黄金生产商的需求下降，商品价格就会下降。如果这种下降进展得足够快，黄金生产者的生产又会再次变得有利可图，他就会重新加入生产者行列，需求就会增加，商品价格就会出现上升的趋势，如此等等。这里的图形与通过商品方面的变化来形成价格的图形一样。

因此，只有在生产成本同时发生变化的情况下，贵金属产量的变化才会对价格产生持久的影响：这种影响**必定**发生，但必定在**何时**发生？

答案是：这将取决于贵金属生产的规模及其与商品生产规模的关系。证据应如下所示。根据我们的第一条定理，价格的第一次上涨（再次从这里说起），当然首先会增加利润，但因此也会增加产量。要求更高价格的更多商品将大量地生产出来。因此，（根据众所周知的商品价格图形）相反的运动再度开启：价格开始下降，直到达到"自然"价格为止，即达到平均利润率的价格水平。在此期间贵金属生产如果不再增加，那最终的结果将是：贵金属生产者（假设他们的生产条件没有恶化）获得高于平均水平的利润，原因在于他们的产品具有明显的垄断性质。在此期间，如果生产条件已经恶化，则整个价格的上涨只能是纯属偶然。

然而，如果还有一种情况出现，即贵金属的生产长期保持有利或日益有利的条件；贵金属生产者所要求的物品不能如所要求的那样迅速增长，那么便会产生影响，价格就会超过第一个区间而上升：第一个赢家（由于他们的超额利润）也会向他们的供应商支付更高的价格，而这些供应商也会向他们的供应商支付更高的价格，如此类推。资本和劳动力将没有动机流入享有特权的生产领域，而只能在当地找到便当的获利条件。但是，如果这个过程足够长，如果被扔进水里的石头形成的波环已经遍布整个池塘；想象一下，当经济生活的所有部门都受到价格上涨的影响时，便会产生一种可能导致价格下降的相反作用：一类商品的生产超过需求，因为没有一个领域的利润高于平均水平，**利润已经在普遍较高的价格基础上平均起来**。于是，货币价值普遍下降，价格的普遍（和长久）上升得以实现。

同样，贵金属生产条件的恶化也会在相反的意义上产生影响。不过，这种恶化可能会更快地在价格下降中变现出来。其过程是：贵金属生产者的需求减少，因此，第一种供应商的商品价格下降，现在再由这些供应商转嫁压力，以此传递下去。正如我们稍后将看到的那样，这里的影响必定会根据经济生活的一般组织而呈现差异：在手工业经济（15 世纪）中不同，在资本主义经济（19 世纪 80 年代）中则又不同。然而，我们现在提出的定理是普遍适用的，即使在这种情况下，也将证明为有效，即：

第三条定理：价格变化的普遍性取决于贵金属生产与商品生产的**数量关系**。

不需要特别提到的是，前文所述的货币价值形成的图形，恰恰同商品价格形成的图形一样，具有理想的性质；**事实上**，此处与彼处一样，**同样的不规则性**在破坏这种图形的纯粹发展，对此无须特别提及。然而，仍需值得强调和注意的是，除了"偶然"影响商品价格形成的所有情况之外，还有一些不规则性为货币价值的形成所特有。这些不规则性全都源出于一个特别的种类——贵金属开采系在其之下进行——并且主要是：

1. 假设贵金属生产必定会产生平均利润，其实，与商品生产相比，此种假设更不适用。因为恰恰在贵金属的生产中，即便常常没有任何利润，而为了未来的利润也要继续工作。人所共知，淘金者大都会失败；同样众所周知的是，在金矿和银矿的经营中，很大（通常是最大的）一部分没有利润。

在约阿希姆斯塔尔（用几个例子更清晰地说明），计有（根据施特恩贝格《波希米亚矿业史概要》第 1 卷第 1 分册，426 页）：

年　份	有收益的矿区	需补贴的矿区
1525 年	125	471
1535 年	217	697
1545 年	120	452
1555 年	83	312
1565 年	63	237
1575 年	34	128

同样，从平均利润的观点来看，对生产实行流通自由的想法，也由于贵金属生产经常使用不自由的劳动者而被推翻。

2. 反之，如果这些贵金属是通过抢劫与掠夺而获取，就根本不会产生任何生产成本，只有这样的贵金属才有可能大量流通。

3. 贵金属有时会完全退出可增值商品的行列。例如，当所有已知的矿场都已开采殆尽，或无法在已知地点继续开采（出于技术原因：缺水！）。贵金属因此变成垄断货物，所有关于其生产条件的说法就此失效。

4. 即使可以增值，但决定其交换价值的成本并不总是具有相同的性质。决定价格的，有时是产量最高的矿场的生产成本，有时是产量最低的矿场的生产成本。

*　　　　*　　　　*

现在，随着在这些图形的考察中所发现的亮光，我们再次进入历史的黑暗，看看我们是否能够在这个过程中证明有意义的联系，就像我们一度所想象的那样。

第三十四章

早期资本主义时期的价格形成

资料来源与文献

以下著作涉及事实报道：

意大利：Carli, Delle monete, in den Scrittori class. P, M. Vol. 13. Cibario, Dell' economia politica del medio evo. 2 ed. 1842. Vol. III.

法国：（Dupré de St. Maur），Essai sur les monnoies ou réflexions sur le rapport entre l'argent et les denrées. 1746. G. d'Avenel, Histoire économique de la valeur et du revenu de la terre du XIII sc. jusqu'au commencement du XVII sc. 6 Vol. 1894 ff. 此外还有同一作者的摘录：La fortune privée àtravers sept siècles. 1895. Leber, Essay sur l'appréciation de la fortune privée au moyen age. 2 ed. 1847. A. Hanauer, Etudes économiques sur l'Alsace ancienne et moderne. 2. Vol. 1878.（Denrées et salaires.）

英国：Fleetwood, Chronicon preciosum or an account of English gold and silver money, the price of com and other commodities ec. ec. 1745（此乃最佳版本）。此人的著作系亚当·斯密在论述价格史时引用的主要来源。Th. Rogers, A History of agriculture and prices in England from the year after the Oxford Parliament（1259）to the commencement of the Continental war（1793）. 7 Vol. 1866—1902. Tooke and Newmarch, A History of Prices and the State of the Circulation from 1793—1856. 6 Vol. Deutsch von C. W. Asher. 2 Bde. 1859—62.

荷兰：Hub. van Houtte, Documents pour servir à l'histoire des prix de 1381 à 1794. Académie royale de Belgique. Commission royale d'Histoire. 1902.

德意志：Lamprecht, DW. -Leben im M. A., Inama-Sternegg, DWG. G. Wiebe, Zur Geschichte der Preisrevolution des 16. und 17. Jahrhunderts. 1895. 以下涉及地方史的研究：Kius für Thüringen, Falke für Sachsen, Hildebrand für Hessen usw., 余不赘述。有关中世纪价格统计上的困境，最好的著作当属 v. Inama, z. B. DWG. 2, 427 f.；3 II, 487；有关"货币购买力"难题，可见 Ad. Held, Noch einmal über den Preis des Geldes, in den Jahrbüchern f. N. Ö. 16 (1871), 315—340. 可比较 W. Sombart, DVW. im 19. Jahrhundert. 3. Aufl. S. 438. 新近的论述，可见：Andreas Walther, Geldwert in der Geschichte. Ein methodol. Versuch, in der Vierteljahrschrift f. Soz. u. WG. 10, 1 ff.；瓦尔特放弃衡量"货币价值"，无疑是正确的；他想通过建立一个收入表来"说明"这一点，在这个表中，经济分层的有机形态变成一种有生命的统一体。对此，并没有什么可以质疑，除非我所证明的（不幸的是，瓦尔特对此并不知晓）：消费质量的变化，使得我们不可能对不同时期进行任何比较。

＊　　　　＊　　　　＊

迄今为止，有关商品价格的研究给我们带来的首先是可靠的知识，许多有趣的事情肯定无法确定。我们将放弃获取所有时代普遍的价格统计这一想法，与此同时，最终也必须摆脱一种妄想，即能够确定一段时间内货币的"购买力"，甚至能够用数字来表示货币"购买力"在几个世纪中的变化。

幸运的是，我们在这里讨论的并非上述问题，而是一个肯定有答案的问题。

事实上，在价格历史领域，我们可以看到一些情况，即使是在遥远的时代，也有一些确定性和可靠性。而且——幸运的！——这是经济史学家在价格史领域中特别感兴趣的事，我想说，它应该是唯一让他们感兴趣的事，因为它对理解重大的相互关系具有重要意义，我指的是**价格的运动**：是它们在几个世纪过程中的变化。要想获得一个颇为清晰的图景，在过去 30 年中对所有国家所收集的价格史材料完全够用。下面的描述目的完全是给出 1250 至 1850 年间价格的总体变动的略图，它采用了大量收藏材料的结果，并没有任何新的或独有的发现。

本书的研究表明，在我们所说的这一时期，价格的走势如下：

1250 年左右这段时间和整个 13 世纪一样，进入价格**上涨的时代**，这一上涨时代在较早的时候，特别明显的是自 12 世纪以来业已开启，并一直持续到 14 世纪：据一些人的说法是直到 14 世纪的中叶，而照另一些人（如达韦涅尔）的说法，则是到 14 世纪的 60 年代。

自此以后，价格一直**下跌**，直到 1500 年左右。这是所有价格史学者得出的结论。

罗杰斯在两个不同的地方提出两种不同的意见。他在讲稿（1891 年）中称，在英国，他坚持认为，从 1300 年到 1500 年，英镑、先令和便士的名义价格几乎保持不变，并对由于英镑的金属含量在这一时期有所下降（见本书有关章节）的说法持反对意见。他认为大多数价格是根据铸币的实际重量确定的。但这种习俗并不像罗杰斯想象得那样普遍。在英国（出于一般原因，这是可以假定的），价格实际上在 15 世纪下降了。罗杰斯在他的主要著作（History 4, 715 ff.）中明确指出："1261—1400 年的平均数到 1401—1540 年的平均数，价格有明显的下降。"

从 1500 年开始，价格又开始**上升**，就人们所知道的程度而言，可能历史上没有第二次发生过。以前的推测以为，价格在 16 世纪会上升 5 倍、7 倍，甚至 10 倍[1]，此说已被证明言过其实，然而，仔细研究事实表明，几乎所有的价格的确都上升 100% 至 150%。有些商品，例如谷物的价格都有极大的增长。16 世纪的谷物价格上涨为：

英格兰 ·· 约 155%

巴黎 ·· 约 165%

奥尔良 ·· 约 200%

斯特拉斯堡 ······································ 约 280%

萨克森 ·· 约 300 %

西班牙 ·· 约 453%—556%

研究者也一致认为，价格上涨的最大部分是在 16 世纪的后半期，特别是 16 世纪的最后十几年间（西班牙从 1586 年到 1598 年）。

从 16 世纪末开始，关于价格历史研究的结果不再像以前那样一致。主要原因是在此之后，不同国家和不同种类的商品正在经历不同的发展。

大体而言：17 世纪的一部分是**价格停滞**的时期，但自 17 世纪末至 18 世纪——可能在上半叶即已如此，但下半叶肯定如此——以来欧洲的价格普遍有上升的趋势。这又是一个普遍观察到的事实。至 19 世纪 20 年代，价格又趋于停滞或下跌，一直持续到 19 世纪 40 年代。

为了更好地记住 1250 年至 1850 年间价格走势的主要特点，我将刚才给出的数据汇编成下表：

1250—1350 年 ································ 增加

1350—1500 年 ································ 停滞，下降

1500—1600 年 ································ 快速上升

1600—1700 年 ································ 停滞，不确定

1700—1750 年 ································ 不确定

1750—1815 年 ································ 上升

1815—1840 年 ································ 停滞，下降

然奥伯蒂[2]依据达韦涅尔、雷伯和哈瑙尔的研究指数综合为一种单一的平均

---

① 见：Wiebe 的财务报表，第 180 页；值得注意的是，一般来说，最近的每一项研究都得出（货币）贬值越来越小的粗略数字。

② A. Aupetit, Essai sur la Théorio Générale do la Monnaie（1901），245，引自：Irv. Fisher, 1. c. p. 234 f.。

数，提出一个更进一步的图解，在这一图解中，从1500年到1800年的价格最新与完全普遍的变动基本上都有正确的显现。倘若我们将1800年的价格水平设为100，则1500—1800年的价格水平就会发生如下表所示的变化：

1500年 ………………………………… 35
1600年 ………………………………… 75
1700年 ………………………………… 90
1800年 ………………………………… 100

若用图表示，即如以下：

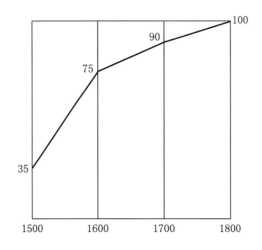

我们现在的问题是，在欧洲经济生活的整体进程具有决定性意义的这样的价格上升中，贵金属究竟扮演何种角色；在早期资本主义时代，价格的上升是否受到贵金属的特殊生产关系的影响，其程度究竟如何？

下一章即试图对这些问题作出回答。

第三十五章

贵金属生产对价格形成的影响

前　言

货币价值对价格的实际影响的证据可分为两部分：

第一，必须证明货币价值的变化，特别是在我们所处的时期，当货币价值发生变化时，可以特别容易地在价格中表现出来；

第二，货币交换价值的变化与价格的变动相互对应。

论证的第一部分是，一方面证明商品生产关系的特殊形态，另一方面证明货币关系的特殊形态，由此证明所提出的主张的正确性。在描述以手工业为基础的经济组织时，已经表述了商品生产的关系，并将在进一步的阐释过程（针对早期资本主义时期）中继续进行（在第二卷中）。这里所考察的生产关系的基本特征是生产力的发展水平低下，因而生产的扩张能力也低。与此相反，问题的另一面需要更为仔细地研究。

尽管这听起来很奇怪，但据我所知，到目前为止，还没有人试图从经验上证明贵金属生产的过程及组织与价格的形成过程及组织相互之间的关联性。因此也不存在任何相关的文献。

第一节　贵金属的利用

此处所谓贵金属的利用，是指贵金属转化为货币的全部条件：从贵金属所有者利益的角度看，是希望这种转化为货币的方式尽可能对自己有利。

利用（所生产的）贵金属的过程（我们在这里只需要考虑这点）开始于矿石被开采出地面，金粉（在沙金中）与砂砾分离的时候。虽然在将金粉用于铸币之前，只有很小的变化，但这些矿石——在我们这个时代，这些矿石只是指白银矿石——必须经过一个漫长的冶炼过程。因此，矿石生产者不能立即将其产品用作铸币材料：他首先必须制成（纯粹的）贵金属。因此，对他来说，利用首先意味着**将矿石出售给冶炼工场**。

只有在同时是冶炼工场场主的情况下，直到金属可以作为铸币使用时，就像黄金生产者一样，他才需要考虑利用。在中世纪末期的欧洲，银矿和冶炼场的此种联合经常发生，在美洲的生产地区，这种联合显然形成一种规律（我在任何地方都找不到对这一假设正确性的明确证实）。

相比之下，在整个欧洲中世纪，采矿和冶炼通常是两个完全分离的行业。这就意味着，矿石生产者要利用其产品，即必须"出售"（如果我们不考虑当时罕见的情况，即他将矿石冶炼以换取报酬）。矿石的价格是在市场上自由确定的，或者是冶炼场主本人作为购买者，或者是另有一类特殊的中间人，后者（似乎）形成一种常规：《采矿法》和《冶炼法》中所称的"矿石购买者"（例如，库滕贝格的法令第 22 章就提到他们）。这些矿石购买者在当时的矿山条件下是必要的，那里有成千名工人，他们都在为自己的利益工作。较小的矿山没有冶炼工场：他们应该如何处理他们的矿石？因此，每周都有一名官员在场，矿工们推车运到指定的地方，在那里，他们与矿石购买人讨价还价。[1]

由此产生的状态，就我们所看到的而言，似乎到处一样，矿石买家是决定行业价格时更强大的一方。至少我们经常听到关于"剥削"矿工的申诉，并看到当局试图保护矿工不受强势的矿石买家的影响。在库滕贝格法令中，曾提及他们"可恶的阴谋"，竟然通过协定蓄意压低矿石的价格。

同样，蒂罗尔的矿工也一再反对压价的矿石"购买人"——中间商——以低廉的价格从这些行业购买矿石，然后在冶炼过程中赚取不正当的利润。弗里德里希公爵在给戈森萨斯的矿山证书中，禁止此种购买行为[2]；随后又有 1468 年施瓦茨的矿山法令。[3]

在中世纪末期，各国君主将银矿经营收归自办，其中一个原因就是为了控制因矿工的脆弱地位而形成的不利局面。例如，蒂罗尔领主在因斯布鲁克建立起自己的白银冶炼场；巴伐利亚公爵们于 15 世纪下半叶在布里可斯勒克建立大型冶炼场，由官吏管理，不仅从邻近的公爵矿场，而且从蒂罗尔的各个地区，甚至从很远的地方收集银矿进行冶炼。[4]

为了解当时将**可以铸币的贵金属转化为货币**所依据的特殊条件，必须考虑我

---

① Graf Sternberg, Geschichte des böhm. Bergbaus 2, 92 Anm.

② 摘自：Worms, Schwazer Bergbau（1904），Urk. 1。

③ 见：Wagner, Corp. jur. met. p. 133 ff.。

④ v. Inama, DWG, 3^{II}, 195.

们所说的这一时代货币制度与铸币制度的一般特征，特别是其明显的财政性质。所有的货币都应该为皇室的财政利益服务。铸币也是如此，并且是在极为明显的程度上。铸造贵金属不是为满足金银所有者的私人利益，也不是为了维护国民经济的利益，而是为享有铸币权的君主开辟一个收入来源。因此，在所有早期时代，铸币的目的是创造利润。然而，当享有铸币权的君主并不自行铸币，而是允许私人行使此种权利，"由私人自行承担责任与利害得失"时，铸币实际上就变成了一种工业企业行为。正如我们所知，此乃中世纪后期大多数国家的普遍现象：或是由享有铸币权的君主与一批商人订立短期的租赁契约或抵押合同（这种形式在意大利特别常见），或是将铸币作为一种永久的权利，授予某个享有特权的机构（如德意志较大的城市的做法）。①

铸币既由私人为自己的利益经营，那么，他们的全部努力就必须是，不仅（无论是国家还是私人经营）在铸币时抽取"油水"——缴纳君主的铸币税——而且在支出的费用之外，尽可能多地获取盈余。

然而，这种情况导致了在我们所说的时代铸币工场营业活动的两项指导原则，它们对贵金属的利用具有决定性的意义。显然，铸币者的一切努力都必须指向：

1. 尽可能多地铸造贵金属；

2. 尽可能"廉价"地获得铸造材料（贵金属）。

事实上，（客观的）**铸币权**——贵金属转化为（铸造的）货币所依据的全部法律条件——在其性质上由这两个原则加以界定。据我所知，在我们所考察的整个这一时期，所有国家——据我所知——都是如此。

铸币权的主要内容如下：

1. 就我们的宽泛概念而言，是贵金属拥有者最重要的权利。将任何数量的贵金属——黄金或白银——供给造币厂，由其铸造，这在当时被认为是理所当然，以至于在绝大多数铸币法令中甚至从没有明确提及。即使在谈到这一点时，也只是说：凡对造币厂供给贵金属以便铸造，应获取与通用铸币同等重量单位的白银（或黄金?）。

在 1250 至 1750 年的整个时期，对于使用任何数量的贵金属无限制自由铸造——我们今天称为**铸造自由**——的这一权利，我没有见过有任何法律对此加以限制。

如前所说，此种法律状况直接源于支配过去几个世纪的铸币政策的精神。

---

① 　关于一般的铸币管理形式：参见卢申·埃本格罗伊特：Allgem. Münzkunde（1904），85 f.；关于家庭合作社，特别参见卡拉扬：Beyträge zur Geschichte der landesfürstlichen Münzen Wiens im Mittelalter, in Chmels Österr. Geschichtsfreund Bd. 1。此处亦为以下著作的主要来源：Das Wiener Münzbuch aus dem 15. Jahrhundert。可资比较：Eheberg, über das ältere deutsche Münzwesen und die Hausgenosschaften. 1879。然此作者的著作——就卡拉扬未采用的部分而言——基本属于宪法史范畴。

2. 另一方面，这种"铸造自由"（在我们的意义上）与行使这种"自由"的方式和方法中一种非常广泛的约束相对应，即贵金属的拥有者必须在开采的地方铸造贵金属。在任何地方，我们都看到法律规定，禁止将贵金属从生产地区出口，并且必须将贵金属供给特定的造币厂：西里西亚①、萨克森②、波希米亚如此，库滕贝格③以及约阿希姆斯塔尔④、蒂罗尔⑤和墨西哥⑥亦如此。只有关于巴西的黄金，我没有发现强制铸造（尽管金条偶尔被禁止），尤为重要的是，没有发现出口禁令。

3. 如果严格执行出口禁令，贵金属就不可能在其生产地区以外以未铸造的形式存在：没有贵金属生产的城市和国家的硬币就会因为没有铸币材料而变得贫瘠，或者只能熔化外国硬币并将其转化为本国硬币。⑦然而，我们知道情况并非如此。在我们所说的这个时代中，时刻都存在着一个未经铸造的贵金属市场，因此贵金属已经进入自由流通之中。

黄金和白银自由出售的禁令首先便是由此开始，这种禁令又成为欧洲中世纪时代一个普遍现象。生产地区享有铸币权的君主试图确保所生产的贵金属供应，便禁止出口，并要求将全部产出交付出来，所有其他地方享有铸币权的君主同样也力求获得尽可能多的铸币材料，便要求任何有黄金或白银出售的人，首先负有义务为造币厂供应贵金属。

国王告诉沃尔姆斯大主教："每个出售白银的人应当将白银供给造币厂，不得送往市场或其他地方出售。"⑧这位国王将此作为国家的法律，许多城市和君主都采用了此项法律条款。⑨

但是，我们从其他证据中亦可推断出，当时确实存在着一个贵金属市场：例如，我们从维也纳的房客得知，他们是去遥远的市场购买铸币用的贵金属⑩；我们

---

① 在布雷斯劳一个公爵的矿场布伦加登，金银的熔化、萃取、化验及称重的全部过程都在此进行，这是在 1203 年：矿主拥有全部贵金属的优先购买权。见：Tschoppe、Stenzel, U. -Sammlung, 278。

② 施内贝格的繁荣时期（大约 15 世纪末叶），其矿石是在茨维考熔化，当地的铸币并不能消耗全部白银，便允许贸易部门暂时自由销售和出口白银。见施莫勒的年鉴 15 册，第 978 页。

③ 波德布拉德国王乔治的钱币规定（1469 年），参见：Sternberg, 2, 175。波希米亚国王弗拉迪斯劳斯一世的法令（1492 年），参见：Kuttenberger Copiar, Nr. 205, Sternberg, 1, 86。该法令于 1494 重新颁布，UB. 引自 Sternberg 2, 135（波希米亚）。

④ 与施利克伯爵的比较，见 Sternberg 1, 322 ff.。费迪南德一世（1534 年）的地区法令规定：只有当国王铸币不再接收产出的白银时。因此，"地主和行业销售部门"才有权将白银销往别处。但即使在这种情况下，他们也必须将其销售获得的超过 7 古尔登的金额存入王室财库。见：Goldast, 103 f.。

⑤ 见：Worms, a. a. O. S. 87.。

⑥ 金属条不允许出口。因此，欧洲和亚洲的银币很大一部分是以皮阿斯特的形式出口。

⑦ 当然，这种情况会在很大程度上发生。为了吸引相当多的外国铸币，在许多地方，铸币汇兑成为铸币厂或铸币合作社的垄断。中世纪德意志城市的大量原始资料证明了这一点，见：Eheberg, a. a. O. 59 ff. 142 ff.。

⑧ Sententia de argento vendendo MG. Const. II. Nr. 283（1224）.

⑨ 有关种种此类规定参见：Eheberg, a. a. O. 59 ff. 142 ff.。

⑩ Karajan, a. a. O. S. 316. 王室官员抱怨说，维也纳的贵族们自己从事金银贸易，多年来，他们不是为了硬币的利益，而是为了自己的利益来使用银子。Karajan, 325 und Urk. XLVI.

看到，外地贵金属商人来到斯特拉斯堡造币厂，提供铸币材料，我们同时看到，在没有达成交易的情况下，他会转身而去，并"无任何风险"。①

现在可以假定，这种贵金属交易的材料只是一些旧的贵金属：碎片、器具、饰品、旧铸币或所有可再熔化的物品。然而，我们从许多史料来源可以推定，新生产的白银和黄金无疑也在进行交易。即使没有这样的证据，我们也会相信确实如此。因为我们又有许多证据表明，出口禁令被打破。我们知道这种违反禁令的事实出自两个途径：

（1）通过走私；

（2）通过契约。

只要贵金属的流通受到限制，走私就会发生，这一事实似乎如此明显，几乎无需特别证实。不过，我们还是有大量的证据表明，欧洲中世纪和美洲产银地区都有大量的走私活动。此处没有必要——列举，因为这一事实毋庸置疑。

另一方面，我们知道许多条约，特别是出自15与16世纪的条约，其中特许某些商人出口贵金属。富有的财主往往用巨额金钱来换取出口禁令的豁免权。因此，1486年，富有的矿主安东尼·冯·罗斯承诺向君主一次性支付4 000弗罗林，获得许可在一年内将他的白银自由地运往他想去的任何地方，如他的银票兑换额并不太大，亦可如此。②奥格斯堡商人与波希米亚国王（16世纪）③、富格尔家族与西班牙国王等都签订过类似的契约。④

是故，我们很容易看到，尽管有出口禁令，仍有办法与途径可以将贵金属投入流通领域，但一件非常明显的事实是，**贵金属的交易**能够存在，因为正如我们所见，两者都是自由铸造的。因此，就我们今天的理解，当时总是只能有一种黄金的交易，或一种白银的交易，因为只能用一种金属去购买另一种金属。毫无疑问，用白银购买黄金，以及用黄金购买白银这样的交易构成贵金属贸易的重要成分。但我们也可以假定，白银可以用银（银币）购买，黄金可以用金（金币）购买（不过是小规模的）。

这一引人注目的现象的解释，再次在于我们所知道的当时货币和铸币制度的特殊性，这意味着铸锭形式的贵金属和铸币形式的贵金属之间存在着巨大的、不断波动的价值差异，市场上很可能会形成由供求决定的白银价格、黄金价格。铸锭和铸币之间巨大和波动的价值差异（对于今天可自由铸造的金属，这种差异几乎已经消失）系由以下情况所造成：

（1）运输成本的高低与变化；

---

① Ordenunge der münsser vom Jahre 1470, Nr. 5：参见 Eheberg, a. a. O. 200。

② Worms, Schwazer Bergbau, S. 87.

③ Sternberg 1, 223. 225.

④ Ehrenberg, Zeitalter der Fugger, öfters.

（2）铸币税的高低与变化（有时还有采矿税：未征税的贵金属走私！）；

（3）铸币成本的高低与变化；

（4）格罗申和芬尼的白银含量的变化，因此也包括镑的市场价值的变化。

4. 然而，这些发现——所以提出这些问题——至少部分地回答了一个重要的问题：造币场在什么条件下从贵金属拥有者手中获取黄金与白银？就我们了解的有关贵金属的市场适应性而言，答案必须是：造币场为一定数量贵金属——尽管这种贵金属是"自由铸造的"——的所有者支付一种价格。换句话说，**国家铸币与金属重量之间没有一种长久固定的比例关系**，也没有简单地转移等量的"价值"，没有简单的一种形态的变化。对一磅白银（或黄金：尽管对黄金使用这种办法的范围要小得多）所支付的通用铸币，可能会大不相同，但永远不会高于——鉴于铸币官吏的错误——同样的银币扣除所有费用（铸造及造币税等等）后的同样银币。假设这些费用达到 25%，则供给一磅白银的人所得回报的最高额为四分之三磅纯银。然而，决定生产成本水平的动机可能会发生变化，这一数额可能或高或低。此外，当造币厂想提高其利润，这一数额可能会**低**得多。由于两种贵金属之间价值关系的波动，价格波动更会倍增。

这些波动的价格如何确定？有两种不同的方式：一是在享有铸币权的君主或造币厂的命令下单方面进行；二是由享有铸币权的君主与贵金属所有人之间的特别协议。

几乎所有的铸币法规都提供了前一种定价形式的例子。就像今天的钱币法一样，当时的铸币法规详细规定：一定数量的贵金属要支付若干通用铸币。从表面上看，当初那些规定与现代的内容相似的规定的主要区别在于数额的不断波动。

举几个例子就可以说明这一点：

在佛罗伦萨，兑 1 磅白银，需支付的硬币：

根据 1345 年 8 月 19 日的法令：132 格罗申，并保留 2 格罗申铸币费；

根据 1345 年 10 月的法令：140 格罗申，并保留 2 格罗申铸币费；

根据 1347 年的法令：113⅜格罗申，并保留 5⅖金格罗申铸币费。

在布雷斯劳，1 马克细银等于：

1532—1547 年：在 6 弗罗林 3 罗（34 罗 =1 弗罗林.）和 7 弗罗林 7 罗之间；

1547 年：在 70 弗罗林 10 罗与 7 弗罗林 18 罗之间；

1558 年：7¼塔勒（36 白便士）。

在 1534 年的州法令中，斐迪南一世将波希米亚所有矿场行业支付的"马克细银"的"价格"定为 7 古尔登 54（应为 14，明显的印刷错误）白便士 6 白芬尼便士（参见 Goldast，96）。

根据当年的惯例（1556 年），1 马克细银的支付价格为：

在西格蒙德大公时期 ……………………… 5—6 古尔登；

马克西米连时期 ……………………… 8—10 古尔登；

费迪南时期 ……………………… 9—12 古尔登。

这种波动**可能**仅仅是由于通用铸币价值的变化造成，但也可能同样是由于铸币的不同利润造成。

然而，在绝大多数情况下，似乎根本没有按照——我们所说的——"法定"价格来支付，更常见的是，价格每次总是事先商定。因此，我们经常看到的是合同规定的价格。

再看几个实例：

1449 年，西格蒙德大公与施瓦茨和戈森萨森两处达成协议：向他们提供的价格为 1 马克白银支付 6½ 弗罗林，减去 2½ 弗罗林的汇兑费用。引自：Worms, a. a. O. S. 129。

1488 年，与富格尔家族签订一项契约，根据该契约，富格尔每马克白银的价格：8 年之内为 8 弗罗林，其中：5 弗罗林交由熔炼场，3 弗罗林为家族自有。引自：Worms, 65。

1476 年，弗赖贝格新矿场获得的报酬为 8 弗罗林，为期 8 年，而不是原先的 6 弗罗林，为期 6 年。参见：Freiberger UB. 2, 217。在萨克森州，银库向采矿场支付的报酬通常要比那些享有补贴的矿井少一些。

在西里西亚，边区总督格奥尔格·弗里德里希（16 世纪）与塔尔诺维茨议定的"视情"价格为：6 塔勒 3 金格罗申或更常见的 7 塔勒 8 金格罗申。见：Aem. Steinbeck, Gesch. des schles. Bergbaus 2（1857），233/234。

我们已经从维也纳和斯特拉斯堡的同行那里了解到，他们不得不私人购买白银。

最后，究竟是什么决定——无论是法定还是合同——价格？自然是双方的势力状况，因为我们可以很容易地假定，双方都希望以最有利的条件达成协议。

我们发现，凡有法律规定之处，价格的水平更多地取决于政治情况，但也取决于贵金属市场的情况。当贵金属稀少时，铸币条件的形成便较为顺利。例如，14 世纪的法国法令即含有形式上的夸大宣传：诸如铸币对所供给的白银应交付充分的数额，只应扣除铸币费等等。

当然，在条约规定的情况下，完全是由经济状况所决定，无论是一般情况：邻近另一个销售地区等等；或是特殊的状况：享有铸币权的君主（白银生产者预支货币）的困境或白银生产者的困境，我们曾经看到，塔尔诺维茨的白银交易，"按照情况"支付的货币有时较多，有时较少。我们还了解到这些情况的性质：那些获得预付定金的矿业组织不得不廉价出售他们的白银。①

卡尔·沙尔克在他对维也纳芬尼硬币本位最有价值的研究中认为，市场价格和法定价格从来没有太大的差别，这种看法在我看来值得怀疑。如果人们（如沙尔克所假设）总是能够在什么地方立即获得白银，也就是说，如果人们不是交付而是外销白银，这一假设当然正确。但这种可能性往往并不存在：无论是出于法律原因（出口禁令！），还是出于实际的原因；除了这些原因之外，还需要考虑一个因素：在获得铸币之前所经历的时长，在交通不发达的时代，这种时长比今天更加令人难受。

总而言之，我们必须得出以下结论：早前的时代在法律上固然有铸造自由，但其内容与今天迥然不同。当年并不排除贵金属价格的波动，因此，贵金属的拥有者——尽管重大的变动对其有利——仍然处于任何其他商品拥有者的地位：他不必为他的商品寻找销路（绝对会得到保证），但无法确定能够获得多少，为此他不得不讨价还价。各种"情况"决定了最终的价格水平。

正如我刚才所述，贵金属的特殊用途对价格形成的作用显而易见。事实上，**由于贵金属的所有者是其产品的销售商，贵金属交换价值的任何变化必定会影响价格，这种变化的迅速程度会远远超过我们今天这样一个完全机械化的铸造自由的时代**。这种货币商品图形般地自动向长期完全相同数量的硬币的转化，必然会削弱货币价值变化对价格形成的影响。因此，在早期，这种弱化程度较低，影响更为直接。

如果货币价值上升，贵金属的拥有者很快就能为他的商品获得更高的价格；货币价值下降，他就不得不满足于一种较低的价格：正如前面所描写，一切都在一定的限度之内。因此，我们只需研究，在我们所说的时代，货币价值发生了多大程度的变化。早先的观察表明，单纯贵金属产量的变化并不能对其交换价值产生影响，而交换价值完全——或者更确切地说，最终总是——由生产成本决定。因此，以下的讨论必须针对这样一个问题：在我们所考察的时期内，贵金属生产成本发生哪些变化。

第二节　贵金属的生产成本

如果要将国民经济学和经济史上一个**单独的**问题列为最重要的问题，我相信

---

① Aem. Steinbeck, a. a. O.

我一定会说：那就是贵金属的生产成本。因为，如果我的所见正确，整个经济生活的形态大都在或多或少的程度上与此相关。正是这两门科学的这一中心问题，迄今为止很少成为讨论的对象，更不用说以某种令人满意的方式予以解决。[①]过去几乎没有发现什么有用的材料：人们大多依赖于一种征兆性的认识。直到今天，技术人员和资本主义企业家对贵金属生产发生兴趣，才为我们提供了比较丰富的事实材料，我们才有足够的把握来计算生产成本。但在我们所考察的 1250 到 1850年这段时间，丝毫不能利用这一点。如前所说，关于这一时期生产成本的构成，所能提供的资料很少，而且是从一般的情况中得出的结论。此处我必须提示，其中一部分已经隐含在第三十一章关于贵金属生产过程和贵金属生产关系的陈述中。关于当下这一时期贵金属生产成本我们所了解的较为详细的情况，我想在此背景下作一番介绍。

在 12 与 13 世纪，新的银矿被开采出来，这些银矿的矿层无疑显现出前所未闻的丰富蕴藏。沙金被发现。意大利人无需花费多少便从东方带来大量的贵金属（战利品）：货币价值很可能会因此下降。至于更详细的情况，我们并不知道。

15 世纪时，贵金属较为稀缺：原始资料可以证明，这一点毫无异议。当时给我们的图形非常清楚：所有享有铸币权的君主（正如我们所见，他们为着财政利益渴望丰富的贵金属供应）都在拉着那床过于短促的银被。是否由于生产成本的增加，当时白银也变得"更为昂贵"？我们可以假定，旧矿脉的矿层已经被开采，但还没有新的发现。不过，即使没有这个假定，也有足够的理由推断白银价值的上涨。显然，在这一时期，白银属于根本无法增加的货物之类。由于无法排水，旧矿井大部分无法继续运作，生产最终完全停止。铸币者总是在抱怨白银"越来越贵"。当时特别明显的铸币普遍贬值，正足以证明货币的价值实际上在上升。

从 15 世纪末开始，货币价值下降，毫无疑问，黄金和白银的货币价值都是如此。就黄金而言，在萨尔茨堡发现了大量的沙金，并且，征服者将黄金作为（无偿的）战利品从美洲带回本国。

随着德奥贵金属矿的发现以及美洲银矿的开采，白银的交换价值大幅下降——这确实是生产成本大幅降低的直接结果，对此可以确定无疑。

约阿希姆斯塔尔和施瓦茨地区银矿的产量已经比萨克森和哈尔茨地区的银矿丰富许多。然而，墨西哥、秘鲁和玻利维亚的银矿床的产量又要高出许多。生产关系的特殊性为这一论断的正确性提供了充分可靠的支持。此外，在亚历山大·

---

①　一个惊人的事实：在维贝 419 页大八开的著作中——该书的特殊任务系研究货币价值和价格之间的关系——"生产成本"一词根本没有出现（倘若我没读错的话）！波恩的著作同样如此，其副标题为："关于数量理论史的归纳尝试"。前文提及的欧文·费舍尔关于数量理论的最新专著中也没有提到这一点（至少没有提到货币的生产!）。

冯·洪堡关于弗莱堡和墨西哥的矿坑的比较成本表中，我们也获得数字上的证明：这正是他撰写关于新西班牙的著作的时候，即 18 世纪的末叶。但在这一时期，与先前比较，墨西哥的情况比萨克森较为逊色，因为在**洪堡**进行观察的时候，墨西哥的矿工大部分显然已经是自由的、工资很高的工人：他的计算是，这些工人的日薪是 5—6 法郎，而萨克森的日薪却是 90 生丁！然在最初的几个世纪里，墨西哥的银矿和所有美洲银矿一样，都是奴隶开采的。无论如何，洪堡所作的对照表极富教益，可见如下（由我译成德文）[1]：

共同的年份	美　洲	欧　洲
（18 世纪末）	墨西哥最富饶的瓦伦西亚矿山（海拔 2 320 米）	萨克森最富饶的希默斯菲尔斯特矿山（海拔 410 米）
开采白银重量	360 000 马克（重量）	10 000 马克（重量）
总生产成本	5 000 000 图尔里弗赫[2]	240 000 图尔里弗赫
股东纯利	3 000 000 里弗赫	90 000 里弗赫
1 公担矿石含白银	4 盎司	6—7 盎司
工人数量	3 100 名印第安人和混血儿，其中 1 800 名在矿井内做工	700 名矿工，其中 550 人在矿井内工作
工人的日薪	5—6 里弗赫	18 苏
火药的支出	400 000 里弗赫（约 1 600 公担）	27 000 里弗赫（约 270 公担）
化取或精炼的矿石量	720 000 公担	14 000 公担
矿脉	一脉通常分为三支，厚度 40—50 米（黏土片岩）	五个主要矿脉，厚度 2—3 分米（片麻岩）
水	无水	每分钟 8 立方英尺，两个抽水机
深度	514 米	330 米

以上这些自然开采条件，是墨西哥（当然还有美洲其他所有国家）的银矿比欧洲的银矿所拥有的显著优势，除此之外，正如我们所见，从 15 世纪 50 年代末以来还采用了生产效率更高的**汞齐化工艺**。如同我在其他地方已经指出，这种工艺的成本与**汞的价格**密切相关，是故，这里对此相关的发展作一些说明。

地球上的汞产量一向很小，并且仅限于少数几个地方。汞齐化发明之初，只有两个重要的汞矿，一个是西班牙的阿尔马登[3]，另一个是在克赖恩的伊德里亚（1490 年或 1497 年）新发现的汞矿。[4]然而，在此之前，他们的产量微不足道。只是由于新需求的刺激，生产才开始上升。巧合的是，就在汞齐化法开始在秘鲁流

---

①　Essai 3，413.

②　1 图尔里弗赫当时约相当于 0.95 现今法郎。

③　A. Niggerath，Mitteilungen über die Quecksilberbergwerke zn Almadén usw. in der Zeitschrift für Berg-, Hitten- und Salinenwesen 10（1862），S. 361 ff. M. H. Kuss，Mémoire sur les mines d'Almadén. In：Annales des mines. 1878.

④　（Lipold）Quecksilberbergwerk Idria. Festschrift. 1879.

行的同时，当地发现了一个汞矿，在第一个世纪，这个汞矿的产量超过了以前任何一个矿场。这就是圣巴巴拉山的万韦里卡矿场（自 1567 年开始运作）。[1]

以下数字显示，在采用汞齐化工艺后的最初几个世纪中，这三个主要产地汞的产量[2]：

所在地	开始年份	至 1700 年（吨）	1700—1800 年（吨）	1800—1850 年（吨）
阿尔马登	1564 年	17 860	42 141	37 642
万韦里卡	1571 年	30 424	18 756	2 608
伊德里亚	1525 年	19 795	21 002	8 357

然而，在我们了解**汞的价格**在新的生产条件下如何形成之前，这些数字并不能说明什么。原因在于，直至 19 世纪为止，汞的供应一直由西班牙政府所垄断，这一事实极其重要。西班牙政府大都随意制定价格，因此决定汞价格，以及在很大程度上决定白银生产命运的，不是汞的生产关系的自然形态，而是西班牙殖民地总督或多或少的洞察力。按照**洪堡**的报告，[3]1590 年，在总督唐·路易斯·德贝拉斯科二世的治下，墨西哥一公担汞的价格为 187 皮阿斯特。1750 年，一公担的价格为 82 皮阿斯特。洪堡没有说明从 1590 到 1750 年的价格是否发生变化，以及如何变化，他引用的唯一来源是一份没有日期的手稿。[4]

我们可以假定，价格下跌发生在 18 世纪初，很可能是由于英国东印度公司从中国和东印度进口汞（作为压舱物！）对欧洲汞市场造成的压力。根据最近的调查[5]，在 18 世纪初（1704 至 1710 年），阿姆斯特丹交易所的自由交易中，汞的价格突然下降，从每磅 64 斯图弗下降到 48 斯图弗和 41 斯图弗。[6]

自 18 世纪中叶以来，阿尔马登的采矿业也经历了彻底的重组，这显然与生产成本的降低有关。

1755 年起火的主矿井在 1750 年末重新投入使用。政府让德意志工程师和工人引进了一个规范化的建筑系统，罗盘开始投入运用，并制作了有效的矿井图片。采矿通过采场并采用顶板进行。矿坑越来越深，给采矿带来更大的困难：然而，这些困难（在 17 世纪 60 年代被揭示）经过西班牙汞矿的改革者迭戈·拉腊加而得以克服，对更深处矿石的开采不仅可能，而且变得更加合理、更为经济。（A. Nöggerath, a. a. O. S. 365.）参照：M. H. Kuss, Mémoire sur les mines d'Almadén,

---

① B. Neumann, Die Metalle（1904）, 267 f.

② 数据源于：G. F. Becker, Quicksilver-Ore-Deposits. Monogr. XIII. U. S. Geol. Survey，经以下作者计算并补充：B. Nenmann, a. a. O. S, 281。

③ Essai 4, 89.

④ Influxo dol precio del azogne sobre su consumo por Don Antonlo del Campo Marin.

⑤ H. v. Srbik, Exporthandel Österreichs（1907）, 230 ff.

⑥ 斯图弗为 1450—1791 年间佛兰德地区一种银币，为 2 格罗申，迅即为整个荷兰使用。——译者

in den Annales des mines 13（1878）。

由于所有这些改进，阿尔马登的产量迅速增加：

1646—1757 年间，429 560 公担 55 磅 13 又 1/2 盎司，即年平均 3 835 公担 17 磅 6 又 1/2 盎司；1757—1793 年间，460 442 公担 74 磅，即年平均 13 155 公担 26 磅 7 又 1/3 盎司。

引自：M. Hoppensack, Über den Bergbau Spaniens und den Quecksilberbergban im besonderen（1796）

各银矿汞的消费增加，与汞的进口增加和生产成本的降低相适应：

年　份	1 公担汞的价格	汞的消耗
1702—1766 年	82 皮阿斯特	35 750 公担
1767—1771 年	62 皮阿斯特	42 000 公担
1772—1777 年	62 皮阿斯特	53 000 公担
1778—1782 年	42 皮阿斯特	59 000 公担

我们从第三十一章中得知，关于汞消费量的增加如何反映在 18 世纪最后 30 多年中白银产量的增加。从这一事实我们可以得出如下结论：当时的水银生产者在很大程度上手中仿佛**掌握着一个曲柄，借此能够促进或抑制各文化民族的全部发展**。

但是**白银的交换价值**如何受到上述过程的影响？为了回答这个问题，我们必须回忆我们所说的这一时期贵金属生产关系的特点，因为这些特点对贵金属交换价值的形成具有决定性的影响。

所有迹象表明，白银生产成本早在 16 世纪中即已明显下降。这种下降的最初表现是，**在生产者手中积累的贵金属**立即开始（主观的）**贬值**。在**波希米亚和蒂罗尔**（此两处的白银生产至少在很短的一段时间内出现了类似的降价），有一部分还是手工业的矿山组织，他们向银矿和商品市场之间的第一批中间人供货。然而，一位（15 世纪）编年史者给我们留下的描述证明，在任何时候，同样的心理过程都会催生这样一类人的暴富："在因河流域的拉滕贝格发现白银矿脉。于是，大批人满怀着购买欲从各地蜂拥而至，订下各种各样的契约，几乎不在乎金钱。这些人非常热衷财富，以致不惜浪费金钱，毫无理性与思考。"①

在**美洲和西班牙**，白银钱潮首先流入西班牙大公的口袋：他们乐于通过奢华与精致的生活方式——正如我们在第四十八章中所看到的那样——迅速地将新的财产转化为享乐品。就我们所见 16 世纪西班牙状况的描述，足以证明这一判断的正确：各地价格迅速上涨，特别是奢侈品价格。例如，1 厄尔②布的价格在几十年

---

① Xanisii lect. ant. T. III, in v. Sperges, Tiroler Bergwerksgesch. S. 87.

② 厄尔，旧时长度单位，德意志为 60—80 厘米；英国为 1.142 米。——译者

内上涨到 16 世纪初的三倍以上。格拉纳达的丝绒价格原来是 28—29 雷亚尔，但因印度的需求，14 天内价格被推高到 35—30 雷亚尔。塞维利亚的情况也同样如此。[①]

因此，新发现的贵金属对第一批拥有者的直接影响，即为价格出现巨大的上涨。16 世纪形势的特征：非常廉价的贵金属源源不断地流出。这并非像新富金矿的开发那样只是一个短暂的插曲，这是一条持续的巨流，在几个世纪中滚滚而来：美洲银矿的开发——迄今也只有它——导致价格的革命，这条理由已经足够——尤其考虑到当时商品生产条件尚不发达的情形。

大约 16 世纪末，价格的上涨似乎与白银价值的下降大体一致；但还不能开始逆向运动，因为不断开采的美洲白银数量委实太大。在 17 世纪时价格呈现停滞的现象，不过，正如我们所看到，至 17 世纪下半叶和 18 世纪，价格重新上涨。

有何事件发生？**巴西前所未闻的丰富金矿**被发现，并且开始产生影响。有关其丰富的情形，我已经说过。我们从同时代人的报告中可以看出，这些幸运的发现究竟如何立即推高附近地区的价格。当时巴西的物价[②]：

1 对猫（因防鼠灾）　……　1 磅黄金

1 头奶牛　………………　1 磅黄金

1 麦测[③]玉米　…………　6—30—40 奥伊塔瓦斯

1 麦测豆　………………　8—10—30 奥伊塔瓦斯

1 碟盐　……………………　4 奥伊塔瓦斯

1 只鸡　……………………　6 奥伊塔瓦斯

1 头猪　……………………　28 奥伊塔瓦斯

1 磅干牛肉或熏肉　………　2 奥伊塔瓦斯（每 1 奥伊塔瓦斯约合 10 现今马克）

但黄金若只是作为沙金被发现，便是一个不安定的客人。通常，黄金沙矿的枯竭大多非常迅速，以至于无法维持货币价值的持续下降，因而价格也无法长期维持高位。故此，巴西黄金对货币价值的影响也许只是暂时的。

但白银再一次确保货币价值进一步下降。

我们从先前的描述中业已得知，从 18 世纪 60 年代开始，这种金属的生产关系再度发生革命性的变化：汞从 1762—1766 年的 82 皮阿斯特下降到 1778—1782 年的 41 皮阿斯特。其结果是，白银产量迅速增加，生产成本也显然降低，其中汞的消耗占有相当大的部分，而当时单独使用的冷混汞齐化工艺对此十分有益。

---

① Fr. Tom. de Mereado，Tratos y contratos de mercadores（1569）p. 178.

② 据：v. Eschwege, Pluto bras., 15、59、88、90。

③ 麦测为旧时德奥区域谷物计量单位，合 3.4—8 升不等。——译者

　　18 世纪末，一般的价格再度适应白银生产条件的变化，在墨西哥解放战争期间这种条件再次大大恶化。在拿破仑战争之后，直到 19 世纪 30 年代和 40 年代，价格的下降，或者至少是价格的停滞，与墨西哥白银供应的显著减少是同时发生的。

　　总而言之，尽管我们所掌握的贵金属生产成本的数据很少，但在 1250 至 1850 年期间，大致可以将价格走势与黄金，特别是白银生产关系的发展联系在一起。

第五篇

市民财富的起源

第三十六章

权力财富与财富权力

　　如果我们要在这一章中追溯"市民的财富"如何"产生"，就必须首先明白何为"市民的财富"（第三十六章），何为"起源"（第三十七章）。

　　"市民的财富"显然是一种特殊类型的"财富"，此处所指，是与一种个人相联系的状况（当我们谈到"国民财富"或"人民财富"时，其意义又不相同）。但是，在这个意义上，如果我们用中立的术语来理解财富这一名词，要么与"Vermögen"①相同，要么（正如它经常使用的那样）与增值的财富相同。因此，如果我们试图理解"财富"一词的含义，就能更深入地理解"Reichtum"②一词。

　　在广义上，德文"Vermögen"一词表达了许多不同的**权力**状态：包含着某人能够完成某件事的所有可能性。在我们的观念中，它更加接近多种权力类型，而在外语的表达中这些类型则彼此分离——权力（pouvoir，power），财富（fortune）——因此，Vermögen 这一名词向我们指出所有这些权力类型的共同起源，以及其他外在关系所隐藏的内在意义。它告诉我们，我们必须注重同样的原始现象；或者说，此非我的能力（Vermögen）所及，或此人拥有很强的能力（在财富的意义上），或他具有很大的控制能力或想象力，或他没有能力，尽管我们并不明了，究竟是想说他无能为力，还是他一无所有。

　　当我们试图从 Vermögen 的实质来认识和区分具体的意义时，就能最好地看到这个名词所表达的一切。③

　　因此，在古代，财产或财富是两个完全不同的种类，必须首先按照这一种类或另一种类的来源，来加以区别。

　　有一种财产完全依赖于我们自身和我们最高的个人力量，此外还有一种财产是社会赋予我们的，因此，这一类财产是建立在社会的权力上。我将前者称为个

---

　　①　Vermögen 在德文中包含能力、财产与财富的意义，就财产与财富言，其指称的范围可大可小，在译成中文时，视前后语境而定。——译者

　　②　Reichtum 译成中文可采用财产或财富，但更多是指财富，即更大的财产，此时便与 Vermögen 一词不同。——译者

　　③　在下文中涉及此名词时主要用财产，或能力来表示。——译者

人的财产，后者为社会的财产，其意义如下：

个人的财产源自个人的力量，仅受其个人能力的限制，因此，没有任何社会（国家）的保障或支持，仅凭个人的力量就足够。它可以建立在个人**能力**的基础上，于是我们称之为我们的**行为能力**：爬山、喝三瓶气泡酒、发表一篇好的演讲、唱高音 C 等等之类。或者建立在对人或物的控制权力之上：于是便可称为支配能力。

我说的是对人和事的控制；当然，**唯一的**来源是个人的力量。

所以，如果一个人能够支配他人，可以仅凭他的美貌、个人的伟大、善良、强壮，强迫他人执行或放弃某件事情，使他们服从自己，就像催眠师对他人具有一种纯粹生理学的能力一样。这是人与人之间的直接接触。某人拥有一种个人的有形能力，如果这种能力纯粹源自个人的力量，而并非建立在任何法律的名义上，即使它是微不足道的财产权（因此似乎变成为一种社会能力）也是一样。这种有形财产自然罕见：法夫纳（Fafner）将尼伯龙根宝物（Nibelungenhort）变成个人的财产，或者一个小偷盗取或隐藏一种物品（但是，一旦他将一件珠宝换成金钱，然后付钱购买某种物品，便因此获得一笔社会财产）。

与此相反，**社会能力**总是由社会保证的，并且常常包含一种法律关系。从理论上讲，社会能力财产的存在是无可争辩的。而在实践中，则毫无意义。社会能力实际上是一种支配能力（例如专利保护、知识产权保护，即为保护个人的行为能力，就其禁止他人的行为而言，总是在建立一种社会支配能力）。

同样，支配能力又可以直接与人或物有关。

凡由社会（国家）授权的**人**系受社会所支配。在公法领域，社会的支配能力是以公职人员关系、一切军事纪律与一切警察事务为基础，在私法领域，纯粹的个人支配能力现在受到严重限制。在奴隶制时代，这种个人的支配能力可以任意扩展到所有人及其所有的生活功能；今天，它更多地出现在家庭关系中：所有父母的权威（只要不是来自父母的个人资产）都建立在社会权力的基础上，社会以其权力手段认可父母与子女之间的支配关系，相比之下，社会权力的真正领域是实质性的支配。在这种情况下，它表现为一种**社会的有形资产**，并且以社会（国家）保证的个人处置权为基础。

这就是我们在（直截了当地）谈到大、中、小的财富财产时——外国用一个特别名词（fortune, riches）来指称，但（和我的解释一样）在事实上，与德文这个名词所表现的其他所有意义并没有本质上的差异——所考虑的"财富"的一种变体，某人拥有巨大的财富，即说：此人可以依据任何法律上的名义处置大量的有形物品，因此受到国家的保护。我们将这样的人称为"富有"（在物质的意义上）。他的财富所及范围，为他可以处置的有形物品的范围；为社会允许他处置的有形物品的范围。

这种处置权的内容现在非常多样。其中最重要的组成部分是有权力者因其有形的资产，对其他人所行使的力量。此为另一种力量，不同于来自个人能力的力量，也不同于个人拥有的社会能力（例如统治者的权力）：它总是通过**一种有形资产**来体现，凭借这种有形资产，来"支付""购买"他人的劳动（这些术语用在最广泛的意义上）。我可以通过一种馈赠来"获取"某人的爱情或感激；我可以用一种有形物品去"支付"某人的劳动（劳动报酬！）；我可以提供实物让一个剧团表演；我可以"支付报酬"来获得律师或医生的服务；最后，我可以用我的物品和他人的劳动产品来交换，即"购买"。**他人必须为我工作，这一事实赋予所有财富的意义和重要性**。诚然，罗宾逊可以储存物品：他可以积累"财产"，但这只是个人的财产。如果由于某种原因，构成我的"财富"的有形物品的神秘作用——致使他人为我劳动——丧失时，我的社会财富便收缩成个人的财产：例如，战争、革命或严重的危机。在这种情况下，如果我不能用我的有形"财富"去"购买"任何人的劳动（或劳动产品）时，则我的财富只限于我本人能够影响的范围之内：无论是直接影响事物（亲手耕种我的田地），还是间接影响他人（例如，凭借劝说或威胁或善意，让他人为我工作）。或者我的社会的个人资产必定会继续帮助我。然而，我的社会的有形财产已经不复存在，我所有的仅仅是个人的社会资产。

财产的表现形式与财产的概念无关。它可以是各种形式的要求；但也可以体现在有形物品上：如果是地产，我们可称为不动产，如果是可以移动的物品，我们便称为动产。只有货币资产是动产的一种特殊形式。它是抽象形式的财产，因为所有的物品都可以象征性地表现在货币的形式中。它是最有效的财产形式，在流通经济的组织中（在正常时期）每个人都乐意接受，因此：谁有货币，谁就可以获取一切心愿之物；更确切地说，货币的所有者可以处置他人的任何劳动。

财产概念与法律范畴的关系

社会物质财产在法律上表现在最不相同的权利类别中，而不仅仅是所有权。物权法和债务法的所有法律关系都归属于此。归根结底，这是个人对一定数量的有形财产的支配权（或与他人竞争，或寻求获取，或转让他人，或将其与另一组有形财产交换，或希望为自己或他人确定对这些财产的临时支配权，等等）。

（每个法学家都知道，归根结底，在"实际"控制中，只有个人的控制。即使是"事实"法，也不是在个人和事物之间建立法律关系，而是在人与人之间建立法律关系。）

将"财产"一词与所有法律关系区别开来的是，以"财产"为基础的控制权赋予有权人对受控制的货物数量的最终处置权。在这一方面，"财产"包括与标的物建立任何法律关系的能力，但也包括与标的物建立任何有形关系的能力。凭借我的"财产"所包含的权力，在并不剥夺我的财产的条件下，也可以授予第三方对该物的权利，只要这样做对我有利。例如，在有关贷款的立法中，这是必要的。在这种情况下，债务人获得属于债权人资产的款项的所有权。因此，我们的资产规模是由我们的财产权的范围所决定，加上我们的债权，减去我们的债务。（当然，在这里谈论货币和信贷时，只是为了选择大家所熟悉的事例，这些在任何形式的经济生活中都是基本事实。）

如果我们现在考察财产的**历史发展**，便会发现个人的财产必定首先存在。然后，社会的财富就建立在其之上。那些被赋予特殊力量、权力和能力的人：医师、牧师、军官获得社会"地位"。社会赋予其社会的权力：首先只是支配权，后来还有有形的财产。有权势的人变成富人：征服的土地与夺取的物品，大量落入他们的手中。他们（在有形财物上）很富有，拥有很大的有形能力，因为他们有权势，他们在社会中处于支配地位：我将此称之为**权力的财富**。这是我们仅见于欧洲各民族踏进历史舞台的时候，也是在中世纪大部分的时间里所见到的财富。这是国王、大地主与教会的财富。这种财富带有很强的封建色彩，因此我们可以称为**封建财富**（不完全准确，但大致贴切）。其中一部分为地产，一部分为动产，还有一部分为货币。

现在货币的作用使得财富在其最内在的本质中潜移默化。货币的占有作为有形资产的抽象形式，本身就赋予每一个拥有它的人以权力。**这种**权力无非是因为一个人拥有很多货币的事实。随着时间的推移，这种（有形财产）派生出来的权力伴随着从支配关系中流淌出来的权力，最终甚至通过自己的力量创造出这些国家的统治关系。富人变成有权的人。这种来自财富的权力，我称之为**财富的权力**。自"十字军"东征以来，这种财富的权力在欧洲国家愈益强大。他们的代表者是新富人。他们最初站在封建社会的关系之外（他们充其量是凭借自身的财富闯进这个社会中）。因此，我们可以将他们的财富称为**市民的财富**。

因此，这就是世界历史的巨大变化，我们希望追踪这一变化的各个发展阶段：**即权力的财富如何发展为财富的权力**。这就是市民财产的起源问题。

再说一遍，造成这种深刻差异的原因不仅是财富的代表者：这种差异在于这两种财富本身的性质，在于它们不同的根源与不同的精神。

人们从前问：你是什么人？一个有权力的人。所以你是富有的。

人们现在问：你是什么人？一个富人。所以你有权力。

还需要注意的是，财富或财产的概念绝不能与资本的概念等而视之。本书第一版一个严重缺点，就在于对财产与资本，以及财产的形成和资本的形成没有作严格的区分。我们行将看到，在欧洲历史上这两者如何以不同的方式发展起来。但是，我们首先要探讨的只是市民的财产（财富），而不是资本。财产的起源是一个非常独特的事件，它不仅对资本的形成，甚至对资本主义的起源至关重要。

第三十七章

财产形成的理论

既然已经清楚什么是"市民的财富"，在追溯财富的起源之前，我们仍然必须知道如何理解财富（或既定意义上的"财产"）的"起源"。

有两种方法可以描述财产的形成：**主观的传记方法**与**客观的社会学方法**。

在此之后，我们将审视引导这个人和那个人致富的途径。

除了客观情况外，首先要指出的是主观特征，它使这个或那个人成为有财产的人。人们力求将成功归因于个人，试图将获得的财富分为两类范畴：幸运与功绩。用这里所示的术语来解释，可以尝试证明：个人财产和社会财产之间受何种关系支配。

这样的任务是否可以在专题框架内解决，可能还有待观察。靡菲斯托已经以警句的形式指出巨大的困难，弗里德里希·阿尔伯特·朗格在其《劳工问题》著名的第三章中已经提出一种严格的科学证据，即"偶然"在任何经济成功中都发挥最大的作用。

但是，在个别情况下，如果要证明——某一特定财产可被视为完全一定的个人成就与才能的结果——完全成功，那就会对整个社会状况的认识收获甚微。因为将这些特殊的联系简单地普遍化，将个人的命运视为典型，由此推及其他情况，这自然是行不通的。人们最多可以通过研究更多的"典型"案例来尝试一种归纳证明，以便从中得出更普遍的结论。因此，这些普遍性调查结果只能涉及两类：即获得财产的客观可能性和特别适合利用这些客观可能性的主观品质。然而，这样一来，就会抛弃主观的传记方法的立场，从而站在客观的社会学方法的立场上。因为后面这种方法恰恰在于，使人们满足于确定客观的可能性，并列举最适合这些可能性的特征，而要认识这些特征，除了个人传记研究之外，还可以通过许多其他"途径"来实现。（本书的经济性质意味着，第五篇几乎完全致力于确定财产形成的客观可能性，至于证明主观适宜性，只是偶尔涉及，但以后在其他部分将会更详细地说明。）

据我所知，至今尚无人试图建立一种关于**财产形成**的**一般理论**。除了《潘察坦陀罗》①中的几句评论之外，我还没有看到任何系统汇编财产形成理论的可能性

---

① 潘察坦陀罗，梵语为"五篇论文"或"五章"，印度动物寓言汇编。——译者

和前提条件。我在这里给出一种方案。

关于财产形成的问题是：

1. 关于财产的来源问题。

据此，财产的形成依次为（第一，**形式上**）或是**原始的**，或是**派生的**。

为了正确理解这一特别重要的区别，必须首先指出，这种考察必须始终只涉及"较大的"财产，即那些比原始的、平等的经济主体所拥有的有形物品更多的财产，因此，在某种意义上，财产形成的问题便等同于财产差异的问题。

财产的形成在双重意义上又是**原始的**：所谓双重意义，我是简单地称为经济的或地理的意义。在相等的同伴圈里的财产形成，我称为经济意义上原始的财产形成：所有同伴的小财产首先形成，而更大的财产或是凭空生就，或是从地位大致相等的同伴的这些小财产中产生。另一方面，派生财产的形成是指由许多业已存在的较大财产转变而来。因此，在派生的财产形成情况下，财产已经在一处积累：所改变的只是其所有者。这可以在同一经济制度的框架内发生，如封建财产转变为市民财产；也可以同时涉及经济制度的变化，例如，按照社会主义者的意愿，在资本主义制度向社会主义制度过渡的时候，"掠夺者被掠夺"。（**马克思**的整个进化论即建立在此处所指的原始财产形成与派生财产形成之间的对抗上。）任何"国有化或私有化"也属于此类。在**地理意义**上，原始或派生的财产形成，取决于它是在一个特定和有限的区域（例如一个国家）内发生，还是从一个国家转移到另一个国家。例如，如果英国的大财产是在英国境内形成，我称之为原始的，但它如果基于以前在西班牙、意大利、荷兰等国已经形成的财产的转移，便是派生的。

（第二，**实质上**）财产的形成或是在**财富不变**，或是在**财富增加**，或是在**财富减少**的情况下，我这次将财富一词理解为国民财富。国民财富随着生产力的增长而增长：随着人口的增加，生产力或者是粗放性增长；或者是通过更好的组织或技术的改进而增加生产时，这样的增长便是集约性的增长。如果财产的形成是在财富稳定的条件下出现，那当然只能以牺牲其他资产为代价；这只能是财产的一种转移。否则，新的财产可能伴随着旧的财产出现。在财富减少的情况下财产的形成，通常意味着一种掠夺经济，无论是土地还是人都被吸尽。这意味着它们被榨尽，即它们的力量不能恢复（再生产），它们被耗尽的不仅仅是收益，还是本体。于是，这样的财产形成往往造成掠夺性经济。

此处所涉及的问题也可以这样描述：一种财产或是从已经存在的享乐品或生产资料（只是改变所有者：在形式上为"派生的"财产形成）中产生，或是从一个新的生产时期的劳动收益中形成。如果这些财富被过多地用于形成财产，以致不可能再生产社会财富，则掠夺经济便会出现。

因此，财产形成的问题（就新的财产来源而言）既是一个生产问题，也是一个分配问题：生产决定可用于财产形成的有形物品，分配则决定这些物品在各个地方的密度。

2. 财产形成的**方法**当然非常多。其主要类型可以通过以下方式加以区分：

（1）根据导致财产形成的**活动**（或行为）的**方式**：或是经济活动，或是非经济活动；或涉及生产行为，或涉及消费行为。无论是通过营业的盈余还是通过"节约"增加财富（当然亦有两者兼而有之）；无论是主动的行为还是被动地接受成为形成财产的原因；无论是掠夺还是遗产成为财产形成的起源。

（2）根据财产形成的**方式**。财产的形成可以在现行法律和习俗的框架内进行，也可以无视法律和习俗。因此，它可以是"合法的"，也可以是"非法的"。它可以以单方面胁迫为基础，也可以以协议为基础。它可以是有偿的，也可以是无偿的。这种转移取决于被取走价值（全部或部分）的人能否收回。

3. 最后，一个重要的区别在于**速度**：财产的形成是渐进的还是跨越的。渐进，便是在漫长的一生，或是在几代人的过程中，从一个小小的开端形成一个中等的财产，进而形成一种较大和大型的财产；跨越，便是如同雨后春笋一般在几年内形成巨大的财产，这种区分之所以重要，是因为这两种类型的财产形成对经济生活的影响全然不同：因为渐进的财产形成伴随着新形式的缓慢成长，仿佛是由内而外的成长；而跨越式的起源则是一种急速的机械的产生，仿佛是从外向内的发展。

＊　　　　　＊　　　　　＊

然而，从所有这些理论考察中，首先可以看出，**财产形成的问题是一个历史问题**，即财产形成的方式：财产形成的来源、手段和速度都取决于历史的环境。在这种联系中，一般命题的意义只是在于，为了便于更容易理解现在所描述的财产形成——市民的大财产，即市民的财富产生——的经验阶段，我们将强调这样的观点，即适当地考察各种个别现象。

在本篇中，我在下一章（第三十八章）概述我们所说的封建财富，即这些财富的形式是社会权力的结果：（封建的）大地主的所有财富，君主、王公以及所有公共机构的财富皆属此类。

此后各章（第三十九至四十七章）将讨论市民财富起源的方法：指出其（从封建的财富）派生到何种程度，它的原始起源达到何种程度；它是何时迅速跨越式地出现，何时渐进式前行；它最终是用何种手段获取。既然不能同时使用所有的差异特征来分配材料，那就必须选择**一种特征**作为分配的最高原则。我选择**财产形成的方法**。并结合以下的提纲加以阐述，在总体目录中并没有重现这一提纲，以便更容易划分各章。因此，各章是按上、下和附属顺序排列，如下所示：

一、资本主义经济之外的财产形成

1. 财产形成的受约束形式

（1）手工业经济中的财产形成：第三十九章

（2）通过货币信贷的财产形成：第四十章

（3）城市地租的积累：第四十一章

（4）直接的财产形成：第四十二章

2.财产形成的自由形式

（1）欺诈、盗取与侵占作为财产形成的手段：第四十三章

（2）抢劫：第四十四章

（3）强制贸易：第四十五章

（4）凭借强迫劳动剥削殖民地：第四十六章

二、资本主义经济框架内的财产形成：第四十七章

第三十八章

封建的财富

第一节 大 地 产

在其他章节中我已经提到一个众所周知的事实，即在中世纪，欧洲相当大的一部分土地都集中在地主手中，形成或多或少的大地产。

这种地产早期无疑几乎完全是一种自然的产业，其重要性主要在于能够使大量的人凭借它而生活，但我们可以假定，随着负有纳税义务的后代应交的捐租愈益变成货币，或者庄稼的收益愈益由地主自己出售后获取，这种地产逐渐变成为"动产"。

与此同时，由于农业技术的进步和人口密度的增长，土地的收益不断增加，只要能够维持甚至增加农民的纳税义务，地主们便会按照比例获取更多的份额。

当然，在早期的时代，要确定土地的"价值"，几乎是一项无法完成的任务。因此，如果有一些研究者为我们计算出一些近似的价值，我们必须为此感到满足，其实，这些近似值除了给予一个不言而喻的事实表达之外，基本上并没有其他意义。

兰布莱希特曾就德意志的一些个别地区作出这样的计算。他认为，最初形成某种值得一提的土地价格，是中世纪前半期的事情。因此，从 9 世纪至 12 世纪，土地价格的上涨约为 100：1 184.3；直到 13 世纪价格涨至 1 671.3，到 14 世纪末，涨至 3 085。[①]

达韦涅尔给出的中世纪数字更为模糊，每公顷可耕种土地的价格[②]：

9 世纪 ………………………………………… 70 法郎

12 世纪 ……………………………………… 93 法郎

13 世纪 ……………………………………… 135—201 法郎

---

① Lamprecht, DWL. 1, 602 ff.

② D'Avenel, Hist. écon. Livre II Ch. VI.

16 世纪 ……………………………… **317 法郎**

可以假定，这种价值增长——当然在以后几个世纪里仍在继续下去——有不少的部分是表现在较高的地租形式上，受益者为大地主。也许不同国家的发展表现在不同的方向：特别在德意志，似乎至少在一段时间内，土地收益的增加并没有转化为地租的增加，似乎自 13 世纪以来，在德意志许多地区，农民的税租越来越低，因为此种租税（在构成常规的世袭租地中）是固定的，因而下降：货币地租由于 1250 年以来蔓延的铸币恶化，谷租则由于谷物价格的下跌（自 1400 年以来?）。[1]但是，在地主能够推行类似定期租约的所有国家——大多数西欧国家——中，土地收益增加的最大部分都归地主所有，从而提高了他们的收入。

地主的收入和财产究竟有多少?

只有对这些地区的收入和财产进行统计，才能清楚地了解中世纪的社会结构。对于受过教育的经济史学者来说，撰写一部关于中世纪农村财富的历史，作为对城市收入和财产状况的众多描述的对应，将是一项令人感激的任务。在我看来，这并非一项不可实施的计划，比如从 1086 年《英格兰土地志》和 10—11 世纪的"土地赋税登记表"去研究教俗两界领主财产的发展。这里的主要问题也是如何提出问题。我们目前掌握的知识尽管还是一些贫乏的碎片，但毕竟足以对中世纪乡村的财富状况有一个大致了解。直到中世纪，甚至在中世纪以后，在世俗的地主、大教堂和修道院中发现大量的私有财富（还有所谓的"动"产，尤其是贵金属财产），这是一件确切无疑的事实。像吕贝克和汉堡这些城市在鼎盛时期的收入，的确不及英国一个大贵族的地产收入，也不及一个富有的修道院的地租收入。至于那些近似君主的大地主如勃艮第公爵、佛兰德伯爵或托斯卡纳边疆侯爵[2]，更是完全不能相比。对于中世纪从皇室财产到乡村贵族的财产过渡，我们不必像今天这样想象得那么严格。几个世纪以来，显贵们一直保持着一种近乎君主般的地位。

我们掌握一些国家的数字，可以证实以上所说的正确。这里选择中世纪晚期以及中世纪以后最初几个世纪的一些例子，因为这些时期对财产形成自然最重要。

在**英国**，一般了解内情的人经常对不同贵族阶层的平均收入进行估计，由于数字颇为一致，足以提高这些估计值的可信度。

根据爱德华四世时代的估计[3]，各种收入为：

一位公爵 ……………………………… 4 000 镑
一位侯爵 ……………………………… 3 000 镑

---

[1]　参见：Meitzen, Siedlungen 2, 341. 639。
[2]　关于这些显贵的财富，可见：K. Hegel, Städteverfassung von Italien 2, 80 f.。
[3]　见 Stubbs, Coust. Hist. 3 5（1806），557。

一位伯爵 ……………………………… 2 000 镑
一位子爵 ……………………………… 1 000 镑
一位男爵 ……………………………… 500 镑
一位方旗爵士① ……………………… 200 镑
一位骑士 ……………………………… 200 镑
一位侍从骑士 ………………………… 50 镑

当然，与此相比，个别贵族的收入要多上几倍：例如，威尼斯公使朱斯蒂尼亚尼估计，15 世纪白金汉公爵的年收入为 3 万杜卡特。②

格雷戈里·金有关 17 世纪的收入估计为众所周知。③

根据他的估计，平均收入为：

世俗领主 ……………………………… 3 200 镑
从男爵 ………………………………… 880 镑
骑士 …………………………………… 656 镑
侍从骑士 ……………………………… 450 镑
绅士 …………………………………… 280 镑

金估计的另一项平均收入为：

较大商人 ……………………………… 400 镑
较小商人 ……………………………… 198 镑
零售商 ………………………………… 45 镑
手工业者 ……………………………… 38 镑

意大利贵族非常富有。奥尔西尼和科隆纳告诉我们，他们在 15 世纪每年的收入各有 25 000 弗罗林。④

我们经常被告知，佛罗伦萨的贵族在古代已经富有金银器皿。⑤

米兰贵族因其财富而出名。大约有 5 个家庭的收入在 1 万至 3 万杜卡特之间。

---

① 方旗爵士系有权率领扈从在自己的方旗下上阵作战，权位在只可使用三角旗的最低级的爵士之上。——译者

② Denton, England in the XV. Century （1888），266.

③ G. King, Natural and political observations etc. （1696）；另见对此的不同看法：Rogers, Hist. of agriculture etc. 5 （1887），90 f.。

④ Carte Strozziane Ms., 载于：Gregorovius, Gesch. der Stadt Rom 74 （1894），342/43。

⑤ Davidsohn, Gesch. von Florenz 1, 762.

有人计算，在 16 世纪，美第奇·德梅莱尼亚诺和斯福尔岑·德卡拉瓦乔的地租收入为 12 000 杜卡特，博罗米的地租收入为 15 000 杜卡特，特里瓦尔岑的地租收入为 20 000 杜卡特，塞尔贝洛尼的地租收入为 30 000 杜卡特。至于收入在 2 000 至 4 000 杜卡特之间的家庭，为数众多。[1]

在 15 世纪的**西班牙**，绝大部分的土地为 105 位教俗两界的领主所有。因凡塔多公爵、梅地纳·德里奥塞科公爵、埃斯卡洛纳公爵和奥苏纳公爵各拥有 10 万杜卡特年租，梅地纳-西多尼亚公爵拥有 13 万杜卡特年租。有些贵族有 3 万家臣。[2]

关于**法国**贵族的财富，大革命的过程让我们了解到极好的情况。1789 年属于贵族的那些人并非都是原先的贵族，因而并不都具有"封建"起源，其中在很大程度上又是市民财产形成的产物。但是，至少在革命爆发时还是反映出革命前夕封建财富近似真实的情形，因为以前的骑士土地的法律性质得到保留，故此，人们可以确定这种土地以前的范围，即便它现在已经落入新富人之手。此外，只要这种财富被赋予特权，即使在市民时代，也会保留一部分旧的封建性质。据估计，当时法国的贵族人数为 14 万人，他们拥有全国土地的五分之一。[3]

这就是中世纪曾经形成的状况。

与世俗贵族竞争的是**宗教界的显爵大人**。斯塔布斯说，英国两位大主教的家庭如同公爵一样；主教们的生活也与伯爵不相上下。众所周知，中世纪的修道院富比王侯。

我要强调的是，在这些"地主的"财产和收入中，绝不仅仅是地产和实物的收入，即使在以前也是如此。相反，我们必须想象，在罗马帝国灭亡之后，直到中世纪晚期，所有**贵金属储备**的最大部分都流入地主、大教堂和修道院的金库之中。"在一个货币还很稀少的时代，由于信徒的供奉，几乎所有的修道院都拥有大量的金钱储备这一不可估量的优势。"[4]当然，这种流动的贵金属经常会改变它的形态，从货币形态转变成珠宝和器皿。[5]只有看过中世纪各教堂和修道院或俗界大人家庭中的财产目录[6]，我们才能了解他们所持大量金银物品的情景。

在将近一千年的时间里，教会的地产似乎一直保持着同样高度的水平。我们

① Nach einer Relatione di tutti li stati signord e prineipi d' Italia und Leoni mitgeteilt von Ranke，Fürsten und Völker Südeuropas 1₃，469.

② Ranke, a. a. O. S. 266.

③ H. Taine, Origines de la France contemporaine 1₁₄（1885），18. 路易十四时期，法国贵族的收入估计为 5.2 亿里弗赫：其中 1 亿里弗赫来自封建权益，4.2 亿来自地产。见：A. Moreau de Jonnès，Etat écon. de la France（1867），402。

④ H. Pirenne, Gesch. Belgien 1（1899），148 ff. Vgl. Sackur, Beiträge zur W. Gesch. der französ. und lothring. Klöster usw., in der Zeitschrift f. Soz. u. W. G. 1, 167 f.

⑤ C. A. Marin, Storia civile e politica del Commercio de' Veneziani 1（1798），273 f.

⑥ Douet D'Arqu, Sur les comptes des ducs de Bourgogne, publ. par M. de Laborde. In der Bibliothèque de l'école des chartes. 3. sér. t. IV（1853），p. 125 ff.

知道，在墨洛温王朝时代，**法国**三分之一的土地都掌握在神职人员的手中，对此数字我们无须减去许多，便可以同已掌握的关于革命时期法国教会财产的数据取得一致。因为几乎可以肯定证明，这一地产约占全国土地的五分之一。当时，教会地产的价值估计为 40 亿法郎，产生的收益为 8 000 万至 1 亿法郎。此外还要加上什一税为 1.23 亿法郎，故此，法国教会在大革命前夕的收入达到 2 亿法郎。当我们回顾各个教会和大教堂的地产与收入时，这种财产的巨大程度就更为明显。

其他国家教会的财产状况也不会相距太远。英国在 16 世纪取消修道院时，我们对他们的财富情况略知一二。可惜的是，这些数字相差太大，无法让我们非常清楚地了解当时英国修道院的财产情况；但毫无疑问，这种财产数量巨大。

最近，关于取消修道院时英国教会的财产问题再次提出，并试图根据在此期间发现的更广泛的原始材料来作出科学的回答。参见：Al. Savine, English Monaseries on the Eve of the Dissolution. 1909。其结果与以前的假设并无太大区别。萨文假定，修道院从地产上获得 10 万镑的收入，其中十分之一是在自己的地产上获得，其余的来源则是租金。

第二节　公 共 财 政

公共财政是市民以前的财产较大规模集结的另一点，特别是大笔资金定期汇合的地方。但是，我们将会更详细地看到，这对于市民的财产形成显得格外重要。

首先，我要列举两种财政——二者所以重要，是因为它们在中世纪早期已经首先成为大笔货币交易的中心点——以便从它们的规模，去了解那些在所有世纪中一直保持其显著地位的公共财政。

一、教皇的财政

如果我们将教皇的财政称为**货币的来源**[1]，这个想法无疑是正确的，教皇的财政行为是欧洲中世纪最早积累大量现金资产的缘由。直到 9 世纪为止，所有国家对基督教徒的赋税都通过彼得便士[2]的形式获取。早在 13 世纪初，教皇的财政制度便已形成一种庄严的制度。众所周知，教皇财政的开端应回溯到英诺森三世

---

[1]　Glossa in reg. 66 canc. Innoc. VIII., 引自 Ph. Woker, Das kirchliche Finanzwesen der Päpste. 1878. S. 2。此书至今仍是有关教皇财政最为全面的著作。

[2]　中世纪时，英国每户每年向教廷缴纳 1 便士奉金；1869 年后，各国向教廷自愿缴纳的奉金，在德意志称为彼得芬尼，因罗马教廷系圣彼得所创，故名。——译者

（1198—1216 年）的行动。从那时起，教会的普遍税收制度愈变进步，并在现金的意义上超越领主的地租和采邑制的财产，在中世纪末期便发育成为一种"教会的普遍财政"，并最终导致革命。

教皇财政所造成的重大历史意义，即为教皇的财政经济极佳地促进了比较大型的资产收入货币化的趋势。我们可以清楚地看到，教皇课税累积的大量税金与服务，必然将最初往往是实物与服务的形式转化为金钱。因此，我们发现，在其开始时，什一税多以实物缴纳：这完全符合主教与修道院等大部分的实物收入，"向集中的过渡造成纯粹的货币经济。否则难以想象，世界各地为何都在设立教皇什一税谷仓、什一税酒窖、什一税仓库等昂贵的设施？"1217 年，霍诺瑞斯三世向匈牙利主教发出一道命令，"他们应当激发天良，征发二十分之一的货币"。后来，在中欧和南欧，实物缴纳很少出现，而在北方，却在很长一段时间内仍旧继续。但在这方面，尽管困难很多，也曾千方百计地企图实现货币化。于是，必须将金银器具熔化，以便补足短缺的货币数量。[1]（增强贵金属生产的作用！）

因此，我们可以看到，在一个本质上为自然经济的条件下，教皇的征税压力是如何从地球上挤出大量的金钱，并在教皇征收员的钱袋和钱箱里大量积累，从而形成巨大的数额；至少从各个年份的单据中，我们可以推断出定期收到的金额。总的来说，以前关于教皇拥有惊人数额的资金的说法，委实过于夸张。然而，这在当时还是非常可观。

最大的收入来自所谓的"十字军什一税"，自 12 世纪末开始，这种税定期出现，但不久就被用于其他目的。据了解此事的人估计，13 世纪教皇在整个基督教世界的什一税的收入约为 80 万镑[2]，大约为现今 15 亿—20 亿马克的金属本位价值。教皇定期获得的数额远低于什一税的收入，在罗马教廷金库中实际积累的数额甚至更低。这些收入在 14 世纪每年约 200 000—250 000 金古尔登（每金古尔登 9—10 马克），即使在 15 世纪也没有大幅增加。除这笔收入之外，还有大约 10 万杜卡特，并不归入总库，而是归入教廷，因此他们的总收入约达 40 万杜卡特。其余的收入没有流入罗马。[3]但教皇的现金收入毕竟可观，至少可以让继任者积累更多的财产。因此，克莱门特五世留下现金 10 万金盾，约翰二十二世（1316—1334 年）留下现金 775 000 金盾。[4]

不过，教皇的收入完全被以下的数额所超过。

————————————

① Gottlob，Kreuzzugssteuern，236/37.

② Ebenda 135.

③ Gottlob，Aus der Camern apostolica，257；同一作者，im Histor. Jahrbuch 20，669，该作者引自：Ehrle，Prozeß über den Nachlaß Clemens V.，im Archiv f. Literatur- u. Kirchengesch. 5，147。

④ Sägmüller，Der Schatz Johanns XXII.，im Histor. Jahrbnch 18，37 f.

二、骑士团在其总部堆积的数额[①]

此处首先系指地租，这些地租通常是从他们巨大的地产中直接流入骑士团。正如我们所知，这些地产几乎遍布已知的整个世界。14 世纪，从希腊到葡萄牙，从西西里岛到艾德河，再到苏格兰，处处都散布着圣堂骑士的地产。随着骑士团的废除，这项地产又为约翰骑士团的巨大地产再度增值。圣堂骑士的宅邸数量在13 世纪为 9 000 所，到 1307 年增加到 10 500 所；骑士医院的医护数目在 13 世纪已经有 19 000 人。他们每人可以装备和维持一名骑士，其费用相当于 200 名拜占庭人一年的地租。因此，这一骑士团每年的地租应有 3 610 万法郎的金属本位价值；而圣殿骑士每年的地租估计不少于 200 万镑。

在世俗有权力者中，有两种人特别值得我们关注：他们的家族是最古老的家族之一，而且历经几个世纪的发展，从未间断过，是最大的家族，他们可以作为无数其他帝王和王公家庭的榜样。此处所指即法国和英国的国王。

我列出所掌握的数字材料，以便估计他们的财政规模。

三、法国国王

菲利普·奥古斯特去世时留下 89.3 万马克的白银（约合现今货币 3 800 万马克）。[②]

1238 年，总收入（以巴黎镑计）为 235 285.7 镑；1248 年达到 178 530 镑。[③]

在美男子菲利普的统治末期，法国最古老的预算计算出经常性收入达 177 500图尔奈镑。[④]

在这些时期，1 巴黎镑约合现今货币 22 至 23 法郎的金属本位价值，1 图尔奈镑约合 16 至 17 现今货币法郎的金属本位价值。因此，13 世纪和 14 世纪初的收入达到 400 万至 500 万现今法国法郎。查理五世（1364—1380 年）的收入应为 160万里弗赫，查理七世在 1439 年的收入应为 1 700 万里弗赫，1449 年为 2 300 万里

---

①　有关骑士团的财政状况可见：H. Prutz, Kulturgeschichte der Kreuzzüge（1883），244 ff.。有关教会慈善团的财产状况详见同上作者：in der Zeitschrift des deutschen Palästinavereins 4，157 ff；über die Finanzoperationen dieses Ordens in den Sitzungsberichten der philos. -philol, u. histor. Klasse der Kgl. Bayr. Akademie der Wiss. zu München. 1906. Heft 1。有关圣堂骑士团 14 世纪初期的财产概况，参见：Wilcke, Geschichte des Ordens der Tempelherren 2（1860），7 ff.。

②　C. Leber, Essai sur l'appréciation de la fortune privée an moyenâge. 2. ed. 1847, p. 28.

③　de Wailly, Dissertation sur les depenses et les recettes ordinaires de St. Louis, in dem Recueil des Histoires des Gaules et de la France t. XXI（1855），p. LXXVI.

④　Ordonnanco fixant le budget des recettes et des dépenses de l'État（1311），载于：Edg. Boutaric, La France gous Philippe le Bel. 1861, S. 342 ff.。亦可参见：Ad. Vuitry, Études sur le régime financier de la France. Nouv. Sér. T. I（1883），3e étule, Cl. VII.。

弗赫。①

根据威尼斯公使的估计（可能有些过高），法国国王的收入（以今天的货币计算）：

1497 年 ····················· 16 306 000 法郎
1535 年 ····················· 28 750 000 法郎
1546 年 ····················· 46 000 000 法郎
1554 年 ····················· 57 500 000 法郎
1563 年 ····················· 69 000 000 法郎

从 16 世纪末至 18 世纪初这一段时间，我们拥有福尔波内认真计算的数据。②依据这一计算，法国国王的（总）收入为：

1571 年 ····················· 8 628 980 里弗赫
1581 年 ····················· 11 491 775 里弗赫
1595 年 ····················· 23 000 000 里弗赫
1620 年 ····················· 16 000 000 里弗赫
1649 年 ····················· 50 294 208 里弗赫
1661 年 ····················· 84 222 096 里弗赫
1670 年 ····················· 96 338 885 里弗赫
1685 年 ····················· 124 296 635 里弗赫
1690 年 ····················· 156 740 783 里弗赫
1715 年 ····················· 165 576 792 里弗赫

（16 世纪末，里弗赫的金属价值约为现在法郎的 3 倍，17 世纪最初的 30 多年间约为现在法郎的 2 倍，直到 1700 年，里弗赫的金属本位价值约为现在法郎的 1 倍半。）内克尔（1789 年）估算的收入为 475 294 288 里弗赫。

四、英国国王

我们颇为确切地了解了征服者威廉的收入。每位国王死时的收入如下③：

①　Clamageran 1, XXIV. LXVII. Vuitry, tome II, 4e études, chap. VII.

②　Recherches et considérations sur les tinances de la France depuis l'année 1595 jusqu'à l'année 1721. 2 Vol. 1758.

③　确切的数据参见：J. Sinclair, The history of the public revenue of the british empire. 3 ed. 2 Vol. 1803。

征服者威廉	400 000 镑
理查一世	376 666 镑
爱德华三世	154 139 镑
亨利六世	64 946. 4 镑
玛丽	300 000 镑
伊丽莎白	500 000 镑
詹姆斯一世	450 000 镑
查理一世（1637/1641 年）	895 819 镑
查理二世	1 800 000 镑
詹姆斯二世	2 001 855 镑
威廉三世（1701 年）	3 895 205 镑
安妮	5 691 803 镑
乔治一世	6 762 643 镑
乔治二世	8 523 540 镑
1770 年	9 500 000 镑
1780 年	12 255 214 镑
1788 年	15 572 971 镑
1800 年	36 728 000 镑

在现代公国出现之前，城市在欧洲生活中担负着重要的作用，为完整起见，即使只是为了表明它们与以上所考虑的权力之间的差异，此处也必须提及它们。

五、城市的财政

我们可以认为，在中世纪，恐怕只有威尼斯、米兰和那不勒斯的城市财政略微接近教皇和国王的收入。根据一份——我无法判断其价值的——手稿，1492 年，威尼斯的收入是 100 万弗罗林，米兰和那不勒斯各为 60 万弗罗林。[1]另一方面，有报告称，早在 1395 年，米兰第一任公爵吉安·加莱亚佐·维斯康蒂的收入为 120 万弗罗林。[2]有关博洛尼亚我有一种可靠数字。该地 1406 年的收入为 320 611.18.11 里弗赫。[3]人们知道，维拉尼将佛罗伦萨的数字定为 30 万弗罗林。意大利所有其他城市的收入都不会达到这一数字。能与意大利城市抗衡的最多只有巴黎、伦敦、巴塞罗那（Barcelona）、塞维利亚、里斯本、布鲁日、根特以及后来

---

[1] Arch. Flor. Carte Strozz. App. F. 11 p. 189；引自：F. Gregorovius, Gesch. der Stadt Rom im Mittelalter 7 4 (1894), 342/43。

[2] Corio；Cibrario, Ec. pol. 3_2, 200. 我以为，该作者将里弗赫换算成弗罗林时汇率定得过高。

[3] Giov. Nic. Pasqu. Alidosi, Instruttione delle cose notabili della Città di Bologna. 1621, p. 35/36.

的安特卫普。德意志的城市远远落后于上述城市。其中最富有的城市之一（纽伦堡）在其鼎盛时期（1483 年）的收入仅为 421 926 镑 19 先令，即略高于 60 000 弗罗林。[1]科隆在 1370 年的收入为 114 780 现今货币马克，1392 年为 441 397 马克。只有我们的"大"海港城市：1360 年汉堡的收入为 35 440 马克，1400 年为 102 104 马克；吕贝克 1421 年为 96 617 马克，1430 年为 87 576 马克，这些全部以今天的货币计算。[2]法国和英国的许多城市也是如此，他们的收入皆为中等男爵的水平。

---

[1]　Chr. d. Städte Bd. I. 比照：Lochner, Nürnbergs Vorzeit und Gegenwart（1845），84。

[2]　W. Stieda, Städtische Finanzen im Mittelalter, in den Jahrb. f. N. Ö. 17, 11/12.

第三十九章

手工业经济中的财产形成

如果考虑到手工业组织——无论是工业生产组织，还是商业或运输业组织——的特点，我们应该认为，在中世纪这样的时期，甚至在随后的几个世纪里，这种经济制度的经济主体不可能会积累相当大的财产。另一方面，企业规模之小似乎也可以证明这一点，在商品交易中，运输费用和其他杂费的数额都很高。

然而，我们必须提出以下几点供考虑：

价格的昂贵代表商人的毛利；如果要计算他在有关交易中的净收入，必须——用商业术语——从总数中扣除其花费。这一点不可不知。我们现在知道，就现今的概念而言，当时那个时代杂费实在太高。其组成为：

（1）非常可观的运输成本；

（2）同样可观的关税；

（3）道路不安全所产生的耗费或损失，或者需要昂贵的护送，或者导致时常的抢劫及其他损失，在在都使得运输更加昂贵，即使在已经实行运输保险的情况下也是如此，当然，运输保费自然非常高昂。

关于运输费用，我在第二卷第三编中给出了数据。请读者参阅本书第一版第1页，第222、278页中的数据。在所提供的数据中，有一个无可争辩的事实，即中世纪的运输成本毫无必要地高昂。

高昂的杂费表明净利率的低下。

然而，我们也不能假定毛利率会高得多。因为在给定的净利率之下，毛利率是由企业资产在一年内的周转频率决定，因此，毛利率不会大大超过盈利率。因为就我们对中世纪商业资金周转时间的了解，这些资产每年**最多**周转两次。

威尼斯西佛兰德船队定期驶往那不勒斯、西西里岛、的黎波里、突尼斯、阿尔及尔、奥兰、丹吉尔、摩洛哥、西班牙、葡萄牙、法国海岸、伦敦、布鲁日、安特卫普，然后经加的斯和巴塞罗那返回。这种航行为期平均一年。在与黎凡特的贸易中，意大利商船队的每次航行时间似乎也是如此。（Heyd 1，453.）在农产品占主导地位的情况下，这样的航行时间很有可能就是如此。一位汉萨商人每年两次从雷瓦尔或里加横穿波罗的海。（Stieda, Revaler Zollbücher, CXVII.）中世纪海上航行的详情（其中决定船队的周转时间长短），可见：Götz，Verkehrswege（1888），515. Rogers 1，134 ff。

但现在的重点是，毛利率的高低并不能决定**积累**可能与实际的**水平**。相反，正如可以看到的那样，一方面，这一水平大都取决于积累率的高低——利润用于资本与消费部分的比例关系——以及另一方面，即利润的数额。积累的数量和利润的数量正相关：分配给个人的利润数量越多，他个人不用于消费而积累的数量就越多。这些都是不言自明的事实。然而，我们这里必须指出，因为手工业商业本身投入的资产数量微小，或一个较大的商业企业——合作社形式——在其成员之间产生的利润总额是分散的，即使在利润率很高的情况下，也只能产生很低的积累率，因此积累的数额也很低。认为中世纪的商人通过他们的商业活动可以致富，这种想法似乎不可思议。考虑到手工业范围内旧式商业的所有特点：营业额小、旅途遥远以及在外地逗留时间长等，我们必须得出结论，如果商人除了在旅途中自己的消费外，还携带足够的东西返回，借以养家糊口，并向地主支付房租，倘能如此，那么他们就应当欢天喜地，心满意足。

这里说的是商业，其实同样也适用于**前资本主义经济的所有其他部门**，尤其适用于工业手工业。

> 我勤恳经营我的事业，
> 我终身便是一个贫穷的仆役。

一位工具制造匠的这句格言刻在伊斯雷尔·冯·梅肯姆的铜版上。（15 世纪维也纳"皇家与王室铜版术丛刊"B，第 222 页。）

中世纪的普通手工业师傅不过是一个普通的产业工人，与他的雇工几乎没有什么区别。根据罗杰斯的计算，（建筑行业的）师傅的收入比职工的工资约高出 20% 左右。[1]

但是！在这个看似紧密相连的证据链中，必定有一环脆弱，以致在某一处出现断裂，历史的事实与我们的理论探讨所导致的结果并不一致：在手工业经济的条件下也会**有**财产积累，在中世纪的过程中也**有**工业手工业者和手工业商人获得财富。

当然，我们绝不能像大多数历史学家那样轻易行事。中世纪有富裕的工业经营者，特别是富裕的商人，因为我所掌握的中世纪手工业的财产和营业额的数字充分证明这一点。但我们从这种事实并不能得出结论：手工业活动具有创造财富的力量。这根本没有说服力，因为首先这种人——此处所指特别是经营商业的

---

[1]　Th. Rogers, Hist. of agr. 4, 502 ff.

人——在经商之前就已经富有。事实上，我所说的"偶发性商业"在很大程度上也是如此。

其次，我们的手工业者也可能因为从事手工业以外的活动而变得富有：无论是富有的婚姻、遗产、幸运的地产投机，或是其他"幸运的偶然"。

但我们不想将这种幸运的偶然引入探讨范围：我们知道，在许多情况下，中世纪从事工业的人，特别是商人，除了手工业之外，还经营其他生意，他们的财富很可能归功于这些生意（我们将在下文中看到：事实上，很可能大部分都归功于此）。我指的是他们参与采矿——特别是金银开采——和借贷活动。

我想起许纳-托里。他是一个背包商人，到处行走。他赚了一些钱，可以买一块地。他在那里谋划经营，不到几年变成一个富人，有能力向每个人借出大笔钱。他的财产继续增长；成为最富有的人之一①……

或者我想起利德（Lydd）的屠夫安德鲁·巴特（Andrew Bate），他是当地的"领导人"和最富有的人之一，他的大畜群闯进他人地面，他对土地的渴求和投机，以及无情地榨取"西部人"的租税，所有这些让他闻名。②

或者我想起苏黎世（Zürich）的制革师傅和铁匠、后来的市长汉斯·瓦尔德曼（Hans Waldmann），他死时是一大富人，我们知道他经营广泛的借贷业务，并赚取大笔资金，成为"养老金领主"。③

或者我想起奥尔良（Orleans）的屠宰店老板哈格内尔（Hagenel）及其夫人赫森（Hersent），根据一个发现者的说法，"他们因典当和借贷变得富有，城内大部分房屋都抵押给他们，他们也收购了优良的面包房、磨坊和宅第……"④

或者我想起鲍姆加特纳（Baumgartner）家族、戈森布罗特家族，尤其是富格尔家族的财产。

面对所有这些情况以及其他一百种事例，我们都徒劳地问：这些人是靠背包贩运，或肉铺，或制革，或织布⑤，还是靠借贷、耕种，或靠土地投机，靠采矿致富的。

我也想起库里舍（J. Kulischer）的出色研究⑥，在我看来，他确凿地证明，在中世纪**金融业总是与所有的商品贸易**结合在一起，进而得出结论，一个富有的手工业者仍然不足以靠创造手工业的财产形成力量。

---

① 此处译自：A. Heusler（1900），S. 31/32。

② Hist. MSS. Com. V，523—531，bei Green，2，60.

③ J. Maliniak, Die Entstehung der Exportindustrie und des Unternehmerstandes in Zürich（1913），43 ff.

④ Flach, Origines 2, 369.

⑤ "如果科隆的手工业者在中世纪变得富有，并不是因为他们在作坊里的活动，而是他们通过在国外市场上销售他们的少量商业盈余，发展到一般的商品和货币贸易，将经营重点放在这些商品和货币贸易上，仅仅保留了他们的工业生产。"Bruno Kuske, a. a. O. S. 82.

⑥ J. Kulischer, Warenhändler und Geldausleiher im Mittelalter, in der Zeitschr. f. VW., Soz., Pol. u. Verw. Bd. XVII，1908.

然而，我还是同意早期历史学家的意见，并且不想否认这样一个事实：有些手工业者的财产确实是凭借自己的手艺形成（而且，正如我在另一个背景下指出，他们也有人上升成为资本主义企业家）。当然，（与其他历史学家不同）我的问题是：**这种事在全世界如何成为可能？**

正如我们看到，在实现巨额盈余的三种方式中，有两种方式对中世纪的手工业者来说是不可行的：降低生产（运输）成本和加快或扩大营业额。于是仅剩下第三种选择：对购买或使用的产品征收高额附加费。更确切地说：在购买价格和销售价格之间建立一种尽可能高的张力。

我们用来确定中世纪实际加价水平的数字非常有限。我所知道的最重要的反对意见如下。

羊毛贸易：乌萨诺引用英国-佛罗伦萨羊毛贸易中一个著名的例子，英国生产的羊毛当地价格为 100 磅 $10\frac{1}{2}$ 弗罗林，200 磅净重（合毛重 300 磅）在佛罗伦萨的销售价为 76—88 弗罗林。根据乌萨诺另一份报告，在加来购买 11 包英国羊毛（至少加价 50%），价格为 612 弗罗林，在米兰出售时价格为 1 315$\frac{4}{5}$ 弗罗林。

布料贸易：乔·托尔纳在其商业书（1345—1350 年）中告诉我们，五包佛兰德布料，与购买价格相比，在出售时溢价为：26%，27%，21%，19%，30%，平均 25%。

我们从维柯斯·冯·格尔德森的布料贸易中获知的价格溢价与此完全一致。1370 至 1376 年期间，这些数字分别为：15、9、$18\frac{1}{2}$、19、$21\frac{3}{8}$、$29\frac{3}{8}$、$25\frac{1}{8}$、$22\frac{3}{10}$、12、$22\frac{1}{2}$%。

在一个案例（1356 年）中，约翰·维滕堡列举的溢价为：在 32 张波普林床单的购买价格上可以加价 70%，而在另一个案例（1353 年）中，他只能加价 5%。

希尔德布兰特·维克林楚森（1409 年）在科隆购买一具棺材花费 $2\frac{1}{4}$ 杜卡特，而在威尼斯的价格为 3 杜卡特。

20 块布在卡迪克斯销售价格为 256.13.4 弗罗林，在佛罗伦萨则以 395 弗罗林出售；另一件 35 块布的购买价格为 207.6 弗罗林，销售价格则是 408 弗罗林；第三件的购买价格为 262 弗罗林，销售价格为 300—350 弗罗林；在第四个项目中，购买时的价格为 20 弗罗林，出售时价格为 26—28 弗罗林；第五个项目的购买价格为 21 弗罗林，出售价格为 32—34 弗罗林。

维克林楚森花费 4 马克 5 先令购买一打**裤子**，则以 $6\frac{1}{2}$ 杜卡特的价格出售。

帽子是 14 与 15 世纪佛兰德—佛罗伦萨的贸易商品，部分以巨额溢价出售；一打优质帽的收购价是 $1\frac{1}{2}$ 弗罗林，销售价格是 15 弗洛林（！）；中等质量的帽子购买价为 9/10 弗罗林，销售价为 6 弗罗林；普通的帽子购买价为 3/20 弗罗林，销售价为 2—$2\frac{1}{2}$ 弗罗林。

铸铁每 1 000 米格利奥购买价 12—13 弗罗林（1 米格利奥 =980 佛罗伦萨磅），

销售价为 17—18 弗罗林；还有一次，以 47 威尼斯里拉的价格出售的一千米格利奥铸铁，购买价为 42 里拉。

锡器在伦敦的购买价格为 8 弗罗林，在佛罗伦萨的销售价格是 13½ 至 13⅔ 弗罗林（两个价格均按 100 英镑计算，等于 133 又 1/3 佛罗伦萨磅）。

13 世纪的价格：

100 千克胡椒：马赛（1264 年）价格为 481 马克，伦巴第（1268 年）价格为 512 马克，香槟（1262 年）价格为 602 马克，（1265 年）价格为 629 马克，英国（1265 年）价格为 683 马克，英国（1259—1270 年）价格为 796 马克；

100 千克蜂蜡：皮埃蒙特（1262 年）价格为 335 马克，香槟（1262 年）价格为 420 马克，英国（1259—1270 年）价格为 530 马克；

一桶油 1374 年的购买价格约为 22 镑 5 先令 6 便士，销售价格约为 23 镑；1375 年购买价格约为 17 镑 8 先令，销售价格约为 21 镑。

总而言之，这些数字足以给我们一种印象，即在中世纪，货物的贸易往往有相当大的附加费。对生产的加价进行同样的计算完全行不通。但是，如果回顾一下中世纪工业产品通常支付的极高价格，并与原材料的低廉价格进行比较，我们就会得出结论，在这种情况下，购买和销售价格之间的张力显然相当大。

但是，我们必须进一步问，这种高度的张力是如何形成；为什么会廉价购买，或者（而且）为什么能高价出售？

对这些问题最接近的答案是：因为贸易商和生产者处于垄断地位。财富的兴起，必然会出现某种形式的垄断。垄断可以是人为创造的：如贸易特权！行会章程！世代卖酒权！或者可以直截了当地建立在自然条件上。

正如我们已经看到的，在中世纪几百年间，生产力发展水平很低，工业生产者，特别是其中熟练的生产者，享有自然的垄断地位。

然而，依我看来，在那个时代，某些城市或地区通过生产某种令人垂涎的**土**（或**水**）**产**而获得的垄断地位特别重要。人们几乎可以根据最重要（垄断）的产品来区分一些城市：葡萄酒之城，布拉迪斯拉发、科隆；啤酒之城（因为麦芽和啤酒花！），如汉堡；鲱鱼之城：吕贝克、维斯马、罗斯托克、斯特拉尔松德、格雷夫斯瓦尔德（直到 12 世纪，鲱鱼大量经过这些城市，"以至于在夏天，人们只需将篮子浸在海里，便可装满"，它们由此到达斯堪尼亚海岸和挪威海岸，并使汉萨同盟城市卷入了与北海滨主人丹麦人以及英国人、苏格兰人和荷兰人的血腥战争）；但最重要的是产盐的城市。著名的"盐城"有吕内堡、但泽（盐贸易！）、哈莱因、哈勒、萨尔茨堡和威尼斯。

当然，在一定程度上，是地主从**盐的生产**中获得主要的利益；或者是他们的人，即以"盐公子"或"盐场主"的名义见诸世人获得此中的利益。在某种程度上，似乎也有一部分小型手工业者——无论是作为生产者或商人——借助于盐取得了成功。我想到萨尔茨堡的哈勒人，但也想到威尼斯人。"潟湖的居民是（注意，只要他们不是别的什么，比如地主！）渔民，像今天的奇奥乔特人，采取海盐，这对缺乏岩盐的意大利是如此重要，像潟湖这样几乎自己产盐的地区必定非常重要。"①如果这是真的，伦巴第地区，在两代人的时间里发展出一个没有地产的富商集团——正如我们从《艾斯托夫法》②中所知道的那样，这主要是由于康马基奥的盐贸易：康马基奥的盐田为整个意大利北部提供盐；康马基奥的食盐贸易在某些时候即为波河③贸易。④

　　然而，必须知道，现在一些商品确实在以高价交易，但并没有利用世界的垄断——无论它是否具有独一无二——的地位。因此，要做到这一点，必须满足某些特定的条件，换言之，买卖双方的经济性质必须非常特殊。要么是可以剥削的民族，如殖民地区的居民一样（关于这一点，我们将在其他地方讨论），要么必定是"富有"的人，即不靠自己的劳动谋生的人。在中世纪，几乎只有**收取地租或征税的人**才是这类人，只有当我们考虑到这一类卖方，特别是买方的极端重要性时，才能理解文明国家中世纪的商业与工业（偶然）形成财产的力量。

　　从收取地租的人那里购买物品可以特别便宜。例如，英国修道院——佛罗伦萨和汉萨同盟城市的商人都从那里购买羊毛——佛罗伦萨的斯皮利亚尼—斯皮尼公司的杰拉迪在1284年的年度报告中提到英国的24个修道院，这些修道院在4—11年的时间里将羊毛卖给了该公司。（见：Della deeima 3，324 f.。）在14世纪佩戈洛蒂的一本小册子里，记录有200个英国主教堂和修道院的名字，他们向佛罗伦萨商人提供羊毛⑤——商品的价格没有固定的下限，绝不同于任何独立生产者。事实上，他们出售的是无偿（即他们的农奴）供给的羊毛，他们不必花费分文，因此即使获得的金额很少，也很乐意出售。如果真的想把产品中所体现的劳动称为该商品的"价值"，我们就会说：这种有权收取地租的人可以不间断地以低于其价值的价格出售他们有权处置的商品，而不会受到任何损害。换言之，这些商品的购买者在购买价格上所增加的数额，在达到一定程度时，即负有纳税义务的农奴的

---

　　①　L. M. Hartmann, Gesch. Italiens II/2, 102. 关于盐场的收益，可见：Inama 2, 341 ff. 361 f.；Schmoller in seinem Jahrbuch 15, 654 ff.；关于萨尔茨堡的特有发展，参见：F. V. Zillner, Gesch. der Stadt Salzburg 2 (1890), 139. 157；in Halle a. S. Gust. Ferd. Hertzberg, Gesch. der Stadt Halle a. S. 1 (1889), 55；in Lüneburg：Luise Zenker, Zur volksw. Bedeutung der Lüneburger Saline für die Zeit von 950—1370, in den Forschungen z. Gesch. Niedersachsens 1. Bd. 2. Heft. 1906（此为好书）；H. Heineken, Salzhandel L. mit Lübeck bis zum Anfang des 15. Jahrhunderts. 1908。

　　②　Ed. cet. que Lang. 11 ed. F. Bluhme（1869），162.

　　③　L. M. Hartmann, Zur W. Gesch. Italiens, 75.

　　④　波河位于意大利北部。——译者

　　⑤　参见：S. L. Peruzzi, Storia del commercio, e dei banchieri di Firenze dal 1200 al 1345（1868），71 ff.。此书的名册要比后者详细：Varenbergh, Hist. des relat. diplom. etc.（1874），214—217，引自：Arch. de Donay Reg. L. fol. 44；但有人认为此书谬误颇多，见：Miss E. Dixon. 比照：Transactions of the Royal Hist. Soc. 12, 151。

劳动收入。

中世纪的商业，特别是在其早期，主要是与地租收取者的贸易，现在只有当我们考虑到特别是在**出售**贵重物品时，这一事实才具有充分的意义。四分之三的殖民产品和前资本主义商业中出售的所有殖民地产品和所有工业产品有四分之三是以收取地租者为主顾：君主、骑士、教会、修道院和大教堂。这种说法并非言过其实。

当然，并没有什么关于购买者及其社会地位的统计数字。不过，我们从一些偶然的报告，特别是商业调查报告——这几乎是古代商业史上唯一可靠与有用的来源——了解到关于购买者性质的情况，足以证实这样一种假设，即很大一部分是收取地租者。

最重要的是，东方的产品显然仅在社会的上层找到买家。在王公大人的府邸，君主的宫廷，都可以发现大量的东方产品。特别是，教会也成为东方产品有偿付能力的客户，他们用这些产品装修建筑，装扮牧师并美化礼拜仪式，在在需要精美之物。为此，不断地需要华丽的织物、挂件、台布、地毯、珍珠、宝石、抹香和香料。[1]即便是圣人遗骨遗物等——无论真假——也常常付出最高价钱。记住桑氏（Mon. Sang）告诉我们的一个有趣的小故事，事关涂抹香油的防腐老鼠：一位富有的法王如何为这个虚构的动物遗骸向犹太人提供一笔财产。

此外，某些工业产品，特别是军用品、武器和精美的布匹，在富有的地主那里，以任何价格都很容易找到销路。我们在城市中经常看到，正是服装裁缝最早并最充分地获得声望与财富。我们可以想象他们如何获得财产。"服装裁缝经常将整个村庄和庄园当作供应大量贵重布匹的对象——也许是举行一场婚礼——但并不总是以现金的方式。"[2]外国的布料，特别是荷兰的布料是最受欢迎的奢侈品之一：作为华丽服装的材料和房间的帷幔。不言而喻，日益增长的奢侈更加提高对这类商品的需求。皮草行业也常有机会通过这些可以想象的方式富裕起来。[3]

到目前为止，我只举出工商业手工业的一些例子。当然，也可以想象，例如，一个**运输业手工业者**通过巧妙地利用一个富有的客户来获得财产。这样一个具有重大历史意义的案例是意大利的公社，特别是威尼斯对"十字军"的剥削，此类公社从穷人那里搜刮最后一分钱，让他们乘船过海。一些数字表明，这里要求的是真正的高利贷价格。例如，我们了解到，威尼斯人要求一个骑士包括两个侍从、一匹马和一个马丁的渡海费是8个半马克的白银（等于现今货币340马克，又等于现今货币200奥地利弗罗林）。[4]今天，乘坐奥地利劳埃德公司的船，从的里雅斯特

---

① H. Prutz, Kulturgesch. der Kreuzzüge（1885），45.

② Jul. Lippert, Soz. Gesch. Böhmens 2（1898），361.

③ Strieder, Zur Genesis des modernen Kapitalismus, 182 ff.

④ Prutz, Kreuzzüge, 100 ff.

到君士坦丁堡，头等舱也只要124.4弗罗林，二等舱只要85.6弗罗林，三等舱只需37弗罗林。

因此，在中世纪，只有"富人"或公共机构才能进行有利可图的交易（所有时代手工业的财产形成总是在这些先决条件之下）。

我非常重视这一点。肯定这一点，对于理解中世纪的流通关系必不可少。显然，所有的定价都受其影响。结果是，所有这些商品和原材料都可以以低于其"价值"的价格购买，从而以高于其价值的价格出售。**之所以如此**，重点就在这里。因为这种商品是用地租的成分支付，是故，对其价格水平的任何上限都不再适用。一位骑士为一件米兰的兵器所支付的，不是两个或二十个农民一年的地租，而是四个或四十个农民一年的地租，他也不会多花费什么；修道院院长为了一件贵重的法衣或几磅胡椒，再增加两三个胡符应纳税的收益，并不会对他的身体或精神健康造成任何损害。因此，在这里，商人在出售价格上所增加的部分，还是地租（或赋税）。

但是，例如，一个工业生产者或一个小商人在与这些中世纪富人的交易中形成的财产是"衍生的"：它是由于部分（已经存在的）封建财富落入手工业者手中，重新聚集成更大的数额而形成。

这就是在手工业经济的框架内，为何可以违背所有"合理的"考虑，到处形成财产的原因。

当然，我不想过分重视从中世纪及其后的商品交易和生产者的利益中所形成的财产。或许，在手工业经济的框架内已经形成大量中等规模的财产：它们可能导致手工业向小资本主义企业潜移默化的转变，这一转变我们已经看到有一千年之久，当然，这对资本主义的起源也很重要。如果我们要全面地涵盖新的市民财富的出现这一伟大现象，就必须考察中世纪时期能够形成更大范围财产的其他地方。

第四十章

货币借贷形成财产

第一节　货币借贷的流行

最终产生现代资本主义的货币思想与国家和社会中的旧封建势力之间的斗争，历经一千多年，描述这场斗争基本上是整个这部作品的任务，但我们在这里只探索一个特定的方面：这场斗争在封建财富的范围之外如何形成较大的财产。

在欧洲整个中世纪的进程中，在此处或彼处的人民中，尤其——我们只关注我们的目标所在之处——在封建社会里，在贵族或教士、君主或教会中，没有一个时期不出现现金的需求。即使在 9 世纪，其经济结构与所有货币经济和信贷关系相去最远，而自足经济组织的原则得到最深刻和最普遍的应用——即使在公元以来所有世纪中这个与货币缘分最远的世纪中，货币借贷也绝非一种孤立的现象。只需要回顾对犹太人的法令（Capitulare de Judaeis 814）或手册（Liber manualis 814—844），便足以证明这一主张的正确。[①]

自"十字军"东征以来，贵族或至少很大一部分贵族的资金短缺变成一种痼疾。从那时起，我们到处都听到贵族负债，以致失去一部分财产等诸如此类的事情。

我只想指出一些资料来源和文献，从中可以看出这一众所周知的事实。

关于对"十字军"的高利盘剥，特别参见：Heyd, Levantehandel 1, 159; Prutz, Kulturgeschichte der Kreuzzüge, 364 ff; Schaube, in den Jahrbüchern für Nat. - Ök. 15, 605 ff; Cuningham, Growth 1, 191. Piton 1, 21。

意大利。在佛罗伦萨地区，我们观察到，自 11 世纪末以来，大贵族开始负债，从而变穷：Davidsohn, Gesch. von Florenz 1, 284 f. 795 ff. Forschungen（1896），158 f.。有关 13 世纪的托斯卡纳，同一位作者在其《研究汇编》第 4 卷提供了丰富的材料，见第 281 页及其后。我们看到，在 12 世纪的威尼斯，针对一部分贵族的

---

① A. Dopsch, W. Entw. der Kar. Zeit 2, 234 ff. *此书的证据资料丰富。*

贫困化，"多方无助，乏人照料"，总督齐亚尼出手相助，因为他自己"拥有巨大的财产"。"我们可以看到，显然有相当一部分贵族无法适应时代的进程，陷入了贫困。"参见 Lenel，Vorherrschaft，46。显然，这些贵族的财产以前一定已经落入其他人手中，而这些人也可能是出资人。有关萨伏伊的情况，参见：Qu. Sella，Del codice d'Asti 等，载于 Atti della R. acc. dei Lincei。Ser. 2 a Vol. IV（1887），229 ff.。

法国。"绅士和高利贷者，不断地互相需要"，参见 D'Avenenel 1，109 f.。一份有趣的文件是 13 世纪巴黎最富有的高利贷者之一的遗嘱。著名的甘多福斯［Gandulphus de Arcellis（Gandouffle）］在临终的床上被恐惧折磨，列举了他职业生涯中的所有受害者，他应该偿还从他们那里"篡夺的东西"。这份名单上的人几乎都是教俗两界的名人。（Abgedruckt bei Piton，161 ff.）

英国。首先看到犹太人，然后遇到伦巴第人，他们是大地主的出资者。"犹太人提供了 40% 的贷款给奢侈或重税的地主。"参见：Cunningham 1，189 ff. 328。1235 年，国王和大多数高级教士的债主都是伦巴第人，所以伦敦的大主教试图将他们驱除出境，但被教皇阻止（Piton，216）。参见 Madox，The History and Antiquities of the Exchequer of the Kings of England 1（1769），222 ff. 249 ff.。

关于**佛兰德**大地主的高利贷，以下著作可以提供丰富的材料：G. des Marez，La lettre de Foire à Ypres au XIII. sc.（1901）；Vanderkindere，223。

例如，在古伊·德丹皮埃尔看来，有钱的人，特别是意大利人，就像皮草上的虱子。而那些华贵、真正的大人物一个很好的特征是，他们从来没有钱，但总是有更多的债务，参见：Funck-Brentano，Philippe le Bel en Flandre，76 ff.。

关于**德意志**与**瑞士**，可参见：Schulte 1，290 ff.；Lamprecht，Zum Verständnis usw.，in der Zeitschr. für Soz. und W. G.（1，233 f.），und Jannssen 1，444。无论他们的观点在其他方面有多大的不同，但在判断贵族这一点上则很一致。有关犹太人对地主的高利贷，可见：Stobbe，117 f.，240 f.

尽管**教会**所有世纪以来始终富有，但也有一些时期，总有个别的教堂和修道院、个别的神职人员对金钱有很大的需求，并且只有借助借贷（如果不是出售财产的话）来满足这种需求。

有这样一个时期，教会背负大量的债务，他们的一部分财产也落入俗世人的手中，这似乎发生在 11 与 12 世纪。当时在神职人员中弥漫着强烈的世俗化倾向。教堂的财产奢华铺张，为偿还债务，教堂与修道院遂放弃了部分财产。13 世纪有一个传说，由塞萨里乌斯报道称："当一个高利贷者的货币和一家修道院的货币放进一个箱里，人们就会看见，犹如对待捕获物一样，前者在如何吞噬后者。结果，在一个短时间里，箱中将洗劫一空。……"

此说当然言过其实。但其中的核心无疑是确切的事实。顺便说一句，这些都是众所周知的事情。

正如我们所知，后来的神职人员再度陷入债务之中，是他们对罗马的义务，即履行通常的公仆义务。因此，他们对金钱的需求在一段时间内是所有国家的普遍现象，尤其是有支付能力的财主可以假手其间，迅速致富的前景指日可待。

通过戈特罗布、施耐德的研究（第 50 页及其后），还有舒尔特（第 1235 页及其后）收集的非常丰富的材料，我们现在知道寻求金钱的高级教士和他们的债权人之间的关系，甚至到最小的细节。我们知道，主要是意大利家族（即使在意大利以外的地方）在同神职人员做这样的生意。

这是一笔巨大的数额。如果我们以施耐德所作的换算为基础（第 53 页），在 1295—1304 年间，借给主教们的款项为：

莫齐	282 460 马克金属本位价值
阿巴提	525 868 马克金属本位价值
基亚伦蒂	706 280 马克金属本位价值
阿玛纳蒂	942 274 马克金属本位价值
斯皮尼	1 629 465 马克金属本位价值

如果我们现在考虑到君主和城市经济对货币巨大和不断增长的需求，这些经济正在发展成为公共财政，就可以知道，在较早的时期——例如中世纪鼎盛时期——借贷的规模必定相当巨大。

无论如何，可以肯定的是，通过贸易实现的价值一旦与同一时期信用往来的数字相比，便会化为乌有。从更长远的时间距离来说，在这一往来中预期获得的金额超越所想象的最高商业利润。我们要记住，大约在同一时期（14 世纪中期或后期），一个城市如塔林的全部出口贸易价值为 100 万—150 万现今货币马克，吕贝克的全部出口贸易价值为 200 万—300 万现今货币马克（根据施蒂达的计算），佛罗伦萨一家银行（巴尔迪）借给英国国王 800 多万现今货币马克（90 万佛罗伦萨金币），另一家银行（佩鲁齐）借给英国国王的金额超过 500 万现今货币马克[1]；当时所有的汉萨同盟城市的商人从英国购买的羊毛为 50 万—60 万现今货币马克，意大利商人从英国购买羊毛数额为 150 万—200 万现今货币马克。而一个巴黎高利贷者（冈杜夫勒）需为 546 000 现今货币马克的营业额缴纳税金，所有伦巴第人在巴黎需交税金的营业额为 61 440 000 现今货币马克。[2]另一方面，威尼斯的德意志布商的百万杜卡特的营业额，即便是正确的，也算不得什么！或者再想一下，热

---

[1]　据维拉尼，此人的此类数据相当可靠，1320 年，教会欠两家银行 575 000 金古尔登。Bosio，1. c. 2，28.

[2]　此处系依据税收数字计算。见：Clamageran 1，300；Ed. Moranvillé, Rapports à Philippe VI sur l'état de ses finances, in der Bibl. de l'Ecole des Chartes XLVIII, p. 387.

那亚人和比萨人在 12 世纪的阿康之前就已经征服了"十字军"，他们已经向参加"十字军"的人贷款 26 400 马克的白银、2 220 都灵镑和 930 盎司的黄金①，约合现今货币 150 万马克的金属价值。圣路易向商人贷款 1 027 082.5 都灵镑，即超过 250 万现今货币马克。②1390 年，当雷根斯堡的犹太人债务被取消时，其总数约为 10 万金古尔登，大约为 100 万马克。"雷根斯堡的犹太人在外地的债务人那里又会损失多少！"③

在整个中世纪，借贷一直是贩卖商品的商人重要的副业，正如库利舍在第三十九章中所证明的那样。我还可以补充一点：**在资本主义早期结束之前——在银行和合作社组织开展信贷中介业务之前——货币借贷一直是贩卖商品的商人一项有利可图的营业活动。**如果我们看到 18 世纪希尔施贝格一个富商的财产形成，对这样一个商人广泛的借贷活动，便会不胜惊讶。"伟大的"门采尔（克里斯蒂安·门采尔，Christian Mcntzel）的遗嘱中列出一长串的贷款，其中最大一笔是借给贵族大人，但他也借给贫穷的市民，金额不超过 12 塔勒。未偿还的贷款和利息计达 109 635 塔勒 4 银格罗申 5 芬尼，而库存商品和商业资产的价值为 121 038 塔勒 26 银格罗申 11 芬尼。④

第二节　货币借贷的利息

至于此等巨额的借贷获得的是巨额的回报，我们可以认为是确定的事实。在中世纪漫长的几个世纪里，**利率的高度**已经证明这一点。人所共知，通常的利息为 20%—25%，在极少数情况下（对债务人有利），这一数额下降到 10% 左右，但在许多情况下，这一数额上升到我们意想不到的高度。⑤人们倾向于认为，某些"法律"规定的利息数额其实是幻想的产物：例如，听说 1243 年 5 月 23 日的一项法令就规定普罗旺斯的犹太人利率为 300%，弗里德里希二世将犹太人特权（1244 年）规定为 173% 的利率，弗赖辛大教堂的一种条文（1259 年）规定为 120% 的利率，因有充分的证据存在，人们不得不相信这种可能性，然事实上，利率在 50% 左右的波动并不罕见：1167 年威尼斯的一个船主签订的八笔海上贷款中，最低的

---

① Piton, 21.

② Schaube, Wechselbriefe, 608.

③ Stobbe, 137.

④ 据 1748 年去世的克·门采尔的遗嘱。见：Familienchronik der Mentzel-Gerstmann, B. E. H. Gerstmann (1909), S. 26 ff.。

⑤ Die Zinstabelle bei Davidsohn, Forschungen 1 (1896), 158 f. Min. 10, Max. 50, Med. 20, 26%.

利率是 40%，最高是 50%。①温切尔西的理查德·莱琼（1375/76 年）借给英国国王总额为 20 000 马克（856 000 银马克），利息为 50%。②

只需从中世纪完全不同的生活条件下举出几个例子即足够。

在中世纪之后的几个世纪里，借款的利率仍然很高：路易十四不得不为他的借债支付 15% 的利息。

同样，支付给（银行家）的服务**佣金**也相当可观。例如，就我所知的案例③中，教皇金库的财政人员的佣金为：8%，11%，12.25%，25%、24%、35%。

此外，中世纪就留置权和抵押权赋予债权人的权力比今天大得多。在许多情况下，质押至少相当于出售，其生效以不履行合同为条件。在大多数情况下，这相当于一次有条件的购买。卖契已质押给出借人；在销售合同中增加一项条款，即如果贷款和利息在约定的日期支付，则该条款无效；否则，处置立即生效，贷款人成为质押货物的所有人。"因此，贵族和教会机构的财产总是有落入高利贷者手中的危险。"

贷款人（在法定的利息禁令下）对其客户使用的另一种手段是一种投注合同，根据这种合同，例如，朝圣者收到旅费的条件是，如果他不返回，他的遗产或某些财产将属于支付费用的人。④

但主要原因是，在早期所有时代——整个中世纪，直到 18 世纪末——所有的贷款，特别是向大大小小的公共权力持有者提供的贷款，都能带来巨大的利润，这是当时的普遍做法，即通过转让某些收入，如税收、关税、手续费、采矿税等，使债权人得到满足；最初，这些收入可能主要来自地主的绝对权力，但逐渐被归结到一定的君主权力。这种习俗符合以前的国家惯例，即赋予所有公共权力可以让渡价值的性质，并视需要予以放弃。

债权人面对较小的领主时往往是资产的管理人，在较大的君侯中往往是宫廷的银行主，通常以各种收入来源的"收账人"的身份出现，他们可以从这些收入来源中自由地获取利息或主要资产：可以理解的是，其范围所及不会损害他们的利益。因此，在那些世纪里凡财政所支配的，我们可以称为**公共经济**：它始于中世纪早期（罗马遗产？）并在法国的普通包收人或 18 世纪的"总包收人"的设置中达到顶峰。

---

①　R. Heynen, Zur Entstehung des Kapitalismus in Venedig（1905），99.

②　Alice Law, l. c. p. 66.

③　Schneider, 37；Gottlob, Kreuzzugssteuern, 249；David söhn, Forsch. 3, Urk. Nr. 771, 787.

④　Die öffentlichen Glücksspiele. 1862. vgl. Meitzen, Siedelungen 2, 637.

税收与关税收入等等的承租（矿山与造币厂除外）

税收承租人的生意在任何时候都有利可图，这一点从不断听到的关于他们及其压迫行为的抱怨中，我们可以清楚地看出。西尔·德·茹安维尔在 1269 年告诉我们："纳瓦拉国王一直逼我加入'十字军'。我的回答是，如果我在海外，国王和他的臣下会抢劫我的家产，使之败落，我和我的家人如何能参加。"[①]1254 和 1256 年的命令证实了这一点[②]。16、17 与 18 世纪对承租人的绝望控诉再次提及："大多数官吏正是这样一个君主国中的小郡主，他们只是想造就一种可诅咒的专制统治，以便满足其野心和贪欲——并且在一天天地富起来——绝对不会去想忠诚于对君主的义务，为人民减轻痛苦。""税吏乃是一种恶劣的畜生，是人民与君主的暴君。"[③]

法国有一句谚语，一直流行到 18 世纪，即"君主的金钱将会横遭劫取"。同样有意义的是，人们对当时的财政人员和守护约柜[④]的天使之间的比较：他们有四个翅膀："两个用于窃取物件，两个用于隐藏自身。"

当我们听到税务承租人的**巨大功绩**时，这些指控似乎是有道理的。在 1348 年的税收承租契约（补助金的包收）中，商人被公众指控赚取 60% 的利润。[⑤]

在 17 世纪，据说只有五分之一的税收收入归政府所有。[⑥]我们在 18 世纪有名的"反财政人员"的文书中也发现了同样的计算[⑦]，即使这种说法可能有些夸大，但我们确实掌握相当多的证据，例如，报告中所征收的税款为 8 000 万至 9 000 万法郎，但呈交的税额却仅有 3 000 万至 3 500 万法郎。在**福尔博尔纳**告诉我们的特别契约例子中，征税员在 1 400 万利弗尔的税款中赚了 365 万 3 333 里弗赫，另一次，他们收获的好处达 1 亿 7 513 861 里弗赫。而国王则从同样的契约中获得 3 亿 29 691 513 里弗赫。[⑧]

在某种意义上，这也是利润的来源。例如，富格尔家族从西班牙地主地产的包收契约中获利即为此类（尽管这一部分已涉及采矿业，我将在另一节中详细讨论）。1538—1542 年，地主地产的包收租金每年达 15.2 万杜卡特，平均获利为 22.4 万杜卡

---

① Mém. du Sire de Jöinville, in der Nouv. Coli, des mém. pour servir à l'hist. de France；éd. Michaud 1（1836），323/24.

② Clamageran 1，264.

③ Froumenteau, Le thresor des thresors de France. 2e livre, p. 45, bei Levasseur, Hist. 2, 127.

④ 约柜，犹太人保藏刻有摩西十诫的两块石板的木柜。——译者

⑤ A. Law, Nouveaux Eiches, 63 f.

⑥ Die Flugschrift Catéchisme des partisans（1649）. Ranke, Franz. Gesch. 3³, 50/51.

⑦ L'Anti-Financier ou relevé de quelques-unes des malversations dont se ren'dent journellement coupables les Fermiers-Généraux etc.（1763），p. 59 seq.

⑧ Forbonnais 1，475. 476；2，122. 123.

特，而在 1551—1554 年，获得的净利润高达 85%。在 1563—1604 年的 40 年里，富格尔家族从这些包收契约中获得现金 2 127 000 杜卡特。在 1551—1554 年间，地主地产的平均收入为 114 646 370 密尔雷斯[①]。从 1563 到 1604 年，其利润如下[②]：

1563—1567 年 ·················· 约 200 000 杜卡特

1567—1572 年 ·················· 约 570 000 杜卡特

1572—1577 年 ·················· 约 490 000 杜卡特

1577—1582 年 ·················· 约 167 000 杜卡特

1582—1594 年 ·················· 约 400 000 杜卡特

1595—1604 年 ·················· 约 300 000 杜卡特

即使我们没有大量明确的证据表明这些交易的巨大收益和利润，但就我们的理解而言也足以说明，这里所指的货币信贷确实具有形成财产的巨大力量。

我们从著名的金融机构获得的关于**商业利润**的报告，成为判断的第一个依据。这种利润在任何时候都是相当可观的。[③]

但是，只有对那些主要从事货币借贷业务的人作出真实的财产形成报告，才能有说服力。这样的货币借贷现在也很多。我只想选出一些特别有证据的群体，其中每一类都从事不同的货币交易，但所有三类都同样可以作为货币借贷形成财产的例子（并且基本上都在资本主义的关系之外），关于他们的命运，我们也有充分的报告：此三类群体即犹太人、16 世纪奥格斯堡的富裕家庭和 17、18 世纪的法国财政人员。

一、犹太人

在整个中世纪，犹太人中间总是有富裕财产的人，从我们所掌握的关于犹太人财富的资料来看，这一点毋庸置疑，至于这些财产几乎完全来自货币借贷，也是可以从普遍的情况中得出的结论。众所周知，犹太人的财富从来都不长久，因为君主与各个城市总是要充分吸取这些财富，如同挤干海绵一样。但令人惊讶的是，以色列人懂得如何迅速填补被夺走的财产，同样令人惊讶的是，被掠夺的数额有时十分巨大。我只要给出一些证据即已足够：

德意志：为了自身的特权，施佩耶尔的犹太人每年向主教支付 3.5 磅黄金（1084 年）。1096 年，科隆和美因茨的犹太人向十字军东征的领袖戈特弗里德·

---

①　旧时货币单位，曾为 1942 年以前巴西与 1911 年以前葡萄牙的货币单位。原义：1 000 单位大米。——译者

②　K. Häbler, Geschiche der Fuggerschen Handlung in Spanien. Ergänzungslieft zur Zeitschrift für Soz. u. W. G. Heft 1（1897），72 ff. 82 ff. 145. 169. 176. 193.

③　此处的事例可见本书第一版，第 224 页。

冯·布伊隆捐赠 1 000 枚银币。1171 年，科隆两名犹太人交付 105 银币被释放。1179 年，皇帝从犹太人社区获取 500 银币，科隆大主教从他统治下的犹太人那里获得 4 200 块银币。根据一个传说，科隆大主教迪特里希建造戈德斯贝格城堡，全部建筑物的花费几乎都是从一个被囚禁的犹太人那里勒索的钱。①

1375 年。"当时，奥格斯堡人抓住犹太人，将其投入监狱，从而榨取 1 万弗罗林。"

1381 年。"到处都在抓犹太人，逼迫他们向城市支付 5 000 弗罗林。"

1384 年。同样的做法让犹太人付出 20 000 弗罗林，等等。

根据 1385 年纽伦堡的税收，一些犹太人共支付 13 000 弗罗林，乌尔姆的耶克尔和他的两个儿子共缴纳 15 万弗罗林。②

1414 年，西吉斯蒙德国王向纽伦堡和科隆的犹太人各征税 12 000 弗罗林，海尔布隆的犹太人需交纳 1 200 弗罗林，温德海姆的一个犹太人交纳 2 400 弗罗林，施韦比施哈尔的一个犹太人缴纳 2 000 弗罗林。③

英国：显然，在 12 与 13 世纪，犹太人在英国积累了巨大的财富。我们发现，他们中间许多人拥有城堡和庄园——这些产业偶尔也会被夺走——但尤其拥有大量的现金资产。关于当时英国犹太人的经济状况（众所周知，他们在 1290 年被驱逐），可以从征收的税款和许多罚款中看出。

1140 年，国王对伦敦的犹太人处以 2 000 马克④的罚款。

1168 年，亨利一世将富有的犹太人逐出英国，直到他们的同胞缴纳 5 000 马克，才准其回来。

1185 年，尤内特·尤代乌斯·德诺韦科向国王交纳 2 000 马克；不久之后，再交纳 6 000 马克；同年，另一犹太人交纳 3 000 马克，又有一个犹太人交纳 500 马克；1189 年再有一个犹太人交纳 2 000 马克。

1210 年，"独立从业者"艾萨克交税 1 336 镑 9 先令 6 便士（约合 60 000 马克现今货币）等。

总计课税：1210 年达 66 000 马克（约 250 万马克金属本位价值），亨利三世执政第 28 年，计罚款 20 000 马克。（罚款）同期征税 60 000 马克。

法国同样如此：编年史家里戈早在 12 世纪末已经认为："犹太人……富得流油，差不多占有全城的一半财富。"在 13 世纪，他们确实拥有巨大的财富，对此

---

① 所有的数据皆取自阿罗尼乌斯的记载。

② Chron. Burkard Zink，载于：Chron. d. St. 5, 13, 27, 30。关于德意志犹太人的"财富"的进一步证据，参见：Neumann, Gesch. des Wuchers, 328 ff.。另见：Arthur Süßmann, Die Judenschuldentilgung unter König Wenzel, in den Schriften der Gesellschaft zur Wissenschaft des Judentums. 1906。

③ Chron. d. St, 1, 121 ff. Stobbe, 37.

④ 若无其他说明，此处始终是重量单位，以白银表示，每 1 马克等于 42.8 现今货币马克。数据来源：Madox, Hist. of the exchequer，第一卷第七章，其中有大量的文件材料尚待加工。

可以从他们（1300 年和 1311 年）被没收的财产价值报告——我们掌握一些——得到证明。可以假定，这基本上只是地产，我们至少在文件中看到这一点。男爵们（向国王）要求收回犹太人在他们领地上的财产。国王于是与他们约定共同分享。因此，纳邦子爵所得的部分是 5 000 都灵镑，几处排屋和地产。①在图卢兹的高等法院拍卖的结果（不包括珠宝和银器）为 75 264 都灵镑。②在奥尔良的 11 个城镇，共卖出 33 700 镑 46 先令 5 便士（同样不包括珠宝和银器）③，在图卢兹市卖出 45 740 镑。④1321 年犹太人再遭起诉和没收。国王因此收益 150 000 镑。⑤

我在此处有意限于中世纪的情况，因为在后来的几个世纪里，犹太人的资产来自货币借贷，并不像以前那样没有可疑之处。在本书的另一处（有关犹太人一章），我收集了一些材料，从中可以清楚地看到犹太人特别是在 17 和 18 世纪的财富状况。当然，很容易认定，在这一时期，他们的财富中也有很大一部分来源于货币的借贷。

二、奥格斯堡人

关于中世纪晚期商人集团的命运，特别是他们的财产状况，我们对 15、16 世纪奥格斯堡商人的了解要比其他类型更为详尽：此乃得益于奥格斯堡在这一时期提供的出色资料（税务手册！），并且由于最近发现的完美的编辑，尤其是**雅各布·施特里德**（Jakob Strieder）非常详尽的著作。⑥

然后，我们可以准确地看到，自 15 世纪中叶至 16 世纪中叶市民个人的财产是如何形成的。我们看到，在这一时期，奥格斯堡人的财产在如何突飞猛进，并且也可以基本确定，财富如此迅速增长的原因何在。

在那个关键世纪里，奥格斯堡的"大财产"（即超过 3 600 弗罗林的财产）的发展遵循着以下的轨迹：

年份	业主人数	财产数额
1467	39	232 200—464 418 弗罗林
1498	99	956 168—1 912 336 弗罗林
1509	122	1 295 867—2 591 734 弗罗林
1540	278	5 110 783—10 221 566 弗罗林

① Rigord, Vie de Philippe Auguste, in der Coli, des Mém. rel. a l'Histoire de France（1825），p. 22.

② Boutaric, Philippe le Bel, 303.

③ Boutaric, 304.

④ Vuitry, Etudes 1, 96.

⑤ Coll, des Mém. etc. 13, 352.

⑥ Jak. Strieder, Zur Genesis des modernen Kapitalismus. 1904. 就我而言，此书为研究资本主义的起源最有价值的著作之一。

这些巨大财富的来源主要是（如果不是唯一的话）：

（1）殖民地经济；

（2）采矿业；

（3）货币借贷。

这也是我们目前唯一关心的问题，特别是它在财产的扩大中占有非常重要的成分；施特里德的研究最为清楚，当然，**埃伦伯格**的探讨也总是在提供补充。

戈森布洛特（Gossenbrot）、比默（Bimmel）、门廷（Menting）、赫希施泰特（Höchsteller）、赫尔布洛特（Herbrot）、克拉夫特（Kraffter）等，尤其是富格尔家族都明显地以金融交易著称，他们的财富在一定程度上与大规模的货币借贷业务直接相关。

三、法国财政人员

在上述奥格斯堡商业家族中，还不能确定货币借贷在他们全部财产中所占的比重，但对于 17 与 18 世纪法国出现的巨量财产的起源，几乎可以肯定地追溯到一个单一的原因：通过巧妙的财政运作，特别是借助税收的承租来分享公共收入。[①]

狄德罗曾问一个青年野心家：“你读过书吗？读过。会一点算术吗？会。你会为发财付出任何代价吗？大概会吧。好吧，伙计，你去担任一位税务顾问的秘书，就这样干下去吧。”[②]

同一时期人的评判充分证明狄德罗的这一指示是正确的。1620 年的名人大会一份请愿书中写道：“大家看到他们发财了。特别是财政官吏等，他们在几年之内便成富翁。”[③]

一份小册子这样说[④]：“出借货币的人一年挣 10 万埃居也嫌不够。他们想让自己的办事员和包收人一样富有。”深思熟虑和素有研究的古维尔批评道：“这使许多人变得非常富有。”

1716 年有一份清单可以充分展示法国财政人员的财富状况，其中一些商人因不正当行为而受到处罚。上面有 726 个姓名[⑤]，总计罚金为 147 355 433 里弗赫。个人交纳的数额在 2 000 到 6 600 000 里弗赫之间，其中最高数额应是著名的安托万·克罗扎（事实上，只有一小部分课税——假定约 2 000 万——进入国王的财库中）。各种税捐等级如下表：

---

① 当然，如果他们是官员，这些人相当部分的财产，会直接通过欺诈行为获得，而不需要借贷。有关这一方面的情况，可见：第四十三章。如首相马萨林！

② H. Thirion, La vie privée des Financiers au XVIIIe siècle（1895），19/20.

③ Charles Normand, La bourgeoisie française au XVIIe siècle，1908.

④ Les caquets de l'accouchée. Coll. Jannet-Picard, 2e journée, 50/51.

⑤ 参见：（D'Argenville），Vie privée de Louis XV, Nouv. éd. 1（1783），231—250。可比照我的《奢侈与资本主义》书中的数据，第 9 页。

低于 50 000 里弗赫 ·················· 298

50 001—100 000 里弗赫 ·············· 105

100 001—200 000 里弗赫 ·············· 127

200 001—300 000 里弗赫 ·············· 68

300 001—400 000 里弗赫 ·············· 42

400 001—500 000 里弗赫 ·············· 26

500 001—1 000 000 里弗赫 ············· 40

1 000 001—2 000 000 里弗赫 ············· 13

超过 200 万里弗赫 ················· 6

*　　　*　　　*

所有这些财产的形成——其手段是借贷（以及与之相关的交易）——都是衍生的财产，其基础是原有资产的转移，或实际上是一种现有的相当程度的价值流的衍生（此处涉及的是参与公共收入）。强调这一事实，即迄今为止考察的所有情况都涉及衍生的财产形成，目的是唤醒或加深对这样一个事实的理解，即在交通不发达的时期，只有通过高度密集的交换关系，才有可能大规模地形成财产（而这种密集程度后来也可以被一种高度的扩张所取代）。

因此，我认为，借贷业务作为一个财产形成的因素，只具有次要的意义，因为这种借贷仅限于和"小人物"的交易（当然，我也并不否认，在个别情况下，它曾成为较大财产的来源）。[1]

但是，当我们偶尔听到那些从事小规模高利贷的人发财时，总是首先要探究他们是否主要是靠盘剥大人物致富。例如，16 世纪英国一个典型的高利贷者便是如此，正如哈尔（Hub. Hall）在《乔治·斯托达德先生》（Mr. George Sóddarde）中所描写的那样，他从小事做起，但他的财富是通过盘剥绅士积累而成。[2]

相反，在原始财产形成的方式中，据我所知，当时大概只有两种形式可以考虑，即城市地主手中地租的积累，以及我所说的直接的财产形成：从贵金属开采中形成财产，再由现金形成的财产——作为一种变体附着其中。以下两章即讨论这两种形式。

---

[1]　本书第一版已经给出一些关于中世纪小额贷款的情况，请读者参考。

[2]　Hub. Hall, Society in the Elizabethan Age（4. ed. 1901），p. 48 ff.

第四十一章

城市地租的积累

与中世纪城市的特点及其发展相对应的是，城市发展的很大一部分土地在很长一段时间内都掌握在为数不多并非常古老的家庭手中。

在一个村庄发展成为一个城区的情况下，其中的居民是老村民、胡符人、具有完全权利的地主，"这些人手中掌握公共土地的一部分"，"他们在同一土地上工作"；"这些在城市边境土地上居住的人"，"他们自行耕种自己的地产"，这些人就是城市土地的租户。在城市发展之初，这些地主对边境土地的权利受到上层所有者的各种限制，我们可以假定，他们很快就会知道如何从这些限制中摆脱出来。"城市作为一个公社的发展，在很大程度上是在尽可能地消除对公社的依赖，恢复公社在大地主形成之前——例如在加洛林时期之前——的状态。"①

但是，如果城市地区已经全部或部分成为皇帝、伯爵或主教的财产，它就会通过捐赠或分封的方式落入其臣下的手中，这些人现在凭借其土地所有权获得完全的市民权，从而成为城市家庭的祖先。

在新地——殖民地域——发展城市社区的地方，掌握地产的家庭就是那些有名的"商人"，正如我们所看到，那些自有或在胡符拥有的大小份额，首先会形成一种农民经济，这当然是由地主交给他们去经营的。

当然，在大多数城市，这些最初的城市地主只是少数家庭，这也可以理解——我们可以假定，他们的祖先即已独立经营——因为在城市给定的区域必定会限制其数目。

所有后来在城市定居的人、商人和手工业者，无遗产的商人和手工业者，一言以蔽之：所有的城市人口——只要他们没有在城市地区或教堂和修道院的地产上找到立足之处——都会在这少数几个家庭的土地上定居。在城市发展之初，我们必须将所有的劳动人口视为人身依附者，是少数有地产家庭的庄园奴仆；因此，起先也是权利较少的市民，至少在成为房主之前如此，他们在经济上依赖具

---

① v. Below, Die Entstehung der deutschen Stadtgemeinde（1889），50.

有充分权利的市民，即地主，正如我们所知，他们经常与地主处于一种委托关系。①由此产生城市人口的两个组成部分（地主和受保护的人，所有经营工商业的人，即"行会"）之间的对抗非常强大——宪法权的影响即由此产生——以至于中世纪城市中门阀发展的所有差异都退居无足轻重的地位，并在各处形成极为紧张的局面，直到 13 与 14 世纪的阶级斗争中才获得解决。对于——所有西欧国家都看到的——城市发展的统一性，如果我们不能将其归因于所有城市同样的地产关系的安排上，则无论从城市的宪法权结构，还是城市建立的偶然原因，都完全无法解释。

但我们现在感兴趣的是另一件事，从前面的确证事实中可以很容易地看出，**城市地租的最大部分**必定作为"不劳而获的增量"，流入城市公社中少数拥有土地的家庭。中世纪时代流传下来的每一本遗产书、每一种城市私人契约的汇编②，在在都证实这一令人信服的发现。为着我们的目的，我只需要强调以下几点。

1. 在居民手中的**土地的使用**不仅限于向劳动人口提供必要的住房建筑空间，而且还用于建立与有偿转移工场与商店。在这种情况下，它当然特别有利可图。每个地主可以在自己的土地上建立街道和市场，并建造他想要的建筑：如私人住宅，也有商铺、摊位、大卖场等，并对这些建筑的使用征收某种形式的租税。因此，正如我们可以假设并且从不同的城市提供的报告中所看到的那样③，许多古老的家族有屠凳、肉台、面包桌、碾麦场和磨坊等，出租给手工业者，获取报酬。最后，对地产的进一步利用是附着在某些土地上的权利人，如酿造啤酒、出售葡萄酒④以及经营制粉业⑤这一类的权利等。

2. **使用的形式**⑥最初主要是租用，无论是世袭租借⑦还是有期租借，在后者情况下系为终身或一定期限，如 100 年或 200 年。⑧正如阿诺德非常正确地指出，这

① von Maurer 2，235 f. Arnold，Freistädte 2，192 ff. 最近的研究确定这一事实对整个城市发展的根本意义。如，K. 黑格尔在其书的导论中关于科隆的介绍；K. 拜尔勒关于中世纪康斯坦茨的土地所有权和民权关系特别有启发性的研究：K. Beyerle，Grundeigentums- und Bürgerrechtsverhältnisse im mittelalterlichen Konstanz. (1901)，GG ff.。

② L. M. B. Aubert，Beiträge zur Gesch. der deutschen Grundbücher，in der Zeitschr. f. RG. 14，1 ff.

③ 如汉堡可见：Lib. act. a. a. O. XVIII，13 f. LXXII，12. CXLVI，9，26；法兰克福：Joh. Carl von Fichard，Die Entstehung der Reichsstadt Fr. usw. 1819. 8. 150/51，以及波希米亚，217. 217. 288. 350. 352. 384；奥格斯堡：P. von Stetten，Kunst- und Gewerbegescl. von Augsb. 1 (1779)，4；维尔茨堡：Rosenthal，Gesch. des Eigentuns in der Stadt W. (1878)，44；布雷斯劳：Klosen. Von Breslau. Dok. Gesch. und Beschreibung 1 (1781)，501. 516. 632. Tschoppe und Stengel，Sammlung zur Gesch. des Ursprungs der Städte usw. (1832)，259。

④ Maurer 2，179.

⑤ 如科隆：Chr. d. St. 14，XXIII。

⑥ 由于丰富的法律历史文献，我们对此极为熟悉。

⑦ 如斯特拉斯堡：U. B. Bd. III，Nr. 225. 313。另见：U. B. von A. Schulte im 3. Bde. 1884。

⑧ 斯特拉斯堡：U. B. 3，Nr. 75. 120. 173。参见：Jos. Gobbers，Die Erbleihe und ihr Verhältnis zum Rentenkauf im mittelaltaerl. Köln des 12. bis 14. Jahrhunderts，in der Zeitschr. f. RG. 4，130—214。

种租借的法律形式反映了早期劳动生产率的低下以及与之相关的劳动人民的效率低下。然而，这种对土地所特有的使用在经济上非常重要，因为它使地主能够从地租的增长中受益。即使在世袭的租借中，我们也可以假定利息会不时增加①，甚至偶尔还会赎回租借权，或在出售时——此种情况多半会出现——享有优先购买权②。

在这种情况下，以及在任何我们发现有租借期限的地方，地主因此获得提高地租的机会，或者更有利地出售土地的可能性。但结果是，地产一直会留在原来地主的手中，直到其价值比先前大大上涨的时候。③

3. 正如最后一句所指出的那样，中世纪城市地租的**实际增长**非常可观，即使我们没有这方面的原始证据，也必须直接作出如此假定。我相信，在中世纪，特别是 1200 年至 1400 年，城市地租的增长（相对）只有 19 世纪的城市可以相比。当然，古代不在此列。

人口的迅速增长，劳动生产力的显著提高，以及城墙所造成的居民拥挤，这些都使土地价格迅速上涨，其程度之高令我们惊讶不已。13 世纪末，佛罗伦萨的大型建筑地块（500 平方米）价格为每平方米 5—6 现今货币马克，小地块（5 平方米）甚至是每平方米 10—20 马克，这委实让人难以相信，然而，正如我们将看到的，大量的销售文件却肯定了这一点。如果要获得这样的价格，就需要迅速发展的阿尔诺城的全部财富，我们从其他城市也了解到，13 与 14 世纪土地价格在大幅上涨，建筑地皮的"价格之高令人难以置信"④。例如，在美因河畔法兰克福，1 马克地租的价格（购买租金）为：

1304 年 ┄┄┄┄┄┄┄┄┄┄┄┄┄	14—15 马克⑤
1314—1318 年 ┄┄┄┄┄┄┄┄┄	16—17 马克
1323—1327 年 ┄┄┄┄┄┄┄┄┄	18 马克
1333 年 ┄┄┄┄┄┄┄┄┄┄┄┄┄	19 马克
1358 年 ┄┄┄┄┄┄┄┄┄┄┄┄┄	24 马克

这一上涨似乎表明土地价格的增长也大致相同。

4. 随着城市交通的日益发展，土地的出售越来越多地取代了租借：居民地产

---

① Lübecker Oberstadtbuch. 参见：P. Rehme, Das Lübeckerober-Stadtbuch. 1895。其中有许多事例。

② 有关维尔茨堡的情形，可见：Rosenthal, a. a. O. 49。

③ 施特利德尔的反对意见是，第一批土地所有者没有从增值中受益，因为他们在早期将一切都让给继承人，但这一论点站不住脚，因为转让——在许多情况下确实发生过——是逐渐发生的，而且只是随着城市的繁荣而发生。参见：R. Häpke in Schmollers Jahrbuch 29, 1059。

④ Arnold, Geschichte des Eigentums, 64（für Basel）Pauli 1. 46（吕贝克）。

⑤ Bücher, Bevölkerung, 340.

的货币化时代到来，因此越来越多的资金开始汇集在他们的手中。在一些城市，如吕贝克①自 13 世纪末以来，这种流入更加强烈，在其他城市稍晚一些：1360 年在维也纳②，1391 年在慕尼黑，1392 年在兰茨贝格，1420 年在下巴伐利亚的所有城市，1366 年在沃姆斯，1388 在乌尔姆，1419 年在苏黎世，1439 年在法兰克福，1441 年在巴塞尔③，其中的原因在于利息和地租的分离及大规模的实施。

如果我们从经营（地产）的法律名义来考察这些财产的来源，那这就是在几个世纪的发展过程中，随着劳动生产率的提高，城市劳动力的"剩余价值"逐步减少并积累而成的。

在这种情况下，首先需要讨论的是我所说的原始的财产形成，因此，这种形式的财产形成似乎特别令人产生兴趣。

我们在这里看到的形成财产的**城市地租的多少**，主要取决于一个城市对周边地带劳动人口的吸引力。定居者越多，从他们的工作中获得的收入就越多。当然，其他因素也在发挥效应：最重要的是，一个城市的工业劳动所能达到的生产力水平。如果一个城市创造出一种繁荣的出口贸易，显然，地主能够获得的收入数额，要比没有这种出口多一些。此种幸运的状况可以加速一个城市的地租积累程度，佛罗伦萨即为一个合适的例子。而一个城市的地理状况与此有不小的关系，地区愈小——人口必须拥挤在一起——以地租的形式获得的剩余价值率就越高：热那亚、威尼斯、康斯坦茨以及许多佛兰德城市（因为周围的沼泽！）就是这方面的例子。在城市的城墙以内迅速形成巨大的财产，也是因为其地理位置的特殊性。

＊　　　＊　　　＊

这种形式的财产形成在数字上具有何种意义，尚难以确定，这和我们能够确定那些仅仅通过城市地租的积累而产生的财产不同。但这一点并不能阻止我们承认"百万家财的农民"对市民财富的起源所起的重要作用。

我在本书第一版中对这一主题略具挑衅性的处理并提出的一些过于尖锐的问题，引起了经济史学者的注意④，于是，才有一系列出色的研究更加清楚地表明此处讨论的财产形成方式的重要意义。这个主题本身当然很有趣，但与本书的附录相悖，在前后文的关联中只能成为次要的问题，为了更详细地讨论这个问题，我在本章的最后列出关于我的"地租理论"的最重要的著作，以便专家能够更深入地研究这一问题。

---

①　20 倍，有时甚至 25 倍，见：Pauli, 48。

②　12.5 倍；Eulenburg, in der Zeitsehr. f. Soz. -u. W. G. 1, 287。

③　A. Bruder, Studien über die Handelspolitik II. Rudolfs IV.（1886），99；vgl. Inama, DWG, 3^{II}, 469.

④　一些最优秀的人至少部分地采纳了我的论文；一个特别有价值的证据是：Georg von Belows，他在 „Das ältere deutsche Städtewesen, 116" 中这样写道："旧城市的居民拥有大量的土地，能够在 12 世纪社区的迅速发展中容易致富：在众多的新来者中，他们可以找到愿意购买房屋的人。当时已经开始发展重要的陆路运输。"

具体参见如下：

G. von Below, Die Entstehung des modernen Kapitalismus. (Hist. Zeitschr. 91.)

Jakob Strieder, Zur Genesis des modernen Kapitalismus. Forschungen zur Entstehung der großen bürgerlichen Kapitalvermögen am Ausgange des Mittelalters und zu Beginn der Neuzeit, zunächst in Augsburg. 1904.

Carl Koehne, in den Mitteilungen ans der histor. Literatur XXXIII. Jahrg. 2 Heft (1905), S. 178 ff.; S. Rietschel, in der Zeitschrift der Savigny-Stiftung (1906), 1. Band.

A. Nuglisch, Zur Frage der Entstehung des modernen Kapitalismus, in den Jahrb. f. NÖ. III. F. Bd. 28.

Reinh. Heynen, Zur Entstehung des Kapitalismus in Venedig. 1905.

Herm. Flamm, Der wirtschaftliche Niedergang Freiburgs i. B. 1905.

Friedr. Bothe, Die Entwicklung der direkten Besteuerung in der Reichsstadt Frankfurt bis zur Revolution 1612—14. 1906. Exkurs.

Rud. Häpke, Die Entstehung der großen Vermögen im Mittelalter, in Schmollers Jahrb. Bd. XXIX.

G. Caro, Ländlicher Grundbesitz von Stadtbürgern im Mittelalter, in den Jahrbüchern für N. Ö. III. F. Bd. 31.

Ignaz Schipper, Anfänge des Kapitalismus bei den abendländischen Juden im früheren Mittelalter. 1907.

H. Sieveking, Die mittelalterliche Stadt, in der Vierteljahrsschr. für Soz. -u. W. G. Bd. 2.

Derselbe, Die kapitalistische Entwicklung in den italienischen Städten des Mittelalters, ebenda Bd. 7.

R. Davidsohn, Über die Entstehungen des Kapitalismus, in seinen Forschungen zur Gesch. von Florenz 4 (1908), 268 ff.

A. Vetter, Bevölkerungsverhältnisse Mülhausens i. Th. im 15. und 16. Jahrhundert. 1910.

J. Maliniak, Die Entstehung der Exportindustrie und des Unternehmerstandes in Zürich im 16. und 17. Jahrhundert. 1913.

H. Voltelini, Die Anfänge der Stadt Wien. 1913.

Theod. Th. Neubauer, Wirtschaftsleben im mittelalterlichen Erfurt, in der Vierteljahrsschr. für Soz. -u. W. G. Bd. XIII.

第四十二章

直接的财产形成

我将通过货币所形成的财产称为直接的财产形成。货币生产包括：贵金属（金和银，在某些情况下还包括铜）的开采、矿石的冶炼和金属的铸造。就与这项活动有关的财产形成而言，我称之为"直接的财产形成"，因为它实际上是一种积累，而不需要交换或改变所生产的产品形式。

这种形式的财产形成对资本主义的起源具有特别重要的意义。

首先，因为在这里，巨大的财产可以在一夜之间从无到有。即使是最小的手工业者也能在很短的时间内通过金银业成为富人，这完全归功于这个行业的偶发性。如果他每天洗出一磅黄金，三年后他便会成为百万富翁。这首先在理论上是可能的，但在现实中是否会发生，我们还要考察。

通过货币形成财产这一点十分重要，值得我们特别关注，因为它是贵金属对经济进程产生决定性影响的手段之一。在贵金属供应丰富的时代，财产的强劲形成——当新的金银矿开采时，财产的直接形成力量自然最为强劲——是一系列现象的一部分，所有这些现象都源于贵金属产量的增加，它们在共同促进资本主义的强劲发展。尤为重要的是，财产的直接形成也是其他经济领域迅速形成较大财产的原因，迄今为止我们所评价的一切财产形成的方式，或多或少地取决于直接形成财产的过程。

直接形成财产的大时代也是"经济飞跃"的大时代：金银生产迅速增长的时代，即 13 世纪、15 世纪下半叶和 16 世纪上半叶、18 世纪上半叶以及 19 世纪的各个时期，19 世纪已经处于发达资本主义的经济时期。

如果我们现在要像其他形式的财产形成一样，用一些例子来说明这一情况，至少要有数字上的把握，那就必须记住中世纪和随后几个世纪贵金属生产的特殊组织，并且要想到金银的流动是分成许多支流进行的。

参与"矿山财富"的人大多是：

1. 矿场的特权主人，

2. 地主（有时还有第二等甲类的土地所有者），

3. 矿业合作社（或其他矿场所有者），

4. 采矿工人，

5. 造币权所有者，

6. 造币监管，

7. 造币者。

当然，在前三组中，个人所得的数额一方面取决于矿场的产量，另一方面取决于每个人有权分获的份额。

传说在德意志和奥地利的银矿开采中，有时也有非常高的收入（特别是在开采富矿层时）。当然，我们从古代编年史所听到的，并不是确凿的事实。然作为民意的表达也是有价值的。根据编年史，1303 年在欧拉矿场拥有三十分之一份额的人，一个季度就有 5 万匈牙利盾的收益。[①]

安娜贝格矿山开采不久，一股在一季中的收益即达 1 000 古尔登。[②]我们从施内贝格听说[③]："一股的收益大约可达到 32 000 古尔登，兹维考的罗马人因此发财。有一次，一股的分配为 100 马克的白银和 600 莱茵古尔登。"

我在其他情况下注意到，美洲的银矿收益还要高得多。**亚历山大·冯·洪堡**提供了一些数字。[④]根据这一数字，一个矿场的年利润达到 500 万—600 万法郎。

众所周知，黄金生产——特别是当它充当淘金业时——偶尔会产生惊人的利润：阿拉斯加的金府矿多年来的回报率为 2 500%。没有理由认为，前几个世纪的金矿开采情形会有所不同。

即使矿山的收益分成许多部分，每一股东仍然可以获得相当可观的数额。

在德意志和奥地利，直到最近，在所有的参与者中，**矿场的特权主人（和地主）** 当然占有最好的份额。据推测，从 16 至 18 世纪，他们从矿场获得的收入与矿业合作社组织的收入大致相同。[⑤]

若想正确了解早期时代矿山特权主人的获利情况，只需看一看布拉格、迈森、德累斯顿和萨尔茨堡，这些地方主要是开采周边的金银。但我们知道，西班牙统治者从美洲的白银中分获大量收入的五分之一，葡萄牙政府也从巴西的黄金中获得同样的收入，据说只有 30% 的黄金留给了淘金者。[⑥]

然而，从贵金属开采中流入君主王公金库的资金，往往会落入另一些人的手中，他们心甘情愿地预先借贷给这些缺乏现金的君主王公，并要求抵押或承租一个矿场（或在矿场上的建筑权益）。在关于货币借贷一章中我们已经充分了解此种交易形式，只是由于采矿业的偶发性，抵押矿场的做法为受押人提供了非常特殊

---

① Chronica Wenceslai Hagecii, 此作已从波希米亚文译成德文，见：Joh. Sandel（1596），1, 95。

② Job. Matthesius, Sarepta（1587），16 b.

③ Job. Matthesius, 1. c.

④ A. von Humboldt, N. E. 3, 401；4, 20.

⑤ 矿山领主在不同的矿山权中所占的份额不同。总的来说，它们有减少的趋势。

⑥ Del Mar, Money and Civilisation. 149.

的致富机会。将矿场作为抵押的习俗从整个中世纪一直延续到最近。

文策尔二世在 1305 年的遗嘱中规定，波希米亚库滕贝格矿场收入的七分之一每周付给债权人，以偿还债务；鲁道夫国王也从库滕贝格矿场的收入中，为已故国王留下的债务，每周支付 1 000 马克白银。载于：Hagec, Böhmische Chronik（德文版，1697），492；引自：Gmelin, Beyträge zur Geschichte des teutschen Bergbaus（1783），82。

1429 年，K. 西格蒙德命令埃格尔市议会和公民在贝辛区威斯村所有地上和地下的矿场建立一个护卫办公室，以换取贷款 18 000 波希米亚格罗申。参见：Gmelin, 94。（波希米亚格罗申约为 19—20 现今货币马克。）

关于西里西亚矿藏的抵押，参见文书：A. Steinbeck, Geschichte des schlesischen Bergbaus 1（1857），105（利格尼茨公爵将矿山与铸币特权抵押给当地市民）；2, 134 und öfters；有关萨克森，参见：H. Ermisch, Cod. Dipl. Sax. reg. 13（1886），XLVI。

关于西格蒙德大公向奥格斯堡的莫伊廷公司抵押施瓦茨白银的报告，参见：Max von Wolfstrigl-Wolfskron. Die Tiroler Erzbergbaue（1903），32。

克里斯托夫-朔伊尔向皇帝马克西米利安（1494 年）预支一笔"勇敢"资金，作为回报，他和合伙人海因利希·沃尔夫每年至少可获得 12 000 马克白银，并且用帝国硬币为其铸造。参见：A. von Scheurl, Christoph Scheurl（1884），17。

16 世纪，大多数现代国家的政府已经向富有的借贷者作出大量的抵押。关于匈牙利，可参见：F. Dobel, Der Fugger Bergbau und Handel in Ungarn, in der histor. Vereins für Schwaben und Neuburg 6（1879），43 f.。自 1487 年以来，富格尔家族已经同蒂罗尔的大公们签订了大量契约，由此，该家族部分地获得向君主交纳的商业税，部分地获得自己的采矿权。参见：F. Dobel, Über den Bergbau und Handel des Jokob und Anton Fugger in Kärnten und Tirol（1495—1560），载于：Zeitschr. des histor. Vereins für Schwaben und Neuburg 9（1882），198 ff.；M. von Wolfstrigl-Wolfskron，同上，第 32 页。

如同蒂罗尔和匈牙利的矿场作为抵押给了富格尔家族一样，明斯特贝格大公的赖兴斯坦矿场也成为他们的财产，并且从中获得巨大的利益。参见：E. Fink, Die Bergwerkunternehmungen der Fugger in Schlesien, in der Zeitschrift des Vereins für Geschichte und Altertum Schlesiens 28（1894），309 ff.，最初转让的只是与矿场相关的建筑权；他们逐渐继续扩张，或将这些行业置于他们的控制之下，或自己成为矿山的企业主。

由此，我们已经进入矿主这一层面。众所周知，起初，德意志和奥地利的银矿业（如果不是地主经营的话）是由手工业者经营。只要他们拥有矿山收益的分配权利，任何一次幸运的勘探都可以从无到有地带来财富。即使是早期的手工业者已经不再自己动手，至少偶尔还是小民，又有城市里的手工业者用自己的积蓄挣得的一笔股份，犹如购买养老金一样①，还有农民，他们因土地补偿而获得一些股份②，或者还有自由民拥有淘金的权利③，并且在这些要素中，一个矿场意外丰厚的收入同样也意味着新的财产形成。有些偶然的消息称，一些小的赋税劳动者已经变富。这样的消息也在证实我们从普遍性的考察中得出的结论。《库滕贝格矿山法令》（Kuttenberger Bergordnung）第三卷第一章说（约在 1300 年），"两个矿工并无多少财产，不知道当晚睡在何处，或者明天在何处找到食物，但一旦暴富起来，两人经常就一种借贷——涉及数千马克的白银——发生争执"。托德瑙（Todtnau）的阿布萨隆（Absalon）和明斯特的克罗伊茨（Kreuz）两家都是从矿工阶层中崛起，获得了财产，便因此接近贵族，他们的女儿也由此成为贵族家庭子弟梦寐以求的佳偶④，他们的贵族盾牌必定会重新镀金。我们还得到明确的报告⑤，许多市民在埃勒矿场发了财。⑥一位友善的牧师从他自己在可爱的约阿希姆斯塔尔的故事中告诉我们："一个可怜的矿工和妻子一起开矿，在当地打工，后来竟然赚到 10 万金格罗申。"

1539 年，蒂罗尔的勒尔比尔矿从一开始就非常富饶（1552 年已经生产白银 22 913 马克），这座矿场据说是由一个贫穷的矿工米歇尔·赖纳和两个同伴在"徒步旅行"中发现的。⑦

魏特摩泽尔家族的财产是由埃拉斯姆斯·魏特摩泽尔（死于 1526 年）创立的，他本是古道内姆一个贫穷矿工的儿子，在拉德豪斯矿山用 100 塔勒的预付款挖掘出丰富的黄金矿脉。⑧

在这些时候，还有其他一些圈子的人因参与开采新的矿山获得收益。自 14 世纪以来，我们看到老银矿的股份已经从地主或贫穷工人的手中慢慢转移到富裕市民的手中。而 15 和 16 世纪新开的矿场从一开始就掌握在富有的商业公司之手，故此，我们必须将这些矿场称为早期的资本主义企业（我稍后将更详细地作出解释）。

15 与 16 世纪从"矿山财宝"中涌出的巨大财富流入这些业已富有的商人之手。

---

① 1447 年，弗赖贝格矿区的乡绅抱怨该市富有的市民没有参与采矿。U. B. der Stadt Freiberg im Cod. dipl. Sax. reg., ed. H. Ermisch 13（1886），102.

② Steinbeck, Gesch. des schlesischen Bergbaus 2, 186. 以及 H. Ermisch, Das sächsische Bergrecht im Mittelalter（1887），XXXV。

③ 在黑森林淘金是由领地全体居民进行。Gothein, 609—612.

④ Gothein, G03. 637.

⑤ 参见编年史的汇编：Sternberg, Gesch. des böhm. Bergbaus 1. 2, 32 ff.。

⑥ Joh. Matthesius, Sarepta, 17a.

⑦ Sperges, Tiroler Bergwerksgeschichte, 120.

⑧ H. Peetz, Volksw. Studien（1880），68.

这一点在**蒂罗尔**和**匈牙利**的矿场中表现得最为明显。在这里，"外来的商人中最有财产的人竞相角逐，其中一些人获得矿山……一些股份，那些能够加入施瓦茨矿业公司的人自视为幸运儿"。①在 16 世纪的这一行业中，我们遇到菲格尔、利希腾斯坦（Lichtenstein）、菲尔米安（Firmian）、特拉茨贝格（Tratzberg）的滕策尔（Tänzel）、约歇尔斯图恩（Jöchelsthurn）的约歇尔（Jöchel）、施托克尔（Stöckel）诸家以及国内的其他大亨，他们借由开采矿场获得巨大的财富。②我们也遇见林克与豪克（Link und Haug）、绍伊尔（Scheurl）以及来自奥格斯堡的富格尔等，并且可以用数字来追踪当时巨大的"矿山财宝"流进业已富有财产的豪商的口袋。③

施瓦茨矿业的四个主要矿场（富格尔家族除外）：安道菲尔、滕策尔、霍费尔和菲格尔，在 1470—1535 年间，每个矿场的精炼银产量为 35 万马克。这一数字源自（根据档案）H. Peetz, Volksw. Stud.（1880），49。汉斯·菲格尔的儿子西吉斯蒙德·菲格尔去世时留下 20 万弗罗林的财产。在利希腾斯坦和滕策尔，一个"矿场主女儿"的嫁妆为 8 万弗罗林，约希林家更多。参见：H. Peetz, a. a. O. S. 50。

在施瓦茨，林克与豪克商业公司的资产从 1533 年 60 262 弗罗林增加到 1563 年 193 547 弗罗林；诺伊索尔和泰斯滕 1560 年（第一年）分别为 5 020 弗罗林和 8 853 弗罗林，1562 年，分别达到 10 191 弗罗林和 54 503 弗罗林。参见：J. Hartung, Aus dem Geheimbuch eines deutschen Handelshauses im 16. Jahrhundert, in der Zeitschr. f. Soz. -u. W. G. 4, 39。

1495—1504 年间，富格尔家族和图尔佐家族从他们的匈牙利矿场获得股息 119 500 莱茵弗罗林，1504 年至 1507 年期间的股息为 238 474 弗罗林，1507 至 1510 年期间股息为 142 609 弗罗林。仅富格尔一家就计算出从"匈牙利矿业贸易"中获得的净收入（其中包括抵押的克朗收入）为 1 297 192 莱茵弗罗林。参见：F. Dobel, Der Fugger Bergbau und Handel in Ungarn, in der Zeitschrift des histor. Vereins für Schwaben u. Neuburg 6（1879），33 ff.。

与银矿的发展直接相关的是汞矿的巨大利润，自从汞齐化工艺发明以来，汞与金银一起成为最受欢迎的对象。同样，富格尔家族通过垄断开采他们租用的阿尔马登矿场积累起巨大的财富。他们的利润分别为 85% 和 100%；在五年的租约期间，他们的收入为 166 370 杜卡特，1572 至 1582 年约为 300 000 杜卡特，1582 至 1594 年为 636 000 杜卡特，1595 至 1604 年为 600 000 杜卡特。参见：K. Häbler, Gesch. der Fuggerschen Handlung in Spanien 102 f. 156、169、176 f. 193。

---

① Sperges, Tiroler Bergwerksgesch., 97/98.

② Sperges, a. a. O. S. 105 ff.

③ Jak. Strieder, Studien zur Gesch. kapital. Organisationsformen（1914），3 ff. 13 ff.

在这一时期，我们还在其他地方发现参与采矿的大型商家的踪迹：在西里西亚①、萨克森②、波希米亚③和黑森林。④

我在前文曾认为，南德意志各商家的财富如果不是出于货币借贷，便是来自采矿业，现在可以看到，此种看法已经获得证实。

至于海外金银开采的财产形成效应，已经没有必要再详细说明。不言而喻，个人在这里获得更大规模的财富。正如我们将看到的，西班牙的征服者在早期只是简单地从土著人那里夺取已经积存的大量金银，他们已经可以向查理五世贷款800万杜卡特。⑤洪堡找到一些关于美洲矿主财富的资料⑥，并将其判断总结如下："采矿场无疑是墨西哥巨大财富的源泉。"瓦伦西亚伯爵某些年里从其银矿开采中获益600万里弗赫；在他生命的最后25年里，这笔收益从未低于200万至300万里弗赫。松布雷特区法果阿加侯爵家族拥有的唯一一条矿脉在5—6个月内纯收益为2 000万法郎。根据洪堡同样的报告，秘鲁的财富不如墨西哥如此之多：8万法郎的收益算是"很少"。彼得罗·托雷罗斯（即后来的雷格拉伯爵）的命运为我们提供一个典型的例子，说明较后的时期（1855年）通过开采贵金属迅速致富的情况。⑦如果考虑到16世纪中叶以来从美洲运出的大量金银，我们必须认为，虽然在我们看来德意志和奥地利矿场的产量已经很大，但与美洲相比其形成财产的能力要低得多。

除了直接参与采矿的人之外，我们还看到其他人也在赚钱致富：**冶炼厂主**，他们往往在经济上更为强大——"库滕贝格的矿山法令"已经谴责他们"可恶的阴谋"，其目的是人为压低矿石价格——并声称其利润往往比矿业合作社大得多⑧，但获利最丰的还是享有铸币权的君主和造币厂。

铸币是君主一种生利的至高权，我们发现，在中世纪及以后的时期，该权利通常会**被抵押或出租**。

在德意志，我们经常遇到作为铸币承租人的合作社成员。1296年，利希滕贝格的康拉德主教将斯特拉斯堡造币厂租给七个市民，为期四年。参见：Str. U. B. 2. D. 201 f.。13世纪中叶，美因茨大主教将他的铸币权抵押给造币厂，为期两年。参见：Kirchhoff, Die älteren Weistümer der Stadt Erfurt S. 168。1221年，特里尔的造

---

① E. Fink, Die Bergwerksunternehmungen der Fugger in Schlesien, in der Zeitschr. des Ver. f. Gesch. u. Alt. Schlesiens 28（1894）, und C. Faulhaber, Die ehemalige schlesische Goldproduktion. Bresl. Diss. 1896.

② Ehrenberg, Z. d. F. 1, 187 ff.

③ A. von Scheurl, Chr. Scheurl（1884）, 30.

④ "奥格斯堡的银行家们到处都参与了这场游戏；在明斯特山谷的采矿活动中，富格尔家族最近也取代了弗莱堡的贵族。"Gothein, 599.

⑤ Soriano Ranke, Fürsten und Völker Südeuropas 13, 407.

⑥ Humboldt, Essai 2, 25 ff.

⑦ Suess, Gold, 173.

⑧ Schmoller, in seinem Jahrbuch 15, 692.

币厂被租借，1237 年，克洛伊茨纳赫的造币厂被租借。参见：M. Rh. U. B. 3，174，und dazu Lamprecht, DWL。2，373。雷根斯堡的铸币厂也经常被抵押。参见：Muffat, Beiträge zur Gesch. des bayrischen Münzwesens, in den Abhandlungen der Kgl. bayr. Akad. d. Wiss., III. Klasse, Bd. IX, Abt. I. S. 217 ff.。关于波希米亚造币厂，可见：M. Sternberg, a. a. O. 2（1838），56 ff.。在 14 与 15 世纪的进程中，造币官员和造币厂老板都拥有最好的矿井和矿山，他们向手工业合作社和工人低价出手，换取矿场的股份和礼物。参见：K. Sternberg, Gesch. der böhmischen Bergwerke, 2，184。亦有任用犹太人担任造币厂厂长，参见：Schipper, Anfänge, 52。关于德意志造币厂中大量的意大利人，可见：Schulte 1，328 ff.，其中有详细的介绍，我们也经常在其他地方发现意大利人。意大利人在法国担任造币厂厂长，可见：Piton passim；1278，Vertrag zwischen dem König von Frankreich und den Universitäten der Lombarden und Toskaner。在爱德华一世统治下，弗雷斯科巴尔迪被任命为英国造币厂的掌门人，参见：Della, dec. 2，74。在"十字军"国家、叙利亚和巴勒斯坦的造币厂大多掌握在威尼斯人手中，参见：Prutz, Kulturgeschichte der Kreuzzüge，373。有关意大利城市造币厂的出售或抵押销售，可见：in Venedig 112，W. Lenel, Vorherrschaft，40；vgl, S. 42。在热那亚则起始于 12 世纪，参见：Sieveking, Gen. Fin. 1，41。亦可参见：S. Alexi, Die Münzmeister der Calimala-und Wechslerzunft in Florenz, in der Zeitschrift für Numismatik 17（1890），258 ff.，以及 Gino Arrias, Constit. econ.（1905），158seg.。

　　除了铸币所获得的丰厚利润外，最重要的是利用不断重复收回的硬币来获利。铸币以其高昂的铸币费，每年重新铸造一次或多次——1308 年，造币厂厂长海因里希·冯·萨尔察在戈尔利茨收回了七次银币！[1]这些显然可以换取很大的利益。此外，还有货币兑换的垄断权，在许多城市，造币厂也拥有此种垄断权，其中所得的利益必定不会少于铸币费。

　　在大多数情况下，造币厂的人已经是富有之人，而处在主管的位置更可以迅速致富。在中世纪，他们被称为"富有矿石的铸币人"，我们读到萨克森铸币厂主管们如何因其职位变得富有，以至于在当地购买城堡。[2]

　　显然，一位医生在威廉·斯塔福德的《三次谈话》中的抱怨并非凭空而来，而是来自对现实的正确观察。[3]"如果他们——即造币厂的官员——向君主说，所有的利益都归君主，其实却将最大部分的利益留在自己的手中。……大部分的净利润都归他们所有，就像过去归属炼金术士和金匠一样。那些经营或曾经经营此

---

[1]　Tschoppe und Stengel, Urkundensammlung Nr. 108.

[2]　Cod. dipl. Sax. reg. Bd. 13, Urk. 1003.

[3]　William Stafford, Drei Gespräche über die in der Bevölkerung vebreiteten Klagen, 1581. Übers. von Hoops; hrsg. E. Leser.

种业务的人突然变富，就像俗话所说，好像发现了盖吉兹的金戒指一样，这就明显表现出以上所述事实的真相。"

如果贵金属开采和货币生产所形成的财产仅限于目前所讨论的直接分享采矿收益和铸币利润，则二者在财产形成中的意义肯定不会像实际那样大。然而，我已经指出，贵金属的生产与货币的铸造也会——而且在相当大的规模上——以**迂回的方式，即"间接地"发挥其形成财产的力量**。在这里，人们可以将生产的货币商品所产生的利润与货币商品的特殊**形式**所获得的利润区分开来。

生产的贵金属数量（正如我们以前所说，不仅是直接，并且也间接地）形成个人的财富，因此它们自然必定会大大促进各种形式的衍生财产的形成。

自15世纪末以来，公共债务的发展迅速且有力，成为私人财产形成的最有力的来源之一，这主要也是因为贵金属生产的非凡增长。[1]

然而，由于第一批（或后来的）所有者手中的金银突然和大量的积累，**商品贸易**中的财产形成因此也获得了强劲的刺激。

塞维利亚商人在美洲银矿开发后直接获得的利润是众所周知的（也是典型的）：在9—12个月内获得100%—500%的利润。在出口货物的价值分别为800万、1 000万和1 500万比索时，进口货物的价值便达2 000万、3 000万和4 000万比索。[2]塞维利亚的个别商人从返回的船队中攫取了全部的白银[3]，一个白银船队往往从美洲为他们带来1 000多马拉维迪的现金（约合30万杜卡特）。[4]

鉴于这些数字，人们便会倾向于同意一些人的看法，即从贵金属生产增长中获得最大好处的并非生产者，而是贵金属的供应商；就巴西黄金而言，正如了解内情的汉德尔曼[5]和埃施威格[6]这样的专家所主张的那样。要理解这一点，请回忆一下巴西的淘金者为食品与工具而不得不支付的价格。

然而，交易商（和生产商）不仅从价格的突然上涨中获益，而且从贵金属交换价值不断下降所产生的**价格差异**中同样获益，也许更为持久。这样的价格变动会在供应与生产周期的初期与末期产生。特别是自16世纪以来，价格在不断地上涨，这就尤其有利于农民的财产形成：当所有农产品价格上涨时，一些佃农仍旧在以陈旧的货币价值支付地租，如此一来便可以迅速致富[7]；相反，地主却获得巨

---

① 诸如埃伦贝格等人研究的基本内容都在试图表明，当时大量的信贷流动是由西班牙进口白银发生的，但其本人却从未谈及其中的关联。

② Colmeiro, Hist. de la economia pol. en España 2, 403 seg.

③ Colmeiro 2, 402.

④ Häbler, Blüte Spaniens, 69. Vgl. 以及同一作者：Zur Geschichte des spanischen Kolonialhandels im 16. und 17. Jahrhundert, in der Zeitschr. für Soz. -u. W. G. 7, 373 ff., 尤其可见：413 ff.

⑤ H. Handelmann, Geschichte Brasiliens（1860），531.

⑥ v. Eschwege, Pluto Brasiliensis（1833），15. 59. 88.

⑦ 涉及英国，参见：Jacob, Edelmet, 2, 69。奇怪的是，这是马克思就贵金属增长与"原始积累"之间的关系唯一了解或至少明确强调的一点，《资本论》14, 709。

大的货币资产——这无疑更为常见——因为地租或农产品的价格在没有他们干预的情况下都在上涨。

贵金属生产和货币生产是那些非直接的参与者获得财富的另一种方式，即在中世纪和整个早期资本主义时期**巧妙地利用特殊的铸币和货币关系**，对此，我在第二十六章中已有详细阐述。一方面，金本位和银本位共存，另一方面，铸币的不匀称在为广泛、似乎非常有利可图的铸币交易或（用现代股票市场的行话）套利交易提供充分的机会。

"但是商人已经尝到铸币的这种味道，他们将这种生意留在自己的手里，经营铸币，从一个国家运往另一个国家，**因此获得极大的不正当的利益**"，西吉斯蒙德皇帝抱怨道。[1]

在 16 与 17 世纪白银价格暴跌时，这样的利益必定不可估量。1576 年 9 月 20 日的一份公告中说："近年来外国与英国的各种商人和经纪人从事国内外支付的货币交易行为腐败，造成极大的弊端。"我们了解到，英国许多富有的金融家借助此类"套利交易"发家致富。[2]另一方面，荷兰人也以同样的方式从英国人身上获得财富（在 16 和 17 世纪）。[3]

---

① In den Reform. Bas. Part. II tit. XXIX, bei Goldast, 228.

② Cunningham, Growth 2, 141.

③ Shaw, Hist. of Curr., 73. 此著的特殊任务是展示"金币家、金融家和套利者"，即"商人交易所"如何从货币的混乱中获利并致富。

第四十三章

欺诈、盗取与侵占形成财产者

除了取自刑法的术语外，并没有其他名称来描述我所说的形成财产的"自由"形式。实际上原本要表达的是不受约束的自由，无论是通过法律，还是习俗，还是通过与负责任的伙伴的合同。也许我们可以将这些自由形式称为片面的形式，并将之与条约形式并列。然而，重要的不是正确的名称，也不在于是否准确把握实际情况。关键无疑在于每件个案中的具体含义。

当我将欺诈、盗取和侵占列为早前时期形成财产的一种特殊形式时，并非指通过这些"途径"为个人带来的财富，这些"途径"决不能构成一个特殊的"社会范畴"，而必定是作为形成财产的其他形式的一种伴随现象出现。因此，倘若我们知道，在过去的几个世纪里，商业和工业的经营都受到严重的欺诈影响，那么（尽管必须承认，在许多情况下，只有**不正当的营业**行为才具有形成财产的力量）这种致富的方法所获财产一定会被归类为工业或商业活动中获得利润的范畴。

正是在特殊情况下，上述形式的致富才具有特殊和独立的意义。我想说的是，在任何情况下，当信任被用来非法获取财产利益时，而且这种非法致富并不限于例外情况，那它就俨然成为企业本身经营的一部分。

人们可以看出我的指向：**欺诈性的职务行为**。

官员的不诚实似乎——人们几乎可以说——是一种普遍现象，只需列举某些例外——特别是在普鲁士——即可证实。无论如何，这是早期所有时代的常规。

我们从中世纪就知道，**城市**中的统治家庭经常用公共资金中饱私囊。①我们听说，当时的**国家官员**留下巨额财富：在**法国**，财政总监皮埃尔·雷米去世时（1328 年）留下了 120 万里弗赫（折合现今货币为 5 200 万法郎）的财产；宰相迪普拉的遗产为 80 万埃居和 30 万里弗赫。②

德意志和法国一样：泽尼亚斯·西尔维厄斯将弗里德里希三世统治下的政府人员描绘成一种无赖汉，特别令人厌恶，像一群饥饿的人，总是抓住每一个机会

---

① 佛兰德：Vanderkindere，Siècle des Artevelde，140。科隆：Hegel in den Chr. d. deutschen Städte. Bd. 14，Einl。法国城市：die französischen Städte im 16. und 17. Jahrhundert：Normand，149。

② D'Avenol, Hist. econ. 1, 149. 154.

来牟取私利。第一位市民出身的宰相卡斯帕·施利克劝告一位朋友：你必须要求6 000 块，才能得到 3 000 块。①

任何地方，尤其是在矿业管理部门的职位，都为迅速致富提供特别的机会。

"15 世纪末叶（1496 年），由于上述官员的不忠——他们显然从中获利——王室从库滕贝格（波希米亚）矿场获得的收入大大减少。"②

我们还听说，16 世纪**西班牙那不勒斯**官员的薪俸不过 600 杜卡特，却能积蓄巨大的财富。③

在年轻的伊丽莎白女王时代，**英国**官员的腐败盛行众所周知：法官明码标价来释放罪犯等。即使在 17 世纪，我们还是看到，有人将联合王国政府描述为"极其腐败"④：1621 年培根因受贿而服罪，1624 年克兰菲尔德被指控犯受贿罪；1621 年，爱尔兰财政大臣乔治·凯里爵士被起诉，他在任职期间侵占 15 万镑。⑤关于英国舰队的情况，诺瑞斯在 1603 年写给约翰·科克爵士的信中说："说实话，整体都是如此腐败，从头到脚几乎没有一个部分是干净的；上级靠下级供养，并强迫他们为自己和他们的指挥官偷盗。"⑥

不言而喻，在**美洲**，无论是北方还是南方，偷盗一直是官员的主要职能。⑦

17 与 18 世纪的大型**半公营公司**成为牟利欺诈的肥沃土壤，如同殖民地行政管理一样。偏远省份的管理，并不总是委托给最能干、最正直的人；总督们大多身体力行，通过欺诈和敲诈勒索来聚敛财富。他们知道如何通过贿赂法官来对付指控。

葡萄牙殖民地与荷属印度也有相同的情形⑧，东印度公司的职员像乌鸦一样偷盗：1709 年去世的一名财政官员在工作 3—4 年后留下 30 万塔勒的财产；总督瓦尔肯尼尔（1737—1741 年）回到欧洲时携有他所盗取的 500 万弗罗林。⑨衡量公司职员欺诈程度的一个很好的标准是向本国发送的私人汇票数额，随着时间的推移，这种情况变得越来越普遍。1705 年汇款不超过 274 434 弗罗林，1746 年增加到 1 209 586 弗罗林，1764 年达到 1 333 419 弗罗林。一些人汇出的金额相当大。在

---

① A. Salz, Gesch. der böhm. Industrie（1913），405.

② Gmelin, Beyträge zur Gesch. des teutsch. Bergbaus（1783），69.

③ „E cosa grande il considerare le smisurate richezze che molti di essi sono stati soliti di accumulare in brevissimo tempo." Lettera al Cardinal Borgia，参见：Ranke, Fürsten und Völker Südeuropas 1³，477。

④ Cunningham, Growth 2, 181 ff.

⑤ Hall, Society in the Elizabethen Age（4. ed. 1901），128 ff. 其中也详细述及军需供应商的欺诈行为：p. 124 ff.。

⑥ Coke Mss. Cal. Hist. Mss. Com. Rep. XII. App. pt. 1, 41, bei M. Oppenheim, The Administration of the Royal Navy（1896），192/93.

⑦ 有关殖民地时代新英格兰诸州的腐败，参见：Doc. rel. to the Col. Hist. 4（1854），317 f. u. pass。

⑧ Hamilton, A new account of the East Indies.

⑨ P. Leroy-Beaulien, De la colonis. 4, 73. 新的数据可见：Bokemeyer, Die Molukken, 279 f.。

1746 年的计算中，一个回到祖国的财政机构的法律顾问汇款 55 386 弗罗林。阿姆斯特丹的孤儿院院长收到汇款 74 808 弗罗林，乌得勒支的孤儿院院长收到汇款 117 766 弗罗林，格拉文哈格的孤儿院院长收到汇款 37 839 弗罗林，代尔夫特的孤儿院院长收到汇款 33 253 弗罗林。[①]

军需处是在所有时代和所有国度中一种不诚实的污点机构。我们甚至听到来自最体面的环境——普鲁士——对欺诈行为的抱怨："对于一个专员或军官来说，没有什么比受托管理一个军需库或钱库更受欢迎。虽然他以前很穷，但任职一个月就能使他处境舒适。两个、三个和几个月的时间，可以使他成为一个富有和重要的大人物，备置上等马车或轻马车，蓄养马匹——通常是十匹或十二匹——和仆人，穿着华丽服装，挂上两个金表，带上几枚戒指以及诸如此类的贵重物品……简而言之，他的铺张表现似乎就像大莫卧儿的臣下，每个月似乎都要花费几千块钱……聪明的人……批评道：他必定在欺骗君主。……"形形色色的诡计相继出现，在在都让这种不忠的奴仆玩弄。[②]

如果普鲁士是这样，那么当我们知道其他国家的情况更加糟糕的时候，也就不必惊讶。

---

① Bokemeyer, 279. 亦可见：Saalfeld, Gesch. des holl. Kolonialwesens, 254。

② Karl Georg Weisse, Über das Feld-Kriegskommissariat der kgl. preußischen Armee（1794），35 f.

第四十四章

抢　劫

　　无论欺诈、盗取还是侵占对市民财富的起源有多大的意义，这里所考察的自由营利的方式——抢劫——的重要性肯定要大得多。我们甚至可以肯定地说，它确实很重要。

　　抢劫的起源是什么，它与何种生活及其维持的基本概念相对应，此处并不予以考虑。就我们的目的而言，只需指出，从整个中世纪直至18世纪，暴力抢夺财物的行为在欧洲所有文明国家是形成财产的普遍方式。事实上，它绝不是一种会受到刑法和公共舆论谴责的罕见犯罪行为，而是一种偶然受到惩罚，但有时多半被认可或完全认可的习俗，甚至在许多体面人物中也很流行，业已成为当时"习俗"的一部分。[1]（即使并非国家的习俗，但肯定是一种社会阶层的习俗。）

　　抢劫对市民财富的起源并不到处且永远重要。例如，我们对**抢劫的骑士**整个大现象几乎不予考虑。正如我们所知，几个世纪以来，这种骑士对整个经济生活——特别是德意志——产生巨大的影响，故此产生护送制度，商业与交通必须按照一定的路径进行。然对市民财富的起源并无任何贡献，因为骑士的代表人物在任何时候都对市民的一切本质形成挑战。[2]而且，即使在富有的土地贵族慢慢市民化的几个世纪里，他们仍然对那些小商贾嗤之以鼻。"寄食者集团"是何等高傲，而抢劫骑士最终迷失在这个集团之中！

　　"看到城里的这些小商贩穿着华丽的服饰，坐在金色的马车上吹牛的时候，我的心会崩溃。吹牛吧，你爱怎么想就怎么想，即使你们每天都喝着珍珠酒，你仍然是一个市民，永远不会同我们平起平坐。"这就是17世纪末，"寄生者集团"的妇女们坐在她们寒酸的马车上，一边吃着鲱鱼、土豆，一边喝着稀薄的啤酒时的对话。摘自西里西亚人保罗·温克勒（1686年）留给我们的故事。《贵族》，第2

---

　　① "法官约翰-埃尔特斯库爵士为一年中因抢劫处绞刑的英国人比七年中因抢劫被绞死的法国人还多而欢呼，但是，如果一个英国人穷得叮当响，看到另一个人因拥有强权而可以致富时，他一定会毫不犹豫地实施抢劫。"H. Hallam, State of Europe 3, 163.

　　② "难道市民、商人和小摊贩应该为我们制定法律，成为我们的主人吗？"1253年，为保护自己的地域不受暴力侵害，莱茵城市联盟成立，而骑士强盗则发出上述的声音。Alb. Stadensis. Staindel, bei Räumer, Hohenstaufen 4, 243.

版，纽伦堡，1697 年。

当英国的"绅士"用——也许是他的父亲或祖父当年从完全流行的海上抢劫中赚来的——钱去投入开采一个锡矿或建立一家玻璃厂时，这种寄食者与现代经济潮流相距何等遥远。即使是诺曼人和撒拉逊人的掠夺也与我们此处所述毫不相干。同样，在这种情况下，我们也不必关心 16 世纪法国宗教战争引发的大规模抢劫。[1]

相比之下，在中世纪，**意大利城市**的抢劫却在更大程度上帮助形成市民的财产。

人们知道，尤其是在热那亚[2]与比萨，不少的财富是来源于海盗行为（海盗往往伴随着大规模的陆上掠夺）。但也必须看到，抢劫和掠夺也是威尼斯巨大财产的一个重要来源。[3]威尼斯在对东方城市——特别是君士坦丁堡——的掠夺中占有最大的份额。

这一点之所以重要，是因为大量的金银成为强盗的猎物。只有这样，抢劫和掠夺才会有利可图，才会在财产形成中占有其巨大的意义。事实上，意大利人、特别是威尼斯人从东方运来巨量的贵金属，我已经在其他地方予以证实。

不过，从欧洲各国开采美洲金银矿以来的几个世纪里，如果我们考虑到强盗们所抢劫的金银数量，便会知道意大利人夺取的数目实在是微乎其微。当贵金属生产突飞猛进之时，这些形成财产的自由形式也变得非常重要，因此，贵金属生产形成财产的力量在一个全新的背景下再度表现出来。

在 16、17 与 18 世纪时，西班牙人、葡萄牙人、荷兰人、法国人，尤其是英国人和北美人都将抢劫作为形成财富的重要手段。

我们遇见**西班牙人**和**葡萄牙人**偶然成为海盗，他们尤其是新发现的南美国家的征服者，是这些国家的首批抢劫者。据说，西班牙人蹂躏新的土地，像肉食动物一样寻找猎物。[4]他们运用欺骗和狡诈、残忍和暴力的手段，将这片土地上所有这些积累了几千年的宝藏攫为新主人所有。他们向王公勒索赎金，掘墓盗棺，掠抢庙宇的金盘，盗取居民身上的珠宝饰品。

我们也知道，这些掠夺涉及的数额相当巨大，在某些情况下，甚至可以准确地追踪到个人手中因此积累的财产。

1511 年，当阿尔布开克[5]洗劫马六甲时，获得 100 万杜卡特，将其中的 20 万

---

① Fagniez, Henry IV., 15, 164 ff. Pigeonneau, Hist. du comm. 2, 34.

② 12 与 13 世纪原始资料非常丰富：Ed. Heyck, Genua und seine Marine, 182 ff.。

③ 我们所掌握的关于中世纪意大利城市抢劫和掠夺历史的原始材料，基本上来自海德的加工整理。见：Levante-Handel 1, 255 ff. 258. 263. 487f. 489；2, 16。也许最好的资料来源是一个调查委员会的记录，系由总督孔塔里尼 1278 年整理。该委员会的任务是调查威尼斯人在过去十年中遭受希腊人及其盟友的抢劫和虐待。仅从此处，我们就了解到大约 90 名海盗的故事。载于：Tafel und Thomas 3, 159—281。

④ 参见有关的叙述：Herrera, Xerez, Goniara, 系由 Prescott, Help 等人摘录。

⑤ 阿尔布开克（Albuquerque, 1453—1515），葡萄牙殖民征服者，殖民官员。曾在印度建立葡萄牙的第一个堡垒，后任葡驻印度总督。——译者

进贡国王。①在一次进入委内瑞拉内陆的远征中，一个贵族探险队（1535 年）从坟墓、宅邸或赎金中掠得 4 万金比索；在另一次远征中，从一个部落中夺走 14 万比索的纯金和 3 万比索的杂金。②从蒙特苏马③那里攫取的宝物如铸成金条，价值为16.2 万比索，较小的珠宝亦值 50 万杜卡特。④攻占墨西哥首都后制造和熔化的战利品据说是 19 200 盎司或 131 000 比索。1528 年，科尔特斯回到西班牙，带回 20 万金比索和 1 500 马克白银。⑤墨西哥主教苏马拉加于 1529 年 8 月 17 日发出的一封信称，在科尔特斯的副手萨拉查被捕时，发现了 3 万比索的纯金：其余的黄金则被送往西班牙。其他官员每人敲诈 25 000 至 30 000 比索。人们从被俘的梅却阿坎酋长处索取赎金为 800 枚金片，每枚重量达半马克，1 000 枚银片，每枚重 1 马克。1532 年 4 月的另一封信中提到，一个名叫乌切奇拉的人从梅切阿坎的当地人那里勒索黄金首饰，并将其熔化成 15—16 锭金条，但只申报两锭。⑥在印度枢密院的一份报告中，据称，1535 年在秘鲁开往塞维利亚的四艘船上装载价值 200 万杜卡特的黄金和白银。这是西班牙人在摧毁阿塔瓦尔帕国时获得的战利品⑦，更确切地说，是阿塔瓦尔帕的赎金，其中包括黄金 1 326 539 金比索，白银 51 610 马克。⑧

关于 1535 年征服库斯科时掠取的金银数量——就交付出来的数额而言——我们也确切地了解，因为原始记录仍然保存在印度档案中。⑨因此，战利品达242 160 卡斯特利亚诺黄金和 83 560 马克 5 盎司白银。印加人的赎金和这座城市的战利品总计超过 3 300 万现今货币马克。这些是人们知道的数字。此外，在一次次零星小范围的抢劫中必定会有巨大的数额落入征服者的手中！

只有一种略微隐蔽的掠夺形式是"征税"，即**进贡**，这也是美洲的征服者大量应用的一种形式。私人通过薪俸或直接从较大区域的采邑中获得相应份额。据报告，西班牙军官在秘鲁分封的财产每年高达 15 万和 20 万比索。⑩作为回报，科尔特斯侯爵家族获得瓦哈卡河谷，人口 17 700 人⑪，在科尔特斯时代，他们可以收税

① Peschel, Zeitalter der Entdeckungen, 605. 此处来源有疑问。以及 Ramusio 1, 318 D。

② Herm. A. Schuhmacher, Die Unternehmungen der Augsburger Welser in Venezuela, a. a. O. S. 72. 124. von Langegg, El Dorado（1888），13/14.

③ 蒙特苏马二世（Montezuma II, 1466?—1520），墨西哥阿兹特克皇帝，曾与西班牙占领者抗争，被俘监禁，后被杀害。——译者

④ Prescott, Eroberung von Mexiko 1, 541.

⑤ Herrera, Dec. IV, 3. 8.

⑥ Soetbeer, a. a. O.

⑦ K. Häbler, Zur Geschichte des spanischen Kolonialhandels im 16. und 17. Jahrhundert, in der Zeitschr. f. Soz. -u. W. G. 7, 392 f.

⑧ Prescott, Eroberung von Peru 1, 356/57. 载于：M. J. Quintana, Vidas de Espagnoles celebres 1（1841），389 f.

⑨ 载于：Colleccion de documentos ineditos relativos al descubrimento, conquista y colonizacion de las posesiones Espafioles in America e Oceanda；转摘自：Soetbeer, a. a. O. S. 65/66。

⑩ Roscher, a. a. O. 依据：Herrera, Dec. VII. 6. 3。

⑪ Humboldt, Essai 2, 191.

捐 6 万杜卡特。葡萄牙殖民地莫桑比克的总督在其三年的政府任期结束时①，通常有 30 万克鲁扎多②的利润。

在以后的几个世纪中，抢劫仿佛像**海盗**职业一样组织起来，所有航海国家都同样崇敬此种行业。海盗行为作为一种经营手段，更因通过持续的战争——尤其是在 16 与 17 世纪——得以促进，根据当时的海商法，海上劫掠发挥了突出的作用。此时，海上劫掠和海盗行为继续交织在一起：私掠的民船变成海盗，海盗船又在为国家服务，成为海上劫掠的领头羊。

我们经常听到 16 世纪**法国人**的海盗行径。③并知道这种行径在 17 世纪高度发展。对其中的情况和范围，我们掌握极佳的材料，因为有两种不同的报告④，这是柯尔贝尔让人按照最著名的海盗——"海盗船船长"——的情况制定的计划，将敦刻尔克的海盗联合成一个中队，（在让·巴尔特的指挥下）为国王服务。这些报告涉及 33 名船长，他们负责指挥 15 艘三桅快速战舰和 12 艘长驳船。

对这种海盗行为的规模和利润，我们也略知一二。例如，我们听说当时最著名的海盗：让·巴尔特——同样知名的海盗的子孙——在 1677 年 1 月 1 日、2 日、3 日、4 日和 5 日，每天捕获一艘荷兰船，以 10 600 里弗赫的荷兰货币为代价，释放这五艘船，另一艘船以 480 镑的价格从他手中赎回，第三艘船上装有 8 万里弗赫的金粉，如此等等。⑤

据计算，在威廉三世时代，法国海盗在三年之内所劫英国船只的财产达 900 万镑。⑥

同样起源于法国的还有西印度群岛与中美洲的海盗，17 世纪时，他们主要在西班牙殖民地——如牙买加、海地等——水域从事抢劫活动。⑦

同一时期**荷兰**的情形：1623 至 1636 年间，荷兰—西印度公司装备 800 艘船只，耗资 450 万镑，但它捕获船只 540 艘，其载货量接近 600 万吨；此外还有 300 万吨是从葡萄牙人手中抢夺过来。⑧在这家大公司的损益表中，经常会发现一项数字：海上劫夺或海盗行为的收益或损失。

---

① Saalfeld, Portug. Kolomen, 174.

② 克鲁扎多系旧时葡萄牙发行的金银币，上有十字架图形。——译者

③ 引自 Herrera：Anderson, Origins 2, 73, a° 1544。

④ Eugène Sue, L'histoire de la marine Française. Vol. IV（1836），Livre VII, Ch. I et II.

⑤ E. Sue, Hist. de la mar. franç. 4, 1 ff.

⑥ J. Sinclair, The History of the Public Revenue 2^3（1803），42.

⑦ 主要参照：Histoire des Aventuriers qui se sont signalés dans les Indes etc. Par A. O. Oexmelin，更为正确的是：J. Esquemeling，此书原为荷兰文（1678）；以后译成西班牙文与法文；全本出版于 1744 年，4 Vol.。参见：Pow. Pyle, The buccaneers and marooners of America. 1891；Burney, History of the B. of Am. 1816；zuletzt 1902；H. Handelmann, Geschichte der Insel Hayti（1856），22 ff.。

⑧ Oshlow Burrish, Batavia illustrata or a view of the Policy and Commerce of the United Provinces（1728），333.

16 世纪的**托斯卡纳**战船队在非洲海岸袭击一支奥斯曼商船队，其战利品值 200 万杜卡特。[1]

然而，16 与 17 世纪的头号海盗国家还是英国和美洲的新英格兰各州。

大约在 16 世纪中叶，**英国**的海盗集结在英格兰和苏格兰沿岸：根据托马斯·查洛纳爵士的报告，1563 年夏季，海峡的海盗有 400 多名，他们在几个月内劫持 600—700 艘法国船只。[2]

1546 年苏格兰枢密院登记簿的记载，"为在我们的王后及其最亲爱的叔父英格兰王之间建立起和平，他曾致函王后，表明有某些苏格兰船只在东海和其他海面，每天在抢劫和捕获她的船只并围攻英格兰的臣民"，等等。如此之类当年的记录，我们常常看到。[3]

此外还可以回忆一下，伊拉斯谟在其《破船》中对海峡水域海盗危险的描述。

英国的历史学者将海盗行为的突然扩大归因于玛丽时代（marianisch）的迫害：当时，许多最好的家庭都参与了海盗活动，他们的队伍——更多的是失业的渔民——即使在伊丽莎白掌权之后，仍然结合在一起。[4]

无论如何，在短短几年内，英国作为一个海盗国家在北方的地位与阿尔及利亚在南方的地位相同。海盗正在成为英国国民性的一个重要组成部分。在伊丽莎白执政之初，塞西尔（Cecil）起草的一份备忘录中，提出发展船队的三种手段：其中包括培植海盗。

一些历史学者认为，英国的海上势力建立在海上行劫之上。事实上，这种看法有道理。它不仅为英国提供优秀的水手来源，而且还造就一大群大胆的冒险家和海上英雄，伊丽莎白时代的英国充满这样的英雄，通过他们勇敢的征服，英格兰民族在很短的时间内获得了权力和声望。

当时所有著名的航海家、探险家和殖民地的缔造者基本上都是一些海盗，但仍然被人们尊为英雄。弗朗西斯·德雷克（Francis Drake），在他值得纪念的掠夺之旅（1577—1580 年）回来后，女王在他的海盗船上用早餐，并亲封他为骑士。1598 年亨兹纳看到这艘船时，称他为"高贵的海盗弗朗西斯·德雷克"。女王既已封海盗首领骑士头衔，法院便不能将海盗行为作为一种罪行来惩罚。1579 年一封请愿书请求女王（当然是徒劳的）："目前赦免重大罪行，特别是赦免海盗的做法，应该停止。"

从姓名看，我们只知道当时还有两三个这样的海盗：除了弗朗西斯·德雷克，也许还有沃尔特·罗利爵士（Walter Releigh）、约翰·霍金斯（Hawkins）和其他

---

[1]　G. Uzielli, Cenni storici sulle imprese scientifiche, maritime e coloniali di Ferdinando I. 1587—1609 (1901). 35.

[2]　Froude, Hist. of E. 8 (1863), 451.

[3]　Reg. Priv. Counc. 1, 471; 2, 500 u. ö., bei P. Hume Brown, Scotland in the time of Queen Mary (1904), 69 ff. 此处还引用一些其他资料来源。

[4]　Douglas Campbell, The Puritan etc. 1, 389 seg.

一些人。但即使就他们中间实施大规模抢夺远征的人物来讲，也不下几十和几百。人们只需翻阅**哈克鲁伊特**（Hakluyt）的游记第三卷，就会知道当时从英国港口出海抢夺财宝的海盗，其数量之多，令人咋舌。普利茅斯（Plymouth）的约翰·奥克瑟姆（John Oxham）、布里斯托尔的安德鲁·贝克（Andrew Baker）、克里斯托弗·纽坡特（Christoph Newport）、威廉·金（William King）、达德利（Rob. Dudeley）、安尼亚斯·普雷斯顿（Annias Preston）、安东尼·谢利爵士（Sir Anthong Sherley）、威廉·帕克（William Parker）和其他许多人都是同一模型塑造而成。

但是，在本国附近从事掠夺活动的人数必定会更多！"几乎西海岸一带，几乎每一位绅士……都从事这一行业。"（道格拉斯·坎贝尔语。）

海盗行为在商业组织上井然有序。海盗的船只由富人装备，他们被称为"绅士冒险家"，他们的背后往往另有其他一些人以高额的利息预支装备资金。高级贵族也有部分人参与此类活动。在苏格兰玛丽女王时代，博思韦尔（Bothwell）伯爵参与海盗行为，也不过是当作从事一种当时很常见的有利可图的职业。①在斯图尔特时代，我们看到德比伯爵和其他保皇党成员武装许多海盗。②

这种交易当然值得。特别是如果遇上源源不断地从美洲涌入的金银流，那就格外幸运。让我们跟随弗朗西斯·德雷克在 1577 至 1580 年间的大航行考察一番：在南美洲的西班牙属地海岸，他掠夺沿海城市；继而从秘鲁的矿场运出大量的白银；然后又劫持一艘珍宝船，里面装满大量的黄金、白银、珍珠和钻石，如此继续下去，直到他的船满载"世界上空前绝后的货物"。德雷克本人获得丰厚的股份，并以 100% 的利润回报股东，其余则献给女王（见弗劳德的著作）。

在罗利的一次探险中，"冒险者"，也就是装备商，在 1592 年罗利指挥的一次远征中，获得的报酬甚至是 10∶1，即为 1 000% 的利润。③

约翰·霍金斯本人报告他的战利品，特别是金、银和宝石，价值达 180 万镑。我们听说其他的战利品有 6 万杜卡特，以及 20 万杜卡特的物品等。④

1650 年，黎凡特公司抱怨说，在两年的时间里，因海盗行为损失几艘大船，价值至少为 100 万镑。⑤

海盗们本身的享乐与财富究竟达到何等程度，当时已经有人告诉我们。关于一个著名的海盗卡文迪什，据说"他驶回泰晤士河的情景十分有名，因为他的水手和士兵都身着绸缎服装，船帆是用花麻布制作，头巾系金线织成，其掠夺的物品是任何时候送回英国最为丰富的"⑥。

① F. Hume Brown, 1. c. p. 72.
② Gardiner, Commonwealth 1, 330, bei Cunningham 2, 188.
③ Strypes, Annals 4, 129, bei D. Campbell 1, 374.
④ Hakluyt：Froude 9, 360.
⑤ S. P. D.（1650）9, 34, bei Cunningham 2, 189.
⑥ Capt. Francis Allen to Anthony Bacon, Aug. the 17th 1589, Birch 1, 57, bei Campbell 2, 20.

美洲殖民地是祖国最为温顺的学生。海盗行为在这里——特别是在纽约州——取得的扩张，倘若没有大量无懈可击的证据来证明这一点，将是令人难以置信的。尤为重要的是，贝洛蒙特伯爵给贸易总管的报告，对弗莱彻总督领导下的令人难以置信的情况作出种种生动的描写，总督与最凶恶的海盗同行，随意批准招募水手——每人 100 美元——并获得整船的礼物，再以 800 镑的价格出售，如此等等。我们知道海盗从纽约和波士顿抢劫的数目极大，他们云集在纽约与波士顿，许多老的西班牙海盗也住在那里，过着舒适和尊贵的生活。①根据宾夕法尼亚州秘书詹姆斯·洛根的报告，1717 年，仅在卡罗来纳州海岸就有 1 500 名海盗游弋，其中 800 人在新普罗维登斯定居。②在 17 世纪，"几乎每一个殖民地都以这样或那样的方式鼓励海盗"③。

18 世纪有一个名叫安格里亚（Angria）的印度海盗。我们听说，他是一个古老的海盗家庭的后裔，拥有一支完整的舰队，在孟买附近的几个岛屿上建有要塞，并划出一个长 100 英里、宽 60 英里的地方据为己有。④

＊　　　　＊　　　　＊

除了关于通过抢劫形成财产的这一章之外，还有一点，即国家通过**废除修道院、没收修道院和教会的财产**，因而形成市民财产起源，我不知道是否应该提及这一点。这种收入方式对英国特别重要。至于其中所涉及的数额，我已经在相关章节说明。⑤这里需要说明的是，国王将他的战利品赐予他的宠信，而这些宠信则以一种完全市民化的经济意识，去榨取这些地方。⑥

英国经济史学家认为，废除修道院最重要的经济影响之一是，流向罗马的金钱停止。事实上，在所有的世纪里，这种金钱流动情况似乎至少保持着同样的强度，如同我们有关中世纪的计算所确定的那样。英国负有"教皇的奶牛"尊称，这一变化显然对正常的财产形成具有极为重要的意义。

---

① 贝洛蒙特伯爵报告的最重要部分见于：Doc. relat. to the Colon. Hist. of the State of New York 4（1854），306 ff. 323. 447. 480. 512 ff.。亦可参照：Macaulay, H. of E. 10, 14. 21, 此书讲述一件趣事：基德上尉受政府之托，带领一艘私掠船去打击海盗，回程时变成海盗，携带大量的战利品。他在途中想到，与其打击好战的海盗，不如去抓住平民的商船更为有利可图。

② Shirley Carter Hughson, The Carolina Pirates and Colonial Commerce 1670—1740（1894），59. 此书对这个问题的研究非常详尽。在作者看来，美洲殖民地对海盗行为的偏袒是英国航运政策的结果，英国航运政策将殖民地作为宗主国的牺牲品：海盗则成为收购廉价商品的最佳手段。

③ Hughson, 1. c. p. 39.

④ John Campbell, The Political Survey 2（1774），599.

⑤ 见上文。顺便说一句，除没收的地产外，还有其他财产，因此，亨利八世没收的教会收入增加到 16 万镑。

⑥ 可比照：J. Th. Rogers, Hist. of agriculture 4, 113. Russell M. Garnier, History of the english landed interest. 2. ed. 1908, Vol. I, Ch. XXI. F. A. Gasquet, Henry VIII. and the English Monasteries. 2 Vol. 1889, 其中尤其见：Vol. II, p. 387 ff.。

第四十五章

强制贸易

所谓强制交易系指一种方法，即运用诡计或暴力，通过似乎是一种自愿的交易行为，尽可能无偿地从一个没有判断能力或没有决断意愿的人手中夺取有价值的物品。在这种意义上，欧洲民族与土著民族之间几乎所有的商品交换都是强制贸易，至少在其早期和建立欧洲殖民经济过程中所采用的方式都是如此，在最初几个世纪与印度有文化的诸民族的所有交易也都是抢劫、欺诈或盗取。

今天，凡是阅读原始著作的人都会感到惊讶，当年那些人，当然尤其是英国人，竟然将剥削被征服的人民视为天经地义，将交易视为剥削。因此当年一位最谨慎的新闻人在谈到东印度状况时写道，"多年来，我们的商业一直处于不确定和不稳定的状态，而现在我们享有最确定和最充分的安全，这得益于我们的防御工事，特别是加尔各答的庞大而坚固的要塞，以及我们维持和支付的大量军队……"等等。(John Campbell, Polit. Survey of Britain 2（1774），613.)

然而，同一作者不久后又说，公司"在没有任何欺诈或压迫的情况下"获得财富，英国人在印度的统治遵循"公平和宽容原则"，但这纯属英国人的说法。

当然，欧洲国家的优势越大，这种做法越有利可图。在中世纪，对西欧人来说，这种贸易还是被限制在相对狭小的范围内。只有在俄国，才有无力的民族可以被任意剥削。汉萨同盟和热那亚人分别从北方和南方向这个国家伸出贪婪的手臂。在东方和西欧人民之间，阿拉伯商人基本上是欧洲商人的平等对手。一千年以来，阿拉伯商人为了**自己的利益**剥削东方人民，利用东方的财富作为他们辉煌文化的有力支柱。每一部历史记述都告诉我们，阿拉伯财富很大一部分建立在对非洲人民，特别是亚洲人民的商业剥削之上。①

15 世纪末期的各种发现与征服使欧洲人试图绕过处于居间地位的阿拉伯人。要知道将阿拉伯人的中间商利润转移到欧洲口袋意味着什么，就必须了解阿拉伯商人转售这些商品的巨大溢价。16 世纪英国商人传下来的一种计算单据表明，东

---

① 此处尤其参见：Stüwe, Die Handelszüge der Araber unter den Abassiden（1836）；以及 Kremer, Kulturgeschichte des Orients 2（1877），274 ff. 189（商人的财富：财产在 2 000 万至 3 000 万法郎）。

印度商品在伦敦的价格是在阿勒颇（Aleppo）的一半；在东印度直接购买或经过阿勒颇购买的价格如下：

	在东印度的商品价格		阿勒颇商品在英国的价格	
	先令	便士	先令	便士
1 磅胡椒	—	2.5	—	20
1 磅丁香	—	9	5	—
1 磅肉豆蔻	—	4	3	—
1 磅肉豆蔻花	—	8	6	—
1 磅靛蓝	1	2	5	—
1 磅生丝	2	—	20	—

此表见于：Maynes, Center of the Circle of Commerce. 1623。引自：Anderson, Orig. 2, 304。

根据达伽马的一位匿名同伴提供的另一份报价单，在亚历山大，一公担生姜的价格为 11 克鲁扎多（杜卡特），而在卡利卡特，5 公担生姜的价格只需 20 克鲁扎多。在亚历山大，一公担香的价格为 2 克鲁扎多，与麦加的价格相同。参见：Roteiro da viagem em descobrimento da India（1838），115。引自：O. Peschel, Geschichte des Zeitalters der Entdeckungen（1858），27。

在东方，由于阿拉伯人被赶走，便可以同手无寸铁的民众直接接触，而在 15 世纪下半叶，葡萄牙已经在非洲西海岸开辟一个广阔的剥削区域，由此出现一个尚未触及的全新地带，西欧商人现在可以将其纳入自己的活动范围。

不过，这种活动之所以能够有利可图，前提在于：人们以幻想的价格向与他们进行"贸易"的人民推销欧洲的商品，而当地人的产品则只能以极为低廉的价格出售。因此，在收购与销售价格之间产生巨大的差异，这在我们今天看来几乎是不可能的。

强制贸易的价格

哈德逊湾公司就一张海狸皮可兑换的商品（1743 年）为：

4 磅铜锅

1 磅半火药

5 磅散弹

6 磅巴西烟草

1 埃拉粗呢

2 把梳子

2 爱拉袜带

1 条裤子

1 把手枪

2 把斧头

同年，26 750 张海狸皮售出，价格计 9 780 镑，因此，每张海狸皮的价值为 7—8 先令（此处参见多布斯与米德尔顿的论战文章，转引自：Anderson, Orig. 3, 230 ff.）。

在发现阿尔泰时，当地土人用黑貂皮换取俄罗斯人的铁锅等。每一铁锅的价格是换取塞满铁锅的黑貂皮数量，计可以用 10 卢布来换取价值 500—600 卢布的毛皮（参见：Stock, Gemälde des russischen Reichs 2, 16；Ritter, Erdk. 2, 577，转引自：Roscher 1, 238）。

巴哈尔丁香，在摩鹿群岛的产地价格为 1—2 杜卡特；在马六甲需支付 10—14 杜卡特，在卡利库特需支付 50—60 金盾［参见：Odoardo Barbosa bei Ramusio, Delle navigationi 1（1563），323 f.］。

荷兰东印度公司购买胡椒，每磅的价格为一个半至两个施迪伯[①]，然后在荷兰的出售价格达 17 个施迪伯；葡萄牙人购买胡椒，在东印度每公担支付 3—5 杜卡特，在里斯本售价为 40 杜卡特（参见：Saalfeld, Gesch. des portug. Kolonialwesens 1, 148, 258, 282, 290）；其中还有许多其他的价格计算，通常是 18 世纪末的价格。可以推断，在印度贸易的早期，买卖价格之间的差异要大得多。

1663 年，五艘船将货物运到荷兰，购买价格为 60 万弗罗林，出售价格为 200 万弗罗林。1697 年，又有一船货，购买价格是 500 万弗罗林，出售价格是 2 000 万弗罗林。

1691 年，法国东印度公司的购买与销售价格：

	采购价格	销售价格
白色棉布和细布………………	327 000 里弗赫	1 267 000 里弗赫
丝织品………………………	32 000 里弗赫	97 000 里弗赫
胡椒（100 000）…………	27 000 里弗赫	101 600 里弗赫
生丝…………………………	58 000 里弗赫	111 900 里弗赫
硝石…………………………	3 000 里弗赫	45 000 里弗赫

---

① 施迪伯为旧时铸币，1561—1883 年在东佛里斯兰铸用的银币，在莱茵低地区域自 1821 年退出流通。——译者

棉纱·····················　9 000 里弗赫　　　　　28 500 里弗赫

一些较小的产品：

共计·····················　487 000 里弗赫　　　　　1 700 000 里弗赫

参见：P. Kaepplin, La Comp, des I. O.（1908），224。

利　润

韦尔泽探险队的"商业"利润达 175%（参见：Rems Chronik, Chr. D. St. 25，279）。

荷兰东印度公司在其存在的 198 年里，每年平均分得 18% 的利润。在最初几年中：

1610 至 1611 年（首次支付）·············　162.5%（为黄金和香料）
1619 年 ·······························　37.5%　黄金
1623 年 ·······························　25%　丁香
1625 年 ·······························　20%　黄金
1626 年 ·······························　12%　黄金
1628 年 ·······························　25%　黄金
1630 年 ·······························　17.5%　黄金
1632 年 ·······························　12%　黄金
1633 年 ·······························　20%　黄金
1634 年 ·······························　20%　黄金
1635 年 ·······························　12.5%　丁香

在 17 世纪和 18 世纪的前三十几年中平均利润约 25%。

（具体数字见：G. C. Klerk de Reus, Geschichtl. Überblick der niederl. -ostind. Komp. 1894, Beil. VI。）

从 1605 年到 1728 年计：

最低红利 ······························· 12.5%

最高红利 ······························· 75%

平均红利 ······························· 24%

总计红利 ······························· 2 784.5%

合计红利 ······························· 18 000 000 镑

（资本金为 65 万镑）

此外，还要计算的是：

1. 支付国家的金额（为延长特权）；

2. 职员获得的财产；

3. 公司为固定资产和生产支付的利润。

在锡兰，荷兰东印度公司进口和销售的商品利润：1764 年平均为 142%，1783 年平均为 145%；在素拉特和马拉巴尔，1764 年平均为 176⅞%，在马六甲，1647 年平均为 52½%，1784 年平均为 40.5%。参见：H. Bokemeyer，Die Malukken（1888），278。

即使是间接贸易，据乌塞林克斯（17 世纪初）估计，荷兰人通过西班牙运往西印度群岛的货物平均利润为 20%。引自：Laspeyres，Gesch. der volksw. Anschauungen der Niederländer（1863），66。

据说，**英国东印度公司**最初的八次航行产生 171% 的纯利润。参见：Rez. des Werkes Miles Brit. Ind. in Ed. Rev. 31。

在 1733 年的一份备忘录中，**英国南海公司**根据《阿西恩托条约》对允许向西班牙所属西印度群岛运货的船只，编制以下成本和利润报表：

购买货物的费用 ······················· 200 000 镑

船员工资和生活费用 ··················· 25 000 镑

职员和礼物的费用 ····················· 10 000 镑

高级货物保管佣金 ····················· 20 000 镑

有关船货投资本金的两年利息 ········· 16 000 镑

家庭杂费及有关此项业务的份额 ······· 5 000 镑

全部费用 ······························· 276 000 镑

货物收入 ······························· 350 000 镑

利润 ··································· 74 000 镑

在 18 世纪初，与**西班牙美洲属地**的直接"贸易"利润高达 300%，通常至少为 100%—200%。参见：Savary，Dict. de Comm. 1，1233。

英国黎凡特公司在 17 世纪初的利润为 300%。同时代的《贸易增长》（1615年）一书的作者称："起初，这家公司的通常回报是 3∶1；在所发现的交易中，一般都是这样。"参见：Anderson, Orig. 2, 225, A°1605。

正如我经常指出，如果要正确衡量强制贸易形成财产的强大力量，就必须在商业公司的红利之外，注意到职员和其他私人的附带利润，这些利润往往相当可观。在某些情况下，这些利润是一个公司表面上似乎不繁荣，可能以亏损而关闭的唯一原因。这方面的一个例子即**法国东印度公司**的决算账目。

自 1681 年以来，法国商人被允许用东印度公司的船舶自费运输货物。因为战争耗费极大，以及船舶损失等等，尽管货物贸易利润丰厚，但从 1675 至 1684 年，公司送往印度的情况：

14 艘船只，装运黄金与货物为 3 400 000 里弗赫，返回的情形为：8 艘船只，所载的货物计 1 870 000 里弗赫，售出的货物计 4 370 000 里弗赫，但公司并没有获得过高的利润，从中获利的则是私人：例如，他们在两艘船上装运的商品成本价格为 232 000 里弗赫，扣除运费后，出售所得为 400 720 里弗赫，利润接近 74%。参见：Paul Kaeppelin, La Comp, des I. O., 142. 144。

1733 年英国南海公司的一份**备忘录**中，提到他们的阿西恩托贸易时说："公司在美洲的代表和经理……在几年之内获得极大的财产，有些人在仅仅一年多一点的时间即拥有巨资，而公司却有如此巨大的亏损。"

英国东印度公司的职员经营私人"贸易"相当普遍，且规模巨大。参见：John Campbell, The Political Survey 2（1774），104。此外，根据当时的资料，布施在和埃伯林编辑的书中亦有可贵的数据，涉及大公司职员、特别是英属东印度公司职员的榨取行为。参见：Büsch, Über die öffentlichen Handlungskompagnien in der Handlungsbibliothek 1,（1785），72 ff.。

第四十六章

殖民地的奴隶经济

文　献

黎凡特殖民地。述及中世纪奴隶制：Otto Langer, Sklaverei in Europa während der letzten Jahrhunderte des Mittelalters. 1891；L. Cibrario, Della schiavitù e del servaggio. 2 Vol. 1868；idem, Nota sul commercio degli schiavi a Genova nel secolo XIV, in seinen Operette varie（1860）；V. Lazari, Del traffico e delle condizioni degli schiavi in Venezia nei tempi di mezzo in Miscellanea di storia italiana 1（1862），463 ff. F. Zamboni, Gli Ezzelini, Dante e gli schiavi。Nuova ed. 1897；Wattenbach, Sklavenhandel im Mittelalter, im Anzeiger für Kunde der Deutschen Vorzeit。N. F. 21（1874），37 f.

中世纪和文艺复兴时期，**意大利**也在使用殖民地的奴隶。最近汇编的证据：N. Tamassia, La famiglia ital. nec. Sec. XV e XVI（1910），Cap. XII。在 13 和 14 世纪，威尼斯人和热那亚人从黑海沿岸、克里米亚、非洲、西班牙的摩尔属地用船运送大量奴隶。参见：Livi, in der Riv. ital. di socio. Anno XI. Fasc. 4/5。弗拉蒂计算，13 世纪期间在博洛尼亚 403 个家庭中有 5 807 名奴隶，参见：Rass naz. 1. Nov. 1907, zit. Tamassa, 359。根据巴里 1127 年的一项决定，斯拉夫种族的成员有奴隶"血统"。佛罗伦萨法令宣布奴隶制对所有不信教的人皆为合法。

黄种人奴隶。F. Saalfeld, Gesch. d. holländischen Kolonialwesens in Ostindien. 1813 年。H. Bokemeyer, Die Molukken. Gesch. u. quellenmäßige Darstellung der Eroberung und Verwaltung der ostindischen Gewürzinseln durch die Niederländer. 1888；S. 275ff. Day, The policy and administration of the Dutch in Java. 1904. 特别是关于英国人对印度东部的剥削：Francis Buchanan, Jorny from Madras. 3 Vol. 1807；Montgomery Martin, History of Easten India. 3 Vol. 1838。此外，还有议会在十八世纪最后几十年关于印度的报告。例如，1783 年的第九份报告。最近，第一部可用，尽管是粗略的英属印度经济史已经问世：Romesh Dutt, The economic history of

India under early british rule. 3. ed. 1908。

红种人奴隶。A. Helps, a. a. O. K. Häbler, Amerika und Geschichte Spaniens, Kap. 15. H. Handelmann, Geschichte der Insel Hayti（1856），5 ff.；特别是关于北美殖民地的红种人奴隶：Bernard C. Steiner, History of Slavery in Connecticut, 1893；John Spencer Bassett, Slavery and Servitude in the Colony of North Carolina, 1896；Henry Scofield Cooley, A Study of Slavery in New Jersey, 1896。

关于**黑人**奴隶制的历史，我们仍然有赖于更古老的著作，如：M. Chr. Sprengel, Vom Ursprung des Negerhandels, 1799。Alb. Hüne, Vollständige historisch-philisophische Darstellung aller Veränderungen des Negersklavenhandels usw. 2 Bde. 1820. An Essay on the Slavery and Commerce of the human species particulary the african. 1786（其中包括其他当代著作的概述）。Falconbridge, An account of the slave trade. 1788；德文版 1790。Th. F. Baxton, The african slave trade. 1840；德文版 1841。A. Moreau de Jonnès, Recherches statistiques sur lesclavage colonial, 1842。J. E. Cairnes, The Slawe Power, 2. ed. 1863（一部关于奴隶劳动的主要理论著作）。最近的著作中有：Henry Wilson, Hist. of the rise and fall of the slave power in America. 4. ed. 3 Vol. 1875f。G. F. Knapp, Der Ursprung der Sklaverei in den Kolonien, in Brauns Archiv Bd. II. 1889. K. Häbler, Die Anfänge der Sklaverei in Amerika, in der Zeitschr. f. Soz. -u. W. G. Band IV. Luc. Peytraud, L'esclavage aux Antilles Françaises avant 1789（1897）（该书首次全面介绍了一个地区的奴隶制，这些材料完全是从殖民档案中收集，同时对这一制度的总体发展提出丰富的看法）。Gomer William, History of the Liverpool Privateers with an account of the Liverpool Slave Trade. 1897；John R. Spears, The American Slave Trade. 1901；G. Scelle, Histoire polit. de la traite negrière aux Indes de Castille, Contrats et Traités d'Assiento, Vol. I. 1905.

关于**白人奴隶**的重要性，特别是就北美一些殖民地而言，我们只是在过去的几十年里，通过一系列出色的工作，才彻底了解清楚。衷心感谢以下三位的著作为我们提供很多信息：Bernard C. Steiner, J. S. Basset、Henry Scofield Cooley。除此之外，还应提及：J. C. Ballagh, White servitude in the Colonie of Virginia. 1895；Eug. Irv. M. c. Cormac, White servitude in Maryland。1904。

有关英国在北美殖民地的**三类奴隶制**，可见：A. Sartorius Frh. von Waltershausen, Die Arbeitsverfassung der engl. Kolonien in Nordameirika. 1894. J. K. Ingram, Gesch. der Sklaverei und der Hörigkeit；德文版 1895 年出版，译者为 L. Katscher。此书包罗万象，但博而不精。

就与殖民地居民的"贸易"而言，对他们的剥削已经在上一节中述及。然而，通过强迫贸易去剥削外国民族，只能涉及他们自愿生产货物这一领域，而只有使用武器去征服他们，才能更多地达到剥削的目的。要让他们工作，以便充分利用他们的劳动力，按照科隆的说法，殖民地的全部财富就在于这种劳动力。因此，他们设法**强迫**土著人（或移民）**工作**，这就意味着让他们以各种截然不同的形式进入奴隶制经济。在资本主义经济制度完全发展之前，意大利城邦和西欧各大国市民的财富，在很大程度上起源于殖民地的奴隶经济，这一点怎么强调也不过分。对此我将会尝试证实。

为此，我们必须首先概述以下方面。

第一节　各殖民地奴隶制的事实与方式

一、黎凡特殖民地的奴隶制与依附制

西欧人在以前受**阿拉伯或土耳其**统治地区的**平原区域**所遇到的是一种半依附性的人口，他们负有纳税与赋役的义务，多个世纪以来一直处于这种依赖关系中。我们所掌握的关于新统治者行为的报告表明，在法兰克—意大利的统治下，农民的处境很可能更加恶化。他们简直沦为奴隶状态。"在这一地区的法兰克设施有一股非人的残暴特征；征服者这种无情执行严酷权利的事例，不胜枚举，不仅用以对付战败的仇敌，而且也针对与战胜者同宗教的人群。……从那以后，人们只能认为，在法兰克人所占领的地方，几乎所有农村人口都沦为奴隶。"

此处参见普鲁茨《文化史》（Prutz, Kulturgeschichte, 327）。伯尼奥亦同意此说："法兰克人统治下的农奴制，除了绝对、无限的所有者意志之外，似乎别无其他规则。"在萨非德地区圣殿领主拥有的 160 个村庄中，我们发现至少雇佣11 000 名奴隶。贷款的公式是："男人、女人和儿童的所有权利和财产"——被转让。参见：H. Prutz, Die Besitzungen des deutschen Ordens im heiligen Lande, 1877, 60。

但是，在阿拉伯—土耳其统治的土地上的情景，又出现在意大利人定居的**拜占庭帝国**的地区：他们取代旧领主，在他们的支配下，农民的赋役沉重，而又大多附属于土地，他们当然知道如何压榨这些农民，不仅不弱于从前的统治者，而且更加厉害。[①]

当资料来源更详细地陈述这种定居方式时，足以证实这一观点。例如，关于威尼斯人在克里特岛定居的情形，我们了解得较为详细。在克里特人第一次起义之后，"叛军"的财产首先被系统地"没收"，并分配给威尼斯的贵族。卡萨利亚

---

① 我们非常了解后来东罗马帝国的各种等级的奴役关系。现在可以假定，在整个中世纪，奴隶制在拜占庭帝国仍然存在。Otto Langer, 8—10.

人连同他们所有的"牲畜和奴隶"落入威尼斯殖民者的手中，每个殖民者得到 25 个"奴隶"（即农奴）去耕种他们的土地，作为第一笔配给。①在希俄斯的奴隶是当地的居民或单个居民的奴隶。他们的处境十分凄惨，许多人试图逃离该岛以求自救。②

在意大利人到来之前，这些城市中经营工业的人口究竟处于何种法律状况，后来又处于何种境地，对此我不甚明白。但是，根据我们对他们的组成和组织的了解③，似乎可作出这样的结论：很大一部分人与统治阶级处于奴隶的关系，至少负有很大的赋税与劳役义务。倘若并非如此，也就意味着统治者没有从其居民那里得到任何好处，那么整个城市的分配——人所共知，此为常规——便毫无意义。

为充分了解意大利人在黎凡特所开发的剥削领域，我们必须充分认识到，他们在殖民统治的整个时期是通过大力持续输入奴隶来不断地增加生产资料。拜占庭人，特别是阿拉伯人曾经从事繁盛的**奴隶贸易**。每年都有数千名黑人和白人奴隶被输入哈里发帝国。黑奴来自当时费赞地区的首府扎维拉——奴隶营业的主要市场——或埃及和非洲东海岸。"他们的数量之大，曾多次发生危险的奴隶起义。"白人奴隶来自中亚或法兰克与希腊等国。④就我们对意大利人行动的了解，可以毫不犹豫地得出结论，他们不仅没有减少奴隶的供应，反而在增加：所不同的只是，现在他们使用的并非从前的基督徒战俘，而是此时俘获的伊斯兰教徒。

虽然我们并不掌握关于当时使用奴隶和贩卖奴隶的许多具体证据，但殖民地区的法规精神必定会令人相信，那里的经济宪章愈益建立在使用奴隶的基础之上，与后来的葡萄牙人、西班牙人及荷兰人在其殖民地所采取的经济宪章并无二致。

首先，母国政府发布大量公告，从这些公告中可以看出对维持和增加奴隶人口的关心。为了增加奴隶的供应量，将会提供奖金，数额与以前同意增加马匹供应的金额相同：克里特岛的数量规定系以男性数量为基数。威尼斯政府为此提供的贷款相当于 500—700 杜卡特。（Noiret, Doc. inéd. 54.）或者政府自己将奴隶和战俘送到殖民地。由于这种输入，在威尼斯人统治下，克里特岛的人口从 5 万增加到 192 725。（Haudecour, 1. c.）1447 年 1 月 15 日，克里特岛政府向巴比伦的苏丹赠送一艘载有 44 名奴隶的船，以表彰苏丹实施的贸易便利。（Noiret, 416.）

然而，最重要的是，为了继续扩张构建在奴隶制基础上的经济，还必须制定一些法令：如限制奴隶逃跑的规定，防止奴隶起义的保障措施等。（Noiret, 325.）在这里，有人可能会想到"自由的工资劳动者"，但在这种情况下，他们的劳动实际上就像普通奴隶的劳动一样，是一种强制性劳动。——参见：Allgemeine Strafan-

---

① Noiret, 1. c, 以及 A. Handecour, Introduction。

② Art. Giustiniani, a. a. O. S. 338 ff.

③ von Kremer, Kulturgeschichte des Orients 2, 152f.

④ von Kremer 2, 152.

drohung 11. März 1303。若收留逃亡的奴隶，需交给工业家使用。

倘若翻阅过这些法令文集，你就会从今天仍然经常听到的观点中彻底醒悟：在中世纪，这只是一种或多或少的父权制家庭奴隶制——非也；黎凡特的奴隶经济并不比后来的美洲和印度更加"舒适"。

二、海外殖民地的奴隶制

尽管在夺取新领地时采用的形式多种多样：人们如果认为奴隶制的核心及实质是强迫劳动，便可以看出这种劳动规制终究还是等同于奴隶制，在任何地方都是如此。当然，在强迫劳动这一广泛概念中，存在着相当大的等级差异，但对经济的影响仅仅具有次要的意义。

1. 生产资料的采办

生产资料在不同的殖民地乃至同一殖民地的采办方式各不相同：

（1）荷兰人和英国人在他们的印度领地上实行了几个世纪的殖民统治，能够利用其领地上的黄种人：结果造成**黄种人的奴隶制**。

（2）美洲殖民地最初也是由原住民——印第安人——耕种：结果是**红种人奴隶制**。然而，众所周知，印第安人几乎灭绝了，或者是因为他们的工作压力实在太大：如一位目击者多明高·德桑托·托马斯教徒在一份关于波托西矿场的报告中写道，"没有产业的贫民如动物般死去"。或者是他们出于绝望而集体自杀，或者是因为他们拒绝性交。此外，人道主义者很早就对他们产生兴趣，要求西班牙政府通过一种"印第安人保护法"。总之：从长远来看，美洲殖民地的原住民终究不能满足种植园主的要求，因此，必须从外部采办所缺乏的劳动者资料。这是由两种方式实现的，一种方式是从非洲进口黑人：

（3）**黑人奴隶制**开始它的世界历史使命。[①]这并不是说它刚刚开始出现。它只是此时才产生突出的重要意义。中美洲、巴西和西印度群岛首先提供舞台。黑人奴隶制在这些地区非常快速地蔓延。1501 年，我们注意到第一批黑人的进口，1510 年开始从里斯本为矿场劳动进行这项贸易，1513 至 1515 年，安的列斯群岛开始种植甘蔗，1530 年禁止印第安人奴隶制，但早在 1520 年，圣多明各的黑人奴隶就已经如此之多，以至于欧洲的移民为黑人起义的可能性惴惴不安。波多黎各的情形一度有些类似。到 1535 年，圣多明各已经有 30 家糖厂。1690 年 8 月，第一艘载有 20 名黑人奴隶的船只在弗吉尼亚海岸登陆：自此时起，北美殖民地的黑人奴隶制开始扩张。

国家和教会对黑人奴隶制的发展有很大的推动作用：教会通过其教士宣布，

---

① 黑人奴隶制在整个中世纪都存在；在很长一段时间里，黑人贸易是由摩尔人在陆地上进行：Sprengel, Vom Ursprung des Negerhandels, 1—4 ff.；从 1445 年起，葡萄牙人取代了他们。Peschel, 68 ff. 此处参阅前文提及的文献。

黑人比印第安人更适合奴隶制，如果在奴隶制中给予黑人皈依基督教的机会，黑人灵魂将会获得拯救，从而免于诅咒；国家则是通过其法律学者来证明黑人奴隶制的合法性："因为在这些地方，我们真诚地相信他们自愿出卖自己，或者他们之间发生战争互相捕获，将俘虏卖给葡萄牙人，后者再转卖我们，并称他们为庞贝罗人（Pombeiros）和唐戈曼戈人（Tangomangos），如同纳瓦罗和莫利纳以及其他作者所称的一样……"①此外，国家本身也从非洲获得必需的材料，从而助长黑人奴隶制的发展。奴隶贸易被宣布为君主的至高权，但由私人或公司付出一定的报酬来行使此项权利，同时也有义务提供一定数量的黑人。

西班牙王室和奴隶贩子之间以这种方式缔结的协议（所谓"黑人协议"）为一种垄断合同。1517 年，查理五世首次授予佛兰芒船主每年向美洲引进 4 000 名黑人的特权，1580 年，热那亚人获得这一特权，然后让一家英国公司利用这一特权。1702 年，又与法国几内亚公司签订这种合同，1713 年，根据《乌得勒支和约》，法国和英国之间的协定，这种合同被转让给英国：所谓英国，即为英国的南海公司，该公司承诺在其后 30 年内向"印度"运送至少 144 000 名黑人。这是一项义务，但正如我所说，也是一项垄断：任何人都不得向"印度"运送黑人（和约第十八条，参见例如 Postlethway t，Dict. 1，131 f.）。后来，西班牙国王和一家英国商业公司签订一项特别合同，将黑人运往布宜诺斯艾利斯：参见 Postlethwayt 1，134。（正如我们将看到的那样，真正的奴隶贸易比这种合同所规定的要宽泛得多，我们只是在探究国家在此中的行为时对这些合同产生兴趣。）

（4）在使用原住民失败之后，获得必要劳动力的另一种方式，特别是北美殖民地的种植园主所采用的方式，是从欧洲引进不自由的劳工，这就形成一种劳动制度，为了表达上的一致性，可以称之为**白人奴隶制**。

白种工人的强制性劳动是 17 世纪大多数北美殖民地，当然主要是种植园殖民地得以发展的基础。甚至在 18 世纪的一部分时间也是如此，当时黑人奴隶制已经普遍。例如 1671 年，弗吉尼亚有 6 000 名白人强迫劳工，此外约有 2 000 名黑人奴隶；1683 年，前者的人数增加到 12 000 人，而黑人只有 3 000 人。

"白人奴隶制"有各种方式：

（1）出于自愿意志的献身：穷人因此获得移民的机会，而无需预先支付极高的过境费——19 世纪初的过境费仍为 80 镑；

（2）劝诱、拐骗，以及虚假的承诺等；

（3）胁迫。自斯图尔特时代以来，无数罪犯、特别是政治犯，以及战俘都被强行送往殖民地。

在伍斯特战役中被俘虏的苏格兰人中，有 610 人于 1651 年被送往弗吉尼亚；

---

① Solorzano，Politica Indiana lib. 2 cap. 1，见于：Helps 4，381。

1653 年，100 名爱尔兰保守党人被驱逐出境；1685 年蒙茅斯的一些追随者；1666 年，许多叛军；邓巴的许多囚犯，等等。参见：J. C. Ballagh, 1. c. p. 35 McCormac, 1. c. p. 92ff.。作为一种惩罚，殖民地对逃跑、与奴隶结婚等行为实行强制劳动。但后来，白人强制劳工往往由儿童和流浪者补充，他们只是"注定"要到殖民地。根据可靠的消息来源报道如下："向弗吉尼亚公司派送贫穷儿童学徒的做法始于 1620 年初——在那些年里，埃德温·赛克里爵士向农顿大臣请愿，要求当局让他送走 100 名儿童，他们已经被伦敦当局'指定运送'，但不愿离去。通过利用伊丽莎白的学徒章程，这一难题得以解决，儿童和流浪者都被定期召集在伦敦和其他地方，并与商人签订合同，将他们带到美国。"

在这一方面，国家以其权力手段向感兴趣的各方提供的支持也很明显：他们不仅仅是因为这种权力才有机会强制雇用工人，而且也因此获得必要的劳动者资源。

在第五十四章，我也会谈到欧洲采办劳动力的类似方法。

2. 强迫劳动的各种形式

我曾经说过：所有的欧洲殖民地都是在强迫劳动的基础上发展起来。但这种劳动在不同的时间和地点具有非常不同的形式：

（1）**完全奴隶制**，即与奴隶的人身所有权绑定在一起，此仅为黑人奴隶制；

（2）强迫劳工生活在一种**依附性状态**中。

① 对**印第安人**通常只采取赋役的做法。他们每年必须有 8 到 9 个月的时间在欧洲主人的农田或淘金场做工，其余的时间，他们被允许在自己的土地上耕种。[①] 或者，也可以规定给他们提供某些产品。例如，科隆在 1409 年分发 10 000—20 000 个木薯根。于是，酋长就有权让这些人耕种这些土地。但居民们不敢逃避此项义务，因为西班牙人会追捕逃亡者，一旦捕获，即使没有更坏的惩罚，也会被当作奴隶卖掉。[②]

② 葡萄牙人在他们的**非洲殖民地**也实行一种类似的制度，他们主要种植甘蔗，就像在圣托马斯殖民地一样。早在 16 世纪初，这里就有 150—300 名工人的种植园；"黑奴和黑人，他们有义务整个星期为主人工作，只有星期六，他们才能自己的生计而劳动。"[③]

③ 这种间接的强制劳动或强制供应的制度，后来在**荷兰**殖民地以范登博斯制度的名义广为人知，例如在摩鹿加群岛收集香料，在爪哇种植咖啡和糖，在锡兰种植肉桂，在班达群岛种植肉豆蔻，等等。

④ 英国人对印度的剥削制度——主要是英国东印度公司——特别巧妙，因为

---

① Schumacher, a. a. O. S. 300.

② O. Peschel, 303.

③ Navigatione da Lisbona all' isola di san Thome ec. bei Ramusio, Delle navigationi ec.（3. ed. 1563），117 A.

在完全自由和实行公平和廉价的行政原则的幌子下，印度人民的膏脂**两度**被抽空。这种"制度"如下：

其一，以各种借口征收压榨性**税捐**，其中最重要的是土地税：在某些情况下，此种税实际上是将农民收入的一半或更多送到征服者的口袋中，这并非一种真正的税收，而近乎一种没收。根据布坎南提出的费用表，等级较差的田地的地租为14先令，生产成本为19先令，耕种者只剩下7先令8便士；最佳等级的田地地税为17先令，生产成本19先令，农民净收益为1镑6先令9便士。

其二，这些"税收"的收益（在支付公司的所有费用之后）用于在国内"购买"工业产品：这些金额被"投入"在商品中，因此被称为"投资"。此种"购买"现在又变成一种抢劫。事实上，工业生产者，特别是织工会被召集起来，告以希望看到他们生产何种产品，并会给予若干报酬：本来织工被禁止为其他人生产，但他们对此并不能反对，因为此事由公司任命的主管负责，他的手中握有一根藤杖（！），这就意味着织工们要完成一定数量的强迫劳动（正如我们将看到，报酬并不足以使他们免于饥饿）。法律赋予订货人充分的自由来经营生意。1813年，证人在调查委员会上就"投资"程序所作的陈述清楚地表明，在购买工业产品时，所涉及的是赤裸的强迫劳动。①

因此，人们榨取印度**农民**的金钱来维持印度的**工业奴隶**。

其三，此外，印度还有蓝靛园和茶园，其中也有并不隐蔽的强迫劳动。②

其四，**白人**的强迫劳动制度称为"白人或志愿的服务"。强迫劳工本身被称为"志愿的奴仆"，这些术语已经表明劳动关系的性质。事实上，强迫劳工生活在一种奴役状态，他们有义务提供"适当的赋役"：无论是在种植园（烟草种植！），在农民家中，还是作为手工业者、教师等等。他们的义务通常只限于一定的年数（七年）。他们的报酬包括食物和衣服以及某些物品（后来在赋役期满时也支付货币）。

第二节　强迫劳动的扩展

关于**意大利殖民地**，无论是关于生产或雇用的奴隶情况，我们并没有掌握大量的统计。因而只能依赖某种有说服力的情况得出的结论或偶然的报告。至于剥削区域的范围，可以从（我们所获得的）有关黎凡特丰富的生产机会的描述中作出一个结论。

---

① Dutt, 264 f. 比照：John Campbell, Survey 2, 613，等等。

② Dutt, 267.

巴勒斯坦和叙利亚在 500 年阿拉伯文化的庇荫下蓬勃发展，成为真正的天堂。"十字军"的同时代人找不出适当的语言来描述这个地区洋溢的财富。四周处处都是典范的种植。园里生长着大量的热带水果：柠檬、柑橘、无花果、杏仁，尤其是在的黎波里和提尔附近更加如此。许多地方出产葡萄酒和油，种植甘蔗和棉花，养蚕，种植靛蓝和红花。山上有松柏成林，为游牧的阿拉伯人的羊群提供食物。[1]

小亚细亚大陆，特别是**爱琴海群岛**也是如此[2]，当意大利人开始他们的工作时，所有这些地方岛屿都还非常富饶。其中最有价值的是塞浦路斯、克里特岛和开俄斯，开俄斯以其乳香种植园而闻名，但也盛产葡萄酒、橄榄树、桑树和无花果等。塞浦路斯除了供应盐、葡萄酒、棉花、靛蓝、鸦片酊、药西瓜和卡鲁比外，主要供应糖，这些岛屿的大部分地区不仅大规模种植甘蔗，而且还在当地制糖。在利密索地区，威尼斯人科纳罗（Cornaro）家族拥有一个广阔而多产的甘蔗种植园，基斯特勒（Ghistele）称其为整个塞浦路斯真正的糖市场；在意大利人卡索拉参观庄园的时候（1494 年），有 400 人在那里生产糖。

关于这个时期，我们也有一些可信的数字：1489 年，威尼斯元老院下令确定塞浦路斯糖的产量。计为白糖 2 000 英担（约 250 千克），废料 250 英担和糖浆 250 英担；根据阿塔尔的说法，1540 年的数字是白糖 1 500 英担，废料 450 英担，糖浆 850 英担。

但是，使意大利的领地具有高度价值的，尤其是各地的人口已经拥有相当程度的工业技能，因此能够**大规模地经营工业**。其中，**丝绸制造厂**脱颖而出，在安提阿、的黎波里和推罗都很兴旺。其中一篇评论给我们留下伯查德对圣地的描述，指出的黎波里的丝绸和骆驼毛织工人数在 4 000 人以上。推罗生产的主要是珍贵的白丝绸，广泛地出口。[3]但在几乎所有的岛屿上，意大利人都发展了繁盛的丝绸工业，尤其是在塞浦路斯[4]，或者自己建立工厂，如在西西里岛和莫雷亚。除丝绸业外，还经营**棉织业**，如亚美尼亚[5]；经营**玻璃和陶器工业**，如叙利亚[6]。最后，矿场的产量很高，特别是明矾矿，其中尤以佛基斯半岛为佳。热那亚的扎卡里亚家族几代人都在剥削这片土地。扎卡里亚（死于 1288 年）因开采明矾获得"无法估

[1]　Herd, 1, 195 ff. Prutz, 315 ff; Rey, 235 ff. Beugnot, 258 ff.；以及 A. von Kremer, Kulturgeschichte des Orients 2, 320 ff. Emil Dreesbach, Der Orient in der alten französischen Kreuzzugsliteratur. Bresl. Diss.（1901），S. 24 ff. 49 ff.。

[2]　Heyd（尤其是在附录一提及的）„Giustiniani" 一文，作者：bei Ersch 与 Gruber. 以后的文献有：E. Gerland, Kreta als venetianische Kolonie, im Histor. Jahrbuch 20（1899），1 ff.，主要来自：H. Noiret, Docum. inedits.

[3]　Heyd 1, 197. 参照：Key, Col. franques, 211 ff.。

[4]　F. Michel, Eecherches sur les etoffes de soie etc. 1（1852），306 ff.

[5]　Ad. Beer 1, 188/89.

[6]　Heyd 1, 197.

量"的财富。例如，在 1298 年，250 英担明矾以 130 万（？）里拉的价格售出[1]，据说平均每年收益为 14 000（？）英担[2]。

众所周知，在**葡萄牙人、西班牙人、法国人、荷兰人**和**英国人**的殖民地，奴隶劳动主要用于种植经济：在东方种植香料，在西方种植甘蔗，这些都是新殖民地繁荣和财富的基础；后来，烟草、咖啡、可可、靛蓝和棉花成为奴隶种植园最重要的产品。

虽然我们可以利用迄今获得的资料来源——其中一些资料已经被一家能干的专门文献所利用[3]——比较详细地追踪奴隶殖民地生产的增长（因此，对殖民地经济的全面描述可能是值得的），但在我看来，为了这一描述的目的，最好通过确定奴隶的人数来直接确定现代殖民地的奴隶劳动的范围，因为有大量有用的数字，如此就比汇编许多单独的生产和贸易数字更容易作出概述。

当然，有关欧洲殖民地的**奴隶总数**，只能追溯到 19 世纪初才有一些准确的数据。至于早前的时代，我们只能依赖个别偶然的报告。因此，我们可以假定，奴隶制的顶峰是在废除奴隶制前不久才达到的，恰恰是在废除奴隶制之前的最后半个世纪里，奴隶制的增长特别迅速。[4]

19 世纪 30 年代，所有贩奴国家的奴隶总数为 6 822 759 人；其中：

法国	275 808
英国	728 805
西班牙	321 182
荷兰	72 963
丹麦和瑞典	46 500
巴西	1 930 000
好望角	36 096
美国（1830）	2 328 642
	5 739 996
以及被解放的奴隶	1 082 763
	6 822 759

---

[1]　Art. Giustiniani, bei Ersch und Gruber S. 310.

[2]　Pegolotti, 1. c. pag. 370.

[3]　绝不能去看那些以教授身份描绘殖民地历史的作品。但你不妨参考以下较老的一些著作：Barläus, D'Avenant, Anderson, Postlethwayt, John Campbell, Buchanan, Al. von Humboldt, Usselincx, Saalfeld；较新的著作有：Handelnmann, Lippmann, Bokemeyer, Peytraud。此处仅列最重要的几位。

[4]　此处参见《奢侈与资本主义》中的准确统计，原文第 172 页。

在美国，黑人人口进一步增加，直到奴隶解放时为止，几乎是 1830 年黑人人口的两倍，计：

1840 年 ···································· 2 873 648

1850 年 ···································· 3 638 808

1860 年 ···································· 4 441 830

由于奴隶人口没有通过自然的方法繁殖增长，大量的黑人奴隶必须定期由黑人地区的输入来补充。这就导致高度发达的奴隶贸易。

关于**奴隶贸易的范围**，有一部分数据相互之间差异很大。伯克斯顿提出的有名计算[1]如下：

每年从非洲输出：

基督教徒的奴隶贸易从非洲运出 ···················· 40 万黑人

伊斯兰教徒的奴隶贸易从非洲运出 ················ 10 万黑人

总计 50 万黑人

在奴隶贸易的 40 万基督教徒中，捕获、运输和第一年里死去的有 28 万人，仅有 12 万人可供使用。考虑到 19 世纪初对奴隶的总体需求，这一数字似乎不算过高，最近公布的官方数字也证实了这一点。所以我们知道，在 1780—1789 年期间，法属安的列斯群岛平均每年输入 30 000—35 000 名黑人。假定当时法属安的列斯群岛保有的奴隶总数估计为 24 万—26 万人，每年的输入量为八分之一至七分之一之间，然而，如果奴隶总数总共有 600 万至 700 万人，则每年总共补充的奴隶为 12 万至 15 万人，这与其说是太高，毋宁是太低。

但对交易的奴隶商品进行精确的数字记录并不重要。为了我们的目的，只要确定以下一点即已足够，毕竟，在奴隶贸易的整个时期，每年都有数以万计的奴隶，总体而言是数以百万计的人进入交易，因而呈现出一个良好的交易机会（这是我们唯一感兴趣的）。

先后在奴隶贸易中发挥主导作用，而没有将其他民族排除在外的是犹太人[2]、

---

[1]　The African Slave Trade. 1840.

[2]　Schipper，Anfänge d. Kapit, bei den Juden（1907），19 f；Caro, Soz. u. W. G. d. J. 1，187 ff. 亦可比照，Heyd 2，542 f.。

威尼斯人①、热那亚人、葡萄牙人、法国人和英国人。正是这最后四个民族在相继垄断黑人贸易。在奴隶贸易的鼎盛时期，各种商人在其中所占的份额可见以下数字。

1769 年，从非洲沿岸（从布兰科角到刚果河）运走的黑人②：

英国	53 100
法国	23 520
荷兰	11 300
英属美洲	6 300
葡萄牙	1 700
丹麦	1 200

毫无疑问，在整个 18 世纪——最重要的时期——英国一直处于奴隶贸易的中心。在英国国内，利物浦又是中心：1771 年，英国有 192 艘贩卖奴隶的船只，从利物浦启航的有 107 艘，从伦敦启航的有 58 艘，从布里斯托尔启航的有 23 艘，从兰开斯特启航的为 4 艘。

第三节　奴隶制经济的利益

当然，有这么多人被用作奴隶，这本身并不能证明奴隶贩子和奴隶主可以由此致富。事实上，一些优秀人物经常试图证明③，奴隶劳动是非生产性的，因而无利可图，因为奴隶制意味着"利润的限制"，而且有将利润降低到极低的趋势。由此得出的结论必定是，欧洲人在漫长的几个世纪中牺牲数百万人的生命，根本没有用处，也就是说，没有达到以高额利润来增加财产的目的。

针对这一见解，论证奴隶劳动的利润这一事实，似乎不算多余。

首先值得评价的自然是：

---

① 有关证据见：R. Heynen, Zur Entst. d. Kapit. in Venedig（1905），32 ff.。

② Anderson, Orig. 4, 130（根据一位"法国作者"）。

③ A. Loria, Die Sklavenwirtschaft im modernen Amerika und im europäisclen Altertume, in der Zeitschr. f. Soz. -u. W. G. 4, 67 ff., 此书最详尽地阐述了作者的观点。由此参照他的另一部著作：Il capitalismo e la scienza（1901），特别是其中第 218 页。关于奴隶劳动的经济问题的两部最佳理论阐述，见于：J. E. Cairnes, The Slave Power. 2. ed. 1863；以及：Ad. Wagner, Grundlegung. 3. Aufl. （1891），2. Teil, S. 43 ff., 又见：S. 60 ff.。

一、奴隶贸易

毫无疑问，这始终是一桩非常有利可图的生意。这一点在中世纪已经很清楚。**因此**，威尼斯人和热那亚人尤其热切试图在黑海站稳脚跟，驱逐拜占庭人，以便完全控制那里的奴隶市场。特别是威尼斯，除了失去黎凡特贸易之外，更为重要的是，还在埃及有利可图的奴隶贸易中受到排斥，这是土耳其人征服小亚细亚领土的必然结果。

黑人奴隶贸易的价值众所周知：当英国在《乌得勒支和约》（1713 年）中被允许享有向西班牙殖民地输入奴隶的权利时，便认为这一成功是《乌得勒支和约》带来的最重要的成就之一。①

然而，**奴隶贸易有利可图的原因**不难确定。这里"经营"的人力是一种"商品"，在这种商品的购买中，首先与生产成本没有任何关系。奴隶的价格可以任意压低，常常极不合理，并且完全取决于商人拥有的武力或谋略，经销商拥有大多是一种纯粹的强制贸易：在现代奴隶贸易的初期，朗姆酒、火药、布料等为交易的回报。在奴隶不是被收买而是被抢取的地方，这种情形最为明显。然而，从1750 年开始，抢取奴隶成为常规。②

另一方面，由于商品的特点是"人力"，即通过自己的劳动获得报酬，因此，购买者为此种商品支付的价格可能比任何其他商品要高得多。最后，如果我们考虑到奴隶贸易在法律上没有垄断（在其存在的大部分时间里都是如此），也因为其独特的性质，便会具有某种排他性，如此，我们就会明白，几个世纪以来，奴隶贸易何以能够以巨大的超额利润进行"贸易"，事实上，奴隶贸易是当时最有利可图的"贸易"类型。

几个世纪以来奴隶贸易的利润水平，我们现在也可以根据流传的数字资料从经验上准确地确定。此外，在黑人奴隶制开始时，酋长们还丝毫不知道如何维护自己的利益，对此必须完全忽略不计。起初，特别是在几内亚内陆，一个年轻、发育良好和体格健壮的人交易价格是一段麻布（价值约相当于 3 金粉货币）③或一安克白兰地④；当时，黑人的领主以一匹马换取 10—15 个黑人。

当然，当时现成黑人的价格比 17 世纪特别是 18 世纪要低得多。到 18 世纪末，

① C. Grünberg, Art, „Unfreiheit" im H. St. 6, 334.

② 目前，对奴隶贸易最好的描述是：John R. Spears, The American Slave Trade. 1901。18 世纪末期的主要来源是 1790 年和 1791 年英国下议院组织的调查，遗憾的是，其中几乎并未包含数字资料。调查结果可见：An abstract of the evidence delivered before a select committee of the house of commons in the years 1790 and 1791 on tho part of the petitioners for tho abolition of tho Slave Trade. 1791。

③ F. Kunstmann, Die Handelsverbindungen der Portugiesen mit Timbuktu, in den Abh. der III. Klasse der K. bayr. Akad. der Wiss. Bd. VI 1. Abt. S. 179.

④ 安克系旧时液量单位，合 33—45 升，在英国合 10 加仑或 45.46 升。——译者

销售价格上涨 7 到 8 倍。关于 18 世纪初的价格，我想和大家分享一下。法国王家塞内加尔协会与达梅尔酋长商定了一个奴隶的"等价物"：4 支 5 石猎枪或 6 支 3 石猎枪，或 30 个铜盆，或 9 盎司珊瑚，或 2 个鼓，或 100 磅黄蜡，或 4 埃拉红布，或 30 埃拉粗毛，或 100 品脱白兰地，或 4 条丝绸围裙，或 30 锭（等于夸脱）铁，或 4 磅丁香，或 15 卷壁纸，或 100 磅铅，或 1 000 块猎枪石，或 20 磅胡椒，或 4 磅斯皮卡酒，或 100 块帆布，或 4 块印度帆布（Savary, Dict. 1, 1046）。

即使在以后的时期，我们也有足够的证据表明，黑人贸易的利润几乎从来没有低于 50%，通常要高得多，在最近的时期，利润高达 180% 和 200%。

关于奴隶贸易的一些利润数字

几内亚司令兼监察长库尔贝先生 1693 年 3 月报告的数字如下：以 2 万 9 200 里弗赫的价格购买 800 名奴隶，以 24 万里弗赫的价格出售。他补充说："在塞内加尔购买 200 名俘虏，每人价格不超过 30 里弗赫，在那些岛上出售，每人至少值 300 里弗赫。"（Peytraud, 99—103.）

据估计，**法国**奴隶贩子（根据西班牙出口登记册计算）携回法国的金钱达 2.04 亿皮阿斯特（注意，已经是 18 世纪中叶！）。（Postlethwayt, 1, 134.）

来自**利物浦**的交易："彩票号"船装运 460 名黑人，其中 453 人以 22 726 镑的价格售出，扣除 2 307 镑 10 先令的船只设备费，8 326 镑 14 先令的运输费；此行的净收入：12 091 镑。

"彩票号"船另一次航行的净利润······ 19 021 镑

"企业号"贩卖 392 个奴隶的净利润······ 24 430 镑

"幸福号"贩卖 343 个奴隶的净利润······ 9 487 镑

"路易莎号"贩卖 326 个奴隶的净利润······ 19 133 镑

"布鲁姆号"贩卖 308 个奴隶净利润······ 8 123 镑

1786 年，利物浦奴隶贩子以净 1 282 690 镑的价格出售 31 690 名奴隶。输入非洲的货物价格为 864 895 镑，奴隶的生活费为 15 845 镑。"运费"——同样需要赚钱——为 103 488 镑。因此，这一年流入奴隶贩口袋的净收入达 298 462 镑。但此处必须注意，根据这一计算，所认定的支出为最高额，收入则是最低额。在这种净利润中，100—120 个船东每人每年的收入一定也有 2 500—3 000 镑。（William, Liverpool Slave Trade.）

根据另一份清单，我们得到以下数字：1771 年，共有 47 146 名黑人从非洲出口，其中 29 250 人是由利物浦商人运送。"依据适度的计算"，他们的利润估计为 150 万镑，其余的利润为 50 万镑。（John Campbell, Political Survey, 2, 633.）

这些数据几乎完全符合内姆尼希（Nemnich）在《英国游记》（Reise nach

England, 1800）书中第 337 页的报告（虽然没有指明来源）：1783—1793 年间，利物浦人贩卖的奴隶达 303 737 名。在这种交易中，他们的收入为 15 186 850 镑。因此，在这 10 年中，每个奴隶商贩平均可以获得大约 300 万马克的财产。

不过，只有当奴隶贸易被宣布为海盗行为，从而变成走私贸易时，此项贸易才能获得非常特殊的利润。

从**英国**奴隶贸易的历史中，我们得到这一时期的官方成本计算。"商号"船（1838 年）的总收入为 145 000 美元；采购、佣金、弹药、工资等支出总额达52 000 美元，利润为 180%。维纳斯号船装运 850 名奴隶，购买花费 3 400 镑，到达目的地港口的费用为 2 500 镑，销售收入高达 42 500 镑。（Parl. Pap. Nr. 381, p. 37, bei Buxton, 222 f.）我们所知道的类似案例有数十起。然而，为了说明奴隶贸易对欧洲国家海洋城市财产形成的重要性，罗列这些例子用处不大。

在船长西奥多·卡诺（Theodore Canot）的自传《一个非洲奴隶的二十年》（Twenty Years of an African Slaver）（第 101 页）中，可以找到一份非常有启发性的奴隶交易账单的完整摘录。他证明，一艘造价 3 700 美元、总资本 21 000 美元的船只，在六个月内可以产生 41 438.54 美元的净利润。

正如我们所见，在北美殖民地很长一段时间里，"白人奴隶"（或农奴）的贸易也获得丰厚的利润。船长、商人、代理商等招募一批此类仆人（自愿的奴隶），在殖民地卖给出价最高的种植园主。花费 6—8 镑，即可送去一个奴仆，而在彼处则以 40—60 镑的价格出售。（J. C. Ballagh, White Servitude in the Col. of Virginia, 34. 38. 41. E. Irving McCormac, White servitude in Maryland, 42, Cal. St. Pap. Col. Sep. 28. 1670.）

二、奴隶劳动

然而，同样毫无疑问的是，用奴隶或以其他方式强迫劳动的工人进行的生产，我要谨慎地说，现在并非有利可图，但在几个世纪中**曾经是有利可图**。这反映这样一种想法：奴隶劳动是否有利可图，取决于某些外部条件，而在过去的几个世纪中，正是这些条件使奴隶劳动有利可图。

但它们盈利的条件似乎主要是以下诸点：

1. **种植园的经营**，就像欧洲殖民地的运作一样，实际上十分兴旺。**凯恩斯**最强调的是满足这一条件；

2. **一定高度的产品价格**。除非由于雇用更廉价的自由劳动者，奴隶劳动便不再能够提供"剩余价值"。然而，这种产品价格的下降很晚才出现：即，在对劳动者的需求出现丰富的供给时才能满足。[1]

---

[1] Merivable, Lect. on Col. 1, 297/98；后来经常提出的关于终止自由之地对工资结构影响的理论，在此书中已经得到充分的发展。

3. **人力的过度消耗**，即对身体的照顾，达不到生理上生存的最低限度。奴隶在肉体上不仅被利用，而且被消耗殆尽。最终，奴隶在年富力强时因工作而死，似乎成为一种习俗，如此便无需养老。众所周知，奴隶人口在生理上不能繁殖。因此，人类生命的巨大牺牲和人力的巨大浪费，这是我们所认识的殖民经济的并发现象。

最著名的是，在欧洲统治的压力下，红种奴隶迅速消亡，正如佩舍尔所说，这种消亡"相当接近于地质变动时期动物的消亡"。当西班牙人来到巴哈马群岛时，那里可见人口稠密。1629 年，当英国人在新普罗维登斯定居时，已经没有任何土著人。1503 年，第一批西班牙人移居牙买加，到 1558 年，所有的印第安人都已消失。（K. Andree, Geogr. des Welthandels 2（1872），705. 706.）1508 年（征服时），埃斯帕诺拉有 6 万原住民，1548 年只剩 500 人。1548 年，古巴的原住民人口已经灭绝。（Peschel, 546 f.）1575 年（即征服近半个世纪后），秘鲁仍有大约 150 万居民；1793 年只有 60 万人。（A. v. Humboldt Nouv. Esp. 1, 298/99.）有关秘鲁的人口稠密情况，参见：K. Häbler, Amerika, in Helmolts, Weltgeschichte 1（1899），310，312。同样，墨西哥的人口也在消融。几年之内，在矿井中死去的男男女女的遗孤就像"天上的星星和海边的沙子"一样繁多。

黄种人也经历了巨大的牺牲。班朱旺吉是爪哇的一个省，1750 年有 8 万多居民，1811 年只有 8 000 人。参见：Th. Stamford Raffles, Java and its dependencies（1817），引自：Marx, Kapital 1, 717。关于人口减少的确切数字付诸阙如；然而，这是无人可以否认的事实。博克迈尔这样一位精明的作家和这一主题的杰出专家如此总结他的判断："（香料岛上的）人口减少，岛上居民的畸形和皮肤病世代相传，这是几个世纪以来困扰和苦难的不可否认的特征，这些苦难有如诅咒寄生在这些美丽的土地上。"

但是，在为殖民经济作出巨大牺牲的黑人面前，这一切都在消失：可以有把握地说，整个人口稠密的大陆都遭到掠夺，以便为种植园经济提供必要（由于其丰富而廉价）的劳动力资料。

4. **对自然的过度开发**。这一点在欧洲殖民地也得到广泛的满足，特别是在很长一段时间内最重要的糖业殖民地：土地资源的消耗，动植物自然宝藏的掠夺，这是从中世纪到近代的殖民经济的常规伴随现象。

地中海国家的情况不亚于新时代几乎所有殖民地的情况。这里和别的地方一样都是过度开发的。我们看到法兰克人在叙利亚和巴勒斯坦登陆时进入的花园，那里现在是一片荒原；我们听到，地中海肥沃的岛屿如塞浦路斯，那里一半以上的土地现在被描述为沙漠。参见，Unger、Kotschy, Die Inseln Zypern（1865），426 ff.。1573 年，威尼斯人统治结束两年后，汉斯·乌尔里希·克拉夫特游历该岛时，发现该岛已经荒芜。（Denkwürdigkeiten Kraffts. 1862, 81 ff.）

克里特岛上的柏树林，沦为威尼斯人斧头的牺牲品。（Haudecour, Introduction.）

最近，越洋殖民地的荒漠化也是如此。在西印度群岛，甘蔗种植业是如此的荒废，以至于几乎所有较好的土地很快就变得荒芜。（Merivale, Lectures on colonization and colonies 1, 41 ff. 75 f.）米纳斯省（乌拉圭）和巴伊亚省（巴西）情况也同样如此。（J. v. Liebig, Chemi. Briefe. 6. Aufl.（1878），423.）美国奴隶州的棉花种植也是如此。（Cairnes, Slave Power, 56 seq.）

在任何地方，美丽的森林都成为欧洲企业家的牺牲品。早在 1548 年，圣多明各附近的乡村森林就被洗劫一空，以至于木材必须从 12 英里外运来。（Peschel, Zeitalter der Entdeckungen, 559.）关于西班牙人在库拉索岛的森林砍伐，参见 Friedemann, Niederländ-Ostindien（1860），262。关于墨西哥的森林破坏：A. von Humboldt, Essai 1, 283。此外还包括荷兰人在摩鹿加群岛系统地根除某些植物，特别是康乃馨林，以确保其对贸易的垄断。（H. Bokemeyer, 117 ff. 179 ff.）

强盗经济的一个教训案例是荷兰东印度公司的活动。（Bokemeyer, 275.）

所有报告都证实，英国人向东印度农民征收的税款如此之高，以至于损害农业经营，遏制必要的开支，最终使人民挨饿。

如果这些条件能够得到满足，奴隶经济实际上非常有利可图，而且在几个世纪里都是如此，我们有充分的证据证明这一点，这里提供其中一些，以证实上述的事实。

关于奴隶劳动有利可图的一些数字

1. 黑人奴隶制

据拉巴说，1700 年左右，法属安的列斯群岛一家种植园的价格为 35 万—40 万法郎，估计收益为 9 万法郎，利润率约 25%。（Labat, Nouv. Voyage aux isles d'Amerique. 1742.）根据另一项计算，一个甘蔗种植园（18 世纪末）的价值，连同土地、建筑物和 220 名奴隶（包括妇女和儿童）约为 35 000 镑，其损益计算如下（18 世纪末）：

产量：500 桶糖，每桶 20 镑 ·················· 1 万镑
朗姆酒和糖浆 ····························· 800 镑
_____
合计 10 800 镑

生产成本：建筑物与奴隶等的维持费用 ············· 1 200 镑
购买 12 个新的黑人 ··················· 600 镑
_____
合计 1 800 镑

总收入： ····························· 9 000 镑

这里几乎完全对应 25% 的利润率。（Hüne, Darstellung aller Veränderungen des Sklavenhandels 1820.）

古巴一个较大的甘蔗种植园（18 世纪末）：

650 公顷土地

300 名黑人，每人约值 400—500 皮亚斯特

固定资产：2 000 000 法郎

年产量：400 000 阿罗伯糖，价值 550 000 法郎

净收入：30 万—35 万法郎，利润率 15%—17%

用糖浆制成的酒精通常足以支付日常费用。（Humboldt, Nouv. Esp. 3, 179.）

一般的计算结果是，一个奴隶一年所产生的利润，在甘蔗和咖啡种植园为 30 镑，在棉花种植园为 25 镑，在大米种植园为 20 镑，在烟草和谷物种植园为 15 镑。最初的两年已能偿还奴隶的收购价，至于维持费用其实很低，故此应有相当大的盈余。拉巴计算出，一个有 120 个黑人的种植园，维持费用为 6 610 里弗赫，即每人每年 55 里弗赫；舍尔歇（Schoelcher）的计算为每年 100 里弗赫。其他人的计算也得出类似的结论。

一位专家估计，19 世纪初期，甘蔗种植园的平均利润为 10%，棉花种植园的平均利润为 12%—15%，咖啡种植园的平均利润为 15%—20%。因此，他补充说，所有的财产都在殖民地角逐。（G. J. Ouvrard, Mémoirs. 4. ed. 1827. 1, 6.）

一位前奴隶主对 19 世纪上半叶以及美国的情况如此评论：黑人奴隶制在生产大米、棉花和松脂上有利可图。一个好的工人每年除自己的开支外，可以从大米产出 300 到 400 美元，从松脂产出多达 1 000 美元。（John Spencer Bassert, Slavery in the State of North Carolina, 86.）

2. 荷兰殖民地的强制生产

我们知道，荷兰—印度的制度是要求原住民提供一定数量的生产，这些配额生产系以一种公定的价格从他们那里购买；其计算的方法是，销售价格总是约高于 100%—150%：例如，在 1762 年，爪哇东海岸总督尼古拉斯·哈斯丁计算出：

配额的购买价格为 82 223.6 帝国塔勒

配额的出售价格为 215 874.8 帝国塔勒

（G. C. Klerk de Reus, Geschichtl. Überblick der … niederl. -ostind. Komp. (1894), 213.）

不过，为了使原住民——例如他们能够以 10 施图伯出售一磅咖啡，便会十分开心——不致产生自大的心理，1724 年规定，将价格的四分之一用衣服支付；当时，在加仑（位于波斯）出售一磅咖啡的价格是 1 弗罗林 14 施图伯，在巴萨罗的出售价格是 1 弗罗林 11 施图伯。

3. 英属东印度群岛的剥削

只要提到英属东印度公司的利润，就足以说明英国榨取制度的利润。然而，我们还是掌握一些数字，从中可以清楚地看到利润的绝对数额，而这些甚至并没有完全反映在公司的股息中。例如在 1765—1771 年的六年中，孟加拉省居民的贡税为 20 133 579 镑；其中一部分转给大亨和地方官，另一部分落入负责征收的公司职员的口袋（征收费、薪资与佣金等），进入公司财库大约有 13 066 761 镑。公司的行政和军队又以此为生，耗费 9 027 609 镑。剩余 4 037 152 镑。（Fourth Report … on the administration of Justice in India 1773 p，335.）这 400 万镑是用于"投资"的数额，即用于获取赋役劳动的工业产品。至于付给强制劳动者的数额，如我曾经所说，微乎其微，即使在印度也难以维持这些人的生活，他们或是在农业中寻找副业苟延残喘，或是因营养不良而死去。布坎南所说的"劳动工资"似乎令人难以置信：每年只有 40、50、60、70，最多也不过 80 先令。因此，以 400 万镑的价格生产的货物，数量会相当可观，当然，在欧洲，这些货物会以"生产价格"的倍数出售。一位作者认为会是一倍半，这似乎过低。毕竟，常见的情况是，从"原住民"那里"取走"1 000 万镑，即 2 亿马克，**无需支付分文**，但正如约翰·坎贝尔自豪地说的那样，"没有从这里送去一盎司白银"（John Campbell, Pol. Survey 2，613），"就公司而言，全部出口产品**不是以易货的方式交换而来，而是自由获取，不需任何报酬或支付**"（Select Committees. Ninth Report，1783，p. 55；ib. P. 69.）。

4. 美国的白人强迫劳动

根据一位同时代的人（17 世纪末）的说法，一个奴仆一年平均生产烟草 2 500—3 000 磅，花费 12—15 镑（不包括食物）。18 世纪中叶，夏普州长写道："种植园主的财富在于他们的仆人数量，……就像一个英国农民的财产就在于家畜的多少那样。"（McCormac，35.）自由劳动者是无利可图的。一个种植园主必须卖掉两头牛来支付他的工人的工资，然后再解雇，因为他不知道如何再支付以后的工资。劳动者说：让他卖更多的牛；种植园主说：但是我丧失了所有的家畜，我该怎么办？奴仆说：你可以为我赋役，这样你就可以再有你的家畜。（McCormac，1. c. Winthrop，Hist. of New England 2，219，220.）

对美国殖民经济时期最有见识的研究人员一致认为，白人奴役曾经是一种最有利可图的劳动形式。（Cormac，111 ff. Ballagh，89ff.）

鉴于如此多的证据，我们不应怀疑奴隶制经济创造财产的力量。关于种植者众所皆知的财富，我们已经听得够多，这里我只想用同时代人随意提出的两种说法来证明这一点。

荷兰战争时代的教徒萨尔瓦多如此讲述 16 世纪末和 17 世纪初期**巴西**种植贵族的奢侈：谁不吃银子，就算是穷人；妇女们穿着丝绸衣服，倘若没有最富丽的绣花，即为微贱，并且还要佩戴许多珠宝，就像雨点一样多；而男人们也在追逐每一种新的时尚，并用珍贵的匕首和宝剑来炫耀自己；葡萄牙或岛上的美味佳肴在他们的餐桌上都不能缺席。简言之，伯南布哥几乎不像一个尘世的国家，就财富和浪费而言，似乎是一个天堂的景象。①

　　眼光总是敏锐并熟知内情的笛福在 18 世纪初写道："我们现在看到牙买加和巴巴多斯的普通种植园主拥有巨大的财富，坐着六匹马驾的车——特别在牙买加如此——只要他们想在公共场合露面，总会有二三十个黑人在那里奔跑前导。"②

---

① 　Handelsmann，Geschichte von Brasilien，1840. 344.

② 　Defoe（1727），316. 比照：George Louis Beer，The old colonial system（1660—1754）. 2 Vol. 1912，此书搜集许多新的和有趣的材料。关于巴巴多斯种植园主财富的迅速增长，参见该书第 2 到 9 页。

第四十七章

资本主义范围内的财产形成

在不同的章节中，我们已经谈到企业家的利润形成财产的情况。但一般而言，本篇的目的是表明，市民的财富有很大一部分——即使不是最大的一部分——是在资本主义范围以外产生的，它们伴随着资本主义的经济而兴起，**因此成为资本主义经济的一种"基础"，一种"前提条件"**。然而，十分明显，从资本主义经营的商业和资本主义生产的起始来看，利润也是形成财产的来源。要从根本上确定这一点，既不需要高度的洞察力，也用不着非常广博的历史知识。倘若不是本书第一版的一些批评家没有注意到这一范畴的财产形成（或者，正如误称为：资本形成），并且加以指责的话，我也不会在一开始就明确地提出来。为此之故，此处还是要确定这一平凡的现象。

资本利润如何形成，我已经在其他章节中大致描述（参见第十九章）。我们因此知道：

1. 所有的资本利润都是通过资本所有者和为获得一定报酬而工作的自由的纯粹劳动者之间的契约合作所产生。

2. 因此，所有的资本利润都是以销售价格超过支付给劳动者的剩余为基础，或者，如果我们要使两者达到劳动量或"劳动价值"的相同分母，一切的资本利润便是建立在"剩余价值"上，这种"剩余价值"是以企业主的"劳动投入"或"劳动价值"为基础。企业主在产品价格上获得的剩余价值超过劳动工资所体现的"价值"。这种主张令马克思头痛不已，却同莱克西斯已经详细说明的那样，这是一个同义重复，另一方面，劳动工资中所体现的货物数量要比单个的劳动者所生产的货物数量大。至于它究竟是大还是小，则可以根据经验来确定，因人而异。关于"资本生产力"的原则性争论因而无关紧要。

3. 我们知道，利润的多少是由许多情况所决定，我在第十九章中已经大体总结过。其中经验和历史的确定是本书的主要任务之一。

我只想补充一点，在早期资本主义时代，资本主义企业的利润可能很高，因为一方面，贸易和生产仍然经常具有垄断性质（参见第二和第六篇）；另一方面，低工资是普遍经济形势必然造成的，此外，公共机构也注重维持低工资（参见第七篇）。

当然，无法确定以**利润为基础的财产形成的范围**，特别是因为即使就个别企业家而言，我们也不知道他的财富是出自企业还是企业之外：我们知道有几个不同的案例表明，例如，在 18 世纪，货币借贷仍然是工业企业家普遍通行的一种副业。

毕竟，如果研究一下早期时代资本主义在商品周转和货物生产方面所取得的进展，我们就会在某种程度上感受到这种财富来源的数量意义。此处必须提及的是，有关此项研究见于本书第二卷。

第六篇

物品需求的新形态

概　览

但凡仔细研究早期资本主义的发展历史，当然会注意到物品需求的新形式对商业和生产所产生的影响。然而，一旦试图着手整理各种个别的现象，并力求准确把握这种影响特别显著的部门，总是会反复地将若干消费者群体置于其他消费者群体之上，并称他们凭借新的需求而真正在影响经济组织的形式，因为货物销售在这一过程中变得十分重要。这些**革命性的群体**是：

1. 富人；

2. 军队；

3. 造船者；

4. 城里人；

5. 殖民地的居民。

在这五个群体中，我已经在其他地方跟踪了前三个群体作为消费形成者的作用。我的两项"研究"——《奢侈与资本主义》和《战争与资本主义》——的任务恰恰是揭示富人的生活方式及军队（包括海军）对物品需求的新形式日益增长的需求，对促进资本主义产生的巨大影响。请读者参阅这些研究，而无需在此讨论这些问题。不过，这样一来会在本书的结构上造成一个明显的空白，因此，我认为有必要至少简要地概括上述两书的研究结果，从而构成第四十八至第五十章的内容。

这种重复也是合理的，因为我在本书不同的地方都对以前的说法作过补充。第五十章增加新的内容，我将造船的需要扩大到商船的需要。

另一方面，我将在第五十一章和第五十二章中首次陈述大城市和殖民地对物品需求的新形式。

＊　　　　＊　　　　＊

为了更好地理解**本书所依据的系统**，我要明确指出，在这一篇中，只讨论需求的形成问题，而不讨论市场的形成问题。不用说，这两个问题互相关联，但并非相同：它们并非重叠，而是相互交叉。一方面，需求的形成必须从其他角度（例如与资本形成的关系）来评价，而并非从对市场形成的意义来说明，另一方面，市场的形成还取决于需求的形成以外的情况，需求的形成似乎只是许多先决条件中的一个。因此，在讨论现代资本主义的一般基础时，我将列出"需求的形成"一章，而在讨论市场的形成时，此乃实际经济组织的一种必要的组成部分，我将——在第二卷中——系统地描述早期资本主义时代的经济生活。

第四十八章

奢侈的需求

第一节　奢侈的概念与起源

凡是超出必要的花费即为奢侈。这显然是一个相对的概念，只有在知道何谓"必要"之时，才会有一个具体的内容。要确定这一点，有两种可能性：人们可以从主观上作出一种"价值判断"（伦理的、美学的或任何类型的）[①]。或者可以试图找到某种客观标准来衡量。这种标准或者是人类生理的必需，或者是所谓文化的必需。前者只因气候而异，后者则因历史时期而异。至于文化的必需或文化的必要的界限，则可以随意划定（但请勿将这种随意行为与上述"评判"混为一谈）。

奢侈有双重含义：它可以是数量的，也可以是质量的。

在数量意义上，奢侈是"浪费"物品的同义词：如果一个仆人已经"够用"但还要用一百个，或者点燃一支雪茄要用三根火柴。质量意义上的奢侈意味着使用更好的物品，意味着精美的需求。数量上的奢侈和质量上的奢侈可以统一（而且在现实中往往是统一的）。

精美是指对所有物品不必要的精制。这种精美原则上可以在两个方向上活动：材料或形式的方向。

如果从绝对意义上理解精美，我们绝大多数的日用品皆属精制品之列：因为几乎所有的日用品质量都超出（动物的）必需品之上。因此，我们也必须谈论相对意义上的精美需求，在给定的商品文化状态下，超出平均水平的精美，才可称为狭义的精美。于是，我们将此种狭义的精美需求称为奢侈需求；满足这种需求的物品为狭义的奢侈品。

奢侈，在精美的需要和满足的意义上，适用于非常不同的目的，因此，也可以因非常不同的动机而存在：无论是为供奉上帝设立一座金漆的祭坛，还是购买

[①]　此种情况经常发生。参见：Die Festrede von Anton Koch, Wesen und Wertung des Luxus. 1914。

一件丝绸衬衫：这两次行为都涉及奢侈，但人们立刻会感觉到这两种行为有天壤之别。也许人们可以将前者称为唯心的或利他的奢侈，后者为一种物质的或利己的奢侈，因此同样必须区分目的和动机。

我们看到这两类奢侈在我们这个时代都在发展。但在乔托①和提埃坡罗②之间的这段时期——我们所知道的早期资本主义时期——**物质奢侈**的潮流发展非常汹涌。它的根源一方面在于国家生活的发展——这是专制君主国一种必然伴随的现象，和我们不久将看到的那样，宫廷是浪费的奢侈最肥沃的滋生地——另一方面在于财富的发展、大量私人财产的积累以及大城市的形成。

第二节　宫廷作为奢侈发展的中心

中世纪末期国家组织和军队制度所经历的变化的一个重要后果，以后也是一个决定性的原因，是较大的宫廷——在今天这一名词的字面意义上——的兴起。

在这里，正如和在许多领域一样，教会的王公是后来发展的先行者与榜样。阿维尼翁（Avignon）也许就是第一个"现代"宫廷，因为两类人群不断地聚集在一起，形成以后几个世纪的范例，即所谓的宫廷社会：贵族和漂亮的女人，前者除了为宫廷的利益服务外别无职业，后者"通常以礼仪和精神为特征"，她们在生活和行动中真正留下了自己的印记。阿维尼翁事件的意义首先在于，几乎全欧洲的大领主们第一次云集在教会领袖周围，并像约翰二十二世的训令那样展示出他们的光辉。③

在我们的想象中，与光辉的阿维尼翁时代并列的还有罗马教皇的光荣时代，从保罗二世到利奥十世，这些文艺复兴运动中的伟大教皇统治的时期，他们的生活充满热情和光辉，一个胜过一个。

与教皇的宫廷竞争的是意大利其他君主的宫廷。可以理解的是，正是在意大利，这种生活的基本特征发展得最早，因为这里的条件实现得最早：如骑士制度的衰落、贵族的"城市化"、专制国家的形成、艺术和科学的复兴、社会人才和财

---

① 乔托（Giotto di Bondone，1267—1337），意大利文艺复兴初期画家、雕塑家和建筑商，突破中世纪艺术传统，作品有教堂壁画《圣方济各》及祭坛画等。——译者

② 提埃坡罗（Givovnni Battista Tiepolo，1696—1770），意大利画家，18 世纪威尼斯画派的代表人物，以大型壁画著称，主要代表有故事画《安东尼与克娄巴特拉的宴会》、巨幅群像天顶画《奥林波斯》等。——译者

③ 此处具体可见我的《奢侈与资本主义》一书。

富的增加等等。①

然而，在 16 世纪末，在更为强大有力的法国形成了一个现代宫廷，这在宫廷史上具有决定性的意义，在接下来的两个世纪里，其在宫廷生活领域成为无可争议的人师。

对于宫廷奢侈的历史（以及整个宫廷的历史）来说，重要的是，在所有与人生观及生活方式相关的领域，法国国王继承了意大利君主的遗产：凯瑟琳·德·美第奇（Katharine de'Medici）是一位中间人。在她之前，正如我们所知，查理八世的瓦卢瓦家族和路易十二在整个政策中业已强烈倾向意大利的文化。

随着法国宫廷登上历史舞台——决定性——在法国比意大利公国更大的情况下，奢侈发展的外部可能性增大。最后几个瓦卢瓦人的家用开支已经远远超过意大利较富裕的邦国的全部公共收入。②

1542 年，法国国王的总开支为 5 788 000 里弗赫（1 里弗赫在 1541—1560 年期间的金属本位价值相当于现今货币 3.34 法郎），其中奢侈开销：2 995 000 里弗赫。

从亨利四世起支出逐年下降：在路易十四执政的末期，这一下降达到最低谷。1080 至 1715 年的预算显示出大致相同的情况。我随意选择其中一年（1685 年）③。其中大约有 2 900 万法郎用于国王的个人开支，即主要用于奢侈开支，预算总额为 100 640 257 里弗赫。

在这种情况下，如果具体考虑到个人的支出，流入奢侈品行业的资金数额就会显得格外明显。

当然，最重要的是建筑的奢华。

在路易十四统治时期，王室建筑的总支出：

198 957 579 里弗赫 14 苏 11 德尼耶。

（在此期间里弗赫的汇率在 1.22 至 1.63 之间，约为 3 亿现今货币法郎。）

参见：J. Guiffrey, Comptes des bâtiments du roi sous le règne de Louis XIV. 5 Vol. 1881—1896, in der Collect, de Doc. inédits. IIIe Série。

我们可以从编纂者辛勤的汇编中看到各项目的分布情况。

在全部开支中，诸如：

从制造商和经销商处购买·················· 1 730 206 里弗赫 10 苏 2 德尼耶

---

① 有关这些宫廷的奢侈情景，参见一本日记，作者为布列塔尼安娜的秘书，在随查理八世的意大利之旅中所写：André de la Vigne, Le Vergier d'Honneur, 摘自：Roscoe, Life of Leo X. (1806) 1, 238 f. und App. XXIX。

② 此处参见本书前文的数据。

③ (Forbonnais) Recherches (1758) 2, 101.

从哥白林挂毯厂购买（家具）　………　4 041 068 里弗赫 2 苏 7 德尼耶

购买大型银饰 ……………………　2 245 289 里弗赫 14 苏 10 德尼耶

购买大理石、铅和锡 ………………　3 790 446 里弗赫 16 苏 2 德尼耶

第一个时期（1664 至 1680 年）的实际建筑工程详细列举了总数，凡尔赛宫、卢浮宫、杜伊勒里宫、圣日耳曼宫、枫丹白露宫、樊尚宫、特里亚农宫、克拉格里宫和马利宫总计为 43 537 491 里弗赫 16 苏 6 德尼耶。

从公布的清单中可以看出，皇家城堡的**家具何等富丽堂皇**，这些目录也配有大量插图。例如，一项统计显示，仅在路易十四的城堡中就有 334 件完整的大型编织挂毯，由 2 600 块地毯和 140 件拼件组成，仅哥白林挂毯厂供给的就有 822 块地毯或 101 件壁毯。

1669 年的一些订单显示出王室家具的奢华[1]：

支付给梅斯公爵与马索利耶作坊和商人，为陛下购买：

64 埃勒金银织锦，每埃勒 138 里弗赫 10 苏；

44 埃勒深红色与绿色金银织锦，每埃勒 133 里弗赫 5 苏；

总计 16 545 里弗赫 5 苏；

支付给上述同一家作坊，

购买里昂织锦，计 22 155 里弗赫；

支付同一家作坊，计 7 070 里弗赫，

其中：购买 62 埃勒紫罗兰底金银织锦，每埃勒 66 里弗赫，计 4 090 里弗赫；

购买 259 埃勒深红色图尔锦缎，每埃勒 11 里弗赫 10 苏，计 2 979 里弗赫 10 苏；

支付雷奴先生，

购买金银织锦，计 70 716 里弗赫 18 苏 11 德尼耶，

支付马塞兰·沙利耶先生，

购买天鹅绒和锦缎，计 5 572 里弗赫 5 苏。

宫廷社会的华丽服装与城堡的陈设交相辉映。读一下《高卢水星》（Mercure galante）这本杂志书关于宴席的记述，一位 17 世纪的作者详细描述了宫廷社会的每一件服装！路易本人身着一件价值 1 400 万法郎的长袍，上面镶有价值 1 400 万法郎的钻石。

一天，当路易参观巴黎的花边作坊时，花费 22 000 里弗赫购买花边。[2]

18 世纪，法国宫廷的服装奢侈程度进一步上升，在革命前几年间达到顶峰。

---

[1]　J. Guiffrey, Comptes des bâtiments 1. c. 以及 J. Guiffrev, Inventaire général du mobilier de la couronne sous Louis XIV（1663 bis 1715）. 5 Vol. 1885。

[2]　Diar. Europ. c. 24. Okt. 1666, bei Ranke, Franz. Gesch. 3^3, 214.

我们非常清楚玛丽·安托瓦内特的服装预算①：

1773 年，当时她作为王储妃的服装费用是 12 万里弗赫。然而，这一数额仍显平常，此后的年份逐年增长，大大超过这一数额。服装的支出为：

1780 年 194 118 里弗赫 17 苏

1781 年 151 290 里弗赫 3 苏

1782 年 199 509 里弗赫 4 苏

1787 年 217 187 里弗赫

在此之后支出变少。

这并非偶然，正如我在《奢侈与资本主义》一书中所指出的那样，这是早期资本主义社会文化整体结构特征的必然产物，即旧时代的奢侈发展在伟大的王室情妇们的奢侈生活中达到顶峰。蓬帕杜夫人对她那个时代具有真正的代表性意义。她的品位使她成为整个生活方式的主宰。当时有人这样写道："我们只是依照蓬帕杜夫人的方式生活，马车是依照她的，衣服的颜色是依照她的，食品是依照她的，高帽、镜子、桌子、沙发、椅子是依照她的，扇子、盒子、牙签都是依照她的。"她的奢侈开支达到前所未有的数字。在她得势的 19 年里，为个人的需要花费达 36 327 268 里弗赫，这是有据可查的。②

迪巴里伯爵夫人并不逊色于蓬帕杜侯爵夫人。根据国王的认真计算，自她得势起，为了满足一种古怪的奢侈需求，花费 12 481 804 里弗赫 11 德尼耶。其中 6 427 803 里弗赫 11 德尼耶，是她得势期间（1769—1774 年）开出的汇票由银行家博戎承兑的。

原始账目可在国家图书馆档案中找到。主要由龚古尔夫妇在他们关于迪巴里一书的附件中发表。请看我在《奢侈与资本主义》中的摘录。

*　　　　*　　　　*

在很短的一段时间里，**西班牙**宫廷的辉煌也许使法国宫廷相形见绌：从波托西斯和瓜纳苏托斯银矿的开发到菲利普四世统治时期，马德里是一个令人难以置信的富丽堂皇的舞台，正如我们所知，从那时起，西班牙风格在许多情况下占据了主导地位。这种浮夸的生活方式所依赖的收入，在菲利普三世时期还有很多。根据威尼斯公使托马索·孔塔里尼斯的估计，这一数字达 1 600 万杜卡特（约为 1 亿 5 000 万法郎）。亨利四世令人调查（为了了解其对手的财源）的结果证实这一估计的正确性；计（净）收入为 15 658 000 杜卡特，而大约还有 500 万杜卡特留在副王与收税人等的手中。这笔钱中的相当大一部分用于支付国债的利息（当然，

---

① Arch. nat. O¹, 3792—94, 引自一本颇有教益的著作：Emile Langlade, La marchande de modes de Marie Antoinette Kose Bertin（s. a.），29. 122。

② État des dépenses de Mme la Marquise de Pompadour du 9 sept. 1745 au 15 avr. 1769 jour de sa mort, publ. par M. Luc. Leroy, zit. bei Baudrillart 4, 327.

这也主要用于奢侈的发展，正如我们将看到的那样）。因此，根据勒玛伯爵 1610 年的一份清单，只有 4 487 350 杜卡特可供国王使用，其中不到 100 万杜卡特用于宫廷开销。[1]

＊　　　＊　　　＊

在法国和西班牙之后，（在西欧）**英国**紧随其后。在这里，宫廷辉煌的顶点是斯图尔特王朝时代，他们将法国国王视为自己的榜样。在范·戴克、彼得·莱利和惠斯曼的画作中，我们可以看到这些君主统治下宫廷的辉煌，这些画作描绘了那些愚蠢的男子以及穿着巴洛克式褶印的华丽锦服和缎袍的美丽骄矜的妇女。同时代人的描述——与《佩皮斯》（Pepys）杂志中所登载的一样——和这些艺术家的绘画所唤起的穷奢极欲的人生快乐情景非常吻合。当我们听说查理一世将 24 座城堡的陈设铺满，他可以从一座城堡到另一座城堡，而无需搬运行李时，便会想到伟大的路易；或者詹姆斯一世，他为女儿的婚礼花费 93 278 镑；当我们知道查理二世如何痛苦而谦卑地向下议院许诺，将来要减少挥霍，以便适合他的平民般的开销时，我们又可以看出他和法国的差距。在这样的时刻，一个可敬的公民可能已经嗅到了早晨的空气：一个新世界，在这个世界里，适当的体面的精神应该占据上风。但奥兰治也喜欢他的宫廷的辉煌[2]，汉诺威家族在他们最初的两位代表中都努力效仿他们。

英国国王所支配的资金数目虽还没有达到路易十四从其国内榨取的程度，然而就当时而言，仍然相当可观，这就反映出对奢侈品的极大需求。[3]

＊　　　＊　　　＊

至于德意志宫廷——其中萨克森、汉诺威和符腾堡最为豪华——或者东欧国家的宫廷，情况完全相似，如若一一描写，实在没有必要，因为这些宫廷只是在尽可能地模仿西欧各国的宫廷风尚而已。

第三节　社会的奢侈

宫廷所盛行的奢侈风气逐渐蔓延到所有以宫廷为榜样或与宫廷有某种关系的阶层；但我们可以有把握地说，这些人都是富人，如同喜好现世辉煌的宫廷阶层

---

[1]　Coll, de doc. ined. t. IV, pp. 545—561, zit. von Mme B. Carey, La Cour et la ville de Madrid etc. (1876), App. Note C. 参照：Ranke, Fürsten und Völker 1³, 131。

[2]　Berg, De Refugies 1, 269 f. 此书极为出色地描述了奥兰治的威廉在就任英国国王之前的奢华宫廷生活。

[3]　此处参见本书前文的数据。

一样，他们此时也被卷入到这一风潮之中。

我们可以看到国王，特别是路易十四在如何强制催逼奢侈之风，一位在这些问题上无可指责的目击者告诉我们，国王这样对社会施加其影响："他喜欢一切华丽、壮观和繁复的事物，并在宫廷里鼓励相近的趣味；在家具与建筑、在宴会与游戏上大把花钱，这是赢取他的欢心或称赞的稳妥途径。制定政策的动机与此相关；让奢侈习惯变成普遍的生活方式，尤其是对身处某些位置的人而言成为必需的生活方式，从而迫使奉承者入不敷出，逐渐沦落到依附他的馈赠来维持局面的境地。这是一种瘟疫，一旦流行便会成为吞噬整个国家的毒瘤，它迅速扩散到巴黎，并因此扩散到各种集团和外省。完全可以根据饮食与其他奢侈品的开销，来衡量一个当权者的地位。基于傲慢和炫耀的此类蠢事已经处处造成混乱；这预示着彻底毁灭和翻天覆地的变化。"（Saint Simon, Mém. t. VIII de l'éd. Hachette, pp. 125—126.）

人们，特别是法国人，像神灵一般敬仰国王：在巴黎，路易成为趣味的评判者：如同拉布吕耶尔所说："巴黎一直在不倦、笨拙地模仿宫廷。"外省、欧洲其他部分也是如此。芒萨尔如何建造房屋，勒诺特雷如何布置花园，勒布伦如何画家具，里戈如何画画：因此，每一个人，只要资金许可都想像他们那样建造自己的房子，布置自己的花园，设计自己的家具，让自己被画出来。人所共知。不仅在法国如此！

但是，在宫廷之外倘若没有出现另一种重要的来源，世俗化的过程肯定不会发生得如此之快，奢侈的发展也不会在如此短的时间内达到不可限量的程度，从这个来源中，享乐主义、生活欢愉和浮华炫耀的洪流涌向世界，此即**新富人**——我们已经知道他们的发展过程，他们中一种强烈的奢侈需求像一股毁灭性的狂潮爆发出来。我们现在必须研究他们对生活方式转变的影响，尤其是他们在奢侈品需求的数量扩张上的共同行动。

＊　　　　　＊　　　　　＊

在历史上，财富的方式是由同样多的**奢侈发展阶段**来定义：从市民暴发户的首次出现开始。

狄德罗曾经表达过这样一种看法，即财富的集结过去是隐而不露，只是到了他这个时代才公开炫耀。看来他显然没有作出正确的观察，他甚至认为某个叫博尼耶的人是第一批通过奢侈来显示财富的人。

从但丁所处的时代中，我们已经见识到那种挥霍无度的暴发户：像贾科莫·达·圣安德烈那样，为增添宴席的气氛，将金盘银盘扔进河里，或者放火烧房屋。许多人都过着类似的生活，他们构成一种挥霍者群体：大手大脚追求享乐的人。[Inf. XIII. 118—122；Kostanecki, Dantes Philosophie des Eigentums（1912）, 8f.]

就法国而言，狄德罗的说法也不对。或者我们应该看看15世纪的雅克·科尔，他靠借贷致富，除在巴黎、里昂、图尔拥有豪宅外，还有七处宅邸；再看看桑布朗赛、托马·博耶尔，他们是 16 世纪舍农索宫的建造者，难道他们不能算作暴发户？难道我们可以忘记 17 世纪那些富有的恶棍，如同路易十四所说的"无耻的奢华"？路易十四的说法极具启发性；他谈道："金融家一方面使出各种花招来掩盖自己的欺骗做法，另一方面他们的傲慢且具有挑战性的奢侈又暴露出自己的欺骗行为，似乎在担心我不知道他们的劫掠行径。"引自：Bouderillart, H. du L. 4, 68。

最后，还有大骗子富凯也属于这种类型；他为奢侈目的挥霍 2 000 万—3 000 万法郎（其中 1 800 万法郎专门用于沃克斯城堡），柯尔贝尔（顺便说一句，柯尔贝尔本人也绝对没有拒绝大肆挥霍）在没收富凯家产的文件上填写这些数字时大为愤慨。

狄德罗显然完全忘记，100 年前他的伟大祖先的《市民士绅》1670 年首次上演的不朽场面。

我们可以非常准确地观察到，平民地位的上升与奢侈需求扩大之间存在着密切联系，不过我们必须注意这些人——他们的财富与人性的力量已经超越人类的积淀——大量出现的阶段[1]，这些阶段造就那些阶层，从而形成现代奢侈之风，这些阶段恰恰也同财富的历史一样，可以划分成下述时期：14 与 15 世纪的意大利阶段；15 与 16 世纪的德意志阶段；17 世纪的西班牙—荷兰阶段；18 世纪的法国—英国阶段。

就我们的观察而言，最重要的是欧洲人民**自 17 世纪末以来**在追求"富裕"尤其是享受生活的方向上所遭受的**巨大冲击**。欧洲社会的决定性变化在于，当时奢侈进入越来越广泛的社圈。例如，我们可以从家庭账簿中看到这一点，其中许多是从那个时期遗留下来的：18 世纪中叶富裕国家的上层阶级与 17 世纪的明显差异。就像我们德国人用现在与 1870 年以前相比一样。我们经常听到这样的抱怨："很难用剩下的东西来维持生计"[2]。当我们得知当时获得的大量财产中有很大一部分被浪费在奢侈的开销时[3]，对这些观点也不会感到惊讶。从 1751 到 1755 年，德皮奈花费了 150 万里弗赫，鲁塞尔花费了 1 200 万里弗赫，迪潘·德舍农索花费 700 万—800 万里弗赫，萨瓦勒花费 1 000 万里弗赫，布雷花费 4 000 万里弗赫。阿尔图瓦伯爵是富豪法旺蒂纳的邻居，他说："希望产金的溪流能从我的面前流过。""无人在想积累财富"，人们都在想着奢侈，每样物件都是如此，家具、住宅和衣服都要奢侈。圣·奥诺雷大街上当年向法国和外国供应精品的商铺，几天之内就会销售一空。1720 年，当一批黄金如雨点般流入巴黎，迪奥尚告诉我们："再也买

---

①　关于这一诱人的转变，可见：Camden, Britannia（1580），106。

②　引自：始于 1728 年：Livre de Raison de M. Pierre César de Cadeuet de Charleval；续于 1763：François de Ch. 最终由其子完成：Ch. de Ribbe, Les familles 2² （1874），144。在华盛顿史密斯尼恩研究所藏有一份极为珍贵的（1650—1750 年）英国财政预算汇编。J. A. Halliwell, in der Schrift：Some account of a collection of a several thousand Bills, Accounts and Inventories etc. 1852.

③　见第四十章的汇编。

不到天鹅绒和金线织品，尽管所有的织机都在生产这些东西。"他描述巴黎街道上的景象，称市面上充满五颜六色的丝绸与金线制成的服装。

到处都是同样的画面。正如**笛福**在谈到**英国**时所说："这是一个勇敢和风趣的时代，这座城市从来没有像现在这样变成宫廷一般：此时充斥着戏院和舞会的是市民和年轻的商人，而不是绅士和尊贵的家庭……""这是一个豪饮和浪费的时代……这是一个奢侈和昂贵生活的时代。……"①

* * *

在我看来，对现代社会的发展具有重大和普遍意义的一点是，富有的暴发户除了金钱之外，别无其他的力量，他们的特殊表现只是挥霍金钱用于奢侈生活，此外别无能耐；这些暴发户又将他们的物质主义和拜金主义的世界观传播给旧式的贵族家庭，从而将他们卷入奢侈生活的漩涡之中。在本书关于财产形成的一章中，我曾提到贵族的贫穷是市民货币借贷者致富的来源之一，并在其中指出，自"十字军"东征以来，封建财产转变为市民财产的过程如何在欧洲各国不断发生。现在必须补充的是，旧时的世家变得贫穷，取而代之的是因财富而有力量之辈，最常见的原因之一是，人们渴望与市民暴发户的奢侈挥霍相互竞争：这种对旧式的高贵传统的否定，或者导致旧式家庭的经济衰落，或者与充斥着这一时代的富有金融大亨结成"可耻的联姻"：我们在此感兴趣的是，这一发展的中间环节通常为贵族家庭的**世俗化、物质化**。正如我所说的那样，盘剥重利的"暴发户"的影响业已"立竿见影"——他们对这一变化尤其负有责任，并且如同我们曾经看到的一样，此种变化简直是由宫廷所支持——我以为，这是一件特别重要的事变。

在市民财富突然增加的所有国家与所有时代②，我们都可以看到，贵族的这种致命倾向，在奢侈的发展中与一方富商大贾不遑多让。

但是，整个社会的上层阶级——主要是新旧贵族和金融大亨，他们相互之间有着最密切的结合——尤其是在 18 世纪如何热衷于形式上的享乐，是人所共知的，而这种狂热表现在最为荒谬的奢侈发展中，当时人们的评价充分证明了这一点。③

奢侈品如何扩展到物品需求的所有领域，只需一些零星的数据——让我们回忆起一些已知的事实——即可一目了然。

一、食物的奢侈

奢侈的饮食于 15 与 16 世纪在**意大利**发展起来，"烹饪艺术"伴随着其他艺术

① Defoe，Tradesman（1729），55 f. 以及同一作者：Compl. Engl. Gentleman, ed. 1890, p. 257.
② Siehe nähere Angaben：Luxus und Kapitalismus, 100 ff.
③ Siehe die Belege in Luxus und Kapitalismus, 75 ff.

开始兴起。从前只有贪食的享乐；现在这种享受精致化，数量被质量所取代。

食物的奢侈也从意大利传到**法国**，自 16 世纪末期以来，法国的食物奢侈一直就有自己的增长。如果不写成一篇关于食品调制的长篇大论，就不可能追踪其发展，然此篇论文显然并不适合此处研究的范围。

只要看一看《美食家年鉴》，就可以看出，在 18 世纪末，食品之精美已经达到无法超越的顶峰。

热带产品作为**兴奋剂和嗜好品**的使用有增无减，对经济生活的发展产生重大影响：咖啡、可可、茶，以及与此相连的糖和烟草。最初，所有这些嗜好品——烟草也许是例外——只限于富有的阶层，但迅速地形成一种巨大的消费力量，直至我们所说的时代末叶，这些物品愈益深入到大众需求的范围之内。

以下数字大致正确地说明过去几个世纪最主要的嗜好品消费的扩大。

英国的茶叶消费：

1668 年 …………………………………	100 磅
1711 年 …………………………………	141 992 磅
1730 年 …………………………………	537 016 磅
1760 年 …………………………………	2 293 613 磅
1784 年 …………………………………	8 608 473 磅
1785 年 …………………………………	13 165 715 磅
1786 年 …………………………………	13 985 506 磅

这些数字是从东印度公司报告的销售数量中扣除出口数字得出。1784 至 1785 年间消费量的突然增加与皮特将关税从 119% 减至 12.5 % 有关。（McCulloch, Dict, s. v. tea.）

欧洲的咖啡消费量惊人（根据亚·冯·洪堡!），1800 年约为 1 400 000 公担；大约在同一时期，欧洲的人口（根据贝罗赫）约为 1.2 亿，因此大约人均 1 磅。可以说，正是从那时起，这种嗜好品开始成为大众消费品。1910 年，德意志帝国每人也仅消费大约 6 磅。

英国的咖啡消费量：

1790 年 …………………………………	973 111 磅
1795 年 …………………………………	1 054 588 磅
1800 年 …………………………………	826 590 磅

（McCulloch，Dict. s. v. Coffee.）

然而，英国从来都不是咖啡消费大国。

当时欧洲糖的消费（也是根据洪堡的说法）应该是 4 500 000 公担。人均 3—4 磅。

根据更准确的调查结果，以下数字可能有助于补充洪堡的估计数：

1788 年，法国人口 2 360 万，消费 21 300 吨，即人均 0.906 千克。（Montveran, Essai de statistique sur les Colonies, 96，引自：M. C. Culloch, Dict. s. v. sugar。）

英国的糖消费量在 18 世纪有所增加。如下所示：

1700 年	10 000 吨
1710 年	14 000 吨
1734 年	42 000 吨
1754 年	53 270 吨
1770—1775 年平均	72 500 吨
1786—1790 年平均	81 000 吨

（McCulloch, l. c.）

因此，这已经表明，在 18 世纪末人均消费量约为 10 千克。

最后，18 世纪末在英国——有关该国我们总是掌握最可靠的数字——的烟草消费量增加到 800 万至 1 000 万磅：1789 年 820 万磅，1795 年 1 090 万磅，1800 年 1 180 万磅。（Parl. Papers No. 340 Sess. 1829，引自：McCulloch, s. v. tobacco.）

当然，随着饮食奢侈的发展，饮酒奢侈与葡萄酒消费（在非葡萄酒生产国）同步发展。也许指出英国的数字即已足够，英国主要消费热葡萄酒（波尔图葡萄酒！好望角葡萄酒！）在 18 世纪期间已经达到很大的规模，直到 19 世纪很晚才被超越。1789 年，英国国内的消费：

法国葡萄酒	234 299 加仑
其他葡萄酒	5 580 366 加仑
共计	5 814 665 加仑

（McCulloch, Dict. s. v. Wine.）

这些葡萄酒的关税收入为 721 518 镑。

奢侈饮食的精致化对资本主义的发展产生重要的后果，即饮食用具、台布和餐具等方面也越来越精致化的奢侈。

二、服装的奢侈①

其表现方式是我们今天几乎无法想象的。男人们衣着华贵，用天鹅绒、丝绸、金绣和花边制成，女士们的服装比今天更加高贵，这是王公贵族生活的特征，在富有的市民阶层中间也很受欢迎。

关于 15 和 16 世纪的奢侈服装，最能说明问题的是当年的衣橱库存，其中有一大堆幸存下来：如瓦伦蒂娜和伊丽莎白·维斯康蒂，比安卡·玛丽亚·斯福尔扎和卢克雷齐亚·博尔吉亚。例如，卢克雷齐亚的嫁妆中有 50 件织锦、天鹅绒、刺绣和花边衣服：150 匹骡子拉着她的衣服搬离罗马。②

在任何时候，艺术品都是衡量服装奢侈程度的一个很好的来源，有关节日、剧院等的描述也同样如此。例如，布尔卡杜斯在他的图画日记中就是这样描绘那不勒斯王子菲德里戈进入罗马的场景（1492 年）："每人都骑着非常华丽的马，穿着金织锦缎，胸前与帽子上都戴着贵重的珠宝。王子穿着一袭紫罗兰天鹅绒长袍，一条价值 6 000 杜卡特金币的珍珠和宝石项链，一条同样价值的腰带和一把剑，腰带上镶嵌着价值 3 000 杜卡特金币的珍珠和宝石，整个马具前后都用金子镶就。"

文艺复兴时期的服装升格到巴洛克时期，巴洛克时期的服装再向洛可可时期升华。我们知道，例如，在 17 世纪的英国，骑士的优雅服装简直就是他们的身份标志。当时流行的时尚带来一种特别明显的优雅：高靴上衬着珍贵的布料，上面镶着花边。男人的衣服大多也是用厚重的丝绸和天鹅绒织物制成。范·戴克！③

这要多大的花费啊！白金汉公爵（1625 年）拥有 27 套由天鹅绒、丝绸、蕾丝、珍珠等制成的珍贵服装，每套约值 35 000 法郎。他在查理一世的婚礼上穿的礼服价值 50 万法郎；17 世纪，一位贵族及其妻在法国将收入的三分之一用于服装；服装与装备几乎占其收入的一半：12 000 里弗赫中的 5 000 里弗赫。

在 18 世纪，服装的奢侈程度还在提升：更多地走向精致化。一套讲究的男装平均价格是 1 200—1 500 里弗赫。那些注重衣着的人有 6 套夏装和 6 套冬装。男士的盛装价格高达 15 000 里弗赫。细灰布料：1 埃勒价格为 70—80 里弗赫。

1644 年出版的《英雄行为》一书中写道："内衣不仅可以御寒，还可以作为装饰。一定要有最好、最美观的亚麻布。喜欢这样与自己如此亲近的物品并不为过。"关于 17 世纪精致内衣，以下的著作为我们提供非常广博的范围：M. de Gar-

---

① 最新一本关于服装奢侈品史的书：Em. Gallo, Il valore sociale dell' abbigliamento（1914），一本小品式的作品。其价值在于附录中奢侈品规律年表以及图书目录。

② Polifilo, La guarderoba di Lucrezia Borgia. Dall' archivio di Stato di Modena 1903.

③ 安东尼·范·戴克（Anthony van Dyck, 1599—1641），弗拉芒画家，鲁本斯的学生，以肖像画出名，后成为宫廷画家，为国王及王室成员绘有大量肖像。——译者

sault, l'Art de la lingerie。In 4°. 1780。参见：Les créateurs de la mode（1910），83 seg。

梅西埃在《巴黎表格》第 2 卷第 203 页中写道："如今，奢侈品的价格超过了餐桌和设备的价格。"此书特别细腻地列举特别是 18 世纪的"时髦用品"，诸如各种男女式帽子等。

《英国商人全集》的作者对他那个时代通常的"美"与"我们的好绅士"颇为愤懑，称他们"穿着非常美丽的"亚麻衬衣，1 埃勒布料价值 10 或 12 先令，一天要换两次！而在祖父的时代，对价格仅为一半的荷兰亚麻布，人们已经感到满足，一周才换两次。（Complete English Tradesman 2，1745，328.）

三、居住的奢侈

居住的奢侈发展与大城市紧密相关：自文艺复兴以来，特别是 17 世纪末以来，大城市极大地推动了住宅与设施的奢侈，这种奢侈越来越受到人们的喜爱。之所以如此，一方面是生活的空间受到限制——这是大量的人群聚集在一个地方的必然结果——另一方面，是个人色彩的奢侈的限制，这是显而易见的，一旦王公大人在城里定居，这种限制不可避免。但是，如果我可以如此表达的话，城市里富人生活所经历的这些内部和外部的限制，在导致一种集约化的奢侈，一方面是实体化，另一方面是精致化。如同食物奢侈的经历：由于烹饪技术的完善而得以提升。这也是大城市居住奢侈所经历的：巨大的空荡荡的城堡被较小的城市公寓所取代，这些公寓里陈设着越来越多的装饰品，宫殿代替了城堡。

但是，我们毋宁说，这些城市的生活方式现在又流传到乡村，城市的优雅布置也开始在乡村住宅兴起："别墅"因此（就像古代一样）就是城市生活的直接结果。奢侈一直渗透到最偏远的地区，在这一点上，乡村也受制于大城市及其生活条件。

当我们读到同时代的人有关 17 与 18 世纪法国和英国富人的城市与乡村住宅的描述时[①]，首先会认为这些都是夸大其词。直到我们意识到，通过无数的、总是相同的判断的积累，终于发现在那个时代，住宅的奢侈一定达到某一高度，即使从我们这个奢侈时代的角度来看，一定也是相当可观。然后，让我们记住，今天在旧货商那里看到的华丽的巴洛克和洛可可式家具的残余，回想起艺术史上那个时代的家具的插图，便会想到，我们现在所看到的一切——无论是描绘的还是实在的——都曾经同时存在，都充斥在旧时代的侯爵和金融大亨的房间。

---

① Das Inventaire des merveilles du monde Rencontrées dans le palais du cardinal Mazarin bei C. Moreau，Choix de Mazarinades 1（1853），143 ff.

四、城市的奢侈

大城市强化了奢侈的倾向：当年最出色的观察家，如法国的**孟德斯鸠**和英国的**曼德维尔**，都在他们那个时代明确地证实了这一点，我们可以从许多征兆中得出结论。

大城市的奢侈需求如何开始影响外省人的生活方式？一位名叫皮埃尔·德卡代的乡下绅士在下面的故事中生动地说明，大城市及其奢侈需求如何开始对外省人的生活方式产生重大的影响，使他们习惯于奢侈消费，并"提升"他们的生活水平。皮埃尔·德卡代在他的家务本上写道："我的曾祖父对祖父说，他送的那一副眼镜就值 14 000 里弗赫。家里已经有了 1 辆马车和四匹白马，但从巴黎回来以后，却喜欢牵着马走……曾祖父曾经开玩笑说，他不敢让仆人端茶送水，因为仆人穿得比他更好。"参见：Ch. de Ribbe, Une grande dame dans son menage au temps de Louis XIV d'après le Journal de la comtesse de Rochefort（1689）. 1889, p. 167。

如果我们观察早期资本主义时代大城市的社会结构，就很容易看出这种现象的原因何在。①

如果我们追问，是什么造就了这些城市，我们会发现基本上还是那些**构成城市的群体**，他们仍同中世纪一样在**工作**。还有（而且只有！）早期资本主义时代的大城市是极好的消费城市。大的消费者是我们所熟知的那些人：王侯、教士、贵族，现在又加入了一个新的、重要的群体：高级金融人士（此类人可以适当地被视为"消费者"，但绝对无意贬低他们在国民经济机体中的"生产性"功能）。一些城市因为是最大（也是最多）的消费者的居住地，才会成为最大的城市；因此，城市主体的扩张本质上是由于消费向国家的城市中心的集中。

然而，城市的创建者几乎都是那些想玩得开心的人，他们最关心的是以增加生活魅力的方式花钱。他们聚在一起，在奢侈和挥霍上竞相超越，因而，每一次挥霍的行为之后都在刺激下一次的挥霍。

但对于奢侈品的发展来说，大城市尤其重要的是，它在创造全新的欢乐和奢华的生活机会，从而形成**新的奢侈方式**。从前只有朝臣们在王侯城堡里的节庆现在被传播到众人中，这些人现在也建立了自己的场所，他们可以定期举行自己的娱乐活动。18 世纪末，约克公爵去世后，摩纳哥亲王应国王的邀请来到伦敦，晚上看到街道上和橱窗里的许多灯光，商店一直营业到 10 点，他还以为所有的灯光都是为他而布置。这件轶事绝妙地反映出当时才刚刚开始的根本性转变：一种严格的私人奢侈被一种集体的奢侈形式所取代。生活方式的共享化开启，这本是随

---

① 关于早期资本主义时代大城市内部结构的形成，我在《奢侈与资本主义》书中有详尽的阐述。同时亦可参见本卷第九、十及五十一章。

后的国民经济时期所特有的：我们在这里简要地注意并认定，大城市的这种重要作用——因此应该在此提及——此时还完全被限制在奢侈品需求的范围之内，只有社会的最高层才能接触到这种新的事物。

这里需要考察的是以下诸点：

1. 剧院，特别是高雅的歌剧院，首先以巨大的排场在意大利建造，其后在欧洲其他大城市也同样出现。

那不勒斯的圣卡洛剧院建于 1737 年，是剧院建筑史上的一个里程碑。巴黎自 1673 年以来就有：歌剧院，亦称王家音乐学院，自莫里哀去世以来一直在王家宫殿演出；法国喜剧院，1689 年 4 月 18 日在德普雷的圣日耳曼大街的新址开业；还有在勃艮第酒店演出的意大利喜剧院（1697—1716 年间中断）。［De Léris, Dictionnaire … des Théatres（1763），XX ff.。参见：A. du Casse, Histoire anecdotique de l'ancien théatre en France. 2 Vol.。］

起先，这些剧院通常只是宫廷剧场，除了宫廷本身，只有受邀的观众才能进入；渐渐地，这些剧院向所有支付入场费的人开放。即使如此，在很长一段时间里，较好的剧院仍然是上层社会的聚会场所，这里为他们提供一个调情卖俏和自我表现的机会。［有关 17 世纪的伦敦，参见：The character of a town Gallant. A. Savine，阿尔伯特·萨温引用其中的部分内容，参见：La cour galante de Charles II, 130 suiv。亦见：Joh. Eberh. Zetzner, Reißbüchlein; ed. Reuss（1912），674。］

关于巴黎，卡彭说：王家音乐和舞蹈学院，或者更确切地说，歌剧院，只不过是一个"贵族的公共之家"。

2. 公共音乐厅和舞厅（我们现在的称呼），最初（似乎）是在伦敦花费巨款建造的，因为其高雅而受到所有伦敦人，尤其是外国人的钦佩。

在 17 和 18 世纪，伦敦一定是一个真正的罪恶之湖。早在 17 世纪初，这里就充满最豪华、最淫荡的大型公共娱乐场所。例如，前文提到的泽茨纳在其书中令人难忘的描述。而在 18 世纪期间，正如所有旅行者异口同声的那样，情况变得更糟。［Defoe-Richardson, A Tour through the island of Great Britain etc. 8th ed. 2,（1778）92. 93.］

除了剧院和音乐厅外，还有：

3. 精致的餐馆、小酒馆：在 17 与 18 世纪，这同样也是伦敦的特产，例如巴黎人就十分钦羡这些设施。

在高档餐馆特别是与之相关的沙龙里，费用之高令人咋舌，"在某种程度上，这证明了著名的博马舍那句俏皮话有道理。博马舍虽然熟知巴黎的放纵生活，但对伦敦的奢侈淫欲仍然感到惊讶，他断言，在一个冬天的晚上，在伦敦的澡堂和小酒馆里的花费要比七个联合省在六个月内的维持费用还要多。"

然而，18 世纪的巴黎并不缺少精致的餐馆：最"别致"的是王宫餐馆，如博维利耶、于雷或英国餐馆。王家宫殿的所在是"上流社会"的集会地点，这就足以表明其特性。

4. **豪华酒店**。

在伦敦，萨伏伊酒店很有名，今天一家著名的酒店以同样的名称矗立在同一位置上。凡尔赛的水库酒店向我们展示贵族世界的酒店是何等式样。欧洲最古老的豪华酒店可能是自西斯克特四世起存在的罗马"奥尔索餐厅"。

但是现在还有一处地方，这是不断发展的大城市面向公众炫耀奢侈的场所，这就是上流社会常去购买奢侈品之处；因此，我们必须提及。

5. **商店**，从 18 世纪中叶起，商店受到越来越多的人关注，并加以装饰：这一事实曾经引起如丹尼尔·笛福这样正直的人的不满。①

第四节　奢侈消费的总体发展趋势

通过观察不同世纪奢侈的实际形态，我们看到奢侈消费经历某些变化，因为它们遵循某些一定的、始终不变的原因，沿着相同的方向发展，可以将其描述为奢侈消费的总体发展趋势。请注意：这是在一个完全特定的历史时期——系为1200 至 1800 年，在世界史中仅有一次——奢侈的总体发展趋势，如罗雪尔所做的那样，试图确立整个奢侈时代的任何努力，必定是徒劳的。

众所周知，产生这些趋势的原因被包含在一般的社会结构中。我特别重视女性——或者，如我所说的那些产生某种影响的女人——日益增长的权势地位。此外，生活方式的日益城市化也对奢侈消费的转变产生决定性的影响。②

我将具体的发展趋势作如下的区分：

1. **家庭化**。中世纪的奢侈大多是公开的，以后则变得更加私密；然而，作为一个私密的人，在家庭以外的发展远远超过家庭内部的发展：现在，则越来越多地趋于家庭内部，转移到家庭生活中：为女人所掌握。

以前（在文艺复兴时期），是竞赛、表演、游行、公共宴席；现在是家庭的奢侈。因此，奢侈失去它以前的周期性特征，而呈现出持久性。至于奢侈需求的增加与这种转变有何种联系，则无需多说。

2. **实物化**。我们可以看到，我们所说的这一时代的奢侈仍然具有很强的个人性质，因此也趋向数量上的性质，我们还可以确定，在这一方面，奢侈起源于王

---

① Defoe, Complete english Tradesman, 2. ed. 1727, das Kapitel: Of fine Shops and fine shows.

② 详见《奢侈与资本主义》。

公大人，因为强调仆人的数量是旧时扈从的残余。然而，毫无疑问，自中世纪以来，奢侈发展中的个人特征不断减弱。以前，奢侈更多的是扩展到为大量卫兵提供给养、宴会与娱乐等。现在，众多的仆人只是展示奢侈与日益增长的使用有形物品的一种伴随现象。对这种实物化——我用这一名词来称呼这一过程——妇女特别产生兴趣。因为有许多随从对她的好处并不如更华丽的服装，更舒适的住所和更贵重的珠宝。从经济学的角度来看，这种转变也极其重要：**亚当·斯密**一定会说，这是从"非生产性"奢侈向"生产性"奢侈的转变，因为先前那种个人的奢侈雇用的是"非生产性"的人，而实物化的奢侈雇用的则是"生产性"的人（在资本主义的意义上，即资本主义企业中的雇工）。事实上，奢侈需求的实物化对资本主义的发展具有根本的重要意义。

与这种奢侈的实物化密切相关的是，女性在以特殊的能量促进奢侈。

3. 感性化和精致化。 在我看来，一种感官化的趋势是，奢侈越来越少地趋向任何理想的生活价值（特别是艺术），而越来越多地趋向动物的低级本能。针对这一过程，龚古尔兄弟称，"对艺术的保护落在铜雕匠、木刻匠、刺绣工和裁缝的身上"，等等。通过这样的描述，他们想区别杜-巴里时代与蓬帕杜时代的不同之处。在我看来，这一转变——不言而喻，在经济上又是极其重要的——更是标志着 17世纪与 18 世纪的过渡，这是洛可可对巴洛克风格的胜利。但这种胜利无非是女性文化的最终和完全的凯旋。胜利的女性从当时所有的艺术和手工艺创作中向我们闪耀光芒：挂镜、里昂的软垫、天蓝色的床垫配有白色薄纱床罩、浅蓝色的衬裙、灰色丝袜、粉红绸衣、白色羽绒、鸵鸟羽毛以及布拉班特的晨衣，正如理查德·穆瑟（Richard Muther）——这位无与伦比的洛可可风格的画家，前面所说的文字也是取材于他的作品——所说的那样，由一位教父编成为一首"沙龙交响曲"。

奢侈的感性化倾向与精致化倾向紧密相连。精致化意味着在生产一种物质产品时增加人力劳动，意味着用更多的劳动渗透并充分处理物质材料（此处仅就精致化并不再应用稀有材料而言）。

4. 集中化，即在时间上，无论是大量的奢侈在一定的时间内集中展开：使用大量的物品，获取大量的乐趣；无论是以前定期举行的奢侈活动现在变成持续的形式：一年一度的节日变成经常性的庆祝活动，节日的宴请变成日常的化装舞会，圣诞节的宴会和季度的狂欢变成日常的午餐和晚餐；也不论（我要特别强调这一点）"奢侈品"是在较短的时间内制成，以便更快地为主人服务。

中世纪的规则是制作时间长：**一件**物品、**一项**艺术作品要花上几年和几十年的时间：人们并不急于看到它的完成。一个人活得这么长久，是因为他们生活在一个整体中：教堂、修道院、城市社区以及家族总会看到成品，即使受委托工作的个人早已逝去。帕维亚的卡尔特修道院历经多少世代才得以完工！米兰的萨基家族花了三个世纪的时间，在祭坛板上镶嵌和装饰上付出八代人的努力。中世纪的每一座大教堂、每一座修道院、每一座市政厅、每一座城堡都留下各种个体毕生工作的证据：它们的形成贯穿许多世代，而这些世代相信这些作品是永恒的。

自从个人将自身从持续存在的共同体中分离出来，**他的**寿命就成为他享受尘世生活的尺度。作为一个人，他想要尽可能地体验世事的变迁。即便是国王也要为自己的生活着想：他想住在为自己建造的城堡里。当这个世界的支配权转移给女性时，满足奢侈需求的物品生产的速度进一步加快。女性是不能等待的。但恋爱中的男人更加如此。

生活方式的巨大变化体现在以下几个实例中：玛丽·德·美第奇以前所未闻的 5 年时间建成卢森堡宫。（W. Lübke, Gesch. d. Renaissance Frankreichs, 1868, 227.）

在凡尔赛宫，人们在夜以继日地工作。柯尔贝尔告诉我们："为建凡尔赛宫，有两班木匠轮流干活，一班在白天，另一班在晚上。"（Lettres, instructions et Mémoires de Colbert, publ. par P. Clémentin der Coll. de doc. inédits IIIe, série, t. 8, p. XLV.）

阿尔图瓦伯爵为王后设宴，重新翻造他的巴加泰勒堡，他雇用了 900 名工人，这些人日夜不断地工作，当他嫌速度不够快时，便派他的仆从到乡间小路上拦截石料和石灰运输车。

5. **变化的趋势**，意味着时尚的持续**得势**，正如费舍尔的正确定义，这是"暂时有效的文化形式复合体的通用概念"。

关于时尚史的资料来源不胜枚举。这里还将大多数与奢侈消费有关的作品都考虑在内，因为奢侈消费一直是时尚的主题。一个特殊的来源是 17 世纪末以来的数据。例如 1672 年以来的《高卢水星》（以后改为《法国水星》），这与其说是一本时尚杂志，不如说是一本面向上流社会的普及性期刊；F. J. 贝尔图赫与 G. M. 克劳斯自 1786 年共同出版的《豪华与时尚杂志》；1794 年起出版的《工厂、制造、行动与时尚杂志》；《莱比锡时尚杂志》，为艺术、品味、时尚与生活等方面的最新杂志，由格鲁贝和贝林自 1796 年起出版，等等。

而且还需要参考几乎所有关于社会和习俗的描述、丰富的回忆录文献。其中一个宝藏是《旁观者》（1710—1714），《梅西耶的巴黎餐桌》（Mercier's Tableau de Paris, 1787）等作品。相反，文献则十分贫乏。据我所知，最好的是 18 世纪的著作。这几乎可以称为原始文献。迄今为止，尚未被超越的是：加尔维斯的有关论文，他的第一部分探索涉及道德、文学与社会生活中的各种主题：Chr. Garves im 1. Teil seiner Versuche über verschiedene Gegenstände aus der Moral, der Literatur und dem gesellschaftlichen Leben, 1792；以及在《克吕尼茨百科全书》第 92 卷（1803 年）中的"时尚"一文，在西里西亚省刊（1803 年）第 38 卷中关于时尚和奢侈的系列文章。

最近，时尚的美学角度在费舍尔（Mode und Cynismus, 3 Aufl, 1888）的论文中论及，社会心理学角度在 G. 西梅尔（Philosophie der Mode, o. J. 1905）的论文中已有涉及。我在《经济与时尚》（1902 年）一书中试图阐明时尚的经济意义。例如，W. 特勒尔奇在校务委员会上内容丰富的演讲不属此列，因为此篇演讲描述的是发达资本主义时代时尚的作用。

奥托·诺伊堡的《时尚》一书包含时尚史的一些文章。（Otto Neuburger, Die Mode. Wesen, Entstehen und Wirken. 1913.）

就经济生活而言，每一种时尚都有两个必然的伴随现象，尤其必须加以考虑：

（1）时尚所产生的变化，这是经常遭到忽视的。

（2）时尚所产生的需求形态的标准化。如果我们设想一种独立于时尚的需求形式，那么单个消费品的使用寿命可能会更长，单个消费品的多样性恐怕会大得多。每一种时尚总是迫使大量的人统一他们的需求，就像迫使他们及早改变自己的需求一样，倘若单个的消费者是独立的话，则会保持这种需求不变。统一和变化二者都是相对的概念。例如，何时将"传统服装"改成"时装"，这样的具体时间就难以确定。可以说，在一代人的一生中，任何嗜好的变化都会改变需求，这就是"时尚"。

因此，当我们听说，某种人口"放弃父辈的习俗"，衣着与发型都和祖先不同，便可以有把握地认定，当时还没有一种"时尚"在流行。这显然是中世纪早期和晚期的盛行状态，而弗里德里希·劳默尔从 11 世纪的一种资料来源得出的结论是，当时似乎已经发生一种时尚的转变，我以为这是不可信的。①

另一方面，随着生活方式的世俗化，随着出于享乐目的奢侈消费的增加，时尚表现为一种必然的伴随现象。这一点我们至少发现在意大利 14 和 15 世纪文艺复兴时期已经普遍出现，尽管在服装方面还在与"传统服装"作斗争。我们尤其听说，时尚在迅速变化，在一年的时间里，时装会变换许多次。

正如敏锐的蒙田告诉我们："在服装剪裁方面的变化是如此突然和迅速，以至于世界上所有裁缝的发明都无法提供足够的新颖性，这样一来，原先曾遭鄙视的样式往往会重新获得人们的青睐……"［Montaigne, Essais 2（1820），174/75.］

同样，在同一时期的英国，时尚的转变已经成为一种"社会弊病"，1511 年至 1570 年间，有五项法令规定打击这一弊端。［Unwin, Industrial Organization（1904），71 ff.］

嘉布遣会②以一种非常古怪的样式来反对时尚魔鬼，在德意志也很活跃，1565 年第 2 版《针对傲慢魔鬼的教育法》中一篇文章用一种非常滑稽的戏谑文字来讽刺

---

① Order Vit. zu 1092：„militares viri mores paternos in vestitu et capüloruin tonsura dereliquerunt, quos paulo post burgenses et rustici et paene totum vulgus imitati sunt …" 转引自：Räumer. Hohenst. 6⁴ 520。

② 又称嘉布遣小兄弟会，或称方济嘉布遣会，系天主教之男修会。——译者

所谓的时尚魔鬼：有谁愿意和能够数得出 30 年来男人和女人穿过又抛弃的奇特衣服的样式和种类呢？女性的时髦在 30 年里也是此起彼伏。连衣裙、帽子、大衣、皮草、紧身胸衣、裙子、衣领、硬衬衣、夹克、衬衫、胸饰、裤子、披肩等。必须是波兰的、波希米亚的、匈牙利的、土耳其的、法国的、威尔士的、英格兰的、纽伦堡的、不伦瑞克的、法兰克的、萨克森的，短的、长的、紧的、宽的、简单的、折叠的，如此等等，不一而足。然而，我们只需打开 16 世纪的一本"服装"书，就会发现 16 世纪和 20 世纪，以及 16 世纪和 18 世纪在对待时尚方面的明显差异。

我认为，真正的时尚时代实际上始于路易十四，他使法国成为两个世纪以来时尚品位的中心。1672 年，第一本**时尚杂志**（《高卢水星》，后来改为《法国水星》）创刊，取代了早期的传统服装书籍，这可能只是一种内在发展的表现。在谈到那个不断地在追逐新时尚的时代时，拉布吕耶尔说："时尚在翻新。""一种时尚还没有来得及摧毁另一种时尚，就被新的时尚所取代，新的时尚则会屈服于更新的时尚，而且不会是最后一种；这就是我们的放纵。"[1]

现在才是 18 世纪！这个时代的生活方式——请注意，总是就奢侈消费者来讲[2]——与我们的生活方式并没有什么不同。"一个女人离开巴黎去乡下待了六个月，回来时她的衣服非常老旧，仿佛被遗忘了 30 年一样。儿子已经不认识母亲的形象，他觉得母亲的衣服非常古怪，好像一个美洲的妇女，或者是某种幻觉。"早在世纪初，《波斯文集》的作者就已经这样描述他那个时代时尚的癫狂。当《**水星**》在显示这一点时，这样的时代已经登峰造极。《水星》所写的当时巴黎时尚的文章，今天可以作为社论出现在任何时尚杂志。[3]

与这样的时尚瘾有着最密切关系的是

6. **外国奢侈品的消费趋势**。自从奢侈消费出现以来，我们听到爱国者（以及地方主义者！）的抱怨，他们指责富有的顾客喜欢外国货胜于本地货的恶习。也许（或者更确切地说，相当肯定）这种普遍的倾向与这样一个事实有关[4]：即在新欧

---

① Labruyère, Caractères. De la mode.

② 在百科全书（时尚条目）中，时尚仍然被定义为"一切用于装饰和奢侈的东西"。"市民阶级"（更不用说下层阶级了）尚未被卷入"社会"的漩涡中，因此更没有受到时尚迅速变化的影响。我毫不怀疑，19 世纪上半叶一位九十多岁老人的记忆。在他那个时代，时尚最多每 4 年、5 年、6 年改变一次，这对他的圈子来说是正确的："时尚有时会发生很大的变化，但直到 4 年、5 年、6 年，甚至更长的时间间隔才会发生变化。" Besnard, Mémoires d'un nonagénaires 1, 137, zit. von Levasseur, Hist. 2, 780. 一般来说，富裕的公民只是逐渐了解上流社会的礼仪和奢侈。……一旦一个中产阶级家庭追求时尚，就会在实现这一目标方面遇到更大的困难，在实现这一目标时经常失败，对其而言，这种追求既是忧虑和不愉快的根源，也是错误的诱因。Art. „Mode" bei Krünitz 92, 465.

③ 参见：173., 176., 177. Kapitel im Tableau de Paris。关于时尚在发达资本主义时代所扮演的完全不同的角色，我将在本书后一卷中评论。

④ 《克吕尼茨年鉴》中《时尚》一文的作者对时尚洋货的偏爱作出另一种解释，这种解释无可争辩：最早了解外国时尚是一种高尚地位的标志，首先是宫廷，然后是贵族等等。除此之外，我不知道有任何解释这一重要现象的尝试。

洲文化的早期，奢侈消费是**洋货消费的同义词**，因为本土根本不生产奢侈品。查理大帝宫廷里的纨绔子弟除了从东方能从哪里获取他们的华贵衣服、珠宝和精心制作的武器？"十字军"东征时期的富人倘若想奢侈一下，多半也要靠洋货。因此，精美等于洋货的观念深深根植在奢侈消费者的头脑中，即使在此观念业已被事实所否定（在我们这个时代，也经历过同样的事情）。因此，14世纪文艺复兴时期的意大利人还想趋向法国时装，便已显得十分荒谬，因为大多数时装是由意大利人传播给法国人，实际上意大利人是从国外重新引进自己的观念和产品。①

相反，正如我们所见，这仍然与各国奢侈品行业的实际发展水平相适应，瓦卢瓦王朝时代法国人的生活方式是意大利式的；同样，在都铎王朝时期，英国的花花公子偏爱外国商品也没错。

"我们必须从伦敦购买商品；这些商品都是在海外制造的，我们城镇的工匠都无所事事。"（Discourse of the Commonweal, ed. Lamond, p. 125. 引自：Unwin, 71。）

在爱德华六世到1580年之间，米兰商店如雨后春笋般拔地而起，出售的商品有：

法国或西班牙的手套，

佛兰芒的克尔赛呢织品，

法国的布匹、胸罩、领巾，

威尼斯或米兰的项链，

西班牙的匕首、剑、刀、腰带，

米兰的马刺、帽子、眼镜、钟表、彩绘罐、桌子、卡片、球、水瓶、笔架、发夹（?）、丝制和银制盘底（?）、细陶罐、鹰铃（?）盐桶、锡勺和碗……（Brief conceit of English Poesie，引自：J. S. Burn, Foreign protest. refugees, 1846, 252。）

在1629年本·琼索纳的喜剧《新客栈》中，一个花花公子这样说：

我的脖子上是萨沃伊项链，还有皱褶，

佛兰德袖口，然后是那不勒斯帽

和罗马帽带，还有佛罗伦萨玛瑙，

米兰宝剑、镶有布拉班特纽扣的日内瓦斗篷；这些都是我的家当。

我的手套是马德里生产的。

如此等等。

（引自 John Luard, A. Hist. of the Dress of the British soldier, 1852, 76。）

---

① „Quodque tolerari vix potest, nulluni fere vestimenti genus probatur, quod e Gallis non fuerit adduetum, in quibus levia pleraque in pretio sunt tametsi nostri persaepe homines modum illis et quasi formulam quandam praescribant." Jovian. Pontan. de principe, zit. bei Burckhardt 23, 170.

正如我们所知，自 17 世纪以来，法国成为品味的主宰，从那时起，人们便一直存在着对法国时尚的偏爱。17 与 18 世纪法国以外的早期资本主义作者对这一事态发展尤为妒忌：这是在破坏他们民族主义经济政策的整个构想。因此——仅举一例——霍尼克对他的同胞如此发泄他的愤怒之情（《奥地利高于一切》，第18页）：

> 当然，我们的祖父母在经济上和我们肯定不一样，他们不是每年都在追逐法国的劣等货，从世袭的土地上付出 300 万或 400 万古尔登现金，就像我们今天一样，而是在很大程度上享用自己国内所有的珍品。他们的珍贵装饰品是用优质的纯金、银和宝石，或紫貂和类似的毛皮货；这些物品也许部分是外国货，子女及其后代可以继承；但并非那些破烂的法国货，**每半年时尚的改变**就会使这种劣货变得毫无用处……

同样，在其他国家，我们也发现巴黎时尚的统治。[①]但法国人并不满足于对这些国家发号施令：他们将目光投向英国（就像他们今天仍然部分地在做的那样），18 世纪遂以**巴黎人的盎格鲁狂热**而告终。

当时一位非常有趣的作家用近乎海涅式的机智说：

> 某种程度上，我们在被盎格鲁狂热所报复。你随处都可以看到行走的骑装，在大衣的褶皱里，一个虚弱、臃肿、半卧的生物，或者坐在英国的马车上，由一个巨型马车夫驾驭，他用雷鸣般的声音指挥着战马；后方还有一堆巨人，旁边不时地有一只可怕的狗在窜来窜去，在包厢的一角，你会发现一个古老家庭的残余——这是一头被怪物包围的小猪在发出哀嚎。
>
> 与此同时，这里到处都是英国人，他们想向巴黎人靠拢……我对任何同胞都保持沉默；我不喜欢他们这样的畸形。我高兴看到有些人如同所有国家一样衣着光鲜，就像一个被欧洲人豢养的野蛮人。许多人都披挂着一张图片，显示着他们的旅行故事，你可以跟随着他们的帽子和靴子，从意大利穿过法国再到英国…… ［7. Brief von Helfrich Peter Sturz aus Paris（12. Nov. 1768）. Erste Sammlung（1786），200 ff.］

18 世纪中期的荷兰据说是这样："如今，零售商店里摆满外国布料，人们穿的、生活中使用的一切，都是来自国外。"［La Richesse de la Hollande（1778）2，228.］

---

① 有关葡萄牙的情况可见：Duc du Chatelet, Voyage en Portugal. 2 Vol. 1798. 1，75；当时的另一位游记作家确信，伦敦时尚对葡萄牙人品味的影响显而易见。L. Bernard, Neue Reise durch England und Portugal（1802），277. 参照：Lue der, Über die Industrie und Kultur der Portugiesen（1808），50。

第四十九章

军队的需求

第一节　武器的需求

从我们前文对现代军队制度发展的论述中可以直接看出，对武器的需求正在扩大。陆军和海军的扩充在催逼着武器的增加，而军队装备的不断改进也朝着同一方向扩大对武器的需求：如我们所见，在现有的武库之外，又新增了对炮兵武器的需求。

与此同时，标准化趋势将这样的需求统一化，并集结为大宗的需求。

有关需求的实际数量从数据上证实上述的总体观察，我们当然希望掌握更多、更为准确、更加全面的数据。就我们所考察的时代而言，关于武器需求的全貌，用我们所掌握的统计数字可以有一定的把握做出比较可靠的推论。首先，我们可以非常清楚地看到，在为期较短的几个世纪或者甚至数个年代内，这种需求的增长是何等迅速又何等持久；因为第一次决定性的提升是在17世纪。

在16世纪，一支小型军队（由10 000名步兵和1 500名骑兵组成）的炮兵需求如下。

据斯图加特的城市档案显示，1540年，一支由1万名步兵和1 500名骑兵组成的军队对火炮装备的要求是：

4门急射火炮，4门弓弩炮，4门短仙格林炮和2门长仙格林炮，4门大型长炮，8门轻便火炮，12门小型轻便火炮，2支火铳，2门大型臼炮和2门小型臼炮。

全部金属材料：1 180公担，9 440格罗申

车轮与座架 ……………………………	2 000格罗申
炮弹 ……………………………………	2 315格罗申
600公担火药 …………………………	8 400格罗申
总计 ……………………………………	22 155格罗申

"在一次小规模战斗中的火炮配置"：

3 门急射火炮（70 磅）每 200 发炮弹需 60 公担火药

4 门夸特火炮（40 磅）每 250 发炮弹需 50 公担火药

4 门长筒炮（20 磅）每 300 发炮弹需 45 公担火药

6 门野战炮（11 磅）每 300 发需 24 公担火药

6 门短筒炮（8 磅）每 350 发需 18 公担火药

6 门小型轻便火炮（6 磅）每 400 发炮弹需 12 公担火药

60 把战斧：此外附加 20 公担铅以及 8 公担火药

全部炮弹与子弹、铅：总重为 1 541 公担

全部火药：总重为 892 公担

为运载上述辎重需要 66 辆马车和 330 匹马。（Jähns, Kriegswiss. 1, 747.）

由此便不难测定大型军队的需求。

当华伦斯坦的炮兵在西里西亚战败时（系其第二任统帅期间），他自己估算重新装备所需资金为 30 万弗罗林。[Wallenstein an Questenberg, W. E. 1, 71，见于：Loewe, Organisation und Verwaltung der Wallensteinschen Heere（1895），93。]

苏利公爵在其执政期间花费 1 200 万法郎置办军火。（Sully, Oec. Roy. t. III, ch. VIII，见于：Boutaric, 360。）在他去世之际，军火库里尚有：400 门火炮，20 万发炮弹，400 万磅火药。

对武器的渴求特别强烈的当属海军。请看无敌舰队出征时的阵势：

大炮 2 431 门，其中 1 497 门为青铜所造，934 门为铁制；7 000 支火绳枪，1 000 支滑膛枪（此外还有 10 000 支长矛、6 000 支短矛、刀剑与战斧等）。为大炮配备 123 790 发炮弹（每门炮平均 50 发）。（Duro, L'Armada inv. doc. 109, bei Laird Clowes 1, 560.）

在柯尔贝尔执政时期，法国的舰炮数量增加了六倍：从 1661 年的 1 045 门增加到 1683 年的 7 625 门，并且增加的主要是**铁炮**，在 1661 年铁炮只有 475 门，到 1683 年已经达到 5 619 门。（E. Sue, Hist. de la marine Franç. 4, 170. 材料来自官方。）

同样迅速增长的还有英国的舰炮。其数量为（Laird Clowes 1, 409, 421；2, 267）：

1548 年：2 087 门火炮

1653 年：3 840 门火炮

1666 年：4 460 门火炮

1700 年：8 396 门火炮

至于弹药，例如亨利·格蕾丝与迪厄号（16 世纪的一艘军舰）载有 4 800 磅火石及 14 400 磅细粒火药。（Laird Clowes 1, 412.）

查理一世的豪华战舰海上霸主号装备有 102 门青铜火炮，价值为 24 753 英镑 8 先令 8 便士。（State Pap. Dom. CCCLXXIV，30 und CCCLXXXVII，87，见于：Oppenheim 262.）

第二节 食品的需求

军队的实力与给养系统的特征决定着部队对食品需求的数量和种类。

一支武装起来的部队，其规模总是决定需求的绝对数量，亦即决定需要供给的人数，而无需军队本身去协助生产这些物品。从经济角度来看，这一点自然重要，因为军队在制造如士兵（抑或士兵家属）人数一样多的纯粹消费者。无论是以实物的方式获得给养，还是从制造商那里购买，士兵始终具有纯粹消费者这一特征。

规模较大的军队对食品具有较大的需求，而在何种条件下这一需求会变成大宗需求，亦即一种聚合式的、统一的、以整体形式出现的需求，对此，给养系统将会产生决定性的作用。我们所考虑的是，满足需求的方式越是朝着集中化的方向发展，大型的需求便会越容易变成大宗需求。此外，战争持续时间越长，集中化供给便会在战时产生。还有（就舰船而言），巡弋时间越长越会采用集中供给的方式。

为较大规模军队的较长时间的海上航行提供给养，这样的必要性显然首先产生对食品的大宗需求。而这样的情景出现在世界尚处于混沌的时代。当某天热那亚流传这样一条消息，称法国的菲利普·奥古斯特希望为其军队提供 8 个月的给养与马匹饲料，以及可供 4 个月消耗的葡萄酒，这一定会对那些浑噩之辈产生极大的震撼。[1]

或者，当传令兵骑马穿过法国的村庄宣布说，各地必须筹集食品，并运往加来，供应在那里整装待发的部队。这也会同样令人震撼。

我们手中有一份给养明细表，此乃 1304 年向有关官员布置。当然，这些数字并不完整，一如中世纪的清单那样。这种数据总是超出预期的最大数量。但，无论如何还是给出了一个近似的数值，即早期的军队需要筹集的给养情况。显然，对此表的正确性毋庸置疑。[2]

1304 年 1 月向有关官员提出的征用细目（运往加来）：

① Ed. Heyck，Genua und seine Marine，177.
② 此表源于 Reg. XXXV des Trésors dea chartes Nr. 138，由 Boutaric 印制，第 278—279 页。

桑斯：250 马耳脱①谷物，500 吨葡萄酒，150 马耳脱燕麦；

卡昂：500 马耳脱谷物，500 吨葡萄酒，500 马耳脱燕麦，1 000 头生猪，1 000 条火腿，10 马耳脱豌豆，10 马耳脱菜豆。

当然，只有在现代陆军与海军诞生之后，才会顺理成章地产生对食品的正当与固定的大宗需求。特别是海军很早就对给养具有经常性的强烈需求。决定性转变似乎出现在 16 世纪。当时的做法是在冬季为舰船提供补给，英国的做法是，给养从维持两个月延长到四个月。这种对给养的更高要求与这样一个事实有关：自这一世纪中叶以来，军舰的海上航行习惯产生了全新的变化。直到亨利八世时代，一旦士兵登陆后，舰队随即返航；或者等到他们击溃敌人后再返航：因为供给充足，现在开启了长时间航行的时代。

1588 年西班牙无敌舰队的食品储存量表明，16 世纪大型军事行动中的给养供应已有充分的考虑。对此我们也有非常准确与可靠的了解，并且知道这支船队的195 艘船载有②：

110 000 公担的饼干，

11 117 美约（1 美约相当于 56.2 加仑）葡萄酒，

6 000 公担猪肉，

3 000 公担奶酪，

6 000 公担鱼类，

4 000 公担大米，

6 000 番列加（1 番列加相当于 1.5 葡式耳）豌豆和菜豆，

10 000 阿罗巴（1 阿罗巴相当于 3.5 加仑）食油，

21 000 阿罗巴醋，

11 000 桶水。

17 世纪期间，在短时间内需要提供如此大量食品的机会逐渐增多（总体上具有其独特的烙印）。例如，我们看到英国舰队突然出现的需求：750 万磅面包，750 万磅牛肉与猪肉，一万桶啤酒，此外还有黄油、奶酪、鱼类等，所有这些食品必须在很短的时间内筹集齐备（具体时间没有标明）。③

在荷兰，1672 年海军 7 个月内的给养费用为 6 972 768 弗罗林。④

从德·舍内维尔《军事细解》第一卷（1750）第 236 节中，可以看到 18 世纪中期的一艘船或一支舰队的给养供应的详细名目。

---

① 德意志旧时的谷物计算单位，等于 100—700 升。——译者

② Duro, L'Armada inv., doc. 109.

③ State Pap. Dom. XXX, 10, 1. c. 325. 亦可比照：„inventaire d'armement" in Savary's Dict. de Commerce Suppl。

④ J. C. De Jonge, Geschied, van het nederl. Zeew. 3I（1837），Bil. T.

也许有人认为，舰船的给养问题并非专门的军事事务，因为任何一艘商船都必须解决船员的伙食问题。此说有理。然而，战舰的给养规模完全是另外一回事，**而正是这种供给范围的扩大才蕴含问题的复杂性。**

人们必须始终牢记，与战舰的兵员相比，商船完全是小巫见大巫。中世纪时，战舰上即已集结着庞大的队伍：橹舰是当时意大利海军的战舰，橹舰需要摇橹，唯其如此，与同样规模的帆船相比，就需要更多的船员。13 世纪时，热那亚共和国的橹舰上就有 140 名桨手。[1]1285 年，一艘船有 184 人。一艘同样大小的商船上可能只有不到 20 人。即使商船上有兵士来保护，船员数量在 12 与 13 世纪也只有：25、50、32、85、60、55、50、45 人。当商船武装起来从事战事或武装劫掠，无论是运载或不运载货物，情况便会立即发生变化；船员数量随即大增，此时称为"武装化"，即海上舰队，其后的船员队伍：1234 年，两艘船有 600 名船员，1125 年一艘比萨船有 400 名船员，同城另一艘船有 500 人，威尼斯一艘商船有 900 人。[2]

据计算，16 世纪时，战舰的人员配备为每五吨（总吨位）为三名，其中三分之一是士兵，七分之一是炮手，其余的是水手；相比之下，商船每五吨净重仅为一名：十二分之一是枪炮手，其余是船员。[3]

因此，在这种船员比例关系下，军舰上船员人数众多实属理所当然。

如果考虑到联合对敌作战的舰船数量，便容易发现舰船上士兵和水手的数量明显居多。

1511 年，亨利八世允诺派 3 000 人兵力来维持海峡的畅通。1513 年，曾为英国舰队招募 2 880 名海员（不包括 28 艘货船的船员）。1514 年，23 艘王室战舰、21 艘租赁船只和 15 艘运输船只，共拥有 3 982 名船员和 447 名枪炮手，亦即 4 429 人，还不包括士兵。（见：Oppenheim，74。）

连**陆军**的需求也理所当然地迅速上升。

勃兰登堡军队有 12 000 人，其中 1 694 人作为后备部队驻扎在莱茵地区和荷兰，每人每天获得两磅面包（除了每月领取 38 180 塔勒的薪饷之外）。这样，每天供给 11 608 名普通士兵和下级军官 23 216 磅，31 天总计 719 696 磅；按 144 磅面包需 1 公担面粉（纽伦堡重量）计算，每月需要 4 898 公担面粉。[C. W. Hennert，Beyträge zur brandenb. Kriegsgesch. Unter Friedrich III.（1790），15.] 1727 年时，为这笔军用给养，必须从金库里拿出 20 万塔勒，去购买黑麦。（Acta Bor.，1. c. 2，285.）在弗里德里希·威廉一世执政末期，普鲁士的 21 个军需库内储存有 4.5 万维斯帕[4]：足够 20 万人一年的供应量。18 世纪在普鲁士以每人每天需 2 磅面包计

---

① E. Heyck, Genua und seine Marine, 65 ff.
② Ann. Jan. 183, 35；112, 3；124, 30；引自：Heyck, 129。
③ State Paper Dom. CXII, 19, 见于：Oppenheim, 134。
④ 维斯帕系旧时计量单位，一个维斯帕等于 1.121 46 立方米。——译者

算，相当于每年 7 舍非尔。①17 世纪上半叶，普鲁士军队需要粮食 2.4 万—2.5 万维斯帕，而 1720 年柏林的平民仅消耗 7 200 维斯帕。（Acta Bor.，1. c. 2，297.）

其他国家的军队也有类似的数字。18 世纪中叶，杜普雷·道尔内就法国的情况计算，为一支 15 万人的军队供给黑面包，一年 5 400 万份，需要 30 万袋谷物，每袋 200 磅，即 3 万吨。（Dupre d'Aulnay，Traité général etc. 1，165.）

第三节　服装的需求

一支现代军队对服装的需求有多大，其实任何人都可以很容易地计算出来，如果将前文给出的军队规模乘以每个士兵所需的布料与辅料等，同时再考虑到衣服、大衣、帽子、靴子等。将士兵的数量视为此处所需的最低数即可。

17 世纪士兵的服装包括哪些种类，从以下列表中即可看出。

193 名士兵所需服装材料一览：

965 埃勒伦敦布料，用于制作上衣与裤袜，每人 5 埃勒；

965 埃勒衬里布料，每人 5 埃勒；

2 316 埃勒白色、黑色平纹亚麻布料每人 12 埃勒；

1 158 打缎带，每人 6 打，用于长裤和上衣；

193 件丝绸，每人 1 件；

579 打铁纽扣，每人 5 打；

50 埃勒铁丝在，用于装饰上衣；

193 顶帽子。

（Kapitän von Burgsdorff an den Grafen von Schwarzenberg，Berlin，den 16. Okt. 1620. Staatsarchiv Berlin；abgedr. Gesch. d. Bekl. 2，40，Anl. 16.）

18 世纪初一个步兵的服装配备

	塔勒	格罗申	芬尼
5 埃勒布料，每单位价 15 格罗申	3	3	
7 埃勒博伊呢，每单位价 4 格罗申	1	4	
1 埃勒红色镶边		14	
20 个黄铜纽扣，每打 4 格罗申		6	8

---

① 舍非尔为旧时粮食容积单位，各地差异颇大，如普鲁士 1 舍非尔为 54.96 升，萨克森舍非尔为 103. 83 升，巴伐利亚为 222.36 升。1872—1884 年德意志帝国舍非尔为 50 升。——译者

续表

	塔勒	格罗申	芬尼
1 罗骆驼毛		3	
2 对驼毛飘带		6	
1 顶有黄色镶边的帽		12	
总计	6		8

（C. W. Hennert, Beitr. zur brandenb. Kriegsgesch. unter Churfürst Friedr. III. (1790), 12, bei Frhr. v. Richthofen, Haushalt, 495.）

在弗里德里希·威廉一世时期，一个骑兵的全部服装与装备，包括鞍辔在内需 73 塔勒 2 格罗申。［A. Cronsay, Die Organisation des brandenburg. und preuß. Heeres von 1640 bis 1865, 1 (1865), 45.］

18 世纪初，萨沃伊与皮埃蒙特每一名骑兵士兵花费 131.16 里弗赫，热那亚的骑兵为 110.14 里弗赫，每个炮兵的服装花费 68.16 里弗赫。一位骑兵的马匹的装备是 75.5 里弗赫。一个龙骑兵的马匹装备为 67.4 里弗赫。（G. Prato, Il Costo della guerra, 1907, 302.）英国军队一个团士兵的服装（1730 年）需 1 570 镑 165 先令 2.5 便士。（F. Grose, Military Antiquity 2 Vol. 1812, 1, 315.）

我们只计算一下布料：要装备一支 10 万人的军队，需要 50 万埃勒或 2 万匹布料。假设每两年更新一次，每年耗费的布料即为 1 万匹。据施莫勒计算，18 世纪初勃兰登堡全部人口的服装需要 5 万匹布料。弗里德里希大王在《勃兰登堡回忆录》中说，从库尔马克和诺伊马克出口的布料数量达 4.4 万匹。（Oeuvres 1, 234.）

衡量这些数字的意义在于，我们必须清楚地认识到，随着服装业国有化和制服化的推进，对**同一制式的用品已经形成大宗需求**，我们可以毫不夸张地说，这种需求的聚集在 17 世纪大型军队的供给中已经出现，这在当时完全闻所未闻。

当人们——甚至是商人——听到，仅仅一份合同就要求立即提供 5 000 套完整的士兵服装，一定会钦羡不已。1603 年，英国政府与尤里·巴宾顿和罗伯特·布罗姆利签订的合同即为此种情形。（H. Hall, Society in the Elizab. Age, 126.）

或者当他们看到一些数字，比如在华伦斯坦的订单中：

> 请为雇佣兵制作一万双鞋，本人以后可分发到各个团队……同时，亦请准备好皮料，本人很快会让人制作几千双皮靴。也请备好布料，也许还要置办服装。

发自：阿舍斯莱本，时间：1626 年 6 月 13 日：

（我的堂弟马克斯）……将会命令你们为仆役制作 4 000 套衣服，此为亚麻布衬里的布衫。（Wallenstein an seinen Landeshauptmann von Taxis, abgedr. in der Handbibliothek für Offiziere 5, 439 fl.）

军需官赶往格钦，要为军队定做 1.3 万塔勒的鞋袜和衣服（在后来的一封信中，又增订 4 万塔勒的货）；请大力协助他办妥此事。年前要办好 4 000 套衣服，他会支付这笔钱，付完之后，立即交货，等等。（Wallenstein an Taxis, 见于：Heilmann, Beil. 4.）

1647 年 9 月 26 日，康拉德·冯·布格斯多夫接到命令，与汉堡商人埃伯哈德·施勒夫签订一项订购布料与博伊呢料的合同。他应为选帝侯的军官采购 1 512 布拉班特埃勒蓝布，如样品所示，每埃勒按 5 个地方塔勒计价，并按样品所示，为雇佣兵采购两万布拉班特埃勒蓝布，每埃勒价为 1 个帝国塔勒……还有 21 512 布拉班特埃勒，每埃勒支付 6 先令。交货日期为圣马丁节后三周。（Gesch. d. Bekl. 2, 211.）

第四节　总　需　求

军队管理当局的全部需求——我们当然只能用一个货币数字来表示——可以从公共预算的军事开支中计算出来。众所周知，在早先的年代，这样的支出在政府总支出中所占的比例比今天大得多，事实上，在现代国家财政的早期，这样的支出有时几乎吞噬全部的收入，然而，在 16 至 18 世纪，这些支出在迅速增长。按国家分列最重要的数字如下[①]：

意大利的军事国家**皮埃蒙特**，用于军事目的的支出：

1580 年 ·······················334 673 皮埃蒙特里拉
1680 年 ·······················1 610 958 皮埃蒙特里拉
1708/1709 年·······················8 000 000 皮埃蒙特里拉

1700 至 1713 年，军费支出占国家总支出 77.72%。

西班牙 1610 年的军费支出：3 356 463 德克特（等于国家全部收入的 93%）。

---

① 资料来源可见《战争与资本主义》。有关英国部分可见以下一书的精细汇编：Ch. Whitworth, A collection of the supplies and ways and means（Steuer usw.）from the revolution to the present time. London 1765。

法国：军费开支：

1542 年 ·························· 2 114 000 法郎
1601—1609 年 ······················ （平均）约 6 000 000 里弗赫
1639 年 ·························· 19 100 000 里弗赫，等于总支出的 60%
1680 年 ·························· 97 869 754 里弗赫，等于总支出的 74%
1784 年 ·························· 404 350 000 里弗赫，等于总支出的 66%

勃兰登堡-普鲁士支出的军费：
在大选帝侯治下，2 500 000 塔勒，占全部支出 66⅔%，

1739/1740 年 ····················· 5 954 079 塔勒，占全部支出 86%，

在弗里德里希·威廉治下，（最后三年的平均数）12 419 457 塔勒，占全部支出的 75.7%，
1797—1798 年 14 606 325 塔勒，占全部支出的 71%。

英国：1688 至 1788 年间全部军事费用（陆军和海军）为：

海军 ····························· 244 380 685 镑
陆军 ····························· 240 312 967 镑
炮兵 ····························· 29 959 345 镑

对拿破仑的战争（1801—1814 年）让英国花费 633 634 614 镑，即 130 亿至 140 亿马克，或平均每年 45 259 615 镑，即让 1 000 万至 1 200 万之间的人口支出 9 亿马克。

第五十章

船舶需求

航运对货物需求的形成具有双重的影响：

1. 通过所需求的船舶；

2. 船舶所需要的建造材料。除了宫殿和教堂——亦即巨宅大厦——之外，船舶是最早的大型需求"复合体"。我曾在奢侈需求的标题下讨论过巨宅，因为在早期所有时代，较为大型的房屋实际上只能是奢侈的建筑物。相反，船舶却不能归为此类，因为它本身并非奢侈品，而是由普通的物品组合形成。

船运对货物需求的影响，因为以下各点越来越大：

1. 船舶建造数量越来越多，这点无需解释；但如果

2. 建造的船只越来越大，也是如此。规模的影响不言而喻，因为同样数量的较大船舶自然会对建筑材料产生更大的需求，会对劳动力产生更多的需求等等。然而，船舶的大小本身也很重要：它会聚集更多的人手，聚集更多的材料与设备。造船厂必须更大，才能建造更大的船舶；木材、绳索和铁等的需求量更大，仅仅因为船舶是一种复合货物，是一种大型需求的装配组合。

在这里，船舶的大小本身所产生的影响，现在也可以通过造船活动的组织合成行为显现出来。因此可以说，造船对经济生活的影响会更大。

3. 船舶的建造越来越统一、越来越密集：与 10 家船厂建造 100 艘船只相比，在一家船厂建造 100 艘船只所产生的需求会更大、更统一。

最后，必须记住，造船业的影响范围（当然，造船业的影响范围与任何行业并没有什么不同）会更大。

4. 当船只建造速度越来越快：如果我在一个造船工地雇用 100 人，一艘特定大小的船舶就会在——假定——一年内完工。如果要在三个月内下水，则必须相应地增加同时工作的工人。材料的采购也同样如此。

我们将在下文中看到，对船舶的需求正在迅速增长，与此同时，船舶越来越大，但生产时间（相对）越来越短。因此，对造船材料的需求发展成为一种相当可观的大宗需求，与大城市和军队管理部门的大宗需求等量齐观。

在我曾经提及的《战争与资本主义》一书的研究中——与我相信的一样——

业已证明，在早期资本主义时代，海军发展的强大动力是**国家的战争利益**，这种利益推动海军的扩展，特别是船舶类型的扩展。舰船类型成为商船的先驱和典范，而商船类型——这并非微不足道——的发展主要是由于殖民地占领和殖民贸易的迅速扩大所产生的刺激。在 17 和 18 世纪，东印度的航船伴随着兵舰出现，成为一个幼小而有力的兄弟。

在下文中，我将给出一些数据①，既可证明上述种种趋势，亦可表现航运所产生的大宗需求的大致规模。

第一节　船　舶　的　数　量

有关 **16 世纪**，我们掌握以下一些线索，可以估量**英国商船队的规模**。惠勒在其 1601 年出版的《商业论》中认为，大约 60 年前，泰晤士港口停泊的船只（除王室舰队外）载重量超过 120 吨的不到 4 艘。其他资料也证实这一判断的正确性。1544 年、1545 年至 1553 年，超过 100 吨离港的船只：

伦敦船籍 ································· 17 艘，计 2 530 吨，
布里斯托尔船籍 ····················· 13 艘，计 2 380 吨，
属其他港口 ··························· 5 艘。

1577 年的清单：
135 艘商船在 100 吨以上，其中：

56 艘 ································· 100 吨
11 艘 ································· 110 吨
20 艘 ································· 120 吨
7 艘 ·································· 130 吨
15 艘 ································· 140 吨
5 艘 ·································· 150 吨
656 艘 ································ 在 40 至 100 吨之间

---

① 我在《战争与资本主义》一书中对这一主题的描述，可以成为基础，但在不同的问题上已经通过更好与更丰富的材料得到补充。

1582 年，我们发现有 177 艘商船在 100 吨以上。

但正如我们以上所见，在亨利八世执政之初，他的舰队总载重量为 8 460 吨，到了末期，竟已达到 10 550 吨；伊丽莎白留下的一支舰队有 14 060 吨。

关于 **17 世纪**的英国，我的估计为：

1628 年，泰晤士河上的英国商船队的清点结果是：

7 艘印度船只 ⋯⋯⋯⋯⋯⋯⋯⋯⋯⋯⋯ 4 200 吨

34 艘其他商船 ⋯⋯⋯⋯⋯⋯⋯⋯⋯⋯ 7 850 吨

22 艘纽卡斯尔运煤船只。

1629 年，据说在整个英国有 350 艘超过 100 吨的船只，即为 3.5 万—4 万吨的总吨位。（资料来源见 Oppenheim。）

1642 年，东印度公司拥有总吨位 1.5 万吨的船队。（据：Accounts der Ostind. Komp。）

1651 年，格拉斯哥的商人有 12 艘船，总载重 957 吨。

1692 年，利斯港有 29 艘船，载重 1 702 吨。（Dav. Bremner, The industies of Scotland, 1869, 60.）

根据上述同样来源，在此期间，国王舰队的总吨位至少为 1.5 万—2 万吨（1618 年：15 670 吨，1624 年：19 339 吨，1660 年已经有 62 594 吨）。

据 1664 年的一项官方报告，**法国**商船队由 2 368 艘船组成，按照上述调查中所列载重情况，估计约有 18 万吨。1661 年，法国仅有 30 艘战舰，但在柯尔贝尔去世时已有 244 艘战舰，其载重量估计必定在 8 万—10 万吨之间。

18 世纪期间的**英国**商船队的规模，从最初（1701 年）起，我们即已掌握一种比较可靠的数据：海关专员在各港务当局做过一次调查。据此报告整个英国商船队共有 3 281 艘船只，总吨位 261 222 吨，船员 27 196 人。（Macpherson, Annals s. h. a. 参见 McCulloch, Dictionary, Art. Amsterdam.）

1754 年的数字估计：

2 000 艘左右的海船，载重量约 17 万吨

2 000 艘左右沿海船只，载重量约 15 万吨

总共 4 000 艘左右船只，载重量约 32 万吨。

即如波斯特尔斯韦特这样熟知当年情况的杰出专家，也认可这些数字。（Postlethwayt, Art. Midlesex.）

这本是 50 年内一种可信的增长。1732 年，仅伦敦一地就有商船 1 417 艘（据海关总登记册计算），总载重量 178 557 吨。

18 世纪期间开始出现船运统计，数据更加准确起来，也能让我们对船舶的情

况有所了解。对当年的情况，我们可以作如下假设，例如一艘船每年会有一到两次进入英国港口，亦即每两艘船中会有一艘来过两次。（Postlethwayt, Dict. of Comm. 2, 335.）根据海关的总体登记，1743、1747、1749 年期间，英国所有港口每年平均有 603 艘外国船只，总吨位 86 094 吨。例如从英格兰南部港口（1786 至 1787 年）开往西印度的船只有 233 艘，总吨位 47 257 吨；从伦敦出发的船只有 218 艘，61 695 吨；从英格兰北部港口出发的船只 77 艘，14 629 吨。1786 至 1787 年间抵达美国的船只总数为 509 艘，载重 35 546 吨，同期从美国驶出的船只总数为 373 艘，载重 36 145 吨。（Anderson 4, 659 f.）

在 18 世纪的最后几十年里，英国商船队有相当大的增长。根据莫罗的认真汇编，其数量如下：

1788 年 ·· 9 360 艘，计 1 053 610 吨
1791 年 ·· 10 423 艘，计 1 168 469 吨
1802 年 ·· 13 446 艘，计 1 642 224 吨

第二节　船舶的等级

前文我们已经对 16 与 17 世纪商船的等级有所了解。此处再提供一些数据，以便将此情况描述得更加清晰。

在业已提及的 1664 年**法国**商船的官方统计中，2 368 艘船只的等级划分如下：

10—30 吨 ····································· 1 063 艘
30—40 吨 ····································· 345 艘
40—60 吨 ····································· 320 艘
60—80 吨 ····································· 178 艘
80—100 吨 ··································· 133 艘
100—120 吨 ································· 102 艘
120—150 吨 ································· 72 艘
150—200 吨 ································· 70 艘
200—250 吨 ································· 39 艘
250—300 吨 ································· 27 艘

　　300—400 吨 ·· 19 艘

　　合计 ·· 2 368 艘

　　法国印度公司的首支船队由 3 艘船只组成，其中 2 艘为 300 吨，1 艘为 120 吨；第二支船队的组成为：2 艘为 500—600 吨，2 艘为 300 吨，1 艘为 250 吨，1 艘为 200 吨，4 艘为 60—80 吨。1682 年，1 艘为 700 吨，1 艘为 800 吨。（P. Kaeppelin, La Compagnie des Indes Orientales, 1908, 10, 12, 137.）

　　17 世纪时从**汉堡**港驶出的船只等级平均为 17—18 拉斯特，每个拉斯特为 2 000 千克；例如 1625 年的平均等级是 17.521 拉斯特。这一年最大的一艘船驶往威尼斯，其载重量为 200 拉斯特（即 400 吨），1616 年我们已知的一艘是 150 拉斯特，1615 年一艘是 130 拉斯特，1617 年一艘是 120 拉斯特，等等。（E. Baasch, Hamburgs Seeschiffahrt und Warenhandel vom Ende des 16. bis zur Mitte des 17. Jahrhunderts, in der Zeitschrift des Vereins für Hamburg. Gesch. 9, 295 ff.）

　　英国，如威廉·蒙森爵士在他的《海军短文集》第 294 页所记，在伊丽莎白去世时（17 世纪初），400 吨级的商船不到 4 艘。（Anderson 2, 211.）此述不差，因为直到该世纪中叶，东印度公司的船只（该国最大的船队）的载重量才仅为 300—600 吨。

　　17 世纪末，**荷兰**东印度公司的船舶载重量平均为 300 拉斯特。[G. C. Klerk de Reus, Geschichtlicher Überblick der Niederländisch-ostindischen Kompagnie（1894），116 ff.]

　　西班牙船队的印度船特别巨大。1686 年，商船和兵舰共有 50 艘，载重 27 500 吨。（Alvarez Osorio, Extension politica y econom. punto III, 见于：Colmeiro, Econ. politica 2, 404。）

　　如此等级在 18 世纪也很平常。东印度大船的载重量为 300—500 吨，欧洲的船只载重量有 100—300 吨。

　　例如，在伦敦 1732 年拥有的 1 417 艘船中：

　　130 艘在 300 吨至 500 吨之间，

　　83 艘在 200 吨至 300 吨之间。

　　其余的船只较小，著名的南海公司船仅有 750 吨。

　　1737 年 5 月 1 日，**利物浦**拥有 211 艘 30 吨以上的船只，其中：

数量	载重量	数量	载重量
1 艘	400 吨	7 艘	160 吨
1 艘	350 吨	15 艘	150 吨
1 艘	300 吨	10 艘	140 吨

续表

数量	载重量	数量	载重量
1 艘	250 吨	5 艘	130 吨
2 艘	340 吨	13 艘	120 吨
2 艘	200 吨	6 艘	110 吨
2 艘	190 吨	16 艘	100 吨
4 艘	180 吨	135 艘	30—90 吨

（Liste Anderson 3, 324.）

1749 年驶入英国各港口的船只等级如下：

荷兰船只	62 艘	计	6 282 吨	每艘 100 吨
丹麦船只	292 艘	计	47 382 吨	每艘 160 吨
瑞典船只	71 艘	计	8 400 吨	每艘 120 吨
汉堡船只	40 艘	计	6 746 吨	每艘 170 吨
法国船只	24 艘	计	1 289 吨	每艘 5 吨
普鲁士船只	26 艘	计	2 420 吨	每艘 130 吨
但泽船只	16 艘	计	2 748 吨	每艘 170 吨
葡萄牙船只	26 艘	计	2 100 吨	每艘 80 吨
不来梅船只	16 艘	计	1 975 吨	每艘 125 吨
俄国船只	5 艘	计	440 吨	每艘 90 吨
西班牙船只	16 艘	计	940 吨	每艘 60 吨
	594 艘	计	81 740 吨	每艘约 140 吨

最大的一艘是丹麦船，510 吨；最小的一艘是法国驳船——显然是从加来驶往多佛——4 吨。当然从不来梅驶出的一艘也仅有 35 吨，从但泽驶出的一艘只有 44 吨，等等。（Postlethwayt, Art. Navigation.）

18 世纪末，荷兰的商船通常为 180—190 拉斯特，龙骨的长度为 115 英尺，前艏柱到后艏柱的长度是 120 英尺，宽度为 34 英尺。（Joh. Beckmann, Beyträge zur Ökonomie 3, 739 f.）

王家丹麦波罗的海与几内亚贸易公司系由几内亚贸易公司、波罗的海贸易公司与格陵兰贸易公司于 1781 年联合组成，其资产中有 37 艘船只，其中的等级如下：

50—60 拉斯特 ·································· 10 艘

61—100 拉斯特 ·································· 2 艘

101—150 拉斯特 ·························· 21 艘

151—162.5 拉斯特 ·························· 4 艘

合计 ·························· 37 艘

（§ 4 des Octroi der Gesellschaft，abgedruckt in Joh. Beckmann，Beyträge zur Ökonomie 6，416 ff.）

倘若将这些数字与相对应的军舰加以比较，我们很快就知道，军舰要比商船大得多，尤其是大型的船只往往都是军舰。

早在 16 世纪，英国的军舰已达 1 000 吨的等级（有塔）的重量为 1 000 吨；在奥本海姆为亨利七世时期搜集的列表中，有 9 艘为 500 至 1 000 吨级的船只。

17 世纪，军舰的等级迅速扩大。

17 世纪时，1 000 吨级的军舰似乎颇为寻常。1688 年，英国海军已经拥有 41 艘军舰，其中最大的一艘载重量达 1 739 吨。这些大型船只的船员人数从 400 到 800 人不等，火炮数量在 70 到 100 门之间。（Pepys' Mem. rel. To the state of the Royal Navy Laird Clowes 2，244 seg.）

第三节　造 船 的 速 度

造船主要受军事利益的影响。自从建造军舰成为主业以来，造船业出现了急促且往往是跨越式的发展，认识这一点，只需看看军舰数量的增长即已足够。相关数据此前我已列出，在此谨提醒读者参考。为使这幅情景更加生动，我再举几个特别突出的例子，从中可以领略当年委实空前的造船速度。

在**英国**，1554 年有 29 艘军舰正在（“委托”）建造之中，1555—1556 年有 38 艘，1557 年有 24 艘，同年 12 月又增加 8 艘。造船的速度愈益加快，下面的表格提供了颇令人启发的例子：

1559 至 1580 年，以及 1581 至 1602 年这两个 22 年间，受委托建造的军舰为 142 艘和 362 艘。

接下来在 17 世纪期间才出现了突飞猛进，在这一时期，所有的军事利益集团才扩展为巨人（也可以说是在巴洛克时代）。就国家而言，英国在 11 年内造船 207 艘，几乎每年建造 20 艘。在 1690 至 1695 年的五年里，英国批准建造的船只为 45 艘，价值为 1 011 576.811 英镑。（Charnock，Mar. Arch. 2，462.）

在柯尔贝尔时代，法国舰队的扩张速度也近乎亢奋：正如我们所见，柯尔贝尔开始执政时（1661 年）军舰为 30 艘；仅仅过了 20 多年，他已经拥有 244 艘军舰，而且这些军舰的规模通常要大得多：平均每年有 10—12 艘战舰下水。

第四节　造船材料的需求

这种需求首先可以用军舰的制造成本来表示。除去船厂所支付的工资之外，任何这样的数额，都意味着对造船材料的需求。

16 世纪时，英国的一艘中型军舰造价在 3 000—4 000 镑，詹姆斯一世时期，价格在 7 000—8 000 镑，查理一世时期在 1 万至 1.2 万镑，18 世纪初为 1.5 万至 2 万镑。（资料来源：Oppenheim）。

我们有一个非常精确的清单，列出了 18 世纪**英国**不同等级的船舶价格。1706 年的价格在 3 138 镑到 78 581 镑之间，1741 年的价格在 6 309 镑到 41 151 镑之间。（Charnock 3，126.）

只有当我们详细了解这些数字的使用情况，确定每一笔开支流向何处时，这些数字才能说明一些问题。现在可以验证一下这样的分类是否可行。

造船需要的材料主要是：

1. 木材，是早期所有时代造船业极其重要的材料，这一点我们马上就会看到；

2. 索具或其原材料：大麻，亚麻等；

3. 帆具或其半成品或原料；

4. 铁制品：锚、链、钉、线材；

5. 焦油和沥青；

6. 黄铜、铜、马口铁、锡。

16 世纪时，建造"主恩亨利号"已经需要 56 吨铁材，即 112 000 磅，使用的木材重达 3 739 吨。而麻絮和亚麻的用量很少，仅 565 英石（1 英石大约等于 32 磅）和 1 711 磅，估计后者的重量单位应为"船磅"（相当于 2.5 公担）。（Oppenheim 53.）

至于 16 世纪一艘船需要多少索具，我们从另一处拥有准确消息的文献（J. Marperger, Das Neueröffnete Manufakturenhaus 1704，142）中获知，一艘建于 1565 年的船只，需要 1 140 公担，或 456 船磅，即 114 600 磅。同样在 16 世纪建造的"凯旋号"的木材耗费为 1 200 磅（总造价为 3 788 镑）。

1618 年，英国新造的 10 艘军舰的估计费用如下（其中 6 艘各为 650 吨，3 艘各为 150 吨，1 艘为 350 吨），费用总估算（Rep. vom Jahre 1618；Mar. Arch. 2，256.）：

船体的建造 ·································	43 425 镑
滑轮、桅杆 ·····························	513 镑 6 先令 8 便士
小艇 ·······································	320 镑 10 先令
索具 ·······································	6 716 镑 1 先令 6 便士
帆具 ·······································	2 740 镑 15 先令 6 便士
锚具 ·······································	2 287 镑 4 先令
总计 ·······································	56 002 镑 17 先令 8 便士

到 18 世纪，对所有材料的需求都有极大的增长。

英国一艘装备 100 门大炮的军舰需要的船帆布料为 3 600 埃勒。

法国一艘装备 100—120 门大炮的军舰，长度 170—180 英尺，宽度 50 英尺在建造时需要：

4 000 件完全良好的橡木，

30 万磅铁，

21.9 万磅涂上柏油的索具。（Krünitz 50，354 ff.）

根据一份官方（英国）的调查，18 世纪初每年所用的**沥青和焦油**计：

英国和爱尔兰 ·······································	1 000 拉斯特（29 百升）
荷兰（供本国使用并出口到西班牙、葡萄牙和地中海）···	4 000 拉斯特
法国 ·······································	500 拉斯特
汉堡、吕贝克和德意志其他港口 ·······································	500 拉斯特

其他数据参见《战争与资本主义》第六章。

第五十一章

大城市的大宗需求

如果说军队和造船业因为一种经济的需要而产生一种大宗的需求，即此种大宗需求系为组织变革的结果，那么，在大城市中，由于许多人长期生活在同一个地方，他们再也不能通过自己的生产来维持生计，而必须通过购买来满足所需要的一切，于是，这样简单的事实便催生出一种大宗需求。

第一节　大城市的成长

首先，让我们回顾一下早期资本主义时代大城市的发展历程。

在 **16 世纪**，人口超过 10 万的城市数量已经增加到 13 至 14 个。最初是意大利的城市：威尼斯（1563 年：168 627 人，1575—1577 年：195 863 人），那不勒斯（24 万人），米兰（约 20 万人），巴勒莫（1600 年：约 10 万人），罗马（1600 年：约 10 万人），佛罗伦萨在 1530 年只有 6 万居民。

其次是西班牙与葡萄牙的城市：里斯本（1620 年：110 800 人），塞维利亚（16 世纪末：有 18 000 个炉灶，约有 10 万人）；再看荷兰的城市：安特卫普（1560 年：104 092 人），阿姆斯特丹（1622 年：104 961 人）。

最后是巴黎和伦敦。

巴黎在 16 世纪中叶就已经颁布各种王室敕令限制城市的扩张（我稍后再谈），由于宗教战争，城市人口明显减少，1594 年的人口约为 18 万。

伦敦的发展则颇为迅速，到 16 世纪末，即已显示出人口过剩的大城市的所有通病，我们从 1602 年伊丽莎白的一项法令中可以清楚地看到这一点。在伊丽莎白时代，我们估计伦敦的人口约为 25 万。

在 **17 世纪**的进程中，一些从前的大城市人口在下降：里斯本和安特卫普的人口降到 10 万以下；米兰、威尼斯人口也同样急剧减少。

与此相比，维也纳（1720 年：13 万人）和马德里正在崛起为新的大城市。

快速增长的还有：罗马、阿姆斯特丹、巴黎和伦敦。16 世纪末，罗马有居民 14 万，阿姆斯特丹有居民 20 万；巴黎达到 50 万，伦敦超过此数（1700 年：674 350 人）。

当伦敦在这一世纪逐渐扩大规模时，巴黎显然正在快速上升。尤其是在波旁王朝的前两个统治时期发展迅速。此时我们经常看到那些奇怪的法令，禁止建造新的房屋来阻止城市的发展："眼见我们可爱的城市巴黎的发展陷入不利的境地。""鉴于陛下的圣意是谋求他的巴黎城市有一种确定与有限的扩充……"（在这些禁令中，人们可以说，这种禁令类似于一种行会规章所承认的意愿：无意让一种有机结构无限制地扩展；抵制资本主义的无情扩大和量化的倾向；一种古旧的糊口与门阀观念在反对无节制的营利冲动。）

当然，此类禁令并没产生任何效果；尽管类似禁令不断重复发布（1627 年，1637 年），巴黎在这几十年里恰恰在非常迅速地发展。一位有洞察力的历史学家博德里亚认为，在路易十三的巴黎与同盟时期的巴黎之间的区别，要比同盟时期的巴黎与第三共和国的巴黎更大。高乃依在 1642 年创作的喜剧《巴黎人》（第二幕，第五场）中表达了同时代人对这种变化的强烈感受。

> 整座城市华丽无比，
> 仿佛从一个古老的深坑中奇迹般地拔地而起，
> 让我们臆想，
> 在它的屋顶上，
> 所有的居民都是神或国王。

18 世纪带来以下变化：

莫斯科、彼得堡、维也纳和巴勒莫（后者在 1795 年有居民 200 162 人）的人口都超过 20 万。都柏林也相差不远（1798 年：182 370 人，1753 年：128 870 人，1644 年：8 159 人）。

汉堡、哥本哈根、华沙的人口接近 10 万。柏林的人口增加到 141 283 人（1783 年），里昂增加到 135 207 人（1787 年）。

那不勒斯接近 50 万人（1796 年：435 930 人），伦敦接近 100 万（864 845）人，革命爆发时巴黎有人口 64 万至 67 万。

这些数字取自贝洛赫《欧洲主要城市的发展》一书的细致工作（参见：Comptes rendus du VIIIe Congres international d'Hyg. Et de Dem. 55 ff.）。还有一些城市的数字源自伊纳马-施泰恩内格在政治学手册（第三版）中的论文。有关都柏林的人口，参见：Moreau de Jonnes, Statistique de la Grande Brittany 1，88。伦敦的最后一个数字系为 1801 年人口普查的官方数字；柏林的数字根据诺曼汇编［Mira-beau, d. J., De la monarchie prussienne 1（1788），395 f.］。

第二节　大城市的消费水平

为了给出这些城市消费水平的数字概念，我想列出伦敦和巴黎这两个大城市的一些消费项目的数字。目的仅仅在于让人们通过可测定的数量来理解一个有待确定的事实。

1. 伦敦

伦敦史密斯菲尔德屠宰场的肉畜供给

年份平均	羊	黑牛
1736—1740	599 466	97 548
1741—1745	531 134	85 892
1746—1750	655 516	80 878
1751—1755	610 618	80 843
1756—1760	616 750	91 699
1761—1765	730 608	93 480
1766—1770	632 812	84 244

顺便提一下，安德森（Anderson 4, 156）报告的数字与上述数字并不一致。1795 年提交下议院的一份报告中亦有部分差异。然这些数据仅为近似的数值。就准确的数据而言，伦敦肉类市场的供给并没有增加，或仅略有增加，这可以从以下事实得以判断，即当时（18 世纪 60 年代）众人都在抱怨肉类的价格（1764 年的一次征询），就像我们在 1912 年所做的一样，有些人认为这是因为牲畜供应不足所造成。

1784 年的**烈酒税**达 371 921 镑 3 先令 9 便士，各地缴纳计：

伦敦 ·················· 106 091 镑 15 先令 2 便士
萨里郡 ·················· 39 644 镑 1 先令 11¼便士
赫特福德 ·················· 184 628 镑 15 先令½便士
伦敦及其周边地区 ·················· 330 364 镑 12 先令 1¾便士
英国其他地区 ·················· 41 556 镑 8 先令 2 便士

不过，烈酒的**生产**主要集中在伦敦及其周边地区，正如以下官方统计数字所显示的那样：

从 1784 年 9 月 10 日至 1785 年 7 月 5 日所蒸馏的酒以加仑计：

	酿造者	精馏者
伦敦　··························	96 909	102 643 ½
英国其他地区　··················	126 968	57 208 ½

这两个数字的比较表明，伦敦的烈酒**消费量**也要大得多。

在中世纪的伦敦，**硬煤**已经被用作取暖燃料：我们在 14 世纪就已经听到关于煤烟侵害的抱怨。[M. Dunn, The Coal Trade（1844）11；The Coal Trade；App. zu Anderson 4，701.]据说，自查理一世以来，煤的应用已经十分普遍。这就意味着大城市在大量消费煤。我们非常了解伦敦港进口的硬煤数量。估计在 1770 到 1790 年之间有 60 万—70 万查尔特隆①（1779 年：587 895 查尔特隆；1787 年：764 272 查尔特隆）。（Anderson，4，321，692）1 查尔特隆约为 36 蒲式耳，即等于 1 272.265 升，因此约为 100 万吨。我们可以假定，这些数量主要用于**伦敦人的消费**，当时从整个英国出口仅略多于 10 万查尔特隆，我们从后来的证据中知道（Parl. Enquete von 1829，见：Dunn，74），在煤气灯引进之前，伦敦每 8 个人的取暖消费即为 9 查尔特隆。另外，根据其他数据，例如 1776 年运往伦敦的货物占纽卡斯尔输出总额的 68% 以上。因此，可以直截了当地说，一直到 18 世纪末，英国在泰恩河和韦尔河流域的全部煤炭生产几乎完全用于满足伦敦人的大宗取暖消费。

2. 关于**巴黎**，我们有不同年份颇为详细的消费计算，这些计算完全可以用于这里的研究目的，尽管个别数字在绝对数量上尚有可商榷之处。

三份官方备忘录载有人和马的主要食物：

（1）1634 年的统计数字是受泰利耶（Teliers）先生的委托编制，此人系奉当时的检察官和后来的国务大臣及枢密顾问之命行事；

（2）1659 年的一份清单是老萨瓦里（Savary）的陈述，他当时主管王家领地税关与巴黎的入市税；

（3）1722 年的第二份清单，系前者的第二份陈述。这三个统计报告涉及盐、腌鲭鱼、腌鲑鱼、干鳕鱼、鲱鱼、煤、牛、猪、小牛、羊、谷物、燕麦、干草和秸秆的消费量。

最后一个来源是：

（4）1791 年代表国民议会印制的拉瓦锡研究报告——标题为《法兰西王国领

---

① 查尔特隆，旧时英国干量单位，用于煤、焦炭、石灰等，约等于 32—72 蒲式耳。——译者

地财富》一书的结论摘要——利用"革命前一年的正常年份情况"（税收登记册）的官方材料，确定巴黎人对几乎所有基本食品和大多数工业产品的消费情况。根据拉瓦锡的判断，他的资料来源可靠，其中包括面包、饮料、家禽、蛋、鱼、新鲜奶酪、燃料、糖、粉状砂糖、油、蜡、灯、木材与建筑材料；而未加腌制的海鱼、金属和"其他一些商品"的数字则带有"大量假定"的性质。

然而，拉瓦锡的全部统计数字几乎鲜为人知，如果去除其中早先年份的许多不完整的统计，其他数据还是值得注意。

拉瓦锡根据出生人数（19 769 人），乘以 30，估计当时巴黎的人口约为 60 万。于是，他首先从杜尔戈在 1764—1773 年间进行的特别调查着手，确定进口到巴黎的谷物和面粉的数量。由此，我们可以推断，当时大部分做面包的谷物已经以粉末的形式送进城市（因此，13 世纪巴黎的塞纳河上有许多磨坊的景象已经改观！）。在 1764 至 1773 年间，巴黎每年引进：

谷物 ·· 14 351 缪伊①

面粉 ·· 66 289 缪伊

如果换算成面包的数量，这意味着：

以谷物的形式有 14 330 880 磅面包，

以面粉的形式有 165 457 344 磅面包进入巴黎。

于是，在拉瓦锡的报告中，列出全市家畜或肉类的消费。所屠宰的家畜数量已经知道，据拉瓦锡的数字，其屠宰后的重量如下：公牛 700 磅，母牛 360 磅，小牛 72 磅，羊 50 磅，猪 200 磅。

年消费量如下：

牲畜类别	数量（头）	屠宰后重量（磅）
公牛 ·······················	70 000	49 000 000
母牛 ·······················	18 000	6 480 000
小牛 ·······················	120 000	8 640 000
羊 ·························	350 000	17 500 000
猪 ·························	35 000	7 000 000
宰后的重量 ··················	——	1 380 000
总计	593 000	90 000 000

① 缪伊一说系旧时法式容积单位，约为 274.2 升；一说为荷兰在南非使用的容量单位，相当于 3 个蒲式耳。——译者

拉瓦锡调查结果中提到的其他物品首先按重量或头数确定；在第二个表格中，他试图根据当天价格来确定价值。我将其中的主要项目列出，并按照作者的办法，在那些只能估计数量的商品上标出一个星号（＊）。

商品种类	数量	价值（里弗赫）
面包 ………………………………	206 000 000 磅	20 600 000
酒 ………………………………	250 000 缪伊	32 500 000
白兰地 …………………………	8 000 缪伊	2 400 000
苹果酒 …………………………	2 000 缪伊	120 000
啤酒 ……………………………	20 000 缪伊	1 200 000
水果和蔬菜 ……………………	——	12 500 000
肉 ………………………………	90 000 000 磅	40 500 000
鸡蛋 ……………………………	78 000 000 个	3 500 000
新鲜黄油 ………………………	3 150 000 磅	3 500 000
加盐和融化的黄油 ……………	2 700 000 磅	1 800 000
新鲜奶酪 ………………………	424 500 磅	900 000
干奶酪 …………………………	2 600 000 磅	1 500 000
＊新鲜海鱼（鲭鱼）…………	——	3 000 000
新鲜鲱鱼 ………………………	——	400 000
＊咸鱼（盐渍）………………	——	1 500 000
＊淡水鱼 ………………………	——	1 200 000
木柴 ……………………………	——	20 000 000
＊梁木和待加工木材 …………	1 600 000 立方英尺	4 000 000
木炭 ……………………………	700 000 车	3 500 000
	（1 车等于 19.2 立方米）	
硬煤 ……………………………	100 000 车	600 000
干草 ……………………………	6 388 000 桶	2 100 000
稻草 ……………………………	11 090 000 桶	1 980 000
糖和淀粉 ………………………	6 500 000 磅	7 800 000
油类 ……………………………	6 000 000 磅	6 000 000
蜡和油 …………………………	538 000 磅	1 345 000
咖啡 ……………………………	2 500 000 磅	3 125 000
＊可可 …………………………	250 000 磅	500 000
＊纸张 …………………………	6 000 000 磅	10 000 000
钾碱与小苏打等 ………………	2 300 000 磅	1 000 000

铜 ·················	450 000 磅	450 000
铁 ·················	8 000 000 磅	1 600 000
铅 ·················	3 200 000 磅	960 000
锡 ·················	350 000 磅	350 000
汞 ·················	18 000 磅	63 000
*殖民地商品 ·········	——	10 000 000
*药物 ·············	——	3 000 000
*布匹 ·············	——	4 000 000
*缝纫用品 ·········	——	4 000 000
*织料 ·············	——	8 000 000
*毛料 ·············	——	5 000 000
*丝绸和丝织品 ·····	——	5 000 000
帆布 ·············	8 000 000 埃勒	12 000 000
建筑材料（石、砖瓦、石灰、石板、铺路石等）		4 000 000
杂项商品 ·········	——	6 857 000
其中肥皂 ·········	1 900 000 磅	——

总价值：　　 260 000 000

3. **柏林**的消费情况，尼柯莱在其关于这座城市的描述中列出细致的计算，以下一书有此转载并作出补充：Mirabeau, De la monarchie prussienne 2, 148 ff.。

4. 关于**维也纳**，同样参见尼柯莱：Reise durch Deutschland Band III。

5. 1778 年**德累斯顿**的统计情况，可见：Schlözers Briefwechsel 4, 287。

第五十二章

殖民地的需求

资料来源和文献

我并不知道有任何文献专门讨论早期资本主义时期殖民地的市场形成力量。对此问题，仅在贸易史和工业史著作中有所涉及：例如，就美国而言，Bishop, A History of American Manufacturers. 2. ed. 3 Vol. 1868. Vol. I；Th. Vogelstein，同上；Beer, Colonial Policy；Taussig, Tariff. Hist. Of the U. S. 1889 首版；Rabbeno, The American Comm. Policy. 2. ed. 1895；Will. B. Weeden, Econ. And social History of New England（1620—1789），2 Vol. 1890。在班克罗夫特著作中亦有涉及。

其他殖民帝国可见前面相关章节中提到的著作。

关于资料来源，特别是文献来源，前面提到的关于殖民史的著作中，有几种涉及"需求问题"，可参考：Raynal, Buchanan。

此外，关于整个大英殖民帝国，见：John Campbell, A poliotical Survey of Britain. 2 Vol. 1774；Vol. 2, p. 586。

有关印度参见：die Reports … on Administration of Justice in India。

关于北美殖民地：die Berichte der Governors an die Lords Commissioners of Trade and Plantation（例如 1732 年）。

西班牙属地：Bern. de de Ulloa, Retablissement des manufactures et du commerce d'Espagne；trad. de l'Espagne 1753。

*　　　*　　　*

在未经开发和未被发现的外国大陆，殖民地与欧洲人在其定居点——正如人们轻易草率表达的那样——极大地促进了"商业和工业的发展"，正确地说是促进了资本主义经济制度的形成，此种观点为最出色的专家一贯坚定并有充分理由所持有。尤为重要的是，当时的人一致认为，殖民地对母国具有不可估量的价值，欧洲航海国家的财富亦建立在殖民地的关系上。在考察市民财富的起源时，我们自己也看到殖民地对欧洲经济生活转变的影响。现在必须指出的是，殖民地的重要性主要在于它们对形成新的需求方式的影响，这种新的方式是在不同的方向上得以实现的。特别是在人们不立即寻求殖民地影响的地方，也是如此。例如约翰·坎贝尔——当年深刻了解殖民地情况的人之一——正确地指出，殖民地对欧洲商品销售的意义，仅仅因为**促进航运**这一点即已显得十分重要，由此产生出对海员的生活用品和造船材料的巨大需求：

> 所有与船舶建造，桅杆、索具和其他材料，以及供应海员的有关商品，都基于同样原因生存。来往的运费也极其重要，往往同货物价值一样，有时甚至还会超过一些。海员在这些漫长航程中所消耗的食物和其他必需品，以及许多不胜枚举的物品，几乎都在促进和回报我们的每种产业。(J. Campbell, A political survey of Britain 2, 566.)

西班牙舰队几乎完全为殖民地的贸易服务，其他航海国家的所有大型船只也是如此，这是我们自 17 世纪以来发现的事实，英国舰队中足有五分之一用在维持与西印度的交通，还有 1 078 艘船只和 28 910 名海员（1769 年）专门维持对北美殖民地的交通等。考虑到这一点，我们便可以很容易地承认上述说法的合理性。我们稍后将用更为详细的数字来确定殖民地贸易在欧洲国家贸易总额中所占的大量份额。此处，我只想提请注意与殖民地的贸易对市场造成的一种副作用，而在向殖民地居民贩卖货物时，这种副作用很容易遭到忽视。

坎贝尔在航运和船员需求方面所做的工作，也可以转移到另一个重要的需求领域，而这一领域同样因殖民地获得重要的扩展：我指的是**殖民地军队的需求**，以及殖民地为军事目的的全部开支。我们知道，殖民地的企业在多大程度上是军事企业，并且需要强大的驻防力量和要塞。要塞的建造和军队的维持需要大量的开支，这些开支以日益增长的大宗需求的形式反映在商品市场上。必须看到，例如，在 18 世纪后半期，英属印度因军队的需求形成的市场，差不多是印度自身商品销售市场的**五倍**，如以下的数字所示一样：在 1766、1767 和 1768 年，孟加拉的商品进口总额为 624 375 镑①；相比之下，文职和军事行政当局同期的支出费用为 3 971 836 镑。②因为军事开支与行政开支的比例约为 5 比 1，上述的 60 万—70 万镑应计入行政开支，因此，军队的需求达到 300 万—325 万镑：恰是进口商品价值的五倍。

当然，商品销售与殖民地居民也有关系。关于销往殖民地的货物种类和数量，读者将在本书第二卷第六篇关于国际贸易关系看到概括的说明。在那里，我们将

---

① View of the rise etc. of the English Government in Bengal. App. bei Dutt, 47.

② 4. Indian Report etc. (1773); l. c. pag. 46.

会看到殖民地市场既有许多贵重奢侈品的销售，也有常用商品的大宗销售。此处，我只想指出，我视为的这种**销售的特点**何在；为什么殖民地能够如此大量地从欧洲进口商品。

为了对这些问题作出令人满意的答复，我们无疑必须个别地研究非常不同的殖民地区域，并力求说明它们作为客户的特点。

尽管印度与北美、安的列斯和墨西哥彼此很不相同，但在——对其市场形成能力特别重要——的某些方面表现出许多一致的特点：

1. 它们都有极强的购买力——这一点将在下文中详细说明——无论这种力量的来源多么不同：所谓不同，例如此处生产贵金属，彼处生产众人钦羡的丰富的天然产品，他处又是旧时代文化民族的一般财富；

2. 在所有这些国家中，母国或多或少地完全垄断销售，而这种垄断又是由于各种原因——天然的或人为的——所造成；

3. 货物起先因输入的方式必须集中在一个地方运送，供给便从一个地点开始：到达的港口，而这种抵达港往往也是一个市场集散地（波托贝洛！韦拉克鲁斯！），从而必定会产生极大的效应。

具体而言，情况如下：

亚洲文明国家——特别是荷兰人和英国人定居之地——最不适合作为欧洲商品的销售地区。几个世纪以来，他们通过自己的生产或相互交换来满足对消费品的精细和粗略需求。①正如我们所知，当欧洲人占领亚洲的一些地域时，他们发现亚洲国家相互之间已有繁荣的贸易，特别是与日本和中国的贸易，由伊斯兰商人和中国商人经营。虽然他们用武力从这些人手中夺走一些生意，但这并不意味着一定是用欧洲商品去取代当地商品。当然，他们也或多或少地施加相当大的压力，要求当地人"相信"欧洲商品的优越性。波斯特尔斯韦特兴奋地叫道："他们（荷兰人）在自己拥有势力的地方，让当地人以欧洲的方式装束自己，这就非常奇妙地（！）推动了他们从欧洲带去的商业生意。"我们将看到，即使在我们所说的这一时期，欧洲的领主们也成功地在他们的亚洲领地上推销了一些商品。但真正征服印度市场，尤其是英国人对不列颠印度市场的征服，是在19世纪，自大陆封锁的时代以来，通过系统地摧毁印度工业才得以开始。直到1813年著名的调查委员会才不得不回答一个后果严重的问题：我们英国人如何能够用我们的垃圾货驱逐印度人的优等产品？

美洲文明国家的抵抗力不如亚洲文明国家，工业生产也不如亚洲文明国家那样高度发达。此外，与亚洲殖民地相比，富裕的欧洲人移居美洲较多，这就意味

---

① "孟加拉国拥有丰富的生活必需品和便利条件，除了黄金和白银，很少接受任何交换，除非我们有时考虑从苏拉特再次出口棉花以外。"John Campbell, Pol. Survey 2, 611.

着他们更有希望成为欧洲奢侈品的顾客。当地并没有严格禁止商业活动的法令。西班牙政府以某种姿态宣布这一原则："一些工厂停产并不重要，重要的是印第安人少受一点委屈。"[1]声名狼藉的"再分割"设施也同样造成销售的某种垄断，我们在本书的第二十七章中已经注意到这一情况。

然而，无论如何，我们知道，特别是在 16 世纪，西班牙人征服殖民地并站稳脚跟之后，对奢侈品立即产生巨大的需求，并且首先从中获取利益。据说，在 1545 年，印度的需求是如此之大，以至于整个国家必须工作十年才能满足。订单需提前 6 年预约。[2]格拉纳达的天鹅绒价格为 20—29 雷亚尔，但印度的需求使其在 14 天内涨到 35—40 雷亚尔。塞维利亚也有类似情况。[3]

欧洲人在南太平洋岛屿——即所谓**甘蔗殖民地**——的属地情况则大不相同。这里根本没有本地的物品生产能够满足白人和黑人对食物、服装、生产资料和奢侈品的需求。但也不可能发展到一定的程度：让当地居民不去种庄稼或做鞋帽，而是去做更好的事情。他们必须生产备受追捧的殖民地产品，并销售这些产品，从而能够从国外获得所有的商品需求，尤其是对工业产品的需求。这里变成母国的一个重要的销售地域，他们既可以为富有的种植园主提供奢侈品[4]，也可以为黑人提供大众商品。奴隶们单调的服装显然对普通平纹布和印花布产生巨大的需求。

> 美洲殖民地居民的需求与欧洲居民相同，但冬季蔬菜除外，那里的气候使得蔬菜毫无用处。他们没有酒，没有白兰地，也没有面粉、盐与任何制成品。他们需要轻薄的衣服、各种布匹、五金、饰品、长袜、帽子、家具、各种器皿、武器和军需品。在贸易中，没有任何一个行业能够涵盖如此有利的出口，也没有任何一个行业能够提供如此丰厚的回报。（Le commerce de la Hollande，etc. 1，1768，255.）

18 世纪末，这些岛屿上的人口数量已经高度增长。正如下面的数字所表明的那样。

根据布里安·爱德华兹的说法（引自 Hüne, Sklavenhdl. 1, 348 f.），1793 年"甘蔗岛"（西印度群岛）的人口计：

---

[1]　Ley 4 tit. XXVI lib. IV. Recop. de Indias，bei Colmeiro，Econ. pol. 2，395 ff.

[2]　Campomanes，Educacion，406；zit. bei Bonn，109. 110.

[3]　Mercado，Tratos y contratos（1591）.

[4]　在法国殖民地，90% 富有的种植园主居住在当地，而英国人则采取另一种做法：富有的企业家离开他们的殖民地，从伦敦通过代理人管理他们的种植园。Raynal，Histoire 3，85. 82。

	白人	黑人
牙买加	30 000	250 000
巴巴多斯	16 167	62 115
格拉纳达	1 000	23 926
圣文森特	1 450	11 853
多米尼克	1 236	14 967
安提瓜	2 590	37 808
蒙费拉特	1 300	10 000
尼维斯	1 000	8 420
圣克里斯托弗	1 900	20 435
维京群岛	1 200	9 000
巴哈马	2 000	2 241
百慕大	5 462	4 919
共计	65 305	455 684

剩下的是英国的**北美殖民地**，它们成为母国商品一个特别重要的市场。人们知道，英国对这里的工业生产颁布严格的禁令，而且据我们所知，执行也相当严厉。除了一些粗糙的必需品外，北美的英国殖民地没有生产任何工业品。一些"制成品"（例如帽子之类）不顾禁令到处开放，只不过是一种无足挂齿的例外。

上面提到 1732 年的备忘录很好地描绘北美殖民地的工业生产状况。我介绍几例如下：

新罕布什尔州 "没有固定的制造业……人们几乎完全用英国的毛织品做衣料"。

马萨诸塞湾（属新英格兰）："在这个州的某些地方，居民将他们的羊毛和亚麻加工成普通的粗布，自己使用。……这个州所用的大部分羊毛和亚麻布都是从英国进口。……海滨城镇有少数制帽工人在营业。……使用的大部分皮革都是自己制造。……多年来，州内一直有一些铁工场，……（但是）这个州连其需求的二十分之一都无法提供。"后来另一份报告又称："那里还有一些其他的制造业；例如制造未经漂洗的荷兰布，供妇女穿着，……他们还做一些少量的亚麻布和棉布，用于普通的衬衫和床单。三年前成立的造纸厂，每年的产值达到 200 镑。"

还有几座熔铁炉制造铁条，一些炼铁炉用于铸铁——还有一个切割机——以及一家制钉工场。关于羊毛制造，总督写道，从前乡下人大都用自己的羊毛做衣服，现在他们穿的衣服，自制的不到三分之一，大多是英国制作。……这个州有少数铜矿，但离水路很远，矿产稀少，不值得开采……他们在新英格兰有 6 座炼铁炉和 19 座熔铁炉……这个州为法国人和西班牙人建造船只……新英格兰制作大量的帽子（最大的犯罪！）……他们还为船只制造各种铁器。新英格兰有几家蒸馏所和甜面包房，……

然而，新英格兰还是母国英国忧患的孩子！即便如此，工业生产的规模还是如此的微不足道。

纽约："那个州没有值得一提的制造业工厂。"以后的一份报告又说，"伦敦的制帽公司已经通知我们，这个州在成批制造帽子"。

新泽西："此处没有值得一提的手工工场。"

宾夕法尼亚："没有建立工厂；他们的服装和家用器具都是从英国进口的。"

罗德岛："那里有铁矿；但供他们自己使用的铁不到四分之一。"

后来的专家为我们提供的关于工业生产状况的报告表明，在 18 世纪期间，北美殖民地的工业生产状况并没有明显地扩展。[1]

为了衡量这里为母国开辟的市场有多大，我们必须回顾当时北美殖民地的**居民人数**。美洲会议 1774 年的估计为 3 026 678 人[2]，这显然太高，但我们仍然可以假定，在殖民地解体时，有 100 多万居民。我在这里分享两个颇为一致的数字，是两位可靠的作者采自良好的原始资料[3]：

殖民地	据坎贝尔	据雷纳尔
新英格兰 ……………………	500 000	400 000
纽约 ……………………	120 000	150 000
宾夕法尼亚州 …………	200 000—300 000	白人 150 000，黑人 30 000
新泽西州 ……………	600 000	白人 50 000，黑人 20 000
马里兰州 ……………	100 000	白人 40 000，黑人 40 000
弗吉尼亚州 …………	150 000	白人 70 000，黑人 110 000
总计	1 130 000	1 080 000

---

[1] 参见：例如，Raynal, Historire 3，310，317，347，366，并比较：Vogelstein 从其他来源提供的材料。

[2] Anderson 4，178.

[3] John Campbell, Pol. Survey 2, 639 ff., und Raynal, Histoire Vol. 2 passim.

第七篇

劳动力的获取

概　览

　　没有足够数量合适的劳动力，便没有现代资本主义。因此，"工资劳动者阶层的出现"是资本主义经济的必要条件之一。仔细研究就会发现，这个问题是双重的：一方面，如何、何时以及为何有足够数量的无财产者（潜在的工资劳动者）产生；另一方面——正如我们将要看到——更重要的问题是，企业家如何获得合适和愿意的劳动力（行动中的雇佣劳动者）。这个问题的第二部分构成重商主义时代国家政策的一部分。我在本书第二十一章中说过，为什么要单独讨论"劳工政策"：因为要理解它，就需要讨论劳动者关系本身的形态，而这只有在本书以后的章节中才有可能。现在已经恰逢其时。根据这种单独讨论所产生的材料的特殊安排，这一篇将分为两个独立的组成部分，每一部分成为一个单独的章节：劳动者状况的具体描述（第五十三章）及由此产生的国家权力行为（第五十四章）。

文　献

　　经济史和政治的这一部分在文献中被忽视。除了英国，我不知道有什么专门的文献。许多关于"劳动者阶级的历史"的著作，虽然将他们称作"无产阶级"，但指向完全不同的角度，而且往往过于笼统，不能为我们提供任何实质性的参考。因此，这里提出的问题在著名的著作中几乎全无涉及，如 H. W. 本森：《无产者：一份历史备忘录》（Die Proletarier. Eine historische Denkschrift, 1847）；E. 鲍姆施塔克：《工人阶级的历史》（演讲）［Zur Geschichte der arbeitenden Klassen, 1853（Rede）］；埃卡杜斯：《德国下层人民的历史》（Geschichte des niederen Volkes in Deutschland, 2 Bde, 1907）；罗伯特（du Var）：《从奴隶制到当代无产阶级的工人阶级历史》（Histoire de la classe ouvrière depuis l'esclavage jusqu'au prolétaire de nos jours. 4 Vol, 1845—50）（主要是关于劳动人民的革命运动，而并非涉及劳动人民本身）。A. 维拉尔：《古代与现代无产阶级的历史》（Histoire du Prolétariat ancien et moderne, 1882）（直到 1789 年，作者只知道 1789 年以前的农业劳动者和手工业者）。

　　在大多数情况下，劳工关系和劳工政策是由研究者在工业政策或经济通史中处理的（勒瓦瑟甚至将他的书称为：工业和劳动者阶级的历史，然而，该书并没有提供有关早期时代这些问题的实质性的有趣内容）。因此，我们必须参考本书第二十四章所提供的相关著作。

　　还有些著作以贫民的历史为对象，因为在那些世纪里贫民和劳动者（穷人，劳动的穷人，贫民等于雇佣劳动者！）密不可分。我指的是《贫民》这篇文章（公共照顾穷人的历史）以及其中提到的文献。就我们的目的而言，主要考虑以下的一般性叙述：德热多：《公共福利》（De la bienfaisance publique, 4 Vol, 1839），但此书现在已被另一部巨著所超越，即：Leon Lallem, Histoire de la Charité, 其中第 4 卷（1910—1912 年）述及从 16 至 19 世纪的新时期。第一部分第二册包含各国针对乞讨、流浪等等措施的详尽概述。F. M. L. 纳维尔：《法律慈善，特别是救济院》（De la charité légale ... et spécialement des maisons de travail, 2 Vol, 1836），此书由于其统计数据具有独特的价值。在各个国家新的综合性文献中，尤为值得一提的是

Chr. 保特雷（Chr. Paultre）的出色著作：《法国对乞丐与流浪者的镇压》（De la Répression de la mendicité et du vagabondage en *France* sous l'ancien régime，1906）。在本文论述过程中，我将更多地提及一些具体的专著。

重商主义时期英国劳工关系与劳工政策的历史多次成为特别阐述的对象，其著作者可以分为三类，我分别列举其中最重要的一些：1. 工会活动家：L. 布伦塔诺：《当代工人行会》（Die Arbeitergilden der Gegenwart，Band I，1871）；S. u. B. 韦布：《工会主义的历史》（The History of Trade-Unionism，1894，deatsch 1895）；2. 研究价格和工资关系的历史学家：J. S. Thor. 罗杰斯：《六个世纪的工作和工资》（Six Centuries of Work and Wages，2 Vol，1884），德文版名为《英国劳动史》（Geschichte der euglischen Arbeit，1896）；Gust. 施特芬：《英国工人史》（Geschichte der englischen Arbeiter，3 Bände；deutsch 1901 f.）（此书尤其在论述工资方面表现最佳）；3. 马克思主义者：他们都在追溯《资本论》第 24 章，并加以转述，但并没有增加任何实质性的新内容。其中主要有：H. M. 海因德曼：《英国社会主义的历史基础》（The historical basis of Socialism in England，1883）；K. 考茨基和 Ed. 伯恩斯坦：《新式社会主义的先驱》（Die Vorläufer des neueren Sozialismus，1. Band，2. Teil，Zuerst 1895）。马克思关于"资本原始积累"的著述，在他那个时代是一个辉煌的成就。如今，他的论述已经过时。我们知道，其中几乎没有一个词是"正确的"，也就是说，并不符合事实。

在研究较早时期的英国工人和贫民政策时，不可或缺的是艾登的著作《穷人的状况》（The State of the Poor，3 Vol，1795）。其中包含：1. 对这一主题迄今为止最好，至少是最为详细的历史描述，尤其是 17 与 18 世纪难以获得的长篇论战摘录，弥足珍贵。2.（主要内容）对 18 世纪 90 年代英国工人阶级状况和贫民状况的调查。附录中还有：3. 所有重要的劳动政策法规文本（附录 VIII）；4. 所有劳动政策法令、条例等的文献记录，1 Ed. III c. 7 至 36 Geo. III c. 51（App. IX）；5. 从 1524 到 1797 年，计有 300 部关于劳工和贫民状况的英文著作目录。

根据我们目前的知识状况，迫切需要研究工资劳动者的起源、早期资本主义时期工资劳动者的状况以及重商主义的劳工政策。我将在进一步的论述过程中提到一些专门讨论这些主题的著作。

第五十三章

劳动者的困境

第一节　群体的贫困与行乞

要理解早期资本主义时期的劳动者问题，就必须考虑到这一奇特的矛盾，这一矛盾实际上构成整个这一时期劳动力市场的特殊形态，即一方面存在着劳动力供给过剩，而在许多方面却出现劳动力的短缺现象。我所说的**劳动力供给过剩**，应做如下理解：在 15 至 18 世纪的所有国家，都有大量的无财产、贫穷以及有工作能力的人，他们通过一种营业不能或并不足以维持生计，因此，要么沦为乞丐，要么忍饥挨饿，最终死于饥饿。在早期资本主义的各个世纪里，所有欧洲国家大规模贫困的事实已由足够数量的证据所支持。

法国：早在 14 与 15 世纪，我们即已听闻一种"几乎普遍的贫困"的说法：勒瓦瑟在其著作《国家的贫困化》第四卷第二章中汇编了资料来源。我还要补充一点：吉列博估计，15 世纪初巴黎的乞丐人数多达 8 万（!?）。根据 1482 年的一项人口普查，当时有 15 309 人居住在特鲁瓦，"除了大约 3 000 名乞丐"。（Chr. Panltre, 1. C. 2 f.）16 世纪末，乞丐人数惊人地增加。1578 年，亚眠的乡代表报告说，"有 5 000—6 000 名工人由富人家庭养活"。最富有的城市中穷人最多，因为所有的人都聚集在那里。在该世纪的最后几年，埃图瓦勒谈到"（在巴黎）可以看到街道上的穷人游行队伍，人数如此之多"。还说，在迪厄酒店，"每个月大约有 600 人死亡，其中大部分是因饥饿和贫困而死"（Le grand Journal de Henry IV p. 269）。1576 年，在巴黎建立"公共作坊"，让挤满街道的乞丐和流浪汉忙碌起来。[Robiquet, Hist. munic. de Paris 1（1880），653 f.]

巴黎一直是贫困和乞讨的中心：根据奥马尔·塔隆（Oeuvres 1, 98 f.）的估计，1634 年巴黎有 65 000 名乞丐，大约占人口的四分之一。（引自：Moreau de Jonnès, Et. écon. de la France, 217. 218.）根据另一消息来源，1640 年巴黎的乞丐人数估计为 4 万人。（Histoire de l'hôpital general de Paris. 167, 引自 Gérando 4, 486。）

在 1684 年写给巴黎警察局长的一份备忘录中，提到"这座大城市的大多数居民都在遭受着可怕的苦难"（巴黎）。官方报告亦证实这一情景。（Levasseur 2, 333.）

1662 年 5 月巴黎穷人的一份请愿书说："巴黎的穷人非常多，而且非常需要帮助。他们的苦难达到顶峰。医院人满为患，再也无法接收……"（Corr. adm. sous Louis XIV. p. 654.）

人们将大规模的乞讨视为文化和财富一种不可避免的副作用。因此，一位作家声称一个国家越野蛮，乞丐就越多，伏尔泰为此与他展开争论。伏尔泰认为，恰恰相反，大量乞讨是最高文明的标志：因为世界上没有哪座城市比巴黎更不野蛮，也没有哪一座城市的乞丐比巴黎更多。"我认为，没有哪座城市比巴黎更不野蛮，也没有哪座城市比巴黎乞丐更多。乞丐是一种附着在王国财富上的害虫，懒惰的人从巴黎王国的尽头赶来，在那里他们可以利用巴黎的富裕和善良。"（Voltaire, Lettre à Mr T., sur l'ouvrage le M. Melon et sur celui de M. Dutot. 1738; 1. c. p. 675.）

在富裕国家，流浪乞丐越来越多。梅西耶还认为："富裕国家的流浪乞丐成倍增加。"此外，他指出，巴黎的乞丐在减少：取而代之的是"积极和勤劳的贫困人口"，这是王国的唯一财富（！）。（Tableau de Paris 11, 340 f.）

但不仅在巴黎，而且在整个国家，贫困很普遍，乞丐和流浪汉四处蔓延。当然，尤其是在物价上涨的年份更甚，如 1693 年和 1694 年。1693 年 1 月 1 日，诺扬主教要求警务总监颁布一项命令，禁止穷人聚集，"事情变得更为紧迫，他们威胁村庄的牧师、神职人员和居民，如果不能给予超出能力范围的施舍，他们就会实施抢劫"。

"城市里挤满穷人，市民们再也无法养活他们。村庄里的灾祸更加可怕。……"朗格多克总监 1693 年 11 月 6 日这样写道。

蒙托班主教（1694 年 4 月 16 日）："我们几乎每天都在城门口发现 7 到 8 个瘫在地上的人，在我的教区里有 750 个牧民，每天都有人因缺乏食物而死亡。"

波尔多总监（1692 年 4 月 19 日）："每天都有许多人死去，以至于有些教区的居民剩下的人不到三分之一。"（Levasseur 2, 351 f.）

"平民百姓……近来因战争、疾病和过去几年的苦难而大大减少，许多人死于饥饿，陷入贫困……"［Vauban, Dime royale（1707），ed. Daire p. 86.］

1710 年 8 月费奈隆致函谢弗勒斯公爵："土地几乎弃耕；城市和农村人口减少；所有的农民都在苦苦挣扎，不再养活工人。整个法国现在只是一个巨大的医院，没有资金。"

1740 年，克莱蒙特主教对弗勒里说："我们的人民生活在可怕的苦难之中，没有床和家具，大多数人甚至一年都没有大麦和燕麦面包，这本是他们唯一的食物……"（引自：Jäger, Franz. Rev. 1, 167。）

一位总监 1772 年写信给泰雷："在布列塔尼各个州，粮食短缺和贫困达到极点……"（Levasseur 2，773.）

在许多省份，都像贝里那样：社会最下层阶级极端贫困。（Ib. p. 785.）

1786 年 6 月，加来海峡的一位牧师写道："我已经干了 33 年，还没有见过像今天这样的苦难和贫穷。我能和五六个居民一起养活另外三十三个有需要的家庭吗？"……

以下我还补充一些关于 16 至 18 世纪法国不同地区贫困状况的著作：

C. Hippeau，L'industries etc. en Normandie（1870），129 ff. H. Sée，Les classes rurales en Brétagne etc。（1906），469 ff. H. Chotard，La mendicité en Auvergne au XVIII. siècle，in der Revue d'Auvergne t. XV（1898）. G. Valcan，Misère et charité en Provence au XVIII. siècle（1899），Ch. III.

Alph. Feillet，La misère au temps de la Fronde. 1862.（作者的自由化倾向使这一表述变得模糊。）

J. Letaconnoux in der Revue d'hist. Moderne t. VIII（1906/07），418. 该书对法国的贫困文学作了很好的概述。

在 18 世纪出现"托钵"一词。

在**英格兰**也是如此：根据 W. 哈里森（1577—1587）的说法，在大约 60 年的时间里，英格兰有许多"失业的乞丐"；直到最近，它们才成为真正的瘟疫；在写作（1580 年）期间，他估计乞丐人数约为 1 万人。（引自：Steffen 1，462.）

17 世纪期间，英格兰的乞丐数量迅速上升。格雷戈里·金估计，需要援助的人数占总人口的四分之一，他估计为 500 万。在英国，我们可以从穷人税的水平看到穷人的状况，犹如晴雨表那样。在 1698 年，这一数字已经达到 81.9 万镑：这大约是当时出口贸易价值的四分之一（！）。如同我们今天必须为穷人征收 20 亿马克的税一般。然而，街头乞讨仍在继续。同样在英格兰，乞讨的范围似乎也在向首都延伸。即使在 18 世纪末，人们也会遇到"伦敦街头的大量乞丐"。[J. W. von Archenholtz，England und Italien 1（1787），151.]

就像英格兰一样，在**苏格兰**也是如此：17 世纪末，大约有 20 万能够工作的流浪汉。（Fletchers Second Discourse on Public Affairs 1698；引自：Mackintosh，Hist. of the Civ. in Sc. 3，255。）同一位作者写道："今天，我们成千上万的人民因缺乏面包而死亡。"

即使在**荷兰**，情况也没有什么不同："整个国家都挤满了乞丐。"（17 世纪）（Pringsheim，61.）

倘若西欧三个富裕国家描绘出如此这般大规模贫困的图景，就很容易设想，其他国家的情况也不会更好。

18 世纪的德意志，每 1 000 名居民中有 50 名神职人员和 260 名乞丐。在科隆，据说有 12 000 名乞丐。（Perthes，Deutschland unter der französischen Herrschaft，116；

引自：Roscher，Syst. 52，13。）根据其他报告，1790 年科隆的乞丐人数高达 2 万人（在 5 万名居民中）。[G. Forster，Ansichten vom Niederrhein. 1791；引自：Br. Kuske，Handels- und Verkehrsarbeiter in Köln（1914），74。16 世纪的情况可参见：Seb. Brant，63. Narren im Narrenschiff。]然而，作为一种大规模的社会现象，乞讨并不限于神职人员，甚至也不限于天主教国家（如弗里德里希·尼柯莱所断言）。福音派国家亦不乏乞讨。到处都出现乞讨的现象。用立法者的语言：乞丐增加"时间越来越长，人数也越来越多"，此为不变的公式。在勃兰登堡-普鲁士敕令汇编中，我们统计出在 17 与 18 世纪期间有 100 多项法令针对乞丐和流浪汉的混乱现象，其中一半是在 1700—1789 年期间。1790 年，汉堡艺术和应用工业促进协会发布一项竞赛布告，目的在于推动合理雇用懒汉和不顺从的穷人。（Friedr. Wilh. Wilcke，Über Entstehung，Behandlung und Erwehrung der Armuth. 1792. 亦可参见：Paul Frauenstädt，Bettel und Vagabundenwesen in Schlesien vom 16. bis 18. Jahrhundert，in der Zeitschrift f. d. ges. Strafrechtswiss. Bd. 17。）

在 17 与 18 世纪期间，德意志各地都有乞丐。对此，还有其他资料证据，可见：Hans Schorer，Das Bettlertum in Kurbayern in der zweiten Hälfte des 18. sc，in den Forschungen zur Gesch. Bayerns 12（1904），177 ff.。另可参见在讨论济贫院和乞讨起源问题时提到的相关文献。

在 17 与 18 世纪，无所事事和乞讨也在**瑞士**不祥地蔓延。（Hans Joneki，Arbeitslosenfürsorge im alten Basel. S. A. aus der Basler Zeitschrift für Gesch. u. Altertumskunde 6，184 ff.）

奥地利（17 世纪与 18 世纪）：维也纳的乞丐人数如此之多，以至于在土耳其人围攻之前，人们采取措施将他们中间的 7 000 人赶出这座城市。在伊赫拉瓦，像在其他城镇一样，有许多市民，他们不能成为手工业师傅，只能做日薪工。1719 年，该地 6 246 名居民中有 386 名乞丐。17 世纪 20 年代，当东方公司在上奥地利州为林茨的羊毛制品寻找工人时，该州的乞丐人数估计为 18 万人。[证据可见：Max Adler，Die Anfänge der merkantil. Gewerbepolitik in Österreich（1903），49。]

意大利（**皮埃蒙特**）：根据 1743 年的炉火统计，在一个地区的 8 500 个家庭中，有 3 162 人接受施舍。其后一年的记录显示，许多社区都有"成群结队的乞丐"。[L. Prato，La vita economica in Piemonte a mezzo il secolo XVIII（1908）.]

第二节　"无产阶级的出现"

对于这种**大规模的贫困**——贫困的群众——**产生的原因**首先进行探索的是马

克思及其门徒。他们的观察目光落在英国，因而便认为两件事是无产大众产生的原因：圈地和解散修道院。二者皆有道理，但人们必须小心不要高估其影响。

1. **圈地**的第一个时期发生在大约 1450 到 1550 年之间。当时，为了扩大畜牧业，大规模地圈入乡村公社的土地，并且也包括可耕地。但是，我们不能轻易地相信哈里森和莫里斯的夸张之词，必须尝试用数字去说明究竟有多少农民是因为这些圈地而失去财产。

在本书第一版中，我试图用羊毛出口的数字来计算圈地的面积，得出的结论是，到 16 世纪末，英格兰可耕地总面积的 3% 左右被改造成牧场。后来我才知道皇家历史学会的出版物，其中包括 1517 年组织的关于 1488 至 1517 年扩大圈地的官方调查结果。（The Domesday of inclosures 1517—1518 ... edited ... by J. S. Leadam, 2. Vol. 1897.）

以伯克郡为例（伯克郡和白金汉郡有更详细的数据），计算如下：

从 1488 到 1517 年，全郡的 0.59% 的土地被圈地变成牧场（上述调查第一章第 515 页）：如果我们假设，从 1450 到 1600 年这一比例保持不变，那么直到 16 世纪末，总面积为 2.95% 的土地被改造成牧场。我的计算将会证明比较正确。当然，这种几乎完全的一致只不过是一个幸运的巧合，也是基于一系列武断的假设。但是，调查的数字清楚地表明一个事实：15 和 16 世纪的圈地在整个可耕地中所占比例很小，我的假设得到充分的证实。从 1488 到 1575 年，在所调查的五个郡中，圈地面积占总面积的 1.39% 到 1.98%（同上调查第一章第 72 页）。然而，正如调查报告所显示的那样，很大一部分被圈的土地并非用于放牧而是耕作。但我们也知道两个郡因圈地而无事可干的人数；在调查所指的 30 年里，伯克郡为 670 人，白金汉郡为 1 131 人（同上调查第一章第 509、579 页）。伯克郡现在大约有 20 万居民，按照 400 年前的假设比例，大约为 25 000 人，其中每年有 22 至 23 人因圈地被剥夺其财产。

在 17 和 18 世纪期间，为扩大牧羊场的圈地进展很小。直到 18 世纪中期，那些被圈的土地也应该转向集约化的耕作。然而，这些措施虽然削弱了农民的自主地位，却并没有减少农业劳动的需求。

"与未圈地时相比，圈地提供了更多的就业机会。"［Hale, Complet Book of（1758）1 208，见于：Cunningham 2, 558。］

相反，公地才是造成闲散人口的罪魁祸首：大多数穷人都生活在许多有公地的地区，比如肯特郡。"公地宁可增加闲置人口，使他们变穷，也不愿维持他们的生活。"（Hartlibs Legacie，54，引自 ib. 568。）

最近几年的研究也没有得出任何明显不同的结论，这些研究并没有提供 16 和 17 世纪的新数字，但给出了很好的概述：R. H. Tawney, The agrarian problem in the sixteenth century（1912），113. 156 ff. 270 ff; K. C. G. Gonner, Common Land

and Inclosure（1912），387 ff.。

因此，特别是在 17 和 18 世纪的英国，圈地的确只产生一小部分无产者和失业人。但他们来自何方？

2. 是那些因**解散修道院**而失去生计的穷人，现在不得不在全国各地乞讨吗？

毫无疑问，这项措施大大地增加英国无助穷人的数量。在修道院解散之前，当英国还是信奉天主教之时，什一税中有三分之一用于救助穷人，修道院与慈善堂亦致力于此。现在，644 个修道院、110 个医院和 2 374 个施舍所（主要是分发施舍的祈祷堂）被关闭，所有在这里得到照顾的穷人——据估计有 88 000 人以上①——现在不得不以其他方式另谋生路。他们在失业者、乞丐和流浪汉大军中的确占有相当大的比重。但是，即使我们假设修道院救助的 88 000 名贫民（其实只有 35 000 名）都变成乞丐，当时在英国漂流的其他数十万人又来自何方？对此我们只能猜测。

我认为他们既来自过剩人口，也来自需要补助的人口。

3. **过剩人口**，即人口增长超过现有的粮食供应，一旦土地有人居住，农民和手工业场所为人所占据，而人口却在增加，就必然会出现人口过剩的情况。英国的情况就是这样，尽管范围并不太大。根据**罗杰斯**的说法，英国的人口似乎一直持续到 16 世纪末停止不动。然在 17 世纪增长颇多。17 世纪末，正如我们所看到的，**格雷戈里·金**估计是 550 万；1740 年为 600 万，1750 年接近 650 万，1770 年为 750 万，1780 年达到 800 万。

在早期资本主义时代，如果要解释大量的无产者，我们当然必须首先考虑补贴人口，即那些经济上不能独立的人。但是，有的学者将这两种强行剥夺财产或收入的方法视为制造无产阶级的唯一途径，这是错误的。这甚至不适用于英国。在这一方面，我们必须认为下面一种进程至少和上面那种突然的"剥夺"同等重要。即：

4. 如果要解释工薪阶层的出现，就必须考虑独立的农民或工业生产者的**逐渐贫困过程**同样重要。在几个世纪的过程中，从农民和城市手工业者中排斥无法生存的人，这是一种完全自然的分化过程，他们要么沦为乞丐，要么至少不得不寻找额外的工作收入。

这种旧式的以手工业为基础的生存的逐渐贫困化，可能是产生成熟的资本主义劳动力的最重要原因之一。我们稍后将更详细地了解这些贫穷的农民和工匠们如何为家庭工业提供大量的劳动力。这一事实如此众所周知，以至于无需通过原始资料来证明。特别是在纺织业，这种无产阶级的出现极为普遍。参见：意大利

① 最近的研究人员得出的数字要低得多。如萨温在其有关修道院的研究中指出，最多有 35 000 名穷人（即 7 000 名僧侣的五倍）得到修道院的资助，这些修道院的慈善活动主要是提供特殊的物质服务（如节庆餐食之类）。

（佛罗伦萨）：Doren, Studien 1, 266 ff.。英国：Bonwick, Wool Trade, 403 ff.。德意志：Schmoller, Tucherbuch. Urk. 77；Stieda, Entst. d. Hausindustie, 135；Zimmermann, Schles. Leinengewerbe, 56 f.；W. Troeltsch, Calwer Zeughandlungskompagnie, 22。

整个工业的生存受到动摇，其代表人突然遭到摧毁，因为

5. 大量的销售停滞（我们在下文中还会看到），这是早期资本主义时代常有的现象，但也已经成为手工业组织经济的固有成分。即使在英国，鉴于资本主义家庭工业——特别是纺织业——几个世纪的发展，我们如何能将所有无产的雇佣劳动者的产生归咎于上述两种暴力行动呢？

我们也不应忘记，

6. 早在 14 世纪就在英国开始实行**废除农奴制**。这些人曾经在各大地主的地产上生存，现在则从他们赖以生存的土地上分离出来，并被驱使走上自由乞讨之途。在同样的意义上，

7. 扈从的解散也处处令人产生同样的感觉。

但怎么可以认为英国的发展代表着一种普遍的规律呢？[①]

虽然上述两件事（圈地与废除修道院）无疑在促成英国无产阶级的形成中发挥作用（伴随着其他可能更为重要的原因），但对于其他国家来说，这两件事根本不予考虑。在这些国家，特别是在早期资本主义的典型国家法国，造就无财产或财产贫乏的群众——进而形成雇佣劳动者——的原因究竟是什么？当然，尤其是在第 3 至第 7 项中已经阐明的情况之中。在欧洲大陆国家，除了这些共同的原因之外，还有

8. 战争，其破坏性和毁灭性效应，特别是在法国和德意志一目了然。[②]

9. 税收压力——我们可以肯定地说——再次摧毁了许多以前独立生存的人，尤其是在法国，但在荷兰这样的国家也是如此。任何熟悉 1650 至 1750 年法国经济著作的人都知道，第一流的专家，如沃班、布瓦吉勒伯特和梅隆，都认为法国人民的贫困主要归因于高税收，特别是不公评估或偏袒党派的税收。

正如我已经说过的那样，必须在这一方面进行全面的研究，这样的研究必须摆脱纯粹的猜想，而这些猜想完全基于更广泛的考虑。

一个很好的开始是 B. 库斯克的著作，此书被多次提到，它生动地描述了科隆城市商业和交通行业工人的起源。"他们是小商人和酒馆老板、'堕落的工匠'，还

---

① "对农村生产者及农民土地的征用是整个过程的基础。他们的故事在不同的国家呈现出不同的色彩，并以不同的顺序在不同的历史时期经历不同的阶段（？）。只有在英国具有其经典的形态，因此我们将其作为一个范例（！）。" K. Marx, kapital 14, 682。

② R. Detleffen, Ein Beitrag z. Gesch. des Bettels, in der Zeitschr. d. Ges. f. Schleswig-Holsteinische Geschichte 31（1901），117 ff.

有不能成为师傅的工匠学徒、来自'不诚实'圈子的辅助工等。但主要成分是手工业师傅。"必须有更多此类专著来研究关于1. 工人以及2. 贫民（乞丐）的起源问题。从另一个角度来看，我在注释中提到 R. 德特莱芬，他的有趣研究提供了线索。其中包含一本账簿的节选，此系施特尔河畔诺伊恩教堂的贫民管理账簿。那里聚集着来自各地的乞丐。受助者有：战争中受损的、受伤的、残废的、退役的军官，战地布道的、因火灾受损的、遭海难的、因水灾而致穷的、流离失所的传道者，学校校长，管风琴手，传道者的遗孀，流浪的学生，盲人，瘸子，皈依的天主教徒和犹太人等。也有一些较早的著作涉及一些较窄的领域，如 G. 布吕克纳，《1667 年埃费尔德的乞丐》等（G. Brückner, Die Bettler zu Effelder des Jahres 1667 usw., in der Zeitschr. f. deutsche kulturgesch. 1, 1857, 31 ff.）；以及：Karl Pfaff, Die Landstreicher und Bettler in Schwaben vom 16. bis in das 18. Jahrhundert, 1857, 431 ff.；还有：L. M. Leonard, The Early History of English Poor Relief 1900, 14 ff.。

当代穷人文学是一个丰富的、尚未被充分挖掘的源泉。我仅介绍诸如牧师瓦格曼的一本：Über einige vorzügliche Ursachen des Verarmens und Bettelns usw., 1789；此外，还有一些富有教益的系列文章：Über die Betteley in Niederschlesien, in den Schles. Provinzialblättern Band 31 und 32（1800），其作者以极大的认知能力描述了不同类型的乞丐群体；F. W. Wilke, Über Entstehung usw. der Armut. 1792。

第三节　劳动力的短缺及其原因

如果浏览一下 16、17 与 18 世纪工业史的某些史料：无论是企业家的陈情书、官员的报告、专家或当局的讨论、熟悉工业事务的人的记录或叙述，总是在抱怨工作并不缺乏，问题是缺少工人。这里我只要提供几个样本就足以表明，在不同的国家，在非常不同的条件下可以观察到同样的现象，这些条件的相同之处在于早期资本主义时代最后三个世纪中对新兴资本主义产业工人的需求：

众所周知，在 16 世纪的**西班牙**工业迅速繁荣，人们抱怨："缺少日工，而不是散工。"

法国：1764 年，维埃纳的羊毛制造商抱怨说，内维尔的棉织厂也在多菲内地区纺纱，在那里，维埃纳的制造商花费很长时间培育了一批优秀的纺纱工。[Tableau de la manufacture de Vienne en Dauphiné. 1764（Ms.）bei M. Kowalewsky, La France econ. 2, 86.] 同样的抱怨也来自色丹的制造商。[Tricou, Tableau de la Situation des manufactures des Trois Evêchés. 1785（Ms.）1. c. p. 88.]

在朗格多克，省政府解释说，由于毛纺业的发展，农业工人短缺。（Des Cilleuls，190.）

在 1614 年的巴黎国会刊物中，也有同样的抱怨。［Henry Hauser, Les questions industrielles et commerciales dans les cahiers de la Ville et des communautés de Paris aux Etats généraux de 1614, in der Vierteljahrsschrift f. Soz. u. WG. 1（1903），389.］

"枪手和脱衣舞娘越来越少"……1745 年 9 月 17 日勒特罗尼耶总监给里昂商人负责人的信中这样写道。（Cilleuls, La grande Industrie, 163.）

在 1781 年 11 月 20 日的一封信中，蒙托赖斯一位工厂监管讨论了这样一个问题：在近几个月来棉纺织业的繁荣中。羊毛制造商是否以及在多大程度上对工人进行剥夺。（Ms. Kowalewski, La France écon. et soc. 2, 91.）

英格兰：笛福在他的著作《施舍并非慈善》（1704 年）中提出的第一个论点是："在**英格兰**要实现这样的目标需要的不仅仅是工作，这里工作比人多，缺少的是人，而不是工作。"坎宁安也为 18 世纪的情况提出了证据。

1784 年，戴尔先生想在拉纳克建立他的棉纺厂时，R. 欧文说："有必要……搜罗新的人口，为新生机构提供劳动力。然而，这并不是一项轻而易举的任务。"

18 世纪家庭工业缺少纺纱工人。（James, Worsted Manufacture, 252 ff.）

德意志：巴登钢铁业（16 世纪）工人短缺。［Beck, G. d. E. 2, 702；an Berg- und Hüttenarbeitern im Oberharz（16. Jahrhundert）；ebenda S. 794.］

"勤劳的农夫常常不能用高价找到一个日工做农活，但是有时却不得不用他辛苦挣来的粮食去救济那些游手好闲的人。"（Joh. Wilh. Klein, Über Armuth, Abstellung des Bettelns und Versorgung der Armen, 1792, 131.）

其实并不缺乏工作：Eberh. V. Rochow, Versuch über Armenanstalten und Abschaffung aller Bettler, 1789, 34。

上述文章的作者在《西里西亚省报》上提到乞讨的仆人时说，"虽然西里西亚缺乏工人，但仍然会为找寻一位服务人员而奔波"（a. a. O., 32、203），在另一处，他提到"由于乞讨而缺乏工人"（32、237）。

巴登的人口短缺（18 世纪）：Otto Konrad Roller, Die Einwohnerschaft der Stadt Durlach im 18. Jahrhundert,（1907），337。

到处都缺少纺纱工（18 世纪）：在萨克森，参见：König, 83；在西里西亚，参见：Bergius, Neues Pol. Und Cam. Magazin 2（1776），372 ff.。

瑞士：巴塞尔丝绸工业（17 世纪），参见：Geering, 602。

奥地利：1686 年对手工业者确定日薪时发现缺乏熟练工人：Cod. austr. 2, 324。摩拉维亚布业亦缺乏工人（18 世纪），参见：v. Mises，载于：Zeitschr. Für VW. Usw. 14（1905），235。

瑞典：见 J. Fr. Krügers Rede（1755），载于：Schrebers Sammlung 10, 361 ff.。

在人口普遍过剩的情况下，竟然缺乏工人，倘若我们追问造成此种极为引人注目现象的**原因**何在，可以区分为外部和内在的原因。

首先可以从当时一个国家的不同地区和不同行业之间缺乏协调和联系中找出**外部**原因。因此，一个地方的劳动力过剩并不能直接填补另一个地方的缺口。这种对工人数量的补偿不足现象，至今仍然一直存在，当然，必须看到，在资本主义早期，这种补偿不足所产生的影响自然更大。同样必须承认的是，在英国这样一个国家，这种弊病尤其明显[1]，因为英国的扶贫立法人为地将失业者限制在一个地方，而在其他地方，仍然普遍存在的对迁徙自由的限制更加阻碍劳动力在全国的均衡分布。

不过，在我看来，尽管有过剩的工人，但造成工人短缺的内在原因的重要性似乎远远超过外部原因。

我所说的内在原因是指**劳动力本身的素质**。我们要认识到，仅仅是劳动力的物质性存在并不足以满足从事一定工作的需要。事实上，那些身体条件和纯粹生理上适宜工作的人（当然，谈到"劳动力"时，我们不会考虑那些因身体条件不宜工作的人，如婴儿、老人、病人和残疾人等），或是**不能**工作，或是**不想**工作。但是，我们现在可以认定，早期资本主义时期的工人中存在着这两种缺陷，抑或其中一种，而这样的缺陷是造成工人短缺的主要原因。

他们不能工作，因为在大多数情况下，他们并不具备足够的教育背景。当时的技术基本上仍然是经验性的，因此，与今天相比，技巧性的工作技能与工人的**个人联系**在一起的范围要大得多。因此这种能力不能或者不能迅速地——如人们所希望的那样——传输给他人。凡是需要一些技能和培训的工业几乎只能通过从其他地区或国家引进熟练的工人才能维持或扩充。工业劳动的这种技术特点与今天完全不同，在很大程度上解释了这样一个事实，即在有劳动能力的人中，工人仍然短缺，并且也足以解释国家劳工政策的一系列重要措施，这将在下一章中说明。

我们可以看到，在中世纪，在手工业时代，这种技能与工人的个人联系十分明显，从而导致手工业者的短缺、跳槽与背弃等现象。然而，必须指出，在整个早期资本主义时代，技术能力的这种个人依附性必须持续下去，因为技术基本上仍然以经验为基础。请看一例：几个世纪以来，罗马红衣主教的帽子都是在诺曼底的城市考德贝克制造。当南特法令废除后，帽匠们移民到英国时，他们的技术也随之而去：红衣主教的帽子现在只能在英国制造。18世纪中叶，一位法国帽匠马蒂厄回到法国，在巴黎开了一家大型帽厂，于是制帽的技术秘诀又重新回到法国。[W. Cunningham, Alien Immigrants to England（1897），243.] 这种生产对工人

---

[1] 施特芬尤其强调这一点，参见前文所注。

个人的依赖一直持续到整个 18 世纪；1768 年，40 名法国妇女被带到格拉斯哥编织细纱：Cunningham, Growth 3, 331。然后延伸到 19 世纪。直到 19 世纪 20 年代，德意志的机械工业只能依赖引进英国的专家和工人。[L. Berger（Witten），Der alte Harkort（1895），153. Dgl. die Eisenindustrie.] 钢铁工业：第一批工人是从列日附近瑟兰的约翰·科可里尔那里临时雇用，通过他们将搅炼工艺引入德意志。此外，高炉工艺也是英国工人在建立搅炼与轧钢工场时引进到德意志的。

　　当年在雷姆沙伊德引进所谓施蒂里亚镰刀制作时，下面一篇文章生动地描述了其中的困难场景：Eversmann, Eisen- und Stahlerzeugung zwischen Lippe und Lahn, 392 f.。

　　但是，还有另外一种阻力——此种障碍根植于人类自身的精神状态之中——妨碍着适应资本主义生产发展的工人阶层的形成，倘若并非如此，即便是工人这种技术上的障碍，至少通过几代人的努力，也会更快地得到消除。我们可以清楚地看到，过去几个世纪的无财产或缺少财产的人并**不愿意工作**，无论如何，他们不愿意按照资本主义企业家的要求**那样工作**。可以说，大众的这种天生的懒惰、迟钝及冷漠，对此种现象，在早期所有资本主义文化国家中，当年那些对工人状况发表过议论的人都少见地持有一致的看法。这一判断随后在经济理论和实际改革建议中归结为一种主张：只有低廉的工资才能让人愿意工作，结果，所有关心扩大资本主义经济的人自然也要求尽可能降低工资标准，以便迫使人们从事有规律的工作。这些关于工资和劳动以及贫困的理论，可以说是针对大众精神状况的普遍意见的产物，因此可以作为我们了解当年关于工人状况的**观点（并非这种工人状况的本身）的来源**。

　　对于 16 与 17 世纪的实践者和理论家持有的一些有特色的意见，我赞同其中的一些观点，例如：

　　反映当年工人心理的观点：

　　意大利（20 世纪）："我宁可挨饿，也不愿意为盂兰盆市工作来赚取生活品。"Cronache modanesi di storia Jacopinoi de Bianchi：Mon. Di storia patria per le prov. modanesi. Parma 1861. a. 1528. a. 1534. 引自 Nino Tamassia, La famiglia ital. nei sc. XV e XVI（1910），28. 参看：A. Palmieri, I lavoratori del contado bolognese durante le signorie in Atti e mem. della R. Dep. di' Storia patria per la Romagna. S. III. Vol. 26. 27（1909）。

　　法国：就法国而言，我们有丰富的材料特别是柯尔贝尔及其官员的评论来讨论当时的劳工状况。在推动本国工业发展的努力中，大众的惰性和懒散像一个沉重而坚韧的铁墙一样横亘在中间，对此他们感到绝望。

　　柯尔贝尔在一封信中谈到阿夫朗什的情形，"老百姓非常懒惰"，"是一群慵懒之众"。1662 年在写给巴斯维尔的信中称：他想做出安排，以便"将普瓦捷的居民从他们一直到现在都沉浸其中的极度懒惰中拉出来"。他还向阿伯维尔的陪审员建议，工业是最好的补救办法，"禁止懒惰、减少病人和残疾人的乞讨"。"既然欧塞尔城想回到无所事事和毁灭之中，出于其他事务和健康的需要，我就不得不将这座城市交还给原先的邪恶行为。"

在其女婿的谢夫勒斯领地，柯尔贝尔试图引进羊毛袜产业："但他们更喜欢歌舞表演"，于是他写出这一番话。

各地长官向柯尔贝尔提交的报告也是同样的基调。1669 年，布尔日的行政主管认为：许多城市已经放弃花边制作，声称这项工作会损害视力。

布尔日行政主管一次这样写道："在城市和平原，懒惰习气如此普遍，他们的懒惰令我震惊，我无法从中恢复过来，让这些人好好地工作并非易事。"

圣弗卢尔、欧塞尔、阿弗朗什等地同样报告如此的懒惰行径。（Depping, Corr. administrat. sous Louis XIV. 3，768，770. 参见：den 2. Band der Lettres de Colbert p. 209. 356. 515. 542 Note 1. 589. 680. 714. 731. 760. 792。）

柯尔贝尔在教育上的广泛尝试并没有解决这个问题：在 18 世纪，"懒惰"仍然（根据同时代人的判断）是法国大众的基本特征。

在多菲内，路易十四执政初期的行政长官丰泰尼抱怨"西班牙人的懒惰和瓦伦蒂诺人的天才，由于脾气和教养而懒惰"。

在欧塞尔，18 世纪后半叶，如同柯尔贝尔时代一样，还在谈论必须"将人们从惰性和沉睡中拉出来"（Aus Lokalarchiven Levasseur，Hist. 2，774）。

从这些观察中，工资理论家和工资政策制定者得出结论：必须尽量少付工人的报酬，只有这样他们才能工作。参见：Bigot de Sainte-Croix, Mémoire sur les corporations. Mayet, Mém. sur les manufactures de Lyon（bei Godart, L'ouvrier en soie, 266）。"在某些阶层，过于安逸会弱化工业，产生闲暇以及由此滋生的一切恶习……如果生活并不迫使工人从事职业工作，不管我们给他多少钱，只要他成功地摆脱这种奴役，如果他的所得超过他的需要，便可以不依靠自己的双手来维持生计，他会努力利用这段时间组建一个联盟……"

英国：所有观察 17 世纪工人状况的人一致认为，只有在极端紧急的情况下，工人才会安心工作，并且只要他所必需的最基本的生活费即可。因此，食物价格越便宜（意味着工资越高），他就越懒惰。

"布商和其他雇用大量工人的人已经观察到，当粮食充足时，劳动力相对昂贵，而且几乎找不到（根本就缺乏）。"威廉·佩蒂接受这一观点，他补充说："那些只为吃而工作，或者更确切地说，为喝而工作的人是如此放荡。"

我们在曼利那里发现同样的观点："我们有上千个可怜的人，但不会接受他们提出的温和条件来工作。"（W. Temple；Locke-；John Houghton 等等。a. 相关证据参见：Kostanecki 及 Schulze-Gaevernitz。）

18 世纪初一个内行人的判断：笛福在他著名的文章《施舍并非慈善》（1704年）中这样说（我引用的是莱基的德文译本）："根据我的经验，我可以向你保证，那些在我家门口闲逛的人，我每周给他们 9 先令的工资，他们常常当着我的面说，他们靠乞讨可以得到更多。节俭并非英国人的美德。……我们是世界上最勤劳又最懒惰的民族。对一个英国人来说，只要工作到口袋里装满钱，然后就能闲逛，或者可能喝醉，直到一切都搞定，而他自己可能还债台高筑，没有什么比这样更为平常的事；如果他坐着喝酒，你去问他，现在打算做什么，他会坦率地说，他会一直喝下去，然后回去工作，这样他就能喝得更多。我在很短的时间内毫不犹疑地证明我本人认识的英国 1 000 多个家庭，他们衣衫褴褛，他们的孩子没有面包，他们的父亲可以赚取 15 到 25 先令（?），但他们不想工作。"

另一个人说："每个人都知道，在织工、铁匠、布料及其他二十个行业中，需要大量的日工（短工），如果他们一周工作四天可以谋生，就很难说服他们工作五天。……当人们如此倾向懒惰和享乐时，我们可以假设，他们只有迫不得已才会工作。"（Mandeville, Fable of the Bees.）（这位伟大的愤世嫉俗者接着总结他的劳工政策纲领："工人应该得到足够的东西，使他免于挨饿，但不能让他们省下一分钱。"）在另一个地方，曼利指出，一个想要富裕的国家需要大量的穷人，他们必须工作，因为他们有需要（因此，看在上帝的分上，并非慈善！）："如果没有人想要，便没有人会工作。"（An Essay on Charity and Charity-School. Fable 6. ed. p. 326 sq.）

阿瑟·扬在 18 世纪中叶从曼彻斯特及周边地区的劳工居民中也获得相似的印象：只有当食物昂贵，必须工作以避免挨饿时，人们才会勤劳；如果生活费便宜，劳工家庭的孩子就会死去，"因为父亲一半的时间都花在酒馆里"。"曼彻斯特的商人希望价格总是高到足以迫使人们普遍勤劳，每周工作 6 天。"（A. Young, North. Tour, 3, 244, 249.）

荷兰：18 世纪末一个纺织工人的生活图景："整个夏天，周围的村庄都有集市，有几辆马车停在门口，将一个悠闲的织工及其妻儿带到这个令人愉快的村庄。这里，一切都充满快乐和趣味，无需多说，一个兴高采烈的工人，在喝酒跳舞之后，回到家，对工作毫无兴趣，或只有很少的兴趣，宁可将一切都抛在脑后，也不愿控制自己的欲望。"〔Brender a Brandis, Vaderlandsch Kabinet van Koophandel, zeevart etc. 2（1768），167；引自 Pringsheim, 53。〕

瑞士：……值得注意的是，"当地大多数居民根本不记得他们要做些什么事情，而是经常用面包和食物填满自己的肚子，就像每餐中的一切都必须通过喉咙一样"（Gutachten des Direktoriums der Baseler Kaufmannchaft von 1717. 源自 Hans Joneli, Arbeitslosenfürsorge im alten Basel，191）。

"这些人今年织出的棉花数量很少，这表明他们更喜欢乞讨和闲暇，而不是有用的工作。有些人甚至厚颜无耻地转移和出售他们的棉花以及纺纱设备，将钱花掉。"［Bericht der Armenhausdeputation an den kleinen Rat（Basel）1761, S. 205.］同一位代表在 1771 年另一份报告中指出，失业和街头乞讨人数增加的原因往往是"糟糕的经济和放荡的行为"，因为许多市民"不是勤奋地从事他们的职业或行业，来维持自己的生计，而是在小酒馆里尽情消费，同时让他们的妻儿悲惨地挨饿"。

　　同样的看法在约奈利摘录的文档中反复出现。

　　据报告，德意志、奥地利和其他国家也有类似的情况。

　　现在的问题是：我们是否赞成当时这些一致表达的看法？我想是赞成的。我们首先要看到这么多人——其中一些人完全是客观表述——的证据，我们不能猜想他们所看到的事件是虚假的或在描述时带有偏见。他们本身是熟悉情况的专家。只有出自固守教义的立场，才会流于歪曲事实。此处试举一例：**米拉博**引用**诺曼**关于批评德意志工人懒惰的一句话，其意义集中在以下一点：人们只为生活而工作；如果面包便宜，便不再供应纱线。这位重农主义的教条主义者对此评论道：这不可能真实：一个自由的人可以自由地出力工作，何以会有如此粗鲁的动机！但 17 世纪以及 18 世纪早期的人，不会戴上这样的眼镜来看世界，他们的观察显然正确。

　　但是，我们还有其他理由相信早期资本主义时期大众的懒惰和涣散。我甚至没有想到，会有如此**多迹象**表明一种舒适和安逸的精神状态，例如，直到我们所说的狭义时代为止，在许多假期中，人们会停止工作。我们很难对这样的范围有一个正确的概念。17 世纪时，克恩滕的钢铁工业只有不到 100 次的 8 小时的工作轮班。1660 年，当巴黎计划将 103 个公共假日减少到 80 个，随即便发生骚乱，并又增加 6 个休假日。

　　我认为我们应该记住，在资本主义发展的早期，广大工人的精神状态与我们所听到的那些人的描述**绝无不同**。工人仍然处于"自然"人的状态之中，即慵懒，或者至少是贪图舒适。最重要的是，支配着他的是前资本主义经济主体流行的一种观点：人们是为生活而工作、经营，并非生活为着经营与工作，故此，一个人只要感到"足够"，他就不再工作。同样，这种"足够"的观念只不过是前资本主义经济意识的精神之体现而已：同样的观念，通过哲学的深化和目标的强化，在糊口观念和阶层的生计观念之中再次出现。

　　这种"自然的"、前资本主义的经济意识并不是一种空洞的妄想，即使资本主义的意志业已灌输到上层阶级时，这样的意识在经济上不能独立的大众中依然存在，而且早期资本主义社会分层的一个特点是两种阶层之间的对抗，即一方面，在一些经济主体中，经营意识、理性主义和进取欲望已经生效，而另一方面，大量的经济客体仍然存在于传统的手工业之中：只要对当前时代正在经历从手工业向资本主义过渡的国家的经济状况进行研究，便会了解上述各种情形。我曾经描述过①，在**意大利**许多地区，人们厌恶所有经济纪律，厌恶一切资本主义的经营意识，如此困难状况，直到今天（也许永久？）仍然存在。直到几年前，人们还可以在那不勒斯见到一些游民，他借工作赚取几文来维持自己的微薄生计，从而将他的快乐生活中断几个钟点或几天，但地球上的任何力量都无法使他们工作超出维持生活所必需的最低限度的时间，哪怕是多做一分钟。当然，气候和民族特性确实有助于游民的这种充分发展。但是游民的精神是每一个前资本主义的人的精神，游民即我们在早期资本主义时代的所有工人中所遇到的一种行为，也是所有主张"工业进步"的朋友感到绝望——如同今天仍然使他们绝望一样——的行为。

现在让我们看看，现代国家如何处理这一问题，它会采取何种手段来消除工人阶级的特性和资本主义利益之间的这一裂痕。

---

① Studien zur Entwicklungsgeschichte des italienischen Proletariats, in Brauns Archiv Band 6 （1893）.

第五十四章

国家劳工政策的措施

第一节 主 导 思 想

专制君主国家的基本观念没有什么比在处理劳工政策中表现得更为明显。

不言而喻，国家采取的任何措施总是基于国家福利（此种福利与君主的利益完全不由自主地结合在一起）的观点。所有关于个人福利的想法，所有关于"人道的"想法都不在其中。直到 18 世纪后半期，这些思想才开始对政府的决策产生影响。早期资本主义时代的人十分艰苦，他们为客观理想——无论是宗教的还是国家的——而奋斗，牺牲自己的兴趣爱好，去追求更高的目标。首先，必须从这种国家理想的基本情调中去理解重商主义的劳工政策。我们必须注意，不要用我们今天形成的阶级对立、经济利益以及其他个人主义范畴的观念来解释早期资本主义时代的状况及过程。

因此，一些学派的经济史学者的研究（典型的例如 R. 法贝尔的著作：R. Faber, Die Entstehung des Agrarschutzes in England. 1888），试图从特定的利益集团推导出重商主义政策的措施，这种做法基本上是错误的。即使在今天这个赤裸裸的利益斗争的时代，至少对德国这样的国家来说，将农业政策说成是纯粹的"利益政策"也值得怀疑，那么，众所周知的问题则可以转化为：高谷物价格对谁产生"利益"，低谷物价格又对谁产生"利益"？（有如上面提到的法贝尔的著作一样，该书在这里仅仅是作为整个学派的代表而已）在 17 和 18 世纪的英国，考虑到这个国家当时的政策已经开始以商人的观点为导向，因为它已经有了一部"议会"宪法，而且国王通常较为卑下，这一观点属明显错误。即便在当时的英国，"共同利益"仍然维持着强大的势力，仍在决定经济和"社会"政策措施。

但是，国家福祉的需要显而易见：国家的实力在于其军事力量；因此，尤其需要维护和加强。即使对英国仍然很有吸引力，直至 18 世纪中叶，在所有的经济政策考量中，军事利益皆居于前列：因此，研读**坦普尔、佩蒂、笛福**的著作，以及 17 与 18 世纪早期关于济贫事业的许多小册子，便会惊讶地发现，即使是像笛福这样具有"进步"（在商业化的方向上）意识的人，也一再产生同样的想法：即，如果你们接受此项提议，便可以增加陆军和海军的兵力。

毕竟，正如我们所知，整个重商主义政策就是从这种基本追求中产生出来的：很多战争需要许多人、许多金钱；大量的人口是通过"制造业"的增加所产生的，大量的资金是通过"活跃"的对外贸易进入国内的。制造业和对外贸易是由新兴的经济元素所推动的：**由此**，资本主义与君主之间产生共同的利益；所以，必须维护资本主义的利益。然而，维护资本主义利益就意味着为资本主义企业家铺平道路。于是——出于众所理解的国家利益——重商主义政策被赋予"有利于企业家"的特征，因而劳工政策也是从以下的角度来制定：采取种种措施来确保企业家能够获得一支充沛的、勤劳的、能干与廉价的劳动力队伍。当企业家的利益和工人的利益发生冲突时，企业家的利益就必定得到保护：因此，重商主义的劳工政策几乎是完全保护企业家，而并不保护劳工。因为这是国家福祉的要求，没有别的理由，并非与工人阶级相比，对企业家阶级更加同情。再者：这种个人主义的情感冲动，当年还根本不为人所知晓。例如，一旦企业家的利益与国家利益发生冲突，国家就会转身立法来加以制裁。农民保护法亦证明这一点，即使在英国（顺便说一句，在英国，扩大畜牧业在原则上被视为一项国家福利的法令）[①]，其实一时并非必须这样做；我们今天所说的"劳工保护"的萌芽也在证明这一点：如实物工资禁令以及类似的措施。

如果你想从 18 世纪英国发生的事情——工人要求更严格地执行 16 与 17 世纪的国家法令而遭到拒绝，并听任企业家安然践踏伊丽莎白时代的法令——推论"阶级利益"显然优先于国家利益，那就错了。我以为英国政府的这种做法仍然可以解释为试图保护国家的当前利益，而不是一味依照过时的戒律。

但无论如何，在绝大多数情况下，重商主义的劳工政策确实在保护**企业家的利益**，这一点可以确定无疑。

这种政策的特点是，国家如何使其现实目标与中世纪遗传下来的道德及社会观念协调一致。

中世纪社会学说的基本思想并没有涉及重商主义政策这一部分：与所有经济活动一样，工人的活动和义务也要在人类经济的大宇宙中来编排。当时认为签订劳动合同与规定劳动条件纯属私人事件，仅仅涉及企业家和工人，这种想法似乎令人惊诧。然——其实这种关系也需要按照客观规则来安排——这种规则源自上面的权威。即使在早期资本主义时代，个人主义的势力也越来越多地无视这些客观的有机原则，这一点绝不容我们否认，这种中世纪的观点仍然支配着重商主义

---

① 4 Hen. VII. c. 19；6 Heu. VIII. c. 5；7 Hen. VIII. c. 1. 亦可参见对此项立法的说明和评价：J. S. Leadani. The Domesday of Inclosures，6 ff.。

劳工政策的总体方向。

诚然，正如我们所见，中世纪社会政策的物质要求是受"糊口"和适当维持阶层的生计观念的支配，系受"公平的"价格，因此也是"公平的"工资思想所支配的，现代国家在其劳工政策中只能在有限的程度上满足此项要求。国家在其规定中仍然以这些基本思想为基础；但将其转到一个方向，即不致影响到他的亲近企业家的倾向：中世纪是根据传统的生计要求或习俗来确定某种"公平的"劳动工资，但现代国家（就像之前现代化的城市当局）也制订了"公平的"工资，但此时已经变成一种最高工资，而且（这是伊丽莎白第 5 号法令第 4 章的进步）在适应不断变化的市场价格：因此，道德义务的自主性第一次遭到撼动。

第二节　新旧奴役形式

在任何时候，只要还没有无产、自由的人群存在时，公共权力为企业家提供所缺乏的劳动力的最有效的手段，就是通过法律允许强迫雇用工人和外部强迫劳动的做法。现代君主国家同样使用这种手段，一方面，它在其存在的几个世纪中将这种不自由的形式保留下来，另一方面，在旧的不自由形式已经不复存在的情况下，允许或自行发展新的不自由形式。

在中欧国家，直到早期资本主义时代末期，在东欧一直延续到 19 世纪，**旧的农民的奴役**始终存在。它为正在崛起的资本主义做出重大的功绩。不仅在众所周知的农业本身领域——现代的大地产经济建立在农民及其子孙的赋役基础之上——并且也在工业生产领域。在资本主义早期，德意志、奥地利、波兰、俄罗斯以及斯堪的纳维亚半岛的大部分采矿业和工业都是旧的奴役劳动——赋役劳动——所经营的。

德意志，在资本主义工业的早期显然存在着大量的奴役劳动。例如，我们知道，16 世纪的富格尔家族的整个领地都是为他在纺纱。[C. Jäger, Ulms Verfassung (1831), 648.] 但即使在 18 世纪，尤其是在西里西亚，这个家族的仆从也在织布。（C. Grünhagen, Über den grundherrlichen Charakter des hausindutriellen Leinengewerbes in Schlesien, in der Zeitschr. f. Soz. -u. WG. 2, 242.）

采矿业和煤炭行业的工作也是如此。在 17 世纪 80 年代的一本小册子中，对上西里西亚有如下的描述：新建造的大量铁厂和铁锤实实在在地败坏农业，手工劳动和运输不是为了现金，也不用自己的牲畜进行，而是强制赋役。这就造成一种损害，在很大程度上剥夺了原先体力劳动的成果。[Schlesische Provinzialblätter 7

（1788），234.］

1788 年 1 月，对拿骚—萨尔布吕肯矿工的特权规定如下："农奴如果在矿井里工作，便可以免交实物税和狩猎费工作。"［Hue, Die Bergarbeiter 1（1910），338.］

奥地利：在许多工业企业的账簿上，例如，上劳伊滕多夫织布厂，直至 18 世纪，还没有关于工资的资料：领地的仆役必须在工厂工作，这是一项义务。这种服从义务一直持续到 19 世纪。（Ludw. Schlesinger, Zur. Gesch. D. Ind. In Österr, in den Mitt. d. Ver. f. Gesch. d. Deutsch. in Böhmen. 3, 139 f.）在很长一段时间里，瓦尔德施泰因庄园的所有奴仆都为邻近的波尔查伯爵的印花布厂干活。（Cosmanos. Mitt. usw. 28, 331 f.）

关于经常强制农民从事工业的赋役劳动，参见：C. Grünberg, Die Bauernbefreiung usw. 1（1893），86；2（1894），181 ff.。

波兰：17 与 18 世纪新兴工业中使用农奴的情况很普遍。"（翁格罗）织布厂靠农奴的劳动提供成品纱线，外国师傅将这些纱线制成布料；生产过程的前几个阶段，如羊毛的梳理和纺纱，都是农奴手工完成。因此，制造业仍然具有封建性质：雇主也利用农奴从事商业活动。在波兰大领主的领地上建立的工业企业中，这一特点更加明显，这些企业几乎完全以剥削农奴的无偿劳动为基础。"（K. Wobly, Beitr. z. WG. Polens, in der Zeitschr. f. VW. 18, 377 ff.）

俄罗斯：众所周知，在 18 世纪的整个时期，俄罗斯工业仍在增长，但是建立在农奴的就业基础上，企业主以各种方式使用农奴。在国有企业（采矿、炼铁）注册的农民也交给私营部门使用。仅在煤炭和钢铁行业从事强迫劳动的男性人数如下：

	国营工场	私营工厂	合计
1741—1743 年	63 054	24 199	87 253
1794 年	241 253	70 965	312 218

［J. Mavor, An economic history of Russia 1（1912），434 ff. 此外，其他生产部门，特别是织布业，也有强迫劳工。参见：1. c. 489 ff.。另见：Tugan-Baranowski, Die russische Fabrik（1900），24 ff. 51 ff. u. ö.。］

*   *   *

但是，在中世纪的农民奴役已经不复存在，或者尚无国家特别法令生效的地方，立法者便会不惜重新采取一种"国家奴役"的做法，如同斯特芬正确地指出的那样。这种新的奴役基于这样一个事实，即在某些情况下，允许在农业或工业企业中强迫雇用工人，即使这些人以前并不属于济贫院，甚至可能不被视为乞丐：然而，他们的无产地位便足以使他们屈服于这种强迫劳动。

强迫劳动（国家奴役）：在**西班牙**，早在 16 世纪就开始实行。在瓦利亚多利德，萨莫拉和萨拉曼卡的大繁荣时期，乞丐和流浪汉都被迫在工厂工作。(K. Häbler, Die Blüte Spaniens, 59.)

在 16 世纪的**法国**，某些道路工人（铺路工）是强制性的。这与徭役并不是一回事。[Vignon（Pièces justif.）1, 19.] 我们也看到柯尔贝尔如何强迫采石工为王室工作。1682 年 9 月的命令，"任命安托万·戴维内为监护人，他很快就会搬到赫布莱的村庄……或其他地方和私人住宅，他会找到采石场，在那里会让他们去做铺路石"，等等。(Lettres de Colbert 5, 302 Note 2.)

荷兰人用公费抚养那些"太穷而无法养活"的孩子（注意，不仅仅是孤儿），然后由市长将他们作为学徒交给企业主。参见 Davies, The History of Holland and the Dutch Nation 1, 488, zit. bei Rob. Pashley, Pauperism and Poor Laws (1852), 207。

德意志：经常强迫人们从事织布："由于布料制造商抱怨他们缺乏纺纱工……1761 年初，领地的所有人——无论男女、老少、无其他生意或收入的人，还是躺在长凳上的懒汉——都被强迫纺纱。"士兵、妇女与儿童都要强迫织布。[Circ. vom 6. Juni 1763. Das ländliche Gesinde dgl. Vgl. Regl. vom 7. Juli 1765. Siehe Bergius, Neues Pol. u. Cam. Magaz. 2 (1776), 372 ff.]

在其他行业，我们也看到强迫劳动的情况，例如采矿业。1616 年，黑森卡塞尔侯爵下令，"所有强壮的乞丐、喝啤酒的人、经常躺在客栈里的人"，"无主的乌合之众和园丁，都应该鼓励他们来我们的矿井工作，以获得适当的报酬"，如果他们拒绝，就应该"将他们铐起来，送到矿井里去"（O. Hué, Die Bergarbeiter 1, 336 f.）。

瑞士：在圣加仑市，当局特别设法鼓励那些贫穷的人，那些"看上去愚笨或不适合从事其他劳动的老人"去纺纱织布。参见：Rathsprotokoll vom 18. Juni 1773，载于：W. Wartmann, Handel u. Ind. des Kant. St. G. (1875), 151。

奥地利：波希米亚总督 1717 年 8 月的报告称，人们期望，特别是借助于计划中的"穷人、孤儿及济贫院"的帮助，将更为精细的织布厂引入到波希米亚。在 1721 年的一份备忘录中，奥地利内务院一致认为，可以通过建立一个织布厂来救助普遍的贫困和无所事事的人，该厂同时也必须是一个强制劳动的场所。让穷人、有能力工作的人"从表面上看是富足的"。格拉茨街头的乞丐必须"关起来"，厂房必须筑起围墙，这样，那些乌合之众就无法逃跑。(Max Adler, Die Anfänge dermerkant. Gewerbe-Politik, 89.)

1767 年 4 月 2 日致克雷姆斯地区各领主的通告，内容涉及为克雷姆斯的安德烈·泰蒂尔天鹅绒工厂提供"活泼能干的男女学徒"（v. Mises, Zur Gesch. der öster. Fabrikgesetzgebung, in der Ztschr. f. VW. usw. 14, 216）。

然而，在**英格兰**和**苏格兰**，"国家奴役"已经形成一种巧妙的制度。不自由大宪章被我们错误地称为"学徒法"法律，因为它实在太模糊：伊丽莎白第 5 号法令第 4 章的明确目的是"驱除懒惰"，为此作出以下规定。

第 4 条：所有 30 岁以下的未婚人士，如果在上述任何行业（最重要的行业）学习或从事该行业三年，没有财产和就业，可由任何从事其中一项行业的人（在当局的合作下）强制雇用；

第 7 条：对农场强制雇用作出类似规定；

第 28 条：年轻人可以被强制纳入学徒（商人、制衣匠、金匠、铁匠、印染匠、布匠除外，因为这需要年轻人的父母拥有一个小庄园，至少需要 40 镑）。

1617 年、1649 年和 1663 年的苏格兰法律亦有类似的规定。参见：John Mackintish，Hist. of Civilization of Scottland 3，249 ff.。

但即使在伊丽莎白时期的劳工法范围之外，农奴般的劳动在整个 18 世纪直至 19 世纪的英格兰和苏格兰的工业中也占据主导地位。苏格兰的煤炭开采业尤其如此。在这种情况下，如同"在中世纪，矿工对特定矿场的依附程度与恶棍对特定财产的依附程度一般"。第 15 号法令第 3 章第 28 条（1775 年），第 39 号法令第 3 章第 56 条（1799 年）试图纠正此种情况，但未获成功。直到 1842 年，斯塔福德郡的专员们才能够报告说："在英格兰的中心有一种奴隶制，这种奴隶制与西印度的奴隶制一样可恶。"

除了这种直接的强制劳动之外，在早期资本主义时期，还发展出一种方法，即通过**迂回的途径**，让懒惰的人工作，"教化他们从事劳动"。这一努力产生出一种巧妙的强制劳动制度，我们将在下文中详细了解。

第三节　劳动教育：强制劳动制度

为了遏制乞丐和流浪汉，14 世纪中叶以来，所有国家都开始颁布法律法规，其中采用的几乎都是同样的说法，随着时间的推移，国内政治活动的两个不同系统由此发展起来。一个是不断扩大与深化——我们今天称之为"济贫"或"贫民照护"——的领域。这与我们现在探讨的内容无关。

另一个领域大约在 18 世纪末期消亡。但它在早期资本主义时代具有较为重要的意义。这就是政府教育人民从事劳动工作的努力行动。我们现在需要考察的就是这样的努力。

从最早的反乞讨法中已经可以听到这样的哀叹：如此众多的人闲散无事，国家当会遭受何等的损失。立法者干预的动机并非改善乞讨者的悲惨命运，而是出于——除了努力在国内建立秩序和安全之外——充分利用国内现有劳动力这一愿望。

这种愿望在大瘟疫后的最初几年必定特别强烈，许多国家关于流浪者的立法就是在这一时期开始：西班牙 1351 年；英格兰 1350 年始自爱德华三世的命令；法国始于 1350 年约翰二世国王的命令。这些法令一致认定：乞丐必须劳动，否则将受严厉的惩罚。各国采用的是同一种手段：第一次犯禁是鞭笞，第二次是断肢或烙火印，第三次是死刑或流放，或在船上强迫劳动。人们以为，这些严厉的惩罚可以制止那些游荡的意志。其实不然；这些法令大多没有效果。此类法令的频繁颁布即为明证。

于是，当局采取另一种手段来鼓励那些无所事事的人工作：官方提供工作设备，以便能够雇用乞丐。

这种思想发展成为**强制劳动制度**，根据这一制度，官方要求所有能够工作的乞丐从事由国家所组织的工作。在大多数情况下，强制劳动机构的劳动是以间接强迫的方式来进行的：如果乞丐不在强制劳动机构干活（例如，在英国强制劳动机构的鼎盛时期），即会失去请求救济的权利；或者采取真正意义上的强迫劳动方式（例如，在法国的贫民收养所）。

强制劳动机构似乎最早出现在**意大利**：1539 年，在热那亚的贫民酒店，我们已经发现 500 名男子和 1 300 名妇女从事编织工作。1582 年，慈善酒店在都灵开业，这里也生产羊毛、亚麻和棉花。在卡纳诺拉、诺瓦拉、维格瓦诺、威尼斯、贝尔加莫、佛罗伦萨、锡耶纳和罗马，亦早就开办纺纱和织布厂。（Gérando, 1. c. 3, 538 ff.）维克多·阿马迪乌斯二世对皮埃蒙特强制劳动机构也在工业上提供支持。[Prato, Il costo della guerra di succ. span.（1907），353.]

在**西班牙**，胡安·德麦地那神父早在 1545 年就建议建立强制劳动机构。（Gérando 3, 580 f.）

在**法国**，1576 年在巴黎开设"公共工场"，雇用满街的乞丐和流浪汉。（Levasseur 2, 144.）1612 年 8 月 27 日的皇家委任统治表明，在 17 世纪初就已经开办济贫院，但直到柯尔贝尔执政时期，济贫院才真正繁荣起来。1652 年开始颁布许多法令，其中最重要的是 1662 年 6 月的法令，建立"综合性基地"：在这些机构中，王室制造商安排各项工作，让各种有工作能力的人忙碌起来。"富裕总是源于劳动，而苦难则源于懒惰，你们的主要任务是，让穷人摆脱贫困，让他们有事可做，让他们过上好日子。"——柯尔贝尔 1667 年 9 月 22 日在给欧塞尔的市长和陪审员的信中这样写道。这样的基地遍及许多城市。内克尔发现有 700 处，后来在革命期间补给委员会发现有 2 185 处。1764 年开始设立收容所（管制所、救济所），内克尔调查发现 33 家，其中收容 6 000 至 7 000 人。（Necker, De l'administr. des fin. 3, 159 sq.）

英国，人们不无道理地将其称为典型的强制劳动国家，但这种发展却起步较晚。

1575 年（由伊丽莎白第 18 号法令第 3 章开始）首次规定：治安法官有权在每个郡购买或租用一所房子，在那里提供羊毛、大麻、亚麻、铁和其他原材料，以雇用有工作能力的乞丐干活。这个想法在伊丽莎白第 43 号法令第 2 章中重申，但最初似乎很少或根本没有执行。无论如何，马修·黑尔爵士在 1683 年的《论述》中仍然抱怨，英国没有强制劳动机构。到该世纪末，不断增加的乞讨成为建立各种强制劳动机构的原因，其中第一家是在布里斯托尔（1697 年）。乔治第 9 号法令第 7 章（1722 年）明确规定，不进济贫院的乞丐将得不到任何援助。

在其他国家，孤儿院、弃婴堂与其他强迫劳动机构一起出现。在许多情况下，这些机构与强制劳动机构形成统一的大型机构。1718 年成立的"普福尔次海姆孤儿院"就是这样一个模范机构。（详情参阅：Gothein, WG des Schwarzwaldes 1, 699 ff.。）

在**奥地利**，我们在孤儿院、教养院和救济院都看到强迫劳动的情况。1762 年颁布一项命令，凡无强制劳动机构的省份一律建立起来。（Archiv, f. österr. Gesch. 81, 61 ff.。）

有关 18 世纪下半叶强制劳动机构所状况的最佳概述，可参见以下著作：John Howard，法文版：Etat des Prisons, des Hôpitaux et des maisons de Forces. 2 Vol. 1788。

推荐和建立强制劳动机构的人认为，这是治疗乞讨和懒惰的灵丹妙药，并且将此视为整个工业的培育所，尤其因为它是一处重要设施，可以培育人民勤劳品性，使他们习惯于规矩和秩序；"孩子们是未来的人民，要将他们培养成工商业的天才"。[1]这一观点在所有欧洲国家都得到一致认同，以下的陈述可以证明：

"这将防止贫困，并在短时间内使数百人获得生计……这将在七年的时间之内……让他们过上有规律、有秩序和勤劳的生活，对他们来说就像现在的懒惰、乞讨和偷盗一样自然……通过这种方式，国家的财富将会增加，制造业将会发达……"［Alb. Hale, A Discourse touching Provisions for the Poor（1683），引自：Rob. Pashley, Pauper.（1852），222/23.］

"农村和城市都有农民和市民，必须记住，单身家庭和手工业者也要通过工场来养活自己。首先，即单身乞丐，无论老少，无论何时何地乞讨，都是一个国家的巨大伤痛和耻辱。现在让这样的人工作，让他们吃上诚实的市民餐食，没有什么比强制劳动机构更好的办法……这里我谈的是乞丐，但也可以理解为孤儿院的穷人、年轻人、流浪汉和学徒，他们都可以被安排在强制劳动机构工作……指定的机构包括：（1）主管当局授权；（2）主办方；（3）当局的良好检查和主办方的指导；（4）在那里加工的货物和商品的消费及谈判；（5）工人的良好报酬……但是，

———————————

[1]　Justi, Staatswirtschaft § 310. 亦见：Rumpfort, Essais. Prem. essay eh. 5. 6. 7. Auszüge bei Gérando 3, 522.

这种工厂如何并以何种形式为其主办者带来可观的利益，这并不难以看出。一个工匠可以养活一个不干活的师傅，加上他的妻儿及女仆，如此，一百个工匠当然就可以养活一个人。"〔Besoldi，Thesaur. Pract. continuatio（1740）s. v. Werck-Haus.〕

一个国家开始繁荣，"当丝绸和毛纺织厂建立得很好，旁边还有一座监狱，通过它的威慑，放荡的小伙子便不得不勤奋地工作"……为此的注释是：……"这就是……要建立和引进无与伦比的新工厂，最好同监狱及孤儿院相互联系。从法律上讲，监狱和孤儿院应该是一个通用的艺术和制造之家，一个经济的艺术和工场学校。其目的是让这些场所成为全国和所有其他城市 1 000 座好物件和制成品的苗圃与培植园"。（因丝绸织造业消失已久，1676 年左右尝试重新引进，引文系关于建立一座丝绸工厂向摄政王介绍的设想，载于 Leipziger Sammlungen 3，165 f.。）

在警察的法律和制度中，只有祖国的父爱意识才会努力促进臣民的积极进步，从而使每个人都能完善自己，并通过各种教育、爱的管教，严肃的提醒与告诫，严格的命令与惩戒，如同对待自己的孩子一样，非常明智和谨慎地行事，去唤醒他们内心的某种情感技能，让他们所做的事是生活和舒适娱乐的需要，而不是对他们的任何干扰。因此，这种技能是受过良好教育的人的特点，通过教育机构的良好、温和与严格的教养，"使他们成为这样的人"。〔关于建立强制劳动机构——孤儿院或监狱的设想，Leipziger Sammlungen 3（1746），809 f.。亦见：12，713 f.〕

1622 年汉堡劳动教养和监狱的基础条例有这样的座右铭："教养实验，劳动实验。"〔Franz R. Bertheau，Chronologie zur Gesch. der geistigen Bildung und des Unterrichtswesens in H.（1912），90.〕

无疑，这些机构在教育方面发挥了作用；不仅是因为让许多——也许并不很多——成年人习惯于从事工业活动，而且还因为让他们间接地成为一个令人望而却步的先例，许多本来会成为公共照顾对象的穷人就此决心从事"自由"工作，以避免被收进济贫院。孤儿和弃儿之家被改造成济贫院，是真正的"勤劳"人的养成所。但是，这些济贫院对新兴工业的好处更直接地表现在，（特别是孤儿院）在许多情况下被用来向企业家提供短缺的劳动力。

通过强制劳动机构与孤儿院提供劳动力

意大利："本世纪（18 世纪）下半叶，在院长们的帮助下，在安宁疗养院里接连尝试开办不同的工厂。"

1759 年，曼多维的济贫院将一个工厂租给了布料制造商滕皮亚，他同意雇用至少 400 名来自该镇及周围地区的穷人。

1761 年，尼斯议会建立一个丝绸纺织厂，租给一个和穷人一起工作的维耶纳。

类似的案例还有不少。（参见：G. Prato, La vita econ. di Piemonto, 340 seg。）

法国：根据当年的描述，1666 年巴黎强制劳动机构和济贫院的工业劳动情景，（Paultre, La répress. de la mend. 183 ff.）完全是分工生产："在比塞斯特雷的房子里，有人缝床单，有人做斜纹布，有人在拉绳，有人画画，有人在纺纱，也有人在谈买卖，等等。"主要行业：针织品。合同是袜子：1. 自费生产；2. 为合作社生产；3. 为工场主制作：工场主下订单；4. 教养机构提供一定数量的工人。

根据今年的一份清单，有 6 000 人在各个教养基地中从事工业劳动。

关于 18 世纪企业主与劳动教养所之间的合同，可参见：Lallemand, Hist. de la Charité 4^{I}, 542。

英国：18 世纪初，伦敦有 4 000 名男女工人在 48 个强制劳动机构工作，为企业主生产的产品价格低得可笑。参见《1732 年英国强制劳动机构的记述》一书中与供销商的个别合同。（An Account of the Work-Houses in Great Britain in the year 1732. 3. ed. repr. 1786, p. 8f. 25. 60.）关于 1795 年以及此前强制劳动机构的情况，艾登著作第 2 与第 3 卷也有启示。在那之后，出现许多相当规模的强制劳动机构，皆有几百名人员，总共有 11 142 人从事工业生产。

还有一种做法，即将工人，特别是儿童，从这些机构送往企业主的工厂。这种做法值得一提的例子是戴德在 1784 年建立的棉纺厂。（参见：Rob. 欧文的详细描述。载于：New View of Society, 4. ed. 1818, p. 34.）他告诉我们获得劳动力是多么困难（"这不是一件容易的事"）。"因此，获得这些工人只剩下两种模式：一种是从国家的各种公共慈善机构招募儿童；另一种是吸引家庭在工厂周围定居。为了满足第一批儿童的需要，爱丁堡修建了一座大房子，里面大约有 500 名儿童，他们主要来自爱丁堡的劳动教养院和慈善机构。为这些孩子提供食物、衣服和教育……"

荷兰：1683 年，阿姆斯特丹的难民所开办一所孤儿院。在米德尔堡，济贫管理机构和法国人签订一项条约，商定在该家纺织厂雇佣一定数量的儿童。（参见：Coronel, Middelburg voorheen en thans, 120, bei Pringsheim, Beiträge, 55。）

策茨内尔在其旅行记载中描述了阿姆斯特丹的碎木与织布场的情景。（Reiss Zetzner, Reiss-Journal；由 Reuss 出版，1912, 17 f.。）

瑞士：1665—1669 年，巴塞尔建立了一个行会孤儿院，此即强制劳动机构。其后，孤儿院似乎被转让给一些制造商，不知是何种行业，他们承担了最大程度地照顾儿童的责任。1676 年，再度转让给袜子制造商格恩勒。此人有权在孤儿院建立一家"制袜厂"。（Tr. Geering, Basels Handel und Ind., 608. 619.）

德意志：勃兰登堡-普鲁士，1687 年，在施潘道建成囚犯织布厂。起初，囚犯们纺纱。1688 年，所有的囚犯都被交给丝绸商人穆勒和科皮什纺丝，每周支付犯人 8 格罗申。参见：Act. bor., Seidenind. 1, 6. Arbeitskräfte；同样，波茨坦孤儿院也向丝绸厂提供劳动力。

国王弗里德里希·威廉一世下令将 3—400 名孤儿转给莱昂尼什·特雷森一个工厂主培训，费用由其承担；为了建立一个步枪工厂，企业家有权从波茨坦和柏林的孤儿院中挑选合适的年轻人。[参见：Festschrift des Bankhauses der Gebr. Schickler（1912），20 f. 34。] 在波茨坦孤儿院（1778 年），犹太人在制作花边。[参见：Cromes Selbstbiographie（1833），69 ff.。]

在 **萨克森王国**，强制劳动机构与济贫院以及监狱被用来纺纱。囚犯们主要生产细纱线。（参见：A. König, Die sächs. Baumwollindustrie, 1899, 82 f.。）

在 **汉诺威**，哥廷根的格莱策尔工厂将精纺羊毛送进劳动学校及强制劳动机构纺织。[Pastor Wagemann, Über Industrieschulen im allgemeinen und über die Göttingische insbesondere im Gott. Magazin für Industrie und Armenpflege（！），herausgeg. von L. G. Wagemann, 1（1789），20 ff.]

黑森州的劳动教养学校为埃尔伯菲尔德的工厂纺纱；在马格德堡、斯特拉斯堡、波希米亚也有类似的学校。（参见：Cand. Wagemann, Erste Arbeitsschule in Hessen, im Gött. Magazin usw. 1, 38。）

巴登：布赖萨赫的监狱令我们想起"近似一座工厂。犹太人戈茨·乌芬海姆租下了它，并改建成一座大麻和亚麻纺织厂"。（18 世纪）意大利人福尔纳罗租了黑森林许芬根监狱，最初是纺织羊毛，后来纺织丝绸。（参见：Gothein, WG. d. Schw. 1, 756。）

奥地利：A. 弗尔尼尔在《关系》（1756 年）一书中记录了类似的情况。[参见：A. Fournier im Archiv f. österr. Gesch. Bd. 69；亦见：Ad. Demuth, Das Manufacturhaus in Weißwasser（Böhmen），in den Mitt. d. Ver. f. d. Gesch. d. Deutsch, i. B. 28, 293 ff.。]

＊　　　　＊　　　　＊

以上是人们对 16、17 和 18 世纪所谓的"劳动教育"的理解。大体上是强制劳动的同义词。它几乎完全注重劳动问题的道德方面，而完全不涉及技术方面。直到 19 世纪，对工人的技术培训没有采取任何措施，只有一个例外：在大多数国家都设立了 **纺织学校**。早期资本主义时期工业的大众教育这种完全不同的导向——与我们今天并没有丝毫联系——是基于当时的工人与技术特点，对此我在上面已经强调。当时的主要问题是首先教育工人从事劳动。然而，并不能通过理论的方式将技能加以传授。这需要一种人对人的实际传授，更重要的是需要增加有技术能力的工人数量。为了解决这个问题，国家的劳工政策采取完全不同的措施：我将在下文中概述这些措施。

第四节　国家争取熟练工人的斗争

资本主义经济的引入在很大程度上是"外国人"的工作，这是理解所有欧洲国家历史的根本重要论断之一。它在两重意义上是重要的：新经济形式的经济主体（企业家）和经济客体（工人）在很大程度上都是外国移民。关于前者，我将在另一章中详细讨论：见第六十一章；关于后者，就在此处述及：他们引发出何种政治措施。

正如我们所见，经验性技术的特点是将技术能力附着在个人的身上：因此，引进一种新的方法，便需要引进熟悉这种方法的人。于是，中世纪的工业政策致力于通过移民来增加一个城市的手工业者，并防止他们迁徙。中世纪城市的这一政策反过来又与君主国的政策结合在一起：在其存在的最初几个世纪里，君主国主要关心的是吸引熟练的**手工业者**移居国内。企业主和工人的分离尚未产生。后来，在出现这种分离之后，便需要解决双重任务：引进企业家和（熟练的）工人。为解决这些任务所采取的措施在一定程度上是相同的；我们可以将所有措施称为宗教政治或教会政治措施，并在第 28 章中业已述及。然而，另一类措施则具有明显的**劳工政策**性质。

就像中世纪的城市为争取手工业者的斗争一样，我们看到，直到 18 世纪末为止，现代国家陷入一场争夺熟练工人的激烈斗争。就其本质而言，这场斗争一方面是为了维护一国现有的能手与技术，另一方面是力求增加这种技能和技术的储备。

资本主义早期的许多国家都面临着禁止熟练工人移民的问题。

意大利：威尼斯没收了每一个离开祖国的玻璃工人的货物。直到 1754 年，它还在毒害在国外定居的威尼斯工人。（参见：Levasseur 2，258。）16 世纪，米兰的布料制造商必须宣誓留在国内。（参见：Ranke, Fürsten und Völker Südeuropas 13，472。）**有关**皮埃蒙特丝绸工人移民禁令，参见：Edikt vom 28. Aug. 1701。参照：G. Prato, La vita economica in Piemonte，52 seg.。

在**法国**，柯尔贝尔多次颁布移民禁令。1669 年 8 月的一项法令禁止国王的臣民"在国外定居，否则将被处死并没收财产"。1682 年 5 月 31 日，再次重申这些规定，主要是针对新教徒。"出走王国的工人"将不再受到服役战舰的惩罚，而是被处死（！）参见：G. Martin, La grande Industrie sous Louis XIV，80 f.，以及（有关朗格多克）L. Dutil, L'état écon. du L.（1911），294。

英国：乔治第 5 号法令第 1 条以及第 23 号法令第 2 条将招募英国工人移民和在国外工作定为刑事犯罪，针对："……任何人……与从事羊毛、马海毛、棉花或丝绸等行业的制造商或手工业者订立合同，或与从事钢铁、黄铜或其他材料的制造商、工人或手工业者订立合同，诱使或劝说他们离开王国。……"（参见：Postlethwayt，Dict. 2 2 135。）

1794 年，所有熟练工人的移民再次被禁止。[Walsh's App. Sees VII und VIII. E. Irv. McCormac，White Servitude in Maryland（1904），109。]

这一进程的一个中间阶段是禁止出口器械和机器，我们在 17 世纪的英国立法中经常遇到这种情况。（参见：Procl，vom 15. Jan. 1666 und Stat. 7 und 8 Will. III c. §20）例如法令禁止出口伊丽莎白女王时期发明的针织机（长筒袜架）。上述乔治第 1 与第 2 号法令禁止羊毛和丝绸工业设备出口。其他同样的措施包括：

1774 年禁止出口棉花工业的器具；（参见：Anderson，Orig。4、176。）

1775 年禁止出口羊毛行业的器具；（参见：Anderson，4，187。）

1787 年禁止出口钢铁工业器具。（参见：Anderson，4，668。）

奥地利：1752 年（8 月 12 日）、1769 年、1779 年颁布移民禁令，特别经常对波希米亚的玻璃工人、奥地利的艺术织工等采取禁止手段。其中尤其见于奥地利法令中涉及商业的条款。（参见：A. J. Kropatschek，Österr. Gesetze，1，316 ff.。）

其他国家也有类似的法律。

如此，各国政府热切希望**从外国引进熟练工人**，与将熟练工人留在国内的努力形成鲜明的对比。为了使这幅图景生动起来，我从取之不尽的丰富材料中举出几例：

英国：W. 坎宁汉的著作 [W. Cunningham，Alien immigrants to England（1897）] 几乎详尽地论述了这一主题。由于许多难民，特别是来自荷兰和法国的难民自愿来到英国，英国国王的政策基本上是接纳这些勤劳的、受过技术教育的人，并保护他们不受行会手工业者的伤害。我们将看到，几乎整个英国工业都是由这些外国移民所创造。在法国人和荷兰人留下空白的地方，英国政府打算从其他地方引进必要的劳动力。亨利六世（1452 年）让萨克森、奥地利和波希米亚矿工来到英国。（参见：Rhymer，Foedera 11，317；Roscher 3，817。）亨利八世几乎完全借助德意志工人的帮助在英国引进了武器铸造。1670 年，当一个生产镀锡铁皮的公司成立时，德意志工人也被引进，等等。

法国：早在中世纪，法国国王就开始寻找外国手工业者和熟练工人。尤为重要的是，对丝绸业的关心在驱使着他们，当然，他们最想引进的是意大利的丝绸织工。15 世纪中期，路易十一将意大利丝绸织工召到法国，在图尔定居。（参见：R. Eberstadt，Franz. Gew. -Recht，317 f.。）凯瑟琳·德·美第奇在外国工人的帮助下，在奥尔良建立了一个丝织厂。但其他行业也需要意大利工人。在查理八世执政时期，他们已经成批大规模地引入法国："一支由调香师、珠宝商、刺绣师、女裁缝、木匠、园丁、管风琴制造者和石膏匠组成的军队，被安置在安布罗斯城堡。"（A. de Montaiglon, Etats des gages des ouvriers italiens employés par Charles VIII. Archives de l'art franç. Doc. t. I p. 94 ff., 引自：Pigeonneau, Hist. du comm. 2, 24。）

弗朗西斯一世从佛兰德和意大利引进了工人，并和他们一起在枫丹白露建立起一家地毯织造厂。亨利二世在圣日耳曼恩莱耶建立了一家玻璃工厂，意大利人穆蒂奥在那里使用了穆拉诺的技术。（参见：Levasseur 2, 34、35。）亨利四世吸引佛兰德地毯制造者来创建一个高级地毯织造厂。（参见：Fagniez, Lecon. soc. de la France sous Henry IV, 147。）柯尔贝尔大量引进外国工人：从意大利、荷兰和英国为挂毯制造商引进手工业者和艺术家；地毯织造、花边工业、丝绸工业、镜面工业的熟练工人，大部分来自意大利；织布业来自荷兰；矿山、铸铁及炼焦业来自瑞典；马口铁的制造来自德意志，等等。（参见：Depping, Introd. à la corr. adm. sous le régime de Louis XIV Tome III：Affaire de Finances Commerce-Industrie；Clement, Lettres de Colbert II, CCLX und die Table im 8. Bande s. v. ‚ouvrier'。）

德意志：我们看到几乎所有的德意志君主都像英国和法国国王那样努力。尤其是普鲁士的弗里德里希二世急切地为自己的国家提供短缺的劳动力。其中特别是纺纱工和织布工。法国羊毛制造商缺乏纺纱机：弗里德里希便从国外采购，并安放在许多村庄。（参见：Chr. Weiss, Hist. des refugies pret. 1, 201。）1750 年，德累斯顿商人在抱怨，普鲁士枢密官门策尔在上劳西茨到处转悠，"借国王陛下的各种许诺，游说锦缎制造商和其他制造商到西里西亚"［参见：Promemoria vom 24. Jan. 1750, Abgedr. bei Gerstmann, Beitr. Zur Kult. -Gesch. Schlesiens（1909），61/62］。关于丝绸业争取熟练工人的努力，在辛策-施莫勒的著作中有丰富的记载。（参见：Acta. bor.，第 1 卷第 48、52、53、93、115、128、131、139、166、233、245、248、260、283、317、363、461 页等。）但纺织业以外的行业也在争取外来工人。例如，1763 年皮革工人被吸引到西里西亚：这一点可以从西里西亚对外来皮革制造商提供优惠的通告中看出。（参见：Bergius, Neues Pol. u. Comm. -Mag. 4、20。）贝吉乌斯提出以下观点，说明了这个问题的重要性："没有足够的知识、科学和经验，任何制革工都不可能制造出一种名副其实的皮革。只有良好的、有效的制革工才做得出来。如果国内没有制革工这一财富，除了吸引外国制革工之外，别无他法。"

巴登在寻找炼铁工人："就像普鲁士的广告商一样，来自邻近工厂的密使在全国各地四处走动，通过更大的承诺从对方手中抢夺最优秀的工人。"（参见：Gothein, WG. d. Schwarzwaldes 1, 779/780。）

在玛丽亚·特蕾西娅执政时期，奥地利也在努力吸引外国工人。根据 1766 年的报告，当局几年来一直在努力采取一切有效手段来改善国内的制造业，并向熟练的工人提供奖金和其他资助。许多工业部门"只能靠外国能手的处方来提高水平"。因此，天鹅绒的制造"如果不是让来自法国的大师享受终身养老金的待遇，就永远不会发展到完美"。为了改善钢铁工业，从英国雇佣工人；约瑟夫·金斯基伯爵生产平纹布和精细的单面绒布，他将其产品的质量归功于在上次战争中从萨克森获得的能干师傅。（Pfibram, a. a. O. 第 149 页。）

1750 年 7 月 4 日，克恩滕官方声称钢铁工人在移居国外，对此外国势力和钢铁工会难辞其咎，使者们秘密前往帝国与王家的世袭领地，劝说最优秀的工人，许诺高工资收入等，秘密地绑架了他们最好的劳工，这种不幸的情况最近就在发生。（Alf. Müller, Geschichte der Eis. -Ind. in Inner-Österr. 1, 1909, 468.）

每个国家都希望留住自己的工人，每个国家都希望引进外国工人，因此各国之间就必然会产生冲突。事实上，在 17 与 18 世纪，**各国政府**不断地为争取自己的工人相互斗争，并由此形成一整套制度，一方面是为了秘密地吸引新工人，另一方面是为了监督和阻止自己的工人被招募和移民。争取训练有素的工人的斗争是当时外交谈判的一个经常性主题。

法国成为现代工业的经典国度后，也成为招收高技能劳动者的目标。"外国人急于把我们的工人从我们身边带走。"古尔奈 1753 年 1 月 1 日的这封信这么告诉我们。圣·克鲁瓦估计，外国每年从法国招走 1 万名熟练工人。[1]自从路易十四的宗教政策将一批最优秀的工人赶出法国之后，18 世纪的法国政府殚精竭虑，努力防止法国工人被引诱离国。因此，当我们观察法国与外国为争取其工人而进行的斗争时，可以特别清楚地看到过去几个世纪所特有的劳工政策。幸运的是，已经出版了德平等人的著作，以及特别是 G. 马丁最新出版的两本书，尤其是在第二本书中，我们发现了比其他任何国家都更加丰富的材料来阐明这些关系。在下文中，我主要根据上述著作对这一主题作出一些记述。

法国与外国争夺熟练工人的斗争：

17 世纪

1672 年，柯尔贝尔将一名瑞士商人关进监狱，理由是他试图招募法国工人。当威尼斯的玻璃工人想要返回意大利时，在边境遭到逮捕，并被囚禁在皮埃尔塞泽城堡；还有一个巴黎丝绸织工想移民到西班牙，命运同样如此。

1679 年，西班牙公使试图出口 30 名丝绸工人，但被阻止。在里昂，一个天鹅绒织工计划在佛罗伦萨定居：被里昂大主教发现，因而被关进监狱。

18 世纪

俄罗斯：1717 年，俄罗斯引进 150 名工人：钟表匠、镀金匠、油漆工、马车匠、铁匠等。

―――――――――

① E. Martin, La grande industrie sous Louis XV, 300.

塞弗尔工厂的逃亡工人帮助建立了圣彼得堡皇家瓷器厂。

圣彼得堡爱国协会设定 200 卢布的奖金，收买法国的制革工人泄露技术秘密。

吕利埃兄弟公司每提供一名工人，就可以从俄罗斯政府那获得 2 个埃居，每个埃居等于 6 个里弗赫。有专门的中介从事这门生意，如"俄罗斯画家协会"，法国政府会追踪他们（就像今天贩卖女孩一样），一旦抓住，便会投进监狱。因此，他们大多生活在国外。有一位名叫费夫里耶的人很有名，他忙于在巴黎和里昂寻找优秀的钟表匠，以便将他们带到国外。当他和几个工人再次前往森乌恩，准备登上一艘荷兰船时，都被捕获。

他们还正式成立了一家侦探公司，以探索获取移民工人的途径。

1767 年，法国驻莫斯科公使抱怨说，里昂的几位制图师来到俄国，人们为他们提供了很大的好处。

为避免被发现，样品会装在酒桶里发送；在这一方面，法国当局也在追捕不法行为者。

丹麦：丹麦驻巴黎公使馆秘书舒尔茨从事挖角织布工。

一名日内瓦人被捕，因为他是将染料从里昂运到哥本哈根的代理人，另一名在丹麦公使馆的保护下，为钟表匠和仪表工搜寻精细锉。

英国：一名女密探定期将年轻男女工人运到英国，长达 7 年。1763 年，一支来自布阿斯特的小队，由 7 名工人和 2 名儿童组成，因被告发而被截获。

博韦斯的一位居民经常与英国使节会面：他将在伦敦建立一家类似博韦斯的地毯厂。他承诺将一半的法国工人带到英国，但被发现并遭逮捕。

格里尼翁兄弟系挂毯工人，决定搬到伦敦，一个成功，另一个被抓。

文森瓷厂的工人让·科亚尔也有同样的经历；同样的情况可以列出一张大事表。

奥匈帝国：1750 年一位名叫法兰西的人被捕，因为他想将刀匠带到维也纳。

德意志：一个有天赋的釉陶工阿农被招募到萨克森瓷厂。迈森兄弟工厂的工人也是一样。

一位熟练的绘图工已经在德意志，当妻子和孩子想要跟来时，遭到逮捕，迫使父亲不得不返回。

弗里德里希二世的使者在斯特拉斯堡和敦刻尔克被发现，他们想在那里招募烟草工人。（参见：Acta borussica，丝绸业。）

法国与西班牙、葡萄牙、比利时、瑞典、意大利亦有类似的关系。

对违法者的惩罚往往非常严厉。1751 年 3 月 31 日，来自里昂的两名工匠师傅被判终身监禁，原因是引诱工人移民。他们的引诱对象为丝绸工、技工与磨坊主等，部分被罚款，部分被监禁 2 至 5 年。

然而，为了达到离开这个国家的目的，人们采取了最大胆的手段：在许多情况下，如朝圣之行等受到保护的办法。［参见：Godart, L'ouvrier en soie（1899），202 f.。］

第五节　劳动合同的规定

对重商主义时期劳动法或劳工法进行系统的陈述非常必要，在汇编当时规范劳动合同的条款时，就会特别清楚地感受到这一点：在各种文献中，除了一些零碎的注释之外，什么也找不到，这些文献从来没有深入、细致地处理过这一问题。

在此期间对法律材料的研究得出的结论大致如下：

在国家照顾工人之前，他们的活动被纳入领地或行会的规范之中。在早期资本主义时代，两者在实际上和地域上也还有一定的效用。在我们这个时代，除了意大利和英国以外，几乎所有国家的奴隶制还没有消除的地方，仍然残存着工役制，正如我们所看到的那样，资本主义工业（当然还有农业）的很大一部分是从这种工役制中产生的。另一方面，手工业，特别是城市的手工业，仍然是接受行会规定的管理，而行会规定只是偶尔受到国家的监督。

国家以其特别的劳动法推动甚至跨越了这一进程。

如果我们从整体上来理解这一时期的劳动法，完全就像以前的法律一样，产生于同样的精神，即是从工役的基本思想出发，正如我们已经所见，这种工役往往被归结为一种直接的劳动强制。从这一基本概念，便直接产生出重商主义劳工法的基本特征。其特征如下：

1. **劳动合同的期限**应尽可能接近人的生命期限：这种劳动关系正符合奴役的状态，只允许在较长的时间间隔内改变；

2. 与此相应，便要尽可能地阻止**劳动场所的变更**：很长的解约预告期，禁止未完成工作而离职，或禁止在雇主没有找到替代者之前离职；限制自由迁徙；支付离职证明费用等等；

3. **劳动时间**与

4. **工资**相同，系由官方规定；

5. **工人的人身自由**，即使在工作之外，也受到严格限制：根本不得离开劳动地点，当然，也无权为了改善劳动条件而与他的同事相互协商。

所有这些努力都违背整个法律的精神：依据这样的做法，劳动关系由官方规定，是一种官吏关系。但是，正如结社权和罢工权与官吏关系发生内在的冲突一样，在资本主义早期，我们今天在工会工人运动组织下所总结的一切都受到严格禁止。

接下来我们可以看到一些具体的规定：

在 14 与 15 世纪的**意大利**已经出现有约束力的劳动法。例如，在佛罗伦萨的织布和丝绸行业，这些行业仍然是半手工业性质：工人必须工作一周，必须完成他的任务，签有长期合同，必须提前四个月通知解约；禁止丝绸行业的行会师徒条例，即可以"不断经常更换师傅"。

16 世纪，佛罗伦萨纺织行业征收工资税。丝绸行业亦如此。（参见：Doren，Studien 1，232 f. 274。）

英格兰和苏格兰对劳工法的基本约束力的阐述最为一致也最为严格。

在英格兰，正如我们所知，劳工法是由伊丽莎白第 5 号法令第 4 章（1563 年）形成法律，从而废除 1350 至 1560 年的 34 项劳工法。正如我们所见，强制劳动是由这一法律引入。如果工人是自愿或被迫工作，就会被许多条件束缚在一个特定的岗位上：作为一个"学徒"，他被约束在 7 年的时间里，即为"依附"，年长的工人也必须"完成规定的义务"。一旦这些义务完成，他们就只能离开岗位：在事先通知解雇后三个月（第 5 与第 6 款），凭解雇证明（第 10 款），以及在他们已经完成工作后（第 13 款）。

工资（最高工资：第 18 款）由治安法官确定。自 1350 年以来，英国国王颁布了许多最高工资。（参见：Eden 1，30 ff.）第 5 号法令第 4 章的更新是工资应与食品价格保持同步（第 15 款）。争议在于实施固定工资的实际时间。坎宁汉认为持续到查理二世。后来恢复了工资调节：1727 年，我们在格洛斯特郡发现计件工资的精确规定（乔治第 13 号法令第 6 章第 23 款）；1756 年通过了一项新的工资法规（乔治第 29 号法令第 2 章第 33 款）。该专题的最新撰稿人（R. H. Tawney，The Assessment of Wages in E. by the Justices, of the Peace, in der Vierteljahrsschrift f. Soc, -u. WG. 11，307 ff. 533 ff.）比坎宁汉更为重视固定工资的确定〔Cunningham u. a. (p. 337).〕。

自 16 世纪以来国家始终禁止劳工之间的相互协商。爱德华第 2 和第 3 号法令第 6 章第 4 和第 15 款禁止所有影响工资和工作时间的协会，并对此处以重罚：第二次会罚款 20 镑，并处枷锁示众；第三次罚款 40 镑并割去耳朵和丧失名誉。18 世纪的禁令可参见：Steffen 1，505；Held，Zwei Bücher，432 ff.。

18 世纪末仍然存在着一种真正的奴役，在英国的煤矿里。我们在当时的报纸上发现典型的奴隶广告："一个工人逃跑了：谁若说出他的下落，就会得到 1 镑的奖励；任何收留他的人都将受到惩罚。"〔Jars，Voyages métallurgiques 1（1774），190f.〕

苏格兰的煤矿和盐矿也有类似的劳动关系。1606 年的一项法律规定：未经雇主同意，任何人不得雇用盐工、采矿工或运煤工；一旦出现此类情形，雇主可以将工人带回。该项法律于 1661 年再获确认，并扩大到包括运水工，"因为对矿主和师傅而言，他们如同矿工和搬运工一样重要"。在出售矿场和盐场时，工人也一并出售。直到 1775 年，英国议会的一项法律才废除了这种奴役，但实际上，由于工人无法满足解除此种关系的部分条件，奴役制一直持续到 1799 年。[John Mackintosh，Hist. of Civilization in Scotland 3（1895），291.]

我们在上文所述及的强迫劳动的乞丐和流浪汉也同样被视为奴隶。

1617 年的法律规定，受教养的儿童"除酷刑和死刑外，应接受其主人的各种惩戒"。（Acts Parl. Scot. Vol. IV.）

1663 年的法律规定，任何人都可以接受乞丐工作，其中规定："如此雇用的穷人应接受雇主的指导和教育，继续为其雇主服务，不仅在教区为他们支付费用的时间内，而且在此后的七年内，只领取食物与衣服。"（Acts Parl. Scot. Vol. VII p. 485/86. Bei Mackintosh，1. c. 3，249 ff.）

法国：1699 年、1723 年、1729 年、1749 年与 1786 年议会颁布逮捕令。（参见：Lettre Pat. 1781；Gesetz 1701。）只有在被解雇的情况下，工人才能离开工作岗位：他必须提前告知辞职，以便雇主及时寻找新的工人。

禁止接受没有解雇证的工人，只要他没有完成自己的工作并且尚未归还预付款等等，便不能收到解雇证。这种情况似乎寻常：在工人根本不是企业成员的情况下，便会被当作"仆人"对待：当时的劳动法与我们今天的仆人法是一致的。实施中的事例：在摄政王期间，圣勒的织布工离开子爵：而留下的人被禁止离开，"逃犯"被要求返回。（Cons. 22. Sept. 1722.）几年后，织布商和卢维耶工人之间爆发一场冲突：工人要求行动自由，前往鲁昂。（Cons. Vom 23. Sept. 1729.）结果是："在面临被再次逮捕的威胁之下，叛逃者必须重新整合卢维耶工厂。"

一种特别严格的奴役是皇家制造厂的工人：他们必须对雇主"忠诚"，只要雇主不同意，就不能离开。圣戈班工厂的工人在两年内不能离开工厂一英里，否则将被罚款或监禁。

到处都有工资税。因此，在巴黎，承运人（工人、搬运工、马夫等）的工资是由商人及其助理确定的。[Art. Gagne-derniers im Dict. de commerce 2（1726）.]

禁止结社和罢工。针对个体行业：1712 年巴黎工人的市政法令。一般情况：1749 年专门法；1781 年、1785 年、1786 年重新颁布；并由著名的 1791 年 6 月 14—17 日革命法确认。在 1791 年 6 月 24 日的一项法令中，（基本上出于教条主义的原因）禁止任何工人协会和任何商业协会。

德意志：有关工资税的帝国或州邦的法令，参见：Schönlank，Soziale Kämpfe vor 300 Jahren（1894），135 ff. Gothein，WG. d. Schwarzwaldes 1，728 u. ö. O. von Zwiedeneck-Südenhorst，Lohnpolitik und Lohntheorie（1900），54 ff.。

18 世纪的工资税情况，参见：Bergius，Neues Pol. u. Cam. -Magazin 3（1777），176 ff.。

在德意志劳工法中占有特殊地位的是采矿或冶炼法，系由各州君主或"领主"颁布，特别是自 16 世纪以来，这些法令具有强烈的"约束"劳工的倾向。故此，在大多数情况下，法令规定了长期的合同期限和很长的解约通知期限；惩罚提前停工，要求"离职证明"，等等。

在戈斯拉尔附近的拉默尔斯贝格，早在 1476 年，"所有仆人"的雇佣合同期限就定为一年，至少为半年。任何违反合同离开岗位或因行为不端而被解雇的人，在此期限内不得在他处工作。1544 年的戈斯拉尔企业规章也是如此。根据萨尔茨堡的企业规章，从 1532 年起，只应雇用愿意服务的工人，这些工人能够通过"证件与证书"证明他们在其他地方被正式解雇；1575 年的匈牙利企业规章亦如此。

1694 年的上法耳茨炼铁厂规章规定，受雇一年的铁匠必须忠于职守；1769 年的普鲁士炼铁工和锻工规章规定，"所有铁匠和锻工至少"签订为期一年的合同。同样，1718 年的黑森—达姆施塔特企业规章和其他法令也是如此。

在某些情况下，新的雇佣需取决于前雇主的同意：如 1597 年的赛恩-维特根斯坦规章；同样的规章在各处先后颁布，1559 年在拿骚，1565 年在普法尔茨-兹韦布吕肯，1616 年起在黑森-卡塞尔。1652 年起，黑森-卡塞尔的规定威胁矿工，凡是没有完成规定的工作者都会被扣除工资并被开除。

1692 年，策勒费尔德矿务局颁布一项规定，命令"在国外矿场工作的矿工家庭"回乡，否则他们的房子就"必须支付巨额建筑费用"，甚至公开出售。

矿工的结社自由受到严格限制等。［参见：O. Hue, Die Bergarbeiter 1（1900），260 f.。］

奥地利：关于雇佣关系有着广泛的规定，如工资的确定，特别是棉纺厂的工资（所谓"纺纱脚的标准化"）。（参见：Ad. Beer, Studien zur Gesch. der österr. VW. unter Maria Theresia, im Archiv für für österr. Gesch. 81, 37ff. Max Adler, Die Anfänge usw. 94 ff.。）在 1751 年 10 月 16 日关于丝织品的制造（质量）规章中，规定征收工资税是"为了商品不因过高的劳动工资而蒙受损失，并且不让工人受到不公平的压迫"。［载于：Cod. austr. Supp. V. 参见：Hel. Deutsch, Die Entw. der Seid. -Ind. In Österreich.（1909），67。］关于克莱纳采矿业中类似奴役的劳动关系，参见：Alf. Müller, Gesch. d. Eis. in Innerösterreich 1, 318。

第八篇

企业家的产生

第五十五章

资本主义企业家的诞生

资本主义是"个别杰出人物的事业",对此毋庸置疑。任何关于"集体主义",类似植物性起源方式的假设都是错误的。无人知道是谁建立了村社或行会。它们确实是生长出来,是"有机地"形成的。所有人、每个人都参与它们的形成。资本主义却不然,它是以"企业"的形态出现:以理性、思考、有远见的人类精神的形式出现。起初是个人的"创造性行为",是一个"冒险的""有进取心的"人的"创造性行为",他勇敢地决心走出传统"经济行为"的轨道,开辟一条新的道路。

因此,我们也知道许多个人的名字,他们首先在某个地方以资本主义企业家的身份活跃起来。资本主义产生的历史是一部人格化的历史。

在资本主义企业与历史上先于它出现的经济企业——领地与赋役农业经济——之间,显然可以进行一番比较。确实,这两种经济形式有很多共同点。在某种意义上,资本主义企业实际上是领地企业的延续。它继续着后者开始的运动。两者都意味着对流行的集体主义经济行为轨道的升华。两者都是贵族组织在替代民主组织。地主从农民队伍中脱颖而出,正如资本主义企业家从工商业手工业者的群体中脱颖而出一样。

但是,资本主义企业家和地主企业家的区别在于,他在更大程度上具有颠覆性和变革性的作用。地主固然也以创造性的精神建立了新的结构。但它的意识仍然受到大众旧有的基本观点的束缚。地主庄园只是一种大型农场,只是在生产自己需要的物品,它的全部行为都受"满足需求的原则"所支配。资本主义企业家打破了旧的传统,为其"经济"设定了全新的目标。它有意识地冲破旧经济方式的障碍,集破坏者与建设者为一身。地主在其寂静的森林里建立他的新世界,而不涉及他人的经营,资本主义企业家则用自己的活动覆盖整个国家,将整个人口从他们惯常的生活方式中脱离出来。地主要求农民承担地租或劳役的义务,但农民却保留着旧的经济结构,资本主义企业家则为成千上万的人创造新的经济方式。他的目光投向远方,他要用自己的意志引导众多人的意志,即使他们居住和工作的地点与他相隔遥远。

即便历史没有证实这一点，对人性本质的考察也会使我们得出这样的结论：这样的标新立异者、这样的革新者、这样的颠覆者、这样的创造者总是个别，总是少数。

社会学对历史的考察特点总是针对着普遍现象。因此，我们对这种个人记忆的表达——及其在资本主义企业创造中的表现——之所以感兴趣，仅仅是因为我们观察到它实际上是一种大众现象。因而我们在这个问题上的立场决定：并不是描述我们认为是资本主义创造者的个别杰出人物的命运和成就，我们的任务是注意到一个特定的（"新的"）精神在众多个体中的活跃，并将这些众多的、同样努力的、同样行动的个人理解为在生物学与心理学上的一种特殊类型，进而追溯其起源；也可以说，我们试图将这种类型理解为大量不同倾向的个人中的一种选择。

如果我们记住资本主义企业家必须履行的职能，便很容易确定这种类型是什么。

"智力"的丰富禀赋必须与丰富的"生命力""生命能量"相对应，或者与我们可以称之为这种天资的丰富相对应，我们只知道这种天资是所有"企业家"行为的必要前提：它创造企业的欲望、**行动**的欲望，并提供必要的行动**力量**来确保企业的执行。这在本质上必定具有某种要求，使得人们离开炉边的安逸舒适而去经受磨难。必定具有强健的筋骨——经得起锤炼——和坚强的精神。我们的眼前已经清楚地显示出一个我们称之为"企业家"的形象。所有这些企业家的品质都是成功的必要条件：有决心、有恒心、有耐力、孜孜不倦、目标坚定、坚韧不拔、敢于冒险、勇敢顽强：所有这些品质都植根于顽强的生命力之中，植根于一种平均的活力或我们习惯所说的一种"生机"之中。与此相反，贪图安逸的气质——从而过于强调情感价值——则会阻碍这样的发展。

总而言之，企业家是那些具有明显智力、强烈意志与才能秉性的人，当他们作为资本主义经济的创建者出现时，他们对物质价值、对人类在地球上的工作具有强烈的意识。正如我们通常所说，他们"务实且有行动能力"：而对所有的安逸行为，无论是宗教人还是艺术家之类的，都会感到厌恶，就像对所有手工业的自给自足和享受安乐一样。

在所有创造欧洲历史的民族中都出现这样有才能的人：当然，他们在其中的比例和特征各不相同，但在意大利、西班牙、德意志和法国，简言之，在所有欧洲民族中，以及在欧洲—美国历史的发展中发挥重要作用的外来民族即犹太人中，都出现这样的人。他们也出现在各个社会阶层中：国王、乞丐、地主、手工业者皆有；他们出现在各种职业中：骑士、农夫、商人以及裁缝和鞋匠；他们出现在所有宗教中：天主教徒和各种派别的新教徒。

这些企业家的不同之处，即分为两大类群体的区别在于，他们为实现其计划所使用的**手段的不同**：一类人利用他们在国家处于特权地位所享有的权力手段，另一些人则没有这种手段，而是运用劝说和引诱的技巧来实现他们的目标。前者更多地发挥出企业家的征服者一面，后者则完美地实现资本主义企业家的商业功能。如果我们从一般的角度来理解这种区别，便可以说，前者是有权力者，后者是有技巧者。前者包括从国家领导人与官员或地主行列中产生的资本主义企业家，他们凭借自己的地位所拥有的权力来从事企业家的活动；后者包括所有出身于市民阶层——无论是商人或手工业者——的资本主义企业家，在他们放弃国家直接援助的想法时便是如此。当然，这两类群体相互交错，但在概念上，可以完全纯粹地加以区分，在历史上，二者基本上也可以区分，如下文所示。

这本身就存在一个问题：如同一般的资本主义变种一样，在**一个给定的民族中**是否以及在多大程度上存在着或强或弱的征服者或商人的变种，也就是说，在资本主义中，人们是否可以区分具有较高或较低禀赋的民族与征服者或商人的民族。我在《资产阶级》一书中曾探讨过这一问题，读者可以参考该书的说明。这里，我不再需要详细叙述民族的差异，因为我们此处的任务是从一般意义上来认识资本主义企业家的起源。故此，我们可以（并且必须）将民族发展的差异——我在《资产阶级》一书中有相当大的篇幅论述这一问题——略去不谈，因为我们注意到，尽管存在着各种差异，但在所有的民族中都表现出相同的倾向，由此可以推论在所有的民族中都存在着所有的变体（尽管程度也许不同）。

但是，如果我们试图确定各国人民中某些群体在资本主义企业发展中占有的成分，情况就完全不同。事实上，可以完全肯定的是，某些群体的特点无疑比其他群体更有利于产生资本主义企业家，他们在现代经济主体队伍中的成分无论如何总是特别强大。

这些群体主要是：

1. **异教徒**，即不属于国教的市民，"不同信仰的人"；

2. **外国人**，即移民到一个国家的人，其中最为重要的是 16 世纪以来受宗教迫害的基督徒；

3. **犹太人**，他们是一个特殊的民族，也具有一种特殊的社会地位。

当然，这三类倾向于资本主义的人，与前面所区分的资本主义经济主体，并非一种并列的关系，而是在各界互相交叉重叠。将这些群体中的每一类对资本主义发展的重要意义分别加以确定，似乎不无裨益。因此，在接下来的各章中，我将试图依次描述资本主义企业家的重要类型，同时力求确定它们在建立资本主义国民经济中所占有的数量成分，同时确定它们发挥其特殊作用的原因，以及它们为整个资本主义世界所带来的特色影响。

第五十六章

君　主

前面我们已经确信，现代君主对资本主义经济的发展具有何等强烈的兴趣，他们在这种新经济的代表中看到维持和促进国家的力量。在许多情况下，为了使资本主义的萌芽迅速发展，君主及其臣下亲手干预经济的运作，并参与新经济形式的建设：甚至自己作为企业家大行其是。

与此种强烈的意愿相对应的是强大的能力。资本主义早期，在国家元首和官吏中有许多强势人物令人注目，他们对经济生活现实有着深刻的理解，对经济实践的新要求具有不同寻常的认识；此等人物富有企业精神与企业家的才能。

创造性的观念、广博的知识、科学的训练：谁能同现代国家的天才领导人相提并论？

瑞典的一位聪明人评论**古斯塔夫·瓦萨**的一段话[1]，适用于当年在位的所有重要君主："他是他的国家第一个企业家；他竭力开采瑞典土地上的金属矿产，以供王室使用，他不仅通过贸易协定和保护性关税，并且凭借自己的大规模海上贸易，为他的商人们指明了道路。一切都是源自他。"

在 17 与 18 世纪，**英国**众多企业行为背后的直接驱动力来自国王，对钱包的兴趣吸引着国王（或女王）。在长时间的交谈中，德雷克、雷利等都被他们劝诱开启新的航程：雷利最后一次航行几内亚的计划是由渴望金钱的詹姆斯一世所提出[2]；我们还看到查理一世派其代理人在全国各地与实业家签订有利可图的合同。[3]

渴求金钱的国家领导如何推动资本主义世界的发展，雅各布·斯特里德根据许多新发现的材料对**德意志**查理五世和斐迪南一世时代提出了证据。[4]

在**奥地利**，一位真正的企业家天才是玛丽亚·特蕾西娅的丈夫弗朗茨一世，弗里德里希亲王称他为那个时代"最大的工厂主"：这一评语证实弗朗茨一世在经

---

① Friedr. v. Bezold, Staat und Gesellschaft des Reformationszeitalters（1908），64. Kultur der Gegenwart II. V. 1.

② Sélincourt, 1. c. p. 259.

③ Unwin, 1. c. p. 168 f.

④ J. Strieder, Organisationsformen. 1914.

济领域不可否认的天赋，他的务实商业精神，以及在经营方面的幸运记录（兰克语）。

在他幸运的财产收购中，包括波希米亚的帕杜比斯、布雷斯尼茨和波迪布拉德的领地。1748 年，他亲自和他信任的会计杜桑一起到该省考察亚麻布工厂的设施，建立了打铁场，同样也收购了波藤斯坦的领地。在这里，在一位从普鲁士—西里西亚搬到奥地利的查姆伯爵的领导下，建立起帝国漂白厂和一个商品仓库；在帕杜比斯、瓦姆贝格和泰奇科瓦尔德等地也建立了这种设施。[①]

我们只要回想普鲁士国王，回想彼得大帝和许多较小的君主，就可以证实如下的判断：在任何一个社会阶层中，都没有像国家领导那样有如此能干的企业家精神，他们大多在激烈的斗争中赢得独立和权力。

现在，他们的身边集聚着一群优秀的人才，这些人或者在执行机构，或者成为独立创业的人物，同样也在早期资本主义企业家的产生过程中发挥很大的作用：政府各部门充斥着能人，他们当时还与国家管理机构相隔不远。柯尔贝尔——其中最伟大的一位——具有一种真正的企业家素质：有远见、精力充沛、清醒、冷酷无情、谨慎、勤劳。他这样评价自己，当然是正确的，"没有虚度光阴，没有娱乐消遣，也没有任何其他排解，天生就只是太喜欢工作"。说得很对。依照他的自白，他"具有一种非常自然的工作倾向"。对他来说，"懒惰，甚至平庸的工作"绝对不能忍受。"我的儿子"，他说，"你应该早上和下午都要工作"。[②]他的主要目的是培育经济，本着资本主义的精神发展经济，在这一点上，他比同时代的私人企业主付出了更大的努力。

还有谁能比国家元首及其臣属更有能力执行有远见的经济计划？在资本形成不足的时代，往往只有国家才有足够的资源来开办一家大企业。

同样重要的还有国家的组织机构。在仍然缺乏训练有素人员的时候，人们可以设身处地地考虑国家在其公务员制度中比私人企业家会有多大的优势，私人企业家必须首先培训他们的员工和监督人员。

除君主之外，没有人会对遥远的未来具有如此强烈的兴趣，因而可以设计和执行非常远大的计划。一切资本主义本质的特点：企业行为的长期性，精神能量的持久性，在国家的企业经营中，这些特点必定会从其本质中自然发育出来。

因此，我们非常理解德意志一位财政学者的说法，他认为：改进制造业需要聪明、思考、成本和回报，从而得出结论："**这些是国家的事业；而商人则固守自己所学和所习惯的**。商人并不在乎祖国的整体利益。"[③]

君主参与建立资本主义企业的**方式与方法**各不相同。在许多情况下，只是

①　Fournier im Archiv f. österr. Gesch. 69, 344.

②　Franz Aug. Schwerzer, Merkantilismus von Colbert, 1903, 6.

③　Leipziger Sammlungen（ed. Zinken 1745）9, 973. 引自 Schmoller。本人此处的引语已无从查找。

"激励"，或者更确切地说，是"刺激"，以及引导和领导。

在许多地方，国家吸引私人从事资本主义企业家的活动。采用威力和劝导驱使并推动他们投入资本主义。我在这里使用的人身胁迫的情景，系取材自 18 世纪一位财政学者的著作。他认为："民众若非连拖带拽被逼无奈地进入他的新利益之中，便不会心甘情愿地抛弃他的旧福利。"①

试举几例，用我们今日的概念来说明，国家领导过去给予他们的"臣民"的"鼓励"类型：

法国国王（柯尔贝尔代表）向欧坦当局宣布有关卡米塞建厂的消息："来自国王：亲爱的阿梅斯，朕派卡米塞先生在欧坦建立针织长筒袜厂，为此目的，务必尽力为其提供一切协助，以便建成上述工厂。8 岁以上无职业的男女老幼均有义务在该厂工作，并需为他们提供房屋。"（Ms. Mitget. Von Levasseur, Hist. 2, 256.）

布尔日地方长官向柯尔贝尔说："在下已和镇上的官员们谈过，请他们去寻找愿意从事这一行业的市民。他们都赞同这一行业的好处；但无人愿意从事这一行业。这迫使在下不得不向大医院的院长们呼吁，让他们开始生产长筒袜。"（Corr. adm. sous Louis XIV., ed. Depping 3, 766.）

有关柯尔贝尔作为新产业创建者的作用，P. 布阿索纳德在其著作中［Colbert, son système et les entreprises industrielles d'Etat en Languedoc（1661—1683），in den Annales du Midi XIV. Année 1902.］作出很好的描述。有趣的是，柯尔贝尔偏袒股份公司，因为他可以对这些公司的管理层施加直接影响。那些股东通常是"官员"："主要是金融家、商人、财务主管等，这些人都或多或少直接处于中央权力之下。"

以下是普鲁士弗里德里希亲王政府活动中的情景叙述，五光十色。

当希尔施贝格的商人不愿意支持弗里德里希搬到西里西亚的锦缎织工的订单时，海关当局便阻止这些商人的货物出口，大臣施拉布伦多夫伯爵给他们写了这样一封信："……我认为……那些老商人如果不很快同意的话，他们的亚麻和锦缎工厂就会像施米德伯格和格雷芬伯格的商人那样滚到一边去，他们就会受到同样的军事判决，这样的判决将会一直有效，直到他们同意服从国王的命令为止。为了他们自己和商业上最好的目的，这也是他们的义务所在。迄今为止，我已经对商人尽了最大的仁慈，只是因为他们表现出这种顽固的态度，甚至在会议上也是如此。只要还是依赖他们，锦缎工厂就永远不会在西里西亚建立起来，这就说明他们的反复无常，除了对这些人表明他们是国王的臣民之外，别无他法。为了国家的利益，必须服从命令……我会让这些商人明白这一点。他们必须知道，应该将这些被赶走的锦缎织工接回来，在那里建立工厂，并开始工作……"并亲笔附

---

① Leipziger Sammlungen 2, 615.

言："我将在今夏过来，研究一切问题，并视需要和商人的情况，对任何进一步的反常行为进行调查……"

于是，希尔施贝格的商人努力寻找一种更好的漂白工艺："泥炭漂白将是一个开始。既然在荷兰和许多国家有利可图，在西里西亚也应如此。"［Breslau, 11. Juni 1764. 源自：Archiv der Hirschberger Kaufmanns-Societät，据：B. E. Hugo Gerstmann, in der Mentzel-Gerstmannschen Familienchronik（1909），85 ff.。］

其他国家的政府则愿意尽力通过自己的行动来推动他们的私人企业主。例如，**奥地利**政府官员装扮成旅行推销员去寻找奥地利商品的买家，并随身携带样品，品尝口味，研究需求，推荐商品，带回订单或宝贵的知识。这些旅行是从布尔诺的摩拉维亚公司开始。这些官方"商务旅行"中最著名的一次是1755年和1756年间豪克维茨伯爵和布尔诺工厂检查员普罗塞普的监察之旅。①

也有一些君主用政府的资金创办企业，然后交给私人企业家；或者，向企业家提供大笔无息借款，或者向创办工厂的私人提供生产资料和工人。②我们所知道的重商主义经济政策的许多措施，与真正企业家的活动十分相近，因此也必须在此提及。③

最后，众所周知，国家（和城市）作为**特有**企业的独立创立者和领导者出现，因此，在许多情况下，它们表现为资本主义经济形式的开拓者。

作为公共（国家或城市）企业，自16世纪以来，许多地方越来越大规模地建立起银行。属于此类的有：威尼斯、热那亚、米兰和阿姆斯特丹的国家银行；汉堡银行；纽伦堡公共银行；劳氏银行；俄罗斯汇兑银行；柏林王家银行，等等。我在其他相关之处还会谈到银行，此处点到这些即已足够。

一些**商业**公司也烙有国家的印记。

然而，国家的企业活动最为重要的领域还是工业。

在这一方面，我们首先看到国家努力建立**样板机构**，借此对私人企业产生示范作用。这样的样板机构首先由亨利四世所催生，柯尔贝尔所完善，即戈布兰王家挂毯制造厂，该厂我们下面仍会详细了解；维也纳塔博尔的手工工厂也是这一类样板机构。④

样板机构于1676年在 J. J. 贝歇尔的倡议下建立，包括：

1. 一个大型的化学实验室，从事：

---

① 参见相关的有趣报告："Die Haugwitz-Procopsche Relation 1756"，载于：Archiv für österreichische Geschichte 69, 378 ff. 有关此类其他活动可见：A. Fournier, Handel und Verkehr in Ungarn und Polen a. a. O. S. 317 ff.。亦可见：A. Beer, Studien zur Gesch. der österr. VW. unter Maria Theresia im gleichen Archiv 81, 107 f.。

② 俄罗斯彼得大帝时期的类似措施可以参见：Rußland unter Peter d. Gr.，载于：M. Tugan-Baranowski, Die russische Fabrik, 1900, 13 f.。

③ 此处参见本书第二十四章。

④ Hans J. Hatschek, Das Manufakturhaus auf dem Tabor in Wien. 1886. S. 35 ff.

（1）生产主要化学产品所必需的盐和烈酒；

（2）生产金属颜料（生铜绿、山绿、铅白、朱砂等）；

（3）利用炼丹术（！）提炼金银；

2. 马约里卡陶器工场；

3. 生产优质廉价药品的药房；

4. 生产优质家用电器的工场（由贝歇尔发明的一种金属合金制成）；

5. 丝绸织造厂，设有三台"织机"；

6. 羊毛工场。

除了这个主厂房大楼，亦设有"艺术与工作之家"，还有：

7. "经理住宅小公寓"；

8. 舍伦贝格冶炼厂；

9. 威尼斯玻璃厂。

贝歇尔还设想将工厂大楼作为一种国家培训工场（参见：Närrische Weisheit，120 ff.。），如此的样板其实是一个失败的构想，故此在 1683 年被烧毁，但我们对这点并不感兴趣，因为我们只是将此视为当时国家经营的一种象征而已。

但是，国营企业的发展已经超越样板机构的狭小范围，成为除私人企业之外十分重要的工业部门。其中最有势力的领域是采矿业和真正的军需产业。几乎在所有国家，尤其是在奥地利、德意志和俄国，我们都看见许多这样的国营企业。对它们在整个企业中所占的比重作出统计并不可能，就我们此处的目的而言，亦无此种必要。我们这里只需证实；国家领导在现代资本主义的缔造者和建设者中占有突出地位。当然，在严格的意义上，他们所发起的企业并不能算作"资本主义的"。然而，这些企业确实构成资本主义发展中一个重要环节，在许多情况下，成为一个榜样，一个前驱，它们从资本主义的精神中诞生，并由此吸收一些基本的特征。此外，这些最初的企业往往从一种形态转化为另一种形态：国家的企业机构变成私人企业，而私人企业也会由国家接管。因此，倘若不在此处提及作为现代企业家类型的君主及其臣属，在描述资本主义的起源时不免会产生一个明显的漏洞。

第五十七章

贵族地主

第一节　地主在营利经济中的地位

领地关系本身并不具有任何牟利的特征，更不会含有丝毫资本主义的特征。正如我们所知，即使是在领地范围内产生的经济行为——徭役经济——本身也并非营利经济，即使它已经将其剩余的产品推向市场（此种情况早已出现）之后，在很长的一段时间内仍然是满足自身需求的经济。

但随着时间的推移，这一经济已经失去旧的性质。地主的自足经济日益受到限制，与之并存的是在地主的势力范围之内产生的一种营利经济，它逐渐成长为资本主义经济。

地主便成为资本主义企业家，对资本主义的发展作出不小的贡献。

因此，地主对资本主义的促进作用在这里应该得以承认。然而，此时我们并不考虑地主对资本主义工业造成的损害，例如在授予工业经营权利时收取费用、税捐（织工息金！）等等，而倾向性史学家在谈到领主对现代经济发展的影响时，只会想到这一点。

地主在经营工业时免不了会操劳费心，什么动机在驱使他们采取如此做法？

当然，促使地主变成工业企业家的往往是出于纯粹的**博爱**，是在身体和精神上提升后代的愿望。特别是教堂和修道院建立工业时，往往是这样的动机在指导。

一个显然具有典型性的例子：1691 年被选为奥塞格修道院院长的本笃·利特维里希看到，修道院及其周围村庄的大多数奴仆，除了很少的农业之外，没有其他工作，"在漫长的冬夜里，大部分人都在懒洋洋的无所事事中酣睡，生活极为困苦"。他想出补救办法，并指定一个名叫保罗·罗迪格的人，此人系来自萨克森的熟练织袜工，让他在奥塞格重拾这一行当，并教当地人这方面的知识。至 17 世纪末期，奥塞格庄园已经有 50 名训练有素的织袜工人，从事这方面的活计，也不会被许可去往国外。［Ludw. Schlesinger, Zur Gesch. d. Ind. In Oberleutensdorf, in den Mitt. d. Ver. f. d. Gesch. d. D. in Böhmen 3（1865），88 f.］

但这一事例并不会成为规律。即使是修道院院长或主教，也许是在增添他的修道院或教区的光彩，但在更多的情况下，地主、资本主义企业家的目的，充其量也和走上这条道路的大多数人一样：运用自己的力量去扩充自己的势力范围，增加自己的财富。驱使地主进入资本主义的精神，正是激励所有资本主义企业家的那种**具有牟利观点的企业精神**。但是，中世纪的领主——好战的封建领主——何以能够实现此种转变？我们必须力求用以上提及的普遍适用的事实，首先设法回答这个问题：在某一民族的每一群人中都有不同的变体，在中世纪的骑士和领主中，我们也必须假定存在这样的资本主义的变体，他们在中世纪的环境中无法发展，但在资本主义经济的条件逐渐满足之后，这些变体会愈益占有优势地位。即使在教会的王公中亦不乏此类企业家。例如，我会想到沃尔姆塔尔修道院会议的一些修道院院长，正是按照他们的意见经营了欧洲的第一个（？）煤矿。像哈根修道院院长，特别是沙诺这些在 18 世纪主持修道院的人，他们简直同任何"冒险商人"及工业企业家没有什么区别。在哈根手下负责物品管理的沙诺尤其如此。他从幼年起隶属修道院的教士团，却是当年最优秀的矿物学家和采矿工程师之一。他力劝其富有洞察力的前任哈根在修道院的矿场建造大规模的设施：到 1771 年，花费超过 669 000 法郎，用于地下装置，地面上的设施也花费类似的数额。当时有800 人在井下工作，在地面上工作的人也是同等数量：这在当时是一个非常不同寻常的数目。[1]

当然，在寺院的领地中，我们必须将这类企业家的出现视为"偶然"，因为教会王公的选择是在与他们的商业才能有很大不同的情况下出现的。就世俗的地主而言，我们可以想到对于逐渐改变的环境（当然，这种过程是在新人物自身的影响下形成的）有一种形成过程或适应过程。我们可以想象，随着时间的推移，从事营利的人是从封建贵族中脱颖而出的。

但是，这种有机地筛选非封建成分的过程，很可能是一个缓慢的进程，其本身并不足以解释我们所看到的地主中资本主义企业家的迅速增加。相反，这样的增加是自 16 世纪以来我们在各国看到的另一类发展的完全自然的结果；我指的是**贵族的市民化**。

我们在任何地方都遇到过这种情况，包括在德意志和奥地利：例如，在波希米亚贵族中，早在 17 与 18 世纪已经出现大量的资产阶级暴发户，像著名的施利克伯爵家族一样。但是这种贵族的非封建化只有在西欧国家才会成为一种普遍的社会现象：如法国，特别是英国，然而在 15 世纪以前的意大利业已存在这种现象。如果说资本主义在这里的发展比其他国家——如德意志——快得多，贵族的市民化无疑是一个重要原因。不言而喻，其结果就是意识的商业化；因此，同那些旧

---

[1]　参见：Franz Büttgenbach, Der erste Steinkohlenbergbau in Europa, 1898, 167。

的封建与领主贵族的非重商主义甚至反重商主义的势力所笼罩的国家相比，这里的资本主义精神更容易传播，更容易渗透到整个社会和整个国家组织之中。

第二节　贵族的市民化

贵族的市民化有两条路径：或者是市民变成贵族，或者是贵族娶市民的女儿。此处只需将英国和法国的贵族市民化的过程稍加描述，即已足够。（对此，我在《奢侈与资本主义》书中第 10 页及以后各页有更为详细的讨论）。

1. **英国**：只有出身贵族的人才是（现在仍然是）狭义的贵族。这在很大程度上是在都铎王朝——更确切地说是亨利八世执政——时期诞生的。在玫瑰战争之后，旧贵族被消灭到仅剩下 29 家；即使是剩下的也有一部分仍然被放逐、削弱、流于贫困。直至亨利八世才使这些古老的家族重新获得权力和财富（从而令他们臣服于王冠之下，自此保持着王冠无可争议的至高无上地位）。国王凭借的手段来自所没收的教堂财产（这些财产因而被投入"世俗"的用途）。然而，从亨利七世与八世开始，旧贵族的队伍不断被新的封爵所补充。国王从所有新的上层人士中，特别是从富有的市民中挑选出这些新的贵族，他们与旧的土地贵族完全平等。詹姆斯一世甚至出售贵族爵位。从亨利七世到詹姆斯二世，共计分封 339 人。

在斯图亚特王朝时期 99 位贵族消亡之后，1700—1800 年间新封的贵族有 237 人。

当然，这种新的封爵并非总是来自最下层，即来自人民的深层内部，就像罗素和卡文迪什一样。这些新贵通常（也许大部分）首先经历过各种不同的初步阶段：侍从骑士、骑士和从男爵。但我们知道，在许多情况下，富有的贵族家谱都来自城市。为了证明这一点，我仅举以下几个例子：

利兹公爵是爱德华·奥斯本的后裔，奥斯本作为一个贫穷的商人学徒来到伦敦；诺森伯兰公爵出自休·史密森，后者是一个保健药品商店的店员，娶了伊丽莎白·西摩夫人；同样，以下的贵族家族也出自市民：罗素、索尔兹伯里侯爵、巴斯侯爵、布朗洛伯爵、华威伯爵、卡灵顿伯爵、达德利伯爵、斯宾塞伯爵、蒂尔尼伯爵（蒂尔尼的第一位伯爵不是别人，正是约西亚·柴尔德的儿子！）、埃塞克斯伯爵、考文垂伯爵、达特茅斯伯爵、乌克斯布里奇伯爵、坦克维尔伯爵、哈伯勒伯爵、庞特弗拉克伯爵、菲茨沃特伯爵、德弗罗子爵、韦茅斯子爵、克利夫顿伯爵、利伯爵、哈弗尚伯爵、马沙姆伯爵、巴瑟斯特伯爵、罗尼伯爵、唐纳伯爵、多塞特郡公爵和贝德福德公爵；在某种程度上，他们当中部分人的贵族身份今天早已消失，但在 18 世纪上半叶（就他们不是出自新近时期而言）却是声势显赫。（参见：《奢侈与资本主义》一书中的资料来源。）

但是，使英国的社会结构尤其具有其独特标志——并令我们感兴趣的时代——的是**缙绅**：那些并非真正属于贵族却又是贵族的一群人；一种"低级贵族"，但在法律上却不是贵族。缙绅的最上层是骑士，其中从男爵是最高的等级：骑士和从男爵在自己的名字之前冠以先生的尊称。骑士包括骑士封地的拥有者——他们原本是唯一的骑士——其次是某些勋章的持有者，嘉德勋章和巴斯勋章（自爱德华三世和亨利四世以来）以及一些官位拥有者，最后是那些捐得骑士头衔的人：1611 年，詹姆斯一世开创骑士头衔的可交易性（以 1 095 英镑的价格购买）。这些以金钱获得恩典的骑士被称为从男爵：他们的地位应该高于老骑士，但排位在贵族之后。在 17 与 18 世纪这样的从男爵人数有好几百个。19 世纪中叶他们的人数达 700。十分明显的是，在这条道路上，很大一部分富有的平民已经由这一途径上升到贵族（骑士在社会上是无可置疑的贵族）。然而，英国缙绅的特别怪异之处在于，它根本无法界定，而且无论如何往下没有界限。

根据这种特殊的观点，英国贵族的隶属几乎是自动地取决于经济关系的转变，随着有钱人在社会生活中的重要性的增加，总是有可能进入贵族阶层。直至 18 世纪，在绅士的概念中还是包括大地主，因此，市民成分渗入土地贵族成为城市财富增长的必然结果。

于是，当两个群体的儿女联姻生子时，贵族与财富的结合便更加紧密。至少从斯图亚特时代起，贵族与暴发户这样的联姻在英国已成家常便饭。威廉·坦普尔爵士曾说，在他的记忆中，贵族家庭"仅仅为了钱"而到城中结婚，这种事情已经大约有 50 年，倘若他真的说过此话，鉴于这位杰出观察家的巨大权威，我们便可以很肯定地将这种血统混合的开始放在詹姆斯一世执政时期。无论如何，一百年后，在笛福写作之时，贵族和市民通婚的数量显然已经相当可观，因为笛福谈及此事，犹如一种司空见惯的现象。当然，特别是贵族男子要娶富有的商人继承女，以便为他们的纹章重新镀金。笛福特别列举高级贵族与小商人女儿这样的婚姻 78 起，在这里一一列举没有意义；无论是韦尔登勋爵娶的是林肯郡韦尔一个商人的女儿，还是哈尔西勋爵娶的是南华克酿酒师的女儿，这都无关紧要；我们感兴趣的，仅仅是这些婚姻已经成为普遍现象，这种现象在 18 世纪的英国业已出现（与当时贵族的数量相比）。

2. **法国**：对法国来说，转折点出现在 16 世纪末与 17 世纪初：当时突然涌现出产生新贵族的有力来源，最重要的是在 1614 年，明确宣布封建的土地所有权过渡到平民为合法，此类事情多年以来已有发生。这种获得贵族的形式对法国具有特别重大的意义：在 18 世纪，这种新产生的领主数量很多，他们仅仅通过购买一座贵族的庄园即可获得自己的头衔。富人用领主的头衔来装扮自己，就像今天用异国的徽章装饰一样。帕里斯·蒙马特是莫伊兰斯一个小酒馆老板的儿子，他在洗礼中的签名同桑皮尼伯爵、达古维尔男爵、布鲁诺领主、维勒领主、福西领主、方丹领主、夏泰纽夫领主等一样。

17 世纪末，在通往贵族的各种途径中还有购买一途：1690 年出售的贵族证书有 500 张，1702 年出售 200 张，1711 年出售 100 张。［Vic. de Broc, La France sous l'ancien régime 1（1887），353.］

于是，法国贵族越来越多地由贵族化的富商组成，便不足为奇。毫不夸张地说，在 17 与 18 世纪的法国，被称为"贵族"的，大多是"富裕的、地位上升的、著名与有产的第三等级"；阿尔让松侯爵大约在 18 世纪中叶写道，金钱很容易买到贵族，没有财富便不能很快成为贵族。

我们所掌握的法国革命爆发时贵族的数据，尽管个别情况互有差异，但足以证实这些判断是正确的。舍林称有 17 000 家贵族，其中至多 3 000 家是 400 年以上的贵族；最多只有 1 500 家是"原始贵族"，即来自骑士采邑；8 000 家是官绅，6 000 家是购取贵族。根据另一种估量，当时有 26 600 家贵族，其中 1 300—1 400 家属于原始贵族（"远古贵族"），其余有 4 000 家是官绅（参见：Boileau, Etat de la France，参考：Vic. de Broc, 35, La France sous l'ancien régime 1, 350 seg.。）。然而，高级金融在法国贵族组成中所占的份额比这些数字所显示的要大得多，如果我们再考虑一下贵族与富有的女继承人之间的大量婚姻，高等金融人物在法国贵族组成中所占有的成分，要比上述数字大得多。

萨利侯爵对此深恶痛绝，如果我们愿意相信这位真正老贵族的话，这样的融合过程在 17 世纪初期业已十分兴盛。

18 世纪末，**梅西耶**这样写道："几乎所有领主妻子的嫁妆都是来自农场的库房。"

我想列举几个特别明显的例子，可以说明 18 世纪（在这一方面已经同 19 与 20 世纪非常相似）的社会状况。

萨米埃尔·贝尔纳一般称为"犹太人贝尔纳"，他的一个儿子顾拜旦伯爵娶了德拉科斯特侯爵的女儿德拉科斯特·梅塞利埃夫人；另一个儿子在巴黎购买了议会议长的职位，自称里尔伯爵，娶了德布兰维利耶夫人。通过这种婚姻，"犹太人贝尔纳"成为德恩特雷格伯爵夫人、德圣西蒙伯爵夫人、库尔托纳伯爵夫人、德阿普雄伯爵夫人以及未来的德米雷波瓦侯爵夫人的祖父。

安托万·克罗扎的祖父还是一个家仆，他将女儿嫁给布隆王室的埃弗勒伯爵。他的次子德·蒂耶斯男爵娶了拉瓦尔-蒙莫伦西夫人，这段婚姻所生的女儿嫁给贝蒂纳侯爵和布罗意元帅。

克罗扎的兄弟将女儿嫁给蒙桑佩雷侯爵，此人是格列夫斯的领主。

德拉弗利埃公爵的一位亲戚嫁给暴发户帕尼耶。

瓦伊斯侯爵娶了密西西比人安德烈的两岁女儿（至结婚时为止可获有 2 万里

弗赫的租金，以及 400 万的嫁妆）。

贝特洛·德普勒诺的女儿嫁给德普利侯爵：她是摄政王众所周知的情人；

普隆德勒的女儿成为德拉罗什富科夫人；

勒·巴斯·德蒙塔吉成为阿尔帕容侯爵的岳父、诺瓦耶伯爵和迪拉斯公爵的祖父；

奥利维尔-塞诺桑，其父亲当年是卖旧裤子起家，将女儿许配吕斯伯爵，即后来的廷格里亲王；

维莱莫里恩将女儿嫁给贝朗热侯爵；

埃列克斯伯爵、伊夫里公爵、布里萨克公爵、佩奎尼公爵：所有这些人都经过相当困难的途径进入重金盘剥的富人行列。

关于法国贵族市民化的主要著作（极好，但似乎在法国也少有人知），是在我完成自己的研究之后才发现，参见：Ernest Bertin, Les mariages dans l'ancienne société française. 1879。

第三节　地主企业家的特点

贵族地主所建立的企业的特点在于都是作为权力财富的起点和基础。地主能够成为资本主义企业家展开活动，首先是他作为地主掌握着重要生产力的支配权。他能够支配的范围：1. 生产植物的土地；2. 埋在地下的宝藏（矿物等）；3. 土地的产品：木材、纤维等；4. 受其权力支配下的劳动力。他将这些生产力用作营利的目的，便会产生各种各样的资本主义企业。

地主为自己的利益可以利用国家权力，此种权力不仅是直接处分人与物；并且还可以通过获得特权与许可等，进而产生一种影响：可以间接谋取买卖产品的好处。这就是产生封建资本主义企业的另一种重要形式。我们经常发现有势力的贵族与市民资本家或贫穷的发明者结成联盟，共同行动：朝臣提供必要的自由权或保护权，而其他参与者则提供金钱或思想。尤其在 17 与 18 世纪的法国和英国总是不断地出现这样的结盟。[①]

在早期资本主义时期，贵族地主的企业产生的作用比人们通常所认为的要大。

---

① 此等事例可参见：im Dict. de Comm. s. v. Société in der Introduetion à la Corresp. administr. de Louis XIV T. III p, LIV seg.（par Depping）。此外参见：G. Martin, La grande industrie sous Louis XV（1900），109 und öfters. A. des Cilleuls, La grande industrie（1898）p. 64 und öfters. Postletliwayt, Dict. of Comm. 2, 778. Anderson, Origin. of Commerce 2, 594。George Unwin, Jndustrial Organization in the sixteenth and seventeenth Centuries（1904），145 f. 165 f.

只是，由于几乎没有任何统计数字，在大多数情况下，他们在资本主义企业的建设中发挥的作用无法用数字来表示。但是，如果我们将这些地主企业家的一些案例记在心里，便可以大致了解这一类企业家在前几个世纪中的作用。

第四节　贵族企业家在资本主义建设中的实际作用

贵族（无论是乡村贵族还是城市贵族）**对资本主义的参与**可以追溯到最早的时期。在资本主义发展的早期，将富有的贵族家族（通常是首先）引入资本主义轨道的多为商业。这适用于所有国家；但也许更适用于**意大利**，在那里，这个最古老的纯商业资本主义时代以经典的形式出现。

我在本书第一版中详细描述了贵族在现代资本主义初期发挥的作用。所有的批评，无论多么敌对，都不能抹杀我所指出的一个事实，即早期资本主义的批发商业——特别是早期的金融业——**有很大一部分**掌握在富人、贵族以及一部分地主世家手中。关于这个早期时代，读者可参考本书第一版第十二章以及其中的名录，其内容在某些方面被此处或彼处的历史学家所订正，但总体上绝没有招致否定。（例如，试看一下**戴维森**在他的著作第 4 卷的讨论中，对我的佛罗伦萨经营商业和金融业的贵族家庭清单所作的小得离谱的修正，与他评判我的著作时那番恶毒、无礼的语气完全不能并提。）

相反，我在这里将更多地记录地主贵族在资本主义工业建设中所发挥的作用，因此，我考察的多为北方国家，而且主要是从 16 世纪开始。

1. **英国：矿山和冶炼业**一直是地主喜欢经营的行业。他们是在经营，并非仅仅将其当作一种特权来利用。我们在这里追踪企业家本身时，这些纯粹的利用权完全被排除在外。即使在上述两个生产部门谈及地主时也是如此。在 15 世纪，达勒姆主教在韦尔代尔的贝德本的"锻造厂"已经具有明显的资本主义特征，尤其是在人员规模方面。［G. T. Lapsley, in der Engl. Hist. Review 14（1899），509.］1616 年，一位朝臣与别针行会签订一份合同，提供必要的铁丝，这很可能是在他自己的产业中生产的。（Unwin, 1. c. p. 167.）1627 年，达克雷勋爵根据一项新的专利获得单独炼钢的特许。（Rhymer, Foedera 18, 870.）自 16 世纪以来，地主们在自己的土地上建立了锡工场，炼制自己从矿井中产出的锡。［Hugh de Selincourt, Great Ralegh（1908），89.］1690 年，许多领主和绅士帮助建立铜矿和锡矿公司——矿业冒险公司。（Anderson, Origins 2, 594.）我们也发现许多贵族参与早期的煤炭开采。

纺织业："养羊大户往往是织布业者，他们将自己生产的羊毛织成布料。"
（W. J. Ashley, Woollen Industry, 80；参见：Gibbins, Industry of England 4. ed. 1906.
p. 147。）

同样，英国地主也从事养蚕业。1629 年："允许沃尔特、阿斯顿勋爵等人在米
德尔塞克斯郡圣詹姆斯附近保留花园、桑树和蚕园。"（Anderson, Orig. 2, 335.）

他们或者建立任何一种工业，**利用**他们拥有的**廉价燃料**，如泥炭等。1637 年，
伯克郡的托马斯伯爵获得一项专利，他发明一种新的麦芽和啤酒花窑，这恰恰可
以充分利用他的泥炭场。（Anderson 2, 376.）

2. **法国：采矿和冶金工业**，冶金工业大本营设在内维尔省，直到 18 世纪，那
里的冶炼厂还在旧贵族手中；如，维尔梅南一直由阿尔诺·德朗热和沙托-雷诺所
拥有，在 16 世纪建起更大的工场；他们的邻居是领主比西，此人也在自己的土地
上经营一座冶炼场和一座高炉；德麦的冶炼厂属于加斯科安领主等等。（所有这些
资产在 18 世纪都落入富有的巴黎银行家马森的手中）。（Claude Corbier, Les forges
à Guerigny im Bull, de la Soc. nivernaise 1870.）但在弗朗什伯爵领地也有一些旧贵
族冶炼场主。（Martin, Louis XV., 115 ff.）

在图尔收税区的 13 家冶金工场中，所有人是：

索塞侯爵、维勒鲁瓦公爵、瓦利埃公爵（有两份）、泰塞伯爵、贝图马侯爵、
热斯弗勒公爵的债权人、德蒂瓦女修道院长、苏尔歇侯爵、瓦塞代理侯爵大部分、
特雷莫耶公爵、马萨林公爵夫人、罗纳伯爵。

[F. Dumas, La généralité de Tours au XVIII. siècle（1894），168.]

铁加工业也有一部分是在地主的地产进行：布鲁门施泰因骑士在他的城堡附
近建立一个铸造厂（1715 年）；舒瓦塞尔公爵在同一时间经营一家钢铁厂；蒙特罗
格领主也有一家铁皮加工场，等等。

法国的贵族在很大程度上参与开采煤矿。亨利二世曾将此项收益权授予罗伯
瓦尔领主弗朗索瓦·德·拉罗克；此项权利以后传到圣朱利安领主吉扬和另一领
主的手中。路易十四然后授予蒙陶齐尔公爵在 40 年内开采所有——内韦尔煤矿除
外——煤矿的权利。摄政王将采矿权授予一家名为让·戈布兰的公司，该公司也
具有浓厚的贵族色彩。但贵族不仅拥有收益权：企业的经营权往往也掌握在他们
手中。在路易十四时代，诺艾公爵在布农维尔公爵领地开设一个矿场；奥蒙公爵
在布尔波奈建立一家采矿场；迪泽公爵建立一家采矿场。（Depping, Corr. adm. 3,
LX.）而梅耶雷公爵却在拆除日罗马尼矿山的仓库。（Martin, Louis XIV. 3. 1. 8.）

在 18 世纪下半叶，贵族——无论是在自己的地产上，还是在其他地方——拥
有采矿权（煤炭！）的情况越来越多。计有：

克罗伊亲王、博费勒蒙亲王、肖尔纳公爵、沙罗斯特公爵、米拉博侯爵、拉
斐特侯爵、塞尔奈侯爵、维尔潘特侯爵、巴勒鲁瓦侯爵、佛德拉侯爵、卢凯特侯

爵、特赖斯内侯爵、加莱特侯爵、蒙德拉贡侯爵、昂特赖格伯爵、弗拉维尼伯爵、韦桑子爵、沃男爵、索拉热骑士。

[关于法国贵族参与煤矿的资料，除另有说明之外，皆系根据国家档案馆档案的摘录，该文档参见以下的出色工作：A. des Cilleuls, La grande industrie（1898），59 ff. und Notes 210 ff.。]

纺织业：法国也有报告称，地主在自己的地产上建立纺织厂，以利用他们的羊毛或蚕丝。试举 18 世纪的一些例子：考兰库特侯爵建造一家丝绸纺织工场；卢旺古侯爵在隆普雷建立一家织布厂；德尔维利侯爵在他的兰切尔城堡创办一家亚麻布纺织场；舒瓦塞尔-古菲耶侯爵夫人在海利创办一家棉纺厂；德拉梅特伯爵夫人将 100 部纺车布局在埃纳库特。戈尔默先生在巴斯城堡有一家细布工厂；德拉梅尔也是如此；德苏梅男爵创办一家丝织厂；德尔维利侯爵开办一家餐桌用具厂；德蒙先生建立一家棉布厂；雷坎和德布瓦领主是棉与亚麻纺织厂的所有者；马利·德佩尔皮尼昂创办一家织毯厂；帕斯卡·德卡尔科松建立一家织布厂，等等。事实上，18 世纪法国贵族纺织工业家为数甚多。[Martin, Louis XV., 113 ff. 199, 214 ff. 亦参见：A. de Calonne, La vie agricole sous l'ancien régime etc.（1883），III.]

（贵族的玻璃制造商不能算在这里。这是一些贫穷的食客，出于一种尚未阐明的原因，他们在 15 世纪获得贵族的身份，并竭力维持这一地位，因为贫穷便遭到贵族和资产阶级的同样蔑视。参见以下的出色著作：M. Beaupré, Les gentilhommes verriers on recherches sur l'ind. et les privilèges verriers dans l'ancienne Lorraine. 2. ed. 1846.）

在法国，以企业家的身份参与商业，即以公开的股东身份从事商业（以金钱投入的情况则不同），一般都在减少。不过也有例外，特别是在南方。因此，我们发现贵族在 16 世纪法国南部的珊瑚公司中大量参与（即称为股东）的情况。[Paul Masson, Les compagnies du Corail（1908），19 ff.]

3. **德意志**：在许多地方，德意志的**铁和铜业**最初由富有进取心的地主以资本主义精神形成。所以我们看到 16 世纪的斯托尔堡伯爵，他热衷于促进冶金工业和铸造业等；沃尔夫冈伯爵于 16 世纪创建柯尼希斯霍夫冶金厂，将伊尔森堡变成钢铁业的中心，并在那里建立第一家黄铜冶炼工场等。与他竞争的是邻近的尤利叶斯·冯·不伦瑞克-吕内堡伯爵。一个特别富有教益的例子是哈尔茨的吉特尔德冶金工场，我们握有该场从 1573 到 1849 年的账单。（出自克劳斯塔尔矿务局的档案。摘录自：L. Beck, Geschichte des Eisens 2, 152 ff.。）

关于不伦瑞克伯爵和公爵的商业活动，可见以下提供的详情：E. Wilczek, Beiträge z. Gesch. d. Berg-und Hüttenbetriebs im Unterharz（Sammlung berg- und hüttenmännischer Abh., Heft 10. 1897），S. 8 ff.。参见：Möllenberg, Die Eroberung des Weltmarktes durch das Mansfelder Kupfer, 19。）

这些"地主"是小君主，亦可同样视为君主与地主企业活动的实例。不过，还是在"地主"的名称下进行讨论较为合适，因为他们的企业家精神更多地取决于个人的意愿，而那些大国的君主则不同，国家（由其官吏机构代表）是一种超越个人的权威，无论统治者的个人意愿如何，都保持着其不变的方向。而较小的君主事实上则具有纯粹个人的主动行为，因而会卷入商业企业的轨道之中。

著名的不伦瑞克-吕内堡公爵尤利乌斯即为一个富有启发性的例子，他是该地区许多工业的创始人。（Paul Zimmermann, Hansische Geschichtsblätter, 1904/05, 33ff. 其中对此人有极好的描述。）从《汉萨历史杂志》中我们了解到，公爵天生虚弱，残疾，不适合服兵役，但他的倾向令其完全脱离了他好战的家庭。当他的继母索菲公爵夫人告诫他，为了他的休息——他总是在工作——偶尔也去打猎时，他的回答是："那些教会和王公大都偏爱狩猎魔鬼，所以我们有机会，在某种程度上，我们是山魔的追随者。"他也证明善于利用自己的产品："毫无疑问，他是他所在地区最重要的商人。"他认真地考虑自己装备一艘船，将货物运往俄国的纳尔瓦，在那里交换其他货物。他开凿并疏浚奥克河及其他小河。

众所周知，直至我们这一时代，西里西亚的矿冶业始终掌握在地主手中。

西里西亚的 243 座工场（1785 年）：

属于君王的有 20 家，

属于厄尔斯公爵、安哈尔特-格滕亲王、洛布科维茨亲王的有 14 家，

属于"其他伯爵、男爵和贵族地主"的有 191 家，

属于布雷斯劳商人的有 2 家，

属于伯爵大教堂的有 2 家。

[Schles. Prov. -Blätter 3（1786），206.]

德意志的其他工业也是由较小的君主创立或推动。如玻璃工业、瓷器工业等等。威廉·施蒂达向我们生动地介绍，图林根法伊尔斯多夫修道院如何在弗里德里希·威廉·欧根亲王的帮助下建立起瓷器工业（1760 年）。这位王子是不伦瑞克的尤利乌斯的对立面：他是一个熟练的烟火工和机械师，一个有进取心的人，总是缺乏资金而不挥霍，是一位足以欣赏资本主义投资价值的"市民"［参见：W. Stieda, Die Anfänge der Porz. -Ind. auf dem Thüringer Walde（1902），176 ff.］。

贵族也参与了纺织业的建立（众多的事例参见：Gothein, WG. des Schwar-zwaldes 1, 751. 762. 791 u. ö.）。

但德意志贵族也从事带有半冒险性质的**海外贸易**，他们建立起冰岛航运。科尔在其书中描述了此类对重商主义感兴趣的地主的一位典型代表。[Diet. Kohl, Überseeische handelsunternehmungen oldenburgischer Grafen im 16. Jahrhundert in den Hans. Gesch. Blätt. 16（1910），417 ff.]

4. **奥地利**：在向资本主义企业过渡的时期（16 世纪），采矿业矿主最初大多

是贵族。所以我们在圣凯塞林公司（伊德里亚汞矿）1520—1526 年的股东名单中看到这些人物：奥尔滕堡伯爵加布里埃尔、特伦托红衣主教伯纳德·冯·克莱斯、舍恩贝格领主汉斯·冯·奥尔斯贝格、迪特里希斯泰因富商霍伦贝格与芬肯施泰因男爵。［参见：Peter Hitzinger, Das Quecksilber-Bergwerk Idria von seinem Beginn bis zur Gegenwart。Schr, des Bergwerksarchivs usw.（1860）S. 13/14。］

施蒂里亚的钢铁工业也在数百年间保持其地主性质。（Beck, Gesch. des Eis. 2, 620 ff.）

关于波希米亚地主的采矿业（施利克伯爵、约阿希姆斯塔尔的创办人、威廉·冯·佩恩施泰因、罗森贝格家族等等），参见：A. Salz, Gesch. der böhmischen Industrie（1913），62 ff. 405 und öfters。

丰富的史料和一系列有效的整理使我们对**波希米亚**工业的发展，可以作出有价值的考察。因此，我们也特别清楚地看到波希米亚地主的工作，看到企业精神与动力在他们身上产生多大的效应。瓦尔德斯坦伯爵是一个非常能干的企业家，是洛伊滕斯多夫织布厂（1715 年）的创始人。他吸纳荷兰人和英国人在他的手下工作，这些人带来当地前所未见的工具，使得工厂投入运作。当地居民必须首先接受培训才能工作。在这一切背后的推动力是伯爵，为了达到目的"不遗余力，不惜一切代价"。他的工厂也由他的继任者维护并蓬勃发展。（L. Schlesinger, Zur Geschichte der Industrie in Böhmen in den Mitteilungen des Ver. f. d. Gesch. d. Deutschen in Böhmen 3, 134 ff.）

17 世纪期间，一批贵族受金斯基伯爵的激励，决心在自己的庄园里引进制造业。这一事实对波希米亚的大工业尤其是纺织业的发展产生决定性的影响。早在 1762 年，金斯基就可以向皇后发出一个"可喜的消息"，波希米亚的各个贵族——其中包括瓦尔德斯坦伯爵、洛布科维茨亲王和博尔扎伯爵——"也乐意"在他们的领地上推动制造业。（Karl Pfibram, Geschichte der österreichischen Gewerbepolitik 1, 127.）

金斯基伯爵发出一份 18 世纪 60 年代初期贵族建立的工厂清单，参见：Ad. Beer, Stud. z. Gesch. der VW. unter Maria Theresia, im Archiv für österr. Gesch. 81, 101。

5. **俄国**：彼得大帝时期现代工业并非贵族开启；但后来，从 18 世纪下半叶开始，工业还是多为贵族所掌握。（原因：只有贵族保留雇佣农奴做工厂工人的权利，商人则被禁止购买此类劳动力。）

1773 年，属于贵族的工厂的产值为 1 041 000 卢布，而该国生产总值为 3 548 000 卢布。

在 40 家织布厂中有 19 家属于贵族；

19 世纪初（1809 年），共有 98 家织布厂为政府提供产品，其中：

12 家属于商人，

19 家属于高级贵族，

55 家属于普通贵族，

12 家属于外国人和拉兹诺辛奇。

（M. v. Tugan-Baranowski, Die russ. Fabrik, 35.）

6. **瑞典**：许多矿场曾经是庄园的副业；领主使用矿工如同奴役农民一般。即使在今天，在矿场与农业分离之后，旧的依赖关系仍然存在。（Gustaf af Gejerstam, Arbetarnes ställning vid fyra svenska grufoor.）此处感谢我的讲座成员布勒博士的提示。

7. **殖民地**：殖民地的资本主义，在很大程度上应被视为贵族——往往是东方封建式的——企业家的事业，在这里几乎是纯粹的征服者。这可以适用于剥削黎凡特的"法兰克人"。西班牙人和葡萄牙人也是如此，他们在 16 世纪定居在美洲，并完全以地主自居：此处参见本书第一卷第二十七章的阐述。

最后，北美南部各州被委托进行开发的第一批企业家也是如此。我们还记得特拉华勋爵，他是伦敦弗吉尼亚公司（成立于 1606 年）的主要股东；巴尔的摩勋爵，马里兰州的"创建者"，他牟取暴利的意图今天已不容置疑；我们还记得 1663 年弗吉尼亚和佛罗里达（"卡罗来纳"）的八位土地所有者，其中包括阿尔伯马莱公爵、克拉伦登伯爵、威廉·伯克利爵士，尤其是沙夫茨伯里勋爵。〔J. C. Ballagh, White servitude in Virginia（1895），17；E. Jrv. Mc. Cormac, White servitude in Maryland（1904），11 ff. 此外，为便于快速搜索，可见：Reg. W. Jeffrey, The History of the 13 colonies of North America 1908；über die Besiedelung Carolinas, p. 64。〕

第五十八章

市　民

我将所有来自下层、凭借自己良好的市民风尚成为资本主义企业领导者的人，都称为市民企业家。这是一些"努力向上"的工业小生产者、小商贩与农民小业主。作为资本主义企业家，他们代表手工业者集团的一类精英。

他们能从群众中脱颖而出，首先是因为自身的经济（市民）美德：比其他人更勤劳、更节俭，并善于计算。他们的守护神是莱昂·巴蒂斯塔·阿尔贝蒂和本杰明·富兰克林，二人皆是"神圣经济"教义的弘扬者，即将神圣大众化。①

但是，具有勤劳和节俭这两种好家长的基本美德，并不意味就能成为资本主义企业的领导者，特别是在资本主义的早期，首先必须确定目标，开辟道路。谁若想从手工业者上升为资本主义企业家，就必须具备企业家的素质。只有目光远大且富于活动能力的人，才能从同类平等群体中脱颖而出；"勇于冒险"的商人、"勇于冒险"的手工业者总是占据新经济的主体地位。正是这种冒险精神将他们与前面提到的企业家类型联系在一起。但和前种类型的不同之处在于他们极力强调企业家精神的商业方面。他们能够崛起，主要因为他们是有天赋的"商人"。他们的优势在于拥有同供应商、工人和客户签订合同方面的技巧。因此，对他们来说，金钱才是经济活动的核心：从金钱出发，向金钱而去。他们将金钱视为真正的甚至唯一的权力因素，除了财富的权力之外，他们不认识其他的权力。只有通过他们，货币思想对经济过程的完全渗透才得以完成。事实上，他们才是真正的**资本主义**企业家，在他们看来，（货币）资本才是企业家活动不可缺少的前提。当然，他们并不是因为有钱而成为企业家；这是一种恶劣的机械的假定。他们能够成为企业家，是因为具有适于企业家的个人品质。但他们的企业受到货币资产的限制远比其他类型的企业更多。市民的财富——其起源我们先前已有探讨——由此对资本主义建设产生作用：凿石取火。我们看到，市民的财富无须转化为资本。在资本主义早期创造的市民财富中，相当大一部分是因为资本主义而流失，因为这些财富落入浪费的、领主习气的人的手中。只有市民的财富——真正由"市民"

---

① 此处参阅本人所著《资产阶级》中的详细论述。

所获得的——才能转化为资本，这样的资本因为在一类人的指挥下，必须在"经济生活"中发挥其作用，这一类型的人正是我们这里所研究的市民企业家。这并不是说他们总是拥有足够的金钱（尽管在许多情况下我们可以假定这一点）建立一种资本主义企业：但他们与其他市民联合起来，共同行动，或者让他人的金钱参与自己的企业之时，便总能将市民的财富转化为资本。①

我们发现市民企业家活跃在经济生活的各个部门。不过，他们完成工作的形式非常不同，因而由此造成资本主义企业家多种多样的类型。我们将在后面（第二卷）研究这些企业的内部结构，此处仅限于探讨企业家的各种形态。

市民成为资本主义企业家的第一条道路，是通过他**所经营的手工业**：手工业逐渐扩大，直至转变为资本主义企业为止。这种情况可以发生在各种"手工业"中：农业、工业、商业和运输业；其中产生的第一代，我称之为小资本主义的企业家。

在这种逐步扩大的情况下，一种经济形式不知不觉地转入另一种经济形式，最终"由量变到质变"，这样的例子十分常见（现在每天都在发生）。随着时间的推移，很大一部分手工业"商人"变成资本主义企业家：如佛罗伦萨的羊毛商人、英国的小商人、法国的普通商人以及犹太的零售商人。

我们也经常遇到一种新兴的**工业**手工业者。英国人称之为"制造商"，法国人称之为"工厂主"（而不称为"企业家"）。

在重要的工业部门中，如机械工业，这种类型几乎成为资本主义发展初期普遍的规律。

柏林机械工业的历史特别有启发性。汉斯·多米尼克的小型研究生动地说明这一点。（Hans Dominik, Die Anfänge der Berliner Maschinenindustrie, im Großberliner Kalender 1915.）手工业者—实业家的主要类型如下：

1. 弗劳因德，出生于1798年，他学会机械师的手艺，1812年，在一位赞助人的支持下，在毛厄尔大街自主创业，"并巧妙地运用自己的想法与发明，开始建造蒸汽机，取得了良好的成功"。

2. 埃格尔斯，出生于1788年，他学会锁匠的手艺，在英国旅行很长一段时间后，于1821年在柏林建立了一个铸铁厂，开始按照自己的想法工作，不去模仿英国的办法。

3. 博尔西希出生于1804年，一个木匠的儿子，他学会了木工。1821至1825年，在博伊特创建的工业学院学习，1825年加入埃格尔工厂，1827年，被该厂聘为经理，1837年，他在奥拉宁堡开了一家工厂，用最原始的手段在简陋的板房里从事铸造和机械工程。

---

① 有关资本形成的各种方式，本书第二卷将会叙述。

4. 韦勒特出生于 1797 年，学会了木工，1818 年加入埃格尔工厂，1837 年成为博尔西希工厂的雇员，后来也自主创业。（霍佩与施瓦茨科普夫是以工程师的身份起家。）

我们发现手工业者这一类型分布在几乎所有行业，例如糖厂，比较大型工厂的"老板兼长工"正在一跃而为独立的企业家。[①]或者在金属开采行业也是如此。

因此，一位编年史家（17 世纪）在谈到亚琛的制铜师傅，亦即铜场的老板时写道："起初，我将这门手艺变成一种商业，因为雇工独自做这项工作，而师傅除了称重和记账之外，别无他活，因此，女人和男人一样，都可以从事这种商业。"〔Noppius, Arch. Chr.（1623）I, 111, 载于：R. A. Peltzer, Gesch. d. Messing-Ind., in der Ztschr. d. Aach. Gesch. Ver. 30, 315。〕

在纺织业中，大大小小的"织布厂主"也扮演这样的角色。

这样的类型同样分布在所有国家。在大城市中尤为常见。如柏林，一位熟悉情况的人这样直接说道："大工业一般是从手工业中发展起来，聪明能干的师傅经过王家工业学院的良好训练，并在国外——特别是巴黎——完全掌握必要的技术技能，然后回国建立工厂。"[②]当然，如同其他类型一样，对这种类型不可能作出任何数字份额上的近似估计。

最后，我们在一些国家——例如英国——发现，在农业领域，一些在农场长大的人变成企业家，而他自己或他的父亲还做过农活。18 世纪的英国，整个一代中等规模的资本主义佃农在很大程度上是从农民手工业中崛起的。

成为市民企业家的另一条道路是"**投资**"，即为一种生产组织形式（我们将会更详细地考察），其中富人向产业工人预先贷款，直到让他们成为资本主义企业中纯粹的雇佣工人为止。

还有一部分人是富有的"**同事**"，他们通过向贫穷的手工业者提供岗位而一跃成为他们的雇主。

仅举几个早期的例子：

在 14 世纪，比萨的羊毛行业规定，不得向城里的"工人"支付超过 25 镑，农村工人不得超过 50 镑。

在英国的剪羊毛行会（1537 年），我们发现有两笔 100 镑和 50 镑的贷款，由富有的工匠借给贫穷的工匠。一些关于这些贷款的争端表明，贫穷的工匠师傅不得不偿还他们的债务。"戴维·艾利曾受命与汉弗莱·希区柯克或托马斯·桑德斯一起工作，直到他们都清偿自己的债务为止。"（Clothworkers Court Book, July 12, 34 Henry VIII, bei Unwin, 57.）

---

① J. G. Büsch, Über die Hamburger Zukkerfabriken, 1790, 9 f.

② O. Wiedfeldt, Die Berliner Industrie（1899）, 79.

1548 年，英国的一项法律禁止富有的皮革行会师傅向贫穷的师傅提供皮革。1549—1550 年，该项法律被废除，理由是：这种做法根本行不通。"大多数工匠师傅都很贫穷，无法购买所需要的足够材料。"（3 and 4 Edw. VI c. 6. 建筑行业亦有类似的规定，参见：Unwin, 56。）

在同一时间，法国也出现同样的情况：贫穷的制帽匠依赖于富人。"没有能力维持店铺营业的师傅不得离开自己的住所去其他地方工作，除非在两周前受过处罚。"（Art. 31 des Statuts der Hutmacher von Bourges. Bei Levasseur, Hist. 2, 163.）

但更常见的是商人，通常是中间商变成手工业者的投资人。这种过程时常出现，以至于看起来几乎是正常现象。"这些人通常是（！）从事制造业的批发商"，萨瓦里断然地说。[1]这种过程频繁出现甚至使许多历史学家为之目眩，以至于将资本主义生产企业起源的问题简单化为"商业资本"逐渐"侵入"（马克思！）。正如本书所揭示的那样，其实并非如此。但是，正如我所说，商人成为生产企业领导者的事例屡见不鲜，这是毋庸置疑的。这种情况频繁出现的行业：

1.（尤其是！）纺织业，自 14 世纪以来，在所有国家自 14 世纪以来——也许更早一些——卡拉马拉行会成员、服装裁缝、成衣商、布料商——也就是说：一方面是布料商（以及丝绸商），另一方面是纱线商——在向手工业者投资；

2. 矿冶业，就其并没有保留地主的基本特征而言；此处的投资者是"矿石买家"、铁商等；

3. 时髦服饰用品业（念珠制造商！）；

4. 裁缝业：至少在 17 世纪，所有主要城市的成衣商都发展成为"服装商"。

最后，在海外贸易、工业生产或运输行业**新建大型资本主义企业**里，我们同样发现市民企业家参与其中。在这里，他们常常具有一种非常明显的特征，这种特征使他们有别于迄今所确定的市民企业家类型，并形成一种全新的、奇特的资本主义企业家类型。对此，我们必须特别关注：下一章即当论及。

---

[1]　Savary, Parf. négoc. 1, 14.

第五十九章

开创者

我称之为"开创者"的企业家类型，也可以追溯到早期的时代。他们的祖辈身居设计师或项目执行者——那些富有创造力的头脑—高贵的行列之中：他们的一生就在打造各种改革和新的构想计划，并赢得王公大人及富翁对这些计划的支持，进而付诸实施。凡在权势人物出现之处；如：宫廷、议会，我们都能遇到这样的设计者；他们也会站在街头和市场上推销自己的想法。这种**专业设计**的现象极其重要，我想在这里提供一些关于这种稀有人群——当时被称为"设计者"——的分布和特点的细节。①

早在 16 世纪，这样的设计者已经出现：我们在西班牙国王的宫廷里可以遇见他们。朗克向我们报告其中的一位②：朗克告诉我们，那个贝内文托也曾出现在庇护五世的面前，但庇护五世并不信任他的那套艺术。

> 当时确实还没有财政学；甚至还缺乏一种广义的财政管理所必需的知识和技能：于是一些人将自己的思考结果视为一种秘密待价而沽；似乎是冒险家与失意者抢在众多的财政学名家与后学之辈的前面去探险一般。这些人大多是佛罗伦萨人。一个叫贝内文托的人向威尼斯议院提议：不向人民征税，也不进行任何重大的革新，要大大提高他们的收入；而他所要求的只是为他们争取的好处的 5%。此人于是一时声名大噪，费迪南皇帝召他进入宫廷；他也出现在菲利普家中。他也确实向菲利普提出一项有利的计划。在他的建议下，菲利普从西兰岛的所有人那里买回制盐的特权，等等。

在所有其他领域，项目设计真正丰富多彩并且幸逢其时似乎还是在 17 世纪。一种幸运的巧合为我们保留一处资料来源，从中，可以相当准确地确定在英国项目设计曾获得最大发展的时间。③这个资料来源即笛福关于设计的论著（《设计

---

① 详细情况请参阅我的《资产阶级》一书，此处仅摘录其中一部分。
② Ranke, Fürsten und Völker von Südeuropa 1（1857），410.
③ 本·琼森的喜剧《愚蠢的魔鬼》就是证明，它在该世纪初就已经很时兴，在这部喜剧中，项目设计师梅尔克拉弗特担任主要角色。

论》），出版于 1697 年，1890 年由雨果·费舍尔翻译成德文，书名为《200 年前的社会问题》。

在这本书中，这位知识渊博的作者将他的时代描述为设计的时代，并指明 1680 年为这一"时代"的开端，"大约在 1680 年，艺术和设计的秘密开始在世界上匍匐生长"（德文译本不是很准确，他的意思是：大约在 1680 年，设计的艺术或奥秘开始在世界上悄然兴起，因为"奥秘"在这里显然有"手工艺"的意思），他认为，"至少在商业事务和公共机构设施方面"，从前无论如何没有达到如此高度的设计和发明水平。

在他的时代，充斥着大量的人群"除了那些流产以及（脑袋流产的）无脑人之外，每天都在忙于产生新的花招与路数，想出从前无人想过的办法和计划，只是为了赚钱"。

笛福在他的书中有一段评论：法国人"在发明和解决问题的办法"上不如英国人"富有成果"。他这种说法大错特错。相反，人们可以这样说，典型的设计者国家是**法国**，大约在 17 世纪中后期，一直到 18 世纪，与海峡对岸一样，这里也在演绎着同样的进程，并且适应法国人的天性，也许是以一种更为热情、更加戏剧化的形式展开。熟悉当时内情的人也确认，在 17 世纪初期，法国甚至"有一种发明并迅速致富的狂热"。[1]在法国，设计者是"建议者""营业酝酿商"。

在 18 世纪末的法国，设计者这一类型仍然没有消失，如同当年巴黎的描述一样。[2]

在其他国家，设计事业也很兴旺：例如在利奥波德一世时期的奥地利[3]；在玛丽亚·特蕾西娅的宫廷里，一个叫卡拉托的人扮演了重要的角色，斯图潘就此这样说："卡拉托（于 1765 年 1 月 25 日，提交一份商业提案）从事设计的手工艺已经 40 年以上；他的原理不错，无可争辩，但他的结论有些夸大。"[4]

在萨克森（17 世纪末），"企业家"克拉夫特是一位名人[5]；巴登莫斯巴赫的法延斯工厂的领导者滕尼希也是来自萨克森，他已经是设计师和创始人之间的中间环节。[6]

设计师在资本主义企业家产生过程中的地位相当显著：他们是劳斯、佩雷尔、莱塞普、施特劳斯伯格和萨卡德的先辈，也是充斥于我们这个时代的千千万万个

---

① Marbault, Remarques sur les mémoires de Sully, am Ende der Econ. royales Coll. Michaud p. 35. G. Fagniez, L'économie sociale de la France sous Henry IV. （1897），333. 参见：Ch. Norm and, La bourgeoisie Française au XVII siècle （1908），185 ff. 13。

② Mercier im Tabl. de Paris 1, 222.

③ H. Ritter von Srbik, Abenteurer am Hofe Leopolds I., im Archiv f. Kulturgeschichte 8 （1910），92 ff.

④ Ad. Beer, Die Staatsschulden und die Ordnung des Staatshaushalts unter Maria Theresia 1 （1894），37 f. 亦可参见：J. K. G. von Justi, Ges. Pol. und Finanzschriften 1 （1761），256 ff.。

⑤ Leipziger Sammlungen 2 （1745），366 ff.

⑥ Joh. März, Die Favencefabrik zu Mosbach i. B. （1906），8 f.

小"创业者"的先驱。然而，虽然他们已经在努力创造（正如我们在某些方面所看到的那样），但是他们所缺乏的正是其活动范围的本身：企业。他们仍然处在圈外，他们本身还不是商人，也不是企业家。那些创造资本主义实体的种种观念，犹如死气沉沉的黑影一样，漂浮不定，仍旧在等待自己诞生的时刻。只有在企业的观念与他们结合之后，这一时刻才会到来。就我们所知，这个时间节点大约是在 17 世纪末叶。我们了解到，在那个时刻，许多项目的设计者已经获得有钱人的支持，因此，各种企业已经"开创"，我们不得不将这些称为投机企业。笛福，我们已经不止一次地感谢他提供的宝贵阐释，也告诉我们这一点。

因此，一种新型的企业家问世："**开创者**"。正如我们所看到，他们有一系列非常杰出的精神祖先：在社会上，他们完全没有根基。他们来自社会各个阶层，他们的特别之处在于，没有从他所来自的社会阶层中获得任何特定的印记，仿佛自由产生，自天而降。

与迄今所考察的所有类型的企业家有着根本的不同，就其本能而言，这种开创者最多只能和市民商人相提并论。但两者之间仍有天壤之别。

市民和开创者有一点相同之处，即二者都对来自外部的权力手段不抱希望，而这些却是国家和地主在其企业家活动中所使用的。他们是用内在的强制来代替外部的强制。市民力图让人信服，开创者则是努力劝导。前者算计成功，后者强制成功。开创者梦想伟大的事业，生活在持续的狂热之中。他自身夸张的理想总是刺激他一再兴奋，永远处于运动状态。他的本质基调是一种热烈的抒情。从这个基调出发完成他的最大事业：他挟裹着他人一同前行，让他们协作实现他的计划。如果他是同类中的伟大代表，便会具有一种诗意的才能，能够在别人的眼前创造出一种诱人的魅力和绚丽多彩的形象，使人们了解他想要创造的奇迹：计划中的事业对世界意味着何种恩赐，对于执行的人又有何种恩赐。他许诺金山，并且知道如何使人相信他的承诺。他激发想象力，唤醒信仰。他唤醒强大的本能，并且利用这些本能为自己谋利：尤为重要的是，他激起赌博的狂热，并将之为己所用。口号就是唤起情调。为此目的，任何能吸引注意力、好奇心和购买欲望的手段皆为适当的。喧嚣本身即为目的。

倘若开创者能让广大的阶层陷入陶醉的状态，并愿意为实现他的事业提供所需的全部手段，就已经达到目的。

一个企业的计划愈不容易看得清楚，可能产生的影响就会愈加普遍，对开创者便愈加适宜，投机精神愈加能够创造更大的奇迹。因此，大型银行企业、大型海外企业、大型运输企业从一开始就特别适合成为投机精神活动的对象，至今仍然如此。

第六十章

异　端

在列出前述企业家类型时，我已经放弃区分前三种类型的原则。如果我现在强调一些群体——因其共同的信仰和外部命运而相互关联——作为企业家的起源，便会更加偏离不同类型企业家的纯粹社会遗传安排。我要重申先前已经说过的话：我所说的不同类型的资本主义企业家来自的社会范畴部分是交叉重叠的，故此，企业家所来自的各个群体并不总是处于平行的关系。当我们现在试图阐明异教徒群体是企业家集团的"发源地"之一时，这一点就变得十分明显。但通情达理的读者不会被这种材料的安排所迷惑，相反，如我所希望的，会从中感受极大的启发。

正如我们已经指出（见本卷第二十五章），国家已经——通过国教的形成——在欧洲造就出异教徒或异端成为一个政治或社会类型的概念和现象。这就意味着，在现代国家，根据宗教信仰，存在着两类市民：完全市民和"半市民"，前者为国教成员，完全享有市民的所有权利，而"半市民"则被视为其他教派的成员，被禁止或难以担任公职及获得荣誉。在这个意义上，直到18世纪并且大多超过这一时期，几乎所有地方的犹太人都是半市民；此外，在天主教国家，新教徒也是如此；相反，在新教国家，天主教徒和不从国教的教派亦属此类，在英国，如长老会、贵格会教徒等；在长老会中，美洲长老会教派的新英格兰各州则有英国国教会的信徒等。

这种**"异端"**本身——与被视为异端的信仰本身完全无关——显然是资本主义企业家一个重要的养育所，因为它有力地增进了商业利益，提高了经营技能。理由显而易见，异教徒既然被排除在公共生活之外，便只能够将全部精力投入在经济上。只有这样，他们才有机会在公共生活中获得受人尊敬的地位，而这种地位原本被国家所剥夺。不可避免的是，在这些"被排斥"的群体中，与同等情况下的其他阶层相比，拥有货币财产的意义更为重要，这也是势所必然，因为对他们来说，金钱就是获得权力的**唯一**途径。

另一方面，他们作为异教徒的地位意味着必须尽力发展自己的经济能力，因为他们的营利机会自然会更加困难。只有最认真地尽职尽责、最精明的计算能力以及最大限度地适应客户的需要，才能保证他们的商业成功。**伯努瓦**在谈到胡格诺派时写道，他们受到迫害和猜疑，除了凭借"他们行为的智慧与正派"来固守自己之外，又能有什么其他办法。

同样明显的是，在资本主义初期，这些异教徒以特别的热情致力于**资本主义**的企业，因为这些事业能够保证他们最大的成功，并能由此提供获得财富和声望的最可靠的手段。因此，我们在那些关键时刻，特别是在 16 至 18 世纪，到处发现他们作为银行家、批发商和实业家，站在最前线。"商业与交通""贸易"实际上是由他们在主导，在那些世纪里，最好的评论家已经正确地认识到这些联系。

西班牙人说得直截了当：异端促进了商业精神。

像威廉·佩蒂这样目光敏锐的人，对"异端"在资本主义精神发展中的作用，作出以下有趣的判断①：在所有国家和每个政府之下，商业都是由异端和不代表公开舆论的那派人掌控；如在印度，伊斯兰教得到承认，印度教徒（素食种姓的印度商人）却是最重要的商人。在土耳其帝国，犹太人和基督徒是最重要的商人。在威尼斯、那不勒斯、利沃诺、热那亚和里斯本，犹太人和非教皇派是最重要的商人。即使在法国，胡格诺派教徒在商业上也相对强大，而在爱尔兰，天主教没有被国家承认，很大一部分商业却是操纵在这一宗教的信徒手中。因此，**商业精神并不固定于任何宗教**，而是如前所述，与整个**异端**联系在一起，英国所有主要商业城市的例子也证实这一点。

类似的特别是关于不从国教者对英国工商业发展作用的判断，我们经常遇到。

> 他们（不从国教者）并没有被逐出贵族之外，在贵族中也不算少数；但在商业阶层和以工业谋生的人中间，他们比任何人都更为重要，国内的商业大多操纵在他们手中。②

看看当时的经济史就会知道，这些人告诉我们的这些观察都是正确的。我们对法国的情况特别了解，因为在南特法令被废除后，国王要求提交行政报告，布兰维尔先生收集了这些报告，并摘录下来。③由此可见，事实上，也许资本主义工业和海外贸易大部分都掌握在宗教改革派手中（或者直到法国那个非常关键的时期为止）。色丹的铁厂、奥弗涅、安古莫瓦及波尔多税区的造纸厂、图雷恩的制革厂——与英国人竞争——都完全掌握在他们手中；在诺曼底、曼恩和布列塔尼，"他们几乎占有繁荣的亚麻布织造业的最大部分"；在图尔和里昂，丝绸、天鹅绒

---

① W. Petty, Several Essays in Pol. Arithm. (1699), 185 f.

② Discourse of the Religion of England 1667, p. 23. 摘自：H. Hallam, Const. Hist. 3 (1827), 451。

③ Etat de la Franre ... Par le Comte de Boulainvilliers. 6 Vol. 1737.

和塔夫绸的生产；在朗格多克、普罗旺斯、多芬尼与香槟，羊毛工业；在巴黎税区，花边的生产等，他们也都占有优势。

在吉恩，葡萄酒贸易掌握在他们手中；在两个行政区（布鲁与奥莱龙），有十几个家庭垄断着盐和葡萄酒贸易；在桑塞尔，他们"在人数、财富和重要性上都超过天主教徒"。在阿伦孔税区，4 000名新教徒几乎控制着所有的贸易。在鲁昂、卡昂、尼姆和梅兹也是如此。

伯努瓦说，他们最喜欢与荷兰和英国进行对外贸易，荷兰人和英国人也最喜欢与他们做生意，因为更信任他们，就像信任天主教徒一样。

我们在当时的法国银行家中也遇到许多宗教改革派，他们很乐意担任征收税款的任务。众所周知，柯尔贝尔非常反对禁止将他们用于税收管理的法令。

所以，**兰克**对17世纪法国新教异端的经济地位的判断可以接受。他的总结是①：

> 宗教改革派被排除在军事和真正的官职之外，故此在财政管理、国家包租及借贷业中发挥更大的作用；他们对新兴制造业的热情和成功值得关注。

有人也许会反对说，法国的胡格诺派成为资本主义发展的支柱，并非因为是异端，却因为他们是**新教徒**，如同**马克斯·韦伯**在完全普遍意义上的假设一样：属于**一定的**宗教团体（"禁欲主义新教"派别）是"资本主义精神"的原因。

我并不否认宗教信仰的特殊结构对经济意识的影响，自然，我也并不否认这样一个事实，即欧洲的"异教徒"主要是新教徒（和犹太人）。我毫不怀疑，某些教义有助于巩固资本主义的精神（尽管我发现，在清教主义和贵格会教义中也有许多阻碍资本主义精神发展的因素）。

然而，鉴于其他信仰的"异端"也对资本主义企业产生很大作用这一不可否认的事实，我倾向于将其影响的主要成分归因于异端本身，而不是归因于某一特定的宗教体系或教派。下面的考虑强化了我的观点。整个问题：一种特定的宗教信仰是否产生一种特定的经济意识（而不是像其他人主张的那样，一种特定的经济意识产生一种特定的宗教信仰），这样的提问在我看来没有什么意义。相反，我认为这**两种**信仰（无论是对资本主义还是对新教教义）都是同一基本倾向的产物。在这两种情况下，只有"新的"精神才能得以表现，我们在任何涉及现代欧洲发展的地方都能看到这种精神。②新教教义和资本主义在其最内在的本质上都是"异端精神"，即对一种墨守成规、懒散冷漠、安于现状和沉默寡言的精神的反抗。教

---

① Ranke, Französische Geschichte 3₃, 456.

② 参见本卷第二十章。

会改革和经济改革其实都源于同样的"不从国教教义"的精神①，这种精神甚至可能（我们只能猜测）与某种血缘禀赋有关。当然，同一种精神的两种表现相互影响，就此而言，可以说某些宗教体系对资本主义产生影响（而资本主义又影响一定的宗教体系）。

因此，当我将资本主义企业的出现归因于异端本身——并不隶属于某一特定的宗教团体——之时，便是将这个问题普遍化，相反，依照本书的总体布局，我在放弃阐明新精神的起源，而仅仅强调这种精神发展所依据的社会条件。

但现在，与宗教异端——我们可以补充说，以及政治异端——发生最密切联系的是另一种社会现象，此种现象在资本主义经济的发展中所起的作用远比异端本身要大：我指的是从一个国家向另一个国家的移民，这是在早期资本主义的几个世纪里因宗教或政治原因而受到迫害的那些人。异端变成移民，移民变成新家乡的外来人。

然而，迁徙问题超出"移民"范围，因为这种迁徙也可以是出于宗教或政治以外的原因，故此，我将在下一章分别但有关联地讨论这些问题。

---

① 涉及"不从国教教义"这种普遍精神的结构体系，可参见一本好书：Henry W. Clark, History of English non conformity. 2 Vol. 1911—13。

第六十一章

外国人

前　言

从"外国人"及其对事件进程的影响这一角度来写整个人类历史会是一件极具吸引力的任务。事实上，从早期历史开始，我们就观察到，来自外部的影响，对无论大小民族共同体的发展都是奇特的。无论是宗教体系还是技术发明，无论是日常的生活方式还是时尚与传统服饰，无论是国家的变革还是证券交易所的安排：我们总能或者至少经常发现，灵感来自"外国人"。因此，在资本主义企业家的历史上，外国人也在发挥极其重要的作用。在整个欧洲中世纪，以及在更大的程度上，在后来的几个世纪里，外国人离开他们的祖居，到另一个国家另起炉灶。在许多情况下，我们必须将此类经济主体视为资本主义组织的开创者和推动者。因此，对移民与资本主义企业家历史之间的相互关联进行考察，显然十分必要。在这种考察之中，可将个体人的迁徙与大规模的迁徙加以区分。

文　献

坎宁汉的《外国人移民到英国》一书，对外国人在一个国家文化领域的影响有着系统而全面的描述。（ W. Cunningham, Alien Immigrants to England. 1897.）此外，关于俄国这方面的情况，也有不少著作述及，其中尤为值得一提的是布吕根的论著。Ernst Frh. v. d. Brüggen, Wie Rußland europäisch wurde. Studien zur Kulturgeschichte. 1885，以及 B. Jschchanian, Die ausländischen Elemente der russischen Volkswirtschaft. 1913，此书之中还包括其他一些文献。还有大量著作涉及个体移民的历史和影响。

关于"移民"的文献特别丰富，有一部分也相当好。其中部分地描述移民在其母国所遭受的宗教迫害的命运，部分地描述他们在其移入国家的境遇。此二类描述相互补充。从几乎不可忽视的大量著作中，我列举以下几篇文献，它们最有价值且未过时：Ch. Weiß, Histoire des réfugiés protestants de France depuis la révocation de l'édit de Nantes jusqu'à nos jours. 2 Vol. 1853；W. E. J. Berg, De Réfugiés in de Nederlanden na de herroeping van het edict van Nantes. 2 Vol. 1845。就我们的目的而言，只有第一卷"商业与工业"才重要，内中有出色和详细的描述。

J. S. Burn, History of the French, Walloon, Dutch, and other Foreign Protestant Refugees settled in England, from Henry VIII. to the Revocation of the Edict of Nantes, with Notices of their Trade and Commerce, Copious Extracts from the Registers, Lists of the Early Settlers, etc. 1846. 坎宁汉在他的上述概要论述中，基本上将关于移民问题的英国文献作过处理。自 1887 年以来，胡格诺学会每年出版一卷。

Erman und Reclam, Mémoires pour servir à l'histoire des réfugiés. 9 Vol. 1782—99. 此书对德意志各邦，特别是勃兰登堡—普鲁士的移民遭遇有着详细描述。该书的第 5 与第 6 卷包含我们所感兴趣的内容。

Charles W. Baird, History of the Huguenot Emigration to America. 2 Vol. 1885.

然而，在这种情况下，几乎所有的经济著作，特别是工业史著作都可以在考虑范围之内，因为在几乎每一个地区，每一个地方，正如我们将要看到的，外国人对经济生活进程的影响都是显而易见的，因此必须在文献中加以记录。将这些著作一一列出是没有意义的。在适当的地方，我将会提到一些原始资料。

第一节　外国人成为资本主义企业家的资格

对于前三种类型的企业家——我们根据他们的社会背景加以区分——只能推测他们何以适合成为资本主义企业家，我们必须从他们成为资本主义企业家的事实来推断出他们的这一资格，但是对于异端，尤其是外国人，我们却可以明确断定，他们为何能够成为资本主义企业家。换言之，我们在探究所有企业家产生的原因时，归根结底都会追溯到这种类型选择，前者是这样，后者更为明显：理由都一样，即必须能够促进企业家精神的发展。

我们应当清楚，在这里所考察的几个世纪中，每一个地点的变化都是一种选择的过程，在这一过程中，资本主义的变体向外迁徙。资本主义的变体：那些已经发展成为资本主义经济主体的人，或者那些最适宜成为这种主体的人。那些决心移民的人——尤其或者也许只是在以前，每一次地点的变动，尤其是每一次迁往殖民地，还是一种大胆的行为——都是最有活力、最有意志力、最大胆、最冷静、最精明、绝不多愁善感的人：无论他们选择移民是因为宗教或政治压迫，还是因为经济原因，全都一样。正如我们所证实的那样，祖国的压迫是资本主义培训的最佳学前班。然而，这种移民反过来又从这些被压迫者中挑选出那些厌倦在本国继续那种迁就和卑躬屈膝的生活的人。从这样的事实中可以看出，这样的"挑选"结果即会出现最有能力的人（在此处所理解的意义上），试看在受到宗教或政治原因迫害的人群中，有很大一部分人**并没有**决定移民，而是宁愿在国内将就度日：大多数胡格诺派教徒（五分之四）都留在法国，同样，许多犹太人在开始行动之前同样也宁愿留在东方几个世纪之久。

也许还可以求证以下一件事实，即作为一个整体，那些经常产生资本主义变体的种族构成真正的迁徙民族：伊特鲁里亚人（伦巴第人！）、犹太人、苏格兰人、其他日耳曼族人（例如法国胡格诺派就是由此种族群构成）以及阿雷曼人（瑞士人）等等。

于是，我们面临一个问题：住在新的国家——即"外国人"本身——是否以及如何有助于发展和提高资本主义的能力。

如果将这种毋庸置疑的影响溯及至唯一的原因，我们可以说：移民通过**摧毁一切旧的生活习惯及生活关系**来发展资本主义精神。实际上，我们在新国家居住的"外国人"身上所观察到的所有心理过程，以及使他们成为一个好的资本主义企业家的情景，都不难追溯到这一决定性的事实，即对他来说，迄今为止与自己整个存在结合在一起的氏族、土地、人民和国家已经不复成为现实。

如果我们看到他的**经营利益**占据主导地位，就必须立即理解，除此之外别无可能，因为外国人不可能从事其他职业：在旧的文化国家，他被排除在公共生活之外；而殖民地国家根本没有其他职业。在异国他乡，一切舒适的生活都被禁止：异国他乡是荒凉的。它对新来者似乎全无灵魂。环境对新来者毫无意义，最多不过可以作为达到目的——营利——的手段。在我看来，这一事实对于形成一种纯粹的营利意识非常重要。这尤其适用于殖民地上的新生活。"我们的小溪和河流像苏格兰一样转动磨坊，将木筏送入谷地；但没有一首民谣，没有一首简单的歌曲能提醒我们，即使在他们的海岸上，男女邂逅，彼此相爱，彼此分离，在每一个屋檐下，在他们的山谷里，都能感受到生活的快乐和痛苦。"一位早期美国人这样的哀叹，清楚地表达出我之所思。这种观察，即美国佬与周围环境的唯一关系是（或者至少在早期）纯粹实用利益的关系，尤其是那些在 19 世纪初期游历过美国的人的感受。

对于移民来说——无论是移民还是殖民者——都没有过去，也没有现在。他只有**一个未来**。金钱一旦成为利益的中心，获得金钱是建立自己未来的唯一手段，这几乎是不言而喻的事。他只能通过扩大自己的企业活动来赚取金钱。他既然已经选择成为一个能干、大胆的人，他对营利无限追求的冲动就会立即转化为一种不安分的企业家活动。因此，这也是直接源于轻视现在而高估未来。

外国人在发展他的企业家精神方面**没有任何障碍**，也没有任何个人顾虑：他在商业关系的环境中，接触到的也只是外国人。在外国人中间，首先也只是进行有利可图的生意，在同伴中则予以帮助。安东尼奥对夏洛克说，只能向外国人提供有息贷款，因为只有在外国人不付清本金和利息时，你才能无所顾忌地要求收回本息。

但在外国对企业家精神也没有任何实质性的障碍。没有传统！没有旧的行当！一切都必须从无到有地重新创造：也不限于一个地点：在外国，每一个地方都一样，故此，当你选择一处可以提供更多的赚钱机会时，便很容易换成另一个地方。

所有这一切必定会导致一种倾向，这种倾向反过来又附着在外国人——无论是殖民者还是移民——的一切活动上：决心彻底形成经济与技术的理性主义。他必须这样做，因为他需要这样做，抑或对未来的渴望迫使他这样做；他可以更容易地利用这一观念，因为没有任何传统的阻碍。这很容易解释这样一个事实，即欧洲的移民无论走到哪里，都会成为商业和工业进步的推动者。这也可以解释一个众所周知的现象，即新的技术发明在美国得到如此坚决的应用。

第二节 外国人在资本主义经济中的作用

一、个体的外国人

一个家庭（或几个家庭）基于个人的动机改变其住地，即迁往另一个国家或不同的地方，在任何时候都有发生。我们感兴趣的是那些与促进资本主义活动有关的迁徙，尤其是当我们发现移民是一种更高形式的经济往来的推动者或新产业的创始人时，便会推想到这样的做法……首先，我想到的是"伦巴第人"和其他意大利金融业者，中世纪鼎盛期，他们在法国、英国和其他地方做生意；我还记得，在中世纪和后来的其他工业中——特别是丝绸业——资本主义活动如何受到外国移民的推动，这是在资本主义意义上的推进（因为在这种情况下，手工业者从一个地方向另一个地方的迁移与我们此处的探讨无关）。

所以我们知道，例如卢卡的移民对威尼斯丝绸业发展的影响：

随着卢卡的商人和丝绸工人移民进入，威尼斯的发展进入一个新的阶段，工业才完全得以发展；同时，商业要素更加突出：商人成为生产的领导者；他们将自己的原料交给师傅，在生产的各个阶段进行加工。［Broglio d'Ajano, Die venetianer Seidenindustrie（1895），24.］

热那亚丝绸业：

"就像威尼斯的丝绸业一样，随着卢卡的移民到来，热那亚的丝绸业在 15 世纪初由佩罗莱里兄弟和其他商人发展起来。卢卡的图案设计师开始工作。丝绸工业的引进甚至也归功于他们。与此同时，热那亚丝绸业引入了一种社会秩序——即资本主义家庭工业——这在 1432 年丝绸行会的成立中得到了体现。"（Sieveking, Gen. Seidenindustrie in Schmollers Jahrbuch 21, 102 f.）

在博洛尼亚有一家丝绸厂——也许是第一座现代化的工厂——"一台机器可以完成 4 000 名纺织女工的工作"，据说是由一个来自卢卡的博洛尼诺·迪·巴尔盖萨诺于 1341 年建造的。［G. N. P. Alidosi, Instruttione delle cose notabili di Bologna（1621），27.］

里昂的丝绸业也可以追溯到意大利移民的活动，他们最初很可能是以纯手工的形式经营丝绸业。我们感兴趣的是，丝绸业在 16 世纪向资本主义组织转变，也可以追溯到两个外国人的发起。［E. Pariset, Histoire de la Fabrique Lyonnaise（1901），19、20.］

瑞士的丝绸业也是如此：1575 年，佩利加里家族开设了一家丝绸厂，起初有 15 名工人，后来增加到 30 名工人：一家企业有 15 到 30 名工人，到目前为止，即使在造纸行业和印刷行业也闻所未闻（Geering, Basels Industrie, 471）；奥地利丝绸业也是如此。［Bujatti, Geschichte der Seidenindustrie Österreichs（1893），16 ff.］

丝绸业仅是一个主要例子；但除此之外，还有许多工业不是在这里，就是在那里建立起来，有的是由法国人，有的是由德意志人，有的是由荷兰人，有的是由意大利人在外国建立起来，而且通常是在建立的过程中转变为资本主义的形态。

二、"流亡者"

但是，在从一个国家向另一个国家大规模移民的情况下，"外国人"对经济生活进程的影响就更加明显。自 16 世纪以来，这种大规模移民可分为以下三种类型：

1. 犹太人的移民；

2. 海外各国的移民，特别是在美国；

3. 受宗教迫害的基督徒，特别是新教徒的移民："流亡者"。

我将在下一章讨论犹太人的重要性。描述"外国人"在殖民化中所起的作用未免荒谬，因为**所有**殖民者都是"外国人"。剩下的任务是，至少大致说明"流亡者"对欧洲资本主义企业家形成的作用。

自宗教改革爆发以来，受宗教迫害的基督教徒——特别是新教徒——的迁徙即呈现出一种大规模迁徙的特征。诚然，所有国家都曾有过这样的向外迁徙和容纳这样的移民进入，但人所共知，法国遭受的损失最大，其他国家接收的法国流亡者比流失的本国人口还要多。用具体数字来确定这样的迁徙规模显然不可能。然而，可以有把握地说，总有几十万人——只是在欧洲境内——如果不想改变自己的信仰，就只能变换自己的家园。关于那些在南特法令（1685 年）废除**以后**离开法国的新教徒人数，据魏斯估计①即有 25 万到 30 万（当时居住在法国的新教徒共计 100 万）。但向外移民在 16 世纪已经开始，法国并不是唯一一个向外移民的国家。知道当时有几十万人或多或少地参加了移民，并不十分重要，重要的是要认识到这些移民对创造新的经济生活方式的作用（这是我们此处探讨的要点）。我们只要下功夫去研究流亡者在其目的地国家的活动，便很容易作出判断。他们最为热情地参与**各地**的资本主义建设，**所有**国家的银行业，特别是工业，都受到移民的大力推动，如下文所述。

　　众所周知，德意志各邦吸收来自奥地利、苏格兰和法国的大量难民。苏格兰人和法国人尤其被视为资本主义精神的代表。

　　1. **苏格兰人**于 16 和 17 世纪大批来到东普鲁士和波兹南。他们是改革派和天主教的信徒，正是出于这两种情况，因为自己的信仰而无法忍受种种的压迫，他们都不得不离开自己的祖国。东普鲁士的苏格兰人大多是"富有而聪明的"，被认为是危险的竞争对手。［Joh. Semberjycki, Die Schotten und Engländer in Ostpreußen, Altpreußische Monatsschrift 29（1892），228 ff.］他们也进入了内地：在 16 世纪末，我们发现苏格兰人在克拉科夫、布伦贝格和波兹南有定居地；苏格兰人是各地最有声望的商人之一。17 世纪初，波兹南大商人中有一半以上是苏格兰人；1713 年，在 36 名商人协会成员中，苏格兰人有 8 个。1795 年 8 月 11 日，波兹南商人向霍伊姆伯爵提交一份请愿书，内容如下：

　　　　波兹南市以前的辉煌和贸易的规模，应归功于部分苏格兰移民，他们在保有许多特权的情况下，在此处创业，成为商人。

［G. St. A. Gen. Dir. Südpr. Ortsch. LXXII 978 bei Moritz Jaffé, Die Stadt Posen unter preuß. Herrschaft（Schriften d. Ver, f, Soz. Pol. 119. II. S. 14）；参见：Th. A. Fischer, The Scots in Germany；idem, The Scots in Eastern and Western Prussia。以及：A. Rode, Rob. Bargraves Reisebeschreibung（Progr. der Oberrealschule in Elmsbüttel zu Hamburg. 1905）。有关苏格兰人在波兰的情况，可见以下一部较有分量的著作：Miss Beatrice Baskerville, die Scott. Hist. Soc.（1913）。］

----

　　①　Weiß, Hist. des réfugiés 1, 104.

16 世纪可以在厄尔士山脉遇到从事花边饰带生意的苏格兰商人（定居的?），参见：Ed. Siegel, Geschichte des Posamentiergewerbes（1892），42。

他们也在西里西亚定居。在布雷斯劳，早在 1596 年就已提到苏格兰人。1629—1729 年的布里格小商贩法令禁止苏格兰人、犹太人和意大利人等沿途招徕生意。在希尔施贝格，花边和面纱是由"犹太人、苏格兰人和波兰人"这些外国人经营，他们凭借"苏格兰人的小商店权利"获得定居。[Schles. Provinzialblätter 24（1796），459 ff.]

2. 来自法耳茨和荷兰的难民为宗教改革派和门诺教派，他们为克雷费尔德丝绸业奠定基础（立即建立在资本主义的基础上）。1688 年左右移民的冯德莱恩家族的成员可视为克雷费尔德丝绸业的创始人。1768 年，弗里德里希与海因里希·冯德莱恩公司在丝绸业雇有 2 800 人。[Paul Schulze, Die Seidenindustrie im Handbuch der Wirtschaftskunde Deutschlands 3（1904），658；参见：Borg, De Réfugiés in de Nederlanden 1, 285。]

荷兰人（和犹太人一起）建立帝国城市美因河畔法兰克福的主要银行。

格拉的毛绒和地毯业是由来自图尔奈①的尼古拉斯·德·斯密特于 1595 年在资本主义的基础上建立。[Karl Germann, Die Möbelplüsch- und Moquetteindustrie（1913），19.]

荷兰人（与瑞典人和胡格诺派教徒）17 世纪在贝尔吉施将钢铁与五金行业引进并发展起来。[Ernst Voye, Die Kleineisenindustrie usw. in der Gesch. d. Ind. im Märk. Sauerlande 4（1913），276.]

3. 法国流亡者在 17 与 18 世纪德意志经济生活中的作用人所共知，他们首先建立起资本主义工业，几乎所有的商业部门（如丝绸）都掌握在他们手中（与犹太人一起）。

法国流亡者最重要的侨居地是选帝侯领地萨克森（Weiss, 1, 245 ff.）、美因河畔法兰克福、汉堡、不伦瑞克、黑森州（卡塞尔!）尤其是勃兰登堡—普鲁士。在弗里德里希·威廉一世和弗里德里希三世时期吸收的法国人估计有 25 000 名，仅在柏林就有 1 万人。流亡者在各地引入"联合制造业"制度，特别是在羊毛织品生产领域，例如在马格德堡（1687 年，来自尼姆的安德烈·瓦伦丁和来自蒙彼利埃的皮埃尔·克拉帕雷德就雇佣 100 名织布工和 400 名纺织工）、萨勒河畔哈勒、勃兰登堡、威斯特法伦和柏林，这还仅仅是在丝绸生产领域。法国人在资本主义意义上建立或发展的其他工业包括袜子、帽子（1782 年，第一家帽厂由一个法国人在柏林建立，有 37 名工人）、皮革、手套、文具、纸牌、亚麻籽油、香皂（1696 年，第一家高级肥皂厂由一个法国人在柏林建立）。（O. Wiedfeldt, a. a. O.

---

① 图尔奈系荷兰小镇，距乌德勒支东南 16 公里。——译者

S. 386., Lichter, Glas, Spiegeln u. a.)

法国人建立的工业门类，可见前述埃尔曼与雷克拉姆著作的第 5 与第 6 卷，内中有完整记载。

德意志在 16 世纪引进工具制造，源自荷兰难民；17 世纪则源自胡格诺派难民，例如：1680—1720 年在哥廷根、卡塞尔、米尔豪森及艾森纳赫的工具制造都是源自胡格诺派居民。（Journal für Fabriken und Manufakturen XXIII. 268. 277. 283.）

胡格诺派教徒是巴登和法耳茨工业的创始人。（Gothein, WG. des Schwarzwaldes 1, 674 ff., ebenso in den fränkischen Herzogtümern. G. Schanz, Colonisation usw. 1884.）

1808 年初，柏林布匹和丝绸行会的 386 名成员中，至少有 81 名法国人。（1808 年初，由长老们从行会的记录中按字母顺序列出的当地德意志和法国布料和丝绸商联合商会的负责人和所有成员的名单，系由寡妇阿伦特在证券交易所制作。）

4. 我们也将（天主教的）意大利人列入德意志资本主义经济的创始人之列。布赖斯高即如此。（Gothein, a. a. O. S. 739 ff.）

自七省分离以来，荷兰一直是各种难民的避难所。贝尔将其称为"流亡者的大本营"。但宗教利益绝不总是决定性的；荷兰各州吸收了那些有利于工商业的成分：异教徒、犹太人、基督徒、天主教徒和新教徒。他们"对受迫害的教徒的同情，甚至超过对难民的慷慨与关爱"（W. E. J. Berg, De Réfugiés in de Nederlanden 1, 167 ff.）。

因此，在玛丽·都铎统治时期，3 万名英国新教徒来到荷兰；在三十年战争期间，大量德意志人来到荷兰；在西班牙暴政期间（即 16 世纪），瓦隆人、弗拉姆人、布拉班特人都来自西班牙的尼德兰；许多犹太人也从西班牙来到荷兰；自 16 世纪以来，尤其是在 17 世纪期间，又有大量的法国新教徒到来，到 17 世纪末估计有 55 000—75 000 人。

在这个国家，外国人也在"经济生活的繁荣"中，亦即在资本主义的建立和发展中发挥了尤为重要的作用，证实这一点其实很有趣味。我在《犹太人与经济生活》一书中已经详细说明，犹太人在多大程度上推进证券交易所的买卖与投机活动，17 和 18 世纪阿姆斯特丹证券交易所几乎完全由犹太人所控制。但其他移民很快也在工商业中占据突出的地位。例如，我们发现一个法国人，即"天才而不安分"的巴尔塔萨·德穆切隆，与他的兄弟梅尔基奥尔一起创立贸易公司，梅尔基奥尔同样也是一位著名的商人。［J. N. de Stoppelaar, Balthasar de Moucheron（holl.）. 1911，引自：S. van Brakel, De hollandsche Handelscompagnieen der zeventiende eeuw（1908），4。］

特别是法国流亡者——几乎在任何地方——擅长采用新型资本主义工业。17 世纪的一位著作者证实，流亡者在荷兰建立的各种工厂超过 20 座。（Leti, Teatro belgico 2, 148, 载于：Berg 1, 212。）

当时的另一位作者将阿姆斯特丹的繁荣归功于外国人的影响。肖翁写信给阿姆斯特丹地方法官："所有这些行业都是在两年的时间里建立起来的，而且没有花费任何费用……城市的居民由此越来越多，公共收入在增加，城墙和林荫大道在加固，艺术和工厂欣欣向荣，创造出新的时尚，资金在流动，新的建筑在出现，商业在蓬勃发展，新教的信仰得到加强，物品更加丰富。所有这一切最终促使阿姆斯特丹成为世界上最著名的城市之一。"（引自：Chr. Weiß, Hist. des Réfugiés 2, 135/136。）

除了阿姆斯特丹，莱顿和哈莱姆也从中受益。像往常一样，法国流亡者建立的工业首先是纺织（丝绸）业，其次是制帽业、造纸业和印刷业。我们也可以清楚地看到，向资本主义组织的转变总是受到移民的影响。直到 17 世纪为止，手工业相当完好；接下来——特别是在 17 世纪下半叶——城市与外国企业家签订合约：1666 年，哈莱姆市与一个英国人签订合约，建立一家镜子工厂，1678 年，与贝歇尔签订合约，建立丝绸加工厂，等等（关于荷兰的流亡者工业的概览参见：Berg, 1. c. 1, 109 ff. 以及 Pringsheim, 32 f.）。

在英国，外国移民也极大地促进了资本主义的发展，这一事实鲜为人知，但毋庸置疑。意大利人在英国的经济生活中留下多少持久的痕迹，我们暂且不论。例如，像坎宁汉这样一位熟知内情的专家就要在最初的英国资本家协会中去寻找仿效意大利的模式。16 与 17 世纪的移民，特别是来自荷兰和法国的移民在英国的经济生活中确实留下深刻的印记。他们的人数相当可观：根据西班牙公使的报告，在 1560 年，佛兰德难民已经有 1 万人进入英国，在 1563 年，这一数字甚至达到 3 万。尽管这些数字可能有些夸张，但我们可以假定它们与现实相去不远，可靠的统计数字证实：伦敦市长的一项统计显示，1568 年伦敦有 6 704 名外国人，其中 5 225 名是荷兰人；1571 年有 3 925 名荷兰人和瓦隆人居住在诺维奇，1587 年诺维奇人口（4 679 人）中的大部分为荷兰人和瓦隆人。（资料来源：Douglas Campbell, The Puritans 1, 269。）据可靠的证人说，这些荷兰人开创了英国工业的历史。法国难民的人数更为众多，尤其是在 17 世纪。据贝尔德、普尔和坎宁汉估计，大约有 8 万人，其中一半再转向美洲。来到英国的恰是更为富有的胡格诺派教徒。[Jurieu, Lettres pastorales 2（1688），451；见于：Weiß 1, 132。]

外国移民在工商业的各个领域都发挥出企业家精神，在许多情况下，他们已经成为这些领域的开拓者。他们主要引入以下行业：丝绸工业、面纱和亚麻织造、地毯织造、帽子制造，以前帽子需从佛兰德购买，移民建立一家生产毛毡和皱纹帽子的工厂；还有造纸业，1598 年由德意志人斯皮尔曼建立一家豪华纸制造厂，据称雇用了 600 人；玻璃工业，安东尼·贝恩和约翰·凯尔（荷兰人）获得 21 年的特权，建立玻璃工厂，"生产法国、勃艮第和荷兰风格的玻璃"；1670 年，威尼斯人建造了一座大型镜面玻璃工厂；铁丝制造，1662 年由荷兰人引入；染料厂，1577 年，葡萄牙人佩罗·瓦兹·德沃拉向英国染色师展示了靛蓝染色工艺。17 世纪，佛兰德人开普勒引进了著名的朱红色染制，另一位佛兰德人鲍尔（1667 年）将羊毛染色提升到新的高度；平布织造厂，1690 年由一个法国人引进；麻纱生产，18 世纪由一位法国宗教改革派引入爱丁堡；英格兰的标准工业：棉纺业由外国人在曼彻斯特建立；钟表业，荷兰人首先制造出摆钟，称之为荷兰钟表；自来水厂由意大利人热内利为伦敦规划；16 世纪，一家德意志公司经营铜矿和制铜业；谢菲尔德刀具业只有在佛兰德人的帮助下才声名鹊起，如此等等。[以上所列事例源自：J. S. Burn, 1. c. 254 ff.；Cunningham, Alien Immigrants, 178 ff. 212 ff. 235. 263. Vgl. auch Campbell, The Puritans 1, 489 f., und W. H. Lecky, Geschichte des 18. Jahrhunderts（德文版）1, 205 ff.。我仅从大量的材料中摘录出很小一部分。]

特劳戈特·格林在其《巴塞尔市的商业和工业》（1886 年）一书第九章中讨论了"洛迦诺和胡格诺派"，以精湛的方式展现外国移民对**瑞士**国民经济整体进程究竟产生多大的影响［亦可参见：H. Wartmann, Handel und Industrie des Kantons St. Gallen（1875），87 ff.］。彼得·比昂——圣加仑棉纺业的创始人——是企业家和成功的"外国人"的典型代表。

众所周知，俄罗斯的经济发展基本上是外国人的事业。

第六十二章

犹太人

在讨论资本主义企业家的起源时，我专用一章来论述犹太人，原因是他们在现代资本主义史上所发挥的独特作用：无论是作为资本主义企业家的活动，还是在经济进程中的突出影响，在在都表现出众多的特殊性。故此，任何一部自称完整的经济史都不能忽视他们。

在《犹太人与经济生活》一书中①，我相信已经指出，犹太人在现代史上的特殊意义在于推动资本主义发展的进程，我称之为经济生活的商业化。这种商业化的普及标志着向发达资本主义时代的过渡。因此，犹太人的特殊和决定性作用必须从这样一个事实中探索，即：**早期资本主义的经济方式向发达资本主义的迅速转变，系受到他们的影响。**

然而，我们此处所研究的是早期资本主义经济的建立，故此并不谈论犹太人的这种活动。

但是，若认为犹太人根本没有参与资本主义的最初建设，则显系谬误。事实上，在现代经济的早期，我们发现他们作为企业家非常活跃，正如我在前面详细描述的那样。即使在这一时期，犹太人特有的某些经济活动方式也已显现，可以说，其中正蕴含着他们后来的世界历史使命的萌芽。以下可见：

第一节　犹太人在早期资本主义时代作为企业家的主要成就

一、国际贸易的活跃

重要的是犹太人在贸易重组中的作用②，这是自经济活动中心转移以来所发生的。纯粹从**数量**上来看，他们在商品销售中所占的份额显然已很**重要**。

---

①　Die Juden und das Wirtschaftsleben. 1911.

②　Die Juden und das Wirtschaftsleben, Seite 25 ff.

犹太人的贸易规模，甚至在他们获得许可之前，即 17 世纪上半叶，已占**英国**贸易总额的十二分之一。[①]可惜的是，我们并不知道这一数字的来源。不过，伦敦商人的一份备忘录表明，它与事实相差并不太远。其中讨论的问题是犹太人是否应该为进口货物缴纳外国人的关税。此书的作者们认为，倘若取消关税，王室每年将损失至少 10 000 镑。[②]

我们充分了解犹太人参与莱比锡交易会的情况，很长一段时间以来，莱比锡交易会一直是德意志商业的中心，并因其发展的深度与广度成为一种衡量标准，对其一些邻国尤其是波兰和波希米亚产生重要的影响。自 17 世纪末以来，我们发现越来越多的犹太人参与交易会，编纂这些数据材料的人都一致认为，犹太人为莱比锡交易会增添了光彩。从 1767 到 1830 年整个时期来看，平均每年有 3 185 名犹太商人参加交易会，同时参加交易会的基督徒有 13 005 名：故此，犹太商人为后者的 24.9%，几乎等于四分之一。在某些年份，例如 1810 至 1820 年之间，犹太人与基督徒的比例达到 33⅓%：4 896 名犹太人，14 366 名基督徒。[③]

在 16 与 17 世纪，一直到 18 世纪，黎凡特的贸易与对西班牙、葡萄牙的贸易，以及经由这两国的贸易，构成世界贸易的重要成分，可参阅本书第二卷第六篇。但是，在这些贸易路线上发挥主导作用的还是犹太人。他们已经从西班牙那里掌握大部分的黎凡特贸易；当时，他们已经在黎凡特各个口岸都设有办事处。在犹太人被驱逐出比利牛斯半岛的过程中，大部分人去向东方；另一部分人向北进发，因此东方的贸易不知不觉地渗入北欧民族。犹太人主导新出现的殖民地贸易经过西班牙、特别是葡萄牙向北，从而使安特卫普成为世界贸易口岸。

后来，通过建立这些联系，荷兰才成为一个世界贸易大国。世界贸易的网络，按照犹太人所设立的办事处路径或远或近地不断扩大且更为密集。[④]尤其是当地球的西部纳入世界贸易时，更加如此。

由于其贸易的性质，犹太人对经济生活的总体形态产生的影响——几乎比其商业规模——更大，并在一定程度上对旧的生活方式产生革命性的影响。

首先，我们面临一个重要的事实，即犹太人在很长一段时间里几乎垄断了重要**奢侈品**的贸易。而在 17 与 18 世纪，这种贸易对于贵族最为重要。犹太人主要经营的奢侈品是金银器皿、首饰、宝石、珍珠、丝绸和丝绸制品：经营金银器皿生意，是因为他们一直统治着贵金属市场；贩卖宝石和珍珠，是因为他们首先占领了这些产地

①　Alb. M. Hyamson, A History of the Jews in England（1908），178.

②　Blossiers Tovey, Anglia Judaica（1738）.

③　Rich. Markgraf, Zur Gesch. der Juden auf den Messen in Leipzig usw.（1894）. Max Freudenthal, Leipziger Meßgäste, in der Monatsschrift für die Gesch. des Jud. 45（1901），460 ff.

④　有关这种相互关联的阐述，详情参见：H. J. Koenen, Geschiedenes der Juden in Nederland（1843），176 ff.。亦可比照：H. Sommershausen, Die Geschichte der Niederlassung der Juden in Holland und den holländischen Kolonien, in der Monatsschrift Band 2.

（特别是巴西）；销售丝绸和丝绸制品，是因为他们与东方贸易地区有着古老的联系。

珠宝生意：在**汉堡**，v. Griesheim, Die Stadt Hamburg（1759），119。在**荷兰**，（创建钻石切割业！）：Jewisch Enc. Art. Netherlands 9, 231. E. E. Danekamp, Die Amsterdamer Diamantiudustrie. 1895，引自：N. W. Goldstein, Die J. in der Amsterdamer Diamantenindustrie（Zeitschrift f. Dem. u. Stat. d. J. 3, 178 ff.）；在**意大利**，Dav. Kaufmann, Die Vertreibung der Marranen aus Venedig usw。（Jew. Quart. Rev. 13, 520 ff.）

丝绸与丝绸制品生意：长久以来，犹太人都在经营丝绸生意（以及养蚕业）。他们将丝绸工业从希腊引进西西里，接下去又带到西班牙与法国。参见：Graetz, Gesch. d. J. 5（2），244。在 16 世纪他们主宰**意大利**的丝绸贸易：Dav. Kaufmann, a. a. O.；在 18 世纪他们又主导着**法国**的丝绸业，此时的法国乃是丝绸工业以及丝绸与丝绸制品贸易的中心。1760 年，里昂养蚕业行会理事会这样称呼犹太人："各省贸易总管"（系指丝绸与丝绸制品业）。参见：Bei J. Godart, L'ouvrier en soie（1899），224。在巴黎，1755 年犹太人有 14 家丝绸制品商，1759 年有 22 家。Kahn, Juifs de Paris sous Louis XIV, 63。在**柏林**，犹太人与法国流亡者一起几乎完全控制着这一行业，可见以下数字：1753 年 8 月 1 日至 1754 年 1 月的半年里：

	收购外国丝绸制品	收购柏林与波茨坦工厂的丝绸制品
基督教商人	8 225 塔勒	2 522 塔勒
犹太商人	22 135 塔勒	22 473 塔勒

（Ber. d. Gen. -Dir. vom 11. März 1754. Acta bor. Seidenindustrie. Bd. I Nr. 343. 参阅：Nr. 360。）

另一方面，我们发现犹太人在任何涉及大宗产品的贸易中都有很大的影响。新时代一些大宗货物，如谷物、羊毛、亚麻，以及后来的烈酒、烟草，特别是糖，主要是由他们引进市场。

但是，最为重要的是，犹太人对经济生活的进程产生强烈刺激与颠覆性影响的是新商品的贸易，这样的贸易是对旧的方式一种革命，而犹太人显然在其中发挥了特别重要的作用。我想到的是棉花[1]、外国棉织品（印花布）[2]、靛蓝[3]等。对这类物品的偏好——按照当时的思维方式，此类物品被视为破坏本国的"生计"——有时会给犹太人的贸易造成"不爱国的贸易"的指控，即"犹太人的商

---

[1]　Artikel „America" U. S. A. in der Jew. Encycl. 1, 495 ff.

[2]　Nachweislich z. B. für Hamburg：A. Feilchenfeld, Anfang und Blütezeit der Portugiesengemeinde in Hamburg, in der Zeitschr. d. V. f. Hamb. Gesch. 10, 211.

[3]　摩西·林多，靛蓝开采的主要推动者；1756 年来到南卡罗来纳州，在这一领域投资 12 万镑。从 1756 年到 1776 年，靛蓝的产量增加了五倍。林多成为靛蓝总监。B. A. Elgas, The Jews of South Carolina. 1903；引自：Art. South Carolina der Jew. Encycl。

业，极少雇用德国人，却在很大程度上依靠国内的消费"。①

"犹太商业"的另一个特点是其**商品的多种多样**，并令其成为所有走上新轨道的商业典范。当蒙彼利埃的商人抱怨来自犹太商人的竞争时，市政长官（1740 年）这样回答：如果基督徒的商品也像犹太人一样种类繁多，顾客也会像光顾犹太人一样去光顾他们的竞争对手。②马克格拉夫向我们介绍了犹太人在莱比锡交易会上的活动，在结束语③中说："其次，他们（犹太商贩）通过商品的多样性，推动了交易会的贸易，使得集市贸易丰富多彩，并促使工业——特别是国内工业——在生产方面越来越多样化。在许多集市上，犹太人因其购物品种多、范围广，在许多集市甚至成为一种决定性的力量。"

但我认为，在早期资本主义时期，"犹太人商业"对大多数经济体的重要性尤其在于，犹太人几乎完全控制着那些可以获得**大量现金**的贸易地区：新开发的白银和黄金产地（中美洲和南美洲），无论是通过直接途径，还是绕道西班牙和葡萄牙。我们经常听说犹太人携带现金进入这个国家的报道。④现代经济的建立在很大程度上意味着需要贵金属，在这一领域，没有人比犹太商人更为成功。

二、在美洲殖民地的作用⑤

犹太人大量参与殖民地的开拓，实属自然（新世界——即使是改造一个旧世界——总是会比沉闷的老欧洲呈现更多幸福的前景，尤其是最后一个福地西班牙也不再令人流连）。这既适用于东半球，也适用于西半球和南半球。

犹太人最重要的殖民地区是**中美洲和南美洲**，特别是所谓的"甘蔗殖民地"。

新发现的美洲第一批商人是犹太人。美洲殖民地的第一批工厂也是犹太人建立的。早在 1492 年，葡萄牙的犹太人就在圣托马斯定居，开始了大规模的种植园经济：建立许多糖厂，随即很快雇用 3 000 名黑奴。发现美洲以后，犹太人立即涌入南美洲，以至于在 1511 年，胡安娜女王认为有必要进行干预。但这项法令显然没有产生效果，犹太人越来越多。1577 年 5 月 21 日，在西班牙殖民地禁止移民的法令终于正式废除。

要充分认识犹太人作为殖民地工商业创建者在南美洲的积极活动，还是值得对一些殖民地的命运进行详细研究的。

---

① Risbeck, Briefe usw. (1780). Auszüge bei H. Scheube, Aus den Tagen unserer Großväter (1873), 382 ff.

② Bloch, Les juifs (1899), 36.

③ Rich. Markgraf, a. a. O. S. 93.

④ Alb. M. Hyamson, Hist. of the Jews in England, 174 f. 178, 或见：Bericht des Magistrats von Antwerpen an den Bischof von Arras bei Sal. Ullmann, a. a. O. S. 35, "他们从家乡带来巨大的财富，特别是银器、珠宝和许多金币"。此处亦可参见本书第二卷第六篇。

⑤ 为了补充我在犹太人一书中的描述，现在可以参见以下一项与此相关的研究：Herrm. Wätjen, Das Judentum und die Anfänge der Kolonisation, im 11. Bande der Vierteljahrschrift f. Soz. -u. WG。

犹太人在美洲殖民地的历史，以及他们本身的历史，由犹太人（1654年）被驱逐出巴西为标志，分为两个阶段。

前已提及，在1492年之后，犹太人即在圣托马斯岛建立起制糖业。大约在1550年，这个行业在岛上已经充分繁荣：有60家种植园配有制糖工场和精炼场，每年生产15万厄罗伯糖①，此数字可以从缴纳给国王的十分之一产量中推算出来。[Ritter, Über die geographische Verbreitung des Zuckerrohrs in den Berichten der Berl. Akad. 1839, 397（?），引自Lippmann, Gesch. d. Zuckers（1890），249。]犹太人从这里或从马德拉（他们在此处曾长期经营蔗糖生意）[据：Max J. Kohler, Phases of Jewish Life in New York before 1800（Am. Jew. Hist. Soc. 2, 94）]将制糖业转移到美洲最大的殖民地：巴西。巴西因此进入了它的第一个繁荣时期，这是由制糖业的发展所决定的。

最初，巴西的人力资源几乎完全由犹太人和罪犯组成，每年有两艘船将这些人从葡萄牙运来。[Jew. Enc. Art. „America". 参见 G. AI. Kohut, Les Juifs dans les colonies hollandaises in der Rev. des études juives 31（1895），293 f.]犹太人很快就成为统治种姓："巴西最富有的商人中有不少是新基督徒。"[H. Handelmann, Gesch. V. Brasilien（1860），412. E]事实上，正是1549年有才华的托梅·德索萨被派到这里担任总督之后，葡萄牙的新领地才开始兴旺起来。[P. M. Netseher, Les Hollandais au Brésil（1853），1. Über die reiche, jüdische Familie der Souza：M. Kayserling, Gesch. der J. in Portugal（1867），307；M. Grunwald, Portugiesengräber（1902），123.]但直到1624年，当殖民地落入荷兰人手中，富有的荷兰犹太人开始涌入时，殖民地才开始焕发光彩。1624年，许多美国犹太人联合起来，在巴西建立了一个殖民地，600名有名望的犹太人从荷兰迁往那里。（Max J. Kohler, Phases etc. Transactions 2, 94.）甚至在17世纪的前半期，所有大型甘蔗种植园都掌握在犹太人手中（Jew. Enc. Art."America"），当年的旅行者这样述说他们的财富及范围广泛的活动。尼恩霍夫在1640至1649年间游历过巴西，他这样说："不在（荷兰西印度）公司服务的巴西自由民中，犹太人数量最多，他们从荷兰移居过来。他们经营的生意非常繁忙，购买糖厂，并在雷西夫建造了豪宅。他们都是商人，倘若能将他们的生意控制在适当的范围之内，会对荷属巴西具有重大影响。"在 F. 皮雷迪的游记中，我们读到："他们在这些土地上生活了九年、十年后获得的利益惊人，因为他们全都满载而归。"（Transactions 2, 95. 亦见：Netscher 1. c. p. 103。）

犹太人在种植园经营中的这种支配地位比荷兰统治巴西的这首插曲更为持久，"驱犹"运动之后（实际上并没有驱逐）仍然如此；1654年的和平条约甚至对犹

---

① 厄罗伯，西班牙旧重量单位，现沿用于墨西哥等拉美国家，约合11千克；沿用于巴西，约合15千克；亦可为液量单位，如酒、油等。——译者

太人实行了大赦；但后来又补充一句："犹太人和其他非天主教徒应像在葡萄牙一样被对待。"这就足够！（《和平条约》的文本参见：Aitzema, Historia, etc. 1626 ff., 引自：Netscher, a. a. O. p. 163）这一情景一直延伸到 18 世纪。无论如何，我们仍然从 18 世纪上半叶了解到这一点（H. Handelmann, Gesch. V. Brasil., 412/13）：有一次，"里约热内卢几个最有声望的商人落入宗教裁判所的手中，许多种植园的生意即陷入停顿，该省（巴伊亚）的生产和贸易，花了很长时间才从这一打击中恢复过来"。根据 1768 年 3 月 2 日的一项法令，收回并销毁所有关于新基督徒的登记簿；1773 年 3 月 25 日的一项法律赋予"新基督徒"与传统基督徒完全平等的市民待遇。因此，即使在 1654 年葡萄牙人占领巴西之后，许多隐蔽的犹太人显然仍旧维持着他们的显赫地位，并为这个国家带来繁盛的制糖业以及其后的宝石业务，因为他们很快也将宝石贸易掌握在手中。

因此，1654 年在犹太人的美洲历史上具有划时代的意义。在这一年，相当一部分巴西犹太人移居到美洲的其他地区，从而导致经济重心的转移。

尤其是，自 17 世纪以来，随着犹太人向西印度群岛和邻近海岸的一些重要部位的聚集，这些地区开始走向繁荣兴盛。巴巴多斯即一例，那里几乎只有犹太人居住。1627 年被英国人占领；1641 年，引进甘蔗种植；1648 年开始出口糖。然而，制糖业无法维持，因为蔗糖质量差，其价格都不够支付送往英国的运费。以后，被驱逐出巴西的"荷兰人"在那里建立起规范性的生产，并教会居民蔗糖的干燥与结晶技术，蔗糖的出口很快增加。1661 年，查理二世授予 13 名种植园主男爵爵位，这些人每年可以从巴巴多斯获得 1 万镑的收入。大约到 1676 年，巴巴多斯每年已经能够装载 400 艘船，每艘船载有 180 吨原糖。[John Camden Hatten, The Original Lists etc.（1874），p. 449；Ligon, History of Barbados, 1657, zit. bei Lippmann, Gesch. d. Zuck.（1890），301 ff.；Reed, The History of sugar and sugar yielding plants（1868），7 dsgl.；Morely, Abhandlung über den Zucker, deutsch von Nöldechen（1800）dsgl.；M. 'Culloch, Dict. of Commerce 2, 1087. 亦可比较有关殖民通史的著作，如：C. P. Lucas, A historical Geography of the British Colonies, 2（2）（1905），121 f. 274. 277.]

1664 年，托马斯·莫迪福德将制糖业从巴巴多斯引入牙买加，牙买加随即迅速致富。1656 年，即英国人从西班牙人手中夺走该岛的那一年，牙买加仅有三个较小型的加工场，到 1670 年，已经有 75 家工场在运作，其中一些产量已达 2 000 公担。1700 年，蔗糖已经成为牙买加的主要商品及财富来源。犹太人在这一发展中究竟发挥多大的作用，我们可以从以下事实得出结论：早在 1671 年，基督教商人就向政府请愿，要求驱逐犹太人，但效果只是导致政府进一步促进犹太人的定居。在其 1671 年 12 月 17 日的信中，总督用令人难忘的一句话拒绝这份请愿书："没有人比犹太人和荷兰人更能让陛下有利可图：他们有大量的货物及联系。"因此，牙买加的犹太人并没有被驱逐，反而"成为英国殖民地的第一批商人"。（Monumental Inscriptions of the British West Indies coll, by Capt. J. H. Lawrence Archer. Introd. p. 4 bei Kohler, Jew. Life a. a. O. p. 98.）在 18 世纪，他们缴纳该岛的所有税款，并控制大部分的工商业。[Kayserling, The Jews in Jamaica etc., in The Jewish Quarterly Eeview 12（1900），708 ff.；Alb. M. Hyamson, A. Hist. of de Jews in England, Ch. XXVI. 同时代的资料来源，可见：Max J. Kohler, Jewish activity in American Colon. Commerce in den Publ. 10, 59 ff. Derselbe, Jew. Life etc., Am. Jew. Hist. Soc. 2, 98。]

在其他英国殖民地中，犹太人更加喜欢苏里南。从 1644 年起，犹太人就一直定居在这里，并享有种种特权，"我们在那里发现希伯来民族。已经……证明……他们有用并对殖民地有好处"。当苏里南（1667 年）从英国归属到荷兰治下时，犹太人仍旧保持特权地位。到 17 世纪末，犹太人与其他定居者的比例为一比三。1730 年，在苏里南 344 家种植园中，他们拥有 115 家，主要从事制糖。追溯苏里南犹太人历史的主要来源，可见：Essai sur la Colonie de Surinam avec l'histoire de la Nation Juive Portugaise yétablie etc., 2 Vol. Paramaribo 1788. Koenen, Geschiedenes der Joden in Nederland（1843），313 f.；此书亦有一些描述。还发现一些新的文献，如：Rich. Gottheil, Contributions to the history of the Jews in Surinam（Publ. 9, 129 ff.）；J. S. Roos, Additional Notes on the History of de J. of S.（Publ. 13, 127 ff.）；P. A. Hilfman, Some further Notes on the History of the J. in S.（Publ. 16, 7 ff.）。关于苏里南与圭亚那的关系：Sam. Oppenheimer, An early Jewish Colony in Western Guiana 1658—1666 and its relation to the Jews in Surinam, Cayenne and Tobago.（Publ. 16, 95—186）。亦见：Hyamson 1. c. Ch. XXVI und C. P. Lucas 1. c。

如同英国与荷兰殖民地的情况，犹太人在更加重要的法国殖民地也是如此：如马提尼克岛、瓜德罗普岛以及圣多明各。在这些地方，蔗糖业也是"财富"的来源，犹太人也控制着蔗糖业及蔗糖生意。

在马提尼克岛，第一个大型种植园和加工厂系由本杰明·达科斯塔于 1655 年建立，他和 900 名犹太人及 1 100 名奴隶从巴西逃到这里。

在圣多明各，制糖业早在 1587 年即已开启，但只有来自巴西的"荷兰"难民才使糖业兴盛起来。

有关犹太人在马提尼克、瓜德罗普及圣多米尼克的文献：Lippmann, Gesch. d. Zuckers（1890），301 ff.，其中提供资料来源及早期的文献；Ab. Cahen, Les juifs de la Martinique au XVII sc.（Revue des études juives Vol. II）；idem, Les juifs dans les Colonies françaises au XVIII sc.（Revue Vol. IV. V.）；Handelmann, Geschichte der Insel Hayti. 1856.

我们总要记住，在构建美洲殖民地经济的那些关键世纪里，制糖业（当然，巴西的白银、黄金和宝石生产除外）是整个殖民地经济，因而也间接地成为当地国民经济的支柱，对此，我将在本书第二卷第六总编中用数据予以证实。

三、军事供应商

在现代国家崛起的几个世纪里，犹太商人作为军队物资的供应者发挥了非常突出的作用，几乎可以说，这一行业是由他们才发展起来，并且和其他行业一样，使得许多犹太人获得巨大的成功。

我们首先在 17 与 18 世纪的**英国**看到这一特征。在共和时代，最著名的军队供应商是安东尼奥·费尔南德斯·卡瓦哈尔，这位"伟大的犹太人"在 1630 至 1635 年间移居伦敦，很快成为当地商界要人。1649 年，他是五位伦敦商人之一，受枢密院委托供应军队的粮食。[1]据说，他每年为英国输送价值 10 万镑的白银。在随后的时期，特别是在威廉三世的战争中，所罗门·麦地那爵士——"犹太人麦地那"——作为"伟大的承包商"脱颖而出，获封爵士：他是英国首位（未受洗的）贵族犹太人。[2]

同样，在西班牙王位继承战争中，站在敌方一边为军队供应军需的也是犹太人："**法国**在战争期间随时都利用犹太人的援助，使他们的骑兵得以配置所有装备。"[3]1716 年，斯特拉斯堡的犹太人为路易十四的军队服务，向他们提供消息和食物。[4]雅各布·沃姆斯是路易十四主要的军需供应商。[5]在 18 世纪的法国，他们的这种特性表现得越来越明显。1727 年，梅斯的犹太人在六个星期内为这个城市提供 2 000 匹马，此外还送来 5 000 多匹马作为补充。[6]丰特努瓦战役的胜利者，萨克森人莫里茨元帅说：只要他向犹太人求助，他的军队装备就会比其他人更为精良。[7]在最后两位路易当政的时代，一位出色的供应商是塞尔夫·贝尔，他的入籍证书这样写道，"1770 年和 1771 年阿尔萨斯发生的战争和饥荒有机会让他证明为我们和国家服务的热情"[8]。波尔多的格拉迪斯是 18 世纪世界一流商店：亚伯拉罕·格拉迪斯在魁北克建造一些大型仓库，为在美洲作战的法国军队提供补给。[9]在法国革命、督政府及拿破仑战争期间，犹太人都在作为军需供应商发挥

---

[1] Luc. Wolf, The First English Jew. Repr. from the Transactions of the Jew. Hist. Soc. of England. Vol. II. 另可参见：Alb. M. Hyamson, A Hist. of the Jews in E., 171—173。

[2] Hyamson 1. c. p. 269. J. Picciotto, Sketches of Anglo-Jewish History（1875），58 ff.

[3] Th. L. Lau, Einrichtung der Intraden und Einkünfte der Souveräne usw.（1719），258.

[4] 引自：Liebe, Das Judentum（1903），75。

[5] Artikel Banking in der Jew. Enc.

[6] Mémoire der Juden von Metz vom 24. 3. 1733, 摘自：Bloch 1. c. p. 35。

[7] 摘自 Bloch 1. c. p. 23。

[8] 摘自：Lettres patentes bei Bloch 1. c. 24。

[9] 关于格拉迪斯其人：Théoph. Malvezin, Les juifs à Bordeaux（1875），241 ff. und H. Grätz, Die Familie Gradis in der Monatsschrift 24（1875），25（1876）这两种说法的来源皆可靠、彼此独立。

重要的作用。①1795 年，当巴黎面临饥荒的威胁时，在巴黎的街头张贴一张布告，要求犹太人将谷物运进城市，以此证明他们维护革命赋予他们的权利，这一出色的证据表明他们的极端重要性。"只有他们"，布告的作者认为，"才能成功地完成此项事业，因为他们的人脉广泛，并且必定用这些关系让自己的市民同胞受益"。②

还有一个类似的情景：1720 年，宫廷犹太人约纳斯·迈尔提供大量的谷物（编年史作者称有 4 万蒲式耳），使德累斯顿免于饥荒。③

在**德意志**，我们也发现犹太人很早就成为军队的供应商，而且往往处于独占的地位，例如 16 世纪时的伊萨克·迈尔。1537 年，面临时局的威胁，红衣主教阿尔布雷希特接纳他为哈尔伯施塔特市民，提出一个条件，"为我们的修道院提供优质的火炮、盔甲和装备"；还有约瑟夫·冯·罗斯海姆，他在 1548 年收到一份帝国保护令，因为他为法国军队提供了金钱和食物。据记载，在 17 世纪（1633 年），波希米亚的犹太人拉撒路"收集或花钱收买帝国无敌舰队所需要的情报与消息，并不断尽力向舰队提供大量服装和弹药"。④1546 年，波希米亚的犹太人向军队提供毛毯和大衣。⑤大选帝侯得到莱曼·贡珀茨和所罗门·伊利亚斯的帮助，"对他的军事行动大有裨益，他们为军队提供大量的火炮、枪支、火药及弹药等"。⑥萨穆埃尔·朱利叶斯是萨克森选帝侯弗里德里希·奥古斯特时期的马匹供应商；莫德尔家族在 17 与 18 世纪是安斯巴赫公国的宫廷和军事供应商。⑦"故此，所有的供应商都是犹太人，所有的犹太人都是供应商"，这是莫舍罗施在其讽刺作品中所说。⑧

第一批富有的犹太人自被驱逐（1670 年）后，在利奥波德皇帝统治时期被允许再次居住在维也纳：奥本海默家族、韦特海默尔家族、迈尔·赫舍尔家族等，这些人都是军队的供应商。⑨我们有许多证据表明，即使在 18 世纪，奥地利所有国

---

① M. Capefigue, Banquiers, fournisseurs etc.（1856），68，214，内中亦有更多此类情况。

② Revue de la Révolution française 16. 1. 1892.

③ Historische Nachlese zu den Nachrichten der Stadt Leipzig, ed. M. Heinrich Engelbert Schwartze（1744），122，摘自：Alphonse Levy, Geschichte der Juden in Sachsen（1900），58。

④ 上述三件史实均源自 G. Liebe, Das Judentum（1903），43 f.，70，作者并未注明出处。

⑤ Bondy, Zur Geschichte der Juden in Böhmen 1，388.

⑥（König），Annalen der Juden in den preußischen Staaten, besonders in der Mark Brandenburg（1790），93/94.

⑦ Reskript vom 28. Juni 1777；载于 Alphonse Levy, Die J. in Sachsen（1900），74；S. Haenle, Gesch. d. J. im ehemal. Fürstentum Ansbach（1867），70。

⑧ Gesichte Philanders von Sittewaldt, Hanss Wilh. Moscherosch von Wilstätt（1677），779.

⑨ F. von Mensi, Die Finanzen Österreichs von 1701—1740（1890），132 ff. 萨穆埃尔·奥本海默，此人被正式称为"帝国战争领袖和犹太人"，签署过"几乎所有重要的军需品和弹药的供应合同"，特别是在欧根亲王的战役中（第 133 页）。

家的军队供应商活动仍在持续。[①]

最后，值得一提的是犹太供应商在革命战争期间（以及后来的内战期间）为美国军队提供补给。[②]

此处，我仅列举犹太人作为早期资本主义时代**企业家**的特殊成就：因此并没有提到他们作为**金融家**的杰出作用，在这一方面并没有任何企业家的活动，我也没有提到他们在建立早期资本主义**工业**中的作用，因为犹太人在这一方面也没有任何特殊之处。为了使得犹太人在资本主义产生过程中的作用这幅图景更加完整，他们在这一方面的活动也应当被顾及。

第二节　犹太人的资本主义才能

犹太人在欧洲资本主义史上的特殊地位，既是犹太人的特殊才能，也是犹太人在资本主义经济建立的几个世纪中所处的特殊地位所决定的。

我在《犹太人与经济生活》书中大部分时间探讨的一个问题，即：中世纪末期犹太人的精神结构是基于一种原始的品质，还是仅仅是由于犹太人一千多年流亡的苦难史才形成。在客观的判断者看来，毫无疑问，在资本主义开始发展的**历史时期**，犹太人已经具有充分的**特性**，以致能够决定性地投入经济发展的进程。尤其是他们的商业和计算技能以及市民品德，胜过周围的其他许多人。因此，在资本主义发展开始之前，这种属于良好的资本主义企业家应有的品质，他们在相当大的程度上已经具备，而其他民族必须在资本主义发展的过程中才能养成。

此外，犹太人的**外部生活条件**也非常有利于资本主义企业家的形成。我们在异端和外国人身上所知道的有利条件，又出现在犹太人的命运中，并且还叠加了其他一些促进要素。

约自 15 世纪末以来，西欧和美洲的犹太人究竟处在何种特殊地位？

1671 年 12 月 17 日，牙买加总督在给国务大臣的信中极为中肯地指出这一普遍的事实。他写道："国王陛下没有其他臣民能比犹太人更有利可图：**他们拥有大量的资金和广泛的通信联系。**"[③]事实上，这两个特点即犹太人领先其他民族的一个

① die Eingabe der Wiener Hofkanzlei vom 12. Mai 1762 bei Wolf, Gesch. d. Jud. in Wien（1894），70；Komitatsarchiv Neutra Iratok XU/3336（für Mähren），nach einer Mitteilung des Herrn stud. Jos. Reizmann；Ver-proviantierung der Festungen Raab，Ofen und Komorn durch Breslauer Juden（1716）Wolf a. a. O. S. 61.

② Herb. Friedenwald，Jews mentioned in the Journal of the Continental Congress（Publ. of the Amer. Jew. Hist. Soc. 1，65—89）.

③ M. Kayserling，The Jews in Jamaica，in Jew. Quart. Rev. 12，708 ff.

重要理由，但为完整起见还必须补充的是，他们在其居住地的社区中处于一种特殊地位，亦即表现为外国人和半市民这两种身份。因此，我想强调犹太人过去及现在特别能够成功的几种情况：

1. 他们的空间分布；

2. 他们的外国人身份；

3. 他们的半市民身份；

4. 他们的财富；此外，还有

5. 他们的货币借贷者身份。

一、空间分布

当然，对犹太人的行为具有重要意义的首先——尤其——是他们分布在地球上有人居住的**所有国家**，这种情况自第一次流亡以来一直存在，但自他们被驱逐出西班牙和葡萄牙以及从波兰回流以来，又以特别有效的方式再度发生。追踪他们在过去几个世纪的迁徙，我们发现他们重新定居在德意志与法国、意大利与英国、东方与美洲、荷兰与奥地利、南非与东亚。

在一些文化高度发达的国家内，这些不断迁徙的自然结果是，同一家族的一部分人在不同的经济生活中心定居，从而形成拥有众多分支的大型家族。仅举几例：洛佩斯家族中心位于波尔多，但在西班牙、英国、安特卫普、图卢兹都有分支；银行家门德斯家族同样来自波尔多，在葡萄牙、法国、佛兰德都有分支，门德斯家族的一个分支是格拉迪斯，又生出许多分支；卡塞雷斯家族分布在汉堡、英国、奥地利、西印度群岛、巴巴多斯及苏里南；其他拥有全球分支网络的知名家族包括科斯塔（达科斯塔家族）、科内利亚诺家族、阿尔哈迪比家族、沙逊家族、皮埃尔家族、罗斯柴尔德家族。还可以再延长这一名单，但没有意义：在地球上至少设有两个商业中心的犹太商家，可能数以千百计。但凡没有在至少两个不同国家拥有立足点的，便谈不上是一个重要的家族。①

这样的四处分布对犹太人的进步究竟有多大意义，几乎无需详细说明：这是显而易见的。凡是基督教家庭必须费尽气力才能创造的东西，凡是他们仅在极少的情况下才能圆满实现的，犹太人从他们的活动起始就已具备：所有国际贸易和信贷业务的基础，"巨大的通信联络网"，这是成功的国际商业活动的基本条件，特别在早期资本主义时代更是如此，正如我稍后将详细解释的那样。

回顾我所观察到的犹太人参与西班牙—葡萄牙贸易、黎凡特贸易和美洲发展的情况，尤为重要的是，他们中间很大一部分人是从西班牙分支出来的，因此将

---

① 马纳什·本·伊斯雷尔在给克伦威尔的备忘录中概述当时犹太世界家族及其分支。《犹太百科全书》对各个家族的历史有详细的介绍，尤其是传记部分特别有价值。此外还有关于犹太人的一般和专门的著作。

殖民贸易——特别是白银——的潮流引向新崛起的大国：荷兰、英国、法国和德意志。

重要的是，他们特别偏爱这些正在经历巨大经济繁荣的国家，从而能使这些国家受益于他们的国际关系。众所周知，逃亡的犹太人故意将贸易流量从他们被驱逐的那些国家退出，以便转移到那些接待他们的国家。

因此，在一段时间内，他们使安特卫普成为世界贸易的中心，因为他们与西班牙和葡萄牙的关系特别活跃。然后，他们将安特卫普部分重要的贸易转移到伦敦、阿姆斯特丹、汉堡和美因河畔法兰克福：这些都是他们特别喜欢移居的地方。但其他城市也从西班牙系犹太移民广泛的贸易关系中获益。我想起西班牙犹太人马尔科·佩雷斯特别富有教益的例子，他最初是威廉·冯·奥兰治的第一批金融家之一，从安特卫普移居到巴塞尔，他的新做法引起当地整个商业部门的骚动，同时也必须承认，他"与所有国家和地区的通商有益于各国的利益"。①

关于犹太人的国际主义在现代经济生活中重要性的极佳描绘，乃是两百年前一位精明的观察家在其相关研究中所作，这一形象至今仍然保持着充分的鲜活感。1712 年 9 月 27 日《旁观者》的一篇通讯这样写道："他们……分布在世界上所有的通商地点，成为相距遥远的民族相互交流的媒介，使得人类普遍联系在一起：他们就像一座大建筑物的钉子一样，虽然本身并无多大价值，但对保持整个结构，却是绝对必要。"

然而，"犹太人的空间分布"之所以重要，不仅仅是因为他们在国际上的分散，而且这种分散也延伸到各个国家的内部，从而足以解释某些现象。例如，犹太人经常成为战争物资和军队粮食的供应商——他们自古以来就是这样：在贝利萨围攻那不勒斯期间，当地的犹太人提议向那不勒斯提供食品②——事实十分显而易见：他们比基督徒更容易迅速搜集大量货物，特别是食物，原因在于他们与各个地方建立的联系。"犹太企业家无需回避所有这些困难。他只要在适当的地方借助犹太同胞的力量，立即就有这样那样的帮手供其支配。"③事实上，早期的犹太人"从来不是作为一个孤立的个体，而是作为世界上分布最广泛的商业公司的一员"。④正如 18 世纪下半叶巴黎商人的一份请愿书中的表述："这些都是游离、分散的金钱分子，流动不息，但稍有机会，便会重新聚集成一个整体。"⑤

二、外国人

在过去的几个世纪里，首先就**新移民**的纯粹外在意义而言，犹太人在大多数

---

① 有关马尔科·佩雷斯的活动可见：Tr. Geering in seinem Baselbuch Seite 454 ff.。

② Procop B. G. 18 und 16 Friedländer, Sittengeschichte Roms 3^5 577.

③ Kortum，Über Judentum und Juden（1795），165.

④ Kortum, a. a. O. S. 90.

⑤ Revue des ét. juives 23（1891），90.

国家即为外国人。即使是在他们最初取得最成功的活动的地方，也并不是旧有的居民：事实上，他们大多并非来自附近的地区，而是来自远方，来自风俗习惯甚至气候都不同的地带。他们从西班牙、葡萄牙来到荷兰、法国和英国，继而又到德意志；然后再从德意志其他城市到汉堡和法兰克福，并且从俄罗斯—波兰东部来到整个德意志。

然而，在所有的世纪里，犹太人在不同的民族中作为外国人，还有一种——可以说——心理与社会意义，即同周围的人口有着内在对抗的意义，又对宿主民族持有一种近乎种姓般的隔离。犹太人自认有独特之处，而东道主民族也同样觉得如此。因此，在与"外国人"的交往中——特别是在世界公民的概念仍然遥远的时代——犹太人发展出一切必要的行为方式和思想意识。

在任何一个没有人道主义判断的时代，仅仅与一个"陌生人"打交道这一事实，就足以减轻良心的不安，缓解道德责任的束缚；与陌生人的交往常常"无所顾忌"。犹太人在任何地方总是少数群体，他们始终在同"外国人""非同胞"交往，尤其在经济活动中更加如此。如果说，一个东道主民族每十分之一或1%的交易行为要与"外国人"发生，对犹太人恰恰相反，他们每十分之九或99%的行为都要同外国人打交道。因此，**"外国人的道德"**——如果我用这个术语而不致误解的话——就会反复付诸实践，似乎整个商业行为都必须适应这种道德。与外国人的交往对犹太人来说是"常态"，而对其他人则是例外。

与他们的外国人地位密切相关的是他们在所有地方所处的特殊的法律地位。然而，作为一个解释性的理由，它有其自身的意义，因此将在下文中单独讨论。

三、半市民的身份

骤然一看，犹太人的市民地位似乎对其经济命运影响重大，因为对他们的职业选择——及其营业活动——形成某些限制，但我认为，法律地位在这一方面的影响未免被过于高估。

仅有一点可以证明旧的商业宪章对犹太人发展过程所产生的决定性影响：经济生活由团体联合组织行事的一些地方，或者更确切地说，经济活动是在合作社组织的框架内进行之处。犹太人无法进入行会和同业公会：这些协会的所有办公室都竖立着耶稣受难的十字架，所有成员皈依在十字架周围，这就让犹太人望而却步。如果他们想经营一个行业，便只能在基督教合作社组织的范围之外；无论是生产领域还是商业领域，皆无例外。因此，他们是天生的"闯入者"、蹩脚的从业者、行会的破坏者、"自由商"，我们在任何地方都能遇见他们。

对犹太人的命运影响更大的，显然是有关他们与国家权力关系，特别是规范**其公共生活地位**的法律规定。这一点在所有国家都表现出惊人的一致，因为最终都归结为：将犹太人排除在公共生活之外，换言之，阻止他们进入国家和地方政府机构、法律界、议会、军队和大学。西方国家——法国、荷兰、英国——和美洲，直到我们所说的时代为止，概莫能外。

我在论及异端对形成资本主义意识和能力的作用时曾经说过，这种对犹太人在公共生活中地位的歧视必定会产生何等的影响。①

17 世纪一位作者贴切的话语证实犹太人杰出的商业能力，并正确地把握住此处提到的犹太人特殊状况中的第二及第三项的影响。我现在将他的说法报告如下："犹太人被认为是世界上最重要的人，因为经常迁徙、遭受虐待并经历贫困——此为智慧之母——而成为世界上最有生气的人民。"②

四、财富

在过去三四个世纪里，无论在任何地方、任何时候，犹太人在经济生活中发挥作用时总是拥有大量的货币财富，我们可以毫不怀疑，这样一个事实是他们完成其经济使命的客观条件。这种独特的形态因此形成他们特殊的事业。

16 世纪逃离比利牛斯半岛的大批难民必定十分富有。我们听说过"资本的外迁"，应该是伴随着这些人的出走外流的。但我们也知道，在被驱逐之时，他们变卖了许多财产，并换成外国的汇票便于支付。③

最富有的人可能会迁居**荷兰**。至少我们知道第一批移居者：曼努埃尔·洛佩斯·霍门、玛丽亚·努涅斯、米格尔·洛佩斯以及其他人都拥有巨额的财富。④至于 17 世纪许多富有的西班牙人是否仍然向荷兰移民，抑或那些业已定居的人是否在不断增加财富，这些都无从证实。只要知道，17、18 世纪荷兰的犹太人以其富有而闻名，也就足矣。

在其他国家，犹太人也因其财富脱颖而出。聪明的**萨瓦里**向我们证实 17 与 18 世纪初期法国的情形。他的概括性评论如下："如果一个商人以大量的财富而闻名，人们就会说他**像犹太人一样富有**。"⑤

至于**英国**，在富有的西班牙犹太人获准移居后，我们甚至掌握他们的财产数据。我们了解到，早在 1663 年，富有的犹太商店每半年的营业额就在 13 000 至 41 000 镑之间。⑥

---

① 参见本书有关异端一章。

② James Howell, Instructions and directions for forren travell etc. (1650), 54.

③ 此处参见：Bento Carqueja, capitalismo moderno e as suas origens em Portugal (1908), 73 ff. 82 ff. 91 ff.。

④ Wagenaar, Beschrijving van Amsterdam Dl VIH bl. 127. 引自 H. J. Koenen, Geschiedenis, 142。此外，此人关于荷兰犹太人的财富（当然过于夸大）的论述，可参见如 Testamenten De Pintos 中的数字（292 页）；Joh. Jac. Schudt, Jüdische Merkwürdigkeiten usw. 1 (1714), 277 ff.；4 (1717), 208 f.。在新近的文献中值得一提的有：M. Henriquez Pimentel, Geschiedkundige Aanteekeningen betreffende de Portugesche Israeliten in den Haag (1876), 34 ff.

⑤ Savary, Dict. 2 (1726), 448.

⑥ L. Wolf, The Jewry of the restauration 1660—1664; repr. from The Jewish Chronicle (1902), p. 11.

在**德意志**，17 与 18 世纪犹太人的生活中心为汉堡和美因河畔法兰克福。关于这两个城市，我们可以依据数字来确定犹太人的财产状况，我们所知道的情况完全证实我们的判断。[①]

如果我们现在再追问，如此巨大的货币财富对犹太人经济命运必然产生的影响，这就显然是一个非常一般性的问题，此处勿庸赘述。

另一方面，还有一种情况，同样和犹太人的货币财产有关，对此值得略微清楚地说明。我指的是犹太人将其金钱大量用作借贷的这一做法。事实上，这种特殊的用途（其普遍性毋庸置疑）显然是资本主义本身最重要的准备之一。

五、货币借贷者

如果犹太人在各方面都表现得适宜于促进资本主义的发展，这当然尤其要归功于他们作为货币借贷者（无论大小）的身份。因为**货币借贷是资本主义最重要的根源之一**。资本主义的基本思想已经孕育在货币借贷的萌芽之中，并在其中铭刻着最重要的特征：

在货币借贷中，所有的质量概念皆已消失，经济过程似乎仅由数量来确定。

在货币借贷中，契约已成为业务必不可少的要素：履约和对价的协议、对未来的承诺、交付的概念构成其基本内容。

在货币借贷中，所有的自足经济观念皆不存在。

在货币借贷中，一切具象性（"技术性"）皆已抹去：经济行动变成纯粹的精神性质。

在货币借贷中，经济活动本身已经丧失全部意义：货币借贷的业务已经不再是合理的体力和精神活动。因此，其价值已经由其自身转化为成功。唯有成功才有意义。

在货币借贷中，不劳而获的可能性第一次充分表现出来：无须付诸武力，也可以让他人为自己工作。

我们可以看到：事实上，货币借贷的所有这些特征，也是一切资本主义经济组织的特征。

此外，现代资本主义相当大的部分**在历史上**是由货币借贷（放债、借款）所创造的。在任何地方，只要将投资的形式作为资本主义企业的原始形式都是如此。抑或这种借贷以某种委托关系产生的地方，也是如此。最后，在这种借贷以任何股份形式出现之处，仍然如此。因为在最基本的结构中，股份公司不外乎为一种直接获利的放贷业务。

因此，我以为，借贷业务客观上使犹太人能够创造、促进及扩展资本主义的

---

① 参见我的《犹太人与经济生活》一书。

事业。

　　但是，只有在下卷探讨资本主义的经济建筑如何建立在这些基础之上时，所有这些才能获得生命。

本书根据

München und Leipzig

Verlag von Duncker & Humblot 1919 年版译出

图书在版编目(CIP)数据

现代资本主义 : 全欧经济生活自始至今历史系统的
论述. 第 1 卷 / (德)维尔纳·桑巴特著;李季,晏小宝
译. -- 上海 : 上海人民出版社,2025. -- ISBN 978-7
-208-19169-3

Ⅰ. D509

中国国家版本馆 CIP 数据核字第 2024K77U32 号

责任编辑　毛衍沁
封面设计　陈绿竞

现代资本主义:全欧经济生活自始至今历史系统的论述(第一卷)

[德]维尔纳·桑巴特　著

李　季　晏小宝　译

晏小宝　校

出　　版　上海人民出版社
　　　　　(201101　上海市闵行区号景路 159 弄 C 座)
发　　行　上海人民出版社发行中心
印　　刷　上海商务联西印刷有限公司
开　　本　787×1092　1/16
印　　张　41
插　　页　4
字　　数　789,000
版　　次　2025 年 1 月第 1 版
印　　次　2025 年 1 月第 1 次印刷
ISBN 978-7-208-19169-3/C·728
定　　价　178.00 元